KB164929

性의 歷史

장 루이 플랑드렝 Jean-Louis Flandrin

LE SEXE ET L'OCCIDENT
Évolution des attitudes et des comportements

東文選

Jean-Louis Flandrin

LE SEXE ET L'OCCIDENT
Évolution des attitudes et des comportements

© Éditions du Seuil, 1981

This book is published in Korea by arrangement
with les Editions du Seuil, Paris
through DRT International, Seoul.

性의 歷史

· 차
례

Ⅱ 성도덕과 부부의 성교

Ⅲ 어린이와 생식

11. 프랑스 옛 속언 속의 딸들 ·············· 288

Ⅳ 독신자의 성생활

12. 만혼과 성생활 ····· 297
—논점과 연구 가설—

13. 젊은이의 성생활에 있어서 억압과 변화 ······ 332

性의 歷史

序
〈성性〉의 역사를 위하여

우리들 20세기 서구인들은 유구한 역사를 의식하며, 옛날 귀족들에게 뒤지지 않음을 과시하고 있다. 귀족들에게 있어서 오래된 문벌이 귀족성의 증거였듯이, 역사는 우리들에게 역사를 지니고 있지 않다고 생각되는 민족, 즉 〈미개인〉·〈야만인〉에 대한 〈문명인〉으로서의 우월감을 주었다. 이 우월감은 무엇에 기초를 두고 있는가? 귀족 특유의 사고방식·감각·행동양식이 하루 아침에 몸에 밴 것이 아니듯, 현대 서구인 독자의 우월감도 어제 오늘에 생긴 것이 아니다. 그러나 조상의 빛나는 무공을 자랑하면서도 비천한 신분에서 상승해 온 그 완만한 과정에 관해서는 한 마디도 언급하지 않는 귀족들처럼, 오랫동안 우리들은 단지 허영심의 만족만을 역사에 요구하였다. 어떻게 우리들은 현재의 서구인이 되었을까? 우리들의 현재와 미래가 과거에 얼마나 의존하고 있을까? 또한 같은 역사를 지니고 있지 않는 자들도 우리들과 같은 인간일까? 혹은 그렇게 될 수 있을까? 그러한 점에 관해서 전혀 생각해 보려 하지 않았다.

우리들 서구인과 귀족 들의 유사점을 좀더 파헤쳐 보자. 그들은 17,8세기를 통하여 종종 시대의 불운을 한탄하기는 했으나, 그렇다고 해서 많은 명가名家의 소멸이 〈귀족의 명예〉와 함께 조상으로부터 이어받은 그들 특유의 행동양식 ─예를 들면 경제상의, 혹은 혼인·출생에 관한 양식 ─에 부분적이나마 기인한 것은 아닐까 하고 진지하게 생각한 적은 결코 없었다. 현재 우리들이 처해 있는 갖가지 어려움 역시 과거의 유산에서 유래한 것은 아닐까?

오늘날 많은 서구인들이 성性에 관하여 서구 독자의 문제와 직면하고 있음을 의식하면서, 그 문제가 기독교를 바탕으로 하는 전통적 도덕에 기인한다고 생각하고 있다. 그러나 도대체 조상의 도덕을 전면적으로 부정하고, 남빅와라Nambikwa 부족민이나 그외 자연과 가깝다고 생각되는 사람들 사이에서 행해지고 있는 도덕을 채용하는 것만으로 이러한 문제가 해결될 것인가? 실제로 우리들에게 유산 수취를 거부할 자유는 없다. 그것은 우리들의 피부에 착 달라붙어 있어서 떼어내려고 하면 할수록 더욱더 우리들의 자유는 속박당한다.

그런데 정신분석이 이렇듯 많은 관심을 불러일으키고 있는 현재, 나는 그 모태라 할 수 있는 과거의 힘이 거의 고려되지 않는 점에 놀라지 않을 수 없다. 정신분석 치료에 맡겨진 개인의 과거는 세세하게 파헤쳐지면서, 집단적 과거에 대해서는 지극히 관대한 시선으로 비쳐지는 것이 어쩐지 비논리적이기까지 하다. 적어도 현재의 문화 속에 잔재되어 있는 요소만은 똑같이 파헤쳐져야 하는 것이 당연하지 않은가.

대부분 인간의 행동양식은 어떤 문화의 틀 속에서 만들어져야 한다는 의미에서, 자연인은 존재하지 않는다. 그런데 모든 문화란 시간의 흐름 속에서 조금씩 완성되어 온 것으로, 과거에 존재했던 갖가지 체계, 과거에 받았던 정신적인 상처가 깊이 아로새겨져 있다. 문학·도덕·법률·언어·과학·기술·예능, 요컨대 우리들의 문화를 구성하는 모든 것을 사이에 두고, 우리들은 태어나면서부터 자신도 모르는 사이에 과거에 의해 계속 침략당하고 있다고 해도 좋다. 이와 같이 분명한 사항을 이러쿵저러쿵하는 것만은 허용하고 싶다. 다만 나는 사회학자·심리학자·정신분석학자·성학자·평론가, 그리고 많은 역사가들이 인간의 성에 관해 말하는 것을 들었을 때, 그들이 아주 당연한 사항을 잊어버리고 있는 것이 아닌가 하고 느끼게 된다. 그뿐 아니라 과거에 대해 당연히 기울여야 할 주의를 기울이지 않는 점에서, 그들이 우리들 과거로부터의 해방을 방해하고 있다고 생각된다.

어떤 방법으로건 과거에 관해 말하기만 하면 되는 것이 아니다. 사실 역사가 병적인 기억작용으로 우리들을 억압하고 있는 것 —오래된 증오, 구세대에 대한 경계심, 그 자리에 어울리지 않는 고집 —만을 기억하여, 현재를 과거의 단순한 반복으로 보는 경향이 있다. 그 대신 성 영역의 경우와 같이 과거가 역사 이외의 길 —언어·문학·도덕·법률 등 —을 통하여 우리들을 침략해 올 때에는, 역사가 일종의 치료약으로 기능할 수 있다. 이 과거의 손에 우리들이 억압당해 온 것을 되돌려 주므로써, 또한 성에 대해 예전에 취하였던 이러저러한 태도와 서구문화의 특징 중 지금은 쇠퇴하였거나 다시 되살아난 여차여차한 것 사이에 존재했던 관계를 명시하므로써, 역사는 우리들의 가치체계의 재검토와 현재 직면하고 있는 어려움을 극복할 수 있게 해주었다.

역사가들만이 이런 종류의 재검토를 받아들여야 하는 것은 아니다. 단지 확실하게 해두고 싶은 점은, 역사가가 역사적 필연이라 칭하는 극복 불가능한 딜레마 속에 동시대인을 가두는 역할을 받아들일 필요는 없다. 예를 들면 우리들 서구사회에서는 연애결혼의 승리와 이혼의 증가 사이에 명확한 상관관계가 있다고 해서, 〈중매결혼〉의 제도로 되돌아가지 않으면 놀랄 만한 이혼의 증가에 눈을 감을 수밖에 없다는 결론을 역사가가 내릴 수는 없다. 그는 단지 과거의 밑바닥에서 현대의 문제를 성찰할 수 있는 재료를 구하고, 문제의 영역을 보다 깊이 파고 들어가 우리들을 꼼짝달싹 못하게 속박하고 있는 그물코를 일부분이나마 느슨하게 하는 데 공헌하기만 하면 된다. 본서에 정리되어 있는 몇 편의 논고도 연애·결혼·부부의 성교·친자관계·독신자의 성생활에 관한 것이다. 시간의 축을 잃어버린 지식이 우리들에게 주어진 이미지를 변화시키는 작업에 참가할 수 있게 되기를 저자는 내심 기대한다.

몇 세기 전부터 사랑(아무르)은 시인·소설가, 혹은 독자들이 원하는 주제가 되어 왔다. 이런 점은 예를 들어 16세기부터 20세기 사이에 이렇다할 변화가 없다. 그러나 이 5백 년 동안 사랑으로 불리어 온 것이 모두 같은 감정이었을까? 사랑의 자극원인·대상은 항상 같은 것이었을까? 또한 사랑의 행동은? 이와 같은 문제에 대해 만족할 만한 해답을 얻기 위해서는, 본서 제Ⅰ부 〈사랑〉에 수록된 몇 가지 연구를 좀더 추진해야 한다. 단지 내가 행한 고찰만이라도 무엇을 사랑으로 생각하는가에 관해서, 또한 사랑에 대한 사회태도의 확실한 변화, 그리고 배우자 선택과 부부의 육체적인 교합 때 사랑이 차지하는 역할에 대한 현저한 변화를 명확히 할 것이다.

16세기 사회에서 사랑이 차지했던 지위는, 오늘날의 그것 이상으로 복합적이라 할 수 있겠다. 플라토닉한 사랑의 찬미자가 있었는가 하면, 극히 육욕적인 사랑의 찬미자도 있었다. 또한 종파나 세속의 도덕가들은 〈진정한 사랑〉

을 단순한 욕망으로부터 구별하지 ─이것은 20세기에 많이 행해졌다─도 않으면서, 형태가 어떤 것인가를 불문하고 사랑으로 불리는 모든 정념을 동등하게 단죄하는 경향이 있었다.

세속적인 문화의 견지에서는 ─속담·법률을 보기 바란다─부부의 정리情理 형성에 있어서, 무엇보다도 사랑이 차지하는 역할을 될 수 있는 한 한정해야 했다. 혼인은 가족끼리의 결합, 집안 재산 계승의 원활화를 첫번째 사명으로 했으므로, 〈홀딱 반한 끝의 결혼〉은 사회질서를 파괴할지도 모르는 위험성을 갖고 있었다. 젊은이들이 연애에 빠지는 것을 막을 수는 없었으므로, 적어도 연애는 결혼을 완전히 도외시하는 자리에서만 허용된다는 것을 그들에게 납득시켜야 했다.

한편 가톨릭 교회 역시 모든 세속적인 사랑을, 신을 향한 사랑에 용납되지 않는 것이라 하여 단죄하였다. 특히 부부간의 사랑의 위험성이 문제되었으나, 그것은 어쩌면 많은 신자들이 그 위험을 모를 것이라는 교회측의 판단에 기초를 두었을 것이다. 『자기 육욕의 만족을 위해 아내를 지나치게 공격하는 남편은, 가령 그녀가 자기의 아내가 아니더라도 관계를 원할 것이다. 그러므로 이와 같은 남편의 행위는 죄가 된다』라고 16세기의 어느 설교 신부는 기록하였다. 그리고 중세를 통틀어 신학자들은 성 히에로니무스Hieronymus에 의해 전승된 옛 경구, 『아내를 지나치게 사랑하는 자도 간음의 죄를 범하고 있다』고 되풀이하였다. 가톨릭 교회가 신교도들을 모방하여 부부의 사랑을 찬미하기 시작한 것은 최근의 일이다. 『사랑이 없을 때, 부부의 교합은 도에 위배된다.』 왜냐하면 교합은 〈사랑의 표현이므로〉라고 오늘날의 신학자들은 말한다. 또한 권위 있는 고위 성직자도 『성적 행위에 대한 신의 첫번째 요구는 그것이 사랑에 뿌리를 두는 데 있다』고 선언했다. 이것은 전통적인 자세와 정반대되는 자세이며, 종교에서는 드물게 보는 일대 전환이라 할 수 있다.

예전부터 기독교 도덕은, 성은 생식만을 목적으로 우리들에게 주어진 것으로 생각하였다. 성을 다른 목적에 이용하는 것은 신의 조화의 남용으로 간주했다. 이러한 교의는 당연히 잉태가 불가능 혹은 부적당한 기간 ─임신중, 생리중, 출산 후의 〈부정기不淨期〉, 여러 해의 수유기─의 금욕 명령을 의

미한다. 그리고 대를 이을 자식을 얻은 부부에게는 영구적으로 금욕을 장려
하게 된다.[1] 과연 이 가르침은 시종일관 합리적으로 이어져 왔다. 그렇지만
성 아우구스티누스Augustinus가 명언한 바와 같이, 지나치게 엄격하면 잘
지켜지지 않는 법이다. 그 때문에 이미 12,3세기의 신학 혁신기의 학자들은
교회의 지나친 엄격함으로 인해, 본래 결혼이 금욕생활을 견디내지 못하는
약자들에 대한 치료약의 역할을 잃어버리게 되는 것을 염려했다. 임신이 불가
능하거나 부적당한 기간, 즉 여성 혹은 아이에게 위험한 시기조차도 〈결혼이
라는 약을 먹일〉 권리를 부부에게 조금씩 인정하기 시작했다. 이런 종류의
자유화는 부부간의 정절 · 결혼상태의 안정에는 좋은 결과를 가져왔으나, 동
시에 교의 속에 몇 가지 모순된 요소를 들여오게 되었다. 14세기부터 19세기
에 걸쳐 부부의 성적 권리와 자식에 대한 의무 사이의 모순이 점차 심각화되
었는데, 이런 과정 속에서 부부가 교합을 할 때 피임의 도입을 촉구하게 되었
다고 우리들은 생각한다.

이스라엘 민족의 족장들은 아이들이 늘어나면 가축의 수가 늘어났을 때와
마찬가지로 기뻐했다. 그들에게는 모든 것이 신의 축복으로 여겨졌다. 왜냐
하면 그것은 부담되지 않는 세력 증대의 명확한 확인이었기 때문이다. 그런
데 현대인은 실제로 자식이 많건적건 누구나 귀찮은 짐으로 생각하고 있다.
우리들에게 있어서 자식이란 부부의 자유 속박, 부의 감소이지 힘의 증대와
는 관계가 없다. 그렇다고 아이를 낳는 이유가 완전히 없어진 것은 아니다.
단지 그것은 극히 한정되어 있어서 현대인의 머릿속에는 그것보다 아이를 낳
지 않는 이유 쪽이 승리를 거두는 때가 많다. 18세기에 자기 자신 후자의 우세
를 인정했던 모호Moheau와, 17세기에 이미 다수의 가족을 형성하기 위해서
는 부부를 금전으로 유혹할 필요가 있다고 생각했던 꼴베르Colbert의 예도 있
다. 그렇지만 오늘날에도 여전히 제3세계의 대다수 민족에게는, 유태인의 족
장적인 태도가 종교의 여하를 불문하고 유지되어 온 것도 사실이다.

어느 사회에서 한 가정에 아이들 수가 평균보다 많을 경우, 효과적인 피임
기술의 결여가 그 근본적인 원인이라고 설명할 수 있을까? 나는 다른 분야에
서와 마찬가지로 여기서도 기술의 중요성에 이의를 제창하는 것이 아니다.
다른 책에서는[2] 효과적인 피임 기술의 습득에 의해 전통적인 풍속이 전복되

고, 출산율이 일거에 감소된 실제 예를 들기도 했다. 단지 나는 기술적인 무지라는 설명만으로 불충분하다고 생각한다. 출산율 억제를 위해 진지하게 노력을 기울이고 있는 사회는 반드시 그 수단을 발견하게 될 것이다. 한편 제3세계에서 산아제한 계획의 실패는, 효과적인 기술을 부부에게 제공하는 것만으로 출산율을 저하시키는 데 충분치 않다는 것을 증명하고 있다. 중요한 것은 부모와 자식관계의 변혁이 아닐까?

사실 부모들의 자식에 대한 책임감은 중세 말기부터 오늘날까지 증대되어 왔다고 생각한다. 이는 본서 제Ⅲ부에서 검토한 갖가지 상황으로도 추측할 수 있을 것이다. 단지 나는 최근 몇몇 학자가 주장한 바와 같이[3] 18세기 중반 이전에는 부친이나 모친이 사랑을 모르고 있었다고 주장하는 것은 아니다. 그 이전에도 자식에 대한 부모의 사랑이 존재했음을 분명히 증언하는 기록이 있다. 예를 들면 널리 알려진 세비녜Sévigné 부인의 예를 비롯하여[4] 17세기에는 자식에 대한 지나친 사랑을 비난하는 부모들의 모습을 종종 볼 수 있다.

그러나 내가 문제로 삼고 싶은 점은, 부모에게 있어서 자식의 일반적인 지위이다. 특정 인물에게 강렬한 부친으로서, 모친으로서, 자식으로서의 사랑을 볼 수 있느냐 없느냐가 아니다. 여기서 구약성서에 나오는 역사를 보도록 하자. 아브라함이 자식을 제물로 바치라고 하는 무서운 시련을 겪은 것은, 그가 아들 이삭을 사랑했기 때문이었다. 단 이 족장은 현대의 부친들과 달리 자식에 대해 아무런 책임을 느끼지 않았다는 점이다. 그가 책임을 느낀 것은 모든 존재, 특히 이삭의 창조자인 신에 대해서였다.[5] 오늘날 우리들은 자식이 우리들에 의해서만 이 세상에 존재할 수 있고, 모든 점에서 우리들에게 의존하고 있다고 생각한다. 그들에 대해 특별한 의무를 느끼는 데 대해, 옛문화는 최근까지도 창조주에 대한 피창조물의 의무만을 문제로 삼았던 것이다.

오로지 이러한 원리에 충실했던 기독교가 동시에 정반대되는 원리를 낳은 것은 언뜻 보기엔 기묘한 현상이다. 신이야말로 어린이들의 진정한 창조자라고 기독교는 주장한다. 우리는 단순히 어린이들을 떠맡고 있는 것뿐이다. 신에 대한 의무 때문에 우리들은 주의 깊게 애정을 담아 아이를 기르는 것이다. 이런 사고방식은 이미 바울의 언어에서 보았으나, 친자관계가 실제로 이 원리에 따라 변하는 데는 아마 17,8세기까지 기다려야만 한다. 사실 그 무렵에 비로소 교의문답과 설교가 친자관계에 대한 주제를 구체적으로 전개하였다.[6) 그후의 과정은 그리 중요하지 않다고 생각한다. 자식에 대한 책임감이 일단 심어져서, 부모로서의 새로운 행동양식을 형성하게 되면, 그 책임을 신에 대한 것으로 생각하건 직접 자식에 대한 것으로 생각하건 그리 문제되지 않는다. 어찌되었거나 새삼스럽게 자식을 부담으로 느끼는 이유가 생겨났으니, 부부가 결혼생활을 하면서 자식의 탄생을 기피하게 되는 것도 당연하다.

또한 18세기를 통틀어서 볼 수 있는 죽음에 대한 사람들의 태도변화도 이런 경향에 박차를 가하였다. 근본적으로 신과 영원한 생에 대한 신앙이 사라져 버린 것은 아니다. 그렇지만 최근의 연구가 말해 주듯이[7) 사람들은 사랑하는 사람의 죽음을 이전보다 쉽게 받아들이지 않게 되었다고 추측된다. 이런 종류의 연구도 유아 사망에 대한 사람들의 반응에 대해 많은 것을 이야기하지 않지만, 그래도 유아의 사망이 그때까지와 같이 간단히 체념으로 받아들이지 않았다는 추측을 방증으로 얻어낼 수 있을 것이다. 1세기 이전에는 어린이에게 죄가 없다는 감각이, 어린아이가 저세상으로 여행을 떠났다고 인식하는 하나의 이유가 될 수 있었던 데 대해, 이젠 똑같은 감각이 그것을 수용하기 어려운 이유가 되었다. 사회적 · 문화적 엘리트층에 속하는 젊은 모친들은 아이를 자기의 젖으로 키우고 있다. 그리고 유아에게 위험하다고 생각되는 조기 임신이 될 수 있는 행위, 수유기간중에는 남편을 거부하는 것이 유행했다. 18세기의 고해성사를 듣는 신부는 이 유행이 성교 중단의 주된 동기의 하나가 되었다고 한다. 후에 그들의 증언을 통계적으로 확인하면 좋겠으나, 그것도 불가능한 작업이 아니다.

만약 부부관계에 의한 출산율의 향상이 구문화에서 효과적 피임 기술의 결여에서만 유래한 것이라면, 결혼 외의 관계에 의한 출산율 역시 높았을 것이다. 사실 대부분의 역사가 · 인구학자 들은 그러한 가정을 세워서 생각한 것 같다. 그들은 이제까지 사생아 출산율에 의거하여 결혼 외의 성행동을 이야기하였다. 만약 사태가 어느 정도까지 인간이 의도하는 수준으로 설명할 수 있다면, 위법이 되는 성행동은 좀더 낮은 출산율을 가져온다는 가설도 검토할 가치가 있을 것이다. 왜냐하면 부부의 성교가 —종교계, 세속의 도덕가들에 따르면 —생식이 목적인 데 대해, 위법이 되는 성행동은 전통적으로 〈쾌락만〉을 의도로 했기 때문이다. 게다가 독신자의 성생활에 관해서도 단순히 사생아의 출산율에만 기초를 두고 말할 수는 없다. 이것은 내가 1969년에 〈서구 기독교 세계의 피임·결혼·애정관계〉(본서 제Ⅱ부에 수록)에서 이미 서술한 바 있다. 이 논문에서 J. T. 누낭Noonan의 의견, 즉 피임과 자위가 성의 죄 중에서 가장 무거운 〈자연을 위반한 죄〉에 들어가기 때문에 합법적인 배우자뿐만 아니라, 간음·간통행위에서도 그것은 행해지지 않았다는 의견에 반론을 제기하고 있다.

그 논문의 목적은 첫머리와 끝에서 명언한 바와 같이, 같은 종류의 연구에 대한 자극제가 될 뿐이었다. 대략 독신자의 성생활에 관해 좀더 명확한 비전을 갖고 있지 않았던 나는, 내가 비판한 학설을 대신할 만한 새로운 학설을 제출할 만큼의 준비가 되어 있지 않았다. 그러므로 오늘날에도 1972년 이후 왜 여러 역사가들이[8] 나의 학설을 응당 공격해야 하는 것으로 생각하는지 이해하기 어렵다. 본래 나의 학설은 그들 멋대로 상상하여 정식화한 것이므로 그 것을 조롱하는 것은 그들에게는 어려운 일이 아니었을 것이다. 그러한 이유에서 본서 제Ⅳ부를 구성하는 독신자의 성생활에 관한 논쟁에서, 나는 본의 아니게 이끌렸던 것이다. 나는 그 논쟁 덕분에 쓸 수 있었던 것을 기뻐해야 할지, 그렇지 않으면 나의 논문이 띤 도전적인 성격을 후회해야 할지, 혹은 당시 직접 다루었던 부부의 성교에 관한 연구를 그로 인해 도중에 포기해야 했던 것을 유감스럽게 여겨야 할지 지금으로서는 알 수 없다.

여기서 그때 내가 도달했던 주요 결론을 다시 한 번 요약하면, 무엇보다도 순수하고 수량적인 고찰이 갖는 위험과 한계를 새삼 강조해야 할 것이다. 어떤 인간에게나 성생활은 있다. 문제는 그것이 어디에서 생겨나는가, 즉 어떤 문화에서나 공공연·비공공연한 경우의 차이는 있으나 존재하는 성적 억압과 에로스, 양쪽 힘의 영향 아래에서 성적 충동이 어떠한 형태로 나타나는가를 명확히 하는 것이, 다시 말하면 성적 욕구가 어떻게 구조화되어 있는가, 어느 정도 만족시키는가, 주체로서 또는 욕구의 대상에게 어떠한 결과를 낳게 하는가를 아는 것이다.

그리고 나는 결혼 적령기에 도달하여 실제로 결혼하기까지의 시기, 특히 여성의 경우 중세 초기부터 18세기에 걸쳐서—프랑스에서, 또는 다른 서구

제국에서 —점차 길어지고 있는 현상에 주의를 기울일 예정이다.[9] 그리고 마지막에는, 중세말의 수세기부터 19세기에 걸쳐서 억압이 서서히 강화됨과 동시에 독신자의 성행동 양식에도 변화가 나타났다는 점을 들어서 논할 예정이다.

중세말 도시에서 거주하는 미혼 청년은 극히 자유롭게 매춘부들 —숫자도 많았고 값도 쌌다 —과 교제했다. 그렇지만 〈여염집〉 딸들은 혼자서 즐기는 것만이, 세상 체면을 손상시키지 않는 단 하나의 기쁨이었다. 농촌에서는 다른 행동양식이 있었다. 매춘부와의 교제는 도시보다 훨씬 적었으리라고 생각된다. 그 대신에 결혼 적령기에 달한 남녀간의 교제가 허락되었고, 적어도 몇몇 지방에서는 꽤 대담한 유희에 심취할 자유가 주어졌다. 현재 이러한 생각은 모두 가설의 영역으로 볼 수는 없다. 청춘 남녀간의 교제에 관한 자료가 현재 소수의 지방, 그것도 프랑스 왕국에서 보아 일반적으로 변경 지역에 한해 있을 뿐만 아니라, 젊은이들의 성행동에 관한 다양한 증언은 매우 의심스럽기 때문이다.

그에 반하여 성적 억압에 관해서는 좀더 잘 알려져 있다. 16세기에는 공영 사창가가 폐쇄되어 매춘부들은 사회적으로 따돌림을 받게 된다. 이전과 같이 젊은 남녀간의 교제의 자유도 없어지고 —지역에 따라서는 그 시기가 제각기 달랐지만 —한편 혼전 동거, 내연의 관계는 엄격하게 금지되었다. 모든 위반자는 파문·벌금·투옥의 대상이 되었다. 그리고 귀족·시민계급(부르조아)의 자제는 학교에 갇히게 되었다. 그 편이 그들의 생활을 감시하기 쉽다고 생각했기 때문이다. 이런 종류의 억압은 프로테스탄트 운동에 대하여 프랑스에서 행한 가톨릭 교회 개혁의 중요한 일면으로 볼 수 있다. 그것은 트랑뜨 Trente 종교회의 개최(1545년) 이전에 시작 19, 20세기까지 계속되었다. 예를 들어 20세기 초기 프랑스의 사보와Savoie 지방에서는 〈기숙〉(albergement) 의 습속을 버리지 못한 젊은이들에 대한 파문의 법령이 새삼스럽게 만들어졌고, 〈방데 지방의 마래시뇌르들〉(maraîchineurs vendéens)에 대한 경찰의 단속이 행해졌던 것도 20세기 초기부터이다.

습속 순화를 위한 이처럼 장기간에 걸친 노력은 결국 무엇을 초래하였을까? 성적 충동의 승화? 쟈기 억제와 신경증? 그렇지 않으면 광적인 색정의

꿈? 자위행위? 나로서는 억압의 결과로서 예상할 수 있는 결과 중 어느 한 가지를 선택해야 할 이유를 알 수 없다. 오히려 모든 것이 병존하였다고 생각할 수 있지 않을까? 또한 각각의 비율을 결정하는 일도 쉽지 않다. 그 중에서도 곤란한 점은 승화의 중요도 ─그것이 매우 중요하다고 판단했던 프로이트에게 맹종하는 것이라면 이야기는 달라지지만 ─와 억압과 신경증의 진행·후퇴의 정도 ─이 또한 동시대인이 주의를 기울이기에는 너무나도 새로운 관념이었다 ─로 추정할 수 있다. 승화·억압·신경증과 같은 현상이 대다수의 독신자와 관계가 있다고 생각하지 않는다. 그렇지만 그것이 18,9세기 이전인 17세기에 널리 보여졌다는 학설에 대해서는 전혀 승복할 수 없다. 오히려 18세기부터 20세기에 걸쳐서 자위행위 증가의 지표가 다수 있으며, 그것은 사회 각층에서 보여진다. 자위행위는 우리들의 근·현대를 현저하게 특징지을 수 있는 고독한 몽상과 내관內觀의 발전과 심리적 결합을 갖는 것이라 나는 생각한다.

결국 시대의 여하를 불문하고, 비합법적 임신이나 혼전 임신이 독신자 성생활의 본질을 우리들에게 나타내는 것이라고는 생각할 수 없다. 갓난아이를 버린 통계와 마찬가지로 그것은 사생아·내연의 관계·미혼모와 같이, 성의 역사 이상으로 사회사의 커다란 문제라 할 수 있는 현상에 관한 사회의 자세에 대해, 우리들에게 시사하는 바가 크다.

사 I
랑

제I부 최초의 2장은 1964년에 씌어진 초보자의 작업이라 앞으로의 연구 전망을 열어가려는 성격을 지니고 있다. 그렇지만 나는 가능한 한 객관적으로 사랑의 표상에 있어서 변화의 자취를 더듬어 보려고 시도하였다. 미래에 명필 또는 인쇄될 만한 자료에 기초를 두어 더욱더 깊이 파헤쳐 보려고 생각했던 주제이다. 〈감정과 문명〉은 《아날》지(*Annales ESC*) 1965년 9－10월호에 발표되었고, 〈16세기에 있어서 단수형의 사랑과 복수형의 사랑〉은 이제까지 발표된 적이 없었다.

〈트로이의 결혼의례＝크레앙따이유〉는, 베아트릭스 르 비타가 석사논문으로 다루었던 22건의 재판기록으로 이루어진 일련의 자료를 기초로 하여 1977년에 씌어진 것이다. 게재지는 《프랑스 민속학》(*Ethnologie française*, 1978년 제4기에 게재)이었기 때문에 나는 특히 관습의식의 면을 대상으로 하였다. 결과적으로 커플 형성 때 사랑의 역할, 또는 그 점에 관해 16세기 전반부터 17세기 후반에 걸쳐서 나타난 흥미로운 변화를 구체적으로 엿볼 수 있었다. 내가 그때까지 사랑이 차지하는 역할의 확대 방향에 대한 변화에 주목하고 있었던 데 반해(《농민의 사랑》 *les Amours paysannes*, p.53－57과 《가족》 *Familles*, p.167－168 참조), 베아트릭스 르 비타는 특히 역방향의 변화에 주목했다. 사실은 양쪽 경향에 모두 주목해야 할 것이다. 모든 일은 단순하지가 않다.

제I부 최후의 논고 〈사랑과 결혼〉도 마찬가지로 산만한 필자의 인상이 새겨져 있다. 이 논문은 1977년 4월초 버클리에서 개최된 프랑스 역사연구협회 (French Historical Studies Society)의 모임에서 발표하였다. 그후 최근에 와서 《18세기》(*XVIIIe siècle*, 1980년 제12호)에 게재되었다. 앞의 내용이 각기 일정한 자료체의 분석인 데 비해, 이것은 1977년을 시점으로 한 같은 주제에 관한 나의 결론의 종합이라 할 수 있다.

1
감정과 문명
—서명書名 조사에서 —

인간의 감정은 일정불변의 자연현상에 속하는 것일까? 우리들은 인간이며, 모두들 내면에 인간성을 지니고 있다는 이유만으로 과거 인간들의 감정도 쉽게 이해할 수 있을까? 고대 철인들은 그렇게 주장했으며, 대부분의 역사가들이 지금까지 그렇게 생각하는 것 같다. 나는 반대되는 확신을 갖고 출발한다. 즉 타인의 감정을 이해하기 위해서는, 그 본인이 자기의 감정을 어떻게 의식하고 있는가를 알아야 한다고 확신한다. 어떤 행동의 외관 —행동의 외적 표현 —을 오늘날의 언어로 기술할 수 있으며, 자극원인과 행동양식 사이에서 눈으로 볼 수 있는 관계를 통계적으로 결정하는 일이 가능해졌는데, 그것은 그 나름대로 유익하다. 단지 행동의 내적 자세, 인간적인 현실에서는 주체가 그 행동에 관해 갖는 의식을 통해서만 접근할 수 있다.

그런데 주체의 내면세계도 학문적인 연구에 대해 오로지 문호를 닫고 있지만은 않다. 결국 모든 일반화를 거부하는 독자성을 갖고 있다 해도, 개인 한 사람 한 사람의 행동도 그것이 개화하는 장소인 문화에 의해 결정되는 것이지 변화하는 것은 아니다. 왜냐하면 우리들의 충동은 구체적인 한 문화가 특징적인 형식을 취해야 비로소 현실의 모습을 갖는 것이다. 우리들의 감정 역시 이 문화가 제공하는 언어·이미지에 갇혀 있는 모습으로만 우리들이 지각하기 때문이다. 심적 현실의 역사적 해명은 이러한 자세를 출발점으로 한다.

나는 이런 시점으로, 16세기 프랑스 사회의 사랑과 성에 관한 관념에 대한 목록을 먼저 만들었다. 그런 다음에 그러한 관념은 개개인에게 혹은 전체적으로 받아들여져도, 우리들이 현재 생활하고 있는 문화 속에서 유통되고 있는 관념으로는 환원 불가능하다는 것을 나타내고자 한다.

한 사회의 지적 장비의 재산목록을 만들 경우, 어디서부터 손을 대야 하는 것일까? 어떤 종류의 자료를 매개로 해야 하는 것일까? 이러한 점은 의식을 가두고 있는 갖가지 형식의 틀이 짜여져 있음에도 불구하고 표면에 나타나지 않기 때문이다. 어떤 종류의 형식에 대해서, 특히 우리들이 선택한 영역에서는 사회적인 금기가 작용한다. 그리고 이 금기의 구속력에는 표현의 자리에 따라 강약이 있다. 생각은 해도 좋지만 말해서는 안 되는 사항이 있으며, 말해도 좋지만 써서는 안 되는 사항도 있다. 또한 씌어지기는 해도 일반에게 공표하기엔 망설여지는 경우도 있다. 상념·개인적인 편지·인쇄된 문장 등이 모두 특별한 레벨에 속하는 것이며, 각자가 목록을 만드는 데 노력을 기울일 가치가 있다. 이하에서 내가 먼저 목록을 만들기로 한 것은 다른 레벨, 서명 書名이라는 레벨로 되어 있다. 먼저 이 레벨의 특징을 나타내야 한다.

서명이라는 레벨에서 볼 수 있는 여러 관념은 당당하게 스스로를 공언해도 거리낌이 없을 것이다. 과연 그곳에는 금기가 특히 가중되어 있다고 상상하겠지만, 동시에 문명에 의해 극히 안정된 가치가 주어지는 관념의 등장도 예측할 수 있기 때문이다. 책의 타이틀은 적은 언어로 작품의 내용을 나타내는 동시에 독자의 관심을 끌어야 하므로 —16세기와 20세기에는 타이틀의 기술이 커다란 변화를 받았지만, 이 두 가지 절대적인 조건은 변하지 않았다 —타이틀에 담겨 있는 관념은 그 사회의 지적 장비를 구성하는 관념의 총체 속에서 특권적인 위치를 차지하고 있다. 그래서 나는 다음 가설을 세워두었다. 즉 『서명의 레벨에 일정한 말이 되풀이되어 나올 때, 그것은 그 말에 의해 표현된 관념이 사회에 널리 침투되어 있다는 증거이다.』 반대로 어떤 말이 드물게 혹은 전혀 쓰이지 않는 경우, 당시는 그 말이 존재하지 않았던가 가치가 없었던가 혹은 그 사용이 금기되었던 것 중의 한 가지일 터이다. 이 세 가지 가능성 중 무엇이 진정한 이유인지를 결정하기 위해서는, 문제의 언어를 다른 다양한 레벨에서 널리 검토해야 한다. 단지 서명의 레벨에서 어떤 단어가 자주 나오는 것은, 다른 어떤 레벨에서의 빈번한 출현 이상으로 그 단어의 가치와 힘을 확실하게 증명할 수 있는 것이라 생각한다.

이리하여 서명은 시간적·지리적으로 한정된 한 사회에서 말의 무게를 우리들에게 가르쳐 주므로써 공시적인 언어연구에 유익한 영역이 되었다. 그것은 통시적 연구, 역사가가 좋아하는 변형의 연구에는 더욱더 유익하다. 왜냐하면 어떤 말이 자주 나오는 것이, 그 사회 내에서의 대응하는 관념의 세기 표시라면, 그 빈도의 증감은 그 말이 속하는 국어 또는 사고방석의 표시가 되기 때문이다. 물론 서명의 레벨만으로 이 변화를 설명하려는 것은 아니다. 단지 그것에 따른 변화를 의식화하고, 시간축을 따라 정리하려는 것이다.

단 이 시간축이 그곳에서는 표현이 공개된다는 관점에서는 거의 균질화되었어도, 몇 가지 특수한 변모를 거치게 된다는 점을 고려해야 할 것이다.

무엇보다도 서명을 붙이는 방식이 점차 변하였다. 〈목차식 서명〉(titre-table des matières)에서 〈박력 있는 일발식 타이틀〉(titre en coup de poing)로 변화했다. 16세기의 책은 내용을 알리기 위해 긴 타이틀을 붙였다. 라틴어로 씌어진 학문서의 경우, 장황하게 내용 목차를 기록하였다. 저작물의 명칭이 될 수 있는 것은 저자의 이름뿐이었으며, 그것이 많건직건 간략화되었고, 활자 중에도 앞뒤가 매몰되어 있는 것도 많다. 프랑스어로 씌어진 문학적인 장르의 책에도 그와 유사하고 이해하기 어려운 타이틀이 있다. 그런데 같은 16세기에도 말기로 올수록 책의 명칭, 즉 본래의 타이틀과 해설적인 서브타이틀의 구별이 분명해졌다. 그렇지만 서브타이틀이 활자상으로 구별되고, 주요타이틀에 종속되기까지는 17,8세기를 기다리지 않으면 안 되었다. 오늘날에는 결국 서브타이틀이 거의 자취를 감추어 버렸다. 이렇게 해서 오늘날 우리들이 보는 서명은 훨씬 단순하며 기교를 갖게 되었다. 이것은 책의 내용을 왜곡하는 경우가 많아졌다고 할 수 있으며, 표제에 사용되고 있는 말은 16세기의 경우 이상으로 신중한 선택의 결과인 셈이다.

한편 연간 출판량이 비약적으로 증대하면서 빈도의 비교는 신중한 배려가 필요해졌다. 마지막으로 현대의 출판물이 모두 등록되어 있는 데 비해, 16세기의 모든 출판물의 몇 퍼센트가 전해지고 있는지 정확하게 알 수 없다는 것도 잊어서는 안 된다. 책이 흩어져서 더러 없어진 나머지, 어휘 전체의 경향이 변했을지도 모르는 일이다. 다행히 우리들은 더러 없어진 책이 어떤 성질의 것이었는가를 대충 파악하고 있다. 그것은 주로 하찮은 소책자, 평범하며 대중 지향적인 것이었다. 과연 16세기 전체 출판물 속에 그것이 대다수를 차지하고 있었다 해도, 우리들에게 전해진 책 가운데 그것은 소수에 불과하다.

이와 같은 조건에서는, 일의 항목마다 양적 검토를 질적 검토로 바꿀 필요가 생긴다. 말의 단순한 빈도보다도 그것이 사용되는 문맥의 검토이다. 이처럼 우리들은 말이 새로운 문맥 속에 출현함에 따라, 혹은 같은 문맥 속에서 새로운 가치를 갖게 됨에 따라 변화가 명료하게 나타나는 모습을 종종 볼 수 있다. 끝으로 거의 균질하게 생각되는 시간축상에서는 유효한 빈도의 변화도, 서로 다른 시기에 대한 두 개의 조사 결과를 비교할 때에는 그것이 그대로 확실한 근거가 될 수 없다는 점을 잊지 말아야 한다.

이와 같이 다양한 유보가 있기는 해도, 16세기나 20세기와 같이 극히 다른 시대를 대상으로 동일 시점에서 행한 총목록 작성의 결과를 비교하는 일은, 미래에 대한 전망을 열어가기 위해서는 유용한 작업이다. 이 작업 없이는 그 존재조차 깨닫지 못했을지도 모를 갖가지 문제에 관심을 불러일으키게 되었다. 또한 1세기 혹은 반세기로 정리된 시기를 대상으로 이어진 연구에 의해 명확하게 볼 수 있는 변화 중에서, 좀더 장기적인 척도에서 본 변화가 어떤 것인지를 같은 작업에 의해 알 수 있기 때문이다.

현대에 관해 나는 《출판연감 1961년》에 수록된 2만2천 종의 저작물을 모두 점검하는 한편, 16세기에 관해서는 보드리에Baudrier와 A. 까르띠에Cartier 의 목록을 사용했다. 후자는 현재 알려져 있는 리용 출판물 1만5천 종 가운데 1만3천 종을 채록하고 기술하였다. 이 리용 출판물은 오늘날까지 전해지고 있는 16세기 프랑스 출판물의 4분의 1에 해당한다.

1961년에는 짧은 타이틀이 2만2천, 16세기의 긴 타이틀이 1만3천, 양자는 어수語數에 있어서 거의 같다. 이 두 가지에서 나의 연구 영역에 들어 있는 약 2백50개의 말을 찾아냈으나, 여기서는 단지 감정·행위·사회적 제도를 가리키는 말만 서술할 생각이다. 그것은 각기 60가지 정도 발견되었다.

그 중에서 행위·사회적 신분과 같이 주체 밖에 있는 구체적 현실을 나타내는 데 사용된 말 —언어를 이와 같이 구별하는 것이 지금은 시대에 뒤떨어진 일이라는 것은 주지한 바 있다— 을 먼저 다루고자 한다. 이런 종류의 말은 번역상 그다지 문제가 되지 않는다. 사회적 변화의 지식이 있다면, 이 분야에서 두 목록의 차이를 정당하게 판정할 수 있기 때문이다.

사실 두 목록간에 차이가 나는 점은, 누구나 알고 있는 제도·풍속상의 변화로 설명하겠다. 단지 이 설명만으로는 충분치 않다.

새로운 말—예를 들면 〈스트립-티즈〉(스트립쇼)—의 배후에 명확히 새로운 현실이 있는 경우에는, 이 설명 수단이 언제나 채용된다. 사실 16세기 에로스의 유희에서 시각이 얼마나 중요한 역할을 연출했건, 〈스트립-티즈〉가 이미 그 의례·전통, 요컨대 제도적 성격을 갖추고 존재했을 가능성은 없다.

옛부터 존재하는 말의 경우에는, 이와 같이 현실에 의거하여 설명을 하면 효력은 금세 감소한다. 예를 들어 이혼의 관념은 16세기에도 알고 있었고, 신학자는 그것을 논의하고 왕후나 군주들 중에는 실행을 했던 자도 있었다. 따라서 이혼이라는 말이 리용 출판물의 타이틀에 나타나지 않은 것은 어떤 우연이며, 언젠가 갑자기 파리나 제네바 출판물에서 그것이 발견될지도 모른다. 그러나 1960년 혹은 1962년의 어떤 책 제목에도 이혼이라는 말이 전혀 나타나지 않을 우연의 확률은 거의 제로에 가깝다. 그것은 1961년 다섯 가지의 타이틀에 이 말이 출현하였다고 보증할 수 있다. 그리고 제도로서, 실천으로서 현대사회에서 이혼이 차지하는 위치가 우리들에게 이 현상을 설명한다.

유괴결혼·비밀결혼의 관념에 관해서는 그다지 우연의 작용을 두려워할 필요가 없다. 단지 현실적인 설명을 하려면 상당한 함축성이 있어야 한다.

표제는 어떻게 되어 있을까? 〈유괴결혼〉(raptus, ravissement)과 〈비밀결혼〉(mariage clandestin)이 리용 출판물의 여덟 가지 타이틀에 출현한 데 비해, 1961년에는 유괴결혼과 비밀결혼이 보이지 않는다. 그런데 이 두 가지 말은 프랑스어로서 계속 존재해 왔을 뿐만 아니라, 그 실천에서조차 지금도 어떤 종류의 형태로 나타나고 있다. 젊은 아가씨가 연인과 함께 가출을 하거나, 낯선 마을로 가서 서둘러 결혼식을 올리는 일이 그러하다. 그렇다손 치더라도 이미 유괴결혼·비밀결혼은 현실에서는 존재하지 않는다고 말할지도 모른다. 그러나 그것은 우리들이 현실을 잘못된 어느 파의 독특한 방법이나 규칙으로 판정하고 있으므로, 혹은 이 두 가지가 현대사회에서는 옛날과 같은 위치를 차지하고 있지 않기 때문이라고 말하는 것에 불과하다.

우리들의 법률, 그리고 배후에 있는 집단적 의식은 유괴결혼에 관해 예전에 그것이 실천되었을 때에는 본질적인 특성으로 보지 않았던 두 요소, 즉 폭력성과 미성년의 성만을 다루었다. 유괴의 관념이 강간, 미성년자 유괴의 관념으로 크게 바뀌었지만, 이 두 가지는 유괴의 원래 영역을 초월해 버렸다.

그에 반해 비밀결혼의 관념은 그대로 보존되었지만, 단지 다소 위치가 바뀌어 중대함의 형평을 잃어버렸다. 과연 우리들의 법률도 그 존재를 잊지 않고 혼인효력 실효의 한 가지 사례로 삼고 있다. 그러나 실제로 현대사회에서 비밀결혼이 심각한 문제가 된 적은 없다. 국가도 16세기처럼 그 최고기관의 관심을 그쪽으로 쏟지는 않았다. 이와 같은 비밀결혼 관념의 쇠퇴는, 사회구조 혹은 결혼제도의 근본적인 변질로 설명할 수 있다. 그러나 우리들의 목적은 책의 표제가 이 쇠퇴를 극단적으로 말하고 있는 것을 나타내는 데 있다.

1961년의 표제에서 간통의 관념이 자취를 감춘 것도 유사한 의미로 해석할 수 있겠다. 물론 간통 그 자체가 우리들의 사회에서 없어진 것은 아니다. 단지 사회적으로 차지하는 위치가 16세기와는 달라졌을 뿐이다. 리용 출판물의 타이틀 중 〈간통〉(adultère, 또는 라틴어 adulterium)은, 언제나 법률적인 문맥에 출현하는 점에 유의해야 한다. 그런데 오늘날의 법률에서는 이혼재판이 간통소송으로 바뀌었다. 법률적으로 간통이란 이미 이혼의 한 사례밖에 되지 않는다. 그리고 법률적인 저작물의 타이틀 비교 역시, 이혼이라는 중심 개념이 간통이라는 예전의 중심 개념으로 바뀌었음을 나타내고 있다. 이와 같은 변모가 두 가지 관념의 일상적인 실천 레벨에서 어떤 반향을 불러일으킨다 해도 이상할 것이 없다. 나는 16세기의 대중 문학적인 한 저작의 표제 중에 〈간통〉이라는 말[1]이 1961년의 희곡 타이틀에서 〈이혼〉이라는 말[2]이 되었다는 점에서 그 증거의 편린을 보고 싶다.

현대와 16세기 각각의 타이틀의 차이에는, 어떤 관념을 표현하는 말의 유무와는 다른 종류의 대립도 있다. 결혼·강간·성적 범죄와 같은 사항에 관하여, 그것이 우리들의 생활구조에서 차지하는 위치의 변화 —내용·실질의 변화에 해당한다 —를 서명이 우리들에게 보여 주는 점은, 그 종류의 대립을 관철시키는 데 있다.

16세기나 현대를 불문하고 결혼은 사회의 기본적인 제도이다. 그와 관련된 말은 양자의 타이틀 속에 빈번하게 나온다. 한편 그 반대의 독신상태를 나타내는 말은 거의 나타나지 않았다.[3] 그렇기는 하지만, 그 풍부함이 두 시대가 같다고는 할 수 없다. 16세기의 서명에서 사용했던 결혼과 관련된 말의 종류는 1961년의 서명보다 3배에 이르며,[4] 각각의 말의 사용빈도 또한 똑같이 3배이다.[5] 물론 이와 같은 양적 관계 위에서 확실한 학설을 세우려면, 두 가지 자료체의 성질이 꽤 다르다고 할 수 있다. 단지 그 비율이 현대사회에서 결혼의 의미 경감과 일치하고 있을 뿐이다. 여기에서 중요한 것은 결혼이 차지하는 위치의 이동이며, 그것은 관념이 나타내는 문맥, 다른 말과의 조합의 차이에 의해 명료해진다.

먼저 눈에 띄는 특징은, 16세기에 결혼을 둘러싼 막대한 양의 논전적論戰的 저술의 존재이다. 그것은 제도 그 자체를 문제로 삼거나 결혼한 자들을 웃음거리로 삼았다.[6] 한편 현대의 타이틀에서는 제도의 가치에 대해 물어보려 해도 얼버무리고 피하려 한다. 평화가 확립된 듯하다.

제2의 특징은 기사도 이야기의 타이틀 중에서 결혼이 〈결합〉(alliance), 특히 〈사랑〉(amours)과 합쳐져서 나타난다는 점이다.[7] 사랑이라는 말의 복수형에도 주의하자. 귀족사회에서는 결혼 —사랑이 있는 결혼 —이 모험적인 생애에서 중요한 가치가 있는 듯하다.

마지막 제3의 특징으로, 16세기의 〈의식·즉흥문학〉에서 결혼의 축하연이 중요한 위치를 차지하고 있었다는 사실이 주목된다.[8] 이것은 궁정시인들의 역할을 넘어서, 식전式典·축하연이 결혼이라는 관념의 총체 속에서 얼마나 중요했던가를 나타내고 있다고 말할 수 있다.

이와 같은 것은 이미 오늘날에는 보이지 않는다. 문학적인 문맥 다음으로 결혼이 많이 나타나는 곳은, 16세기나 1961년이나 종교적·법률적 문맥이지만 각각의 경우에 따라 편성이 달라졌다. 16세기 법률적 저술의 서명에서는 결혼의 형식이 논의되고 있는[9] 데 대해, 오늘날에는 내용만이 문제가 된다. 종교적인 저술에서는 〈결혼〉이라는 말과 〈사랑〉(amour) —이번에는 단수형으로 —과의 새로운 결합이 보인다.[10] 그리고 철학·의학과 같이 이제까지 없었던 문맥 속에 〈행복〉(bonheur)·〈성〉(sexualité)·〈충실〉(fidélité)과 같은 말이 나타났다.[11] 마지막으로 문학적인 문맥을 수반하는 〈결혼〉이라는 말의 출현으로서, 고전적인 작품 혹은 시간의 각인이 이미 박혀 버린 재간된 작품에서 종종 볼 수 있는 데 주의할 가치가 있다.

성적인 죄·강간에 관한 두 시기의 대립은 한층 미묘해졌다. 서명 속에서 그와 같은 말에 들어 있는 액센트, 서명 전체의 호의적인, 비난과 같은, 또는 애매한 양상 등이 그것이다.

어휘의 풍부함과 출현빈도에서 보는 한, 강간은 1961년의 타이틀에서보다 16세기의 타이틀에서 더 큰 위치를 차지한다고 볼 수 있다.[12] 다만 당연한 일이지만, 4와 2 같은 절대수에서 금세 2 대 1이라는 비율을 생각하게 되는 것은 우연의 가능성이 지나치게 많아 위험하다. 따라서 다시 한 번 타이틀로 되돌아가서, 관념의 제출방식이 균질한가 그렇지 않은가를 검토해야 한다. 사실 16세기의 타이틀 속에도 그와 관련이 있는 것은 특별히 길게 나타났고, 강간은 그 부수적인 위치만 차지하였다.[13] 반대로 오늘날의 타이틀은 그 간결함으로 관념을 부각시켰다는 것을 알 수 있다.[14] 한편 리용 출판물의 타이틀에서는 글자의 뜻 그대로의 강간이 문제가 되었던 데 대해, 1961년의 경우 그것은 자신만만한 비유나 상징으로 나타났다. 마지막으로 강간의 현실이 16세기인에게 좀더 가까웠던 반면, 그 관념의 의미는 오늘날 쪽이 보다 강렬해졌다고 생각한다.

성적인 죄에 관해서도 유사한 경향이 확인된다. 16세기의 타이틀 속에서 이 관념은, 출현빈도가 현재보다 적었어도 보다 풍부하고 명확한 어휘에 의해 행해진[15] 타이틀 전체의 농담에도 불구하고, 거의 오늘날의 경우와 비슷하게 사람의 이목을 끌었다.[16] 본질적인 차이는 다른 곳에 있다. 즉 16세기 타이틀에 나타나는 관념의 명철함과, 오늘날의 타이틀 속에 나타나는 애매함의 대립이다. 전자의 경우, 죄의 관념이 식자공의 잘못만으로 나타났을 때조차 성적인 죄가 문제되었던 것이 명료했던 데 대해,[17] 후자에서는 막연한 추측밖에 허락되지 않는다.[18] 더구나 중요한 것은 16세기의 표현에서는 좀더 크고 솔직 담백한 면이 있는 데 대해, 오늘날의 서명에서는 강한 효과를 추구한 나머지 미소와 같은 것을 느낄 수 있다. 물론 이것은 표제의 테크닉만의 문제는 아니겠지만, 어찌되었거나 죄를 범한다는 말은 다분히 위력을 과시하고

▶ 퐁텐블로파 화가가 그린 〈화장하는 비너스〉(45쪽 참조)

◀ 〈도취의 현장〉 모로 죈은 이 판화를 《신엘로이즈》용으로 작성했으나 루소에게 거부당했다.

▲ 티치아노의 〈신성한 사랑과 세속적 사랑〉(1514년경, 58-59쪽 참조)

◀ 〈약탈〉(15세기, 《트리스탄 이야기》에서, 27-28쪽 참조)

신비성을 증대시켰다. 그 결과 사람들은 그 말이 담고 있는 미지의 현실을 무서워해야 하는 것인지 아닌지조차 이해하지 못하는 듯하다.

이쯤에서 우리들의 보통 어휘집이 주체 외의 현실 총체에 대해 각각 어떤 경향을 나타내고 있는지 검토해야 할 것이다. 16세기의 그것은 보다 명료하게 가치지을 수 있는 하나의 세계라는 인상을 주었다. 한편 1961년의 그것은 평범한 자세를 나타내고 있다. 즉 좀더 객관적으로, 정념의 하중이 실려 있지 않는 언어로 세계를 다루려는 노력, 또는 그 하중이 나타날 경우에는 하중 자체의 양의성이다.

우리들은 이미 간통과 이혼의 관계를 검토하면서, 현실세계를 좀더 객관적으로 파악하려는 방향의 추이와 마주쳤다. 16세기의 타이틀은 오로지 간통에 집중시켜 그것을 엄격하게 탄핵했다. 한편 오늘날의 타이틀에서는 관심의 대상이 이동하여, 이혼이라는 새로운 제도가 특별한 문제 없이 다루어졌다. 이와 같은 정념 배제의 자세는, 〈내연관계〉(concubinage)를 둘러싸고 한층 더 분명하게 나타났다. 리용 출판물의 타이틀에서는 내연관계의 관념이, 격렬한 비난·탄핵이 담겨 있는 concubinarii(내연관계, 첩)로 나타나 있다.[19] 그런데 같은 관념이 《현대에 있어서 내연관계의 추이》(*Évolution contemporaine du concubinage*)라는 오늘날의 타이틀에서는 직접적이며 객관적으로 다루어지고 있다.

이 두 가지 예에서는 교회법에 의한 단죄에서부터 민법의 제삼자적인 입장으로의 이행은 있어도, 우리들은 의연하게 법률적인 문맥 속에 있는 것이지 사회 전체의 자세를 뭐라고 말할 수는 없다. 그에 대해 〈남색男色〉(sodomie)이라 하여 오늘날에는 사라져 버렸다고 생각되는 관념에 대해서는, 똑같은 경향이 복수의 문맥에 걸쳐서 보인다.

속어 혹은 비어도 말할 수 있다. 예를 들어 bougre(현대어로는 노예·자식) —이것은 표제의 레벨에는 출현하지 않았다—와 같은 말을 별도로 하면, 〈동성애〉(l'homosexualité)는 16세기에 남색의 관념을 통해서밖에 되지 않은 것 같다. 이 관념은 동성애적인 관계의 테두리를 벗어났지만, 한편 그

복잡함을 죄다 담고 있지도 않다. 따라서 양자는 별개의 관념이기는 하나 간통과 이혼 이상으로 밀접한 관계가 있다.

실제로 이 분야에서 무엇이 발견되었을까? 일반용 저술의 타이틀 속에 단한 가지 예가 있다. 《남색의(sodomiste) 죄가 밝혀지자, 1601년 4월 12일 앙베르에서 화형에 처해진 예수회의 수도사 P. 앙리 망고Henry Mangot의 실화》에서, 관념은 격렬한 단죄의 뜻이 담긴 형용사 sodomiste만으로 표현되었다. 리용 출판물 속에는 이것 이외에 남색을 다루고 있는 책이 없다. 반대로 1961년에는 동성애의 관념이 두 권의 의학적 저작에 나타나 있어도 아무런 비난·탄핵의 대상이 되지 않았다.[20] 물론 동성애가 오늘날 사회 전체에서 받아들여지고 있지는 않다. 그렇지만 예전에는 배척하지는 않았으나 언급할 수 없었던 것이, 의학연구의 길을 통하여 오늘날에는 객관적인 문맥 속에 나타나고 있는 것은 분명하다.

이와 같이 보다 큰 객관성으로 향해 가는 경향은, 사회적 금기의 경감 혹은 소멸까지도 예상하게 될지도 모른다. 그렇지만 반대로 강화된 금기가 몇 가지 있다.

예를 들어 강간의 관념은 공적인 자리에서 힘을 얻었으나 일상의 자리에서는 힘을 잃었다. 성적 행위의 이미지가 리용 출판물의 타이틀 속에는, 단죄의 가치가 있는 폭력의 이미지에 의해 다소 애매하게 말해지고 있다.[21] 그렇지만 1961년의 것에서 볼 수 있듯이 완전한 승화·상징화의 조작을 받지 않은 점이 그 증거일 것이다. 비슷한 추이가 생명 재생산이라는 생물학적 결과에서 생식적 행위를 검토할 때에도 확인된다.

생식행위와 관련된 말은 리용 출판물보다도 1961년의 타이틀 쪽이 더 풍부하다. 전자가 4번 나오는 데 비해 12번, 말의 종류도 전자가 3번인 데 비해 6번 나온다.[22] 단지 12번의 사용 중 6번은 동물에 관해, 3번은 성모 마리아의 무원죄無原罪의 잉태에 관해서이다. 분명한 형태로 인간의 생식과 관계 있는 말은 단 1번에 불과하다. 《모성에 역행하는 것＝인공수정》이 그것이며, 여기서도 이미지가 상당히 감추어져 있음을 곧 알 수 있다.

리용 출판물에는 금기의 힘이 그다지 강하지 않았던 것 같다. 인간의 생식을 다룬 2권의 의학서 중 적어도 1권은 직접적인 표현을 하였다.[23] 또한 더욱더 흥미를 끄는 것은 광범위한 독자층을 위한 문학서, 아마디스 드 골Amadis de Gaule의 제9권에서 생식의 이미지가 매우 솔직하게 표현되어 있다. 문제의 장소는 그대로 인용되어 있어서 가치가 있다. 『……건의 아마디스에 의해, 아름다운 왕비 자아라 드 코카즈Zahara de Caucase 모르게 태어난 다른 두 아들과 딸들…….』오늘날이라면 물론 다른 표현으로 다루어졌을 것이다. 16세기 문학은 생식에서 착상을 따오는 예가 드물었지만,[24] 일단 그와 접할 때에는 현실을 감추려 하지 않았다.

생물학적 결과라는 매개＝가리개(막) 없는 생식행위의 파악이, 현대의 타이틀에는 전혀 나타나지 않는 데 비해 리용 출판물의 타이틀에는 5번이나 나온다. 단지 이 5번의 출현에 수반하는 미묘한 뉘앙스를 꿰뚫어 볼 수는 없다.

생식행위의 이미지를 지닌 말이 3개 있지만, 그 중 가장 명료하고 직접적인 말은 〈성교〉(coït)이며, 3번 출현하는 것도 이 말이다. 단 이것은 라틴어이며 독자층이 한정된 책에 사용되었다는 점, 더구나 3번 모두 사람의 눈에 띄기 쉬운 위치에는 두지 않았다는 점에 주의해야 한다. 첫번째의 경우는, 당시 일반적이었던 끝없이 이어지는 목차식 타이틀(본서는 빌라 노바Villa Nova의 아르날디Arnaldi의 저작이며, 이 속에 포함되어 있는 것은……) 속에, 갖가지 잡다한 항목의 퇴적 속에 파묻혀 있는 것처럼 〈성교에 관해서〉(De coïtu)라고 겨우 읽힐 뿐이다. 현재에 만약 똑같은 책이 출판된다면, 그 타이틀은 〈아르노 드 빌르뇌브Arnauld de Villeneuve 전저작집〉이 될 것이다. 기술적인 이유에서 〈성교〉(coït)라는 단어는 분명 목차 속에 들어갈 것이다.

또한 같은 말이 1552년 간행된 마르지오 갈레오티Marzio Galeotti가 쓴 《갈레오투스 마르티우스 나르넹시스Galeotus Martius Narniensis 논문집》에 수록된 두 가지 논문의 타이틀에도 보인다. 이 두 논문의 표제는, 아르노 드 빌르뇌브Arnauld de Villeneuve의 저작처럼, 책 전체의 타이틀 페이지에 실어도 좋았을 것이다. 단지 1504년-1552년 사이에 생긴 타이틀 기술의 추이에 따라, 그 장소에서 내쫓겼을 뿐이다. 그래도 저자와 그 두 논문에 관해서는 좀더 검토해 보자. 마르지오 갈레오티는 16세기 초기에 죽은 피렌체의 의사·인문주의자·점성술학자이며, 논문 중 하나는 다음과 같은 타이틀을 하고 있다. 《성교에 즈음하여 남편이나 아내에게 쾌락이 좀더 커진 것처럼,

남자로 변한 여자에 관하여.》 오늘날의 안목으로 보면 매우 기묘한 이 테마
는, 고대 르네상스기에 대부분의 의사들이 다루었던 주제이다. 또 하나의 논
문 《성교 또는 고대 이후 말살된 관련어휘에 관하여》는 좀더 독자적인 것으
로, 지금 우리들이 문제삼고 있는 금기 그 자체를 지적했다는 이점을 갖고 있
다. 그러나 유감스럽게도 나는 아직 저자가 무엇을 시도하였는지, 그곳에서
해방된 사회에서 옛날의 금기를 다시 불러일으키려 한 것인지, 그렇지 않으
면 고대인의 비밀을 명확히 찾으려는 것인지를 모르겠다.[25]

　다른 생식행위의 이미지는, 〈거주하다〉(habiter) · 〈아가씨를 취하다〉(pren-
dre une fille)라는 두 동사에 의해 표현되었다. 이 두 가지는 프랑스어이므로
라틴어 coïtus 이상으로 널리 독자층에게 이해되었다. 단지 이 두 표현에는,
성과 아무런 관계가 없는 용법도 있다는 점에 주의하기 바란다. 그것은 마치
대중적인 수준에서 성행위에만 쓰이는 말로 만들어져 통용되는 것을 금하는
어떤 힘이 작용하는 것과 같다. 왜냐하면 두 표현 모두 진실한 의미에서의 완
곡한 어법도 은유도 아니기 때문이다.

　동사 〈거주하다〉(habiter)는, 〈성교〉(coïtus)와 마찬가지로 분명하게 한정
된 성적인 의미를 지녔던 당시의 의학용어로 통용되고 있었다. 다만 coïtus
의 경우처럼, 이 말도 눈에 잘 뜨이는 곳에 두지 않았다.[26] 한편 〈아가씨를
취하다〉(prendre une fille)라는 표현방법은 교훈본의 타이틀로서, 넓은 독자
층을 생각하는 동시에 남의 눈에 잘 띄지 않는 레벨에서 사용하고 있다.[27] 단
지 그 경우에도 표현된 이미지는 단죄해야 할, 그리고 사실 처벌해야 할 폭력
이라는 다른 이미지에 의해 가려져 있다.

　마지막으로 금기가 때로는 서명의 레벨에서 직접 드러내고 있는 점에도 주
의해야 한다. 마르지오 갈레오티Marzio Galeotti에서는 암시에 지나지 않았
지만, 1584년 이후의 타이틀에서는 그 의도가 더욱 분명해졌다. 《처벌받을
사항의 추잡함, 언어의 비열함에 관한 마르씨알리스Martialis의 짤막한 문
장.》(예수회 신학 회원 앙드레아 프루시Andrea Frusij 간행) 이 저술은 1593년
리용에서 재판되었다.

　〈사항의 추잡함〉(obscenitas rerum) · 〈언어의 비열함〉(turpitudo verbo-
rum)이라는 두 가지 표현은, 타이틀의 레벨이 아니라 본문의 레벨에 필요한

금기를 드러낸다고 할 수 있다. 고대 텍스트 순화라는 이 기획의 형식·연대·넓이를 명확하게 해보는 것도 쓸데없는 작업이 아니다. 이 타이틀에도 금기가 사항과 마찬가지로, 언어상에서도 무게를 차지하고 있음을 알 수 있다. 같은 종류의 타이틀이 우리들의 눈에·띄지 않는 곳에서 이미 존재했다면, 이 타이틀은 이런 종류의 수치심의 시초연대를 나타낸다고 생각된다. 어찌되었거나 1584년이라는 연대는 트랑뜨 종교회 이후 가톨릭 교회의 운동방침과 예수회의 교육사업에 관해 우리들이 알고 있는 것과 꽤 부합된다.

〈비열함〉·〈추잡함〉과 유사한 말이 현재의 타이틀에서 보이지 않는 것은, 문장의 레벨에서 금기가 완화되었다기보다 이제까지 타이틀의 레벨에서 그와 같은 말 자체가 금기시되었기 때문이다. 17세기에 이미 사람들은 이 순화에 대한 배려를 〈왕태자용〉이라는 표현만으로 즐겨 나타냈고, 우리시대에도 〈일부 삭제〉라는 말만으로 충분히 사용되도록 하였다.

이와 같이 16세기의 표제와 오늘날의 그것을 비교 검토해 보면, 생식행위의 이미지 혹은 노골적으로 암시되는 것에 대한 금기가 좀더 강해졌다는 인상을 받는다. 더구나 나로서는 현재 즐겨 사용하고 있는 부수적인 행위와 관계 있는 말이, 성적인 여러 관계의 정점이라 할 이 행위에서 사람들의 주의를 피하기 위한 것으로 해석된다. 육체적·감정적인 여러 가지 형편은 서로 맞추고, 모든 성적인 관계와 연관이 있는 〈사랑〉(amour)이라는 말은 도외시하여, 지금 단편적인 부분만을 나타내는 말을 생각해 보자. 리용 출판물의 타이틀 속에서 볼 수 있는 것은 〈상냥스러움〉(mignardises)이라는 말만으로, 그것은 많은 〈놀이〉(récréations)·〈잡담〉(devis)과 결부되어 사용되고 있다. 이 경우 〈상냥스러움〉은 연인끼리 서로 사귀거나 혹은 둘이 함께 나누는 달콤한 말을 나타내는 듯하다.

이에 반하여 1961년의 타이틀은 훨씬 다양하다. 실제로 말할 수 있는 것이라면, 그것은 아마 〈속내 이야기〉(confidences)의 범주에 들어갈 것이다. 다만 그 사용 문맥의 정의는 극히 곤란하다. 어찌되었거나 환기될 수 있는 점은 관능적이고 달콤한 즐거움이며, 그를 위하여 〈입맞춤〉(baisers)·〈포옹〉(embrasser)·〈애무〉(caresses)·〈연애 유희〉(flirt)와 같은 말이 사용되고 있다. 경우에 따라서는 여기에 〈스트립쇼〉[28]를 덧붙여도 좋을 것이다. 현대의 타이틀은 그 짧은 정도에 의해 이와 같은 말을 부각시켰고, 그곳에 다양한 꿈을 투입시켰다. 16세기보다도 1961년의 타이틀 쪽이 훨씬 성적인 색채가 농후하다고 말하는 것도 이와 같은 의미 때문이다. 단지 여기에서 문제가 되는 것은 단편적·부수적인 성현상이며, 주요한 사항을 파고들어 보면 비열한 것으로 느낄 터이다.

이렇게 해서 비열함의 의식이 과장되어 온 반면, 금기시되었던 사항이 오늘날에는 두 가지 방법으로 다루어지고 있는 점을 간과할 수 없다. 그 첫번째는 이미 다루었던 〈죄〉·〈강간〉과 같이 전통적으로 탄핵을 받아왔던 말을 매개로 하는 방법이다. 이런 종류의 단어를 보통 문맥에서 떼내어 부각시킴에 따라, 의미를 알 수 없는 애매한 것으로 하였다. 본래 금기시하였던 말이 이렇게 해서 회피당하게 된 것은 표제의 영역에만 한하지 않는다.

그러나 금기의 회피는 주로 두번째 방법, 즉 과학이라는 대의명분으로 가장하고 객관적인 겉모습을 지닌 말을 사용하게 되었다. 남색가男色家라는 말에서 동성애자, 특히 동성애현상(homosexualité)이라는 말로 이행하면서 전통적인 금기의 가치 하락, 힘의 쇠퇴에 관해서는 이미 우리가 본 그대로이다. 그런데 1961년의 타이틀에는, 16세기의 타이틀 속의 언어에는 존재하지 않았던 많은 관념이 발견되었다. 〈방종〉(libertinage)·〈에로티시즘〉·〈여성의 색광증〉(nymphomanie)·〈색광증〉(érotomanie)·〈매저키즘〉·〈사디즘〉·〈동성애현상〉, 그리고 특히 〈성현상〉(sexualité)이 그러하다. 그 중에서 〈방종〉을 제외하면 모두 최근에 생겨난 관념이다.[29]

요컨대 저자가 과학적인 외관을 지닌 말을 사용함에 따라서, 대상과의 사이에서 먼저 일정한 거리를 두는 한 어떤 사실과 현상도 인정해야 하는 것이 우리시대의 특징 중 하나이다. 이것은 아마 금기되고 있는 현상은 신화라는 옷에 싸였던 옛날의 관습과 같은 종류일 것이다. 단지 나는 리용 출판물의 타이틀 속에서 이와 같은 관례의 분명한 실례를 발견할 수 없었다. 그러나 지금의 어휘에서는 단순히 위선 이상의 무엇이, 언어뿐만 아니라 행위 자체에 관해서도 실제 거리를 두려는 경향이 인정되고 있다. D. H. 로렌스Lawrence와 같은 작가는 그것을 통렬하게 의식하고 있었다고 생각된다.

이 경향을 대표하는 것은 성현상이라는 관념일 것이다. 이 관념은 초기에 독립된 한 개의 학문 ―생물학 ―내부의 필요에서 유래했을 것이다.

라루스Larousse 사전은, 이 말을 〈성(sexe)에 의해 결정된 특별한 여러 성격〉으로 정의하고 있다. 그러나 이 관념은 오늘날 생물학적인 문맥을 초월하였다. 1961년의 타이틀에서 이 말이 4번 사용되었는데, 그 중에서 위의 정의에 적용되는 것은 단 1번,[30] 나머지 3번 중 1번은 대중적인 의학서[31]에서, 1번은 역사 평론문[32]에서, 1번은 철학적인 저작[33]에서 보였다.

순수하게 과학적 객관성을 지닌 이 말이 새로운 내용을 받아들이면서 그것이 점차로 무게를 더하였다. 단지 이 말이 일찍이 금기시되었던 관념 속에 숨어 있었다 해도, 동시에 사회의 모든 부분에서 쾌히 맞이하였던 몇 가지 관념의 희생 속에서 힘을 얻지 않았다고는 잘라 말할 수 없다.

혼인 밖에 있으면서 비교적 안정된 남녀관계에 사용하는 〈관계〉(liaison)라는 말도 마찬가지이다. 16세기가 이 말을 이미 알고 있었다고는 생각할 수 없다. 그렇지만 이와 같은 남녀관계는 어떻게 다루어졌을까? 〈간통〉·〈동침관계〉(concubinage)라는 경멸적인 관념임은 분명했지만, 동시에 그것은 〈사랑〉(amour)이라는 관념으로 다루어졌다.

두번째 범주의 사상과 현상으로 이야기를 옮겨보자. 이것은 이제까지 검토해 왔던 것에 비해 훨씬 요령 부득한 사항, 이제까지와 같이 단순하게 정의내릴 수 없는 말로 이루어져 있다. 따라서 두 가지 자료체의 비교도 쉽지 않겠지만, 이제까지와는 다른 레벨의 차이에 초점을 맞추도록 하겠다.

언어의 외관만으로 관찰을 한다면, 먼저 눈에 띄는 것은 ―본디 이것은 당연히 예상할 수 있는 것이다 ―두 시대간의 유사점이다. 양자에서 모두 볼 수 있는 〈사랑〉(amour)이라는 말의 절대적인 우위가 그것이다. 리용 출판물의 표제에서는 단수형이 105번, 복수형이 109번 사용되었고, 1961년에는 단수형이 105번, 복수형이 16번 사용되었다. 같은 범주에서 사용된 다른 말의 전체사용 총합계도 여기에 훨씬 못 미친다.[34]

그리고 일단 두 그룹의 타이틀에서 사랑의 감정이 동등하게 중요한 위치를 차지하고 있다고 결론지을 수 있다. 사용되고 있는 문맥 사이에서도 약간의 공통점을 찾아낼 수 있다면 더 나을 것이다. 즉 두 자료체 모두 〈사랑〉이라는 말이 종교적 문맥, 철학·윤리적 문맥, 특히 현재에도 서지분류가 〈문예〉로 불려지고 있는 분야에 출현한다는 것을 나타내고 있다. 단지 1961년에는 역사·의학이라는 두 새로운 문맥이 등장한다.

역사분야에서의 출현은 그다지 관심을 불러일으키지 않았다. 그렇지만 〈사랑〉이라는 말이 16세기의 역사서에서 보였던 〈습속〉(moeurs)라는 말과 동일시될 수는 없다. 양자 각각이 독자적인 내용을 갖고, 또한 독자적인 가치를 지니고 있는 점도 일목요연하게 볼 수 있다. 그뿐 아니라 사랑을 다루는 오늘날의 역사서는 우리 사회에서 기사도 이야기가 16세기 문명 속에서 차지했던 것과 매우 흡사한 위치를 차지하고 있기 때문이다.[35] 진지한 역사가라면 오늘날 이미 우리가 다룬 성현상이라는 말밖에 용인하지 않는다.

한편 주목할 만한 가치가 있는 것은, 〈사랑〉이라는 말의 의학적인 문맥의 출현이다. 우리들은 걸핏하면 이 현상을 의학적인 유물론의 심적 영역에 대한 단순한 확장으로 생각하기 쉽지만, 사정은 그 정도로 단순하지 않은 듯하다.

16세기의 의학은, 어떤 의미에서 오늘날의 의학 이상으로 강권적이었다고 할 수 있다. 당시의 진단·처방은 극히 물질적인 수단을 사용하여 끊임 없이 심적 기구를 개입시키려 했기 때문이다. 오늘날 우리들이 〈우울〉(mélanco-lie)·〈노여움〉(colère)·〈냉정〉(flgme)·〈나태〉(flemme)를 오로지 심적인 사실과 현상으로 간주하는 데 비해, 16세기의 의사들에게 있어서 이와 같은 기분＝〈체액〉(humeurs)은 완전히 물질적인 사실과 현상이었던 것도 그 때문이다. 이런 종류의 단어가 오늘날 일상어의 일부가 되었으면서도, 의학상의 관념과 일상적인 관념 사이에서 명확한 경계를 인정하고 있지 않음을 알 수 있다. 16세기에 이와 같은 관념은, 심적 사상事象과 따로 떼어낼 수 없는 물질적 사상을 내용으로서, 우리들이 직면한 관심의 대상인 대중의 일상적인 사고방식 속에서 존재했던 것이다.[36] 광범위한 전파를 노린 프랑스어의 수많은 저술 속에서 그것이 발견되는 것도 그 존재를 뒷받침해 준다.

따라서 본래 의학적인 목적을 지닌 저술의 표제에 〈사랑〉이라는 말이 담겨져 있는 것을, 의학적인 관심의 심적 기구의 방향에의 확장이라고 결론지을 수 없다. 오히려 그곳에서는 사랑을 감정적 사실과 현상으로 고려해 넣으려는 하나의 학문적인 자세를 인정해야 한다. 같은 학문이 예전에는 감정적인 현실로서의 사랑을 무시하려 했고, 또한 말로 표현되지 않는 부분에서 그 존재를 부정할 수도 있었다. 그리스·로마 세계의 문제의식이 라틴어 사용과 결부되면서 널리 존속하게 되었다. 사랑의 감정적 현실은, 문명의 다른 분야에 의해 그것만이 문제로 고려되었다. 그렇지만 오늘날에는 의학적인 사고의 테두리내에서 거의 시대착오적인 〈성적 쾌락〉(volupté)의 문제를 대신할 수 있을 만큼 강해지지 않았다는 것은 분명하다. 대부분 모습을 감추려 하고 있는 〈성적 쾌락〉의 뒤를 쫓는 의학적인 문맥 속에 사랑이 들어 있다 해도, 의학이 일변했다고는 생각할 수 없다. 무엇보다도 사랑이 감정적인 현실로서 분명히 확인되고 있다.[37]

책의 표제를 자세하게 검토해 보면, 우리들은 사랑을 테마로 16세기에 전개된 수많은 논쟁에 놀라게 된다. 리용 출판물 중 7종(판수로는 17판)이 세속적인 사랑을 전체 혹은 개별적으로 나타나는 것에 대해 공격을 하였고,[38] 17종(24판)이 〈올바른〉(honneste) 사랑, 요컨대 적법한 사랑의 모습을 묘사하려고 하였다.[39] 반대로 1961년의 책에서는 세 가지만이 사랑을 공격하였고, 두 가지는 사랑의 방식을 가르치려고 하였다.[40]

16세기 문명의 일부는, 사랑을 신의 눈으로 보고 도리에서 벗어난 행동이라 하여 배척했다. 이런 사고방식은 특히 15세기 말에서 16세기 초에 볼 수 있는 〈거짓의〉·〈미친〉이라는 형용사로 나타났다. 그리고 〈거짓의〉에 대립하여 1503년에는 형용사 〈진정한〉(vrai)이 나타났다. 어떤 종류의 사랑이 〈거짓〉이라는 점은 부정되지 않았지만, 〈진정한〉 사랑도 존재한다는 것이다. 16세기 전반은 사람들이 어떤 사랑의 방식을, 다양한 사랑 속에서 이상적인 사랑이 조금씩 정의되었던 시기이다. 이 사랑이 훌륭한 ─올바른─ 사랑이다. 왜냐하면 〈순결〉(chaste)하고 〈정숙한〉(pudique) 이 사랑은 성적 금기를 범할 수 없었기 때문에. 그리고 16세기 후반이 되면 사랑행위의 위력이 형용사 〈정숙한〉에 의해, 혹은 〈성실한〉(loyales)·〈불가사의한〉(merveilleuses)·〈고명한〉(insignes)과 같은 새로운 형용사에 의해 강조되었다. 왜냐하면 사람들이 그 필요를 느꼈기 때문이다.

그에 비해 1961년에는 사랑이 무조건적으로 인정되었다. 만약 이 말의 플러스 방향에 대한 하중을 강조하고 싶다면 양을 나타내는 형용사(커다란·긴), 과잉을 나타내는 말(미친 듯한), 힘을 나타내는 말(죽음보다 강한 사랑), 절대성을 나타내는 말(단 하나의 사랑을 꿈꾸며)이 동원되었다. 관념의 내용 모두를 가치지을 수 있기 때문이다. 〈사랑〉이라는 말은 수식어를 붙일 필요 없이 쾌히 받아들여졌다. 욕망·관능·호색과 같이 좋거나 혹은 나쁜 뉘앙스를 지닐 수 있는 사실과 현상은 사랑에서 빚어져 나오기 시작했다. 이와 같이 변화한 태도의 대상 자체는 같은 것일까? 말의 내용 정의는 시도해 보지 않더라도 16세기에는 종종 〈X의 사랑〉(les amours de X)·〈X와 Y의 사랑〉(les amours de X et de Y)과 같이 개별적·구체적인 사랑에 관해 이야기했다는 점에 주의해야 한다.[41] 《사랑의 샘》(la Fontaine d'amours)이라는 타이틀처럼, 주체도 대상도 명시되어 있지 않은 일반적인 레벨로 이야기를 옮기려 할 때에는 몇 가지 개별적인 사랑의 집적이라는 형태가 많이 사용되었다.[42]

16세기를 하나의 총체로 생각할 때[43]—이것이 본 논고의 시점이지만— 타이틀에 관한 한 사랑의 본질과 거의 동등하게 사랑의 실존적인 모습을 다루고 있음을 알 수 있다.[44] 반대로 1961년의 타이틀에서는 보편적인 현실 속의 〈사랑이라는 것〉(l'amour)이 〈개별적인 사랑〉(les amours particulières)을 훨씬 능가하고 있다. 개인이 관심의 대상이 되었을 때조차, 항상 보편적인 존재로서의 사랑을 참조하였다. 예를 들면 16세기에는 쟝-삐에르Jean-Pierre를 향한 니꼴Nicole의 사랑, 혹은 니꼴의 사랑 편력이라 할 수 있는 〈니꼴과 사랑〉(Nicole et l'Amour)으로 표현한 것이다.

16세기의 사람들이 현대인만큼 갖고 있지 않았다고 생각되는 추상능력도 이와 같은 변화의 한 원인일 것이다. 예를 들어 당시는 사랑의 본질과 달리 많건적건 고대신화의 색채를 띠고 있는 사랑의 우의적인 형상이 존재하였다. 그리고 마치 직접적인 추상화 작업은 어찌할 도리가 없는 〈사랑〉이라는 말이 무관사 단수형으로 사용될 경우에는—이런 형태의 사용이 가장 많았지만[45]— 추상적인 사랑으로도 우의적인 사랑으로도 받아들이는 애매함을 필자는 즐기고 있는 것 같다. 『추상적인 사랑을 의미할 경우에는 단수형에 정관사를 붙이는 것이 보통이다. 그렇지 않으면 사랑의 신=큐피트를 가리키는 때가 많았다.』 마리오 에끼꼴라Mario Equicola의 저작[46]과 같이 오로지 사랑의 본질에 눈을 돌리고 있는 것이라면, 먼저 우의적인 형상의 묘사부터 시작해야 한다는 예도 있다.

1961년이 되면 타이틀에 관한 한, 고대·중세 사랑의 신의 흔적은 보이지 않는다. 그렇다고 해서 오늘날 사랑이 구체적인 형태를 갖고 있지 않는 순수하고 관념적인 존재가 되어 있는 것은 아니다. 보편적인 사실과 현상이라는 레벨에서 그것은 하나의 구체적인 존재를, 이미 시각으로서가 아니라 마음으로 감지되는 현존상태를 획득한 것임이 분명하다.[47] 사랑은 아직도 우리 문명의 절대적인 가치의 하나이다. 만약 그곳에 사랑의 눈에는 보이지 않는 성질과 마음 혹은 영혼으로 그 존재를 감지할 수 있다는 성질을 결부시켜 본다면, 어쩌면 이것은 새로운 신이 아닐까? 그 예전의 우의적인 형상과의 관계는 마치 성서의 유일신과 고대 신전의 신들의 관계와 같은 것이 아닌가 하고 의심해 볼 수 있다. 현재 사랑은, 신적인 힘을 갖고 있는 사람들은 그것을 신앙하고 있다.(《죽음보다도 강한 사랑》·《사랑이 주술에 걸린 것을 풀었다》) 그것은 영원한 기대의 대상이며(《어느 날엔가 사랑이 찾아올 것이다》), 불안으로 가득찬 기대의 대상이기도 하다.(《사랑이 떠나갔다》·《사랑이여, 다시 돌아오라》) 또는 불안과 고통에 찬 신비주의(《사랑은 가버렸다》·《사랑이여, 대답하라》·《사랑, 암흑의 번민》) 신학의 대상이며(《사랑과 죽음》·《사랑과 신적인 것》), 살아가는 길이기도 하다.(《사랑의 길》·《사랑의 조건》·《사랑·결혼·행복》) 사랑은 신의 조건을 모두 갖추고 있다고 할 수 있다. 종종 성서의 한 귀절〈신은 사랑이다〉가 강조되고 있지만, 그 강조된 방법을 보면 사랑이 신을 정당화시키는 것이지 신이기 때문에 사랑하는 것이 아니라고 생각하게 된다. 그러나 1961년의 타이틀로 이야기를 한정해 보자. 그곳에서는 아마 우연이겠지만, 그와 같은 사랑과 신의 관계에 관해 다루고 있는 것을 발견하지 못했다.

그런데도 신과 같은 존재로서의 사랑이 1961년의 모든 타이틀에 걸쳐 나타나지 않았으며, 내가 특별히 그것을 강조한 것도 16세기와 비교하여 좀더 새로운 점으로 생각했기 때문이다. 16세기 초기 사랑은 연인 사이를 결합하고 있는 구체적인 관계였다. 16세기 말에 그것은 오히려 그들 관계에 놓여 있는 추상적인 굴레가 되었다.[48] 그곳에서 얼마나 많은 과정을 거쳤을까 ─물론 내면화 단계에 있었다는 것은 쉽게 상상할 수 있지만─1961년의 타이틀에 이르러 우리는 연인들의 한쪽이 완전하게 모습을 감추어 버렸다는 점을, 그리고 대부분의 경우 남아 있는 자가 어느 초월적인 존재와 혼자 마주하게 되기를 필사적으로 갈망하고 있는 듯한 모습을 발견하게 되었다. 저자의 이름에서 엿볼 수 있는 점은, 이와 같은 사랑의 종교 형성에 즈음하여 여성이 커다란 역할을 수행하게 되었다.[49] 단 저자나 독자로서도, 여성만이 이와 같은 변화에 관계를 하고 있는 것은 아니다.

　　대상인 상대를 희생하는 행위 그 자체에 더욱더 많은 관심을 갖는 경향은, 동사 aimer(사랑하다)의 사용빈도가 증대하므로써 증명되었다. 리용의 타이틀에서는 출현회수가 6번이지만, 1961년에는 28번이다. 또한 예전에는 종교적인 문맥, 세속적인 사랑의 문맥에만 출현한 데 비해,[50] 오늘날에는 종교적인 문맥에서 4번, 세속적인 사랑의 문맥에서 14번,[51] 나머지 14번은 그외 여러 문맥에서 사용되었다.[52]

　　이와 같은 동사 〈사랑하다〉가 즐겨 사용되고 있는 배후에는, 아마 내면성이 새로이 획득한 권위도 있겠지만, 그렇지만은 않다. 16세기에 그것이 세속적인 사랑의 문맥 속에 나타난 것은 두 종류의 타이틀뿐이다. 한편 동사 jouir(즐기다·향수하다)가 모두 세속적인 사랑과 관계된 문맥으로 4종류에 5번 나타났다.[53] 반대로 1961년의 타이틀에서는 동사 〈즐기다〉가 1번도 나타나지 않았다. 요컨대 16세기의 인간이 사랑을 즐기고자 하는 의지를 공공연하게 보여 준 데 비해, 오늘날의 사람들이 호언장담하는 말은 사랑하고 싶다는 기분뿐이다. 아마 금기의 강화와 관념내용의 변화가 동시에 작용하고 있을 것이다.

　　사실 사랑과 관련된 문맥 중에서 동사 〈즐기다〉는 오늘날만큼 의미가 한정되어 있지 않았다. 물론 성적 흥분의 시간도 그 속에 포함되어 있지만, 그것만으로 요약되는 것이 아니다. 그리고 그 경우에 한하지 않고, 감정과 관능을 분명하게 구별하는 것도 현대 언어습성의 한 가지 특징이다.

　　예를 들어 오늘날 사랑의 문맥 속에서 사용하고 있는 〈사랑〉(amour)·〈애정〉(affection)·〈상냥함〉(tendresse)은 〈마음〉에 관여하는 감정의 현상이다. 〈쾌락〉(plaisir) · 〈관능적 쾌락〉(volupté) · 〈즐거움〉(jouissance)은 감각에만 관여한다. 같은 종류의 문맥에서 같은 명사가 16세기에 사용되었을 경우 이와 같은 분류는 불가능하다.

〈감정〉(sentiment)의 관념은 리용 출판물의 타이틀에 출현하지 않았을 뿐 아니라, 대체로 16세기에는 몰랐던 것 같다. 몇 가지 사전이 〈감정〉이라는 말의 존재를 증언하고 있다. 단 그 말이 가리키는 것은 오히려 감각의 지각이지 마음의 지각이 아니다.[54] 더구나 감정의 자리로서의 마음도 두 가지 종교적인 저작,[55] 한 편의 소설,[56] 이탈리아어로 씌어진 한 편의 평론,[57] 판수로는 6가지에 불과한 데 비해, 1961년에는 같은 관념이 51의 타이틀 ─ 그 중에서 종교적인 저작은 11편뿐 ─ 에 나타났다.[58] 마지막으로 tendresse(상냥함)은 타이틀에도 사전류에도 나타나지 않았으며, 형용사 tendre(상냥한), 혹은 명사 tendrete(부드러움)은 감정적인 현상이 아니라 관능의 범주에 들어 있는 성질을 가리키고 있다.

순순하게 관능적인 사실과 현상에 관해, 그것을 다룰 수 있는 것은 라틴어의 명사 libido(육체적 욕구) · Venus(비너스) · voluptas(관능적인 쾌락)과 라틴어를 프랑스어로 그대로 베낀 volupté밖에 없다.[59] 그리고 이런 종류의 말은 고대 텍스트,[60] 의학서,[61] 혹은 비난의 뉘앙스를 갖는 종교서[62]에서 볼 수 있을 뿐이지 사랑의 문맥에서는 결코 나타나지 않았다. 프랑스어 Vénus (비너스)는 사랑의 문맥에 등장하지만, 그것은 다양한 모험을 거친 신화적인 인물이지 사랑의 쾌락의 화신은 아니다. 판수는 16을 헤아릴 수 있으며, 〈비너스〉라는 말로 표현한 7종의 타이틀 중 사랑의 우의적인 형상으로 받아들이는 것은 단 1개, 《새로운 비너스 ─ 그것이 의미하는 바는 정숙한 사랑 ─ 》뿐이다. 따라서 수식어가 하나도 붙어 있지 않는 〈비너스〉는, 가령 사랑의 문학이라는 문맥 속에서 사용되었다 하더라도, 사랑 그 자체 이상의 관능적인 사실과 현상을 표현하고 있다고 말할 수는 없다. 형용사 vénérien(비너스의)는 불가사의하게도 리용의 타이틀 속에서 발견되지 않았지만, amoureux(사랑의)라는 형용사보다 문학적인 단어이다. 특히 사랑에 관한 관능적인 사실과 현상에 관계 있는 것이 아니라, 몇 가지 악습의 명칭에 들어 있는 것으로 오늘날 우리들에게 야기된 두려움의 뉘앙스는 갖고 있지 않다고 생각된다.

실제로 16세기에도 감정적인 사실과 현상을 표현하려고 했을지도 모른다. 다만 당시의 언어가 직접적이고 명료한 표현을 허락하지 않았던 것이다. 〈정숙한 사랑〉도 관능적인 사실과 현상이 대립하는 하나의 감정이지 다른 종류의 사랑과 대립하는 것이 아니다. 어디까지나 같은 행동이라는 차원에서 좋지 못한 행동에 대한 올바른 행동으로서 대립하고 있다. 자칫하면 〈정숙한 사랑〉을 우리들은 『관능적인 것이 아니므로 감정 레벨의 것밖에 있을 수 없다』고 하는 양자택일의 사고방식으로 바라보기 쉽다. 그러나 타이틀에서 볼 수 있는 것은 이와 같은 양자택일의 의식은 전혀 존재하지 않는다.

새로운 하나의 현실이 스스로를 정의하려 하고 있다. 우리들은 amitié(애정·우정)·affection(사랑하는 마음)·passions(정념·수난)이라는 말의 의미, 내용의 불가사의한 변천을 볼 때 그 느낌이 깊어진다.

amitié라는 말이 우리들의 타이틀에 출현한 것은 1559년 이후이다. 언제나 세속적인 사랑의 문맥에 놓여 있지만,[63] 그것은 이 무렵의 타이틀에서부터 모습을 감추어 버린 〈바르고 정숙한 사랑〉을 계승하는 듯한 인상을 준다.[64] 그러나 이 amitié라는 말은 이성간의 우정을, 또는 동성간의 우정을 나타낼 수도 있다.[65] 따라서 그것은 〈이성을 사랑하는 자〉(amant)에 특별한 감정을 부여하는 특징을 갖고 있다고는 할 수 없다.

〈사랑하는 마음〉(affection)의 관념은 조금씩 우(애)정外 관념과 가까워졌다. 처음에 이 말은 타이틀 속에서,[66] 또는 사전에서만 보였다. 정념으로 치닫는 욕망은 사랑하는 남자[67]를 대상으로 여성이 퇴박을 놓는 충동을 나타낸 듯하다. 그러므로 그것은 좋은 의미로도 나쁜 의미로도 사용될 수 있다. 그러나 17세기 초기의 소설 《아스트레 Astrée》로 오면 좋은 의미에서의 용법에서만 보인다. 〈우(애)정〉의 자매어로서 나타나게 된 것이다. 〈사랑하는 마음〉이란 〈숨김 없이 드러내는〉 것도 〈감추는〉 것도 자유로우며, 그 상대가 그런 마음을 가슴에 품고 있다는 것을 알 경우 기쁘게 여기는 것도 불쾌하게 생각하는 것도 어떤 하나의 사상事象이다.[68] 그러나 이 사랑하는 마음의 존재를 확신하는 것은 항상 대상이지 주체가 아니다.

〈감정〉·〈우아함〉을 매개로 한 우리들 현대인의 사랑 세계는 자기 중심적이며, 자기 관상觀想이라 할 수 있다. 한편 〈우(애)정〉·〈사랑하는 마음〉을

▲프라고나르가 1766년경에 그린 〈그네〉(부분)

▶프라고나르의 《빗장》(1780년대 전반, 제12장 참조)

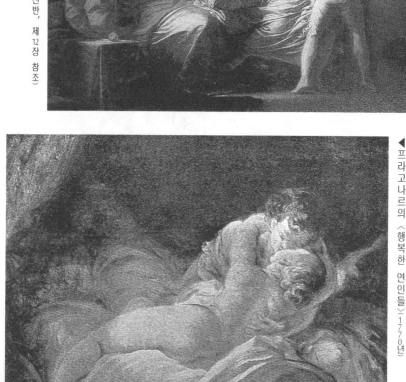

◀프라고나르의 《행복한 연인들》(1770년)

48

매개로 한 16세기의 사랑 세계는 대상 본위였다.

사랑하는 주체로 주의를 끄는 말은, 그것과는 반대로 지각이 위치하는 것이 감정의 레벨인지, 그렇지 않으면 관능의 레벨인지 식별하는 것을 허락하지 않는다. 식별은 단지 유쾌·불쾌에 관해서만 행해진다. 〈즐겁다〉(jouir)·〈마음에 든다〉(plaire)·〈즐거움〉(plaisir)은 유쾌한 지각을 나타낸다. 한편 〈마음에 들지 않는다〉(déplaire)·〈불안〉(angoisses)·〈괴로움=정념〉(passions)은 불쾌한 지각을 나타낸다. 어찌되었거나 타이틀에 관한 한 이와 같은 지각의 진실성·깊이·정직함과 같은 말은 논의의 대상이 되지 않았다. 그것을 득의양양하게 묘사하던가,[69] 한탄하면서 치료수단을 구하는 것[70]으로 만족했다. 〈패션〉(passions)이라는 말의 의미가 16세기에 〈고민〉(tourments)에서 억누르기 어려운 욕망(désir irrépressible)으로 바뀐 사실에도 주목해야 한다. 17세기가 되면 그것은 후자의 의미로, 〈사랑하는 마음〉이라는 말을 내버리려 하였다. 단지 이 욕망의 대상은 본디 그것이 의미하던 고민의 책임자와 마찬가지로 고상한 것·비속한 것, 정신적인 것·육체적인 것을 얻을 수 있었다.

결국 16세기에는 내적인 사실과 현상파악의 방식이 다양하게 있었다. 의학과 종교에 의해 그것은 관능적인 사실과 현상으로 다루어졌다. 또한 사랑에 관하여 양심의 의심스러운 점에 대답하는 신학은, 바깥에서의 행위를 적법·위법으로 다루었다. 단 주체의 내면에서는 유쾌·불쾌만이 식별되었다. 최후의 구별은 1961년의 타이틀에서 볼 때 우리의 세기가 거의 관심을 갖고 있지 않다.

이리하여 서명에 나타난 말의 비교만으로도 말 자체에 대한 태도 차이의 배후에, 성이라는 언뜻 보기엔 극히 자연적이며 인간적인 사실과 현상에 있어서 두 시대간에 커다란 차이가 있음을 알았다. 단 이 차이가 어떤 점에 있는지를 총괄적으로 명확히 하기란 어렵다.

한편 우리들은 내적 사상事象과 외적 사상 사이에 넘어서기 어려운 홈이 뚫려져 있는 것을, 그리고 풍요로운 내적 사상 자체의 내측에서 감정과 관능이라는 새로운 구별이 생겨난 것을 보았다. 학문 지식의 대상이었던 객관적 사상에 관해서는, 그것이 연구대상으로 보다 가까워지기 어려운 내적 사상 속으로 숨어들었기 때문에 타이틀의 레벨에서는 전통적인 가치를 점차 잃어 버린 것을 보았다.

그러나 한편으로 가령 사디즘·매저키즘과 같은 감정과 더불어 행위를 가리키는 새로운 관념이 나타났다. 이런 종류의 관념의 새로움은 여러 레벨의 식별보다도 혼합에 있다. 더구나 강간·죄와 같은 관념은, 일상성을 잃어버린 것만 의미내용 —단지 애매한 의미내용이지만—을 늘린 듯하다. 이런 이유에서 나는 이와 같은 변모를 총괄하여 정의하려 한 것은 이 변모의 다양성·풍부함을 뒷받침하게 되었다고 생각한다. 그렇지만 우리들은 평가를 내리는 데 충분한 자료를 갖고 있지 않다.

왜냐하면 이미 서술한 바와 같이, 서명이 우리들에게 나타내는 점은 하나의 문명이 공공연히 보여 주는 관념으로 한정되어 있기 때문이다. 공공연하게 나타낸 것의 진정한 의미내용을 이해하기 위해서는, 같은 시기에 숨겨져 있는 것과 그것과의 관계를 알아야 한다. 요컨대 인쇄된 텍스트, 사적 편지류에 나타나 있는 모든 목록을 만들고, 간접적이긴 하지만 구두 표현의 레벨에, 의식적인 것의 레벨에, 더구나 무의식적인 것의 레벨까지 도달해야 한다. 구체적인 한 사회에서 인간적인 현실을 안다는 것은, 먼저 이와 같이 다양한 레벨에서 유통되고 있는 형식을 아는 것이다. 또한 한 문명이 인간적인 현실에 대해 취한 태도의 기술이란, 이와 같은 형식이 공공연성이라는 견지에서 보아 다양한 레벨 중 어디에 위치하며, 배분되어 있는지를 명확하게 하는 작업에 불과하다.

우리들 서구문명의 역사를 재구축하는 데는, 이와 같이 다양한 레벨의 언어 변모의 흔적을 더듬어야 한다. 당면한 작업은 두 가지 축을 따라 행해야 할 것이다. 한 가지는 접근이 용이한 어떤 구체적인 레벨 —가령 서명의 그것—에서 변모의 연구이다. 또 한 가지는 한정되어 있는 시대, 언어적으로 한정된 분야에서 다양한 레벨에 걸친 조사에 의해, 각 레벨이 서로 어떤 관계를 갖고 있는가를 아는 방향이다.

마지막으로 나는 이와 같이 재구축된 역사가 사회의 어떤 영역을 덮고 있는지를 확실히 해두고 싶다. 왜냐하면 이와 같은 역사는 사회 전체를 덮고 있는 것이 아니라는 점을 잊어서는 안 되기 때문이다. 역사가에게 있어서 유감스럽지만 입 밖에 낼 수 없는 계층이 존재한다. 생각하고 말하고 행동하지만 쓰지 않고 거의 읽지 않는 사람이 있다. 그들 심성의 역사에 여기에서 제안하고 있는 직접 방식으로 접근할 수는 없다. 단 주의해야 할 점은, 이와 같은 계층이 우리들의 손에서 빠져 나가 버리는 것은 그들이 우리들 문명의 역사에 참여하지 않는다는 것이 된다. 우리들이 취하는 시점은, 우리들의 정신적인 선조들로 간주할 수 있는 자들 모두의 생을, 표현의 여러 형식을 통하여 취하려고 하는 데 있다. 다시 말하면 그들이 사회에서 차지하고 있는 위치를 명확히 하고, 그들 생활의 다양한 양식의 사회학적인 의미를 분명히 하는 것이다. 그 이외 사람들의 생, 우리들의 생물학적 선조들의 생은 그것과 같은 자격으로는 우리들의 관심을 끌 수 없다. 말하자면 그들의 생활은 그와 완전히 다른 이야기 = 역사인 셈이다.

[부표 I]

괄호 안의 숫자는 그 말이 출현한 서명의 종류. 그외의 숫자는 16세기에 쎄어진 13,000종의 서명과, 1961년의 22,000종의 서명에 그 말이 사용된 회수.

16세기			1961년	
Coelibatus (1)	1	독신	Célibat	2
Connubium, connubialis (3)	11 ⎫			
Connubiales (1)	3 ⎭	결혼		
Matrimonium, matrimonialis (7)	14	결혼의	Matrimonial	10
Mariage (34)	66	결혼	Mariage	31
Se marier, marié(e) (15)	19	결혼한, 결혼했다	Marié	4
Épouser (6)	12	남편(처)이 되다	Épouser	2
Épousailles (2)	2	결혼		
Prendre femme (1)	1	장가들다		
Noces, nuptial (10)	10	혼례(의)	Noces	2
Nuptiae, nuptialis (4)	9	혼례(의)		
Fiançailles (1)	1	약혼	약혼자 — Fiancé(e)	5
Sponsus (1)	1	약혼자		

Sponsalia (1) ……… 4 ——— 약혼 ——— Ménage ……… 1

Ménage (2) ……… 2 ——— 부부 ——— Couple ……… 1

——— Divorce ……… 5

Adultère (2) ……… 2 ⎫
Adulterium (2) ……… 6 ⎬ ——— 간통
Concubinarij (1) ……… 1 ——— 동거인 ——— Concubinage ……… 1

——— Liaison ……… 1

——— 관계 ——— Aventure(amoureuse) ……… 1

——— 정사 ——— Flirt ……… 1

——— 연애유희

Amours ……… 77 ⎫
Amores (2) ……… 4 ⎬ ——— 사랑 ——— Amour(s) ……… 26

——— 비밀이야기 ——— Confidences ……… 0

Mignardises (3) ……… 3 ——— 상냥스러움

——— 애무 ——— Caresses ……… 1

——— 입맞춤 ——— Baisers ……… 2

——— 입맞추다 ——— Embrasser ……… 1

——— 연애유희 ——— (Flirt) ……… (1)

——— 스트립쇼 ——— Strip-tease ……… 2

Engendrer (1) ————2———— 생식生殖하다

Generatio (1) ————1———
Procreatio (1) ————1——— 생식 ———— Génération ————1

수정 ———— Fécondation ————2
임신 ———— Conception, conceptio ————3
생식 ———— Reproduction ————3
인공수정 ———— Insémination, artificielle ————3

Coitus (3) ————3———— 성교

Habiter (1) ————1———
Prendre une fille à force (1) ————1——— (아가씨와) 사귀다

Violer (1) ————1———— 강간하다
Violement (1) ————1———— 강간 ———— Viol ————1
Violée (1) ————1———— 강간당하다 ———— Violée ————1

Raptus (2) ————2———
Ravissement (2) ————3——— 유괴

Mariages clandestins (4) ————6———— 비밀결혼

Péché (1) ————1———— 죄 ———— Péché ————5
Pécher (1) ————1———— 죄를 범하다
Stuprum (1) ————1———— 오욕

Turpitudo verborum (1) ──── 2 ──── 부끄러워해야 할 말

Obscenitate rerum (1) ──── 2 ──── 더러운 사항

Porneographie terentiane (1) ──── 1 ──── 포르노그라피 ──── Pornografia ──── 1

방종 ──── Libertinage ──── 1

Érotasmes, antérotiques (2) ──── 2 ──── 에로티시즘 ──── Érotisme, érotique ──── 6

색광증 { Érotomanie ──── 1

Nymphomanie ──── 1

매저키즘 ──── Masochisme ──── 1

사디즘 ──── Sadisme ──── 1

Sodomiste (1) ──── 1 ──── 남색가

동성애 ──── Homosexualité, homosexuel ──── 3

성현상 ──── Sexualité ──── 4

성과학 ──── Sexologie ──── 1

[부표 II]

숫자는 시명 속에서 그 말의 출현 회수. 단 〈사랑〉의 문맥에 있는 것만. 16세기 괄호 안의 말은 오늘날에는 같은 〈사랑〉의 문맥에 속하는 감정을 나타내는 말 에 가깝다고 생각되는 것.

16세기

Amour ——— 105 ⎫
Amor ——— 27 ⎬ 사랑

Amours ——— 89 ⎫
Amores ——— 4 ⎬ 사랑
Aimer ——— 6 —— 사랑하다
Amitié ——— 5 —— 우(애)정
Affection(s) ——— 1 —— 애정
Passions ——— 4 —— 정념
Angoisses ——— 2 —— 불안

1961년

사랑 ——— Amour ——— 105
에로스 ——— Éros ——— 1
사랑(아가페) ——— Agapé ——— 1
사랑 ——— Amours ——— 16
사랑하다 ——— Aimer ——— 28
우(애)정 ——— (Amitié) ——— (7)
고통 ——— Tourment ——— 1

(Pudique) ——— (13) ——— 수치스러움 ——— Pudeur ·······4

연애(감정) ——— Sentiment, sentimental ·······3
부드러움 ——— Tendresse, tendre ·······2
미움 ——— Haine ·······2
욕망 ——— Désir ·······6
육체의 악마 ——— Démon charnel ·······1
한낮의 악마 ——— Démon de midi ·······1

Libido ········1 ——— 성욕
Vénus ········1 ——— 비너스
Voluptas ········1 ⎫
               ⎬ 성애 ——— Volupté ·······3
Volupté ········1 ⎭
               쾌락 ——— Plaisir(s) ·······4
(Heur, Bonheur) ········(5) ——— 행복 ——— Bonheur ·······6

2
단수형의 사랑 l'amour와
복수형의 사랑 les amours(16세기)

amour(사랑)라는 말은 단수나 복수 모두 사용될 수 있다. 다만 단수형의 사용이 압도적으로 많으며, 1961년에 간행된 서적의 표제 중 복수형이 16번 사용된 데 대해, 105번의 단수형이 사용되었다. 오늘날 복수형은 이미 문학적인 문체에 살아남아 있는 데 지나지 않는다. 16세기에는 복수형의 빈도도 단수형의 사용과 다르지 않았다. 보드리에가 수집한 1만3천 부의 리용 출판물 중에도,[1] 단수형이 109번 사용된 데 비해 복수형이 99번 사용되었다. 그곳에서 단수형·복수형 각각이 무엇을 의미하고 있는가 하는 문제가 발생한다.

첫번째로 알 수 있는 점은, 종교적인 문맥에서 인간을 신과 결부시켜서 사랑을 이야기할 때 그것은 언제나 단수형으로 나와 있다. 때로는 단수로, 때로는 복수로 사용된 말은 세속적인 사랑이 문제될 때로 한정되었다.

두번째로 알 수 있는 점은, 16세기를 통틀어 단수·복수의 사용에 변화가 보인다는 점이다. 그러나 이런 추이를 발견하기 위해서는 amour라는 말의 여러 가지 용법을 구별할 수 있어야 한다.

사랑하는 주체나 사랑받는 대상이 명시된 사랑

【주체만이 명시된 경우】복수형 사용이 20번인 데 비해, 단수형은 1번밖에 출현하지 않았다. 그것은 예수 그리스도의 (죄인에 대한) 사랑이며, 복수형은 모두 세속적인 사랑과 관련되어 있다. 가령《영국인 제릴레온Gerileon의 사랑(amours) 등……, 그 즐겁고 기분 좋은 이야기.》

【대상만이 명시된 경우】분명히 대상이 명시되어 있는 것이 8개, 그 경우에 사용된 것은 단수형이다. 가령《이 세상에서 가장 아름다운 디안느에 대한 사랑(amour de Diane)으로 오랫동안 괴로움을 당하는 꼴코스Colchos의 아

제질랑d'Agesilan 사람들…….》

그 중 4개만이 신에 대한 사랑과 관계가 있다. 신에 대한 사랑이란, 문법적으로 말하면 대상이 정의되어 있는 사랑이다.

그외에 주체에 의해 정의되고 있는지, 대상에 의해 정의되고 있는지 잘 알수 없는 경우가 6개이다. 그 중 4개는 신의 사랑 —인간에 대한 신의 사랑? 그렇지 않으면 신에 대한 인간의 사랑?— 한 가지는 왕의 사랑 —신하에 대한왕의 사랑? 그렇지 않으면 왕에 대한 신하의 사랑?—과 관련되어 있다. 그리고 5개 모두 단수형을 사용하고 있다. 여기에서 도출되는 결론은 1)〈신, 왕은 대상이다.〉혹은 2)〈이 경우 주체냐 대상이냐는 중요하지 않으며, 단수형 사용은 성적인 사랑에서 이런 종류의 사랑을 구별하기 위함이다〉중 한가지일 것이다. 마지막 한 가지《이스메니우스의 사랑》(*les Amours d'Ismenius*)에서는 복수형이 사용되었지만, 우리들이 세운 규칙이 올바르다면 이스메니우스는 사랑의 주체라야 한다.

【주체·대상 쌍방이 명시되어 있는 경우】사랑의 주체와 대상이 모두 명시되어 있는 타이틀이 20개 정도이다. 그 중 4개는 X의 Y에 대한 사랑(l'Amour de X pour Y)의 형식을, 14개는 X의 그리고 Y의 사랑(les Amours de X et de Y)의 형식을 취하고 있다. 요컨대 16세기 전체로 보면 동요하고있지만, 시기적으로는 분명한 추이를 볼 수 있다. 즉 전자와 같은 단수형 사용의 형식은 1528−1560년 간행된 것에 한정되며, 그 나머지는 모두 복수형에 의한 형식을 취한다.

언어와 철자법에 관한 반성이 더해진 이 시기에, 어떤 종류의 합리적 결정이 행해졌을지도 모른다. 즉 복수형은 상호성을 표현하고 있을지도 모른다. 사실, 모든 경우에 두 가지 사랑 —X의 Y에 대한, 또는 Y의 X에 대한 —의 존재를 말한다. 단 이 설명에도 몇 가지 문제가 있다.

상호성이 분명히 서술되어 있지 않는 경우도 있다. 예를 들면《통칭 뤼즈 망Luzman으로 불리는 세빌르Séville 기사가 아름다운 아가씨 아르볼레아Arbolea에 대해 보여 준 격렬한 사랑에 관하여》(*Des extrêmes amours d'…… à l'endroit d'une belle demoiselle……*, 1580년) 또는《하인의 여주인에 대한 사랑에관하여》(*De l'amour d'…… envers sa maîtresse*, 1571년)는 양자 모두 주체·대상이 각기 하나임에도 불구하고 한편에서는 단수형, 다른 한편에서는 복수형을 사용하고 있다. 따라서 논리적인 설명만으로는 충분치 못하다.

세번째 예가 한층 더 이런 인상을 강하게 남긴다. 즉 《그리스 다니엘 왕자의 불가사의한 사랑과 파리의 미녀 리살도의 그것》(*les Merveilleuses Amours du…… et celles de……*, 1583년, 1597년). 일반적으로 말해서, 복수형은 수많은 스페인어로 번역된 이런 종류의 모험소설과 결부되어 있는 듯하다. 스페인어의 타이틀도 복수형을 사용하고 있다. 모험소설이 범람했던 1570 - 1590년에는 〈……의 사랑〉(les amours de……)이 〈……의 사랑 모험의 우여곡절〉(les péripéties des aventures amoureuses de……)을 의미했을지도 모른다.

주체와 대상을 알 수 없는 사랑

사랑하는 주체, 사랑받는 대상을 알 수 없을 때에는 단수형·복수형의 사용에 관해 확실한 규칙이 발견되지 않는다. 그리고 이 경우 연대적인 검토가 유익해진다. 이하에서 불확정 용법의 갖가지 형식을 특별히 고찰하도록 하겠다.

【사랑에 있어서(en amour[s])】《신의 사랑에 있어서》(*en l'amour de Dieu*)에서는 사랑이 문법적으로 한정되어 있지만, 여기서 그것을 제외하면 이런 형식을 갖는 일곱 가지 타이틀이 남는다.

1536년……*en amours maints maux a supporté*
《사랑에 있어서 수많은 불행을 견디다》

1547년……*La Fortune de l'Innocent en amours*
《사랑에 있어서 무구한 자의 운명》

(1555년 - 1597년)……*pour se bien gouverner en amour*
《사랑에 있어서 스스로를 통제하기 위해》

1577년……*pour bien et honnestement se gouverner en amour*
《바르고 훌륭하게, 사랑에 있어서 스스로를 통제하기 위해》

(1580 - 1590년)……*les plus beaux traits dont on peut user en amour*
《사랑에 있어서 사용할 수 있는 가장 아름다운 화살》

1583년(위의 1577년과 동일)

1582년……*Les demandes que les amoureux font en amour*

《사랑하는 자가 사랑에 있어서 행하는 요구》

분명히 실제 예의 수가 적다고 할 수 있으나, 위의 예에서 16세기를 통틀어 — 정확하게는 1547년부터 1555년에 걸쳐서 — 복수형에서 단수형으로의 확실한 이행을 볼 수 있다.

【사랑의(d'amour[s])】이 형태는 리용 출판물 77개의 타이틀에서 발견되었다. 그 중 정확한 간행연대를 알 수 없는 것이 있으므로 약간 자의적이긴 하지만, 1540년 전과 이후에 관해 보도록 하자. 1540년 이전에는 22 내지 25번의 복수형이 쓰인 데 대해 6 내지 7번 단수형이 사용되었다.(75퍼센트 이상이 복수형) 1540-1600년에는 36 내지 44번의 단수형 사용(본장 이외에서 사용을 셀 수 있는지 없는지로 바뀐다)과, 13 내지 14번의 복수형 사용(약 75퍼센트가 단수형)이 보이며 비율은 반대로 나와 있다.

그렇지만 동일 저작물 개판의 경우에는 복수에서 단수로의 이행은 반드시 명확하지 않다. 물론 분명하게 한 방향으로 이행한 예도 몇 가지 있다. 가령 파리, 1526년의 《사랑의 감옥》(*la Prison Damours*)은 1528년과 1583년의 리용 출판물에서는 *la Prison Damour*로 바뀌었다. 그러나 세기를 통틀어 복수·단수 모두를 고집하고 있는 경우도 있고, 또한 마지막 10년간까지 양자 사이를 동요시키고 있는 경우도 있다.

La Fontaine damours(J. 드 샤네, 1513-1533년)

La Fontaine d'amour(J. 드 뚜르느, 1545년)

La Fontaine damours(B. 리고, 1570년)

La Fontaine damour(B. 리고, 1572년)

La Fontaine d'amours(B. 리고, 1588년)

[모두 《사랑의 샘》으로 번역하시오.]

이런 혼란은 언제부터 시작되었을까? 최초의 단수형 사용은 1503년이었지만, 1527년까지 다른 예가 없다. 한편 1490-1527년의 시기에 10 내지 16번의 복수형이 출현하였다. 1527-1540년에는 5 내지 6번의 단수형이 출현한 데 비해, 9 내지 15번의 복수형이 출현하였다. 1545년 이후 형세가 역전되었다. 1560-1590년 복수형이 세력을 만회하였지만—〈이야기〉 특히 일반적으로 스페인어로 번역된 〈무훈·연애의 모험 이야기〉의 범람으로 만회되었다—세기 후반에는 전체적으로 단수형이 우세했다. 1590-1600년에는 12개의 타이틀 중 복수형의 사용이 단 한 군데도 보이지 않는다.

이런 경향이 결정적인지 아닌지 알기 위해서는, 1600년 이후에 관해서도 계속 조사해야 할 것이다. 그러나 전체적인 경향은 명료하며, 각 저작의 초판만을 고려해 볼 때 그것은 더욱더 현저해진다. 다음의 숫자를 보기 바란다.

1490-1539년	단수형	6	복수형	16
1540-1559년	단수형	9-13	복수형	5
1560-1589년	단수형	2	복수형	6
1590-1600년	단수형	6	복수형	0

위와 같이 4시기로 구분하면, 1560-1589년의 예외성이 좀더 분명하다. 1490-1539년에는 복수형이 16번 사용된 데 대해 6번의 단수형이 사용되었다. 이에 비해 1540-1600년에는 11개의 복수형이 사용된 데 대해, 17 내지 21번의 단수형이 사용되었음을 볼 수 있다.

복수형의 회복이 개념의 레벨을 의미하는 것인지 아닌지 물어보아도 좋을 것이다. 사실 그것은 종교전쟁 시대에, 현실의 레벨에서는 감정성과 플라토닉한 사랑에 대한 존중보다도 단기간의 연애, 순간의 즐거움을 특징으로 하던 것이다. 게다가 책 출판의 역사도 같은 시기에 〈신학적〉 문학의 회복과 휴머니즘적 저술의 후퇴를, 요컨대 세기 전반과 반대되는 움직임이라는 것을 증명하고 있다.

어찌되었거나 〈사랑에 있어서〉(en amour[s])와 〈사랑의〉(d'amour[s])라는 표현의 검토에 의해, 우리들은 15세기 말 16세기 초기 세속적인 사랑에 관한 저술의 타이틀에서 복수형을 사용했음을 알 수 있다. 사실 어미 s를 중세 프랑스어의 격格 변화의 단순한 흔적으로 보고 의미가 없는 것으로 간주할 수는 없다. 왜냐하면 s가 프랑스어에서는 복수의 어미였다는 것을 라틴어의 타이틀에서 알 수 있고—예를 들면 마르씨알 도베르뉴Martial d'Auvergne의 《사랑의 판결집》(*les Arrests d'amours*)은 라틴어에서는 *Arresta amorum* (amorum은 amor의 복수속격형)로 불리고 있다—한편 같은 시기에 종교적 사랑은 s 없이 씌어졌기 때문이다.

1527년 이후 —이 연대는 물론 우리들의 리용 간행물에서만 의미가 있겠지만 —뭔가 발생하여 단수·복수 사이에 혼란이 생겼다. 주체에 의해서도, 대상에 의해서도 결정되지 않는 사랑의 두 가지 표현에서는, 복수형의 사용만이 성적 사랑과 종교적 사랑 사이에서 모든 혼동을 막는 일종의 한정사로서의 역할을 지니고 있었을지도 모른다. 1527년 무렵 이후는 마치 옛전통에 따르는 것을 주저하는 것같이, 이 한정수단이 조금씩 없어졌다. 아마 그것은 세속의 사랑이 종교적인 사랑과 같은 자격을 요구하기 시작했기 때문이다. 다시 말하면, 세속적인 사랑의 신성화가 행해졌기 때문일 것이다. 단 그 상황·원인에 관해서는 좀더 명확히 해야 한다.

【사랑(l'amour)】 여기서는 〈사랑〉(amour [s])이 주체에 의해서나 대상에 의해서도 한정되지 않는 타이틀 전체를 다루었다. 단수·복수형의 연대분포를 고찰해 보자.

1490-1519년	단수형	1	복수형	10
1520-1529년	단수형	7	복수형	8
1530-1539년	단수형	7	복수형	2-6
1540-1549년	단수형	7	복수형	2
1550-1559년	단수형	15	복수형	3
1560-1569년	단수형	0	복수형	1

(이것은 종교전쟁 발단의 시기에 사랑은 이미 리용 간행물에서도, 르누알 Renouard이 조사한 파리 간행물에서도, 현대적인 화제는 없었다. 〈사랑〉이 출현하더라도 보통 그것은 군주의 사랑, 신의 사랑이다. 여성의 사랑은 이탈리아어 간행물에만 보인다.)

1570-1579년	단수형	11	복수형	4
1580-1589년	단수형	11	복수형	5

(1570-1589년은 스페인어로 번역된 무훈·연애소설 전성시기이다.)

1590-1599년	단수형	16	복수형	0

위의 연대분포가 보통의 표현 〈사랑에 있어서〉(en amour[s])·〈사랑의〉(d'amour[s])의 검토 후에 우리들이 서술한 것을 확인한 결과가 되었다 하더

라도 놀랄 것은 못 된다. 왜냐하면 우리들은 복수형을 갖지 않는 l'amour(사랑이라는 것)과 Amour(사랑의 신)을 덧붙였을 뿐이다. 좀더 관심을 끄는 점은, 전자에서 단수형이 수식어를 수반하고 있다. 즉 어느 정도 한정되어 있다는 사실이다. 명확한 기준은 없더라도, 단수형 속에서 우의적이 아니라 추상화된 현실을 나타내는 것만을 빼고 그것에 관해 수식하고 있는 것, 수식하지 않는 것을 세어 보자.

1500-1509년	수식어 있다	1	없다	0
1510-1519년	수식어 있다	0	없다	0
1520-1529년	수식어 있다	3	없다	1
1530-1539년	수식어 있다	1	없다	2(동일 저작 두 판)
1540-1549년	수식어 있다	3	없다	(1)
1550-1559년	수식어 있다	3	없다	1
1560-1569년	수식어 있다	0	없다	0
1570-1579년	수식어 있다	2	없다	2
1580-1589년	수식어 있다	4	없다	5
1590-1599년	수식어 있다	0	없다	3

숫자가 적기 때문에 우연이 작용하고 있을지도 모른다. 단 1500-1560년과 1560-1600년의 두 연대 사이에 차이가 있음을 알 수 있다. 전자에서는 수식하지 않는 말이 5개인 데 비하여 수식하고 있는 말이 11개이다. 후자에서는 수식하지 않는 말이 10개인 데 비해 수식하고 있는 말이 6개로 되어 있다. 여기에서 〈단수형의 사용은 수식될 때의 필요에서〉라는 가설을 도출할 수 있다. 물론 이 가설은 근거가 희박하다. 고찰대상이 수량적으로 적은 데 대해, 1529년에 무수식의 단수형이 정관사를 데리고 출현하고 있기 때문이다. 그건 그렇다치고 분석을 계속하자. 단수형·복수형에는 어떤 수식어가 달려 있는 것일까?

단수형·복수형의 수식어

【호의적인 수식어】céleste(천상의)·divin(신의)·humain(인간의)라는

세 가지는 한정사로, 그와 같은 것에는 단수형밖에 달려 있지 않으므로 여기에서 제외하도록 하자. 나머지 8가지의 호의적인 수식어가 남아 있다.

vray	(진실의)	1503; 44; 46, 74.
honneste	(성실한)	1520, 28, 29, 33; 54; 81; 81; 82.
pudique[s]	(조신한)	1520, 28, 29, 33; 44, 46; 47; 59, 75, 79, 89; 82. (이 형용사는 〈얌전한〉·〈정결한〉 등으로도 번역된다.)
chaste	(순결한)	1556; 81(99)
sincère	(진지한)	1544; 46.
loyalles	(충실한)	1559, 75, 79, 89; 76; 77.
merveilleuses	(불가사의할 정도로 멋진)	1579, 83, 87, 88, 97.
insignes	(훌륭한)	1589.
(délectables)	(감미로운)	1599.

먼저 느낄 수 있는 점은, 1556년까지 사랑을 호의적으로 수식하는 형용사가 대부분 단수형과 결부되어 있다는 사실일 것이다. 그 중에서도 vraye(진실의)·honneste(성실한)·sincère(진지한)과 같은 형용사는 세기말까지 단수형의 사랑에만 결부되었다.

반대로 loyalles(충실한)·merveilleuses(불가사의할 정도로 멋진)·insignes(훌륭한)은 세기 후반에 비로소 출현하였으며 항상 복수형과 결부되었다. 이와 같은 수식어의 단복합형의 분포에 의해, 우리들은 단수형·복수형 각각의 의미를 좀더 잘 파악할 수 있다. 즉 vray·honneste·sincère은 각각 사랑의 한 유형을 한정하였고, 복수형에 관한 loyalles·merveilleuses·insignes는 그때마다 여복女福을 장식하는 말로밖에 쓰이지 않는다.

pudique(조신한)은 1559년까지는 단수형에만, 그 이후는 복수형에만 사용되고 있다. 또한 이 형용사는 1559년 이전에 가장 유행했던 말이다. 1559년 무렵이 되어 그것이 복수형과 결부되었을 때, 무언가 중대한 변화가 있었음이 분명하다. 1559년 이전에는 이 말과 함께 사용되었던 honneste도 그 이후는 chaste와 결부되게 된다.

【비난하는 장식어】 이런 종류의 말은 4개이다.

faulse	(거짓의)	1497; (1496-1515); 1506, 12, 29, 38.
folles	(미친)	1538.
impudique	(파렴치한)	1556.
mal commencé	(시작이 나쁜)	1555, 74, 82.

호의적인 수식어가 16세기 전반 단수형과 결부되어 있었던 데 비해, 비난하는 형용사가 처음 복수형과 결부되어 출현하게 된 것은 우연일까? 1556년의 한 저술의 제187페이지에 짧은 시의 타이틀로서 〈fol amour〉(미친 사랑)·이 발견되었다. 따라서 저술 전체의 타이틀로서는 이제까지 발견되지 않았을지언정, 이 시기에 단수형이 존재했다는 점은 분명하다. 다만 지금은 세기 전반에 존재했다는 증거가 전혀 없다. chaste(순결한)에 대립하는 impudique(파렴치한)이 출현한 때도 같은 1556년의 일이다.

세속적인 사랑이 ─적어도 중세 말기 사회의 일부에서─ 천상의 사랑에 비해 미친 행동으로 간주되었던 것은 분명하다. 복수형은 인간들의 불안정한 사랑, 사라지기 쉬운 성격을 강조했을지도 모른다. 인간은 다수이며, 창조주만이 단일했기 때문이다. 신에 대한 사랑은 하나로 모이고, 세속적인 사랑은 다수로 나누어지기 때문이라 해도 좋다. 그러나 1503년에는 이미 리용 간행물 속에 어떤 종류의 세속적인 사랑이 honneste(성실한)·pudique(조신한) 것에 의해 vrai amour(진실한 사랑)으로 스스로를 주장하려고 하였다. 이 사랑은 아마 플라토닉한 성격을 지녔을 것이고,[2] 차츰 훌륭한 사랑으로 인정되었다. 우리들이 l'amour(사랑)으로 부르는 것, 즉 세속적인 사랑의 일반적 수용에 기여하게 되었다. 그리고 세기 중반에는 이 상태가 확정되었다고 생각된다. 복수형에도 호의적인 형용사가 달린 한편, 비난의 수식어가 때로는 단수형을 수식하는 것이다. 불확정의 시대가 시작되고, 우리들은 아직 그곳에서 빠져 나왔다고 할 수 없을 것이다. 게다가 1560년 이후 적어도 저술의 타이틀 레벨에서는, 비난의 형용사가 사랑의 수식어로 사용되는 일이 사라졌다. 타이틀은 모두 세속적인 것이 되었다.

단 수 형

1503	Le livre de vraye amour
1520	Le Peregrin traictant de l'honneste et pudique amour
1527	Le jugement d'amour
1528	Le peregrin ... l'honneste et pudique amour
1528	La prison d'amour

복 수 형

1490무렵	L'hospital damours
1497	Le Grand Blason de faulses amours
1500이전	... en l'observance d'amours
1492–1515	Les demandes d'amours avec les réponses
1500무렵	La conqueste du chasteau damours
1506	Le Grand Blason des faulses Amours
1512	Le Grand Blason des faulses Amours
1513–1538	(Avignon) La Fontaine d'Amours
1515–1533	Le Sophologue damours
1516–1527	Lalant et le venant du chasteau damours
1527	Les 51 arrests donnés au grand conseil damours
1527	Le petit messagier damours
1528	Lalant et le venant du chasteau damours

1529	Le peregrin ··· l'homeste et pudique amour	Le Grand Blason des faulses Amours
1529	··· préceptes et documents sur l'amour	Les deux sœurs disputant d'amours
1528–1536		··· toutes les regles damours
1517–1567	A Cupido le Dieu d'Amour	Le siege damours
1517–1567		··· faulcete de ceux qui suivent le train d'a-mours
1530–1531	··· preceptes et documents contre l'amour	
1532	Le jugement damour	
1533	Le LIIᵉ arret d'amour	
1533	Le Peregrin ··· l'homeste et pudique amour	
1533	Le LIIᵉ arrest d'amour	··· des dames suivant le train damours
1535무렵		en amours maint maulx ha supporté
1536	··· preceptes et documents contre lamour ········	
1537	Le pourquoy d'amour	
1538		Grand blason des faulses Amours
1544	Colloque du vray, pudic et sincere amour, concilié entre deux amans ··· plusieurs autoriés et spirituels propos	··· qui dit si proprement d'Armes d'Amours et de ses passions
1545	La Fontaine d'Amour	
1546	Colloque du vray pudic et sincere amour	

1547	La Nouvelle Venus par laquelle est entendue pudique Amour
1547	Le tuteur d'amour ··· la fortune de l'Innocent en amours
1547	Opuscules d'amour
1548	... conformeté de l'amour au navigaige
1549	... de quels boys se chauffe Amour
1550	Les Angoisses et remedes d'amours du Traverseur
1551	Leon Hebreu de l'amour, t. I, Dialogues d'amour
1551	Philosophie d'Amour de Leon Hebreux
1552	momerie de 5 postes d'amour
1552	Les Azolains de Mgr Bembo, de la Nature d'Amour
1553	Amour immortelle
1554	1er églogue de F. Baptiste de l'honneste amour
1555	... d'éviter l'amour mal commencée
1555	L'amant ressuscité de la mort d'amour
1555	Les Affections d'Amour de Parthenius

1555	*Les Narrations d'Amour de Plutarche*
	... aux soudars d'amour et aux bacheliers et apprentis d'amour .... *Epître d'un nouvel relevé du mal d'amours*
1555	*Debat de folie et d'amour* .... 1555 *L'Amour des Amours*
1556	*... profit du chaste amour ... domage de l'impudique*
1558	*L'amant resuscité de la mort d'amour*
1558	*Questions d'Amour*
1559	*Philosophie d'Amour de Leon Hebreu*
1559	*Lamentation et complainte d'un prince ... à l'encontre d'amour et de sa Dame* .... 1559 *... devis joyeux sur la police d'amours*
	1561 *Devises d'Armes et d'Amours*
1570	*Complainte que fait un amant contre amour et sa Dame* .... 1570 *La Fontaine d'Amours*
1570	*Questions d'amour*
1572	*Le Jardin d'Amour* .... 1572 *Les Amours d'Olivier de Magny*
	La Fontaine d'amour
1573	*Instruction pour les jeunes dames sur l'amour, le mariage*

1576 — Les aventures estranges d'armes et d'amours de ···

1577 — Aventures estranges d'Armes et d'Amours de ···

1581 — ··· hauts et chevalereux faits d'amours du prince Méladius

1581 — Les déclamations, procédures et arrets d'amours

1574 — ··· punition de ceux qui contemnent et mesprisent le vray amour

1574 — ··· d'éviter l'amour mal commencé

1576 — ··· en forme d'un discours de la nature d'amour

1577 — ··· honnestement se gouverner en amour

1577 — ··· tant de l'amour que de la guerre

1578 — Chant Anterotique sur une vision d'Amour et Prudence

1580 — ··· tant de l'amour que de la guerre

1581 — ··· étranges effets d'un amour chaste et honneste

1581 — ··· traittans partie de l'amour, partie de la guerre

1581 — Dialogue de l'amour honneste

1582 — ··· d'éviter l'amour mal commencée

1582 — ··· les variables et etranges effets de l'honneste Amour

1583 — ··· bien et honnestement se gouverner en amour

72

3
트로이의 약혼의례 = 크레앙따이유
(15 –17 세기)

역사가들은 이제까지 오랫동안 민중문화, 농촌대중의 습속에 관심을 나타 낼 때조차 민간습속과 관계 있는 자료를 소홀하게 다루었다. 아마 그들은 이른바〈역사적 비판〉의 방법에서는, 이런 종류의 자료가치를 판단할 수 없다 고 생각했을 것이다. 한편 민속학자들도 과거에 많은 관심을 품으면서, 종종 민간전승의 습속을 역사 외의 것으로 생각해 왔다. 요사이 수년간 역사가들 과 유럽 민속의 전문가들이 서로 의논하고 협력하게 된 것도 사실이지만, 민간전승과 중심적 · 지배적 문화관계의 문제는 여전히 해결 곤란한, 아니 거의 미개척의 영역으로 남아 있다.

본 논고는 이 문제에 대한 하나의 고찰과 위치를 부여하고자 한다. 사실 내 가 다루고자 하는〈크레앙따이유〉(créantailles)는, 샹빠뉴 지방에서 혼인 형 성 때의 기본적 민간행사였음에도 불구하고 이제까지 거의 민속학자들의 관 심 대상이 되지 못했다.[1] 우리들은 이하에서 역사가들이 잘 알고 있는 일련 의 자료, 즉 트로이(Troyes는 샹빠뉴 지방 중심 도시의 하나. 파리 동남쪽으로 150킬로미터) 주교구 교회 재판서의 고문서에 보존되어 있는 결혼계약 파기 소송이 나타내는 바를 출발점으로 하여 이 습속에 관해 이야기할 예정이다.[2] 먼저 16,7세기의 소송기록을 통해 나타난 크레앙따이유를 기술, 계속하여 왜 그것이 17세기 후반의 소송기록에서 모습을 감추었는가를 고찰하고자 한다.

15,6세기의 약혼의례 = 크레앙따이유

동사〈크레앙떼〉(créanter, cranter, 옛날 프랑스어로〈약속하다 · 맹서하다〉의 의미)는 봉건제도하의 법률용어였지만, 우리들과 관계가 있는 의미는 샹빠뉴 지방의 독특한 것이었던 것으로 생각된다. 《트레부Trévoux 사전》에도 『샹 빠뉴 지방의 민중은…… 딸을 크레앙떼한다』고 나와 있는데, 그것은 〈딸을 신부로 줄 것을 약속한다, 결혼 상대에게 줄 것에 동의한다는 의미〉이다. 그 렇지만 15,6세기의 소송기록으로 추측하건대, 반드시 그것이 정확한 의미라 말할 수 없음을 곧 알 수 있다. 따라서 지금은 이 18세기의 증언으로, 그 지방 적인 성격만을 기억하고 있다. 이 성격은 크레앙따이유라는 의식의 국지성, 또한 민중성을 예측하게 하는 제일 중요한 증표이다. 게다가 15,6세기의 트 로이 판사들이 즐겨 크레앙따이유라는 프랑스어를 라틴어화하여 사용한 사 실도, 교회 라틴어 어휘에서는 신자들 사이에 보이는 이 풍습을 적절하게 나 타낼 수 있는 언어로 보지 않았다는 증거로 생각된다.

그런데 실제로는 이 시기의 소송 89건 중, 라틴어형을 포함하여 직접적으 로 크레앙따이유로 표현하고 있는 것은 28건에 지나지 않는다. 나머지 61건은, 약혼(fiançailles)・약속＝계약(promesses)・〈계약이 끝난 결혼〉・〈앞으로 정식으로 식을 올려야 할 결혼〉 등으로 표현되어 있다.[3] 따라서 당시의 용어 법에 대한 분석을 먼저 행할 필요가 있다.

결혼 약속은 여러 가지 정식의 정도와 의식의 정도를 갖는 다양한 형식으 로 주고받을 수 있었다. 예를 들면 나사(모직물의 하나)를 뽑는 일을 하는 쟝 기요Jean Guillot의 경우를 보자.(27ᴬ) 아내가 병을 앓는 동안에 그는 하녀 『쟈네뜨에게 몇 번이고, 아내가 죽으면 그대와 결혼하겠다고 약속했다.』아 내가 죽자 『그는 새삼스럽게 같은 약속을 되풀이했다.』그 이후 기요는 쟈네 뜨 처녀를 겁탈하고, 여러 번에 걸쳐 육체관계를 가졌다. 그 결과 그녀는 아 들을 낳아 남자의 분부대로 그 아이를 기르고 있다. 그런데 쟈네뜨의 요구 는? 다른 집으로 시집가기 위해 주화로 마련해 둔 20루블의 지참금이 있다. 그녀 자신이나 검사(promoteur)[4] 그리고 판사는 새삼스러운 일로서, 육체 관계를 가지면서 행한 약속만으로는 결혼의 성립을 인정하지 않았던 것이다.

그런데 언뜻 보아 이와 사정이 비슷하면서 혼인관계가 성립, 혹은 적어도 개 시된 것으로 간주할 수 있는 경우도 많다. 디디에르 블로스Didière Beloce 라는 여성의 경우가 그러하다. 그녀의 진술에 의하면, 피고 쟈넹 브노와 Jeannin Benoît는 그녀가 쟈넹의 아버지 집에 있던 마지막 2년간 몇 번이고 그녀에게 몸을 맡길 것을 강요했고, 그녀를 의지대로 하기 위해『앞으로 그녀를 아내로 삼겠다고 약속했다. 디디에르도 쟈넹을 남편으로 삼겠다고 약속했다. 두 사람은 피고의 아버지 집의 헛간에서 최초의 육체관계를 맺었다.』그리고 쟈넹에게 처녀를 빼앗긴 디디에르는 재판 당시 그의 아이를 임신하고 있었다. 그래서 검사는『피고와 디디에르는 그들이 약속했던 결혼을, 아니 육체관계에 의해 완성된 결혼을 교회에서 정식으로 올려야 할 의무를 갖는다』고 결론을 내렸다.(19[A]) 요컨대 쟝 기요가 일방적으로 하녀에게 결혼 약속을 했을 뿐인 데 비해, 쟈넹 브노와와 디디에르 블로스 두 사람은 결혼 약속을 주고받았다는 점이 근본적인 차이이며, 약속의 상호성이 결혼상태를 성립시킨 것이다. 그리고 이 상호의 약속은, 당시 정해져 있는 문구를 엄숙하게 말한 뒤에 행해졌다고 생각한다. 그 문구는 삐에르 뻴라르Pierre Pellart, 통칭 모르디엔느Mordienne가 쟝 자꼬마르Jean Jacomart라는 과부와 약속했을 때 교환한 문구와 비슷하다고 추측된다. 삐에르 뻴라르가 그 최초라 한다.

『마르그리뜨Marguerite, 나는 그대에게 약속한다. 죽을 때까지 그대 이외의 아내를 맞이하지 않겠노라고.』마르그리뜨가 그에게 대답한다.『삐에르, 나는 당신에게 정절을 약속합니다. 나는 죽을 때까지 결코 당신 이외의 남편을 섬기지 않겠습니다.』서로 이렇게 말하면서 두 사람은 손을 잡았다.(76[A]) 이와 같이 〈결혼을 성립시키는 말〉은 ──이것은 그런 문구를 입에 담은 적이 없다고 피고들이 표현하였지만 ── 소송에 의해, 또한 동일 소송 중에서도(3[A], 7[A]) 진술에 따라 다소의 차이는 있지만 거의 정해져 있는 문구였다.

그런데 당시의 신학자·교회법학자·판사 들이 이와 같은 문구의 교환만으로 남녀가 결정적으로 결합하는데 충분하다고 판단한 데 비해, 신자들 자신은 종종 그 이상의 보증을 요구했다. 이미 사망한 떼브넹 담Thévenin Dame 씨의 딸 쟌느Jeanne의 경우가 그러하다. 쟝 뒤샤느Jean Duchasne에게 끈질기게 강요당하던 그녀는, 어느 날 밤 그의 방문을 허락했다.『결혼하고자 하오』라고 한 뒤에 뒤샤느는『그녀에게, 성 마르뗑의 축일(11월 11일) 이전에 그대를 아내로 맞을 것을 약속하오』하였다. 그녀는『말만으로는 안 된다. 약속의 증표로 무언가를 주기 바란다』고 대답했다. 그래서 그는 결혼의 이름으로『커다랗고 하얀 천을 한 장 주겠소』하였고,『그녀도 결혼의 이름으로 그것을 받아들였다.』(18^A) 쟌느의 의심을 풀어 주기 위해 필요했던 이 선물의 거래는 15,6세기 트로이 주교구에서는 극히 일반적이었다. 그리고 앙리 띠보Henri Thibault는 마르그뢰뜨라는 이름의 여성을『사과 혹은 배 하나로』크레앙떼(44^A)했다는 것을 보면, 크레앙따이유의 구성요소 속에도 선물거래가 가장 중요한 의식이었다고 생각된다. 그리고 교회측에서는 그것을 결혼계약에 필요한 것으로 생각하지 않았던 것도, 그것이 민간기원의 풍속이었기 때문이다.

이 의례로서의 선물에 관해 서술하고 있는 30건 정도의 소송기록을 보면, 선물의 내용 자체가 문제되지는 않았던 듯하다. 화폐 한 장 내지 몇 장이 3건, 〈샹종〉(chanjon)으로 불리는 울로 만든 의식용 띠, 리본 천 한 장, 장식 핀 한 개, 반지 한 개, 보석 달린 반지 한 개, 은저울대 몇 개의 경우가 각각 2건, 그외에 1건씩 기록되어 있는 것으로 은박 성모상, 주석 컵 한 개, 모사 장식 끈 한 개, 빨간 상의(오끄똥hoqueton) 한 벌,5) 글라디올러스 한 송이, 인목 가지 한 개, 포도 두 송이, 배 한 개, 둘로 나눈 과자 한 개, 스프용 빵 한 조각, 그리고 피리 연주 한 곡에 이른다. 그외에 남녀가 음료수 ─와인이나 물 ─ 를 선물한 경우가 3건, 손을 잡을 경우도 3건, 〈손뼉을 친〉 경우가 1건, 그리고 청년이 결혼의 이름으로 아가씨에게 키스한 경우가 3건이다. 이 키스는 일반적으로 다른 선물이나 말 교환 뒤에 행해지며, 의식의 결말로 되어 있다. 끝으로 선물 내용의 자유스러움을 극단적으로 추진한 두 호색한의 행동을 덧붙이도록 하겠다. 한 사람은 이미 등장한 삐에르 뻴라르인데, 그는 쟝 자꼬 마르 과부에게 결혼을 약속한 뒤, 침대에서 그녀를 품으면서 이렇게 말했다. 『자 마르그뢰뜨, 내가 당신을 속일 것을 염려하지 않아도 좋도록 결혼 약속의 증표로 혀를 당신의 입 안에 넣겠소.』(76^A) 또 한 사람은 결혼 약속의 증표로서 기유메뜨 꼬르니보Guillemette Cornivault의 처녀를 빼앗은 삐에르 샤를르Pierre Charles이다. 기유메뜨는『결혼을 약속하는 증거로 남자에게 무언가를 받았느냐고 질문하자, 아무것도 받지 않았다. 단지 남자가 그녀를 육체적으로 알았을 때, 이 행위는 결혼 약속의 증표이며, 증표로는 이것으로 충분했다고 대답했다.』(46^A)

선물과 맹서의 결합을 서술하고 있는 30건 정도의 소송기록의 3분의 2가,

이 결합을 〈크레앙따이유〉라 부르고 있다. 크레앙따이유와 관계한 소송으로 의식 자체의 서술을 뺀 8건에 관해서도 내용은 같은 것이었다고 추측된다. 〈비밀스러운 결혼〉·〈결혼의 약속〉으로 불리고 있는 10건의 소송도, 실질적으로는 같은 내용의 크레앙따이유와 관계가 있다고 생각한다.

이렇게 해서 얻은 40건 정도의 크레앙따이유에 대해 15,6세기에는 거의 같은 수의 약혼의례의 기록이 대립하는 것으로 나타났다. 일반적으로 이 두 언어는 신중하게 분리되어 사용된 듯하다. 어떤 사건에서 검사는, 바르브 죠르제Barbe Georget라는 여자가 프랑소와 기요마François Guillaumat로부터 〈결혼 약속의 증표로〉 포도 두 송이를 받고 그를 『크레앙떼했음에도 불구하고, 그후 다른 남자와 교회 면전에서 결혼했다』라고 여러 사람들 앞에서 그녀 자신이 인정했다는 것을 서술하고 있다.(62^A) 마르그릐뜨 말로Marguerite Malot는 『두 남자와 결혼 약속을 했다. 한 사람은 약혼자(fiancés) 쟝 뿔랭 드 마지꾸르Jean Poulain de Magicourt, 또 한 사람은 크레앙떼한 상대 꼴리네 브룰레Colinet Bruley이다.』(23^A) 로베르 꾸베르Robert Couvert와 뻬레뜨 뒤랑Perrette Durand 두 사람은 『훨씬 전에 교회의 면전이 아니라 비밀리에 크레앙떼했음에도 불구하고, 피고는 그후 교회의 면전에서 다른 아가씨와 결혼했다.』(17^A) 〈교회 면전에서의 약혼〉— 혹은 우리의 소송기록 중에는 17세기까지 출현하지 않았던 공증인 입회하의 결혼계약 —과는 반대로, 크레앙따이유의 의식은 사제·공증인과 같은 공권력 행사인의 동석을 반드시 필요로 하지 않았다. 크레앙따이유가 민중적이라 말할 수 있는 점은 특히 이 의미에서이며, 지금 우리들의 관심을 끄는 점도 이것이다.

약혼의례의 기원이 언제였건 15,6세기를 통하여 적어도 트로이 주교구내에서는 그것이 교회의 관리하에 있었다는 것은 분명하다. 『결혼시키기 위해서는 먼저, 주교가 미래의 남편에 대해 다음 말로서 약혼시켜 한다. 즉, 너는 여기에 있는 모모를 아내로 삼을 것을 신앙에 걸고 맹세한다. 성스러운 교회도 그것에 동의한다』라고 한 후, 이어서 여자에게도 같은 말로 그것을 맹세케 한다.^6)

과연 소송기록에서도 여러 명의 남녀는 세상 인간들의 손으로 『약혼시키고 있다.』 단지 그 경우에 4건 중 2건이 세속인이기는 해도 완전한 속인이 아니라는 점은 의미심장하다. 1건은 어느 사순절 중의 일요일, 반농담으로 앙뜨완느 로벵Antoine Robin, 통칭 까르뜨롱Carteron을 순진한 아가씨 드니즈 바젱Denise Basin과 약혼시킨 성팔 수도원의 잡부이다.(42^A) 또 1건은 미래의 남편이 유자격자로서 선택된 무세Moussey의 국민학교 교사이다.(71^A) 바르브 몽떼뉴Barbe Montaigne는 쟝 그라씨엥Jean Gratien의 결혼신청에 동의했다. 자리를 같이한 사람이 말한다.『그럼, 내가 자네 두 사람을 약혼시키겠다.』후에 피고가 대답했다.『글자도 모르는 당신이 그들을 약혼시키다니.』그리고 잠깐 이쪽으로 와서 무세의 국민학교 교사를 보고 덧붙인다. 『아, 선생이라면 그들을 약혼시킬 수 있다.』그렇게 말하자 그라씨엥은 학교 선생에게 자기들을 약혼시켜 달라고 부탁한 것이다.

그런데도 약혼권의 점유를 주장하고 있던 교회는, 사제를 대신하여 그것을 행하는 자에게 처벌을 가하기도 했다. 예를 들면 고띠에 르부를리에Gautier Lebourrelier와 쟝 쁘띠Jean Petit의 과부 마리의 경우가 있다. 1년간 내연의 관계 이후 두 사람은 어느 일요일『미래 남편의 맹서의 말에 의해, 선술집에서 몰래 결혼계약을 맺었다. 사제의 역할을 하여 두 사람을 약혼시킨 사람은 선술집의 주인이었다.』선술집의 주인은 밀랍 2리블의 벌금이 부과되었다.(2^A) 쟝 그라씨엥과 바르브에게 약혼을 의뢰받은 무세의 선생이『둘이 서로 크레앙따이유하는 쪽이 낫다』고 대답했던 것도, 유사한 벌을 피하기 위함이 아니었을까? 법정에서 그는『피고가 결혼 맹서의 증표로 바르브에게 키스를 했던』것밖에 기억하지 못한다고 진술했다. 수많은 증인들이 자칭 크레앙따이유를 선생이 교회의 면전에서 행한 약혼식인 것처럼 거행하였다. 미래의 부부 앞에서 스스로 정한 문구를 서술하고, 당사자들은 단지 〈예〉라고 했던가, 혹은 수긍했을 뿐이라고 증언하였다.

이와 같은 사실을 먼저 인정하고, 크레앙따이유와 약혼 각각의 관념이 당시 어느 정도 혼동되었다는 사실도 그냥 지나칠 수 없다. 예를 들면 조프로와 바보Geoffroy Babeau와 마르그뢰뜨 위고Marguerite Hugot의 건이 그러하다. (34^A) 둘이 모두 어렸을 때, 소년이 소녀에게―아마 소꿉장난으로― 글라디올러스 한 송이를 주었다.『이봐 마르그뢰뜨, 이것을 결혼 맹서의 증표로 주겠어.』같이 놀고 있던 아이들도 그곳에서 빵을 들고 〈어린이답게〉·

▲그뢰즈의 〈마을의 약혼식〉

　젊은이가 왼손에 지참금이 든 주머니를 들고
있다. 부친은 양손을 벌려 두 사람에게 축복
을 해주고, 옆에서는 공증인이 결혼계약서를
작성하고 있다.(1761년, 제3장 참조)

◀와토의 〈불륜〉(1717년경)

〈에이프런 위에서〉 그것을 갈랐다. 『두 사람은 약혼했다. 약혼식을 하지 않고, 둘이서 크레앙떼했다.』두 가지 관념의 혼동은 이 경우 어린이다운 무지, 혹은 그 자리의 유회적인 분위기에서 유래했던 것일까? 어찌되었거나 크레앙따이유를 끝낸 두 사람은 1504년 5월 18일 교구 판사에 의해 새삼스럽게 약혼을 하였는데, 이것은 교회의 눈으로 보면 그들이 아직 약혼하지 않았다는 증거이기도 하다.

쟝 메르씨에Jean Mercier와 쟈네뜨 브로데Jeannette Brodey의 소송에서는 반대 방향의 애매함이 보인다. 두 사람은 『양친의 면전에서 장래 결혼을 계약하고, 사제의 손으로 서로 크레앙떼했던』(40ᴬ) 것이다. 단 이것은 완전히 예외적인 경우이다.

보통 크레앙따이유에는 사제가 출석하지 않고, 반대로 약혼식은 사제의 사식司式에 의해 행해질 뿐만 아니라, 두 의식의 구조 자체가 달랐다. 약혼식에서는 —트로이의 소송기록, 1374년의 주교구 규약, 또는 트로이의 전통적 관습의 책[7]에서 상상할 수 있는 한 —발언하는 사람은 사제이며, 당사자는 단지 중얼거리거나 사제가 명하는 몸짓을 하거나 그 말을 되풀이할 뿐, 두 사람의 손을 상징적으로 하나로 묶는 것도 사제의 역할이었다. 그리고 『미래의 남편 혹은 아내와 약혼했다』는 어법보다 오히려 『사제가 이들을 약혼시켰다』라는 표현을 많이 사용하는 것도, 약혼자들의 절반은 수동적인 상태를 암시하고 있다고 말할 수 있다. 한편 크레앙따이유에서는 일반적으로 젊은 남녀가 좀더 능동적으로 동사 créanter 자체, 능동태로 사용하는 쪽이 많았다. 청년이 아가씨를 크레앙떼하고, 아가씨가 청년을 크레앙떼한다. 또는 두 사람이 서로 상대를 크레앙떼한다는 어법이다. 그리고 아가씨 부친의 희망으로 의식에서 쌍방의 가족이 출석할 경우에도 부친은 결코 다른 지방·시대에서 행하는 것처럼 누구누구에게 딸을 〈약속했다〉라든가, 〈주었다〉라고 말하지 않는다.

이것은 젊은 남녀가 언제나 자발적으로, 다른 누구의 간섭도 받지 않고 서로 크레앙떼했다는 의미일까? 물론 그렇지 않다. 양친·후견인·고용주 들의 압력으로 행해진 크레앙따이유가 있었다는 사실을 나타내는 소송기록이 몇 건 있다. 예를 들면 로베르 꾸베르Robert Couvert와 뻬레뜨 뒤랑Perrette Durand 두 사람을 크레앙따이유로 몰아붙인 여주인의 압력이 그것이다.

(17ᴬ) 4개월 전 로베르에게 그 여주인이 뻬레뜨와 결혼하라고 했다. 그후에도 몇 번이고 같은 말을 되풀이하였는데, 마지막에는 그에게 이렇게 말했다. 『뻬레뜨를 크레앙떼해야만 한다. 결혼 약속의 증표로 뻬레뜨에게 무언가를 주시오.』곧 로베르는 뻬레뜨에게 리본 한 개를 주었다. 뻬레뜨의 진술을 믿는다면, 이렇게 말했다. 『신과 그 성스러운 교회가 동의해 준다면, 나는 이 리본을 결혼의 이름으로 당신에게 주겠다.』또한 피고의 말을 믿는다면, 그는 그때 한 마디도 하지 않았다.

마르그뢰뜨 까드넬Marguerite Cadenelle과 가브리엘 송지Gabriel Son-gis의 소송에서는 후견인의 압력이 엿보인다. (63ᴬ) 검사의 주장으로는, 두 피고는 다음과 같이 몰래 크레앙떼하였다. 즉 남자가 마르그뢰뜨에게 결혼의 이름으로 리본을 주었고, 마르그뢰뜨도 그 리본을 받았다. 피고 마르그뢰뜨는 결혼 약속이 부당하다고 주장하고 있는데, 그것은 〈후견인들의 강압에 의한 것〉이었으며, 당시 10 내지 11세이었던 자신은 아직 결혼 적령기에도 이르지 않았다고 주장하고 있다.

마지막으로 양친이 압력을 가한 경우도 있는데, 이것은 쟌느 뢴자Jeanne Runjat와 쟝 마이야르Jean Maillart의 크레앙따이유에 분명하게 나온다. (80ᴬ) 『성크리스토프의 축제 다음날, 본 법정에서 피고인 쟌느는 원고 쟝과 크레앙따이유를 맺으려고 하는 부친에게 몇 번이나 불려 나갔다. 처음에 그녀는 부친에게 반항하며 거절하였으나, 마침내 증인의 표현을 빌리자면 불을 두려워하는 것처럼 부친을 두려워했기 때문에 찾아왔다. 부친은 갑자기 그녀에게 이렇게 말했다. 「자 이쪽으로 오너라. 얘, 쟝 마이야르, 너에게 아버지로서 주고 싶은 남자다. 이의는 없겠지?」─「아버님이 말씀하신 대로」라고 그녀는 대답했다. 그러자 원고의 사촌형이 원고에게 말했다. 「이봐, 쟝, 결혼의 증표로 이 아가씨에게 와인을 부어 주렴.」단 피고의 언니되는 증인은, 쟝 마이야르가 실제로 동생을 크레앙떼했는지 아닌지는 모른다고 했다. 사실 피고는 결혼의 증표로 마셔야 하는 와인을 마시는 척했을 뿐이라고 한다. 증인이 말했던 것은, 동생이 곧 침대에 쓰러져 하루 종일, 그리고 다음날도 계속해서 울며 한탄을 했다는 것이다.』

과연 우리들이 검토한 소송기록의 대부분에는, 젊은 남녀가 자신들의 의지에 의거하여 부모들이 없는 곳에서 크레앙따이유한 것도 사실이다. 그러나 이와 같이 남의 눈을 피해 행한 크레앙따이유는 충동적인 동시에 양친의 의지에 위반되는 것으로, 소송의 원인이 되기 쉬웠던 것은 아니었을까? 그렇다면 소송기록 중에는 극히 소수파에 지나지 않는, 친족의 면전에서 부모들의 동의를 얻고 행한 크레앙따이유가 실제로는 다수를 차지할 가능성이 있다. 그렇다기보다 그렇게 생각하는 것이 자연스러울 것이다.

결혼 약속의 증표로 준 물품의 다양함, 또는 그것이 때로는 엉뚱한 것이라는 점에 관해서는 이미 서술하였다. 그렇지만 그곳에서 볼 수 있는 일종의 유머는 크레앙따이유 전통의 일부를 이루고 있다고 생각된다. 예를 들면 니꼴라 에스트라뻴Nicolas Estrapel의 경우가 있다.(8ᴬ) 그는 어떤 사람에게 다음과 같이 말했다고 진술하였다.『야, 상상이 가지 않겠지만 내가 쟌느를 크레앙떼하고, 결혼의 증표로 스프 속의 빵 한 조각을 그녀에게 주었어.』그러나 이것을 전통적인 유머로만 보기 전에 주어진 물품의 색다른 성격이, 의식이 친족이 합석한 자리에서 행해진 경우는 보이지 않는다는 사실에도 주의해야 한다. 양친 입회 아래 준 물건은 와인 한 잔(5ᴬ, 80ᴬ), 리본 한 개(17ᴬ, 63ᴬ), 키스(5ᴬ), 반지(53ᴬ), 은저울대(84ᴬ)와 같이 모두 의식을 형성하기에 우스꽝스러운 것뿐이다. 여기에서 결혼 약속의 증표로서의 색다른 성격은 크레앙따이유의 전통에 기초를 두는 것이 아니라, 아마 사람들의 이목을 피한 크레앙따이유의 경우 다급함에서 유래했다는 추측도 가능해진다. 남녀 중 한쪽이 상대를 크레앙떼할 기회가 찾아오면, 상대는 많건적건 허를 찔린 상태가 되기 쉽다. 동시에 의식이 강한 구속력을 지녔던 15,6세기의 사회에서는, 준비가 되지 않은 사람도 대부분 자기가 약속했다고 생각하기 쉽상이다.

그간의 사정을 증명하는 것으로 1499년, 니꼴 로와조Nicole Loyseau가 끌로드 노네뜨Claude Nonnette에 대해 일으킨 소송이 있다.(22ᴬ) 원고 니꼴의 진술은, 1개월 전 끌로드가 국자에 물을 떠 그것을 그녀에게 내밀면서『자, 결혼 약속의 증표로 이것을 마셔』라고 말했다. 니꼴 자신은 물이 담긴 국자를 받자『그렇게 말하니 마시겠어요』라 하며, 약속의 증표로 마신 듯하다. 그 뒤 피고 끌로드는 몇 번이나, 자기는 니꼴을 크레앙떼했음을 과시하였다고 원고는 주장했다. 검사는 이것을 받아들였고, 니꼴과 끌로드는 교회에서 이 결혼을 정식으로 행해야 한다고 주장했다. 그런데 수많은 증인들의 증언으로 다음과 같은 사실이 판명됐다. 즉 끌로드가 주인의 기름 가게에서 여러 명의 아가씨들과 함께 있을 때, 니꼴이 아닌 한 아가씨가 그에게『자, 상냥한 연인이여, 나에게 물을 주세요』하자, 끌로드는 국자에 물을 떠서『결혼 약속의 증표로 마시기를』라고 말했다. 끌로드의 손에서 국자를 받아 물을 마신 사람은 니꼴이었지만, 단지 그녀는 그때 아무 말도 하지 않았다. 증인 한 사람은 피고 끌로드가 그후『결혼 약속의 증표로 물을 준 것만으로, 크레앙떼한 것이 될까?』라고 말하는 것을 들었다고 주장했다. 판사는 증여 때 피고 끌로드의 의도에 의거하여, 원고 니꼴의 고소를 각하했다. 단 여기에서 중요한 점은, 니꼴이 다른 아가씨에게 내민 물을 옆에서 가로챘다는 것만으로 그 물을 내민 청년에게 그녀를 아내로 삼을 의무가 생긴다고 생각한 사실, 또한 남자쪽에서도 자신의 의도를 이유로 반론하는 것조차 생각하지 못하고, 실제로 니꼴을 아내로 삼을 의무가 있을지도 모른다고 걱정한 것도 사실이다.

마지막으로 우리들은 크레앙따이유라는 의식이 커플 형성의 과정에서 어떤 위치를 차지하고 있는지, 또한 될 수 있으면 15,6세기의 사회에서 그것이 어떤 기능을 지니고 있었는지를 검토해야 한다.

처음에 우리들의 자료 대부분이 단 하나의 예외라 할 수 있는 경우를 들었다.(5ᴬ) 단 이와 같은 예는 현실에서는 드물지 않았다. 아니 일반적이었다고 생각된다. 피고 쟝 비레Jean Biret는 크리스마스 이후, 보도네 르귀즈Baudonnet Leguge의 과부 앙리에뜨Henriette에게 집요하게 구혼하였다. 앙리에뜨는 동의한다 대답했다. 성모 취결례(2월 2일) 전날, 피고는 앙리에뜨의 부친 집에 찾아가 아버님의 동의를 얻을 수 있다면 앙리에뜨를 아내로 맞고 싶습니다, 라고 말했다. 부친은 딸이 동의하면 자신도 동의하겠다고 했다. 그래서 앙리에뜨도 부친에게 말했다.『아버님이 동의하신다면 저도 동의하겠습니다.』이에 부친은 딸에게 쟝 비레와 함께 식탁에 앉으라고 명하고, 컵에 와인을 부어 쟝 비레에게 주며 결혼 약속의 증표로 딸에게 와인을 주라고 했다. 남자는 아무 말도 하지 않고 부친의 말에 따랐고, 앙리에뜨도 아무 말 없이 마셨다. 그것이 끝나자 이번에는 앙리에뜨의 백부가 그녀에게『쟝 비레가 한 것처럼 결혼 약속의 증표로 비레에게 와인을 마시게 하시오』라고 했다.

앙리에뜨가 피고에게 와인을 따르고, 피고는 컵을 들고 그것을 마셨다. 그리고『약속의 증표로 나의 키스를 받아 주기 바란다』고 말하면서 그녀에게 키스를 했다. 그러자 함께 있던 사람들 모두가『너희들은 서로 크레앙떼했다. 와인이 중매 역할을 했다』고 둘에게 말했다. 피고도『말씀하신 그대로입니다』라고 대답했다. 요컨대 이것은 청년의 신청, 아가씨의 동의, 가족의 동의 위에서 이루어진 변명의 여지가 없는 크레앙따이유 의식이며, 다음에 찾아올 일은 교회에서의 결혼의 정식 인가이다.

실제로 다음에 찾아온 일은 소송이었다. 쟝 비레가 결혼의 의지를 바꾸었기 때문이다. 위의 경과를 모두 부정하는 비레에 대해, 친족 이외에 증인이 없는 앙리에뜨는 반론할 수 없었다. 검사가 지적한 약속의 비공식성도, 언뜻 보기엔 이해할 수 없는 것이라 해도 그것으로 정당화되었다. 어찌되었거나 검사는 둘의 약속은 그것이 비공식적으로 행해졌다는 오점을 정화시켜야 한다고 결론을 내렸다. 그렇지만 쟝 비레에 대해『교회에서 둘의 결혼을 정식화해야 한다』라고 요구하는 앙리에뜨도, 표현은 다르지만 검사와 같은 주장을 하고 있는 셈이다.

세속적인 약혼의식 크레앙따이유와 종교적인 약혼식 사이에, 일종의 적대 관계가 존재했다는 것을 암시하는 사실이 몇 가지 있다. 약혼식의 필요성을 선언한 1374년의 주교구 규정, 약혼식에서 사제가 연출해야 할 역할을 빼앗는 세속인에게 부과되는 처벌, 특히 크레앙따이유가 가령 온 가족이 몽땅 행한 경우에도 비공식적인 것이라고 집요하게 논고하는 교구 재판소 검사들의 태도가 그것이다. 한편 크레앙따이유한 이후에 그대로 결혼한 커플과, 크레앙따이유는 전혀 행하지 않고 교회에서 약혼을 한 커플이라는 두 종류가 존재했음을 알 수 있다. 전자의 존재를 암시하는 소송은 20건,[8] 후자에 관해서는 15건의 소송이 있다.[9]

단 이것은 아무도 말하지 않는 ―약혼 혹은 크레앙따이유에 관해 ―것을 암시하므로 엄밀한 논거는 되지 못할 것이다. 또한 다른 9건의 소송에서는, 크레앙따이유 후 결혼식을 올리기 전에 자신들의 발의[10]로, 혹은 교구 재판관의 명령[11]으로 교회에서 약혼식을 행하고 있다. 그리고 그 중에는 가족의 참석하에 크레앙떼한 커플도 몇 쌍 포함되어 있다. 그 중 공적인 성격이 결여되는 것으로 추급되는 11건의 크레앙따이유 중, 10건이 부모가 없는 자리에서 행해진 것도 사실이다. 그것은 종종 양친의 강압된 결혼을 거부하기 위해, 크레앙따이유 후에 육체관계를 맺으로써 장래의 결혼이 기성 결혼으로 변모하는 일도 드물지는 않았다. 현재의 연구단계에서, 크레앙따이유와 교회에서 행한 약혼식은 적어도 16세기 말에 이르기까지, 커플 형성과정에서 잇달아 일어나는 두 가지 단계였다고 생각하는 쪽이 좀더 온당할 것이다. 예를 들면, 니꼴라 다르Nicolas Dare는『1587년 5월 23일의 토요일…… 마르그리뜨 도트뤼Marguerite Dautruy에게 크레앙떼시켰다. 둘은 다음 토요일, 같은 달 30일에 약혼하였고, 다음 월요일 1587년 6월 첫째날에 결혼』[12]하게 되었다.

소송기록에서 약혼식에 관해 언급하지 않은 경우에도 교회에서의 약혼식은 필수적인 것이었다고 생각된다. 트랑뜨 종교회의(1545-63년) 이전의 16세기 교구 보존문서에, 약혼과 결혼 예정 공시에 앞서는 결혼의 기록이 전혀 없다는 사실이 그것을 증명하고 있다. 따라서 재판소가 크레앙따이유를 끝낸 커플에 대해 결혼을 정식화하라고 명할 때, 그것은 우선 약혼과 결혼 예정 공시를 시작으로 혼인식을 절정으로 한다. 어쩌면 부부가 잠자리에 이르게 되는 일련의 의식이행을 의미한다고 생각한다.

한편 약혼식 후에 행해지는 크레앙따이유의 예는 전혀 없다. 크레앙따이유는 항상 약혼식에 선행하는 것이다. 한편 장래 부부간 ―혹은 부모끼리― 의 경제상의 계약에 대해 언급하고 있는 15,6세기의 소송에 의하면, 이 계약은 반드시 크레앙따이유에 선행하고 있다.『쟝 마이야르의 양친과 피고 쟌느의 양친 사이에 두 사람의 결혼과 관련된 계약이 행해진 후에』비로소 쟝 마이야르가『그녀를 크레앙떼했고』약속의 증표로 두 사람은 차례로 잔을 들었던 것이다.(80[A]) 마찬가지로 까뜨린느 쟝Catherine Gent에 대한 소송(84[A])에서도『원고들의 진술에 따르면 쌍방의 양친 사이에서 협력을 맺은 후에, 프랑소와는 결혼의 약속과 맹서의 증표로 은저울대 2개를 피고에게 받았다. 피고도 이 은저울대를 그런 것으로 받아들이고, 마침내 두 사람은 교회에서 약혼했다』고 되어 있다. 유사한 협약은 가족의 개입 없이 젊은 당사자만으로 결정된 결혼으로도 나타났다. 예를 들면 고故 쟝 마르뗑의 딸 기유메뜨Guille-mette는,『결혼 후의 협약을 행했을 때 쟝 샤르보나Jean Charbonnat는 부채가 트루 은화로 10 내지 12리블밖에 없다고 자신에게 말했다.』그리고 이렇게 협약한 다음 비로소 남자가 그녀에게『결혼의 이름으로 은으로 만든 마리아 상을 주었고, 자신도 같은 이름으로 그것을 받아들였다』라고 진술하고 있다. (82^A) 이와 같은 소송은, 대부분 세속적인 의식 크레앙따이유가 나중에 와서 우리들의 자료에 나타난 공증인 작성의 계약서와 같은 자격으로, 커플끼리 혹은 가족끼리의 금전상 계약을 정식화시키는 효력을 갖고 있었다.

15,6세기를 통틀어 크레앙따이유에는, 혼인에 분명히 갖추어야 할 불가침성이 없었다는 점은 새삼스럽게 말할 필요도 없다. 그러나 이것은 교회에서 행한 약혼식에서도 마찬가지였다. 크레앙떼한 커플이건, 약혼한 커플이건 서로의 동의에 의거하여 결합의 파기를 재판소에 신청할 수 있었다. 3건의 소송기록이 그것을 증명하고 있다.(1^A, 78^A, 87^A) 그럼에도 불구하고, 이 시대를 통틀어 크레앙따이유가 지니고 있던 구속력을 강조하지 않으면 안 된다.『남녀가 결혼 약속을 한 후에는, 결혼이 불가능 혹은 부적당하다는 명백한 사유가 없는 한 사제는 절대로 그 남자를 다른 여자와 결혼시킬 수 없다』라는, 1374년의 주교구 규정도 있다.(loc. xxı) 그리고 소송기록에도 그것과 쌍을 이루는 형태로서, 이미 크레앙떼한 여성이 다른 남자와 교회에서 약혼한 경우, 재판소가 파기한 것은 약혼식 쪽이었다는 것을 나타내고 있다.(16^A, 17^A) 또한 크레앙따이유의 법적 구속력에는 시효가 없었다. 예를 들면 조프로와 바보 Geoffroy Babeau와 마르그뢰뜨 위고Marguerite Hugot의 재판은, 어렸을 때 두 사람이 소꿉놀이 때 주고받았을 크레앙따이유 이후 8년이 지났지만, 두 사람은 정식으로 결혼해야 한다고 명해졌다. 요컨대 중세 가톨릭 사회는 세속적인 의식 크레앙따이유를 소멸시키고 그것을 약혼이라는 교회 의식으로 바꾸려는 역할을 하기는커녕, 크레앙따이유를 용인하고 전력을 다해 그것을 지원했다고 생각된다. 과연 교회는 교회에서의 약혼식·결혼식이라는 종교의식을 덧붙이기는 했지만, 커플 형성 의례의 첫걸음으로 크레앙따이유를 인정했던 것이다.

그리고 이제까지 우리들은 크레앙따이유의 서민성·세속성만을 강조하였지만, 15,6세기에 그것이 지니고 있던 형식·효력을 생각할 때 크레앙따이유가 실은 중세 가톨릭 교회의 제전·이론과 깊은 연관이 있었던 것은 아닌가 하고 생각된다. 사실 크레앙따이유에 즈음하여 당사자들이 제창한 말은, 약혼식·결혼식에서 사제 앞에서 두 사람이 교환하는 말과 비슷하며, 교회의 의지를 존중하기도 한다. 게다가 샹빠뉴 지방이 기독교에 의해 교화되기 이전 —혹은 기독교적 결혼에 관한 롬바르두스의 교의가 우세해지기 이전—에, 크레앙따이유에 의해 젊은 커플이 양친의 의지에 위반되는 결혼을 자유로운 동시에 실제의 효력을 갖도록 행했다는 증거는 없다. 한편 이 민중적인 습속은 중세 신학자·교회법학자 들의 교설과 완전히 일치하였다. 이하 우리들은 결혼에 관한 새규정의 시행에 따라 결혼계약 파기소송에서 크레앙따이유가 자취도 없이 사라지고, 대신 몇 가지 다른 의식이 출현한 것을 보게 된다. 과연 이 새로운 의식은 이 지방에도 중세에 이미 존재했을지도 모르며, 또한 크레앙따이유가 17세기의 서민 습속에서 사라지지 않았을지도 모른다. 단지 중세의 법체계에 의해 효력이 주어지던 크레앙따이유도 17세기의 법체계에서는 지탱하지 못하고, 그 결과 법적 구속력을 잃어버린 이 풍속의 소멸이 바야흐로 시간의 문제가 되었다는 것은 분명하다.

17세기 크레앙따이유의 소멸

크레앙따이유라는 말은 1665–1700년의 결혼계약 파기소송 기록 중 어느 곳에서도 발견되지 않았다.[13] 그뿐만 아니라 크레앙따이유 자체가, 즉 장래의 부부를 결정적으로 결합시키는 의례적 맹서와 상징적인 선물의 결합이라는 습속 그 자체가 소멸된 듯하다.

과연 17세기가 되어도 결혼 약속의식은 존속하였고, 상호적 약속 이외의 것은 무효라는 것도 그때까지와 같았다. 즉 약속은 다소나마 공적 의례의 형식을 유지했다고 추측할 수 있다. 또한 약속이 종종 양가 부모들의 면전에서 교환되었다는 사실도, 공적인 성격이 유지되었다는 것을 방증한다. 예를 들면 쟝 가니숑Jean Ganichon과 끌로드 프레스따Claude Prestat는 『양친 합석하에』서로 결혼을 약속했다. (39ᴮ) 엘리자베드 베르나르Elizabeth Bernard는 『어머니·할머니·백부·백모·친척·친구 들 앞에서』쟝 그로죠Jean

Grosos와 약속을 교환했다.(8ᴮ) 단지 15,6세기의 소송기록에서는 그 정도로 빈번하게 당사자 쌍방이 크레앙따이유에 관한 말이 보고되었는데, 17세기에 들어오면 두 사람이 그때 무엇을 말했는지는 전혀 문제가 되지 않았다. 이것만으로도 언어의 의식적인 성격의 감소를 읽을 수 있을 것이다.

한편 크레앙따이유와 대체시키려는 의례가 몇 가지 보인다. 6건의 소송이 약속문서의 존재를,[14] 또한 그것의 결여[15]를 강조하고 있다. 7건의 소송이 공증인에 의해[16] 또는 개인 서명을 한[17] 결혼계약서에 관해 이야기하고 있지만, 이것은 대부분 15,6세기의 소송에서는 문제가 되지 않았던 점이다.[18] 서류의 중요성의 증대는, 그것만으로 구두계약이 의례적 성격을 잃었다는 것을 의미한다. 게다가 1639년 11월 26일 국왕 고시는 새로운 약속의 형식을 나라 안에서 의무짓고 있다. 제7조가 『교회 소속자를 포함하여 판사는 모두 증인에 따른 결혼 약속에 관한 증언을, 또한 그에 합당한 문서 이외의 증언을 증거로 받아들일 수 없다』라고 명하고 있다. 그에 합당한 문서란 『가령 천한 신분일지라도 커플 쌍방이 각기 4명의 가까운 친척 앞에서 작성』한 것이다.[19] 단지 구두에서 문서로의 이행속도가 완만했다는 점 ―이것은 오히려 한 장의 법령만으로 이행할 수 없다는 증거이다 ― 17세기 말이 되어도 아직도 이행이 완성되지 않았다는 점에 주의하기 바란다. 결혼 약속에 관한 114건의 소송 중, 106건이 구두계약만을 문제로 보고 있다고 생각하기 때문이다. 1639년의 고시는, 분명히 약속의 존재 입증을 위한 증인 의존을 볼 수 없다는 점으로 유지되었다. 단 이 106건의 소송에서 판사는 문서에 의거하기보다 결혼 약속을 한, 혹은 하지 않았다는 당사자의 서약선언에 의거하여 판단을 내리고 있다.

크레앙따이유 의식의 소멸을 암시하는 제3의 지표로서, 1665-1700년의 소송에서는 결혼 약속의 증표인 선물에 관한 언급이 전혀 눈에 띄지 않는다는 사실이다. 이 선물은 15,6세기를 통틀어 교환된 말의 신성함을 보강하는 상징이었던 셈이다. 그 대신 25건의 기록 중에 〈해당 결혼 약속을 위해〉 준, 혹은 받아들인 〈계약 물품〉(현재는 보통 〈착수금·선금〉의 의미)에 관한 기술이 보인다. 문제는 명칭만 변한 이 계약 물품을 전통적 크레앙따이유를 구성하고 있던 결혼 약속의 증표로서의 물품으로 간주하느냐 하지 않느냐이다.

여기에서 문제가 되고 있는〈계약 물품〉은 분명히 결혼식에서 의식의 일부로 거래되는 것과는 다르다.[20] 그것은 일찍이 결혼 약속의 증표로서 행하는 선물과 마찬가지로, 혼인 이전에 거래되는 동시에 약속의 보강, 혹은 정식 인가를 목적으로 하는 듯하다. 약속과 계약 물품이 종종 소송기록과 밀접한 관계를 가지면서 나타나기 때문이다. 어느 경우에는 여성 피고인이 결혼 약속을 하고 계약 물품을 받은 것을 인정하게 된다.(51ᴮ, 79ᴮ) 또 다른 경우에는 이와 반대로 약속도 하지 않았고, 계약 물품을 받은 적도 없다고 주장하고 있다.(48ᴮ, 69ᴮ, 92ᴮ, 11ᴮ) 때로는『해당 약속의 계약 물품으로 토시 한 개와 12리블을 받았다』(51ᴮ)고 하거나, 혹은『그것으로 결정된 약속 때문에』(7ᴮ, 65ᴮ)라든가,『그것에 의한 결혼 때문에』(128ᴮ)라는 표현을 이용하고 있다. 그리고 계약품 거래는 약속의 언어와 마찬가지로, 혹은 그 이상으로 공적인 형태를 갖고 행해지고 있는 듯하다. 예를 들면 장 브장송Jean Besançon과 결혼 약속을 한 마리 위오Marie Huot는,『부친 입회하에 받아들인 계약 물품』(79ᴮ) 이외에 약속의 말 자체가 누구 앞에서, 어떤 식으로 교환되었는지에 관해서는 언급할 필요를 느끼지 않았던 것이다.

마지막으로 계약 물품의 거래가 17세기에 와서 처음 생긴 제도는 아니다. 그것은 로마의 이교도 문명 혼례식 속에서 실제 예를 찾아낼 수 있는 오래된 의식이며, 그후 가톨릭 교회가 중세를 통틀어 북유럽에 이식시킨 것이다.[21] 트로이 주교구의 소송기록에는 15,6세기를 통틀어 계약 물품에 대한 언급이 없는 사실에서,[22] 또한 고대 로마 이후 계약 물품에 의해 정식으로 시인되었던 결혼계약에 관해서도 거의 언급되지 않았다는 사실에서, 샹빠뉴 지방에서 크레앙따이유 의식 때에 행하는 선물 거래는, 옛날부터 있었던 계약 물품제도가 변신한 것은 아닌가 하는 추측도 성립된다. 더구나 17세기의 소송기록에서 계약 물품 ─혹은 결혼계약서 ─의 재출현은, 커플 형성 의례의 변모가 아니라, 오히려 판사들의 사상이 로마화되는 경향 ─교회 판사, 세속의 판사를 불문하고 그 예는 많다─이 나타나지 않았는가 하고 생각해 볼 수 있다.

본래 15,6세기의 결혼의 이름으로 행하는 선물과 17세기의 계약 물품이 같은 것이라 하더라도, 명칭의 변화는 중요하다. 더구나 크레앙따이유라는 개념을 파괴하려는 판사들의 의지를 읽을 수 있기 때문이다. 사실 계약 물품과 선물 사이에는 외관의 차이가 있다.

첫째로, 계약 물품은 결혼 약속과 동시에 주어지는 것이 아니라 그후에 건네 주는 것 같다. 조아쉼 시몽Joachim Simon은 자신과 사빈느 디유Savine Dieu 사이에서 개시된 일련의 결혼의식에 관해 진술하면서, 그것이 『계약과 계약 물품 앞에서 행해졌다』고 말했다. 사빈느도 『약속, 그리고 약속을 위한 계약, 계약 물품 거래』가 있었음을 인정하고 있다.(7^B) 동시에 엘리자베스 베르나르Elisabeth Bernard도 자신과 쟝 그로죠Jean Grosos 사이에서 『쌍방 사이에 교환된 결혼계약이 있었고, 그후에 혼약식이 거행되었으며, 그로조로부터 금반지 4개를 받았다』는 것을 인정하고 있다.(8^B) 다른 대부분의 기록에서는 계약 물품 거래가 언제 행해졌는가에 관한 언급이 보이지 않는다. 단지 그것이 구두로 약속할 때 동시에 행해졌다는 것을 암시하는 기술도 없다.

한편 계약 물품은 이제까지 있었던 약속의 증표인 선물에 비해, 일반적으로 훨씬 값비싸졌다. 배 한 개, 스프용 빵조각, 인목 나뭇가지 한 개, 피리 연주 한 곡과 같은 색다른 물품은 모습을 감추었다. 그 대신 반지(7^B, 8^B, 16^B, 24^B, 53^B, 57^B, 127^B), 금·은 십자가(16^B, 57^B), 금 도장(57^B), 은 혹은 금박을 입힌 은 성모상(53^B), 금사 은사로 자수를 한 지갑(16^B), 갖가지 은제품(3^B, 69^B), 때로는 얼마간의 화폐(16^B, 51^B, 53^B), 실용품, 화장도구(53^B)가 출현하였다. 그리고 구두약속, 정식 계약문서, 때로는 약혼식이 끝난 후에 남자가 여자에게 준 계약 물품이 이젠 15,6세기처럼 단순한 상징이 아니라, 약속 이행을 위한 보증금의 역할을 다했다고 생각할 수밖에 없는 이유도 많다. 법률 입문서에도 〈계약품〉을 그렇게 정의하고 있는 곳이 많다. 『약혼한 남자는 보통 상대되는 여성에게 선물을 하지만, 이 물품은 남자가 결혼 약속 실행을 거부할 때, 여자의 소유로 그대로 남는다.』[23]

마지막으로 계약 물품 거래 때에 볼 수 있는 성에 의한 불공평에 주목하도록 하자. 15,6세기에는 먼저 아가씨 쪽에서 사랑하는 남자에게 약속의 증표로서 선물을 하거나,(6^A, 12^A, 41^A) 아가씨가 남자에게 보답을 하여 균형을 회복하는 경우도 있었다.(1^A, 6^A, 68^A) 17세기에 오면 예외 없이, 적어도 트로이의 기록에서는 ―남자가 주면 아가씨는 받기만 할 뿐, 같은 것이나 비슷한 것을 보답하지 않았다. 아마 이 불공평은, 약혼 불이행이 오로지 아가씨의 명예에 상처를 입힌다는 사실로 설명되었다. 요컨대 계약 물품은 청년의 약속 불이행을 적극적으로 막고, 약속이 파기될 경우에는 아가씨의 명예에 오점을 남긴 것에 대한 보상기능을 갖고 있었을지도 모른다.

결국 17세기 트로이의 소송문서에 언급되어 있는 계약 물품은, 15,6세기의 결혼 약속의 증표로서의 선물과는 상당히 이질적이다. 과연 양자와 서로 관계 있는 점도 있지만, 그것은 민간 습속이 일정 불변하다기보다, 오히려 커플 형성시의 민간 습속 의례에 법적 관행이 미쳤던 영향을 증언하는 것이다.

그런데도 결혼 약속이 어떠한 형식을 취하건 15,6세기에 그것이 갖고 있던 신성불가침의 성격이 17세기 이후 사라져 버렸다는 것은 의심할 여지가 없다. 그리고 이 실권失權이 다른 모든 형식상의 변화 이상으로 크레앙따이유 의례에 치명타를 입혔다.

주교구 재판소에만 파기권한이 있었던 점을 보면, 결혼의 약속이 변함 없는 구속력과 불가침성을 유지했다고 생각된다. 단 15,6세기에는 보통 중대한 동시에 교회법상의 이유만이 파기의 이유가 될 수 있었던 데 비해, 17세기 후반에 들어올 무렵에는 다수의, 때로는 극히 자세한 사정조차 약혼 해소의 이유가 된다. 그뿐 아니라, 이유를 새삼스럽게 말하지 않는 경우도 있다. 요컨대 결혼 약속을 파기하고 싶은 측이 제기하는 이유, 또는 재판소가 판단의 근거가 되는 이유는 이미 문제가 되지 않았다. 그 결과 소수의 예외는 별도로 하고,[24] 판결은 언제나와 같이 약속의 무효가 되었다. 그 결과 크레앙따이유는 가령 소송기록에는 나타나지 않으면서 존속하기는 했으나, 그 중대한 효력은 잃어버렸음이 분명하다.

여기서 이와 같은 변모의 원인과 영향을 검토해 보자. 결혼 약속이 실질적 효력을 잃어버린 것에 대한 근본적인 설명은, 트랑뜨 종교회의에 의해 새로 결혼에 주어진 정의 속에서 먼저 구하도록 하겠다. 교령敎令《그런데》(*Tametsi*, 1563년 공포. 가톨릭 교회의 교령은 그 최초의 단어를 타이틀로 부른다)는, 분명히 당사자 쌍방의 합의에 의거하여 자유롭게 맺어진 경우에는 비공식 결혼도, 교회에 의해 무효로 선언되기까지는 진정하게 완성된 결혼으로 간주한다고 하였다. 동시에 다음의 규정을 설정하므로써 식을 올리지 않은 결혼의 법적 효력을 빼앗았다. 『사제 ―혹은 그를 대신하는 자, 즉 사제 자신이나 교구 사교의 허락을 얻은 성직자 ―와, 그외에 두 사람 내지 세 사람의 증인 입회 없이 결혼하고자 하는 자에 대해, 신성한 본 종교회의는 그와 같은 형식으로는 혼인 체결의 능력이 전혀 없다고 선언한다. 그렇게 이루어진 결혼은 그것을 무효화하고 파기하는 본 법령의 효력에 의거하여, 그것을 무효화하고 없었던 일로 정한다.』[25]

1639년의 국왕 고시는 이와 같은 교회측의 규정을 다음과 같은 의미로 받아들였다. 즉 증인 입회 아래 성직자가 사회를 본 결혼의 이와 같은 형태는 『단순한 계율이 필연적으로 명령하는 바』 다시 말하면 죽음으로 보답할 죄에 빠지지 않기 위해 ―『뿐만 아니라』『비밀스러운 결혼이 필연적으로 명령하는 바이다』[26]라고. 그 결과 교회 재판소는 앞으로 비공식적으로 맺어진 커플을 복음서의 그 문구『하나님이 짝지어 주신 것을 사람이 나누지 못할지니라』[27]에 신경쓰지 않고 헤어지게 할 수 있도록 하였다. 비로소 결혼을 약속했던 사람 중 한쪽이 결합을 원하지 않았을 때는, 곧 그것을 해소시킬 의무를 지게 되었다. 교회에서 결혼을 하는 결정적인 자리에서 당사자끼리의 합의로 완전한 자유를 보증하기 위함이다.

그러나 교령《그런데》에 관해 왕권측 법학자들이 내린 이와 같은 해석에, 모든 신학자들이 납득할 수는 없었다. 비공식 결혼만이 수세기에 걸쳐 신의 눈에는 진정한 결혼이었다. 그것을 애매하고 구구한 이견의 여지가 있는 한 편의 교령으로 부정할 수 있었을까? 사실 같은 교령의 다른 사항에서, 종교회의에 모인 신부들은 비밀결혼의 효력을 다시 환기시키고, 『비밀결혼이야말로 진정으로 완성된 결혼이며, 그것을 부정하는 자는 배척』한다고 정해져 있다. 1581년 루앙Rouen에서 행해진 대주교 관구 종교회의도 비밀리에 결혼한 자는 만약 그후 교회에서 다른 상대와 정식으로 결혼하고자 하면, 그 자를 모두 간통자로 부르도록 규정하므로써 비공식 결혼에 어떤 종류의 가치를 부여하고 있다고 생각된다. 교회 재판소 판사들도 17세기에 들어온 후까지, 서로 언약한 커플에게『결혼을 정식화하는』것을 경우에 따라서는 강제하고 있다. 게다가 중세 신학자들은 언제나『말에 의해 나타나는 결혼상태』를『장래에 해야 할 결혼상태』로부터 구분하고 있다. 결혼 약속 파기에 관한 소송에서 보통 문제가 되었던 것은 후자이며, 트랑뜨 종교회의에서도 결혼 약속에 관한 새로운 법령이 전혀 나오지 않은 점을 보면, 약속이 이제까지와 같은 구속력을 갖는다고 사람들은 생각하고 있었음에 틀림이 없다.

교회 판사들이 그와 같은 판단을 그만둔 것은 고등법원이 금령을 내리면서 부터이다. 1638년 6월 1일의 법령은, 『교구 재판관이 교회법의 벌칙을 기준으로 결혼 약속을 이행·실행해야 한다고 강요하는 일이 있으면, 그것은 권위의 남용이다』라고 규정하고 있다.[28] 게다가 그 이전 1637년 6월 9일, 판결의 부당함을 주장하는 상소를 받은 같은 고등법원은 트로이 주교구 재판소의 판결을 파기하였다. 검사 비뇽Bignon의 주장은 『결혼이 성취되어 정식으로 행해지기까지는 남녀 모두 그때까지 어떤 약속을 주고받더라도 자유로이 약속을 소멸하는 것을 인정한다. ……한쪽이 결혼식 거행에 동의할 것을 거부할 경우, 교구 판사는 그것을 반대할 수 없다』고 했다.[29]

이 점에서 왕권측의 인간이 교회 판사에게 자유주의 사상의 범위를 보인 것은 사실이지만, 그들의 의도를 잊어서는 안 된다. 1세기 동안 그들이 실제로 옹호해 온 것은, 당사자들의 자유에 의하기보다 자식의 결혼에 대한 부모의 간섭권이었다. 1556년 2월-1557년 양가良家 자제의 결혼에 관한 칙령은, 부모의 동의 없이 결혼한 자식으로부터 상속권을 몰수할 권리를 인정했다. 1579년 또는 1629년 1월 블로와Blois의 칙령은, 유혹에 의한 유괴라는 새 개념을 고안하고, 스물다섯 살 미만의 남자 혹은 여자가 부모의 동의를 얻지 않고 결혼한 자의 사형을 인정하고 있다. 게다가 1639년에는 국왕 고시가 이와 같은 친권 옹호의 장치를 하나로 묶어 강화하고 구두로 행한 결혼 약속, 특히 가족의 입회 없이 교환한 약속을 처벌의 대상으로 하고 있다. 과연 고등법원이 규정한 해소 가능성 덕분에, 양친에게 강요당하는 결혼에서 젊은이들이 도망치는 일도 있었다. 이것은 나중에 서술할 예정이다. 그러나 고등법원에서 취한 것 중 가장 중요한 점은, 부친의 동의 없이 교환한 약속을 부친은 자기 혼자의 생각으로 해소할 수 있었다고 생각된다.

남은 문제는 이와 같은 법률이 어느 정도 실제 효과를 거둘 수 있는가 하는 점이다. 이 점에 관해서도 소송기록은 결정적인 해답을 주지 않지만 몇 가지 흥미있는 시사를 하고 있다.

부친의 생각에 맞지 않는 결혼의도를 지닌 젊은이들에게 약속의 교환은 강력한 무기가 되었다. 부친이 다른 약속을 시키기 이전에, 연인에게 결혼을 약속하기만 하면 된다. 나중에 단지 검사에게 그 취지를 알리면 제2의 약속은 효력을 잃고, 연인들은 『두 사람 사이에 개시된 결혼상태를 정식으로 해야 한다』는 벌칙을 부과했던 것이다. 15,6세기의 부모들은 이와 같은 전술에 대해 무력했다. 예외는 단지 크레앙따이유한 달갑지 않은 아가씨가 세간에서 평판이 좋지 않은 아가씨로, 청년 가족의 일원이 그녀와 육체관계를 가졌던 일을 고백하고, 몇 명의 증인에 의해 그 고백의 신빙성이 보증된 경우뿐이었다. 그렇기는 하지만 트로이의 소송기록 중에는 그런 종류의 책동은 불과 한 건밖에 발견되지 않았다.(69ᴬ) 한편 같은 소송기록 중에는, 부친의 명령으로 결혼의 약속을 강요당한 아가씨들이 그 이전에 이미 연인과 크레앙따이유했다고 주장할 경우, 때로 그것이 완전히 꾸며낸 말이건 날짜가 빠르건 여러 명이 공모 증인들의 도움으로 목적을 달성하는 경우도 암시하고 있다.(80ᴬ) 1639년 국왕 고시 제7조의 기본에는, 젊은이들의 이와 같은 사기적 책동을 방지하고자 하는 의지가 작용하고 있었음이 분명하다.

새로운 규제는 판사들의 태도를 바뀌게 했을 뿐 아니라, 젊은이들 또는 부모들의 전술을 바뀌게 하였다.

17세기의 소송 중 27건이 젊은이가 맺은 약속에 반대하는 부모, 혹은 후견인이 출현한다. 본인이 성년에 달한 경우에는, 부모의 이의를 배척하기 위해 번거로운 법적·행정적 절차를 스스로 밟아야 했다. 아마 많은 젊은이들이 그 앞에서 꽁무니를 뺄 것이다. 혼약자가 미성년인 경우가 16건 —적어도 분명한 판결기록이 남아 있는 14건 —으로 약속이 해소되었다. 1세기에 걸쳐서 국왕측 법률가들이 친권 증대를 목표로 싸웠던 일이 허사가 되지 않은 셈이다.

그러나 젊은이들측에서도 양친에게 강압당해 어쩔 수 없이 맺은 약속에서 달아나기 위해, 약속 해소의 가능성을 이용할 수 있게 되었다. 15,6세기에도 본인의 동의가 없었기 때문에 약속이 해소된 경우도 있었지만, 그것은 양친에 의한 중대한 폭력행위 혹은 죽음의 협박이 인정되는 경우로 한정되어 있다. 17세기로 들어오면서부터 폭력 혹은 강제가 문제된 사건은 불과 3건(2ᴮ, 3ᴮ, 109ᴮ) 그 경우에 판사는 폭력의 내용·정도를 거의 알려고 하지 않았다.

다른 7건의 소송에서는 약혼자 중 한쪽이 『자기 의지와 달리』(2^B, 32^B)・『양친의 바람에 양보하여』(32^B, 109^B)・양친에 대한 『존경에서』(2^B, 3^B, 7^B, 8^B, 32^B)・『경의에서』(3^B), 또는 『양친을 기쁘게 하기 위해』(4^B, 16^B, 114B)・『순종하기 위해』(7^B, 32^B) 혹은 『그들의 바람을 만족시키기 위해』(11^B, 16^B) 약혼을 했다고 강경하게 진술하고, 그 결과 약혼 해소를 획득하였다. 자식들이 부모의 동의 없이 맺은 약속의 실현을 방해하는 일이 양친에게 가능했던 반면, 자신들이 선택한 배우자를 자식들에게 강요하는 일도 곤란해졌다. 양가에서 약속한 날은 얌전할지라도 결혼식 거행의 날까지 반항시기가 남아 있었기 때문이다.

한편 15,6세기에는 일단 크레앙따이유한 사람끼리는 애정의 유무에 관계없이 정식으로 결혼하라고 명하였지만, 17세기 판사들은 애정 없는 결혼의 불성립을 용인했다. 쟌느 쁠뤼오Jeanne Pluot는 니꼴라 라니에Nicolas Lagniet에게 결혼을 약속했지만, 『라니에를 일찍이 사랑한 적도 없지만 지금도 사랑하지 않는다. 라니에를 남편으로 삼느니 오히려 죽음을 택하겠다』(2^B)고 하여 약속에서 해방되었다. 오다르 꾸르또와Odart Courtois는 『그녀에 대한 애(우)정을 품고 있지 않았기』 때문에, 마리 베르트랑Marie Bertrant과 결혼하지 않았다.(11^B) 위베르 꼴로Hubert Collot가 마르그뢰뜨 로뎅Marguerite Rosdin과 맺은 약속을 해소할 수 있었던 것도, 로뎅의 얼굴 상처가 『몸이 오싹할 정도의 혐오감을 주었다』는 이유에서였다. (13^B) 15,6세기의 소송에서는 전혀 보이지 않았던 이와 같은 감정 레벨의 이유가, 17세기에 들어오면 서민계층뿐만 아니라, 귀족・부르조아 계급에도 나타났다. 예를 들면 〈프랑소와즈 망사르Françoise Mansard 양〉은 〈루브리니＝도니Louvrigny et Dogny의 영주로서 평귀족, 본디 쏨미에브르Sommièvre 경기병 중대부관〉 프랑소와 드 꾸르씨François de Courcy에게 했던 결혼 약속을 『피고 망사르가 원고 드 꾸르씨에 대한 감정의 냉각으로, 또한 피고의 뜻에 위반되는 결혼의 결과 초래될 수 있는 나쁜 결과 때문에』 해소하는 것이 인정되었다.(26^B)

이와 같은 상황은 17세기 후반이라는 이 시기에 연애결혼이 일반적인 풍속으로 편입되었다는 증거일까?[30] 판단을 내리기는 매우 어렵다. 왜냐하면 결혼 약속에 대해 새로 주어진 해소 가능성 때문에 단순한 비교가 의미를 갖지 않기 때문이다. 게다가 17세기의 연인들에게는 15,6세기의 연인들이 지니고 있었던 비밀결혼이라는 무기가 없었음이 분명하다. 한편 서로 언약한 자들의 애정 유무를 논하는 소송의 건수도 세기 중반을 정점으로 점차 감소했기 때문이다. 다음과 같은 숫자를 볼 수 있다.

1665－1669년	20건 중 9건＝45퍼센트
1670－1679년	19건 중 4건＝21퍼센트
1680－1689년	54건 중 5건＝7퍼센트
1690－1699년	37건 중 2건＝5퍼센트

여기에서 우리들은 이 조사를 기록계의 근무 형편에 완전히 의존하였다. 그들이 일부러 태만했을 리 없다고 생각하면서, 이와 같은 변화에 주목하였다. 그런데 숫자의 감소는 약속한 자, 특히 남자측의 감정이 ―상대에게 특별히 반하지 않았다고 주장한 남자가 최초 수년간에는 6명이었지만, 다음의 10년간에는 4명으로, 그리고 1명, 제로로 감소했다 ―점차로 고려되지 않았다는 점을 의미하는 것일까? 아니면 연애 감정 없는 약속, 특히 남자측에서는 점차로 희박해진 것일까? 이와 부합되는 일로써 어느쪽으로도 해석할 수 있는 징후가 있다. 부모의 부당한 강압이 언급되어 있는 10건의 소송 중 7건이 최초의 수 년 동안에 집중되어 있고, 나머지 30년에는 3건뿐이라는 사실이다. 또한 젊은 당사자들이 너무 어렸을 때 약혼당했다고 호소하는 5건의 소송은 모두 최초 10년간에 집중되어 있다.

그 대신 이미 이 시기에는, 세상의 일반 사람들은 물론이고 판사들조차 교회법으로 정해진 약혼 가능한 연령(7세)도, 결혼 가능한 연령(여자 12세, 남자 14세)도 인정하지 않았던 것이 분명하다. 이전은 1527－28년의 마르그뢰뜨 까드넬Marguerite Cadenelle의 소송(63[B])에 나타난 것과 같은 생각이 일반적이었다. 그녀가 주장했던 것처럼 10세 몇 개월이었건, 상대 남자가 주장하는 것처럼 13세 몇 개월이었건, 재판소가 마르그뢰뜨를 가브리엘 송지Gabriel Songis의 『장래 혹은 크레앙따이유가 끝난 아내로 결정』했을 때, 그녀는 아직 결혼할 수 있는 어른이 아니었다. 1669년에는 이와 정반대되는 판결을 볼 수 있다. 바르브 게나르Barbe Guénard는 옛날 끌로드 비요뜨Claude

Billote에게 했던 결혼 약속에서 해방되었다.『약속 당시 피고의 연령이 14세에 지나지 않았기 때문에, ……또는 당시 자기 마음의 애정을 바르게 평가할 수 없었고, 현재 원고를 남편으로 삼을 정도의 애정을 느끼지 않는다고 신청했기 때문에』라는 것이 판결 이유이다.(16[B]) 그외에 두 아가씨가 1666년, 1674년에 14세라는 연령을 고려하여 약속 해소를 얻을 수 있었다. 후자는 『약속 해소 요구의 이유는, 당시 14세밖에 되지 않았다는 점, 무엇이 자기를 위한 것인지 알 수 없었다는 점, 해당 원고에게 애정을 가질 수 있는지 없는지 알기 위해 약속 실행에서 3년간의 유예기간을 가졌지만 효과가 없었다는 점이다』라고 진술하고 있다.(35[B]) 같은 1674년에는 한 청년이『17세밖에 되지 않았을 때, 자기가 하고 있는 일에 대한 의미도 모른 채』약혼당했다고 주장하고 있다.(32[B]) 따라서 여자·남자 쌍방에 관하여, 결혼계약이 가능한 최저 연령을 어디에 두는가에 따라 생각이 달라졌다고 분명히 말할 수 있다. 그리고 이 변화에 특별한 법적 근거가 없었던 것을 보면, 젊은이 본인들의 감정에도 점차 관심을 기울이게 된 것이 아닌가 하는 추측을 할 수 있다.

만혼 ─17세기에 이미 서구 사회의 두드러진 경향이 되었다 ─과 연애결혼 사이에 비밀스러운 관계가 있었다는 가설을 세우고 있다. 사실 16세기부터 17세기에 걸쳐서 볼 수 있는 평균 결혼연령의 상승이, 위에서 본 것과 같은 이데올로기의 변화와 관계 없다고 단정할 수 없다. 그러나 같은 현상을 역으로는, 친권강화로 설명할 수 있다. 마르땡 위리옹Martin Hurion은 안느 아미오Anne Amiot와의 결혼을 아버지가 반대하였을 때, 판사 앞에서 이렇게 선언하였다.『아미오에게 마음으로 약속한 이상, 재판소가 명령을 한다면 그녀를 아내로 삼고 싶다. 아버지가 계속 결혼을 반대한다면 약속의 이행을 연장은 하겠지만, 그것은 장래 아미오와 결혼하여 그녀의 명예를 회복하기 위해, 혹은 아무와도 결혼하지 않기 위함이다.』(5[B]) 물론 부친의 반대를 무릅쓰고 성년 ─남자는 30세 ─에 달하기를 기다리겠다고 해석해야 할 것이다. 마찬가지로 쟌느 아르송Jeanne Arson이『25세 ─여자의 성인연령 ─까지는 결혼하지 않겠다』(54[B])고 작정한다고 할 때, 그녀 자신의 결혼 의도와 모친의 생각 사이에 차이가 있다는 것이 예상된다.

결국 평균 결혼연령의 상승도, 연애결혼의 비율 증가에 뒤지지 않는 다양한 해석을 허락하는 현상이라 할 수 있다. 당연히 생각해야 할 경제적·사회적 요인은 별도로 하더라도,[31] 젊은이 당사자들의 기분이 지금보다 더 배려되었다고 해석할 수 있다. 다른 표현법을 써보자. 재판소가 크레앙따이유를 불가침적인 것으로 생각했던 시대에는, 부모와 자식은 서로 상대의 기선을 제압하여 자기의 의지를 관철시키려 했다. 17세기가 되면, 기성 사실의 전술법은 효과가 없어졌다. 부모와 자식 모두 각기 마음에 들지 않는 약속을 해소할 수 있었기 때문이다. 이렇게 되면, 친자가 시간을 두고 합의에 이르는 방법이 현명하다. 그래도 여전히 합의가 불가능할 경우, 자기의 선택을 끝까지 관철시키려고 하는 자식은 성년에 달할 때까지 기다리지 않으면 안 된다.

이상을 다시 한 번 요약해 보겠다.

(1) 15,6세기 샹빠뉴 지방에는 결혼상태에 도달하는 일련의 종교적 의례 이전에 행해지는 세속적 약혼의례가 있었다. 그 중심은 결혼 약속의 증표로서의 선물 거래이며, 교회법에 의거하여 방해, 서로의 합의에 따른 해소를 제외하면, 선물에 의한 장래 부부로서의 결합은 불가침이었다.

(2) 샹빠뉴 지방에서 행해지던 이 크레앙따이유 의식은 극히 세속적·민중적 색채가 농후하였다. 한편 중세 신학자·교회법학자 들의 결혼이론에도 적용되었으므로, 양자 사이의 어떤 결합이 있었음을 판단할 수 있다. 문제는 같은 교회이론이 다른 지역에서 유사한 세속양식을 낳거나 지지한 사실이 있었느냐 아니냐이다.

(3) 17세기 후반의 트로이 소송문서에는, 크레앙따이유에 관한 언급이 전혀 보이지 않게 되었지만, 그렇다고 해서 그것이 민중의 습속에서 실제로 사라졌다는 증거가 되지 못한다. 18세기 샹빠뉴 지방의 방언에 〈크레앙떼〉·〈크레앙따이유〉라는 말이 의연하게 사용된 것도 사실이다.[32] 그러나 19,20세기에는 이와 같은 말도 사용되지 않은 듯하다.[33] 한편 15,6세기에는 젊은 남녀가 서로 크레앙떼한 데 반해, 트레보의 사전 기술을 믿는다면 바야흐로 부친이 딸을 — 같은 시기의 다른 지역에서는 약속하고 주었던 것처럼 — 크레앙떼했던 것이다. 이와 같은 언어용법의 변화는, 양친의 동의와 입회 없이 계약된 결

혼 약속은 완전히 무효라고 정했던 1639년의 국가고시를 시작으로 하는 법제 상의 개혁과 관계 없지는 않다. 구두 약속은 서면에 의한 약속, 공증인 작성의 계약서에 주어지던 법률적 효력을 감소시켰고, 아마 예전에 갖고 있던 강한 의례적 성격을 상실했을 것이다. 결혼 약속의 증표인 선물은 소멸했던가, 혹은 명칭과 동시에 성질·의미가 바뀌었을 것이다. 어찌되었거나 결혼 약속이 소멸될 수 있었기 때문에, 크레앙따이유는 옛날의 세력을 빼앗기고 말았다. 17,8세기의 농민들은 지나치게 소송을 즐겼다고 할 수 있다. 그들은 법적 구속력을 잃어버린 의례를 그대로 보존하지는 않았다.

(4) 15,6세기에 수많은 젊은 연인들이, 양친의 반대를 무릅쓰고 결혼할 수 있었던 것은 크레앙따이유 의례 덕분이었다. 그러나 동시에 부모들이 사제의 입회 없이 자식 —특히 딸—을 사랑 없는 결혼으로 밀어붙이고, 다시 그곳으로 돌아올 수 없도록 이용한 것도 이 제도였다. 이와 같이 강제적 크레앙따이유의 건수는, 소송기록이 나타내고 있는 것보다 실제는 훨씬 많았음이 분명하다. 그러므로 옛날부터 세속의례에 대한 무관심은, 친권강화를 목적으로 한 사실강화이기도 했다. 그렇지만 동시에 많은 젊은 남녀가 의지에 위반된, 부모의 압력에 의한 약속에서 해방되는 것이기도 했다. 결국 새로운 혼인 규제 체계가 연애결혼을 조장하였는지 그렇지 않으면 방해하였는지는 판단하기 어렵다. 단 명백한 점은, 양친과 자식 양측의 전략을 뒤엎는 새로운 규제가, 구제도사회에서 인구 증감 조절의 커다란 장치라 할 수 있는 결혼연령을 어느 정도 —지금 여기에서 그 정도를 명확하게 할 수는 없지만— 끌어올렸다는 사실이다.

4
사랑과 결혼
(18·세기)

서구문학에서는 적어도 12세기 이후 항상 사랑이 문제가 되어 왔다. 다만 약간 예외적으로 문학에 등장하는 사랑이 주목받기는 했으나 그것은 부부의 사랑이 아니었다. 그리고 결혼할 연인간의 사랑이 다루어지는 일도 드물었다. 연애문학의 독자이며 생산자였던 계층에서 가족의 모든 관심은 올바른 혈통의 후계자를 만드는 것이었으며, 사랑은 대를 이을 아이를 낳지 않는 한도로밖에 허용되지 않았다. 그러나 반드시 플라토닉 러브만이 허용된 것은 아니었지만, 가톨릭 교회와 경건한 신자들은, 문학에 등장하는 〈세속적인 사랑을〉 신에 대한 사랑과 모순되는 〈도리에 벗어난〉·〈관능적〉·〈육욕적〉 사랑으로 단죄했던 것이다.[1]

한편 결혼은 왕후 귀족에 한하지 않고 모든 계층의 인간에게, 젊은 남녀의 사랑을 만족시키기 위한 것이라기보다 두 가족을 혈연관계로 맺어 혈통이 끊이지 않게 하려는 기능을 갖고 있었다. 농민계층조차 결혼에 즈음하여 먼저 물질적·경제적 조건과 사회적 지위가 고려되었다. 그 때문에 사회의 도덕률도 부부간의 애정의 유무는 거의 문제가 되지 않았고, 부부의 의무 엄수만을 요구했다. 애정을 문제삼는 일이 있어도, 그것은 오히려 지나친 부부애를 경계하기 위한 것이었다.[2]

물론 이와 같은 상황은 그후 변화하였다. 오늘날에는 가톨릭 사회를 비롯하여 아무도 사랑의 신성함에 의심을 갖지 않게 되었다. 적어도 그것이 정신·마음·성을 포함하는 〈진정한〉 사랑일 때에는. 현대사회는 이미 욕망과 사랑이 결여된 결혼, 아니 결혼상태의 지속조차 받아들이지 않는다. 반대로 결혼이야말로 사랑의 필연적인 결합이라고 완고하게 믿고 있는 우리들 사이에서는, 불의의 사랑으로 이혼하고, 그리고 재혼으로 이어지는 경우가 더욱더 많아지게 되었다.

18세기에도 적어도 엘리트계층에서, 사랑과 결혼 사이에서 서로 양보하여 접근하는 어떤 종류의 모습이 보인다. 이하의 논고에서 나는 먼저 당시의 지배적 이데올로기의 레벨에서 이런 접근의 경향이 어떤 형태로 출현하는지, 그 징후를 나타낼 작정이다. 물론 현재의 연구단계에서는, 곧 18세기 엘리트계층의 행동모델에 구체적인 변화가 생겼다고 결론을 내리기 어렵다는 점은 알고 있다. 한편 서민계층의 행동형태에 관해 역방향으로의 변화가 없었다고도 잘라 말할 수 없다. 그 점에 관해서는 후반부에서 다룰 예정이다.

지배적 문화계층의 사랑과 결혼

서명書名의 증언

서두에 서명 ─약 4만5천 권─ 을 고찰해 보자. 이것은 대부분 1723년부터 1789년에 걸쳐, 출판 감독국에서 국왕 윤허 혹은 묵인의 소원이 제출된 것이다. 이러한 타이틀을 컴퓨터에 입력하므로써[3] 우리들은 그다지 힘들이지 않고 서명을 구성하는 모든 말의 사용빈도를 짜맞출 수 있었다. 이 첫번째 순서에서 확인할 수 있었던 점은 다음 3가지이다.

【사랑 · 결혼과 관련된 말이 많이 출현한다는 점】

말		그 말이 표제로 출현하는 책의 수
사랑	Amour	367
사랑하고 있다	Amoureux(se) = 형용사	38
사랑하다	Aimer = 동사 Aimable = 형용사 }	39
사랑하는 연인 · 연인(들)	Amant(s)	35
애정 · 연정 깊은 애정	Affection Affectueux }	35
마음 · 하트	Cœur(s)	208
욕망 · 욕구 · 애욕	Désir(s)	15

정념·정열·정욕	Passion	18
쾌락·즐거움·기쁨	Plaisir	69
감정(감상)·연심	Sentiment(s)	179
감정(감상)의·연심의	Sentimental	17

16세기와 20세기의 서명 비교연구에서도[4] 〈사랑(연애)〉(Amour)이라는 말이 5세기에 걸쳐 항상 빈번하게 사용되었다는 인상은 지울 수 없다. 그에 반하여 16세기 이후 〈마음〉(Cœur)의 사용이 현저하게 줄었고, 또한 〈감정〉 (Sentiment)의 관념 출현빈도도 급격하게 상승하고 있다. 후자는 16세기 말에는 아직 존재하지 않았던 것[5]이다. 〈감정의〉(Sentimental)라는 형용사에 이르러 그것이 서명의 계열에 처음으로 출현한 때는, 19세기가 육박하는 1785년의 일이다. 본디 시초는 《요릭씨의 감정여행》(*Voyage sentimental de Mr. Yorick*)의 성공에 자극을 받았던 것이고, 〈여행〉이라는 말과 결부되어 있었다.

결혼과 관련된 말도 18세기의 서명 속에 꽤 빈번하게 출현한다. 단 언뜻 보기엔 16세기나 20세기에 비해 많지도 적지도 않다.

말	그 말이 표제로 출현하는 책의 수	
결혼	Mariage	143
남편	Mari(s)	21
결혼한 남(녀)	Marié(e)(s)	12
남편(처), 남편(처)으로 삼다	Époux(se), Épouser	26
배우자(부부)	Conjoints⎫	
부부의	Conjugal ⎭	13

【사랑(연애)과 관련된 어휘와 결혼과 관련된 어휘의 결합은 드물다는 점】

예를 들면 형용사 〈사랑(연애)하고 있다〉(Amoureux)가 표현되어 있는 38권의 서명에는, 결혼과 부부관계에 대한 언급이 전혀 보이지 않는다. 〈사랑하다〉(Aimer=동사, Aimable=형용사)를 사용한 39권의 서명에서도, 〈연인(들)〉을 사용한 35권에서도, 〈애정〉·〈깊은 애정〉을 사용한 35권에서도, 〈마음〉을 사용한 208권에서도, 〈욕망〉을 사용한 15권에서도, 〈정념〉을 사용한 18권에서도, 〈쾌락〉을 사용한 69권에서도, 〈감정〉을 사용한 179권에서도 모두 마찬가지라 할 수 있다.

　결혼과 관련된 몇 가지 말과 감정에 관한 몇 가지 말이 결합하는 적은 있어도, 그것은 이와 같은 말이 출현하는 서명 속에 극히 일부에 불과하다. 예를 들면 〈사랑(연애)〉을 사용한 367권의 서명 중 13번(3.8퍼센트)만이 동시에 결혼을 언급하였다. 〈감정의〉를 사용한 17권의 서명 중에는 1번(5.9퍼센트)만 부부를 의미하는 문맥과 관계하고 있다. 그것과 쌍을 이루는 형태로, 결혼과 관련된 어휘를 사용한 타이틀 중 감정에 대한 언급이 극히 얼마되지 않는다. 즉 〈결혼〉이 출현하는 143권의 타이틀 중 2.8퍼센트에 해당하는 4개만이, 〈남편〉이 출현하는 21권 중 9.5퍼센트에 해당하는 2개만이 감정에 대해 언급하였다. 〈부부의〉라는 말의 경우는 예외라 할 수 있겠다. 10권 중 6, 즉 60퍼센트가 〈사랑(연애)〉과 결부되어 있다.

　【사랑의 어휘와 결혼의 어휘 결합이, 다음의 표가 나타내는 바와 같이 18세기를 통틀어 현저하게 증가 경향을 보인다는 점】

　〈부부애〉라는 표현이 서명 속에서 사용된 추이에도 같은 경향이 보인다. 1770년 이전의 47년간 이 표현은 단 1번, 그것도 이런 종류의 사랑의 감정적인 내용이 아니라, 육체적인 욕망의 측면만 다루고 있다고 생각되는 의학서 — 《인간의 생식 혹은 부부애 개관》(1731년) — 에 출현하였을 뿐이다.

　그와 반대로 1770년 이후의 20년 사이에는, 같은 표현이 지금은 이런 종류의 사랑의 감정적 측면에 오로지 관심을 기울이고 있다고 생각되는 5권의 문학작품 서명 속에 등장한다.

　　1772년《소피, 혹은 부부애 ─영국풍 5막 드라마》
　　1775년《아르사스Arsace, 혹은 부부애에 관하여 ─동양풍 소설》
　　1780년《부부애》
　　1785년《부부애를 둘러싼 흥미진진한 일화집》
　　1786년《압박받는 부부애 ─뿔랭Poulain 씨에 의해 엄밀하게 재검토되
　　　　어 서술된 일화》

　최초의 두 표제 중 한 가지는 영국 예찬 취향으로, 또 한 가지는 동방식 이야기의 유행에 곁눈질을 하고 있는 점에 주의해야 한다. 프랑스 독자에게 아직 익숙하지 않은 상품을 팔기 위해서는, 아마 영국이나 동양과 관련시킬 필

요가 있었을 것이다. 나는 영국인들이 꽤 오래 전부터 부부애를 실천, 혹은 그에 대한 관심을 품고 있는 ―영국인 자신의 저작과 프랑스인 여행자의 저작이 그것을 증거로 내세우고 있다 ― 듯한 인상을 지니고 있다. 18세기 말 프랑스에서 부부애가 극히 인기 있었던 것도, 영국 취향의 한 표현이라 말할 수 있다.

	1723 – 49년	1750 – 69년	1770 – 89년
결혼에 대한 언급 〈사랑〉이라는 말을 사용한 타이틀	$\frac{1}{92}$ (1.1%)	$\frac{3}{123}$ (2.4%)	$\frac{9}{152}$ (6%)
감정에 대한 언급 〈결혼〉이라는 말을 사용한 타이틀	$\frac{0}{40}$ (0%)	$\frac{1}{34}$ (2.9%)	$\frac{4}{69}$ (5.7%)

부부애(amour conjugal)

물론 부부애는 18세기의 발명이 아니다. 이 표현은 이미《프랑스 아카데미 사전 제1판》(1694년)의 사랑(Amour)과 〈부부의〉(Conjugal)의 항목에서 발견되었다. 또마스 꼬르네이유Thomas Corneille(1625 – 1709. 극작가. 삐에르 꼬르네이유의 동생)도 이미 그것을 사용하고 있다. 따라서 1770년 이후의 저작물 타이틀에 〈부부애〉라는 표현이 출현하면서부터, 단순히 당시 상류계층 사람들 사이에서 부부애를 극구 찬양하는 경향이 있었다고 결론지을 수 있다. 단지 이 경향은 상당히 두드러졌을 것이다. 몇몇 출판 경영자가 이 문제에 관해 몇 권의 책을 내는 모험을 비로소 ― 단지 한 번의 예외를 제외하고 ― 시도했기 때문이다.

한편 1770년대에 이르기까지 가톨릭 교회의 도덕가들조차 결혼, 혹은 사랑에 관해 말할 때 부부간의 애정에는 거의 무관심했다는 사실도 잊어서는 안된다. 내가 조사한 범위내에서는, 트랑뜨 종교회의(1545 – 1563년)부터 18세기 말에 이르는 기간에 출판된 18종의《교리문답집》중, 1778년 블로와Blois 주교구 간행만이 부부에게 서로 사랑하라고 명하고 있다.[6] 이 또한 1770년 이후의 일로서 아마 우연이 아닐 것이다. 생각하건대 당시 부부에 대한 부드러운 태도, 상대를 인정하는 태도, 그리고 부부로서의 의무의 엄밀한 준수 이상의 것을 요구하는 것은 새로운 경향이었음이 분명하다. 그리고 가령 이 새로운 경향의 탄생에 가톨릭 교회가 어떤 기여를 했다 해도, 그것은 마음 속 악의 추방, 또는 17,8세기의 신자에게 엄격하게 부과된 양심의 검토와 고해의 의무에서 생긴 부산물밖에 되지 않았다.[7] 어찌되었거나 1770-1789년의 시기에, 교회가 앞장서서 부부애의 필요를 제창하지는 않았다. 부부애를 환기하는 타이틀의 책 중, 교회 도덕의 계열에 포함하는 책은 한 권도 없다.

더구나 《교리문답집》시리즈 속에서 부부애를 강력하게 설명하고 있는 단 하나만이, 적어도 가톨릭적 색채를 갖지 않는다는 점도 주목할 만하다. 1785년 브륏셀Bruxelles에서 간행된 이 《젊은이 경향…… 도덕문답》의 언어사용법은 철학자들의 것이며, 사고법의 대부분을 그들로부터 빌리고 있다. 그 최초의 장 전체가 사랑에 해당되지만, 사랑이라는 말은 우선『자연 속에서 원동력을 갖고, 사랑받는 대상에게 말하자면 본인의 의지와 관계 없이 그에게 질질 끌려가는 애정(affection) 일반』으로 정의되어 있다. 작자는 사랑을 부성애·모성애·부모에 대한 자식의 사랑·부부애와 구별하였고, 그 모든 것이 이 일반적인 정의의 올바름을 증명하고 있다. 그 중에서도 첫번째가 부부애이며, 이것은『처음부터 마음을 절대적으로 지배하고, 계속 지배해야 할 사랑』이다.

그렇지만 이미 18세기 말의 식자들이 부부애에 관하여, 오늘날 우리들과 같은 생각을 갖고 있었다고는 확정할 수 없다. 우리들은 부부가 사랑에 의해 움직인다고 막연하게 생각하고 있다. 그런데 1785년 《도덕문답》의 작자는, 이와 같은 정념에 관해 말하려 하지 않았다. 그가 쓴 것을 보도록 하자.

스스로 이성에게 끌린다고 하는 우리들의 경향에 관해서는 아무것도 말하지 않을 것이다. 이 달콤하면서도 두려운 감정(감각)을, 지고의 존재는 선의에서 그렇지 않으면 노여움으로 우리들에게 새겨넣은 것일까? 그것은 모든 존재물의 행복인 동시에 인간 불행의 원천이기도 하며, ……때로 난폭한 혼을 부드럽게 하기도 하며, 약한 영혼을 타락시킨다. 모든 기쁨 중에서 가장 매혹적인 것이면서, 우리들에게 그것을 제공하는 자연 자체가, 여러 가지 방해로 그것을 에워싸므로써 우리들을 그곳에서 멀어지게 만들기도 한다. 현자는 나중에 계속될 수많은 재앙을 피하기 위해 그것을 단념한다.

이것을 보면 아마 당시의 사람들은 부부애에 대해 호의적이면서, 동시에 이성간의 사랑 그 자체에 대해서는 소극적인 호의조차 갖지 않았다고 할 수 있다. 그들은 부부애를 길들인 정념으로, 평온하고 이성적인 감정으로, 때로는 신학자들을 따라야 할 하나의 〈의무〉로 떠올렸기 때문이다. 『결혼이라는 신성한 굴레에 의해 부부는 서로 사랑해야 할 엄격한 의무가 부과된다. …… 뿌리 깊이 덕을 심으므로써, 이 사랑을 실체가 있도록 하라. 만약 그것이 아름다움·고움·젊음만을 추구한다면, 젊음과 아름다움은 물론이고 이윽고 사랑도 사라질 것이다. 그러나 만약 그것이 마음의, 정신의 좋은 점으로 맺어진다면 그때 사랑은 시련 속에서 승리할 것이다.』

부부애가 의무 이외의 무언가이기 위해서는, 연애(amour)에 의한 결혼이 가능해져야 한다.

연애결혼

1785년 《도덕문답》의 저자도 그 점을 잘 알고 있었다.

『마음이 따로따로인 부부의 생활은 진짜 지옥이다. 혼인의 멍에에 매여 행복하게 살기 위해서는, 사랑하지 않으면서 그곳에 매여 있어서는 안 된다.』

그 앞에서 다음과 같이 말한다.

『상대에 대한 호의 없이 결합한 결혼은, 일종의 약탈결혼이다. 인간은 대개 본능적으로 자신의 마음을 꽉 쥐고 있는 상대에게만 봉사한다. 혼인이라는 신의 선물은 사랑의 신의 손에서 받아야 한다. 다른 수단에 의지하는 것은 횡령·강탈과 같다.』

물론 작자 불명의 《도덕문답》의 이와 같은 사고방식이, 당시 엘리트들과 일치된 의견이라는 증거는 아무데도 없다. 같은 경향의 문장이 적은 반면, 연애결혼 반대의 입장에서 씌어진 문장은 많다. 우리들이 검토한 타이틀 중에

F. EN. 1705. D.T.D.
yues poulhasan F.qui

▲ 부르따뉴 지방의 결혼식

중앙에 제복을 입은 사제가 신랑신부의 동의를 받고 있다. 왼쪽에는 증인과 함께 당시의 귀족풍으로 장식한 신랑이, 오른쪽에는 좀더 소박한 복장을 하고 쓰개를 한 신부와 신부 측의 두 증인이 보인다.(피니스테르, Saint-Tugen-en-Primelin 예배당, 나무벽 위의 벽화, 1705년, 제4장 참조)

도 한 가지, 아마 두 가지가 18세기 후반에 반연애결혼 입장의 존재를 증언하고 있다. 1754년《사랑 때문에 파혼된 약속, 혹은 드 꼬르망디에르de Cormandières 씨의 경험담》, 특히 1787년《불의한 사랑의 위험, 혹은 신분이 다른 결혼 ─드. C 백작의 실화》가 그것이다. 18세기 말까지, 그리고 19세기에 들어와서도 꽤 오랫동안 연애결혼을 반대하는 문장이 씌어졌던 것은 분명하다. 동시에 18세기를 통틀어 연애결혼에 대한 엘리트층의 태도에 변화의 징조가 나타났다고 나는 생각한다. 내가 알고 있는 한 16,7세기의 저술가 중 연애결혼을 옹호한 자는 전혀 없었던 데 반하여, 18세기 후반에는 다수의 저술가들이 연애결혼의 좋은 점을 부르짖고 있다.

한편 20세기에 있어서 연애결혼의 승리는 주지한 바이다. 또한 가령 몇 번인가 뒤흔들림의 시기가 있었을지라도 18세기에 시작된 흐름이 거의 그대로 19세기를 흐르고 있다고 생각한다.《프랑스 아카데미사전》각판의 비교 검토가 이 가설을 방증해 준다. 〈결혼〉(MARIAGE)의 페이지에서 〈연애결혼〉(mariage d'inclination, [inclination은 마음이 기울어진 것])이 등장하는 것은 서기 1797년 혹은 98년 이후의 판으로, 그때까지 이 표현은 사전에 기재될 가치가 없다고 생각하고 있었다. 아마 가장 의미심장한 것은, 1835년의 판으로 연애결혼에 이어서 〈지위·재산의 조화 본위의 결혼〉(mariage de convenance)·〈이성적 결혼〉(mariage de raison)·〈이익을 위한 결혼〉(mariage d'intérêt)이 등장하였다. 사전에 등장함에 따라, 이른바 그 존재가 이름으로 지적되었다. 1876년의 증보판에서 아카데미는 위의 세 가지 표현을 정의할 필요를 느꼈고, 모두『연애결혼의 반의어로 사용된다』고 결론짓고 있다. 〈연애결혼〉은 이와 같이 참조 거점의 하나가 되었고, 게다가 그것 자체의 정의 필요는 느끼지 않았던 것이다. 아마 제3공화제 발족에 즈음한 이 시기야말로 연애결혼이 부르조아계층의 이데올로기, 아니 실생활 속에서 승리를 거두었던 것이다.

대혁명 전야에는 아직 그 단계에 달하지 못하였다. 연애결혼 옹호를 위해 싸웠던 저술가들조차 젊은 남녀에게 부모의 동의 없이 결혼을 금하고 싶은 몇 가지 오래된 칙령을 새로운 사전의 굴레에 짜넣어 정당화하고 있었다. 마지막으로 또 한 가지 1785년의《도덕문답》에 귀를 기울여 보자.

그렇지만 사려 분별이 없는 자식에게 양친의 허가가 없으면, 두 번 다시 풀 수 없는 끈으로 우리들이 몸을 묶어 자유를 없앤다 해도, 이 또한 당연한 이유이다. 결혼이라는 인간 일생의 행·불행을 좌우하는 결정에 즈음하여, 자식을 자식의 연령에서 저지르기 쉬운 무사려·경솔함에 맡겨 버린다면 그것이야말로 언어도단, 잔인한 부모라 할 수 있다. 자연에 의해 자식의 보호자로 명령받은 부모들은 상대로서 부적당, 혹은 시기상조로 판단되면 결혼을 막아도 되고, 미래로 연장해도 좋다. 그렇다고 자식이 불평을 할 수는 없다. 물론 적당한 상대가 있으면 허락하겠지만.

여기에서 청년의 사랑이 젊은 아가씨의 아가씨로서의 미덕에서 유발된 것인지, 그렇지 않으면 단순히 성적 매력에만 의한 것인지는 문제가 되지 않는다. 〈적당한〉(sortable)이라는 말은, 사회적 신분·재산상태와 관계가 있기 때문이다. 16,7세기의 법률은, 연애결혼을 사회적 질서혼란의 위험을 잉태한다고 해서 금지하였다. 18세기의 저술가들도, 젊은 패기의 극치에서 자기보다 신분이 낮은 인간에게 반하지 않는다는 조건이 달린 연애결혼의 이점을 강조했던 것이다. 이것은 사회 속에서 각 개인의 위치는 여전히 부모의 상속재산과 결혼에 의해 주어지는 재산으로 결정되었기 때문에, 그들도 그것 이상으로 생각을 진보시킬 수 없었던 것이다. 연애결혼이 아무런 유보도 없이 인정되었더라면, 그것은 상속재산의 중핵이 정신적·교의적인 것이었을 때일 것이다. 최근의 앙케이트가 나타내는 바와 같이,[8] 오늘날 프랑스에서도 역시 배우자끼리 같은 사회계층의 출신이 아닌 경우는 드물다. 그럼에도 불구하고, 지금은 연애결혼이 원칙이 되어 있다. 왜냐하면 단순히 자기와 같은 계층의 인간과 만날 기회가 많을 뿐만 아니라, 유사한 교의는 친근감을 품기 쉬우므로 같은 계층의 인간을 사랑할 기회가 많기 때문이다. 오늘날에는 넓은 의미의 교육이 한편에서는 사회적 질서 속에서 개인의 위치를 결정하고, 다른 한편에서는 어떤 유형의 인간을 사랑하는 적성을 만들어내고 있다. 18세기에는, 교육이 줄 수 있는 사랑의 적성과 생활과 재산에 본질적으로 종속되어 있었던 사회적 지위 사이의 모순이 아마 다른 시대에서 그 예를 찾아볼 수 없을 정도로 컸다. 따라서 부부애를 유행시킨 이 세기가, 동시에 귀족·시민계급의 대다수 여성에게 있어서 배우자가 아닌 애인의 팔 안에서만 사랑을 찾을 수밖에 없었던 세기였다 해도 이상할 것은 없다.

서민생활에 있어서 사랑과 결혼

과거로부터 이어받은 여러 특성

사랑의 관념은 18세기 이전부터 농민문화에도 존재하고 있었다. 단 17세기를 통틀어 지배계급의 문화에서는 그것이 점차로 느끼는 것으로 변모한 데 비해, 이곳에서는 오로지 능동적 관념으로 이어졌다. 19세기 들어서도 역시 농민의 노래와 사투리는, 사랑을 느낄 수 있는 것이라기보다 오히려 행하기 위한 것으로 표현하고 있다. 가령 구 몽벨리아르Monbéliard 공국(스위스 국경과 가까운 지방. 1801년에 프랑스로 병합)에서 19세기에도 불리어진 옛 가요에는 농민이 딸을 시집보낸다고 남자에게 대답했다.

내 딸은 아직 철부지,

1년 정도는 아직 철부지,

지금 사랑하기엔 일러.

〈사랑하다〉(faire l'amour)(현대 프랑스어에서는 〈성교하다〉의 의미)가 여기에서는 〈구애하다〉(faire la cour)의 의미였다. 지금은 사라진 이 의미가 있었다는 점은 의심이 가지 않지만, 단 이 〈구애〉가 예의 바른 방문일 뿐, 오로지 정신적 수준에만 한정되어 있던 것이 아니라고 생각되는 많은 증거가 있다. 젊은 남녀는 쿡쿡 찌르거나, 철썩 때리거나, 꼬집거나, 팔을 비틀거나, 손을 잡거나 하며 ─그렇게 19세기의 민간 습속 연구가들이 놀라움과 빈정거림을 담아 기술하고 있다 ─서로의 공감을 신체적으로 표현하였다. 그렇지만 20세기 초기, 남녀 교제의 옛풍습 중에서 가장 최근까지 남아 있던 〈방데 지방의 마래시나쥬〉(maraîchinage vendéen)[9]에 관해 행했던 상세한 기술을 읽어 보면, 그들은 입맞춤과 페팅행위를 하였고, 그들이 무시할 수 없는 쾌락을 즐기고 있었다고 생각된다.

▲ 부셰의 〈그는 둥지를 틀기를 원한다〉, 루브르박물관, 파리.

〈사랑하다〉라는 표현이 오늘날에는 오로지 교접행위를 가리키는 것은 이상한 일이다. 완전한 성교는 농민적 전통에서나 귀족적 전통에서도, 사랑이 없는 결혼에 소속되는 단 하나의 성적 쾌락이었다고 추측되기 때문이다. 그렇다고 해도 그곳에서 17,8세기의 농민 ─혹은 중세의 귀부인들 ─이 플라토닉한 사랑밖에 몰랐다고 결론짓는 것은 성급할 것이다.

농민의 사랑과 중세 귀족의 궁정풍 연애의 커다란 차이는, 후자의 대상이 기혼부인이었던 데 비해 ─남편에게 불의한 자식을 낳지 않는다는 것이 귀족 도덕의 제일원칙이었다 ─농촌 청년은 상대와 적어도 그 중의 한 사람과 결혼할 작정으로 미혼인 아가씨와 연애를 하였다는 점이다. 따라서 궁정 연애의 전통보다도 농민의 전통 쪽에서, 사랑과 결혼은 밀접하게 결부되어 있다고 말할 수 있다.

또한 예전 농민의 결혼과 현대의 연애결혼 사이에는 커다란 차이가 있다. 귀족과 부르조아 청년보다 자유롭게 배우자를 선택했다 하더라도, 부모의 권위에 대한 종속도는 우리들 경우 이상으로 강했다. 엘리트계층의 청년들보다 훨씬 자유롭게 자기의 기호에 따를 수 있었던 그들도, 한편으로는 여러 종류의 경제·사회적 요청을 고려하지 않을 수 없었기 때문이다. 19세기의 민속학자들은, 가령 오베르뉴Auvergne 지방과 부르따뉴Bretagne 지방에서 혼인계약 전에 반드시 행했던 가장들간의 교섭·거래를 장황하게 기술하고 있다. 그리고 18세기의 친등親等 규정 특별면제의 기록도, 노르망디 지방과 같이 연애결혼에 대해 관대하며 호의적인 지역에서조차[10] 농민들의 결혼에 물질적 구속이 무게를 더하였다는 사실을 이야기하고 있다.

아마 이와 같은 특징과 관련이 있을 것이다. 마지막으로 농민의 경우 결혼과 동시에 사랑의 계절이 끝난다는 점을 들 수 있다. 19세기 초기의 관찰자들은 이구동성으로 미혼 아가씨들에게 허락된 자유와 동시에, 결혼 후 농민이 아내에게 보여 주는 난폭한 태도에 놀라고 있다. 나는 농민이 아내에게 결코 연심을 품지 않았다고 주장하는 것이 아니다. 특히 결혼 후 최초의 수년간 아내를 연인처럼 사랑한 농민의 일화도 레띠프 드 라 브르똔느Rétif de La Bretonne의 예를 비롯하여 적지 않다. 단 연애기간에는 아가씨가 여왕님이며, 적어도 애무·입맞춤을 허락하는 것도 거절하는 것도 자유로웠던 데 반해, 일단 결혼하면 이번엔 남자가 폭군으로 변한다. 〈사랑에 호소하는〉 것이 아니라 힘·폭력으로, 갖가지 요구에 노예로 변한 아내로부터 쾌락을 구할 권리를 가졌던 것이다. 이런 의미에서는 예전의 궁정풍 연애의 전통이며, 당시 진정 엘리트층의 행동모델에서 사라지기 시작한 (연)애 ↔ 결혼이라는 커다란 대립의 도식이, 농민의 문화·행동모델에는 18,9세기를 통틀어 보존되었다고 말할 수 있다.

추 이

농민층의 이와 같은 행동양식을 우리들 자신, 또는 당시 엘리트층의 행동양식과 비교하여 특징지을 수 있는 점은 비교적 용이하다. 그렇지만 그들의 행동양식이 어떠한 추이를 보이고 있는지, 특히 18세기를 통틀어 어떻게 변하였는지 그 흔적을 찾기엔 매우 어렵다. 아마 속도가 늦기는 해도 농민들의 사랑·결혼에 관한 행동은, 엘리트층의 경우와 같은 방향으로 변화했다고 예측할 수 있는 징후도 있고, 그것과 완전히 역방향에의 변화를 암시하는 징후도 볼 수 있다.

17세기 후반에 트로이 주교구 재판소에 제소된 대다수의 계약 파기소송에서는, 바야흐로 무거운 짐으로 변한 약혼 해소를 허가해 주기 위한 이유로서 사랑하는 마음의 결여·〈애(연)정〉(amitié)의 냉각이 열거되었고, 재판소는 언제나 그것을 받아들이고 인정하였다. 반대로 16세기 초기의 재판소는 이런 종류의 이유에 대해 전혀 귀를 기울이지 않았고, 소송인이 그런 이유를 들고 나올 수도 없었다. 여기에서 16세기 초기에는 변명조차 받아들이지 않았던 사랑 없는 결혼이, 17세기에는 농민과 재판소에서 인정하지 않게 되었다고 결론지을 수 있을까? 동시에 16세기 초기의 젊은이들이 부모의 의지와 반대되는 비밀결혼의 가능성 ─권리는 아니었지만─ 이 있었다는 것을 잊어서는 안 된다. 이 수단을 이용하여 그들은 부모들이 결정한 혼인계획을 ─때로는 꽤 진척된 후조차 ─좌절시켰고, 형식적으로 나무랄 데 없는 약혼을 파기하고, 몰래 약속한 상대와 교회에서 결합할 수 있다. 그리고 트랑뜨 종교회의 이후, 특히 17세기 후반에는 두 사람 사이에서 몰래 나눈 약속은 효력을 잃었고, 부모의 의지에 위반된 좋아하는 사람끼리의 결혼은 적어도 본인이 25세 내지 30세가 되지 않고는 이루어지지 않았다. 전체적으로 볼 때 17,8세기와 중세 16세기 초기 중 도대체 어느쪽이 연애결혼이 많았는지 적었는지 말할 수 없다.[11]

뚤루즈Toulouse 최고법원의 소송기록을 연구한 이브 까스땅Yves Castan 은, 랑그독Langucdoc 지방의 젊은이들이 17세기부터 18세기에 들어와 좀더 자유롭게 행동하기 시작, 특히 배우자 선택에는 자기의 의지로 행동하는 때가 많아진 듯한 인상을 갖고 있다.[12] 그러나 한편으로 우리들은 삐레네·사보와·샹빠뉴를 비롯한 많은 지방에서 가톨릭 교회 개혁자들이 옛날부터 어떤 남녀 교제의 습속에 철저한 싸움을 걸었고, 마침내는 그것을 말살한 사실을 알고 있다. 1680년, 트로이 주교는 청년들이 자유롭게 〈아가씨 방〉(es-craignes)에 드나드는 샹파뉴 지방의 풍속을 파문에 의한 처벌의 대상으로 금하였지만, 이 풍속이 18세기에 부활했다고는 생각하기 어렵다.[13] 샹빠뉴 지방의 풍속 〈방 빌리기〉(albergement) ─아가씨가 밤 모임에 찾아온 청년들 중 한명을, 모임이 끝나면 침대로 맞아들인다 ─도 1609년에는 일찍이 금지되었고, 위반자는 파문의 대상이 되었다. 그후 1820년까지 서서히 소멸되었다.[14] 유사한 풍속이 존재했던 몽벨리아르Montbéliard 백작령에서도, 1772년 세속측의 권력자에 의해 금령이 되었다. 단 이 지방의 농민들은 혼전 교제의 전통적인 자유를 유지하기 위해 싸웠고, 그 풍속은 19세기 말까지 남아 있었다.[15]

임신신고·혼전임신의 연구도 지역차가 컸다는 점을 나타냈고, 한편 확인된 사실처럼 다양한 해석을 내린다. 낭뜨Nantes에서, 약혼중 아가씨의 임신율은 1726-1736년의 63퍼센트에서 1757-1766년의 73퍼센트, 1780-1787년의 89퍼센트로 상승했다. 이와 부합되는 것은, 낭뜨와 엑스 앙 프로방스 Aix-en-Provence 등의 도시에서 같은 계급의 상대와의 관계가 18세기를 통틀어 점차로 커다란 비율을 차지하는 경향이 있다.[16] 그러나 같은 경향을 가는 곳마다 볼 수 있는 것은 아니었다. 예를 들어 현재 진행중인 연구에 따르면, 깔르까쏜느Carcassonne에서 임신을 신고한 아가씨 중 같은 사회환경의 남자에게 유혹당한 자의 비율은 점차로 감소하고, 동시에 약혼중이라고 주장하는 자의 비율도 감소하였다. 언뜻 보기에 이것은 낭뜨와 엑스 앙 프로방스의 경우와는 반대로, 깔르까쏜느 주변에는 사랑과 결혼 사이의 홈이 점차로 넓어졌다는 증거로 생각할 수 있다. 그러나 다른 해석도 가능하다. 즉 유혹자가 같은 계층의 남자인 동시에 결혼 약속을 교환한 경우에는 이 약속이 점차로 엄수되게 되었고, 그 결과 혼전임신을 한 아가씨가 첫아이 탄생 이전에 유혹자와 결혼할 수 있게 되어 임신신고의 필요가 없어졌다. 따라서 이름이 남지 않았던 것이 아닌가 생각된다.

실제로 프랑스 거의 전지역에 걸쳐 혼전임신의 증가가 인정되었다. 그런데 결혼에 앞서 9개월간의 어느 시점에서 임신했는가 하는 추이를 보면, 이 증가가 결혼의 권리를 받아들이는 약혼자들의 기다림을 나타내는 것이 아니라, 임신 후에 ―아마 임신했기 때문에―결정된 결혼의 비율이 늘어났음을 나타내고 있다. 다시 말하면, 그것은 사랑에 의해 결정된 결혼이 증가했다는 증거이다.[17]

단 혼전임신의 이와 같은 증가 경향이 17세기에는,[18] 즉 양가의 자제가 부모의 의지를 무시하고 결혼하는 것을 금하는 일련의 칙령이 국왕에 의해 내려진 이후 확인되었다는 점을 잊지 말아야 한다. 두 가지 사실 사이에 관련이 있다면, 어떤 종류의 관련이 있을까? 혹은 친권강화에 대한 젊은이의 방위수단인가? 사실 아가씨들 중에는 부모가 결혼을 허락할 수밖에 없도록 하기 위해 연인의 아이를 잉태하는 자도 있었음을 알 수 있다. 또한 17세기 이전의 아가씨들이 증인들 앞에서 연인과 결혼 약속을 교환하기만 하면, 그의 아내가 될 수 있다는 사실을 알고 있었다. 이 결혼수단은, 트랑뜨 종교회의와 그 후 칙령에 의해 그녀들로부터 받아들여졌다. 따라서 혼전임신의 증가는 양친이 계약한 결혼의 힘의 증대에 대한 연애결혼의 허무한 저항으로도 생각할 수 있다. 마치 그것은 17세기에 볼 수 있는 민중 폭동의 연발 상승기에 해당하는 절대왕정에 대한 허무한 저항의 자세를 나타내는 것과 같다.

이 가설은 통계적으로 증명되지 않았고, 아마 증명 불가능할지도 모른다. 단 도시에서는 17세기 중반부터 농촌에서는 18세기 중반 이후 사생아 출생률이 증대하기 시작, 19세기 중반에는 무시할 수 없게 된 점으로 보아 상당한 개연성을 갖는다. 사생아 탄생의 증가란 곧 자신이 사랑한 청년 ―〈사랑한다〉는 말에 가능한 한 육체적인 의미를 담는 것을 허용하고 싶어했다―을 남편으로 삼을 수 없었던 아가씨의 수가 서민계급 사이에서 증가했다는 것을 의미하는 것은 아닐까? 민중 습속에 있어서 사랑과 결혼의 거리확대는, 점차로 결혼에 불리한 조건을 구성하는 인구상·경제상의 변화로 설명할 수 있을지도 모른다. 사실 그렇게 생각하는 인구학자도 있지만, 평균 결혼연령의 상승, 독신율의 증가가 반드시 사생아 출생률의 증가와 공존하고 있다고는 할 수 없으므로, 이것은 어디까지나 증명 곤란한 가설이라 할 수 있다.

한편 사생아의 증가는 법률과 법의 적용 추이에도 원인이 있음이 분명하다. 16세기 초기부터 나폴레옹 법전에 이르러, 미혼 모친은 그 유혹자에 대해 점차로 약한 입장에 서게 되었다.[19] 이것은 의심할 수 없는 사실이다. 단 어려운 점은, 법률의 변화가 얼마나 영향을 미쳤는가 하는 점을 측정하는 것이다.

마지막으로 사생아 증가의 원인을 전통적 행동양식의 해체에서 구할 수도 있다. 점차로 많은 농촌 아가씨들이 도시로 일을 찾아왔지만, 그곳에는 남자들의 염치 없는 욕망에 대해 농촌에 있을 때와 같은 보호를 받을 수 없었다. 입에 발린 결혼 약속으로 그녀들에게 〈사랑을 행한〉 남자들은, 농촌에서는 거의 지킬 수밖에 없었던 이 약속을 이곳에서는 반드시 지키지 않고 끝냈던 것이다.[20] 한편 농촌에 있는 경우도 〈사랑을 행하는〉 전통적 양식이 교회·국가의 박해를 받으면 받을수록, 아가씨들은 사람들의 이목을 견디게 되었다. 그 결과 연인들의 도를 넘는 행위를 억압할 힘으로써 같은 마을의 동성들이나 청년들의 눈길을 피하기가 어려워졌다. 전통적인 사랑의 자유가 프랑스에서 가장 늦게까지 유지된 지방 —방데 지방— 이, 19세기의 프랑스 전국에서 사생아 출생률이 가장 낮은 지방이라는 것도 우연은 아니다. 즉 그곳에서 아가씨들은 공중의 면전, 혹은 거의 그와 동등한 장소에서만 사랑의 유희에 빠질 수 있었던 것이다.

전통적 풍속 자체가 연인들에게 남의 눈을 피하는 것을 허용한 지방도 있다. 사보와·몽벨리아르 백작령의 경우가 그것이다. 단 그 경우에는 같은 풍속이 남자에게 상대의 처녀성 존중의 약속을 하도록 명하였다. 가톨릭·프로테스탄트 쌍방의 개혁자들에 의해 다루어졌던 약간의 위반 사례는 있지만, 남자는 거의 충실하게 그 약속을 지켰던 것으로 생각된다. 반대로 젊은이에 대한 사랑의 쾌락 일체가 금지되었던 곳에서는, 수도사적 금욕생활을 감수할 수 있는 자는 별도로 하고, 상대의 처녀성에 대한 마음 씀씀이 등을 완전히 무시했다. 말하자면 규칙위반의 행동모델이 채용되었던 것이다.[21]

이와 같은 갖가지 해석의 부당함은 별도로 하더라도, 혼전임신의 증가 자체가 연애결혼 증가의 결정적인 증거가 못 되는 것은 분명하다. 한편 사생아 출생률의 증대가 사랑과 결혼의 거리확대를 의미하고 있는 것도 분명하다. 따라서 나는 현재의 연구단계에서 보는 한, 18세기 서민의 행동양식이 부르조아계층 이념과 동일한 방향으로 발전했다는 사고방식에는 많은 이의를 품지 않을 수 없다.

II

성도덕과 부부의 성교

제Ⅱ부 서두의 〈결혼에 관한 기독교 교의〉는, J. T. 누낭의 저서 《피임과 결혼》(불역은 John T. Noonan, *Contraception et Mariage*, Paris, Éd. du Cerf, 1969)을 비판하면서, 그것을 자유롭게 요약한 것이다. 누낭의 저작 덕분에 나의 지식을 2000년의 역사적 전망 아래로 옮겨 놓을 수 있었다. 물론 나의 시야가 그것에 의해 넓혀졌다. 요약은 처음에 잡지 《비평》(*Critique*) 1969년 5월호에 게재되었다. 두번째 논문 〈서구 기독교 세계의 피임·결혼·애정관계〉는, 1967년 엠마뉴엘 르 로와 라뒤리Emmanuel Le Roy Ladurie에 의해 세미나로 시작되었던 논의를 다시 정리·발전시킨 것이다. 논문은 《아날》지 1969년 11-12월 특별호 《생물학적 역사와 사회》에, 그리고 《역사에 있어서 인간생물학》(*Biology of Man in History*, édité par R. Foster et O. Ranum, Baltimore, The Johns Hopkins University Press, 1975)에 영어로 발표되었다. 본서에서 마지막 주는, 이제까지의 영어판에 관해서만 말한 것이다. 〈규방에서의 남과 여〉는, 1975년 파리 제7대학에서 행한 여성의 역사에 관한 강의의 발췌이며, 잡지 *Autrement* 제24호 《커플》(1980년 4월)에 요약 형태로 게재된 것이다.

5
결혼에 관한 기독교 교의
— 존 T. 누낭의 저서 《피임과 결혼》을 둘러싸고 —

과연 우리들은 부부관계에 관한 로마 가톨릭 교회의 태도와 우리들의 서구 문명 자체가 이 점에 관해 갖고 있는 태도가 얼마나 많이 변모해 왔는가를 충분히 알고 있을까? 처음부터 현재까지 우리들이 걸어온 도정의 길이를 알고 있는 것일까? 피임에 관해 현재 행해지고 있는 논의를 정리하여 분명히 하려 한 J. T. 누낭은, 우리들이 거쳐온 수많은 단계의 자취를 매우 상세하게 더듬고자 하였다. 그러나 사실은 그렇게 상세하다고 할 수 없을지도 모른다. 왜냐하면 교의의 레벨에서 중요한 단계는 단 두 가지, 즉 기독교 기원 후 전통적 교의의 형성기인 최초의 수세기와, 20세기로 들어오면서부터 그 근본적인 변혁기만을 생각했기 때문이다. 이 두 시기로 좁혀지는 1700 내지 1800년간은, 안정된 상태의 연속이다. 물론 그 기간에 아무런 변동이 없었다는 것은 아니지만, 초대 교부敎父 · 중세 신학자 들이 이어받은 교의를 정리하고, 풍부하게 하며, 때로는 근본적인 관념의 몇 가지를 검토하면서 한층 정밀하고 치밀한 이론을 쌓았다는 것도 분명히 알 수 있다. 그러나 신학사적으로는 극히 중요한 3세기의 토마스 아퀴나스, 그리고 5세기의 아우구스티누스에 의해 체계화된 교의조차, 2세기에 교회에서 받아들여졌던 태도가 근본적으로는 조금도 변하지 않았다는 점이다. 또한 15세기부터 18세기에 걸쳐 출현한 혁신적인 교설도, 혁명적인 변화를 일으킬 만한 힘을 가질 수 없었다. 마르뗑 르 매트르Martin Le Maître의 청중은 거의 소르본느 신학대학 내부에 한정되어 있었고, 강대한 세력을 자랑하던 예수회에 소속되어 결혼 교의에 관해 최대의 권위로 보았던 신학자 토마스 산체스Thomas Sanchez라 해도 예외는 아니었다.

이런 이유에서, 2세기부터 20세기에 이르기까지 성적 쾌락의 추구는 늘 엄격하게 탄핵당했다. 우리들이 현재의 〈사랑〉이라 부르게 된 것은, 기독교적 결혼을 생각할 때에는 거의 문제가 되지 않았다 해도 좋다. 그럼에도 불구하고 결혼은 공인되었고, 신성불가침한 것이 되었으며, 그것을 간음의 영위로밖에 보지 않았던 자들에 대해 견고하게 옹호되었다. 결혼은 그 해소 불가능에 의해서 뿐만 아니라, 목적 그 자체에 의해 간음과는 근본적으로 이질적인 것으로 간주되었기 때문이다. 쾌락의 추구에 불과한 간음에 비해, 결혼은 생식이라는 의무가 있다. 따라서 가령 부부간의 교접에서도 쾌락이 추구되면 간음과 같은 것으로 간주되었다.

신학자들은 교회의 이와 같은 태도를 얼마나 정당화하려고 했던 것일까? 아우구스티누스는 육체의 기쁨에 대한 기독교의 적의를, 그 나름의 육욕 이론 위에서 근거를 찾았다. 낙원에서 추방된 이후, 인간의 체내에 깊이 뿌리를 내린 육욕은 본질적인 악의 힘이며, 그것은 세례에 의해서만 추방할 수 있었다. 이 악의 힘이 우리들의 생식기관을 이성의 콘트롤에서 떼어냈으므로, 육체관계 중에는 육욕이 우리들의 정신으로 흘러가는 순간에 악의 힘이 반드시 찾아온다. 그러므로 부부의 행위는, 악과 동등한 무게를 갖는 선 ─생식─ 을 목적으로 비로소 정통한 행위가 되었다고 설교하였다.

그러나 쾌락 추구의 탄핵, 선한 행위인 생식에 의한 결혼의 복권은, 모두 아우구스티누스의 사고체계 이전에 이미 존재하고 있었다. 2세기에 유스티누스Justinus는 이렇게 서술하고 있다.

우리들 기독교가 선택해야 할 길은 아이를 낳기 위해 결혼하거나, 혹은 결혼을 하지 않고 완전한 금욕을 지키는 것 중의 하나이다.

또한 아테나고라스Athénagoras는 177년에 기독교 교도인 부부에게 임신 중의 성행위를 피하도록 명하며, 『밭에 씨앗을 뿌린 농부도 수확을 기다린 다음에 비로소 다음 씨앗을 뿌리지 않는가』라고 하였다.

이와 같은 교의는 어디에서 온 것일까? 구약성서에는 없다. 육체의 사랑을 구가하는 구약성서는 쾌락 자체를 조금도 비난하지 않았을 뿐 아니라, 남자들에게 어떤 종류의 혼인 외 관계까지 인정하고 있지 않은가. 남색(sodomie)·수간獸姦(짐승을 상대로 성욕을 만족시키는 행위), 그외 모든 부정행위를 단죄하는 한편, 피임을 금하는 구체적인 규정이 보이지 않는 것은 일종의 관용적인 표현으로도 생각된다. 특히 그 민족에게 질외사정의 지식이 있었다면 더욱 그러하다.

신약성서의 기술 또한 2세기 기독교도들의 태도를 설명할 수는 없다.〈자연에 위반하는〉풍습을 엄격하게 경계했던 바울도 동성애에 대한 유태인들의 탄핵을 새로운 말로 바꾼 것에 지나지 않는다. 생식에 의한 혼인을 정당화하려는 문장 등은 어느곳을 찾아보아도 보이지 않는다. 바울의 정의에 따르면 결혼은 육욕에 대한 구제약, 남자에게 여자의, 여자에게 남자의 육체를 주는 계약이며, 부부의 육체적 결합도 기독교와 교회관계의 상징으로 찬미되고 있다. 요컨대 결혼에 적극적 가치가 있다면, 그것은 사랑에 지나지 않는다.

그런데도 가장 초기의 기독교 문헌이 특별히 존중된 것은 순결이고 처녀성이며, 옛관습과의 명확한 차이도 그곳에 있다. 기독교도가 행동의 모범으로 삼으려 했던 예수는 독신이었고, 자신의 의지로 거세자가 된 자를 찬미하였다.(마태복음, 19·12) 오랫동안 기독교적 결혼의 이상이 되었던 요셉과 마리아의 결혼에는 육체관계가 결여되어 있다. 그리고 처음부터 마리아의 처녀성이 강조되었던 사실도 주목할 가치가 있다. 요컨대 역설적이기는 하지만, 십자가 위의 죽음이 생명에 대한 길이었던 것처럼, 처녀성이야말로 다산풍요로 통하는 기독교적인 길로 생각했을 것이다. 풍요로운 것, 교회의 힘을 확장할 수 있는 것은 육체가 아니라 신의 말씀이었다.

사태는 2세기 그노시스파Gnosticisme가 위험한 압력을 가지기 시작한 때부터 변화한다. 다수의 분파를 포함한 이 파의 교설에 관해서는 잘 알려져 있지 않은 점이 많지만, 일반적으로 모든 육체적인 것, 생식과 관련된 것을 거부하는 사고방식으로 간주되었다. 복음서에는 자발적 거세자에 관한 마태복음 19·12의 기술을 특히 중시했다. 그리고 실제 거세수술에서 육욕의 힘에 대한 결정적인 치료를 구하는 분파마저 생겨났다. 또한 그노시스파는 마태복음 24·19, 누가복음 21·23에서 보이는『그날에는 아이 밴 자들과 젖 먹이는 자들에게 화가 있으리라』고 하는 문장을 그대로 숭배와 존경의 대상으로 받아들였고, 그것이 지닌 문맥을 무시했다. 또한 그들은 당시 아직 교전 외의 책으로 간주하지 않았던〈이집트 사람에 의한 복음서〉·〈토마 복음서〉

에서 『너의 여자들이 임신하는 한』 죽음이 세계를 지배할 것이라는 한 귀절과 『한 번도 임신한 적이 없는 배, 한 번도 젖을 준 적이 없는 가슴은 축복이다』라는 귀절을 받아들였다. 요컨대 그노시스파는 구약성서의 육체의 길을 거슬러 올라갔으며, 신약이 가르치는 역설적인 길로 나아가려 하지 않는 기독교도들을 비난한 것이다.

그것으로 판단해 보건대, 그노시스파야말로 진정한 기독교도, 복음서의 충실한 해석자가 아니었을까? 그리스도의 사후 1백 년이 지난 시점에서, 새삼스럽게 정통파 기독교도들은 현세의 힘에 다시 짜맞추어지기 시작했다. 그때를 즈음하여 그노시스파의 신자들만이 신의 도래를 기다리고 갈망했던 것은 아닐까?

알렉산드리아의 클레멘스Clémens가 비난하였던 그노시스파의 대표자 가운데 몇 명인가 ─카르포크라테스Carpocrates·발렌티누스Valentinus·마르키온Marcion · 바실리데스Basilides · 타티아누스Tatianus ─ 는 교회 내부의 인간일까? 어쩌면 극히 최근에 교회에서 추방되었던 점을 생각하면, 더욱 더 그렇게 생각된다. 그리고 클레멘스가 그노시스파에 대해 제창한 교설이, 헬레니즘적 세계에 살았던 유태인 철학자 알렉산드리아의 피론Philon과 피타고라스의 사상, 특히 스토아 철학자의 도덕을 그대로 문구에 받아들이고 있음을 알 수 있다. 그렇다면 정통파 기독교설로 불리는 것이야말로 복음서의 충실한 해석을 적으로 삼고, 그리스 사상 더 나아가서는 이교도 사회와의 타협의 산물이라 하지 않을 수 있겠는가?

어느 정도까지는 그럴 것이다. 왜냐하면 그노시스파가 공격하고, 정통파가 옹호했던 결혼제도는 근본적으로 기독교와는 관계가 없는 것이다. 옹호의 이유도 그저 옛날부터 많은 신자들이 주위의 유태인이나 이교도 들과 마찬가지로 결혼생활을 보내왔기 때문이다. 정통파 교설이 정통파인 까닭은 제도의 옹호자 · 보수주의자로서의 입장을 취하는 데 있다.

그러나 현재 그노시스파측의 공격이 기독교의 본질 위에 있었는지 아닌지에 관해서는, 그렇다고 단언할 수 있는 보증은 없다. 첫째, 적진영에 의해 아마 닥치는 대로 그노시스파의 레텔을 붙인 여러 분파 각각이 그리스도의 말에 관해 서로 모순된 해석을 내리고 있는 것이다. 정통파는 타티아누스 · 쥘르

카시안Jules Cassien 등의 반혼인파에 대해 결혼 안에서 육체관계의 권리를 주장하였다. 동시에 반계율적인 여러 분파에 대해서는, 신의 왕국으로 들어가기 위한 필수조건으로서 순결한 생활을 설할 필요도 있었다.

누낭Noonan은 저술의 서두에서, 성생활에 관한 그노시스파의 반정통파적인 의견을 소개하기 위해 대립상태를 지나치게 강조한 경향이 있다. 클레멘스에 의해 비밀리에 간통의 죄를 범하였다는 비난을 당했다고 해서, 즉각 프로디쿠스Prodicus의 제자들을 반계율주의로 간주해도 좋은 것일까? 클레멘스가 바실리데스Basilides의 제자들은『순결한 생활을 영위하지 않았다. 그들은 자신들의 완전함 때문에 죄를 범하는 것조차 허락된다고 생각했는지, 혹은 태어나면서부터 신에게 선택받은 백성인 자신들은 가령 이 세계에서 죄를 범해도 본래 구제될 수 있다고 생각하고 있다』고 주장했을 때, 그의 말을 어느 정도까지 사실에 의거한 것으로 인정해야 하는 것일까? 그들은 단순히 클레멘스만큼은 실천에 중점을 두지 않았고, 신에 의한 선택을 훨씬 중시했었을지도 모른다. 이레나이우스Irenaeus는 발렌티누스의 제자들이『간음·간통을 하고, 자신들에게 가르침을 구걸하는 여성을 종종 유혹하고, 형제자매처럼 함께 생활을 하면서 종종 동생들에게 임신시켰다』고 전하고 있다. 그렇지만 그것은 몇 가지 우발적인 사고를 적대자 이레나이우스의 붓에 의해 하찮은 것이 크게 부풀려서 과장되이 씌어진 것은 아닐까?

그러나 사실과의 관계는 그렇다치고 클레멘스는 보다 본질적인, 무시할 수 없는 비난을 행하였다.

그 중에는 아프로디테 판데모스Aphrodite Pandemos, 즉 육체의 사랑을 생명의 신비적인 교류로 불렀던 자들도 있다. ……그들은 모든 성적관계에 교류의 이름을 씌워 신을 더럽혔다. ……이 공포스러운 극악무도한 자들은 육체적·성적 교류를 신성한 비밀로 삼고, 그로써 인간은 신의 나라로 인도된다고 생각하였다.

여기에서 비난당하고 있는 것은 발렌티누스 유파에 속하는 일파일 것이다. 한편 카르포크라테스의 제자들은 여성의 공유를 설한 때도 있다. 그들은 니콜라스가 아름다운 자기의 아내를 사도들 앞으로 데리고 와서,『육체는 학대해야 하는 것』이라는 말을 실천하기 위해 누가 그녀와 관계를 가져도 괜찮다고 선언한 예에서 본따온 것이다. 또한 그들은 신자들끼리 식사 후에 『무기력한 그들이 상대와 무기력하게 정을 통하여』진정 신과의 합일이 목적인 회식의 관습을 어지럽혔다고 클레멘스는 전하고 있다.

요컨대 기원 2세기의 로마 세계의 특징이라 할 수 있는 각종 종교의 난립 상태 속에서, 어떤 종류의 분파가 모든 종류의 성적 경험을 신성시하였고, 그것이 반생식적 태도와 결부되었다고 생각된다. 그때 어떤 자들은 에베소 사람에게 준 바울의 말 『남편들아, 아내 사랑하기를 그리스도께서 교회를 사랑하시고 위하여 자신을 주심 같이하라. 이는 곧 물로 씻어 말씀으로 깨끗하게 하사 거룩하게 하시고』(〈에베소인들에게 보낸 편지〉5·25-33)를 근거로 삼았을지도 모른다. 이 같은 반계율적 파의 힘에서 진정 위험을 느낄 수 있었다면, 정통파 교설의 대표자들은 사랑과는 다른 곳에서 결혼의 정당성을 구하였다. 그 결과 바울이 설한 이치를 버리고 보지 않았다고 해도 이상할 것은 없다.

그노시스파의 공격에 대해 그들은 무엇에 의거하여 반격할 수 있었을까? 과연 반계율주의자들의 야만적인 성에 대해서는 신약성서의 단죄가 있었지만, 금욕적 분파를 상대로 결혼을 적극적으로 옹호한 근거를 그곳에서 찾아낼 수는 없었을 것이다. 구약성서라면 그것을 제공할 수 있었을지도 모르지만, 그노시스파 사람들에게 있어서 구약성서는 아무런 권위도 갖지 못했다. 바실리데스Basilides는 『그리스도는 유태인의 신을 말살하기 위해 왔다』고 단언하였지만, 이미 유태교 계율 중 많은 것을 버렸던 기독교도들에게 있어서 구약성서는 이미 절대적인 권위를 갖고 있지 못했다. 아마 달리 적당한 근거를 찾을 수 없었을 것이다. 클레멘스는 바울에 의해 권위가 주어졌고(〈로마인들에게 보낸 편지〉2·15), 스토아파 철학자들이 발전시킨, 피론Philon도 언급하고 있는 〈자연의 규율〉을 등장시켰다. 이레나이우스도 그리스도가 실현한 자유해방에 의해 이 자연의 규율은 버릴 수 없는 것, 자연의 규율은 모든 유태인·기독교도를 불문하고 공통적이라고 설하고 있다.

〈자연의 규율〉이라는 개념 덕분에, 기독교와 유태교의 관계가 호전되었다. 뿐만 아니라 그리스 철학에 대해서도 널리 문호를 개방했고, 수세기에 걸쳐서 풍부한 관계를 전개시켰다. 이 개념은 오로지 혼인을 둘러싼 반그노시스파적인 이론에서 생겨난 것일까? 앞으로 해명해야 할 문제이다. 단 이 개념이 성의 문제에 대해 특히 유효하며, 고대 이후 자연과학이 거쳐온 갖가지 혁명적 변동에도 불구하고, 합리주의적 신학자·도덕가 들이 지금도 여전히 그것을 이용하고 있음이 분명하다. 교황 회칙 《인간 생명의》가 그것을 증언하고 있다.(이 회칙은 바오로 6세가 〈적절한 산아조절에 관하여〉의 부제로 첨가하여 1968년에 발표한 것.)

그러나 가톨릭 교회는, 극히 최근까지 스토아 철학과 기독교가 혼합한 결혼이론을 포기했다. 단지 이 포기의 중요성은, 그것이 몇 세기에 걸친 피임 행위에 가해 온 탄핵 —누낭은 연구의 주력을 이 점에 맞추었다—에 대한 반성으로 이루어진 것이 아니다. 그것이 의무·쾌락, 쾌락·생식이라는 이율배반적인 사상을 초월하고 있다는 점에 있다.

1800년간 교회는 인간의 사랑을 말하자면 거세와 같은 형태로, 이웃간의 사랑으로밖에 인정하지 않았다. 그와 같은 형태를 취한 사랑은 이미 성적 매력과는 관계가 없으며, 따라서 결혼 논의에도 예외적으로밖에 등장하지 않았다. 중세를 통틀어 사랑이 부부 포옹의 정당한 목적이 된 적은 결코 없었다. 배우자에 대한 의무 이행·생식, 그것만이 부부 교접의 이유로 인정되었다. 그후 〈방탕한 생활을 피하기 위해서〉라는 배려가 덧붙여졌지만, 이 세 가지 동기 이외에는 모두 쾌락의 추구, 즉 간음에 지나지 않았다. 이것이 수세기를 걸쳐서 부부관계를 둘러싸고 〈기독교적〉 의식이 되었다.

성적 충동이 육욕의 표현으로 해석되었을 뿐만 아니라, 사랑의 매력이 갖는 비합리적 성격도 단죄되었다. 12세기 옥쎄르Auxerre의 기욤Guillaume 이후, 신학자들은 교구 사제가 고해할 때 다음과 같은 점을 바로잡을 것을 권유하고 있다.

남편은 아내 혹은 그녀가 자신의 아내가 아니더라도 관계를 갖고 싶다고 생각하고 있는가? 만약 그렇다고 대답한다면, 곧 그 남자는 과거의 쾌락 추구를 위해

자연스러운 교접 모델에서 벗어난 행위를 실행하고 있는 혐의가 농후하다. 지나치게 열렬한 사랑이란 죄를 범하는 것이다. 어찌되었거나 남자는 죽을 죄를 범하는 일에서 스스로를 책임져야 한다.

반대로 20세기에는 사랑이 결혼성례의, 부부생활의 기독교적 모델의 기초가 되었다. 1925년 디트리히 본 힐데브란트Dietrich von Hildebrand는 이같이 기록하였다. 부부의 행위는『단순히 생식을 그 역할로 할 뿐 아니라, 인간적 존재로서 인간의 어떤 의미 ─ 부부의 사랑과 공동생활의 표현인 동시에 성취 ─ 를 갖고 결혼성례의 한 요소가 되고 있다.』

그 이후 결혼에 관한 인격 중시의 교설은 더욱더 힘을 얻었고, 1956년에는 수에느Suenens 추기경이 다음과 같이 쓰고 있다.

『성적 행위에 대한 신의 첫번째 요구는, 그것이 사랑에 기초를 두는 것이다.』또한 1964년 바티칸의 제2 종교회의도 기독교적 결혼을 생식과 동시에 사랑 위에 기초를 두었다.

이와 같은 혁명은 어떻게 해서 이루어지게 되었을까? 누낭은 명확한 문제 제출을 피하고 해답이 될 수 있는 요소도 저작 속의 여기저기에 흩어 놓았다.

실제로 새로운 교설의 기원은 꽤 오래 전 시대로 거슬러 올라가야 한다. 서구 신학자들이 일찍이 망각해 버린 요안네스 크리소스토무스Johannes Chrysostomus는 별도로 하더라도 12,3세기에 사랑은, 가령 그것만이 결혼의 충분한 동기라 하더라도, 또한 교접의 정당한 목적으로 인정되지 않았더라도 신학자들이 생각하는 부부생활로 받아들여지고 있었다. 12세기는 삐에르 롬바르두스Pierre Lombardus의《격언집》이 있다. 토마스 아퀴나스가 교접은『동물조차 마음을 즐겁게 하는 우정을 낳고』인간의 경우『남자는 여자를 특히 육체적 만남으로 사랑하게 된다』고 썼던 때가 13세기이다. 토마스 아퀴나스는 육체적 결합에 의거하여 아내에 대한 남편의 사랑이, 이웃 사랑 전체 속에서 아버지와 어머니에 대한 사랑 이상으로 강렬한 것은 당연하다고 말하고 있다. 성 보나벤투라Bonaventura도 결혼에는『제삼자의 말참견을 허락하지 않는다. 사랑의 단일성이라 말할 수 있다』라고 하였고,『남자가 있는 여자에게 다른 여성에게서 찾아볼 수 없는 만족감을 느꼈을 때, 그곳에는 기적이라 부를 만한 것이 있다』고 설명하였다. 단지 이런 종류의 기술은 드물며, 그것이 의미하는 바도 애매하였고, 교회 내에서도 반향을 불러일으키지 못한 것 같다.

15세기 데니 르 샤르트뢰Denys le Chartreux는 다음과 같이 선언했다.

부부 상호간의 사랑은 특별한 마음으로부터의, 그리고 기층이 있는 사랑이라야 한다. 그것은 배우자의 영혼의 구제를 원하는 정신적 사랑이며, 인간적 접촉에서 생겨나는 자연스러운 사랑이며, 생활을 공유하는 사람끼리의 사회적인 사랑이다. 동시에 관능적인 기쁨 위에 선 이 세상의 격려가 되는 육체적 사랑이기도 하다. 부부의 행위는—그것이 좋은 목적을 가졌을 때—선이 되므로, 부부가 육체적으로 서로 사랑하는 것은 올바른 일이라 할 수 있다.

이렇게 하여 데니 르 샤르트뢰는 정신적 사랑과 육체적 사랑이 부부에게 병존할 가능성을 처음으로 설하였다.

그 이후 1세기를 거쳐 토마스 산체스Thomas Sanchez를 비롯한 몇 명의 저술가들이 그의 주장에 호응하게 되었다. 토마스 산체스는 은총 속에 있는 기독교도의 부부 교접은 올바른 것이라고 주장하므로써, 교접의 올바른 목적이 무엇인가 하는 문제를 뛰어넘었다. 생식을 방해하는 수단을 사용하지 않는 한, 부부가 〈단지 쾌락을 위해〉 결합하는 것은 절대로 있을 수 없다고 단언하였다. 토마스 산체스는 이때 스토아 철학=기독교적 속박에서 부부의 자유의지가 해방된다고 말할 수 있었을 것이다. 더구나 그는 한 걸음 더 나아가 『부부가 서로 사랑을 표시하고, 강화하기 위해 일반적으로 행하는 포옹・입맞춤・접촉』을 허락하고, 그 결과로서 의지에 위반되는 사정이 행해져도 상관없다고 말하였다. 전희로서의 역할과는 관계가 없이 이런 종류의 애무를 변호한 토마스 산체스는, 사랑을 결혼의 주요 가치의 하나로 인정하였다.

단 산체스도 부부의 교접 자체가 사랑의 정통적인 현상이라고는 하지 않았다. 그렇지 않아도 그의 생각은 지나치게 시대를 앞섰던 것이다. 18세기에 들어와서도 그의 주장에 동의하는 신학자는 드물다. 단지 그 소수의 사람 중에, 19세기 로마 법왕청의 절대주의에 의해 커다란 권위를 하사받게 된 알퐁스

▲〈오른손과 왼손의 결합〉은 유대교와 로마에 고대부터 있었던 혼인의식에서 가장 중요한 행위이다. 이 세밀화에서는 부친 대신에 사제가 〈내가 그대들을 결혼시킨다〉라는 성스러운 문귀를 말하며 아내를 남편에게 건네 주고 있다. 결혼은 두 가족간의 계약에서, 두 인간끼리의 계약으로 변모했다.(Jean André의 교령집, 13세기말, 제5장 참조)

▲부부가 침대에서 결합하여 성스러운 삼위일체 그 자체에서 어린이가 태어남을 보여 준다. 그로 인해 성이 신의 의도 속에 포괄되어 정당한 것이 된다.(15세기의 세밀화, 제5장 참조)

데 리귀오리Alphonse de Liguori가 있다. 아마 리귀오리가 설한 교의야말로 1세기 후의 교회 교리의 변질을 유도하였고, 또한 보다 직접적인 행동의 레벨에서는 부부간의 피임행위의 발전을 촉진했던 것이다.

그러나 변화의 원동력은 신학적 사고 속에서가 아니라, 실제 사회 속에서 이루어졌다. 사실 가톨릭 교회도, 인간행동에 대한 정신분석적 독해를 시작으로 하는 20세기의 새로운 과학상의 발견을 무시할 수 없었다. 한편——이 점에 관해서 누낭은 그다지 의식하지 않은 듯하지만——가톨릭 교회 역시 빠르건 늦건 이미 이교도 문명이라 말할 수 없는 주위의 사회에 적응해야 했다. 즉 사랑이 서구 엘리트층 사이에서 가치가 인정된 이상, 일찍이 생식을 가치로 인정했듯이 지금은 사랑을 인정해야만 했다.

이제까지 서구풍의 사랑으로 불려왔던 것이 언제 탄생했는지는 지금 분명하지 않다. 기독교, 중세 이단의 일파인 카타리cathare파, 또는 이슬람교의 영향이 어느 정도 있는 것인지? 의론은 계속 이어진다. 단 확실한 것은 기사도적 사랑의 계율이, 중세 혼인의 계율과는 정반대였다는 점이다. 기사를 마음 속의 부인과 결합시키는 끈은 자유로운 선택에 기초를 두었고, 가족의 강요를 받지 않았다. 또한 보통 일컬어지고 있는 것 이상으로 육체적인 결합이 인정되었다 하더라도, 그것은 생식을 목적으로 하는 것이 아니었다. 사랑을 받아들이기 위해서는 수세기에 걸친 그 순결성이 높이 선언되어야 했다. 이것은 사랑이 결혼 이외에도 행해졌다는 증거이다. 그리고 같은 수세기 동안, 기독교적 모랄리스트들은 사랑 속에서 육체의 무질서·더러움·간음만을 보았던 것이다.

결혼과 연애는 언제 결부되었는가? 17세기에는 아직 〈반한 상대와〉 결혼하는 자는 세상에서 엄격하게 비난받았다. 그렇지만 18세기가 부부 유대의 토대로서 인간적인 감정을 갖고, 동시에 전통적인 생식의무를 망각하기 시작했던 것일까? 아니면 19세기가 어느 정도 집요하게 차가운 부부상을 보여 준 사실이야말로, 그와 같은 부부관계가 정말로 그때 문제화되기 시작했다는 증거가 되는 것일까? 이와 같은 의문에 정확하게 대답하기 위한 연구는 아직도 행해지지 않고 있다.

누낭 자신도 신학적 자료에서만 뽑아낸 배울 만한 연구태도에도 불구하고,

이와 같은 정신적인 변화에 관해서는 우리들에게 많은 가르침을 주지 못했다. 그는 기독교적 결혼의 역사에 처음부터 내포되어 있던 모순을 확실하게 간파하면서 또 한 가지 모순, 즉 1천 년 이상에 걸쳐 가톨릭 교회는 틀림없이 기독교 사회에 대한 이교 도덕기원의 교의를 강요하려 했다. 그 결과 이단으로서 탄핵되지 않는 사랑을 구가할 수 있게 된 것은, 단지 결혼제도의 외측뿐이었다는 모순을 명확하게 의식하고 있었다고는 생각지 않는다. 탈기독교 경향의 한 표현으로 생각되는 생식의무의 망각은, 기독교 문명 속에서 서서히 구축되어 온 어떤 모델 ─분명히 기원은 세속계에 있지만 ─의 승리와 결부되어 있다. 이 새로운 모델이 옛모델보다도 원초의 텍스트에 잘 합치하는지 아닌지에 관해서는 신학자들의 답을 기다려야 한다.

• 누낭은 주요 테마인 피임에 관해 극히 흥미있는 장을 열었고, 각시대에 있어서 가톨릭 교회의 교의와 세속사회의 과학＝기술적 수준과의, 또한 부부의 행동양식과의 관계를 다루고 있다.

6
서구 기독교 세계의 피임·결혼·애정관계

한 민족의 인구 증감과 관련된 행동을 이해하기 위해서는, 물론 대상 민족의 일반적인 행동모델을 알아야 한다. 그렇다고 해서 너무 성급하게 중세·근대 서구사회는 기독교 사회였다. 따라서 그곳에는 종교적 계율이 결정적인 힘을 갖고 있었다고 결론짓는 것은 잘못이다. 또한 분명히 종교적 규제를 무시할 수는 없다. 그러나 그것이 모든 것은 아니다. 사람들이 가톨릭 교회의 교의를 쉽게 받아들이지 않았으며, 또한 교의가 완전히 새로운 의식으로 받아들여져 그것을 구조화한 것도 아니다. 사회 각각의 환경이 그 관습·전통적 신앙, 또는 다양한 요청에 따라 교의를 적용시키고 받아들인 것이다.

일반적인 문제에서는 아무도 이와 같은 생각에 이견을 내세우지 않았을 것이다. 단 구체적인 연구에 즈음해서는 자칫하면 안이하게 흘러 마치 그것을 모르는 것같이 행동하는 경향이 있다. 그 결과 행동형태의 조사연구를 한쪽에서는 교의 전파의 문제로, 다른 한편으로는『좋은 기독교도든가 그렇지 않으면 죄인이든가』하는 레텔이 붙어서 돌아오게 되는 것이다. 분명히 각각의 집단이 이 교의에 어떻게 대처하는가, 얼마나 그것을 인정하고 거부하며 변경해야 하는지를 아는 일이 극히 어렵다. 그렇다고 해서 우리들의 무지를 은폐하는 것이 아니라, 오히려 속속들이 무지를 드러내 새로운 탐구를 위한 자극제가 될 수는 없을까.

이상의 서론에도 불구하고 나는, 본고의 주제인 피임을 둘러싸고 어느 일정 집단의 행동양식을 연구하려고 생각하지는 않았다. 또한 근거로 삼은 자료의 사회적 확대가 짧은 시기적인 확산이라 해도, 내가 본고에서 도출해낸 것과 같은 일반적인 결론을 내는 것은 부당할지도 모른다. 그러나 나의 목적은 어느 테마에 관해서 엄격하게 연구하는 것이 아니고, 이제까지 공인되어온 몇 가지 사고방식의 불충분함을 나타내 좀더 올바른 탐구를 위한 기초를 굳히는 데 있다.

먼저 일반적으로 인정되어 온 사고방식을 간단하게 생각해 보자. 그 중 가장 극단적인 점은, 필립 아리에스Philippe Ariès가 화려하게 주장했던 점, 대체로 피임은 사상이 될 수 없다는 학설이다.[1] 아리에스에 따르면, 극히 최근까지 기독교적 서구세계에서는 사랑·성적 교접·생식은 혼연일체가 되었고, 피임이 사람들의 염두에 부각된 적은 없었다는 것이다. 이 학설은 중세 신학자들의 침묵을 근거로 하였기 때문에 쉽게 그 효력을 잃어버렸다. 일찍부터 R. P. 리께Riquet 신부가, 중세 초기의 참회 청문입문서가 고발한 나쁜 습관을 근거로 반론을 시도하였다.[2] 그후 미국인 학자 누낭도 다양한 형태의 피임이 중세에 단죄되었다는 중요한 사실을 밝혔다.[3] 따라서 지금 성적 교접과 생식을 구별하는 생각은 존재하지 않던가, 피임을 둘러싼 신학적 논의와 설교자·고해성사 신부의 행동은, 당시의 풍습에서는 현실로 존재하지 않았던 문제를 대상으로 한 공전空轉에 불과하다고 단언하기는 어려워졌다. 또한 누낭은 피임이라는 범죄행위가 결혼 외에서 뿐만 아니라, 배우자간에도 틀림없이 실행되었다고 생각했다. 그러나 누낭이 말한 이 피임행위는, 인구학자의 활동범위인 통계적 레벨에서도 감지될 정도의 것이었을까?

인구학자들은 이전부터 중세사회에 있어서 유효한 피임기술의 존재를 인정하였다. 단 그들은 그것을 매춘이라는 한정된 범위에 넣고, 사회의 그것 이외의 부분에 관해서는 〈자연번식〉이라는 사고방식으로 관철시켜 왔다. 이 〈자연번식〉이라는 개념은 최근에 와서야 겨우 그 위험이 문제되기 시작했다. 혼인 외 성관계에 의한 인구 증가에 관해서는, 대부분 인구사학자들이 신중하면서도 애매한 침묵을 지켜왔다.[4] 그렇지만 그 중에는 사생아 탄생의 빈도에서 혼인 외 성관계의 빈도를 억지로 추측하려는 학자도 나타났다.[5] 나는 본고의 후반에서 후자의 부주의에 관해 반론할 예정이다.

서두에서 나는 피임에 관한 중세 기독교도의 실제 행동과 당시 신학자들이 정한 교의 사이에 지나치게 직접적인 관계를 설정하려고 했던 사고방식에 반론하고자 한다. 사실 분명히 많은 신자들이 교회의 교의를 알면서도 그것을 실행하려 하지 않았을 뿐만 아니라 인정하려고도 하지 않았다. 요컨대 그들은 이 점에서 동시대 교회의 도덕이념과 다른 도덕이념에 따랐던 것이다.

1842년 뒤 망스du Mans의 부비에Bouvier 주교가, 주교구 신자 부부에 대하여 행한 유명한 증언을, 그 이상으로 어떻게 해석할 수 있을까? 주교는 다음과 같이 서술하고 있다.

젊은 부부는 거의 예외 없이 많은 아이를 원하지 않는다. 그러면서도 부부행위를 삼가는 일은 그들에게 있어 정신적으로 불가능하다. 결혼의 권리를 어떻게 행사하고 있느냐고 고해신부가 물으면, 그들은 으레 심한 마음의 상처를 받는다. 또한 교의를 들려 주어도 부부의 행위를 조심하지 않았지만, 그렇다고 해서 때의 제한 없이 증식에 몸을 맡긴 것도 아니다.

누군가가 배우자에 대한 부실·나태를 중대한 죄로 인정하였지만, 그렇다고 해서 부부간에 완전한 금욕을 실행하던가, 많은 아이를 낳을 각오를 하는 길 이외엔 모두 죽음과 같은 죄가 된다고 설하더라도 납득할 자는 아무도 없다.[6]

젊은 신자 부부들의 실제 행동과 교회가 그들에게 과하려고 했던 행동모델 사이의 이와 같은 거리는, 이미 국가 종교로 불리게 되기를 기다리지 않았던 사회에서 공공연하게 받아들여진 반기독교적 행동모델에 의한 영향이었을까? 어느 정도는 그럴 것이다. 그러나 그것만은 아니다. 왜냐하면 18세기에 이미 대혁명의 변동이 부부 도덕을 교회의 감시에서 해방시키기 이전에, 몇 가지 흥미있는 증언을 들었기 때문이다. 예를 들면 P. 펠린느Féline 신부는 《기혼자용 교리문답》(1782년)에서 이같이 서술하고 있다.

대부분의 남편에게 모든 것이 허락되고 있다. 누군가와 상담할 필요가 없다고 생각한다. 참회 고해신부는 이런 종류의 문제에 파고들 권리가 있지만, 그들의 생각에 미치지 못하는 점이 있다. 참회의 자리에서 화제가 그곳으로 미친다고 그들은 분개한다.

아내들은 얌전·정숙·수치스러움으로 마음의 불안을 입에 담지 못했다. 이쪽에서 말을 꺼내오기를 기다렸다. 그리고 결혼 후 몇 년이 지나면, 그 기간의 무수한 과오를 쌓아가면서 자비로운 마음에서 부부간의 금욕상태에 관해 묻는 사제에 대해서도,『비난받을 만한 과오로 자신을 비난한 적은 이제까지 한 번도 없다. 그렇지만 이전의 고해신부는 그와 같은 질문을 나에게 한 적이 없으므로』라고 냉정하게 대답하는 자도 적지 않다.[7]

이 증언의 내용은 전자만큼 명확하지는 않다. 부부가 과오를 범하면서 적어도 죄의식을 갖지 않는다는 점이 크게 강조되지 않았기 때문이다. 그러나 이 증언의 주요 요점도 피임에 있는 것이 아니었을까? 게다가 죄인들의 뻔뻔스러움은 어디에서 온 것일까? 자신들이 올바르다는 자신에서가 아니라면⋯⋯.

1748년에는 이미 반얀센파의 한 사람인 알퐁스 데 리귀오리Alphonse de Liguori가, 부부의 죄를 묻는 일을 그만두도록 고해신부들에게 충고하고 있다. 죄인이 스스로를 책망하지 않는다면, 그것은 자신의 죄를 의식하고 있지 않기 때문이다. 만약 고해신부가 이 마음의 평화를 파괴하고 죄로 치닫는 것을 그만두게 할 수 없다면, 고해신부의 충고는 단순한 과오를 죽음의 죄가 되는 대죄로 화할 뿐이다.[8] 이와 같은 〈마음의 평화이론〉은 결국 신학자들이 설한 행동모델 이외의 모델이 가톨릭교도에게는 존재하였다는 의식의 표현이 아닐까?

신학자들이 〈반자연의 죄〉라는 개념 속에, 수정에 이르지 않는 모든 성행위를 포함, 그리고 이 〈반자연의 죄〉를 근친상간과 수녀 납치 이상의 죄, 즉 성적인 죄 중에서 최대의 죄로 간주했다는 점은 알고 있다. 누낭은 죄의 계층 중에서 이와 같은 위치야말로 피임행위 억제를 위한 주요 무기였다고 생각했다.[9] 그러나 누낭의 주장은 다양한 사회집단이 신학자들과 마찬가지로 〈반자연의 죄〉라는 표현을 이해하고, 이 표현에 의해 나타난 행위를 그대로 최악의 성적 과실로 생각하는 데 아무런 이견도 없이 그대로 인정해 버린 것은 아닐까?

누낭의 생각에 따르면 〈죄를 범하면서 오는 마음의 평화〉란, 18세기에 혹은 오히려 19세기에 와서야 비로소 나타난 현상이 아닐까? 어찌되었거나 그 이전의 시대에 관해서는 교의의 불충분한 전파라고 설명할 수 있을까? 나는 그렇게 생각하지 않는다. 오히려 신앙으로 굳어 버린 어떤 종류의 집단은 별도로 하고, 〈반자연의 죄〉라는 개념이 신학자들에 의해 주어진 자격으로는 세인에게 인정될 수 없었다고 나는 생각한다.

왜냐하면 〈반자연의 죄〉라는 개념화에는 두 가지 의미가 있다고 생각하기 때문이다. 한편 그것은 논전상의 무기로서의 의미 —누낭은 이 점에 거의 주목하지 않았다 —를 갖는다. 결실을 맺지 못하는 행위에 빠지는 자에 대해, 그들의 행위는 모두 바울이 구약성서에서 인용하였고, 자연에 위반한다는 레텔을 붙여서 단죄한 남색행위 속에 포괄되어 있다고 설득해서는 안 된다. 이것은 자주 사용되는 설득방식으로, 모세의 10계 중 원래는 간통만을 대상으로 한 제6계(너희는, 간음하지 말라)에 의해 모든 비합법적 성관계가 단죄된 것과 같다. 또 한편으로는 같은 개념이 설명으로서, 합리화 작용으로서의 의미도 갖고 있다고 생각된다. 〈자연에 위반하는 죄〉라는 개념을 설정함에 따라, 대상인 행위의 악은 자연율에 위반된다는 점에서만 존재하게 된다. 합리화 기능을 갖는 이 개념은, 이른바 금기와는 정반대의 것이다. 그리고 나는 그것이 기독교를 신봉하는 중세 일반 서민의 도덕의식에 기초를 두고 있다고는 생각하지 않는다.

각지의 습속·풍습의 연구는 조급하게 행해서도 곤란하지만, 적어도 법률이 자연에 위반되는 범죄라는 개념을 다룰 수 있을지 없을지를 검토해야 한다. 주지한 바와 같이 법률은 남색자를 화형에 처하고, 짐승을 상대로 성욕을 만족시키는 행위를 한 자를 모두 사형에 처하였지만, 그외의 반자연행위에 관해서는 완전히 무관심했다. 한편 근친상간과 간통조차 남색, 짐승을 상대로 성욕을 만족시키는 행위와 마찬가지로 엄격한 처벌의 대상이 되었다.

반자연의 죄에 대한 원칙에 보다 커다란 관심을 기울였던 교회법은, 자연을 어기는 남편에게 세 가지 형벌을 준비하고 있었다. 아내로서의 의무 거부, 침상 별도, 결혼의 해소가 그것이다. 그러나 19세기 이전에 이와 같은 형벌이 실제로 적용되었는지 아닌지를 알기 위해서는, 재판소의 고문서를 조사하지 않고는 아무것도 단언할 수가 없다. 게다가 형벌이 실시되었다 하더라도 처벌받은 것은 부부간의 피임이지, 결혼 외의 그것이 아니라는 점은 분명하다.

부부간의 그것에 관해서 또 한 가지, 고해의 자리에서 부과될지도 모르는 벌이 있다. 만약 모든 반자연행위가 실제로 다른 성적인 죄 이상으로 무거운 처벌 대상이 되었다면, 고해의 자리도 교회 재판소에 뒤지지 않는 무시무시한 힘을 가졌을 것이다.

참회 청문규정서가, 중세 전기를 통틀어 고해의 자리에서 주어진 벌에 관해 가르쳐 주고 있다. 6-11세기에 씌어진 규정서 20종을 검토한 누낭의 말에 따르면, 그 중 한 가지를 제외한 모든 것이 한 종류 혹은 여러 종류의 피임행위를 문제삼고 있다. 〈불임약〉 복용—분명히 마술을 행한 죄와 결부되었다—뿐만 아니라 두 종류의 반자연 성교[10]가 기술자 전원에 의해 중대 범죄로 간주되었다. 많은 경우 살인죄와 같은 처벌을 받았다. 또한 피임행위가 40일 미만의 태아 낙태 이상으로 중한 죄였다는 점에는 예외가 없지만, 이 엄격함 자체를 누낭도 분명히 빠뜨린 것처럼 이런 종류의 행위가 잠재적 생명의 보호 입장에서라기보다 행위 자체 때문에 처벌되었음을 암시하고 있다. 처벌의 규모는 낙태의 경우건 이 경우건 3 내지 15년간의 속죄 단식이었다.

자위행위에 관해서도 벌의 규모는 거의 같아 2 내지 10년간의 속죄 단식이었다. 이런 종류의 행위에 관해 명언하고 있는 규정서는 불과 두 종류[11]이지만, 그 경우도 동일 항목 속에서 피임·낙태용 약의 복용이 엄격하게 처벌되었다고 기록되어 있다. 이것은 누낭 이전의 연구자들이 빠뜨린 점으로 흥미있는 점이다. 단지 나는 자위를 다룬 기사가 둘뿐이라는 점에서, 또한 독립적으로 그것을 다룬 규정서가 전혀 없다는 점에서, 당시 이 행위가 실제로 어떤 의미를 갖는지를 아는 것은 어렵다고 생각된다.

그뿐 아니라, 내가 본 청문규정서의 대부분이 이와 같은 엄격함과 모순되는 기술이 있다. 첫째 분명한 것은 자위가—후세 신학자에 의하면 이 또한 반자연의 죄였지만—성직자에 의한 경우나 교회 내에서 행해진 경우에 매우 관대하게 다루어졌다는 사실이다. 교회 내에서 사제가 행할 경우조차 7 내지 50일간의 단죄밖에 부과되지 않았다.[12] 요컨대 자위는 적은 죄, 예를 들면 사순절중에 관계를 가진 부부[13]와 1년간의 속죄가 부과된 부녀 폭행,[14] 더구나 단순 간음[15]보다 훨씬 경미한 죄로 취급되었다. 그뿐만이 아니다. 결혼 외의 관계에서는 피임이 장려되었던 것으로 생각되는 곳이 있다. 왜냐하면 결혼 외의 관계에 관해서는 임신을 하게 되면 죄가 가중되었고, 반대로 진정한 교접이 없는 사정[16]은 죄를 경감했기 때문이다. 유사한 자료를 검토한 엘렌느 베르그Hélène Bergues는, 본래의 과오 외에 스캔들이 되는 것도 또한 처벌되었다고 생각했다.[17] 그럴지도 모른다. 그러나 그것은 스캔들을 피해야 한다고 죄인들을 암암리에 지도하고 있었던 것은 아닐까?

결국 참회 청문규정서의 검토로, 후세의 신학자들이 정의한 〈반자연의 죄〉라는 단일개념이 6-11세기에는 아직 일반적이지 않았으며, 어찌되었거나 후에 그 속에 포함된 행위가 아직도 관대한 취급을 받았다는 결론을 내릴 수 있다. 근세 이후 주요한 피임수단이 된 질외사정, 일명 오난Onan의 죄는, 당시 그다지 주의를 기울이지 않았던 점이다. 왜일까? 두 가지 규정서에 서술되어 있는 무거운 벌이 실행을 막은 것일까? 그렇지 않으면 반대로 결혼 외의 관계에서는 임신을 수반하는 완전한 교접을 그다지 중죄로 생각하지 않았기 때문일까? 연구의 현단계에서는 이 점에 결론을 내릴 수 없다.

11세기 이후 고해신부는 그때까지보다 훨씬 자유롭게 신자의 죄에 대해 속죄의 종류를 선택할 수 있게 되었다. 다만 우리들이 다양한 죄 각각에 구체적인 가치가 주어졌던 것인지를 아는 것은 곤란하다. 단 고해신부가 완전히 자유롭게, 역사가에게는 이 점에 대한 자료를 전혀 주지 않은 것은 잘못이다. 예를 들면 어떤 종류의 죄는 주교의 권한에 속했고, 사면 주교대리에게는 그것을 허락할 수 없었다. 신자들은 허락되기 어렵다는 사실만으로도 죽음과 같은 죄를 새삼스럽게 주교의 손에 맡겨야 하는 것을 극히 중대한 것으로 생각했음이 분명하다. 그리고 역사가도 죄의 면죄가 특별한 권한에 맡겨져 있는지 아닌지를 기준으로 하여, 각각의 행위에 대한 금기의 경중을 판단할 수 있었다. 한편 나는 중세·근세의 주교구 회의기록을 다수 갖고 있는데, 그 기록에는 보통 주교구 내에서 고위 성직자에게 위임되었던 특별한 죄의 리스트가 포함되어 있다. 이렇게 해서 우리들은 시간적·공간적으로 광범위한 세계를 대상으로, 그곳에서의 종교적 금기의 경중, 안정·불안정의 형평을 추측할 수단을 갖게 되었다.

나는 지금 여기에서 이 자료를 각각의 계열 내부에서, 혹은 계열 상호와 비교 대조하면서 다룰 생각은 없다. 단 13세기부터 17세기에 걸친 특수권한 케이스의 17리스트 ─모두 프랑스의 것 ─를 약간 자의적으로 검토하는 것으로 그치고자 한다.[18]

먼저 깡브래Cambrai 주교구의 특수권한 케이스의 리스트(1300-1310년)를 검토해 보자. 이 리스트는 우리들에게 주교 권한의 죄, 주교 파견의 사면 주교에게 위임한 죄, 교구 사제·주교대리에게 주어진 죄를 차례로 열거하였지만, 반자연의 죄도 세 가지 그룹으로 나누어져 있다.

　—주교 권한=20세 이상의 남자에 의한 반자연의 죄.
　—사면 주교대리의 권한=연령을 불문한 여자, 또한 20세 미만의 남자가 범한 반자연의 죄. 연령을 불문한 자위.
　—사제 권한=여성과의 방자한 교접. 연약의 죄(le péché de mollesse). 미성숙기 —남자는 14세 미만, 여자는 25세 미만 —에 있어서 반자연의 죄.

위의 분류에서 〈반자연의 죄〉로 불리고 있는 것은, 아마 동성애적 관계였다고 추측된다. 남자보다도 여자의 죄가 가벼웠던 것도 재판소의 결정 예에 관한 우리들의 지식과 일치한다. 알 수 없는 점은 〈연약軟弱〉이 무엇을 가리키는 것인가이다. 〈연령을 불문한 자위〉는 특별하게 다루어지고 있기 때문이다.[19] 〈여성과의 방자한 교접〉은, 특별하게 나타나지 않는 단순 간음일지도 모르며, 명료하게 임신 회피의 의도를 갖는 교접과 단순히 체위상의 이상행위를 가리키는 것일지도 모른다. 주목해야 할 점은 〈연약의 죄〉와 마찬가지로 이 〈방자한 교접〉이 교구 사제에게 위임되어 있었던 데 반해, 근친상간이 혈연도가 농후한 경우에는 주교 권한으로, 희박한 경우에는 파견 주교대리의 권한으로 되어 있다는 점이다. 수녀와의 관계는 근친상간과 마찬가지로 중대한 주교의 권한이었으며, 간통은 고해신부에게, 강간은 사제에게 각각 속해 있었다.

다른 16개의 리스트에는 주교 권한의 죄만 기록되어 있으므로, 〈반자연의 죄〉라는 표현의 애매함은 계속 남아 있다. 다만 곧 눈에 띄는 점은, 반자연의 죄의 한 가지가 끊임없이 무리에서 추방되고 단죄되었다는 사실이다. 그 죄란 남색男色으로, 10개의 리스트에는 분명하게 언급되어 있다. 그 중 한 가지만이 〈반자연의 죄〉로 표현되었고, 동시에 적용범위를 좁혀 『남색과 그 이상의 무서운 다른 모든 반자연의 죄』로 표현되어 있다.[20] 다른 6개의 리스트에는 남색에 분명히 짐승을 상대로 성욕을 만족시키는 행위를 덧붙이고 있다.[21] 그 이외에는 프랑스의 주교구 규약 중 가장 엄격한 것[22]으로 인용된 〈연약의 죄〉를 제외하고, 어떠한 반자연의 죄도 이름이 나타나 있지 않다.

왜 애매한 〈연약의 죄〉가 한 번밖에, 그것도 가장 엄격한 리스트에만 언급되어 있는 것일까? 왜 피임행위를 수반한 여성과의 교접에 관하여 명확한 언급을 하지 않은 것일까? 왜 자위에 관해 말하지 않은 것일까? 지나치게 노골적이기 때문일까? 그러나 남색에 관해 거리낌 없이 말하는 10개의 리스트에도 자위에 관한 기술이 없는 것은? 혹은 이 행위가 일반적이지 않았기 때문일까? 그렇다고 해도 자위가 남색이나 짐승을 상대로 성욕을 만족시키는 행위 정도로 일반적이지 않았다고 주장할 자는 없을 것이다. 이와 같은 의문의 다수를 깡브래Cambrai의 여러 규정에서 지식과 비추어 검토할 때, 나로서는 〈반자연의 죄〉라는 명칭 아래 숨어 있는 것은 남색과 짐승을 상대로 성욕을 만족시키는 행위일 뿐이며, 신학자들이 〈반자연의 죄〉로 정하고 있는 다른 행위는 모두 사제가 재판할 수 있었을 것이라고 생각하고 싶다.

만일 이와 같이 다른 행위도 문제의 표현에 의해 나타났다면, 그것은 최대한 7번밖에 주교의 권한 아래 놓여지지 않았다는 것이 된다. 근친상간이 17번, 간통이 9번, 강간이 8번인 데 대해서 말이다. 요컨대 특수 케이스의 리스트 검토는 우리들에게 법적 관습 검토의 결과와 같은 것을 가르치고 있다. 바꾸어 말하면, 중대 범죄란 남색, 짐승을 상대로 성욕을 만족시키는 행위, 근친상간, 그리고 간통의 네 종류로서 이는 반자연의 죄가 된다. 자위나 질외사정은 그 속에 포함되지 않는다. 신학자간의 서로 모순된 수많은 단언은 단순히 논쟁상의 요청·이치를 따질 필요에서 유래한 것으로, 그것은 특수 케이스의 리스트와 법관습 정도로 사회적 억압·금기의 현실을 우리에게 명확히 해주지 않았다.

이번에는 피임이 결혼 안에서나 밖에서나 똑같이 엄격하게 금지되었는지 아닌지를 검토해 보겠다.

참회 청문규정서를 연구한 누낭은 피임약을 복용한 여성이 처벌될 경우, 아이가 많고 가난한 사람에 대한 죄가 죄를 숨기려고 하는 음란한 여성에 비해 그다지 엄격하지 않았다는 점에 주목하고 있다.[23] 그리고 우리들이 생각한 것처럼 피임행위가 당시 혼인 내에서라기보다 혼인 외에서 좀더 중대한 범죄가 되었다고 결론지을 수 있을까? 나는 그렇게 생각하지 않는다. 왜냐하면 피임약의 복용은 교접과는 독립된 행위, 요컨대 음탕한 죄가 아니라 유아 살해와 마술과 관련된 죄였기 때문이다.[24] 따라서 빈곤, 아이의 수가 많음은 죄의 경감 상황으로 고려될 수 있었다. 그러나 내가 여기에서 문제로 삼는 것은 반자연의 죄, 즉 불임의 성행위 그 자체이다. 그리고 우리들이 모두 본 바와 같이 청문규정서는, 사생아 출산과 관련된 불합법적 성행위에 대해 불임 성행위 —남색・짐승을 상대로 성욕을 만족시키는 행위는 별도로 다루었지만— 이상으로 엄격한 태도로 임하고 있다. 즉 규정서는 결혼 외의 피임을 의외로 장려한 것으로 생각된다.

12,3세기에 제정된 교회법도 피임에 세 가지 항목을 덧붙이고 있다.[25] 참회 청문규정서에 의해 답습된 교령《만약 어떤 사람인가》가 이〈불임 물약〉의 복용을 살인과 동일시하고 있다.[26] 그런데 다른 두 가지 교령《때로》와 《만약 부대조건이》는, 결혼에 모순되는 피임을 공격하고 있다.[27] 그리고 피임행위를 수반하는 이성간의 교접 그 자체에 대해 생각하여 판정하고 있는 교회법상의 소수 처벌도 이미 본 바와 같이, 부부가 행한 불임행위를 목적으로 하는 것이지, 혼인 외의 그것을 추구하는 것이 아니다. 벌칙이 실제로 적용될수록 피임의 반혼인적 성격도 명확해졌다.

이와 같은 사정은 오히려 당연할 것이다. 직접 간접으로 아우구스티누스를 기원으로 하는 이 두 가지 교회법칙[28]은, 2세기부터 19세기에 걸쳐 일관적으로 교회학자들이 가두어 왔던 성행위에 관한 문제의식 속에 자리를 잡을 수 있다.[29] 육체의 쾌락 추구는 모두 단죄되었다. 부부의 행위는 육체의 만남과 다른 사항, 즉 신과 자연이 바라는 번식의 행위이다. 아우구스티누스에만 한정하여도 성의 쾌락은 반드시 육욕을 위한 악으로 물들어 있으므로, 부부의 행위는 번식이라는 선에 의해 정당화되어야 한다. 부부행위의 결과로서의 쾌락을 인정한 토마스 아퀴나스조차 목적으로서의 쾌락을 엄격하게 단죄하고 있다.

그런데 결혼 외 교접의 특징은, 쾌락 자체의 추구를 목적으로 한다. 내연관계(concubinage)에 반대하면서 토마스 아퀴나스는 이같이 서술하고 있다.

교접을 그 속에 있는 쾌락을 위해 행하고, 자연이 지향하는 목표에 자기의 의향을 합치시키지 않는 자는 모두 자연에 위반하는 행동을 하고 있다.[30]

또한 음란한 행위는 모두 생식, 어린이의 양육을 지향하는 것이 아니므로 죽을 만한 대죄라고 주장했다.[31]

정액에는 잠재적으로 인간이 이미 존재하고 있는 것이므로……, 생명이라는 질서 속에 위치해 있다고 할 수 있다. 따라서 이 질서를 파괴하는 사정은 잠재적 생명의 파괴에 불과하다.[32]

음란의 죄가 죽을 만한 대죄라는 점은, 그것이 잠재적 생명에 대한 공격이기 때문이다.

토마스 아퀴나스에게 있어서 음란행위는, 쓸모없이 소비된 정액 속에 잠재되어 있던 개개의 어린이의 생명에 대한 침해가 아니라, 인류 전체의 이익에 대한 침해이다. 그때 종족 보존이 위협을 당하기 때문이다.[33]

개체 보존을 위해서는 불필요한 정액도 종족 번식을 위해서는 필요하다.(……) 그런 까닭에 (……) 사정은 생식에 사용될 때만 행해야 한다. 성교는 생식이라는 질서 속에 짜여져 있는 것이다.[34]

그리고 『질서를 파괴하는 사정은 종족 보존이라는 선에 역행한다』고 결론지었다.

그런데 토마스 아퀴나스가 이와 같은 논법으로 비난 공격하고 있는 것은 피임 그 자체가 아니라 간음행위이다. 그에게 있어서 부부간 이외의 교접은 모두 생물학적 임신·불임의 가능성을 불문하고, 사정질서의 파괴이다. 바꾸어 말하면 인류에 대한, 그리고 자연과 신에 대한 침해이다. 결혼 외에서 행해진다는 이유만으로 그것은 쾌락을 목적으로 하고, 자연의 질서를 파괴한다. 게다가 그가 세우고 있는 합리성의 시점에서라면, 피임행위가 수반된다고 해서 간음의 죄가 더 무거워지는 것은 아니다. 겨우 자연의 법칙이 보다 체계적으로 멸시되지 않은 정도일 뿐이다.

부부간에도 사정질서의 이와 같은 문란은 일어날 수 있으므로, 신학자들은 목소리를 높여 이 점에 관하여 기혼자의 주의를 환기시켰다. 결혼 내에서의 쾌락을 죽을 만한 대죄로 생각하건[35] 가벼운 죄로 생각하건[36] 『지나치게 아내를 사랑하는 자는 간통자와 같다』고 하는 히에로니무스의 경고를 반복하고 있는 점에서 모든 신학자들이 일치하고 있다.

1584년 베네딕트가 기술한 문장을 보자.

지나친 사랑에 자기를 잊어버리고, 가령 자기의 아내이건 아니건 관계를 갖고 싶다는 바람만큼 격렬하게 아내와 교접하여 관능을 만족시키려는 남편은, 죄를 범하고 있다. 『자기의 아내에 대한 남편이라기보다 오히려 절제력을 잃어버린 애(연)인(amoureux)으로서 행동하는 남자는 간통자와 같다』고 하는 피타고라스파의 식스투스의 말을 인용한 히에로니무스의 주장도 이와 같다. 과연 남편에게는 아내의 육체를 자유롭게 다룰 권리가 있다. 또한 격언에도 『자기의 술에 충분히 취한다』라고 하였다. 그렇지만 제멋대로 아내와 즐겨서는 안 된다. 남편은 아내를 매춘부처럼 다루어서는 안 된다. 아내도 남편을 애(연)인처럼 다루어서는 안 된다. 왜냐하면 결혼의 성스러움에서는 어디까지나 성실하게, 경건하게 대해야 하기 때문이다. 침상을 신으로 숭배하는 기혼자들이여, 명심하라.[37]

이제까지 필립 아리에스·누낭이 신학자·설교자 들이 비난하는 이 〈지나친 사랑〉이라는 표현이 도대체 무엇을 의미하고 있는가 묻고 있다. 토마스 아퀴나스·성 보나벤투라Bonaventura·제르송Gerson·성 베르나르두스Bernardus 등은, 신과의 결합 이상으로 아내와의 성적 결합을 좋아하는 것을 비난했다. 초서Chaucer가 《교구 사제 이야기》 속에서 비난한 것도 침상의 신에 대한 일종의 우상 숭배였다고 생각해도 좋을 것이다. 그리고 필립 아리에스는, 문제가 되고 있는 성의 퇴폐보다 오히려 사랑의 정념이라고 결론을 내렸다. 그렇지만 누낭은 죽을 만한 죄는 모두 신과의 영원한 결합보다도 세속적인 일시의 결합을 좋아하는 태도로 정의되었기 때문에, 필립 아리에스의 해석은 특히 기사도적 연애를 생각나게 하는 것이 아니며, 구체적인 내용을 그다지 나타내지 않았다고 반론하고 있다.

남편에게 『아내가 자기의 아내가 아닌 것처럼 교접하는』 것을 비난하는 신학자들 —베네딕트도 그렇게 본 것 같다—도 있다.[38) 누낭은 이것이 구체적으로는 무엇을 의미하는지 자문하고, 『자기의 아내를 매춘부처럼 이용한다』는 것은 생식의 저지로밖에 생각할 수 없다고 하였다.

그러나 우리들은 베네딕트의 표현 속에서 문제 해결의 힌트를 찾아냈다. 놀랄 만한 일로서 〈애(연)인〉(amoureux)과 〈매춘부〉(putain)의 두 말이 나란히 사용되고 있기 때문이다. 베네딕트는 이 두 말에 동일한 가치를 부여하므로써, 지나치게 현대식으로 사물을 생각한 누낭과 아리에스가 도달해 버린 이 분할을 거부하고 있다. 두 말 모두 오늘날 우리들이 부여한 의미·가치를 갖고 있지 않다. 과연 〈애(연)인〉이라는 말이, 이웃 사랑과는 다른 종류의 감정으로 움직이는 인간을 의미하는 한 당시와 오늘날의 의미가 그다지 열리지 않는다. 단지 베네딕트의 텍스트에는, 오늘날 우리들이 부여한 것과 전혀 다른 가치를 갖고 있었다. 현대의 서구문명은 〈애(연)인〉이라는 말에 긍적적인 가치를 부여하고[39) 교회도 지금은 이 가치를 인정하고 있다. 그러나 16세기에는 사랑에 대한 부정적 의견이 매우 강했고, 기독교 도덕도 전체적으로는 그것을 거부하였다. 당시 기독교적 세계관에 있어서 연(애)하는 사람(amoureux)이란, 〈연인＝정인情人〉(amant)·〈방탕자〉·〈음란한 인간〉이며, 동시에 우리들이 〈연(애)하는 사람〉으로 부르는 인간이었던 것이다.

당시 빈번하게 사용되었던 말 〈매춘부〉(Putain)는, 그와는 반대로 오늘날 계속해서 경멸적인 가치를 지니고 있다. 단지 경멸의 이유만이 달라졌다. 육욕의 프로페셔널을 이 말로 부른다는 점에는 16세기나 현재나 변함이 없지만, 우리들이 금전을 위해 사랑의 희극을 연출한다고 그녀들을 책망하는 데 대해, 우리들의 조부들은 인생을 성의 쾌락에 바쳤다고 그녀들을 비난했던 것이다. 그 때문에 이 말은 당시 사랑을 위해, 쾌락을 위해 육체관계를 구하였던 여성에게 사용할 수 있었다. 조신한 여성이 육체관계를 원하는 것은 단지 올바른 결혼생활을 보내기 위해, 아내로서의 의무 이행을 위한 —오늘날이라면 〈직업적 양심에 따라서〉라고 말할지도 모른다—것으로 되어 있었다. 즉 이것은 동일한 말이 바뀌어 현실에 부여된 가치가 180도로 전환하였다.

요컨대 부부의 행동모델은 끊임없이 연인간의 행동모델과 대비되었고, 전자는 생식과 후자는 잉태를 수반하지 않는 쾌락 추구와 결부되었다. 동시에 이 대비는, 교접 때의 〈자연스러운〉 자세와 부자연·임신불가능으로 생각되는 자세와의 대비이기도 했다.

사실, 교접 때의 체위는 신학 논쟁의 전통적인 주제의 하나였다. 그리고 그 때 〈부자연스러운〉 체위가 단죄되었지만, 그것은 결코 개인의 인격을 존중하는 결혼관에서 유래한 것이 아니라 어떤 종류의 남성·여성관[40]을 전제로 한 태고부터의 의식＝관습에서[41] 또한 지나친 쾌락 추구에 반대하는 입장에서[42] 생식에 대한 배려[43]에서 유래하였다. 신학자들이 〈부자연스러운〉 체위 중 어떤 것을 해금解禁하였을 때도 —16세기에는 드문 일이 아니었다 —수태의 가능성이 증명되었고,[44] 더구나 좋아서가 아니라 필요에 강요당한다는 조건이 붙었다.[45] 여기에서도 신학상의 합리화의 한 예를 볼 수 있지만, 신자가 어떤 영향을 받았는지 생각해 볼 가치가 있다. 어찌되었거나, 전혀 수치심을 지니고 있지 않다고 생각되는 브랑똠Brantome과 같은 세속인조차 분명히 꺼리면서 다음과 같은 의견을 서술하고 있다.

다른 박사들은 모든 체위를 허락한다. 단 정액은 여자의 자궁내에 방사되어야 한다고 말했다. 또한 만약 남자가 정액을 자궁내에 방사한다면, 어떠한 자세로 교접을 하건 죽을 죄가 되지는 않는다라고.

이런 종류의 논쟁은 《베네딕트 대전》에서 발견되었다. 그는 프란체스코 수도회의 박사이며, 모든 죄에 관해 상세하게 서술하였고, 많이 보고 읽었음을 나타내고 있다. 그의 저작의 이 부분을 읽으면, 남편이 아내에 대해 얼마나 많은 죄를 범하고 있는지를 알 수 있다. 베네딕트는 또 말하고 있다. 『여자의 배가 불러서 그와 같은 체위로밖에 합체할 수 없는 경우에는, 사정이 자연의 도구 속에서 행해지는 한 죽을 죄는 되지 않는다.』 그에 관하여 박사들 중에는, 임신중인 아내에 대해 좋지 못한 행위로 혼인을 더럽히기보다 동물처럼 금욕을 하는 쪽이 좋다고 주장하는 사람도 있다.[46]

그런데 브랑똠은 이 〈좋지 못한 행위〉를 결혼 외에서도 승인하지 않는 것으로 생각했던 것일까? 그렇게 생각지는 않는다. 왜냐하면 브랑똠이 이와 같은 아레쪼식Arétin 체위에 관해 분개한 것도 부부가 그것을 실행할 때, 결혼 외의 상황에서는[47] 같은 문제를 농담삼아 이야기하기 때문이다. 신학자들의 합리주의에는 그다지 열의를 보이지 않은 브랑똠조차, 기원 2세기 이후 성에 관한 기독교 교의 속에서 신학자들이 항상 설정해 둔 혼인 내 행동·연애 행동이라는 대립에 관해서는 완전히 찬동한 것으로 생각된다.

과연 고대 도덕에서 받아들이고,[48] 교회문화에 의해 확장된 쾌락·생식이라는 이율배반적 사상이 구석구석까지 행해진 것은 아니다. 브랑똠 자신이 이러한 생각과는 모순된 사고방식의 존재를 증언하고 있고,[49] 다른 종류의 고대 전통에서 배양된 의학적 저술도 그것을 확인했다.[50] 그러나 브랑똠은 같은 곳에서 지나치게 쾌락과 생식을 결부시키려 한 것은 잘못이라는 것을 암시하고 있다. 의사들도 신학자를 모방하여 〈지나치게 격렬한〉 사랑은 불임으로 상정했다. 따라서 몇 가지 반론이 제기되건, 또한 의사들의 태도 속에 모두 지나친 것으로 되어 있는 아리스토텔레스류의 경계심 ―그들에게는 그 정당함을 보증하는 의료 경험이 있었다― 이 있건, 쾌락·생식이라는 대립이 종교계 밖에서도 널리 행해졌다고 생각된다.

이렇게 하여 사랑·쾌락·불임·자연의 질서에 위반되는 체위, 그것이 혼인 외 성관계와 항상 결부되었다. 그러나 분명히 피임의 문제를 다루고, 부부의 경우와 간음자의 경우를 구별하는 문헌이 존재하는 것일까?

서두에서 옛날의 도덕가·신학자 들의 저술에 익숙한 독자의 오해를 피하기 위해, 이 문제를 다루었던 모든 저술가들이 피임을 꾀한 교접을 확실히 단죄했다는 점, 그리고 혼인 외의 것에 관해서도 예외가 아니었다는 것을 서술해야만 했다.

그러나 그들이 이와 같이 불임 교접이 혼인 내인가 외인가에 관하여 다룬 것도, 결혼상태에서의 그것을 새삼스럽게 강하게 단죄하려는 데 지나지 않는다. 예를 들면 제르송은 15세기 초기, 간결하게 다음과 같이 기술하고 있다.

이 죄는, 그것이 자연의 질서에서 멀어지면 멀어질수록 무거워진다. 결혼 외에서

행해진 것과 내에서 행해진 것이 —이쪽이 훨씬 큰 죄이지만—같은 것이다.[51]

16세기의 신학자들 중에는 반자연적 교접의 죄는, 결혼하지 않은 남녀의 경우보다 부부의 경우가 무겁다고 주장한 자가 적지 않다. 전자는 잠재적 생명에 대한 죄로 간음의, 한쪽이 결혼했으면 간통의 죄가 덧붙여진다. 그러나 부부간의 경우에는, 이중의 간통상태가 발생한다. 그 때문에 카제탄Cajetan·소토Soto·아조르Azor·산체스Sanchez와 같은 대신학자들이 고해성사 때 죄상의 가중상황, 즉『죄는 자기의 아내와 함께 범했다』는 것을 표명하라고 명하였다.[52]

같은 시대 브랑똠의 증언에 따르면, 평균적인 신앙심을 가진 세속인 사이에서도 이와 같은 판단이 일반적으로 통용되고 있는 듯하다. 예를 들면 부부 사이에 관해서 그는 이렇게 쓰고 있다.

한 해를 통틀어 아내와 아무리 교접을 해도 한번도 임신이 되지 않았다는 것은 내가 이미 서술한 바와 같다. ……그러므로 결혼은 생식이라기보다 쾌락을 위해 만들어졌다고 잘못 생각하는 신심이 없는 자도 있다. 그와 같이 생각하거나, 존재하는 자가 있다면 그것은 잘못이다. 교접을 가진 후 반드시 여자가 임신이 되지 않는다면, 그것은 우리들로서는 헤아릴 수 없는 신의 아량이며, 부부에게 부과된 벌인 것이다. 왜냐하면 결혼한 우리들에게 신이 내려주는 최대의 축복은 훌륭한 자식이며, 이것은 내연관계를 통해서는 얻을 수 없기 때문이다.

그뒤 브랑똠은 즉각 질외사정으로 화제를 돌렸지만, 그때의 골격은 간통이다.

……여자들 중에는 연인의 그것을 받아들이는 것을 대단히 기뻐하는 자도 있지만, 또한 기뻐하지 않는 자도 있다. 후자의 부류에 속하는 여자들은 체내에 무언가가 방사되는 것을 허락하지 않는데, 그것은 남편에게 자신의 씨앗이 아닌 자식을 거짓으로 그의 자식이라고 말하지 않으려는 것이며, 동시에 정액이 체내에 들어오지 않으면 남편에게 나쁜 짓을 저지르는 것이 아니며, 정을 통한 남자를 남편으로

삼을 수도 없기 때문이다. 마치 이것은 위가 약한 사람이 소화하기 어려운 요리를 입에 넣어도 씹기만·할 뿐 토해내면 전혀 해가 없다는 것과 같다.

그런데 cocu(간부의 남편)라는 것은 4월 새의 이름이지만, 이 새들은 다른 새의 둥우리에 알을 낳기 때문에 그렇게 부르는 것이다. 다른 남자가 자기 둥우리에라는 말은 아내의 처소를 말하는 것이며, 알을 낳으러 왔을 때라는 것은 아내 속에 씨앗을 넣어 아이를 갖게 하는 것인데, 그렇게 되면 남편은 역할이 바뀐 커키cocu 새로 불린다.

이런 이유에서 여자들 중에는 남편을 속이고 마음 속으로 즐기면서, 단지 남자의 정액만은 받아들이지 않는다. 그 때문에 적어도 남편에게 나쁜 짓을 저지르는 것이 아니라고 생각하는 자도 적지 않다. 그녀들은 교묘하게 양심만을 중요시 여길 뿐이다……. 53)

과연 브랑똠도 확실히 이 부인들 편은 아니었지만, 그녀들의 자기 변호에 가세한 것은 분명하다. 게다가 신학자들의 눈에 반자연의 행위로 비친 것에도 결코 분개하지 않았다. 나는 이 문장에서 질외사정이 16세기 후반의 궁정 사회에서 실천되었을 뿐 아니라 ―이것은 이미 지적하였다54) ―결혼 외에서도 도덕적 이유로 행해졌다고 추측한다. 사실 여기에서 볼 수 있는 이치는, 다소 유머와 역설을 수반하면서도 진실로 도덕적 색채를 띠고 있는 것이다. 〈가짜 남편에게 자식을 강요하는〉 것이야말로 간부姦婦의 최대 죄악이라는 것이 그 시대의 사고방식이었고, 피임에 의해 이 죄는 피할 수 있었기 때문이다.

어떻게 해서 이와 같은 도덕적 의도가 기독교 문명 속에서 태어날 수 있었을까? 어째서 이와 같은 이치가 공공연하게 인정되었을까? 이제까지 내가 서술해 온 것으로 그것은 이미 분명해졌다. 즉 첫째, 질외사정은 남색과 짐승을 상대로 성욕을 만족시키는 행위만큼 배척되지 않았고, 또한 근친상간과 간통보다 죄가 가벼웠다. 둘째, 모든 혼인 외의 성관계는 생식이 아니라 쾌락을 목적으로 하는 것이 보통이었으므로, 혼인 외의 성관계에서 임신이 되지 않으면 죄가 무거워지지 않았다.

과연 이 이유는 어떤 신학자에 의해서도, 또는 신자들의 양심의 문제를 다루는 결의론자에 의해서도 명료하게 제기되지 않았다. 아마 혼인 외의 피임을 시인하면, 실제적으로는 갖가지 성적 혼란이 조장되기 때문일 것이다.[55] 그럼에도 불구하고 단순간음을 문제로 삼았을 때, 산체스는 극히 신중하게 언어를 선택하면서도 간통에 관한 브랑똠의 의견과 비슷한 의견을 서술하고 있다.

불의의 성교에 있어서 여자가 종액種液을 방출한 후[56] 혹은 방출 위험을 피한 후[57] 남자는 사정 이전에 물러설 것을 허용해야 하는 것일까? 그것은 허용되지 않았다, 남자도 자기의 정액을 방출하지 않으면 안 된다…… 라고 어떤 종류의 학자들은 생각했다. 그들은 그것을 태고의 진리로 여겼는데, 그렇게 말하는 것도 여자가 방출한 후에는 좀더 커다란 악을 피하기 위해, 그 행위를 육욕의 의도 이외의 의도로 끝내기 위해, 남자도 자기의 정액을 방출할 의무가 있다. 즉 그렇게 하므로써 이 방출은 물질＝육체적으로만 간음이지, 형상＝정신적으로는 간음이 되지 않는다. 왜냐하면 이 방출은 본래적인 악이 아니라고 생각했기 때문이다. 이런 의견은 좀더 있다.

그러나 다음과 같이 생각하는 쪽이 더 올바를 것이다. 즉 그때 남자는 사정의 의무를 지지 않든가, 사정하면 새로운 죄를 범하게 된다. 그리고 이 죄는 성교시에 그것을 구별할 수 없었던 경우를 제외하고, 고해 때에 명료하게 해야 했다. 왜냐하면 합법적 행위 속에서는 일체의 비합법적 요소가 없으므로 정액은 방출되어야 한다. 그에 반하여 비합법적 행위에서는 본래 악이 되며, 그것은 어떤 경우에도 정당화시킬 수 없는 것이다.

그런데 그것 역시 두 가지 악 중에서 작은 쪽 악을 선택할 수 있다는 점은 변하지 않았다. 과연 이 비사정은 그 자체가 반자연적이며, 그 점에서는 간음 이상의 악이 된다. 그러나 간음은 본래 악이었기 때문에 결코 허용될 수 없는 것이다. 결국은 간음하는 쪽이 오로지, 절대적으로, 보다 중대한 악이라 할 수 있다.[58] 그런데 비사정은 앞에서 명확히 한 바와 같이, 강요된 이유에 의해서도 허용되지 않을 정도의 악이 아니라면 자연에 위반되는 것도 아니다.[59] 다시 한 번 그것을 확인하여 보자. 즉 어린이의 양육을 희생으로 하는 중대사를 범하기 전까지는 간음 성교가 완전한 것이 될 수 없다. 남자가 간음 상대인 여자에게 퇴박당하여, 무의식중에 질외사정을 하더라도 치나치게 책망을 받지 않는다. 왜냐하면 의지에 의하지 않았다는 이유가 있는 질외방출은 필요하며 아무런 죄가 되지 않기 때문이다. 마찬가지로 간음중인 여자가 죄를 범하면서 후회를 하고, 남자의 정액을 받아들이지 않기 위해 육체를 피하는 것도 책망받지 않았다. 그 결과 남자가 질외에 방사를 해도, 여자에게 죄가 없다. 왜냐하면 그것은 여자의 의도가 아니라, 죄 가운데 그 죄로부터 달아나려는 자는 올바른 일을 행하기 때문이다.[60]

이것은 브랑똠이 부인들의 양심을 편안하게 하기 위해 쓴 것이 아닐까. 남자측의 성교 중단을 정당화하는 동기는 정말로 비합법적인 행위에 대한 후회·불안이라는 경건한 기분에서가 아닐까? 유혹하는 여자를 무정하게 거절하면, 동시에 죄도 잡아뗄 수 있게 되는 것은 아닐까? 또한 살아 있을지도 모르는 아이도, 혹은 모친에게 쓸모없이 해를 입히지 않는다는 기분이 포옹 중단의 이유가 아니었을까?

문제는 이러한 문장이 얼마나 권위를 가지고 있는가이다. 산체스가 등한시한 것 같은, 혹은 정통파 교회에서 다소 경원시하였던 것 같은 저술가가 아니었다는 점을 잊지 말아야 한다. 예수회의 전성기였던 이 세기에 그는 예수회가 낳은 최대의 결혼이론 전문가였으며, 많은 동시대인들이 그를 지식의 원천·성자로 간주하였다. 그보다 행운아였던 18세기의 알퐁스 드 리귀오리Alphonse de Liguori를 생각할 수 있다. 그러나 17세기를 통틀어 그의 적 또한 많았다. 바일Bayle·쥐리유Jurieux를 비롯한 신교도들은 그를 혐오했고, 얀센Jansen파와 엄격파 신학자들은 지나치게 관대하다고 그를 고발했다. 또 삐에르 드 에스또왈르Pierre de Estoile도 『깊은 학식의 소유자로 간주된 저자의 이름과 명성 때문에 인쇄되었고 재판되었으며, 파리 또는 그외 어디에서나 팔렸던 그의 책』이, 왕의 명령에 의해 시장에서 모습을 감추었다. 결국은 세상에서 커다란 스캔들을 불러일으켰음을 말해 주고 있다.[61] 요컨대 이 점에서 그가 새로운 의견을 서술한 것은 명백하다. 보통 자신의, 혹은 적의 의견을 실증하기 위해 수십 권의 책을 제출한 그가, 여기서는 자기 옹호를 위해 다른 저술가의 인용을 일체 행하지 않았다. 그렇지만 이것만으로 그의 판단을 무시해도 된다고는 생각하지 않는다. 나로서는 브랑똠의 조정이 부인들,

부인에게 충성을 맹세하는 기사(15세기, 제6장 참조)

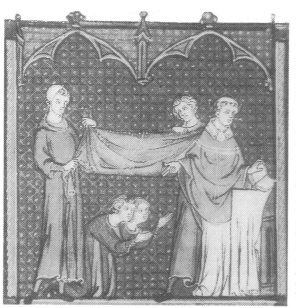

베일을 씌우는 축복. 15세기의 세밀화. 의식은 5세기의 이탈리아에서 볼 수 있으며, 가장 오래된 기독교 혼인의식의 일부이다.

아니 그 애인들조차 산체스의 저서 《혼인론》을 직접 읽고 안심을 얻은 것이 아니라 하더라도, 고해신부를 훌륭하게 선택하여 양심의 평화를 얻었음을 의심하지 않는다.

물론 브랑똠이 지적한 피임 행동이 산체스를 기원으로 하는 것은 아니다. 《결혼론》은 《바람둥이 여성 성쇠기》보다 후에 씌어졌다. 요컨대 사실이 먼저이며 정당화에 가까운 행위가 행해졌지만, 이것 자체가 원인결과의 관계를 밝히기가 불가능하다 하더라도 역사가에게 있어서 흥미가 없는 것은 아니다. 그러나 이제까지 몇 번이고 우리들이 강조해 온 것처럼 브랑똠과 그 동시대의 부인들이 산체스 이전에 존재할 수 있었던 것은, 결혼·성에 관해 그에 상당하는 이론이 훨씬 이전부터 존재했음이 분명하다.

따라서 나는 도덕사상의 중요한 회전점으로서 16세기 말로 독자의 주의를 환기시키려는 것은 아니다. 어느 시대건 관계의 비합법성은 불임성의 관념을 수반하였고, 참회 청문서도 이미 임신을 피하고자 하는 교접은 간음의 죄가 줄어든다는 것을 우리들에게 시사하였다. 그뿐 아니라, 세속계의 전통에는 브랑똠의 《바람둥이 여성 성쇠기》보다 훨씬 이전에 사랑을 결혼과 생식에서 분리했던 궁정연애의 여러 규칙이 있었음을 잊어서는 안 된다.

이 〈순수연애〉를 구가하는 자들은 종종 이단 카타리파와 관련을 맺어왔다. 그러나 카타리파의 이단성은 4,5세기의 마니교와 2세기의 그노시스파와 마찬가지로 성례로서의 결혼을 공격하였다.[62] 그들이 결혼에 있어서 불임 교접을 권장한 것은 결혼과 간음, 혹은 간통을 동일시했기 때문이다. 한편 산체스 혹은 브랑똠은 중세 남프랑스의 음유시인처럼, 2세기에 초대 교부들에 의해 설파된 결혼과 간음의 대립을 극단적으로 강요하였다.

이단의 비난을 면하지 못해, 혼인 외의 장소에서 피임을 생각할 수 없었다. 비합법적인 관계는 불임을 하지 않는 한, 스캔들의 공포가 뒤따랐다. 그리고 연구의 현상이 나타내는 바는, 인구통계가 ―17,8세기의 프랑스에 한하지만―사실상 혼인 내의 피임 존재를 나타내지 않는 한편, 극히 낮은 사생아의 탄생률밖에 나타나지 않았다.

극히 낮다는 것도, 이 통계는 같은 시기에 대해 혼인연령의 높음 ―결혼 적령기에 달한 뒤 평균 10년 이상―을 나타내고 있기 때문이다. 이 만혼의 풍조에서 일종의 산아제한의 기술을 보아도 좋을 것이다. 그렇지만 물론 그 것은 인구과잉과 싸우는 사회의 집단의지가 아니라, 가정을 쌓기 위한 자산을 확보해야 한다는 남녀 개개인의 당연한 필요에서 생겨난 기술이다. 그 비율을 아직 알 수 없지만 결혼자금은 가사 사용인으로서, 제조공으로, 또한 농민으로 고용됨에 따라 오랜 시간에 걸쳐 획득되었다. 독신기간을 연장한 자의 대다수가 성을 몰랐다고는 할 수 없다.[63] 16세기 초기에 보여 주었던 성직자 독신제에 대한 격렬한 적의[64] —이것은 신교도들이 새삼스럽게 다루었던 문제이기도 하다 —를 상기해도 좋다. 또한 종교개혁 후 가톨릭 교회에서 성직자들에게 실제적으로 금욕생활을 부과하는 것이 얼마나 어려웠던가를 상기해도 좋다.[65] 나는 오히려 아이를 낳을 자금이 없는 사람은 독신행위이건[66] 간음이건[67] 비합법적인 또한 불임행위 속에서 성행동의 배출구를 찾았다고 생각된다.

요컨대 나는, 비합법적 관계가 사회의 주변부에 위치하는 한 집단의 전매 **專賣**가 되지 않았으며, 또한 그것이 피임행위의 실천을 의미한다고 믿는다.[68] 결혼 내에 피임이 대규모로 도입되기 이전에, 예비훈련이 먼저 죄 가운데 행해졌던 것이다.[69]

본고의 마지막에 이른 나는, 서두에서 해결하기 어려웠던 문제를 그대로 끌어안고 오게 되었다. 즉 만약 수세기 동안 피임이 비합법적 관계의 특징이며, 결혼이 생식을 위해서만 존재했다면, 18세기에는 이미 선의의 죄를 범했다고 추측되는 기독교도 부부들의 양심의 평화는 어떻게 설명될 것인가? 먼저 결혼·쾌락의 대립을 볼 수 있는 곳은 신학자와 궁정인 수준 정도이고, 그것으로 모든 계층에서 또한 서구 기독교 지역 전체에 존재했다고 증명할 수는 없다. 단 이 대립이 존재하는 계층에 새로운 경향이 나타났다. 그들은 결혼 내에도 결혼 외에도 놓여 있었던 것처럼, 다시 말하면 남편은 아내에 대한 연인으로, 또한 아내는 〈남편에 대한 연인으로 여겨지려고〉 행동하였다. 그렇게 하면 죄를 범할 때의 선의란, 이제까지와 달리 결혼은 성례에 의해 정당화된 애정관계에 불과하다고 믿게 되는 것이다. 단 그렇게 믿는 것이 1세기 빨랐다는 점이 무엇보다도 잘못이었다.

7
규방에서의 남과 여

부부의 의무에 있어서 남녀는 대등한가?

이전의 여성은 완전히 다른 능력을 지녔으며, 그 때문에 실제 생활에서는 많은 책임과 독립을 부여받았다. 그럼에도 불구하고 이론적으로는 남편에게 항상 복종하는 존재로 생각되었다. 부부의 공동생활의 모든 자리를 통하여, 남편은 머리고 아내는 몸이었다. 남편은 아내의 행동에 책임을 졌고, 아내가 나쁜 길에 빠지는 것을 막기 위해, 혹은 단순히 남편의 우월성을 환기시키기 위해 무제한으로 아내에게 체벌을 가할 권리와 의무를 가지고 있었다. 아내는 아이나 하녀와 같이 올바른 일에는 남편의 명령에 따랐으며, 질책·구타도 견뎌내야 했다. 이것은 설교가·법학자·속담·옛날부터 내려오는 민간 풍습 대부분이 증언하고 있다.[1] 단 한 가지 부부가 대등했던 장소가 있다. 부부의 침상이 그것이다.

기독교는 애초부터 에베소인들에게 보낸 편지에서 아내의 남편에 대한 종속성을 확인[2]했던 바울이, 고린도인들에게 보낸 첫째 편지에서는 아내도 남편과 같이 성적 의무와 권리를 갖는다고 주장하고 있다.

> 음행의 연고로 남자마다 자기 아내를 두고, 여자마다 자기 남편을 두라. 남편은 그 아내에 대한 의무를 다하고, 아내도 그 남편에게 그렇게 할지라. 아내가 자기몸을 주장하지 못하고 오직 그 남편이 하며, 남편도 이와 같이 자기 몸을 주장하지 못하고 오직 그 아내가 하나니.[3]

바울 이후의 신학자들도 〈부부의 의무〉를 다룰 때에는 언제나 —적어도 12세기의 신학 르네상스 이후는— 이 영역에서 부부의 입장이 대등함을 단언했고, 부부생활 외의 모든 자리에서 통용되는 말『아내는 남편에게 복종해야 한다』에 대해『여기서는 부부가 대등』[4]하다고 설하였다.

이것은 분명히 일반 통념을 깨뜨리는 역설이며, 신자들은 이해하기도 납득하기도 곤란했던 것이 무리가 아니다. 신학자들도 이것을 설명하고 정당화하는 데 몹시 힘이 들었다.[5] 당연히 신학자들이 행하는 설명의 내용보다도 이와 같은 역설이 반복적으로 주장된다는 사실에 역사가들의 관심이 돌려져야 할 것이다. 왜냐하면 역사가는 어느 시대·사회·사회계급이 하나의 종교를 신봉할 때, 그 종교에서 자신들의 정신적·물질적 구조에 적합한 부분만 도출해내는 것을 보통으로 생각한다. 나 개인으로서는, 과거 현재를 불문하고 신학자의 기능은 교의를 동시대 사회에서 소화가능한 것으로 해야 한다고 생각한다. 그런데 지금 우리들이 문제로 삼고 있는 점에 관한 한 예외라 할 수 있다. 12세기부터 20세기에 이르기까지 남성 우위의 사회 속에서 신학자들은 아내도 남편의 육체에 대해, 남편이 아내의 육체에 대해 갖는 것과 똑같은 권리를 가졌다는 점을 끊임없이 이야기해 왔다. 아마 그것은 이와 같은 대등성이 처음부터 기독교에 의거한 결혼이라는 특징적인 역설의 하나였기 때문이 아닐까.

일상생활의 자리에서 여성은 이와 같은 평등성에 길들여져 있지 않았으므로, 신학자들은 남편의 아내에 대한 복종을 아내의 남편에 대한 복종 이상으로 엄격하게 요구하므로써 여성을 후하게 대접하기도 했다.

남성보다도 여성 쪽에서 냉정함·수치심이 많으면서도, 여성은 (남편에 대한 의무를 행할 때) 남편이 분명히 요구할 때까지 기다려도 좋다. 그렇지만 남편은 아내로부터 확실한 요구가 있을 때를 기다려서는 안 된다. 마치 의사에게 자기는 병에 걸리지 않았다고 생각하는 병자에게도 도움을 줄 의무가 있는 것처럼, 남편은 아내가 넌지시 요구할 경우에도 응해 주어야 한다.[6]

암시만으로 받아들여야 한다는 이러한 여성의 특권에 관해서는, 13세기 대 알베르투스Albertus에 의해 정설화되었다고 생각한다. 그후 부부의 의무를 문제로 삼았던 신학자들의 대부분이 이것을 언급하고 있다. 그런데 이 특권에서 몇 가지 고찰을 할 수가 있다. 첫째로, 여성은 성적 수치심 때문에 상대에게는 확실한 요구를 할 수 없다는 사고방식이 항상 그대로 유지되어 왔으므로, 이런 사고방식은 예전의 서구사회에 있어서 여성의 성적 지위 — 물론 나면서부터 이 영역에서의 남녀간의 차이와, 과거 여성들의 실제 행동양식과는 다른 것이었지만 —를 웅변해 주는 것으로 생각된다.

물론 신학자들의 눈에는 이와 같은 수치심이 여성의 자연스러운 미덕으로 비쳐졌다. 그리고 자연으로 볼 때는 교정이 불가능하나, 미덕으로 보면 수치심을 느낄 필요가 없다고 생각했다. 따라서 신학자의 입장에서는, 그곳에서 생긴 불리한 결과를 어떤 방법으로건 보상하려 한 것도 당연할는지 모른다. 이렇게 생각하면 신학자들은 바울이 여성에게 준 남편의 육체에 대한 권리를 그녀들이 충분히 향수할 수 있도록 가능한 한 노력을 했다고 할 수 있다.

셋째로 주목해야 할 것은, 이렇게 확립된 전통이 20세기의 현재까지 존속하고 있다는 점이다.[7] 지금도 남성은 여성에게 강한 수치심을 기대할 뿐 아니라 —기대가 어긋나면 남성은 실망하고 분개한다 —여성 쪽에서도 남성에게 자신의 욕망을 발견해내려고 하였다. 17세기 초기에 산체스가 서술한 바와 같이 『성교에 대한 욕구를 본인 이상으로 남자가 느끼기를』[8] 종종 기대하였다.

그러나 실제로 부부간의 성적 평등을 회복하기 위해 남편에게 부과된 특별한 배려가, 오히려 둘 사이의 불평등성을 존속시키는 결과가 되었다고 할 수 있다. 남편이 아내의 욕망의 씨앗을 식별해내려고 노력한 나머지, 아내에게는 자기 자신의 욕망으로부터 떨어져 나갈 위험이 생겨났다. 산체스가 근심했던 것도 그 점이었다. 더구나 극단적인 경우에는 아내측의 욕구 유무는 무시되었고, 본래의 목적과 정반대의 결과를 낳았다.

결국은 이렇게 된다. 부부의 의무에 대한 복종은, 이론적으로 남녀가 대등하다. 그렇지만 여성이 오히려 권리를 요구하지 않고, 남성이 여성의 욕구 판단자로 변함 없이 인정되고 있는 이상 여성의 사실상의 예속은 부정하기 어렵다. 물론 여성의 이와 같은 성적 예속상태는 기독교 이전에 이미 존재하였으나, 기독교 교의가 그것이 오래도록 지속되는 데 많은 기여를 했다고 생각한다.

성적 결합 때 남녀 각각의 역할

물론 부부가 상대의 육체에 대해 똑같은 권리를 가진다고 해도, 교접 때에 남녀의 역할이 같지 않으며, 행위에 즈음한 대등의식도 그대로 결부되지 않았다. 다시 레리슨 비게리우스Relisons Viguerius의 글을 보도록 하자.

부부생활에서 남자는 능동자(agens), 여자는 수동자(patiens)이다. 그러므로 고귀한 역할은 남자가 담당한다.[9]

이와 같은 남녀 각각의 역할은 자연스러운 것, 즉 신의 의지에 따른 것으로 생각된다. 따라서 이성異性의 역할을 한다면, 그것은 신에 대한 모독 행위·〈반자연의 죄〉이며, 신의 역할을 뒤엎는 일이 되었다. 이런 사고방식은 교접 때에 남녀 각각이 취해야 할 자세에 관한 신학논의에서 분명하게 나타난다.

『자연스러운 체위란 여성이 위를 향하고, 남성은 그 위에 배를 대고 될 수 있으면 질 안에 사정을 하는 방식이다.』[10] 산체스의 설명에서, 이 자세가 올바르다는 것은 단순히 『여성의 질 속에 정액 방사, 또는 그곳에서의 수용·유지를 위해서』일 뿐만 아니라 『남자가 움직이고 여자가 받아들이는 방법이 자연이다』라고도 했다.[11] 반대로 『남자가 아래에 있으면 그 위치 때문에 남자가 받아들이고, 여자가 위에 있으면 여자가 움직인다. 자연이 이와 같은 역할 교환을 얼마나 혐오하는지, 누구나 명확히 알 것이다.』게다가 『메토디우스Methodius는 《창세기》에 주석을 달았다. 광적으로 다루어진 여자들이 남자들을 속이고, 자신이 위, 남자를 아래에 두었기 때문에 대홍수가 일어났다고 서술하였다.』로마인들에게 보낸 편지에서, 『〈저희 여인들도 순리대로 쓸 것을 바꾸어 역리로 쓰며〉라고 서술한 바울도 같은 말을 하고 있다.』[12]

여성상위의 교접 자세를 탄핵한 신학자들이, 그 때문에 아무런 주저 없이 성서에 제멋대로 해석을 가했다는 점에 주의해야 한다. 내가 아는 한, 성적 역할의 전환을 대홍수 이전 인류의 책임으로 보고, 인류에 대한 신의 노여움의 원인을 그곳에서 구하고자 하는 귀절은 《창세기》 어디에서도 찾아볼 수 없다.[13] 또한 바울이 고발한 반자연행위란 동성애를 가리키는 것이며, 그 이외의 해석은 억지로 끌어다붙인 것에 지나지 않는다고 나는 생각한다.[14]

그러나 이처럼 제멋대로 성서에 해석을 가한 것도, 일반적으로 도덕이 용인했던 행위를 단죄하려 한 기독교도들에게 명령하려 했던 것은 아니다. 〈자연에 위반되는〉 체위가 자연의 질서를 뒤엎는 상징 —동물의 모방,[15] 남녀의 역할 교환 —으로 생각했던 것은 사실이지만, 중세 말기 내지 근세의 신학자들이 이와 같은 체위를 절대적으로 배척할 수는 없었기 때문이다. 학자들 중에는 자궁에는 정액을 위에서 아래로건, 아래에서 위로건 흡입할 수 있는 힘이 있으므로, 그와 같은 자세가 생식을 방해하지는 않는다고 주장하는 자도 있었다. 또 어떤 자는 그것 이외에 교접이 불가능할 정도로 부부가 비만할 때, 혹은 임신중에 태아에게 해를 미칠 위험이 있을 때에는 이러한 자세가 필요하다고 인정하였다. 그런데 이와 같은 관대한 태도는, 일반 도덕과 보조를 같이하기엔 환영받지 못했다. 오히려 꽤 자유로운 사상의 소유자들을 포함하여[16] 세속의 기독교도들을 분개시켰다. 신학자들은 남편과 아내가 서로 상대의 육체에 대해 갖고 있는 권리의 평등성에 관한 한, 바울의 역설적인 가르침을 무기로 시대의 편견에 대항하였다. 한편 교접 때 남녀의 역할·자세에 관해서는 같은 편견을 정당화하기 위해 성서의 왜곡까지 서슴지 않았다고 할 수 있다.

쾌락을 향한 여성의 권리

신학자들의 옛기록을 읽을 때 우리들은 종종 모든 성행위가 남성과 마찬가지로, 그들은 여성에게도 필연적으로 쾌락을 준다고 믿었던 것 같은 인상을 받았다. 그렇지만 부부가 교합을 할 때 성적 흥분(오르가슴) —당시 존재하지 않았던 개념을 사용하더라도 —에 대한 여성의 권리를 그들이 논한 적이 있다.[17]

다시 한 번 생각해 보자. 기독교가 설하는 바, 성의 목적은 쾌락이 아니라 종족의 재생이다. 쾌락은 우리들을 그곳으로 유혹하는 미끼일 수밖에 없다. 미끼만으론 배가 부르지 않자, 인간은 중대한 죄를 범하게 되었다고 생각했다. 결혼한 부부가 서로 상대의 육체에 대해 권리를 갖더라도, 그것은 오히려 생식의 도구이지 쾌락을 얻기 위한 도구는 아니다. 그렇다고 해도 남성에게서 사정과 쾌락을 떼어낼 수는 없었다. 따라서 문제는 여성의 쾌락이 얼마나 생식에 필요한 것인가 하는 점이다.

갈레노스Galenos에 따르면, 여성도 남성과 마찬가지로 음액을 방출하고, 이 방출에 의해 남성과 똑같은 쾌락을 느낀다. 그리고 이 두 가지 액의 혼합에 의해 잉태를 하게 되므로 쾌락을 나누어 갖지 못하면 생식은 얻을 수 없다.[18] 다시 말하면 여성이 성적으로 흥분에 달하지 않은 성행위는 불완전하며, 기독교 도덕가들에 의해 비난받아야 마땅했다.

한편 만약 아리스토텔레스의 의견을 따른다면 모든 것이 바뀐다. 그에 따르면 여성은 〈매달의 피〉에 의해서만 잉태의 힘을 갖는다. 이 혈액은 진정 잉태를 위해 자궁내에서 축적되었고, 월말이 되어 아무런 잉태현상이 이루어지지 않았을 때에만 외부로 배설된다. 반대로 남성의 정액이 자궁 안으로 들어갔을 경우에는—월경이 끝난 지 별로 시간이 경과하지 않고, 자궁이 새로운 혈액으로 윤택해진 시기가 좋다—정액은 이 피에 대해 빵처럼 움직인다. 그리고 발효상태는 일정한 시간—보통 40일이라 한다—을 거쳐 태아 잉태에 다다른다.[19] 이리하여 여성은 생식과정에서도, 성행위의 경우와 똑같은 역할을 수행하게 된다. 매달의 피는 수동적인 물질이며, 한편 남성의 정액은 능동적이다. 말하자면 비물질적인 조직원리이다. 그러나 여기에서 우리들의 관심을 끄는 것은, 여성이 생식에 참여하는 이 피가 성적 관계의 유무를 불문하고 쾌락을 수반하지 않아도 방출되는 것이다. 요컨대 여성측의 쾌락은 생식에 있어서 불가결한 것이 아니다.

갈레노스와 아리스토텔레스, 이 쌍방의 이론을 동시에 인정하기란 어렵다. 그리고 어느쪽을 선택하면 각각 별개의 부부 도덕에 도달한다. 그런데 기독교 도덕의 구속력 때문에, 반대로 두 가지 이론의 선택은 그 사회에서 여성의 성적 위치에 의존하고 있다. 그러므로 생식관의 발달을 검토하면, 문자 그대로 오르가슴의 역사가 분명해진다고 생각한다. 고대 세계의 말기—예를 들면 히에로니무스와 아우구스티누스[20]—그리고 13세기의 알베르투스의 저작에서 우세한 것은 아리스토텔레스의 이론이었다.[21] 그후 16, 7세기의 의사들은 오히려 갈레노스의 학설에 귀를 기울였고, 대부분의 신학자들도 ─그들은 동시대의 의학서를 드물게 참조하였지만 ─그 심취의 정도는 다르지만, 다시 갈레노스의 학설로 되돌아왔다.

이상한 점은 그들 중 한 사람도 순수한 갈레노스파도 없었고, 순수한 아리스토텔레스파도 없었다고 생각되는 점이다. 초대 교부들과 13세기의 대신학자들에 대한 경의 때문에, 그들은 아리스토텔레스를 완전히 버릴 수 없었을 것이다. 혹은 많은 여성이 쾌감을 느끼지 않고 임신한 사실 ─신학논쟁에서는 한 번도 문제되지 않았지만, 고해성사 신부들이 납득했을지도 모르는 사실 ─도 아리스토텔레스의 학설을 버리기 어려웠을 것이다. 어쨌든 남성만이 쾌감을 느끼는 교접을 생식력이 결여된 불완전한 행위, 따라서 자연에 위반되는 죄로 생각했던 자는 없었다. 한편 그들로서는 갈레노스를 버릴 수도 없었다. 임신한 여성이 모든 쾌감을 느끼지 못하더라도, 여성측 쾌감의 존재를 의심할 수 없었기 때문이다. 그런데 이 쾌감은 분명히 생식을 위해서도 유용성을 지니고 있었을 것이다. 왜냐하면 생식만이 성의 단 한 가지 목적이라는 것을 의심해서는 안 되기 때문이다.[22] 아리스토텔레스의 설을 지나치게 고집하면, 결혼과 성에 관한 기독교 교의의 근본이 파괴될 것이다. 그러므로 신학자들은 아리스토텔레스·갈레노스 양자의 학설을 동시에 차용하여 타협적인 해결을 구하였던 것이다. 일반적으로 그들은 여성의 음액 ─따라서 여성의 쾌감 ─이 잉태를 위해 필요하지 않더라도, 그것에 의해 적어도 잉태가 완전해진다는 점을 인정하였다. 쾌감을 수반하여 모친이 임신한 경우는, 그 반대의 경우보다도 완전하고 아름다운 아이가 탄생된다고 주장하고 있다.

남은 문제는 불완전한 아이를 잉태한 부부에 대한 죄의 평가와, 이런 종류의 죄를 범하지 않기 위해 그들에게 지시해야 할 수단이다. 이하에서 나는 그것을 목적으로 한 신학논의를 요약하고자 한다. 물론 그때 다양한 해답과 동시에 문제 제기 자체에도 관심을 기울일 작정이다.

첫번째 문제＝여성은 부부의 교합에 있어서 음액을 방출해야만 하는가? 이 문제는 피임논의와 관계한다. 여성은 임신을 피하기 위해 쾌감을 억제한다고 생각했기 때문이다. 남성도 쾌감을 억제하므로써 성행위에서 생식효과를 빼앗으려 했다.[23] 이 케이스를 검토한 열다섯 명의 신학자 중 여성에게 중

죄가 있다고 한 학자는 여덟 명, 죄가 가볍다고 한 자는 네 명, 나머지 세 명
은 아내의 조작에 의해 임신의 가능성이 감소하기는 해도 제로가 되지 않으
므로 무죄라고 결론을 내렸다.

두번째 문제＝남편은 아내가 음액을 방출할 때까지 ─요컨대 오르가슴에
도달할 때까지 ─교접을 연장해야 하는가? 네 명의 신학자가 그것을 남편의
의무로 생각했다 ─그외의 대다수가 남편에게는 그와 같은 의무는 전혀 없
다고 생각하고 있다. 단 전원이 남편에게 아내가 오르가슴에 도달할 때까지
교접을 지속시킬 것을 허락하고 있다. 생식의 관점에서는 오히려 그것을 권
고 혹은 명해도 좋으나, 그렇게 해도 좋다는 것은 이해할 수 없다.

세번째 문제＝부부는 동시에 쾌감에 도달해야 하는가? 이 문제 역시 생식
의 완전불완전이라는 관점에서 제출되었다. 예를 들면 갈레노스는 두 가지
정액이 동시에 방출되지 않으면 생식은 불가능하다고 생각했고, 그의 제자
앙브로와즈 빠레Ambroise Paré도 16세기에 이렇게 서술하였다.

> 두 종류의 정액이 동시에 흘러나오지 않으면 결코 잉태가 되지 않는다.[24]

그러나 여성의 쾌감을 논한 스물다섯 명의 신학자 중 여섯 명만이 이 문제
를 다루고 있다. 여섯 명 모두 부부가 동시에 정액이 흘러나오도록 모든 수단
을 사용해야 한다 ─빠른 자는 늦은 자에 대해 전희를 행하므로써 ─고 권고
하고 있다. 그것은 동시 유출이 임신을 용이하게 하기 때문, 혹은 좀더 아름
다운 아이를 원하기 때문이지, 그렇게 하지 않으면 임신이 불가능하다고 생
각했기 때문이 아니다.[25]

단 〈수치스러운 키스·애무〉는 다른 논의 ─여성의 음액·쾌감과는 직접
적인 관계가 없다 ─의 대상이 되었다. 대부분의 신학자들이 부부 교접의 준
비로써 그것을 인정했음을 잊어서는 안 된다. 다른 목적으로 부부가 이와 같
은 애무를 행할 때에는 『무익한 방출에 의해 더럽혀질 위험 때문에』 그들은
작은 죄, 혹은 큰 죄를 범하게 된다. 단 산체스만이 그와 같은 위험이 있어도,
『그것에 의해 서로의 사랑이 유지되므로』 상황의 여하를 막론하고 그런 종류
의 애무를 허락하였다.[26]

〈부부의 의무〉에 관한 남녀간의 차이를 최소한으로 평가하려는 의사에도 불구하고, 기독교 도덕가들도 일반적으로 쾌감에 도달하는 때가 여성 쪽이 늦다는 사실을 잊지 않았다.

『남자 쪽이 열망하기 때문에 먼저 정액을 방출하는 경우가 많다.』[27]

쾌감을 느끼지 못한 아내는 남편이 물러난 뒤에 음액을 방출하기 위해 촉각에 의해 스스로를 흥분시켜도 좋을까? 열일곱 명의 저술가가 이것을 네번째 문제로 내세웠고, 열네 명은 그것을 허락했고, 세 명이 금지하였다.

긍정·부정 쌍방의 대답의 공존은 몇 가지 이유에서 의외이다. 따라서 다소 주석을 붙일 가치가 있다. 사실 남성에 대한 자위행위는 어떠한 경우에도 금지되었고, 여성에 대해서도 위의 경우 이외에는 금지되었다. 단 이 금지는 오늘날과 같은 성행위의 이기성이 아니라 생식불능성에 기초를 두고 있으므로, 그것이 생식을 조장할 때에는 반대로 시인되었다는 점도 납득이 간다.

본디 이 생식효과를 조장한다는 점에 의구심을 가진 것은 사실이다. 산체스는 몇몇 저술가들이『남성 성기가 빠지면 빈틈을 피하기 위해 즉각 공기가 밑으로 들어간다』·『그래서 받아들인 정액이 부패한다』고 말했다고 기록하였다. 남성 정액의 부패 후에는『여성 음액이 방출되어도 그 역할을 하지 못한다』고 한다.[28] 남성에게 여성이 오르가슴에 도달할 때까지 교접을 지속시켜야 한다, 혹은 여성의 음액이 정액과 동시에 방출하도록 애무로써 미리 준비해야 한다고 권유하는 신학자는 극히 소수이다. 대부분의 저술가들이 유효성이 의심스러운 조작을 허락한 것은 이상한 일이다. 실은 지금의 내가 보기에도 비논리적인 이러한 상황을 합리적으로 설명할 힘이 없다. 신학자들은 생식현상에 관한 자기의 무지를 너무 강하게 의식했기 때문에, 최대의 문제를 허락해야 하느냐 말아야 하느냐로만 만족했고, 구체적인 도덕률을 규정하려고는 하지 않았던 것일까?

게다가 생식의 문제만큼 일반적으로 명시하지는 않았어도 몇 가지 다른 동기가 논의되었다. 학자들 중에는『만약 자극을 받은 여성이 자연스러운 쾌감을 억제해야 한다면, 끊임없이 그녀들은 대죄를 범할 위험이 있을 것이다. 좀더 열정적인 남성 쪽이 먼저 정액을 방출하는 경우가 많기 때문이다』고 말하는 자도 있다. 이것은 남성과 마찬가지로 결혼을 구제수단으로 받아들이는

▲ 와토의 〈화장실에서의 숙녀〉(1717년)

여성에게 있어서 불공평하다고 생각하는 사고방식이다. 이 사고방식을 강행시키면, 가령 남성이 사정 후 정액의 분비가 완전히 쓸모가 없다는 것을 알았다고 해도, 교접 후의 자위행위를 정당화할 수 있을 것이다. 이 학설을 보고한 알퐁스 드 리귀오리Alphonse de Liguori는 즉각 반론한다.『아내가 남편보다 빠를 경우에는 남편에게 같은 권리를 인정하게 되지만, 그것은 무서운 죄를 남편에게 범하게 한다,』[29]라는 것이 그 논거이다. 그러나 리귀오리 반론의 비현실성은, 오히려 상대의 강한 주장을 들뜨게 만든다고 생각된다. 사실 남자는 〈보다 열정적이기 때문에〉 여자보다 빠르다. 한편 질외사정·제한포옹에 관한 모든 의론이 증언하는 것처럼, 커플의 능동자는 남편이므로 교접의 시작과 끝을 결정하는 것도 남편이다. 따라서 리귀오리가 논파하려 한 이론은 〈여성 음액〉의 유효성에 관해서는 전혀 과학적인 뒷받침이 없더라도, 교접 후 여성의 자위행위를 정당화할 수 있다.

그리고 이 행위를 인정한 세 신학자 중 한 사람인 디아나Diana가,『여성에게 있어서 자제가 가능한 경우에는』이 행위를 대죄로 생각한다는 점에 주목하게 된다. 따라서 반대의 경우, 즉 성교에 의해 불이 붙은 성적 홍분을 억제할 수 없을 경우에 아내는 작은 죄, 혹은 전혀 죄를 범하지 않는 것이다.

생식에 대한 배려와 관계가 없는 여러 가지 고찰이 교접 후의 의지적인 홍분을 단죄하는 동기로서 좀더 명료하게 나타났다. 과연 디아나도『여성 음액의 생식에 대한 불필요성』을 강조하였다. 그러나 이것은 수사적인 주장에 불과하다. 왜냐하면 모든 신학자들이 그에 동의하고, 논의는 음액의 필요성이 아니라 유효성과 관계가 있기 때문이다. 여성의 자위행위에 대한 디아나의 적의는, 그와는 완전히 다른 성질의 두 가지 논거에 기초하고 있다. 한 가지는『남편과의 교접 후 그와 같은 불쾌한 행위는 내재적인 악이다.』한편 음액 분비가 시간적으로 어긋났을 때, 아내는 남편과『일체가 된다』고 할 수 없다. 이러한 표현 아래에서, 성에 관한 새로운 사고방식이 싹트기 시작한 것을 느낄 수 있다. 데아트 교단 수도사 디아나의 논리가 다른 신학자들만큼 합리성을 갖고 있지 않더라도, 근대성이 결여되지는 않았다. 오히려 이 비합리성은 교회 교의에 있어서 〈아우구스티누스적〉인 옛날 관념과 개인 중심적인 관념 사이에서 느끼기 시작한 모순의 표현이라 할 수 있다. 실제로 전자는 스토아

파를 비롯 다른 이교적인 고대 세계의 철학자들로부터 계승하여 기원 2세기에 이미 확립된 사고방식이다. 후자는 비합리성에 대한 도피의 좋은 예이며, 교황 회장回狀 《인간 생명의》[30]가 나타내는 바와 같이 오늘날 완전한 승리를 거둘 수 없었던 것이다.

III

어린이와 생식

〈유소년기와 사회〉(《아날》지, 1964년 3-4월호에 발표)는, 오늘날 유명한 필립 아리에스의 저서 《어린이의 탄생》(Philippe Ariès, *l'Enfant et la Vie familiale sous l'Ancien Régime*, Seuil, Paris, 1960)의 비판적인 요약이다. 역사가들에게 유소년기의 역사라는 새로운 영역을 개척해 보인 이 역작을 소개하면서 제3부를 시작하는 것은 당연한 일일 것이다. 〈젖먹이의 태도와 성행동〉은 역사인구학회 1970년의 모임에 즈음하여 생겨났고, 유소년기를 테마로 하는 한 분과회에서의 짧은 구두 발표를 다시 받아들여 발전시킨 것이다. 여기에서 다룬 문장은 1972년 여름에 집필 《역사인구학연보》1973년호에 발표한 것이다. 〈어린이에 관한 신구 속담〉—잡지 《정신분석적 전망》(*Perspectives psychiatriques*) 특별호 《가족》(1976년 1월 55호) 게재 —은, 유소년기의 역사에 관해서 분명하고 독창적인 견해를 제출하려고 한 것이 아니라, 속담 연구가 역사 연구에 어떤 기여를 할 수 있는가를 나타낸 것이다. 이것은 곤란한 작업으로 이제까지 드물게 시도되었을 뿐이며, 성공한 적은 거의 없다. 〈프랑스 옛 속언 속의 딸들〉은 좀더 한정된 속담을 자료로 했기 때문에 중요성도 감소하였으나, 양친·교육자·학교가 간행한 계간지 《가족 그룹》(*le Groupe familial*, 1978년 7월 80호)에 게재되었다.

8
유소년기와 사회
― 필립 아리에스 저서《어린이의 탄생》을 둘러싸고 ―

많은 역사가들이 일정한 자료를 모으는 일에서부터 출발하는 데 비해, 어린이와 가족생활에 관한 필립 아리에스의 연구는 어떤 의문에서 극히 금일적인 호기심에서 출발한다. 그것이 그의 첫번째 공적이다.

사실 유소년기의 문제는 늘 우리 현대인의 염두에 있다. 취학연령, 교과 내용에 관한 끝없는 의론, 수업의 방법, 방침의 다양화, 유소년기 심리학의 현저한 발달, 그것만으로도 이 관심의 존재는 충분히 증거가 될 수 있다. 그러나 아마 그 이상으로 프로이트적인 정신분석치료법이, 성인의 심적인 장해를 설명하기 위해 오직 미성년기에 대해 관심을 품는 것은 이런 풍조를 분명하게 표현하고 있을 것이다.

이와 같이 흥미있는 연구가 다수 행해졌지만, 단지 대부분의 경우 그곳에는 역사적인 시야가 완전히 결여되었다. 교육학자·심리학자·정신분석학자, 그리고 사회학자까지 그 비역사적인 방법으로 두께가 없는 하나의 현재라는 시점으로 침투하였지만, 유소년기의 생성변화의 줄기를 아직도 확인하지 못하고 있다. 요컨대 이제까지 아무도 유소년기의 역사를 그릴 수 없었던 것이다. 내가 이와 같은 유소년기 역사의 필요성을 강하게 주장하는 것도, 역사가의 편견이 아니라 몇몇 심리학자들도 같은 필요성을 통감하고 있음을 알 수 있었기 때문이다. 예를 들면 네덜란드의 정신의 H. 반 데르 베르그Van der Berg는 이견의 여지는 많지만 시사하는 바가 많은 그 저작 속에서, 심리학자가 역사적 고찰에서 끌어낼 수 있는 이익을 상세하게 검토하고 있다.[1]

아리에스의 야심은 적어도 그의 말을 그대로 받아들이는 한 그다지 커지지는 않는다. 일상생활 레벨의 실생활적 역사서를 쓰면서, 그 서론에서는 전통적인 심리학이 특유한 생물고정론에 지나치게 양보를 하고 있다. 예를 들면 다음과 같은 문장이 그러하다.

가족이라는 현상은, 본능이라기보다 역사에 종속하고 있는 것일까? 아니, 오히려 가족 역시 種의 부동성을 나누어 주고 있다고 주장할 수 있다. 인간은 기원 당시부터 가정을 구축하여 아이를 낳는 것만으로 유지될 수 없다. ……문제는 가족이 현실에서 어떤 것인가가 아니라, 오히려 가족에 관한 인간의 감정이다. 남녀가 서로 사랑한다는 사실, 이것은 영원히 계속될 것이다…….

과연 연구의 성질을 명확하게 하는 것은 현명한 방법일지도 모른다. 아리에스의 대상은 유소년기와 가족에 관해 사람들이 품고 있는 의식이지, 그 현실의 모습이 아니다. 그렇다 해도 왜 이 연구의 연장상에서 생겨날지도 모르는 발견의 가능성을 새삼스럽게 잘라 버릴 필요가 있을까? 왜 새삼스럽게, 본능과 같은 이론의 여지가 많은 심리학적 카테고리에, 또한 남녀의 사랑과 같은 애매한 카테고리에 자기 자신을 속박하는 것일까? 왜 이렇듯 성급하게 〈가정을 쌓는〉 경향이 인류에 보편적으로 인정되었을까? 왜 유소년기, 혹은 가족에 대한 감정과 그 현실 사이에 이렇듯 깊은 홈이 파여져 있을까? 이와 같이 지나치게 주도면밀한 배려는 오히려 사려분별의 부족으로 통한다. 다행히 저자는 실제 저작에서는 자신의 구속에서 벗어나는 것만으로 우리들을 더욱더 놀라게 하였다.

그런데 아리에스의 연구는 유소년기라는 의식·학교생활·가족의 3부로 구성되어 있다.

아리에스는 유소년기라는 것이 사람들의 의식에 항상 존재하는 것은 아니라고 설명하였다. 사실 그것이 존재하기 위해서는, 인간 일생의 각 연령기에 관한 명확한 구분이 있어야 하지만, 14세기 이전에는 많은 종류의 구분이 병존하였다. 1년 12개월의 연상에서 따온 12기 구분, 7개, 5개, 4개로 구분한 것도 있다. 그리고 5개의 연령기로 구분하는 방식이 겨우 14세기가 되어서야 정착하였다. 그것이 오늘날에 이르기까지 그대로 조형예술 위에서도 지배적이 되었다. 5개의 구분이란 장난감을 갖고 노는 연령, 학교 연령, 사랑·스포츠의 연령, 싸움의 연령, 그리고 마지막으로 법 혹은 지혜를 가진 사람으로서의 연령이다.

한편 유소년기의 존재가 인정되기 위해서는 그에 걸맞는 용어가 필요하다. 그럼에도 불구하고 중세를 통틀어 관련된 말은 생물학적 발달보다도 오히려 생물학적 의존성에만 비중을 두어 애매한 것밖에 없다.

유소년기에 주의를 기울인다면, 당연히 그림·조각에도 어린이가 출현할 것이다. 그런데 중세 그림류에서 어린이는 드물게 출현한다. 뿐만 아니라 12세기 이전, 가령 출현한다 하더라도 어린이는 어른의 형태를 하고 있으며, 키로만 구별되고, 14세기까지는 복장에 의한 구별조차 없었다.

일상생활에서도 어린이는 어른과 함께, 어른의 생활을 하였다. 적어도 17세기까지는 놀이도 같았고, 직업면에서도 어른과 구별되지 않았다. 왜냐하면 사회층의 상하를 불문하고, 어린이는 보고 익히는 제도에 의해 일을 익혔기 때문이다. 수도신부의 학습장소였던 학교 역시 연령에 따라 구별을 하지 않았으므로, 그곳에서는 10세의 학생이 어른과 같은 자리에 앉아 배웠다. 또한 어린이에게 숨기고자 했던 성의 비밀도 없었다. 17세기에 이르기까지 어린이들은 모든 대화·농담의 자리에 끼여 있었고, 연극에도 참가하였다.[2]

요컨대 11,2세기 무렵에는 어른으로부터 어린이를 근본적으로 구별하는 일이 전혀 없었다. 그리고 그후 이 구별이 어떤 단계를 거쳐, 또한 어떤 형태를 취하여 생겨났는지 그것이 아리에스가 기술한 주요 목표가 되었다.

유소년기 감각은 어떤 형태를 취하면서 처음 나타났을까? 아리에스는 그때 두 가지 형태가 있다고 했다. 한 가지는 16세기 무렵에 나타난 것으로, 오로지 어린이를 귀여워하는 태도이다. 또 한 가지는 17세기 무렵에 나타난 것으로 어린이는 순진하다는 의식, 그리고 교육에 대한 배려이다. 이 지적에서 저자는 자연히 중세부터 현대에 이르는 교육의 역사를 기술하게 된다. 이 분야는 이미 개척이 끝난 인상을 주었지만, 실제로는 여기서도 새로운 고찰이 필요했다. 왜냐하면 이제까지의 경우 많은 연구자들이 한정된 자료의 탐색으로 만족했고, 자료가 말할 수 없는 물음에 대해서는 신중하게 피해 왔기 때문이다. 과연 몽떼뉴와 루소의 교육사상,[3] 중세 대학의 조직, 또한 예수회의 교육활동에 대한 연구는 행하였다.[4] 그렇지만 내가 아는 한 취학자의 연령 구성, 출신 계급, 학생의 생활비 지급원, 학교 내외에서 그들의 생활 그 자체에 관해서는 F. 드 댕빌de Dainville의 최근 연구 이외[5]에는 아무것도 없다. 아

◀ 샤르댕의 〈학교선생〉(1736년경, 제11장 참조)

▶ 비제 르브룅의 〈비제 르브룅 부인과 딸〉(1780년대 후반, 제8장 참조)

리에스 저작의 독창성·중요성을 분명하게 인식하기 위해서는, 교육·유소년기·가족 각각을 대상으로 한 연구서에 눈을 돌려야 한다.[6]

탄생시 학교생활에 관해 간단하게 표시한 후에 아리에스는, 학교의 출현과 학교 내에서의 학급 출현을 기술했다. 그리고 학급 내에서의 연령분포가 17세기부터 19세기에 걸쳐서 어떻게 변화했는가, 규율이 얼마나 엄격해졌는가, 기숙사 제도가 얼마나 지배적이었는가, 또한 초등교육이 어떻게 구성되었고, 그것이 사회적으로 어떤 의미를 갖는가를 나타냈다.

학교생활에 관한 이 상세한 검토에서 어떤 사실이 나타났는가? 한 가지는 근대의 학교가 유소년기 그 자체를 대상으로 하고, 그 교육을 목적으로 한 것인 데 비해 중세의 학교에서는 학생 대부분이 거의 미래 성직자로 한정되었고, 그들에게 직업적인 지식을 부여하는 것을 목적으로 한 것은 사실이다. 그때문에 17,8세기에 학교수의 증가가 두드러졌고, 학생도 사회의 모든 계층에서 찾아오게 된다. 그와는 달리 프랑스에서는 16세기 무렵에 나타난 학년제도가 유소년기의 내부에, 연령에 따른 상세한 구별을 낳는 원인이 된다. 본디이 구별이 강제력을 갖는 데는 19세기 초기를 기다려야만 했다. 극히 완만하게 넓혀져 간 기숙사제도 —이것이 일반적으로 된 것은 19세기 초기이다— 그리고 중세 말기에 서둘러 나타난 학교 특유의 규율이 학교내의 어린이들을 성인사회로부터 분리시켰다. 학교는 다른 곳보다 한 단계 열등하며 다소 격리된 사회가 되었다.

이와 같은 변화는, 프랑스와 영국에서는 각기 다른 길을 걸으면서 생겨났다. 단 서구 전역에서 공통적으로 나타난 유소년기의 학교화 현상, 요컨대 사회의 많은 부분의 어린이화 현상(이것은 적어도 아리에스의 결론을 초월하고 있는 것이지만)이 나타난 것이다.

아리에스는 저작의 제3부에서, 근대적인 가족의식의 탄생과 특질을 탐구했다. 그는 15세기의 회화·조각에 조금씩 출현하는 가족에게, 또한 16세기부터 18세기에 걸쳐 성행한 가족성원의 초상화에 주목하였다. 중세사회사 연구가들의 업적을 더듬으면서, 중세 말기 수세기 사이에 그때까지 중시되어 온 혈통 대신에 부부를 중심으로 하는 가정의 힘이 증대했다고 결론지었다. 기독교의 역사 또한 가족을 신성한 것으로 보는 사고방식이 16세기 이전에는 거의 볼 수 없었다는 점을 가르쳐 주고 있다.

이와 같은 가족의식과 유소년기의 의식은 평행하게 발달하였다. 근대에 들어오면서 양자는 주로 가정적인 분위기에 대한 취미 —이것은 18세기 들어부유한 계층에서 나타난 것이지만 —를 중개로 하여 합류했다. 이 취미는 주거의 모양, 새로운 예식 작법, 가족간의 대화에 명료하게 나타났다. 그리고그 이후 가족은 세상에 대한 문호를 폐쇄하고, 어린이를 감추려는 듯 스스로안으로 틀어박히게 된다.

아리에스가 도출해내려 한 이러한 결론이, 우리들 서구의 역사에 있어서얼마나 중요한가를 충분히 확인할 수 있다. 아리에스는 여기에서 서구사회의가장 깊은 부분에서 생긴 실존적 변화의 한 가지를 다루고 있다. 즉 어린이가어린이로서 출현한 것은, 사랑받고 교육받기 위한 존재로서이다. 근대적 가족도 이와 같은 사랑과 교육의무의 의식 속에서, 어린이를 중심으로 하여 우리들 사회의 중핵적 세포가 되었던 것이다. 이 모든 근본적인 변모는 19세기의 인구혁명을 말해 준다. 즉 가정이 어린이를 중심으로 구축되기 때문에, 부부의 모든 행위가 어린이의 장래에 대한 책임을 느끼면서 계획출산이 행해지게 되었다.[7]

물론 이와 같은 완만한 변화를 인구상의 변화, 결국에는 우리들 역사의 발전 그 자체의 첫번째 원인으로 간주하게 되었다고 주장할 수도 없다. 무엇인가 우리들에게는 이유를 알 수 없는 여러 원인의 등급 매김 속에서, 이것을경제논리와 대결시켜서 압박을 가할 수도 없다. 단 확실한 것은, 사람들의 심적 상태의 본질적인 변화 없이는 그 정도로 확대된 피임의 실천은 이루어질수 없다는 점이다. 그리고 이 심적 상태변화의 기술은 그야말로 아리에스의중심적인 계획의 하나이다.[8]

그렇지만 그의 저작 전체의 의미를 이와 같은 인구학상의 문제해결에 한정해서는 안 된다. 오래된 하나의 균형상태가 파괴되어 다른 쪽으로 미끄러 들어가는 모습뿐만 아니라, 균형상태 그 자체를 그는 우리들에게 생생하게 나타내고 있다. 그가 품고 있던 중세사회·근대사회의 이미지는, 종종 이론의여지를 남겨 놓고 있다고 할 수 있다. 역사가뿐만 아니라 인문과학의 모든 분야의 전문가들에게 있어서 항상 많은 시사를 하고 있는 것이다.

이상에서 알 수 있었던 바와 같이 아리에스는, 이제까지 미개척 그대로 남겨져 있던 역사상의 근본적인 테마의 한 가지에 빛을 주었고 갖가지 독창적인 견해를 도출해냈다. 그럼 그의 견해는 도대체 어떤 자료, 어떤 분석방법에 기초를 두었을까? 이것은 모든 것을 좌우하는 문제이다. 왜냐하면 옛날 자료를 가져와서 현대적인 호기심을 만족시키려고 요구하는 것은, 항상 경솔한 비방을 면하기 어렵기 때문이다. 원래 자료는 그를 위해서 만든 것이 아니므로, 우리들에게 있어서 가장 중요한 질문에 대답해 줄 수 있는 것 등은 결코 없다.

아리에스의 저작을 대할 때마다, 나는 찬탄과 불안이라는 두 가지 모순되는 감정을 느낀다.

이용한 자료의 다양성에 대한 찬탄의 마음이 우선한다. 자료에 의해 시사된 사실의 다양함과 동시에 그 사이에서 보이는 방향성. 각각의 계열자료에서 연구 전체의 축을 놓치는 일이 없고, 더구나 그 계열의 성질에 어울리는 한정된 질문을 던지는 방법. 이것은 훌륭하다는 말 이외엔 달리 할 말이 없다.

조사대상이 그 처리를 기계에게 맡겨도 좋을 정도로 단순한 경우도 있다. 예를 들면 이러이러한 도상 그룹에 어린이가 출현하는가, 출현하지 않는가? 어린이가 출현하는 때는 언제인가? 어린이는 한 사람인가? 복수인가? 어른도 함께인가? 이것은 사회학자들이 행한 내용분석과 같은 종류의 작업이다.

그러나 아리에스는 좀더 미묘한 조사도 행하였지만, 그 경우에는 오로지 자료 자체의 성질에 의지하였다. 예를 들면 아리에스는 가정의 정경을 그린 그림을 검토하면서 『유소년기의 표상은 특히 그 자연스러운 아름다움, 혹은 색채가 풍부한 특색 때문에 좋아한다』(28쪽)라든가, 『바로크풍의 화가는 군상에 결여되기 쉬운 약동감을 만들기 위해 어린이를 수단으로 하고 있다』(38쪽)라고 서술하였다. 검토의 대상이 유소년기에 관해 말하는 것을 주요한 기능으로서가 아니라 예술작품이기 때문에 이와 같은 기술로 자료가 검토되는 것은 물론 아니다. 단 억지를 부리는 것은 아니지만, 어거지 자료로 유소년기에 관해 이야기하려는 것은 아니다. 여기서도 조사자는 예술작품으로서의 자료 특성을 손상시키지 않고, 더구나 조사목적에 합치하는 형태로 그것을 교묘하게 이용하고 있다고 할 수 있다.

문제의 세분화, 시점의 다양화는 자료의 다양성과 일체가 된다. 예를 들면 연령의 관념을 검토하기 위해 아리에스는 차례차례로 호적장부, 조상 전래의 가구·회화에 조각된 문자, 출납장부와 감정서, 학문·지식의 개설서, 중세의 시, 달력 속의 도상, 어휘에서 찾아보려고 했다. 그리고 이와 같이 다양한 자료에서 출발하여 —때로는 같은 자료를 여러 가지 목적으로 이용했다— 놀이·의복·수치심·학생의 연령·학칙 등등에 관해 명확히 하려고 했다. 그리고 각각의 연구가 초래하는 결과가 한 가지 점으로 수축된다. 즉 중세의 유소년기는 다른 연령기와 특별히 구별되지 않았지만, 근대는 점차 분명하게 그것을 구별하였다.

방대하면서도 다양한 자료, 자료의 계열화, 문제의 분할, 각각의 자료 성질에 적합한 종류의 호기심, 동일한 방향으로 수축하는 지표의 탐구, 아리에스는 이러한 것을 교묘하게 행하였지만, 그것은 동시에 현상에서 원리로 거슬러 올라가는 모든 생활사적 역사학에 없어서는 안 될 연구방법인 것이다.

아쉬운 점은, 충분히 갖추지 못한 논증이 증명의 힘을 감소시키는 경우가 있다. 예를 들어 루이 13세의 유소년기의 예에서 저자가 『당시는 어린이의 놀이와 어른의 놀이 사이에 오늘날처럼 엄격한 구별이 없었다』(62쪽)라고 결론을 맺는 경우가 그것이다. 이 결론 자체가 의심스럽다는 것은 아니다. 사실 그뒤에 놓여 있는 다수의 논거가 결론의 정당함을 보증하고 있다. 단 교육을 문제로 했을 때 왕태자는 어디까지나 특수한 예로서 언급된다면, 놀이에 관한 한 같은 왕태자의 유소년기를 일반적인 예의 대표로 받아들이는 것은 납득하기 어렵다.

일반적으로 저자는 갖가지 사실과 현상의 배후에 있는 공통성을 그에 합당하게 지적한 데 반해, 어떤 종류의 차이에 관해서는 그다지 배려를 하지 않은 듯하다. 가령 중세의 학교에 관해서 저자는 오로지 『중세의 학교는 어린이를 위한 것이 아니라, 수도신부 교육용 소위 기술훈련학교였다』(369쪽)라고 주장한다. 물론 당시 대부분의 어린이가 학교와는 인연이 없었고, 또한 늙은 학동이 다수 존재한 것도 사실이다. 그러나 학교는 고대인, 또는 우리들 상념 속에서와 마찬가지로 중세인의 상념 속에서도 유소년기의 형성 그 자체와 결부되어 있지 않았을까? 14세기 이후 지배적이 된 인생을 다섯 연령기로 나눈 도상의 종류도, 장난감을 갖고 노는 연령 다음에 학교 연령을 두는 것으로 분명히 그것을 나타내고 있다. 학교와 유소년기의 관계를 말할 때, 왜 그것을 잊어버렸을까?

아리에스는 종종 처음의 문제(유소년기라는 의식이 있는가?)에, 또한 몇 가지 선입견과 같은 것을 다루었다. 유소년기 의식의 존재, 그 발달이 과연 가장 중요한 문제더라도 이 의식의 성질을 확인하고, 각시대 유소년기의 특질을 명확히 하는 작업도 중요하다. 유소년기의 발견과 다른 것과의 격리를 나타내기에 급급한 나머지, 아리에스는 어떤 종류의 증언을 왜곡하거나 불충하게 이용한 것으로 생각된다.

예를 들어 아리에스는 『12세기 무렵까지의 중세 미술은 인간의 유소년기를 몰랐다. 혹은 끝내 그것을 표현하려고 하지 않았다. 작품에서 어린이의 모습을 볼 수 없다는 이 사실을 제작자의 서투름·무능력으로 돌릴 수밖에 없다. 물론 이 세계에는 어린이가 있을 자리가 없었다고 생각할 수 있다』(28쪽)라고 서술했을 때, 그는 회화·조각의 증언을 왜곡하고 있다. 왜냐하면 도상이 우리들에게 가르치고 있는 것은 문자 그대로의 어린이의 결여가 아니라, 단순히 어린이의 출현이 드물다는 점(이 점 자체를 명확하게 해야 할 것이다), 그리고 어린이는 『키가 작을 뿐이지 표정·얼굴 생김새는 어른과 다름없다』라고 간략하게 특징짓고 있다.

마찬가지로 쟝 깔베Jean Calvet의 뒤를 이어받은[9] 아리에스가 중세 문학에 등장하는 어린이를 검토할 때, 그는 13,4세의 어린이가 전투장에 있었다고 기록하였다. 즉 아리에스에 의하면, 이 어린이들은 이미 어른이라는 것이다. 그러나 텍스트가 13,4세라는 연령을 다루고 있는 것도 이유가 없는 것은 아니다. 즉 그것은 어린이들의 무훈의 화려함을 강조하기 위해서, 이것은 키가 크고 체력을 비장의 카드로 본 사회에 있어서, 어린이가 가장 키가 작을 뿐이라고 특징짓고 있는 것을 떠올린다면 쉽게 납득될 것이다.

도상圖像, 근대적 복장으로 이야기를 돌렸을 때, 유소년기의 성질에 관한 아리에스의 사고는 활동을 정지한 듯한 인상을 준다. 분명히 그가 『벌거벗은 큐피트와 작은 천사에 대한 호기심은 고대에 있어서 나체의 취미 이상으로 깊은 의미를 감추고 있다. 유소년기에 대한 관심의 확대와 결부지을 수 있다』(35-36쪽)고 한 것은 옳다. 그러나 나체의 어린이에 대한 애착이 무엇을 의미하고 있는지 좀더 파헤쳐 보아야 할 것이다. 에로아르Héroard가 그린 침대에서 노는 앙리 4세 왕태자와 그 누이의 그림도 아마 유소년기에 대한 같은 감각의 표현이며, 저자는 그 특질만을 탐구했을 것이다.

마지막으로 17,8세기에 명확한 모습을 취한 어린이 복장의 특징(예스러움·여성풍·기사풍인 동시에 서민적인 스타일)적 기술이 흥미 깊다 하더라도, 그것은 이와 같은 특징이 유소년기 자체의 특징에 관해서도 우리들에게 많은 것을 가르쳐 주고 있기 때문이 아닐까? 왜 남자아이의 복장이 이처럼 여성 복장과 가까울까? 저자는 문제를 제출하면서 그에 대답하려고 하지 않았다.(5쪽) 이와 같은 여성화 경향의 의미를 알기 위해서는, 복장사의 상세한 검토가 필요할 것이다. 그리고 그때 단기적인 것(유행의 기간)과 장기적인 것(어느 한 가지 유소년기 감각의 지속기간)의 차이가 나타날 것이다. 단 나로서는 이 복장에 따른 여성화를 나체의 어린이에 대한 취미에서, 또한 아리에스가 최초로 표현한 유소년기 감각으로 기록하고 있는『오로지 어린아이를 귀여워하는 태도』와 결부짓고 싶은 유혹에 빠진다. 우아함·아름다움·피부의 부드러움 이것은 모든 여성적 성격 특유의 표식이며, 여성뿐만 아니라 어린이의 것이기도 했다. 단지 어린이에 대해서는 늦게 인식했을 것이다. 어찌되었거나 17세기에는 어린이는 여성과 마찬가지로 눈을 즐겁게 하는 것, 입맞추고 싶은 대상이 되었다. 어느 시대에나 그러했는지 아닌지 탐구하는 것도 흥미로운 작업임에 틀림이 없다.

또 한 가지 다른 현저한 특징이 있는 예스러움도 풍부한 시사를 담고 있다고 나는 생각한다. 아리에스는 약간 성급하게 복장에 의해 사람들은 유소년기를 다른 것과 분리하게 된다고 결론짓고 있다. 그렇지만 반대로 어른이 자기 자신의 유소년기에 대한 향수를 어린이들 속에 투영시키고, 유소년기를 격리하므로써 오히려 그것을 자신과 가깝게 하려 했던 것은 아닐까? 그러나 여기서도 복장사의 보다 면밀한 검토가 필요하며, 유소년기에 대한 향수가 문헌 속에도 보이는지 보이지 않는지를 탐색해야 할 것이다.

그외에도 수많은 세부사항에 관한 반론이 가능하지만, 요컨대 내가 나타내려는 점은 유소년기의 점진적인 분리·격리 경향의 증명에 고집한 나머지 저

자는 오히려 집성한 자료를 다른 방향으로 활용하지 못했다는 점이다. 독자
는 저자의 고정관념을 지나치게 강하게 느끼므로, 여러 가지 경향 사이에서
저자가 읽어내야 할 공통성마저 곤란하게 만드는 것은 아닌가 하고 의심하게
된다.

독자가 품는 이러한 불안은, 논증의 수량상의 뒷받침이 애매하면서도 주관
적일 뿐이다. 예를 들어 저자는 문학작품 속에서의 어린이 언어에 대한 언급
이 〈17세기 이전에는 드물었는데〉 그 이후 극히 빈번해졌다고 한다.(39쪽)
이 점에 관해서는 아리에스를 신용해도 좋을 것이다. 그러나 대혁명 이전 통
학생의 경비는 19세기 기숙생의 경우만큼 비싸지 않았다고 그가 주장할 때,
정확하고 구체적인 통계자료의 결여는 감추기 어려운 것이 된다. 또한 저자
가 『학생이 가정에서 떨어져 있는 시간은…… 도제徒弟의 경우만큼 길지는
않다』(415쪽)고 하며, 어린이 취학에서 어린이와 가정의 접근의 한 인자를
보려는 경우도 마찬가지이다. 객관적인 정확함, 통계적인 뒷받침이 결여되어
있는 예는 그외에도 많다.

그 결과 아리에스의 저작은 학문적인 연구라기보다 오히려 귀중한 사고방
식으로 가득한 재기발랄한 평론이라는 인상을 준다.

아리에스는 그것을 이유로 비난받아야 할 것인가? 이와 같은 테마에 관하
여, 현재 경제사에서 행해지고 있는 것 같은 확고한 학문적 연구를 행할 가능
성이 없었던 것은 아닐까? 그럴 리는 없다고 나는 확신한다. 단 그 때문에 아
마 개인의 힘을 상회하는 작업이 필요했을 것이다. 어찌되었거나 아리에스에
게는 그럴 만한 시간이 없었다. 경제사 연구를 하는 자라면, 통계적인 연구가
얼마나 막대한 시간을 필요로 하는지 잘 알고 있을 것이다. 될 수 있는 한 재
정적 또는 정신적 지주 없이는 그 일에 착수하기란 거의 불가능하다고 할 수
있다.

따라서 아리에스 저작의 최대업적은, 새로운 연구에 대한 문호를 열었다는
점에 있을 것이다. 그가 행한 도상계열의 분석은, 지금도 많은 역사가들이 회
의적으로 보고 외면했던 영역의 개척이 결코 불가능하지 않다는 것을 가르쳐
주었다. 단 앞으로의 연구는 독창성보다 학문적인 엄밀함을 지향해야 한다.
과연 이제는 옛날 인간의 감정과 현대인의 감정이 다르다는 것이 확실해졌

다. 그러나 유소년기라는 감정도 최근 데니 드 루즈몽Denis de Rougemont
이 연구한 서구풍 사랑의 의식과 마찬가지로, 무에서 갑자기 생겨난 것은 아
닐 것이다. 그 탄생연월을 규명하려는 쓸모없는 집착은 하지 말아야 한다. 아
마 그것은 형식·가치의 변화, 이성적·정서적 여러 관계의 변모, 인간 생존
구조 속에서의 장소 이동에 불과할 것이다. 따라서 조직적으로 계열화한 자
료의 철저한 검토에 의해, 정확한 통계에 의해, 자료의 질에 대한 보다 세심
한 배려에 의해, 여러 감정을 분석하고 그것이 옛사람들의 개인생활·집단생
활 속에서 어떤 위치를 차지하고 있는가를 명확히 할 뿐이다.

9
젖먹이의 태도와 성행동
― 과거의 구조와 그 변화 ―

서 문

수년 동안 〈산아제한 혁명〉의 원인 규명에 즈음하여, 그 심리면이 서서히 중시되어 왔음에도 불구하고 옛날 인구 증감현상의 밑바닥에 가로놓여 있는 심리적인 원인의 탐구는 등한시되어 왔다. 현대의 행동모델에 이르는 추이에 당연히 포함되어 있을 뿐인 심성상의 변화도 올바르게 파악된 적이 드물다. 과거의 부부는 왜 그 정도로 다산을 했을까? 진실로 그들은 8명, 10명, 12명의 아이를 갖고 싶다고 생각했던 것일까? 아니면 기술적, 혹은 정신적인 이유에서 부부관계를 불임으로 만들지 못해서 하는 수 없이 많은 자식을 낳은 것일까? 오히려 그들에게도 우리들과 마찬가지로 산아제한론자가 될 만한 이유가 있었던 것은 아닐까? 만약 그렇다면 어떻게 해서 그것을 적어도 우리들만큼 실행에 옮기지 못했던 것일까?

18세기부터 20세기에 걸쳐서 볼 수 있는 부부생활에의 피임 도입과 그 발전에 힘을 주었다고 생각되는 심리적 요인은, 너무나도 많고 복잡하여 지금 여기에서 그 모두를 고찰하기란 불가능하다. 나는 이하에서 단지 20년 전에 아리에스가 우리에게 준 시사를 단서로, 부부생활에의 피임 도입이 어느 정도 어린이에 대한 일반적인 관심 증대 ―이것은 결국 유소년기라는 감각이 발달한 결과였지만 ―의 표현으로 생각되었는지를 검토해 보고자 한다.

옛날의 구조

왜 옛날 부부는 아이가 많았는가?

17,8세기의 경제적·위생상태에서는 오늘날보다 훨씬 높은 유아 사망률을 피하기 어려웠던 것도 당연하다. 따라서 사회의 인구 균형이 오늘날보다 높은 출생률을 필요로 했다고 할 수 있다. 그러나 옛날 부부가 인구학자풍의 사고방식을 가지지는 않았다. 또한 19,20세기에 있어서 어떤 종류의 애국 부부와 같은 사고방식을 가질 필요는 없을 것이다. 그렇다면 가정 레벨에서 도대체 그들의 다산 이유는 무엇이었을까? 가족·혈연관계가 오늘날 이상으로 중요했던 사회에서는, 높은 유아 사망률을 전제로 하여 부친들이 많은 아이를 만들어 혈통의 지속성·가계의 힘을 확보하려고 했다고도 생각할 수 있다. 그러나 이와 같은 동기가 사회의 모든 계층에 걸쳐서 균등하게 작용했는지는 의심스럽다. 사회 각층에서의 출산율이, 각각의 계층이 혈통의 힘·지속성에 관해 가지고 있던 관심의 함수에 있다고 하는 증명은 한 번도 하지 않았다. 귀족 혹은 부르조아 가족은 분명히 농민계급보다 대규모였다. 그러나 그것은 전자가 어린이를 양육하기 위해 유모를 고용하였는데, 그것으로 모친의 생식력이 증대했기 때문이다. 사실 모리스 가르당Maurice Garden이 최근 나타낸 바와 같이[1] 리용에서 어린이를 양아들로 보낸 상인·제조공 들은 귀족·부르조아에 뒤지지 않는 생식력을 나타냈던 것이다. 게다가 불가사의한 것으로 산아제한의 경향은, 상인·노동자 가족보다 훨씬 이전에 혈통에 대한 과시가 특히 강했던 대귀족 가정에서 나탄 것이 확인되었다.

자본보다도 노동에 의해 살아가는 가족에게는, 자식이 부의 일부라고 주장하는 사람도 있다. 사실 가르당이 상인·제조공의 아이들이 양자로 보내지는 이유에 관해 서술한 것을 보면, 가계의 수지 역시 그들의 출산계획 중 하나의 동기였다는 점을 알 수 있다. 게다가 당시의 노년 노동자에게 있어서, 머지 않아 필요하게 될 양로자금을 자식 이외에 누구에게 기대할 수 있었을까? 그러나 새삼스럽게 이러한 수지계산을 하기 위해서는, 장기투자가 가능한 재력과 그에 상응하는 지력이 요구된다. 그렇다면 이런 동기로 제조공 계층의 다산을 설명하기란 어려울 것이다. 해마다 태어나는 어린이들을 위탁하는 유모에게 지불할 돈도 쉽지 않았던 그들에게는, 필요한 재력·지력이 모두 결여되어 있었음이 분명하다. 그런데도 만약 어린이가 앞으로 그 정도로 유리한 수입원이 된다면, 양친은 일요일마다 아이를 방문하고 영양은 충분한지, 양육비는 유효하게 사용되고 있는지를 확인해도 좋으나 그러한 풍조는 전혀 없었다. 귀족·부르조아에 관해서도, 만약 그들이 자손의 확보를 원했다면 저연령의 아이들에 대한 그 정도의 무관심을 이해할 수가 없게 된다.

이와 같은 검토를 하면 할수록 우리들은, 옛날 부부의 행동이 우리들의 눈에는 불합리하게 비칠 수밖에 없는 모델로 삼는 듯한 인상을 강하게 받게 된다. 이와 같이 비논리적인 —우리들은 그렇게 생각한다 —모델은 일찍이 존재하였고, 현재 사라진 문화적 요소의 잔재로써 역사적으로 설명할 수 있을까?

본래 그러한 요소가 우리들의 눈에 보이지 않게 되었을 뿐이다. 예를 들면 교회가 즐겨 설교하고 장려했던 일종의 무관심이 그것이다. 리용의 설교사 베네딕트가 남긴 《죄과대전》에 다음과 같은 문장이 보인다.

> 올바른 자는 결코 아이를 많이 낳는 것을 두려워하지 않는다. 오히려 많은 아이를 받는 것을 신의 축복으로 생각하는 다비드David의 말을 믿지 않으면 안 된다. 『나는 젊었다, 그리고 지금은 늙었다』라고 다비드는 말하고 있다. 『그러나 한 번도 올바른 자가 버림당하는 것을, 또한 그 아이들이 빵을 구걸하게 되는 것을 본 적이 없다.』 왜냐하면 어린이들은 신에 의해 부여받기 때문에, 따라서 어린이들을 양육할 식량도 신으로부터 받는 것이다. 보라, 하늘의 새들을 기르는 것도 신이 아닌가. 그렇지 않으면 신은 인간에게 아이들을 주지 않았을 것이다.[2]

이것은 늘 설교하는 테마이며, 실천신학의 수많은 저작 속에서 찾아낼 수 있는 논조이다. 이와 같은 텍스트에서는, 그 하나하나의 표현에 주해를 가할 가치가 있다. 나도 이하에서 몇 번이고 그곳으로 되돌아갈 작정이다. 그러나 지금은 교회가 부부의 생식에 대해 보인 관심을 확인하는 것으로 그치려 한다.

그런데 누낭은 고대세계부터 19세기 말에 이르기까지 교회에는 진정한 인구정책이 결여되었다는 점, 한편 그 결혼에 대해 교회가 공인한 교의 조목이 실제로는 구약성서식의 낳고 불리는 주의와는 거의 관계가 없다는 점을 훌륭하게 나타냈다.[3] 교회가 공인한 교의 조목의 중심은 순결의 관념이지만, 이것은 본래 복음서적인 관념이다. 그것이 그노시스파와의 싸움에서 또한 스토아파적인 논리의 영향 아래에서 어떤 종류의 발전을 거둔 것이었다. 성은 생식을 위해서만 신에게 부여받은 것이다. 따라서 다른 용도에 그것을 사용하는 것은 허락될 수 없다고 하는 것이 당시 교회의 가장 중요한 사고방식이었다. 순결이라는 기독교적 관념은 의식적으로 생식력을 배재한 모든 성행위를 엄격하게 금지하였다. 그러므로 금욕상태를 지속시키는 힘이 없는 신자들은 결혼을 강요당했고, 부부 중 한쪽이 육욕의 자극을 느낄 수 있는 한 생식을 해야 한다고 지도했다. 이것이 옛날 기독교 사회의 성행동 모델의 기본요소 중 하나였음이 분명하다. 그러나 때로는 서로 모순된 요소가 적지 않았다. 예를 들면 강한 산아제한적 경향이 그것인데, 나는 이하에서 그것을 명확히 하고 그 원인을 찾아보고자 한다.

기독교 사회에서의 인구과잉 의식

어린이의 탄생이 항상 환영받던 사회 —예를 들면 아프리카 각지 —도 존재하였지만, 과거 서구사회는 그렇지 않았다. 그곳에서는 출산이 제한되어야 한다는 의식이 —그리스 로마시대뿐만 아니라 기독교가 지배적이었던 수세기에 걸쳐서 —보인다. 이 의식은 사회학적 사고와 개개인의 행동모델이라는 완전히 다른 두 레벨로 동시에 나타났다.

이데올로기 레벨에서의 그것은, 실은 기독교 사회에서 거짓 말더스주의(축소주의, 피임)일 뿐 아니라 이 세상의 행복에 대한 반성이라는 가면을 뒤집어쓰면서, 어떤 종류의 신학적 입장을 정당화하는 것을 목적으로 했다. 사실 신학자들은 주기적으로 성직자의 독신계율의 필요성과 결혼생활의 금욕을 산아제한 필요(말더스)주의의 이유로 증명하였다. 동시에 그들은 인구증가 장려의 이유에서 불임의 쾌락을 고발했던 것이다. 누낭은 3–5세기에 히에로니무스, 그외의 교부敎父들이 설교한 말더스주의적 주장이 어떻게 인구론적으로 시기를 잃어버렸는지를 강조하였다.[4] 14,5세기로 넘어갈 때 기록된 제르송Gerson의 문장에 관해서도 같은 비판을 가할 수 있을 것이다.[5] 요컨대 교회는 당시 진정한 인구론적 교의 조목도 진정한 말더스주의적 불안도 갖고 있지 않았던 것이다.

이 이데올로기적 거짓 말더스주의 —고대의 어떤 철학자들의 테마를 다시 한 번 취급하였다 —와 나란히, 신학문헌은 다른 종류의 말더스주의가 개인적 행동모델의 레벨에서 존재했다는 점을 우리들에게 나타내고 있다. 예를 들면 중세 초기의 참회 입문서는 영아 살해를 이야기하면서, 어린이를 기르지 않으려고 그 수단을 빌리는 걸식녀乞食女를 증거로 삼고 있다.[6] 이런 종류의 여성은 12,3세기가 되면 완전히 모습을 감추지만, 이 현상을 어느 정도로 중시해야 하는지 나로서는 알지 못한다.

14세기 초기에 비로소 뻬에르 드 라 빨뤼Pierre de La Palud가, 더이상 어린이를 기를 수 없는 남자에게 제한포옹을 제안했다.[7] 즉 인구억제 경향이 단순히 죄가 되는 행위에 빠지는 어떤 종류의 개인문제로만 그치는 것이 아니다. 지나친 어린이 숫자의 심각함이 일반화되고, 가족 레벨에서 집요하게 그 문제가 제기되었으므로 누군가 권위 있는 신학자가 기독교 도덕과 합치하고, 동시에 신자들에게 불행한 금욕이라는 고전적 수단의 해결책을 제출해야 할 때가 온 것이다. 이런 사태가 14세기 초기 흑사병이 도래하기 이전, 중세를 통틀어 유럽 각지에서 인구가 극에 달한 시기가 발생했다 하더라도 오히려 당연하지 않을까. 물론 그 이후 이 제안이 실제로 출산조절법이 되었다고는 생각지 않는다. 문제는 드 라 빨뤼가 제안을 했다는 사실이며, 그것이 인구과잉 의식의 증표가 되었다는 점이다. 15-17세기의 신학자들이 같은 해결책을 다시 제안하더라도, 그것은 14세기만큼은 쇄신적인 의미를 갖지 못한다.

16세기를 통틀어, 또한 17세기 초기에 다른 갖가지 상황이 일치하여 인구억제적 경향의 재부상을 이야기하고 있다. 먼저 현재 존재하는 아이 이상은 기르지 않는 부부, 혹은 신분에 상응하기 위해 양육하지 않는 부부를, 부부의 의무에서 제외시키려고 소토 · 레데스마 · 산체스 등이 노력하였다. 이어서 제한포옹 · 질외사정에 관한 논의가 신학 윤리서 속에서 서서히 커다란 위치를 차지하면서, 논의 자체도 말더스주의적 색채가 농후하게 된 것도 사실이다. 또한 새롭게 나타난 일련의 양심문제 입문서에서도, 본래 주위 상황에 대한 관심이 강했던 탓인지 주기적 금욕의무라는 전통적인 논의는 거의 사라지고 출산제한의 수단과 이유가 훨씬 많이 다루어졌다. 이와 같이 다양한 계열의 자료에 관해서는 앞으로 수량적 연구가 필요할 것이다. 지금 나는 인상만을 이야기하고 있다.

마지막으로 16세기에는 이미 모든 비서구사회에서 높아졌던 결혼연령이, 그후 18세기에 이르면서 더욱더 높아졌다는 점도 주지한 바 있다. 그리고 결혼연령의 이러한 고령화는 부부의 생식능력에 대한 효과적인 규제이며, 적어도 어떤 종류의 가정에서는 의식적으로 이용했다고 나는 생각한다.[8]

가족제도와 토지 상속의 체계

서구사회에서 자녀가 짐이라는 의식이 정치적 레벨에서가 아니라 가족 레벨에서 나타난 것은, 자녀양육의 의무가 국가가 아니라 가족에게 있었기 때문이다. 이 사회에서 부의 분배는, 가족 부담의 대소는 고려하지 않고 토지재산 상속제에 따라 행해졌기 때문에 자식을 많이 기를 수 없는 가정도 적지 않았다.

고대세계의 부친들은, 부담을 부에 맞출 수가 있었다. 아내가 낳은 아이를 거부할 권리가 그들에게 있었으며, 사실 탄생 직후부터 자식을 배제하는 경우도 적지 않았다. 반대로 기독교 사회에서는, 부모들이 낳은 아이는 남김없이 길러야 했다. 그러나 도덕률이 변하여 자선을 장려하는 일 이외에, 이와 같은 부의 분배체계에 관해서 수정을 가할 수 없었던 기독교가 과연 현실을 변혁할 수 있었는가는 의심스러울 것이다.

이론은 차지해 두고, 결혼제도에는 실제로 갖가지 경제적 조건이 부가되었다. 재산이 거의 모두 세습되었던 계층에서는, 장자 이외의 자식은 대부분 독신을 강요받아야 했고, 스스로의 노동으로 재산을 모은 계층에서는 결혼연령이 높아가는 결과를 낳았다. 그러나 이와 같은 타협책은 순결 유지에는 위험한 사태를 낳았다. 바울이 결혼제도에 부여한 간음에 대한 구제수단의 기능[9]이 약탈당했을 뿐 아니라, 그것만으로는 자식이 많거나 지나치게 가난한 가정을 없앨 수 없었다. 가난하기 때문에 많은 자식을 기를 수 없는 가정에 대해 기독교가 가족 부담 경비의 방법으로 제공한 것은 단지 금욕뿐이었다. 부모들이 이 해결책만으로 만족할 수 있었을까? 만약 만족할 수 없었다면, 어떤 식으로 도덕 이외의 수단에 의지하였을까?

피임과 유아 살해

법에 의해서나 종교에 의해서도 피임이 금지되지 않았던 그리스 로마문명은, 많은 기술을 갖고 있었다. 단 우리들은 이러한 기술을 사용한 자에 관해서는 별로 아는 바가 없다. 특히 정식부부들이 얼마나 그것을 사용했는지, 또한 그들이 피임보다 오히려 낙태와 영아 살해를 어느 정도 더 선택했는지 알기란 곤란하다. 그래도 몇 가지 사실을 모태로 추측하면 약간의 가설을 도출해낼 수 있다.

먼저 기독교가 출현하기 훨씬 이전부터 고대의 저작가들이 종종 성행동의 두 가지 유형, 즉 부부의 행동과 혼인 외의 행동을 대립시켰다는 사실이다. 우선 대립은 목적의 차이가 있다. 한쪽은 생식을, 다른 쪽은 쾌락의 추구를 지향한다. 또한 그것은 종교상의 차이이다. 전자는 곡물·농업·문화의 여신 케레스Cérès의 비호 아래에 놓였고, 후자는 결실을 거둘 수 없는 방향성 야성식물의 신인 아도니스Adonis의 비호하에 있다.[10] 더구나 그것은 성교시의 형태 대립이기도 하며, 부부결합의 경우 지상에서 위를 향해 가로누운 아내가 남편에게 밭을 경작하여 파종을 상징하는 듯한 형태를 보인다. 그에 반해 혼인 외의 결합은 다른 갖가지 자세로, 일반적으로 여성이 남자에게 기쁨을 주기 위해 훨씬 적극성을 발휘하면서 행해진다. 물론 이것은 어디까지나 원형적인 이야기이며, 현실에서는 대다수의 부부도 부부결합 속에서 쾌락을 추구하고, 그 결실을 종종 거부했다. 그렇다고 해서 부부의 교합과 창녀와의 결합 사이에는 사실상의 구별이 없었다고 생각할 수 있을까? 그것은 결혼한 여성 모두가 창녀의 농간을 터득했다고 상상하게 한다. 그러나 우리들은 아내들에게 그러한 지식이 없었다는 것을 알고 있다. 앞으로 창녀가 될 여자들에게는 남자를 유혹하고, 남자를 기쁘게 해주는 동시에 잉태를 피하기 위한 모든 방법을 가르쳤다. 한편 앞으로 결혼할 아가씨들은 가사훈련만을 받았으며, 성의 비밀에 대해서는 엄중하게 무지한 그대로 두었다. 《가정론》 속에서 크세노폰Xénophon은 무지하고 순결한 아가씨가 이상적인 아내라고 했다. 아마아테네 사람들은 극단으로 치닫기는 했으나, 그렇다고 해서 로마 제국의 영역에서 —옛날 일본에서 행한 것같이 —딸들이 미래의 남편을 즐겁게 해주기 위한 기술을 가르쳤다는 증거는 없다.

그런데 고대 피임기술은 —종류는 많았지만 모두가 효과적이지 못했다 —여성측의 기술이었다. 여자의 손에 의해 음낭에 고약이 칠해질 가능성이 있었으므로 반드시 남성측의 자발성을 의미하는 것이 아니다. 어떤 그리스 로마 문헌 속에서도 질외사정에 관해 다루고 있지 않다는 점에 특히 주목할 수 있다. 남자가 이기적으로 쾌락을 추구했다고 생각할 때, 그것은 아마 논리적이었을 것이다.

창녀와의 관계에서는 오히려 손님 쪽에서 피임에 신경을 쓰지 않았다. 그러나 부부교합에서 자식을 원하느냐 원하지 않느냐를 결정하는 것은 원칙적으로 남편 쪽이었다. 따라서 부부의 경우에는 단순하면서도 유효했다. 남자의 자발성에 맡겨진 질외사정이 좀더 중요했다. 그 흔적이 발견되지 않는 것은 —동시대의 그리스 로마 세계의 이산 유태인들은 이 기술을 이용했다 —현실의 부부행동에서는 피임이 무관했다는 증거가 아니겠는가? 임신을 피하기 위해, 일반 풍속에 위반되는 방법으로 교합을 갖는 부부에 관한 언급이 없는 것은 아니다.[11] 그러나 그것이 질외사정이었다는 증거는 아무데도 없고, 언급 자체도 희박하며 예외적 행위로서 기록될 뿐이다.

아내가 창녀처럼 피임을 실행하는 것을 바라는 남편이 있었다고 해도, 그는 유효한 수단을 아내에게 가르칠 입장이 아니었다. 의사가 지시하는 대부분의 수단이 효과가 없었던 데 대해, 창녀만이 직업상의 필요에서 유효한 수단을 사용했던 것이며, 또한 그녀들이 즐겨 비밀로 했다고는 생각지 않는다. 그렇지만 남편의 기분이 이런 종류의 비밀을 아내에게 밝히는 것을 혐오했던 것이다. 아내의 자리와 창녀의 존재가 완전히 다른 것으로 대립해 있던 문명에서는, 아이가 생긴 단계에서 아이를 당연히 인정했던 풍속에 따라 암암리에 매장하는 일과, 창녀의 지식을 아내에게도 가르쳐 주는 일은 완전히 다른 것이었다. 로마문명 세계에서 옛날 윤리구조가 붕괴했을 무렵, 부부 중에는 피임을 실행하고 혼인 외 행동모델을 흉내내는 사람이 없었던 것은 아니다. 그러나 그들은 어디까지나 소수파이며, 결코 그것이 산아제한을 바라는 부부가 통상적으로 취한 행동은 아니었다고 생각해도 좋을 것이다.

낙태에 관해 리글레Wrigley가 말한 바와 같이[12] 여성에게는 분만 이상의 위험을 동반했다. 만약 그것이 사용되었다면, 유아 살해 이상으로 빈번하게 행했을 것이다. 특히 낙태는 결혼 외에서 피임기술이 기능을 잘 발휘하지 못했을 경우에만 사용되었다. 여기에서 고대 정식부부의 산아제한은 영아 살해를 통상적인 수단으로 삼았고, 피임·낙태는 보통 노예·첩·창녀 들이 사용하는 수단이었다고 상상할 수 있을 것이다.

기독교 사회에서는 어떠했을까? 산아제한의 요청이 강요되면서 금욕으로는 그 긴장상태에서 벗어날 수 없었던 부부는 오히려 피임으로, 영아 살해로 치달았을까?

만약 지금 가정해 본 것처럼 영아 살해가 전통적으로 부부의 행동모델의 중심이었다면, 이 전통이 기독교로 개종한 후에도 한동안 유지되었다고 생각할 수 있다. 실제로 세속의 법률은 피임 자체를 문제로 삼지 않은 반면 영아 살해를 엄격하게 단죄하고 있다.[13] 그러나 이 사실에 결정적인 중요성을 부여하기 전에 우리들은 먼저 영아 살해의 범인이 과연 범인으로 체포하기 쉬운 성질의 것이었는가—이것은 조금 전에 검토했다—또한 다른 부부의 손에 넘기는 것으로 유효한 피임기술이 있었는지 어떤지 물어보지 않으면 안 된다.

중세 초기의 참회 청문입문서에는, 산아제한의 효과를 가질 수 있는 세 가지 종류의 성행동이 이야기되고 있다. 먼저 〈반자연의 행위〉가 있다. 그 중의 어떤 것, 예를 들면 자위·동성애·강간은 부부가 아닌 자끼리의 관계를 대표한다. 다리 사이 혹은 넓적다리 사이의 교합은 질외사정과는 다르다고 생각할 수 있다. 혼인 외의 테두리 내에서 그것은 일반적으로 완전교합보다 가벼운 교합으로 간주되었다. 아마 대부분의 경우 그것은 젊은이의 행위, 혹은 처녀성을 빼앗지 않는 이점을 갖는 반폭력 행위가 아니었을까?

그러나 부부간의 관계라는 문맥에서도 어떤 종류의 〈반자연 행위〉가 기술되어 있다. 그 중에서 질외사정만이 명확한 피임의 의도를 갖는 부부의 행위였다. 누낭Noonan은 세 곳에서 그 기술을 찾아냈지만, 이것은 무시할 수 없는 숫자이다.[14] 단 내가 검토한 50종의 입문서에도 그 이상의 기술은 없었다. 그 대부분이 결혼 내에서의 〈반자연 행위〉에 관심을 나타내고 있다. 그래서 나는 당시 이 행위는 완전히 예외적이었다고 결론을 내렸다.

그외의 〈반자연 행위〉에 관해서는, 대부분이 불임성이었을 뿐 아니라,[15] 산아제한을 목적으로 하기보다는 성적 타락을 나타냈다. 더구나 이 관점은 당시 이데올로기 구조—그곳에서는 산아제한과 성적 타락이 밀접하게 결부되어 있었다—속뿐만 아니라, 우리들 자신의 이데올로기 구조 속에서도 같은 것이 발견되었다. 우리들도 이 두 가지 피임행위(앞의 주 참조)에 탐닉하는 자를 도착증으로 간주한다. 그렇다고 해서 이와 같은 행동모델이 예외적이라는 결론은 아니다. 왜냐하면 성적 억압이 행동모델이 완성된 연령에서 모든 종류의 일탈을 조장하고 있었기 때문에. 단 처음 통상적인 행동모델에 따랐던 부부가, 자식이 필요 없는 순간에 오로지 그러한 행동만을 행할 수 있었다고는 생각하기 어렵다. 왜냐하면 당시 배란 주기에 관해 무지했던 점으로 보면, 결정적으로 그것뿐이었다는 것이 아니라 때로 그것을 사용하는 것만으로는 유효한 피임을 확보할 수 없었기 때문이다.

산아제한의 다른 수단으로는 낙태·불임을 위한 약이 있었다. 입문서도 그에 관해 빈번하게 다루고 있으므로, 그것이 예외적으로만 사용되었다고는 할 수 없다. 또한 창녀만의 전매였다는 증거도 없다. 그러므로 기독교 문명에서는 창녀들도 고대세계에서 받았던 직업교육을 받지 않았고, 직업 자체가 기술적 측면을 잃어버렸던 것 같다. 바야흐로 기술자는 실제로 사용하는 여자들이 아니라, 약의 비법을 알고 마법을 사용하는 여자들이었다.

그러나 중세 초기의 불임약이 고대 창녀들이 사용했던 피임기술에 필적할 정도로 유효하며, 정식부부가 자식을 낳고 싶지 않은 경우 그것을 사용하여 성공했다는 증거는 전혀 없다. 그뿐 아니라 나로서는 이런 종류의 〈불임약〉이 오늘날의 의미처럼 임신 방지를 목적으로 이용되었다고는 믿지 않는다. 왜냐하면 당시 임신으로 불려졌던 것, 즉 정자가 태아로 변화하는 것은 40일에 걸친 완만한 과정으로 생각했기 때문이다.[16] 따라서 마법의 약은 임신 초기의 유산 유발을 목적으로 했을지도 모르며, 당시 관계를 가졌던 정식부부에 의해서도, 때로 비합법적 관계를 맺었던 여성들이 사용하기에 적합했을지도 모른다. 더구나 경제적 이유에서 그것을 사용하는 예는 그후 많은 시대가 흐른 뒤 단 1건이 알려져 있을 뿐이다. 영아 살해, 혹은 낙태로 간주되는 행위에 관해서는 그 이유 속에 경제적 요인을 드는 입문서가 많았지만.[17]

그러나 고대와 마찬가지로 중세 초기의 부부들에게 있어서 자식의 수를 제한하려 할 경우, 낙태는 영아 살해만큼 편리한 수단은 아니었던 것으로 생각된다. 당시의 인간에게 있어서 신생아의 생명이 진정으로 성스러운 것이었다면 몰라도, 오히려 나는 그들이 낙태보다는 영아 살해 쪽으로 기울어졌다고 생각한다.

영아 살해를 가능케 한 심리적·문화적 요인

중세 초기 프랑스에서 유아에 대한 아버지 혹은 어머니의 사랑을 묘사한 몇 가지 텍스트를 읽어보면, 영아 살해가 당시 꽤 빈번했다는 추측에 의문을 품을 것이다. 예를 들면 6세기 말 뚜르Tours의 그레고리우스Gregorius는 빈사상태의 유아를 기적적으로 치유한 사실을 이렇게 서술하고 있다.

아버지의 외동아들이었던 유아는, 남자로서 아내에 대한 사랑의 기념비라 할 수 있었다. 열병이 아이를 덮치자 아버지는 교회에 매달렸다. 아들이 세례에 의해 다시 태어나지 못하고 죽는 것을 두려워했다. 자식은 아버지의 비통한 절규 속에서 더없이 행복한 분묘 위에 놓여졌다.[18]

성자 마르뗑Martin의 다른 기적에서는 한층 더 비통한 묘사를 볼 수 있다. 상트 마을에 신심이 깊은 시민 까르데지질Cardégisile이 화자이다.

……지금 당신의 눈앞에 있는 나의 젊은 자식은, 아직 모친의 젖에 매달려 있을 때 병에 걸렸었습니다. 30일, 아니 그 이상 아이를 안고 있었습니다만 병색은 더욱더 짙어갔습니다. 그리고 너무나도 쇠약한 나머지 젖을 빨 힘마저도 없어졌

습니다. 병이 악화된 지 6일째, 아들은 의식을 잃었습니다. 우리들은 그를 제단 앞에 놓고 울면서 죽음을 기다렸습니다. 나는 슬픔을 견딜 수 없어 집으로 가서 아내에게 아이가 숨을 거두면 곧 매장하자고 했습니다. 아이는 저녁까지 그곳에 누워 있었고, 모친은 곁에서 눈물에 젖어 있었습니다…….[19]

마지막으로 뚜르의 그레고리우스는 3세 된 유아의 죽음과 부활을 기록하고 있다.

아이의 생명이 위독해진 지 3일이 지났습니다. 그는 사랑하는 사람들의 팔에 계속 안겨 있었습니다. 그때 하인 한 명이 말했습니다.『성자 막심Maxime 님의 묘에 데리고 가세요.』아이는 사랑하는 자들에게 안겨 그곳으로 가는 도중에 숨을 거두었습니다. 그래서 양친은 눈물과 울부짖음 속에서 아이를 극히 행복한 자 막심의 묘 앞에 놓았습니다. ……한밤중에 사람들은 슬픔으로 탄식했습니다. 해가 뜨자…… 기운을 되찾은 아이의 모습을 보았습니다. 양친은 하늘에라도 오를 듯한 기분이었습니다. 비탄에 잠겨 있던 모친도 기뻐하며 아이를 안았고, 완전히 회복된 그를 데리고 돌아왔습니다.[20]

유아에 대한 과거 사회의 무관심을 쓸데없이 과장하지 않고, 그후의 심리적·문화적 변화가 어느 점에 위치하고 있는지를 이해하기 위해서는 이와 같은 텍스트의 존재를 충분히 고려해야 한다. 양친의 자식에 대한 애착을 확실하게 증언하는 수많은 기적을 중세 전반에 걸쳐서 엿볼 수 있다. 자식의 치유, 혹은 죽음에 즈음하여 세례를 받으므로써 그 재생을 보증하기 위한 특별한 성소마저 존재했다. 그리고 이 특별한 성지, 또한 전해져 오는 기적을 계열화하여 연구하면, 자식의 건강·생명·영혼의 구원에 대한 관심이 어떻게 변하였는가를 시사할 수 있을 것이다.

그러나 동시에 이와 같은 부성애의 실제 예가 오늘날 우리들 사이에서 보여지는 것과 꽤 다르다는 것에도 주목해야 한다. 등장하는 어린이가 여자였던 선례가 없는 것은, 마치 그 연령의 순수함보다는 그들의 장래 때문에 아이들이 사랑받았던 것 같다. 그리고 첫번째 텍스트에서는 분명히 외동아들이 문제가 되었다. 더구나 모친이 사망하여 달리 대를 이을 자식의 가능성이 없을 때, 그는 극히 귀중한 존재였던 것이다. 두번째의 텍스트에서 자식에 대한 부친의 사랑은 오늘날에는 허용될 수 없는 이기적인 형태로 표현되어 있다. 마지막으로 세번째 텍스트에서는 〈그를 사랑하고 있는 자들〉이 과연 양친이었는지, 또한 팔에 안고 아이를 어르고 있던 사람이, 성 막심의 묘에 데리고 갔던 사람이 양친이었는지는 의심스럽다. 어쨌거나 성인의 묘에 데리고 가자고 한 사람은 하인이었다.

한편 부성애 혹은 모성애가 어떤 경우에 지극히 강해졌다고 해도, 프랑크족 사회가 우리들 사회와 마찬가지로 영아 살해를 거부했던 것은 아니다. 탄생 때를 즈음하여 영아가 공공연히 살해되었던 사회라 해도, 자식에 대한 애착심이 없었다는 이유는 어디에도 없다. 오히려 일단 받아들인 자식은 양친의 기대를 한몸에 받을 뿐 아니라 자식을 위해 지불하는 수고가 크면 오히려 양친의 애착심을 불러일으켰다고 생각하는 쪽이 자연스러울 것이다. 그와 같은 사회에서 많은 모친이 출산의 고통 후, 태어난 아이가 버림당하여서 부친의 손에 들려 나가는 것을 보고 미칠 듯이 우는 것도 이상할 것이 없다. 문제는 중세 초기 기독교 사회에서 어느 정도 신생아의 생명이 신성시되었는가. 이미 길러진 아이도, 혹은 어른의 생명과 마찬가지로 신성했던가. 신생아를 위해 모든 것을 희생해야만 했는가. 만약 그렇다고 한다면 무엇을 희생했는가. 원칙적으로 아이는 그 연령·연약함·순수함 때문에 특별한 애정의 대상이 되었는지 아닌지를 알 수 있을 것이다.

기독교가 즐겨 강조하는 어린이의 순수함은, 당시의 모든 저작가들에게 인정되었을까? 〈태어날 때부터〉〈양손이 오므라든 채 펴지지 않아 일을 하기에 부적합한〉 남자에 관해 뚜르의 그레고리우스는 이렇게 자문하고 있다.

『이 상태는 무엇에서 유래하였는가? 이와 같이 손을 쓸 수 없는 상태로 태어난 사람은, 그 자신 혹은 부모가 죄를 범했기 때문인가? 우리의 판단력으로 그것을 결정할 수는 없다.』[21] 이 마지막에 보이는 신중함과 겸허함은 이와 같은 경우에는 드문 태도이며, 육체의 불구는 신의 소행이다. 따라서 올바른 이유를 갖고, 대부분의 경우 본인의 죄과 탓으로 결정해 버리는 것이 보통이었다. 뚜르의 그레고리우스라 해도, 불구로 태어난 자식은 죄인으로 태어났다는 가설을 배척할 수는 없다.

양친의 죄과라는 또 하나의 가설은, 원죄의 존재 위에 선 종교에서는 훨씬 인식되기 쉽다. 선천적인 기형은 대부분 양친의 죄, 특히 반순결죄 —자식은 신체적으로는 양친의 성교의 결과이므로 —의 고발이었다.

중세 신학자들에 의해 히에로니무스의 저작으로 간주되었던 어떤 텍스트[22]는, 《레위기》(*Lévitique*)의 엄중한 금령을 어긴 월경주기 기간중에 교접을 행한 부부를 증거로 삼으면서, 이와 같은 내재적인 신의 정의의 메커니즘을 우리들에게 분명히 보여 주었다.

> 그 기간에 남자는 여자를 신중하게 다루어야 한다. 왜냐하면 그에 의해 수족이 잘못된 아이가, 맹인이, 절름발이가, 문둥이가 태어나므로. 부부가 방에서 교합하는 것을 수치스러워하지 않는 부모들의 죄가 만인의 눈에 드러나게 되고, 아이를 통하여 고발되기 때문이다.[23]

6세기 초기 성 쎄쟈르 다를르Césaire d'Arles는 어떤 설교에서 같은 주장을 했다.

> 월경중에 아내와 접할 경우, 혹은 주일이나 다른 제일에 금욕하지 않았을 경우, 그때 잉태된 아이는 문둥이로서, 간질환자로서, 경우에 따라서는 악령이 들려서 태어날 것이다.[24]

그리고 6세기 말에는, 뚜르의 그레고리우스가 모친이 주일 밤에 잉태하였기 때문에 〈사지가 뒤틀린〉 남자에 관해 이야기하면서 다음과 같이 결론을 내렸다.

> 남성들이여, 이것은 부모들 때문에, 그들의 죄 때문에, 주일 밤을 더럽혔기 때문에 생긴 일이므로 명심해야 한다. 아내가 있는 남성들이여! 다른 날에 육체의 기쁨에 빠지는 것만으로 충분하다. 그날만은 청정한 신의 명예를 위해 제외시키라. 왜냐하면 그날에 결합한 자에게는, 그로 인해 사지가 뒤틀린 자식, 간질환자,

문둥이가 태어나기 때문에. 지금 말한 것을 교훈으로 삼으라. 그리고 단 하룻밤 범한 악으로 인해 오랜 세월 고통받지 않도록.[25]

중세 초기의 사회는 왜, 어린이가 부모의 죄로 인해 이와 같은 불구의 짐을 짊어져야 하는 것을 정당하게 간주할 수 있었는가?

당시 기독교도들의 육체적 현세에 대한 경멸의 마음으로 설명할 수 있다고 생각했을 것이다. 이 세상의 고통이 무엇인가! 중요한 것은 영원한 구원뿐이다! 그리고 죄짓지 않은 자는 한 사람도 없다. 신에 의해 받는 고통은, 가령 뒤에서 첨가하겠지만 반드시 그에 합당한 이유가 있다. 내세가 아니라 이 세상에서 고통을 받는 것은 신의 관대함의 징표이다. 그리고 자식이 내세에서는 결코 부모의 죄 때문에 벌을 받지 않는다는 것도 명백한 일이다. 양친의 불행이 아이가 죽으므로써 불구가 되지 않았을 때, 이 죽음은 반드시 세례 후에 오는 것이기 때문이다.[26]

그러나 영원의 생명이라는 이 논리는, 중세 초기사회에서 극히 부분적으로 힘을 얻었다. 교회는 어린이가 죽기 전에 세례를 받아야 한다고 느꼈지만,[27] 그렇다고 해서 세례 전의 영아 살해와 생명을 가진 태아의 낙태를, 성인 혹은 세례를 받은 유아의 살해 이상으로 중대한 죄로 보지는 않았다.[28] 현세의 생명을 중요시하는 다른 가치체계를 고려해 넣어야 했던 것이다.

그뿐만이 아니다. 내재적 신의 정의는 벌주는 것 이상으로 교훈으로서의 기능을 부과하였으므로, 영원의 정의보다도 인간적 정의와 시대의 사상이 합치할 필요가 있었다. 신이 어린이를 부모의 죄 때문에 벌하더라도, 그것은 어른의 눈으로 본 어린이는 부모의 소유물이 아니었다. 그러므로 이 점에서 프랑크족 사회와 구약시대의 헤브라이인, 신화시대의 그리스인과 차이는 없었다. 오늘날 현실에서나 이야기 속에서나 어린이를 통하여 누군가에게 복수하려고 생각하는 사람은 드물다. 그래도 미성년자 유괴는 부모가 그러한 행위에 반응하는 것을 나타내고 있지만, 일반에게 비난당하게 된다. 왜냐하면 우리는 단순히 개인의 책임이라는 감각을 옛날 이상으로 강하게 갖고 있을 뿐 아니라, 자식을 특별히 중요하게 여기고 있으므로 아이가 부모를 벌하기 위한 수단이 되는 것을 인정할 수 없기 때문이다.

6세기의 프랑크 사회에서는 집단책임의 관습이 있어서 일방적으로 아이를 특별히 여기지는 않았다. 그뿐 아니라 다른 사람 자식의 불행에 대해서는 매우 무신경했던 것으로 추측된다. 예를 들면 뚜르의 그레고리우스는 〈사지가 뒤틀린 남자〉에 관해 이같이 기록하고 있다.

남자는 (유소년기에) 많은 사람들에게 멸시의 대상으로 비쳐졌고, 모친도 그와 같은 자식이 그 뱃속에서 생겨났다는 비난을 받았으므로, 그녀는 눈물을 흘리면서 어느 날 그 아이를 주일 밤에 잉태하였다는 것을 고백하였다.[29]

이 텍스트에서 우리들의 관심을 끄는 것은, 모친에 대한 연민의 정의 결여가 아니다. 우리들 주위에도 비슷한 예가 있다. 불구의 자식에 대한 동정심이 없다. 뚜르의 그레고리우스가 기록한 멸시는, 그것이 모친의 고백의 원인이 되었던 점으로 보아 결국엔 어른의 문제가 되었다. 더구나 이야기 속에도, 저자의 해설에도 어른들의 태도에 대한 비난은 전혀 보이지 않으며, 오히려 지극히 당연한 것으로 생각하고 있다. 이러한 것도 만약 신이 부모의 죄과 때문에 자식을 벌하는 것을 정의로 본다면, 이것은 결국 사리에 맞는 태도가 되는 것이다.

요컨대 나는 중세 초기 프랑크족 사회에도 어떤 종류의 부성애·모성애가 존재했다는 점에는 의심하지 않지만, 그러한 감정이 반드시 어린이 자체에 대한 애정을 의미하는 것은 아니며, 동시에 그와 같은 감정이 공공연하게 탄생한 아이를 살해하는 사회에서 존재한다 하더라도 이상하지는 않다고 생각한다. 한편 신과 세속의 법률 앞에서 당시의 부친이 자식에 대한 의무를 지고, 아이를 살해하거나 버릴 권리가 없었던 것은 명백하다. 그럼에도 불구하고 인용한 텍스트는 모두 당시의 사회가 어린이에 대해 가졌던 태도는 옛날 시대의 것이며, 우리들의 태도보다 기독교 이전의 사회와 비슷하다는 것을 명시하고 있다. 양친이 아이의 생명을 해치지 않을 경우, 그것은 어린이의 인격이 마음으로부터 존중, 혹은 유아에 대한 특별한 애정 이상으로 신 혹은 인간의 법에 대한 배려에서 유래되었던 것이다.

탄생 때의 영아 살해

유럽의 몇몇 지역에서는 영아 살해의 전통이 대단히 깊은 뿌리를 내리고 있었으므로, 기독교로 개종한 이후에도 수세기에 걸쳐 그것은 계속 유지되었다. 예를 들면 스칸디나비아 국민에 관해 뤼씨앙 뮈쎄Lucien Musset는 다음과 같이 서술하였다.

> 기원 1000년, 개종 때에 아이슬란드의 자유인 의회에서 계승한 영아 유기는 12세기 노르웨이 교회법에 의해, 신생아가 불구 혹은 생활력이 결여되어 있는 경우에 한해서만 계속 인정한다.[30]

중세 초기 프랑크 사회에서는 신생아 유기가 정식으로는 인정되지 않았고, 세속이나 교회법에 의해 단죄되었던 반면, 현실에서는 꽤 많은 빈도로 행해지고 있었다고 추측할 수 있는 갖가지 이유를 우리들은 보았다. 인구과잉 억제체계가 사회적 규모로 존속하였다. 부부에게 있어서 그 이상 편리하고 효과적으로 자식을 제한할 방법을 문화적 전통 속에서는 찾아내기가 불가능했다. 또한 어린이의 인격이 아직 완전히 성스러운 것으로 간주되지 않았고, 따라서 원칙적으로는 경의·사랑의 대상이 될 수 없었기 때문이다. 그리고 사실 참회 청문입문서에는 어린이 살해에 관해 빈번하게 기록되어 있고, 또한 어린이 살해 실행자에 관한 기술도 보인다.

이미 우리들이 보았던 것처럼, 첫째로 경제적 이유에 의거한 영아 살해가 있다. 그러나 그때 청문 입문서가 증거로 삼는 것은 언제나 가난한 여성이지 남자가 아닌 것은 왜일까? 고대 영아 살해와 비교하여 무언가 달라졌을 것이다. 고대에는 어린이를 받아들이느냐 거부하느냐를 결정하는 사람은 부친에게 위임되어 있지 않았던가. 이 표면에 나타난 책임 소재의 이동은 무엇을 의미하는 것일까?

가난한 여성이 전부 과부는 아니다. 남편을 증거로 삼지 않는 것은, 먼저 남편이 아이의 생사 결정권을 잃어버렸기 때문이며, 결국 어느 연령에 달하기까지 어린이를 귀찮게 여기는 사람은 실제로 부친이 아니라 모친이었기 때문이다. 이 사실상의 책임이 일종의 법적 책임을, 적어도 고해법정의 자리에서는 새로이 생겨나는 기분마저 들었다. 예를 들면 부르샤르 드 올무스Burchard de Worms의 심문집 제174조는 그것을 암시하고 있다.

당신은 어린이를 난로 부근에 내버려두었고, 다른 사람이 지나가다가 끓는 물이 담긴 남비를 쏟아, 그 결과 어린이가 뜨거운 물을 뒤집어쓰고 죽었는가? 7년간 주의 깊게 아이를 감시했어야만 했던 당신은, 앞으로 3년 동안 정식 축제일에는 단식하시오. 끓는 물이 담긴 남비를 쏟은 여자는 무죄.[31]

이것은 여성의 죄과만을 다룬 조문 속에 있다. 더구나 같은 세기 말에는, 이브 드 샤르트르Yves de Chartres가 유사한 텍스트에서 분명하게 다음과 같은 제목을 부여하고 있다.

모친이 자기 아이를 난로 곁에 놓아두고, 그 부주의에 의해 어린이가 죽었을 경우에 관해서.[32]

자연의, 혹은 문화적 이유에서 유아에 대한 집착이 부친보다 모친이 강했던 것을 인정한다면, 책임 소재의 이동이 기독교 사회에서 영아 살해의 빈도를 상당히 감소시킬 가능성은 있다. 그러나 그와 반대로 기독교 도덕은 영아살해를 촉진시키는 경제 이외의 새로운 이유도 생겨난 듯하다.

원칙적으로 기독교가 순결하게 부여했던 가치는, 어린이를 살리는 방향으로 나아갔다. 성행동은 의식적인 생식행위를 위한 것이었기 때문이다. 장기간에 걸친 부부의 교접은, 그것을 요구하는 남편이 자식을 낳을 의도를 가졌을 때만 진정한 합법으로 생각했다.[33] 그리고 기독교 신학이 〈생식선生殖善〉으로 부른 것은, 생식과 양육하고 교육하는 것을 포함한다.[34] 따라서 순결한 정신은 현재 있는 이상의 어린이를 바라지 않거나, 혹은 양육할 재력이 없는 부부에게는 앞으로 금욕생활을 보낼 것을 명하였다. 더구나 중세 초기의 도덕가들은 주기적 금욕기 없이는 부부간의 순결은 있을 수 없다고 주장했다. 동시에 법적 금욕기의 수도 많았으므로 그것만으로 임신의 위험이 꽤 줄어들었다. 그러나 통계적으로 보아 인간사회에서는, 불가피한 어떤 종류의 상황 아래에서는 순결 규칙이 반대로 어린이 살해 조장의 원인이 되었다. 어린이가 양친의 죄를 세상 사람들의 눈에 드러내고, 체면이 손상될 경우가 있었기 때문이다.

이에 해당하는 어린이는 두 종류가 있었다. 우리들이 이미 다룬 불구의 자식, 오늘날에도 모친의 평판에 오점을 남기는 사생아가 그것이다. 어느 경우에나 부모들은 탄생 직후 세례를 기다리지 않고 어린이를 없애버리고 싶은 유혹에 빠질 것이다. 그리고 사실 음탕한 부모들의 일부는 죄를 감추려고 이와 같은 죄의 행위를 저지르는 자가 있다고 많은 자료들이 말해 주고 있다.

뚜르의 그레고리우스는 〈사지가 뒤틀린 남자〉의 이야기를 하면서, 그의 모친은 『모친들의 관습에 따라서, 내 아이를 죽일 용기가 나지 않아 건강한 아이들과 마찬가지로 그를 길렀다』라고 설명하였다. 이 문장의 연결을 상식적으로 해석하면, 모친이 기형아를 살해하는 관습이 있었다는 말이 된다.[35] 반대로 가령 기형아라 해도 모친은 언제나 자기 아이를 돌보는 것을 혐오했다고 이해해야 한다면, 이 제2의 해석은 6세기 프랑크족 사회에서는 이 점에서 모친만이 예외가 되며, 어린이 살해의 빈도에 관해서도 한층 불안한 전망을 열어 주게 될 것이다.

이 경우 영아 살해의 관습은 기독교에 의해 도입되었을까? 우리들이 언급한 이교도 사회 ─그리스·로마·북유럽 사회─에서도 기형아는 모두 버렸다는 사실을 잊어서는 안 된다. 일반적으로 이 관습은 우생학적 배려에서 취해졌다. 스파르타의 경우는 그것이 적합했을지도 모른다. 그러나 유아 유기가 국가에서가 아니라 부모의 손에 의해 행해졌을 때에는, 적어도 어떤 레벨에서는 그들의 행동이 어린이를 수치스럽게 생각하는 감정에서 유래했다고 생각해도 좋을 것이다. 이와 같은 수치의 감정은 오늘날에도 여전히 낙태에 의해, 혹은 불구자를 특수한 시설로 보내는 것으로 부모의 행위를 부분적으로 설명하고 있다.

현대와 유사한 이러한 일이, 중세 초기사회에서 불구자의 말살이 어떤 종류의 기독교적 이데올로기의 굴레에서, 이 기독교 사상에서 유래하는 의식적 동기에서 행해졌다는 점이다. 단 말살의 관습 자체는 이 이데올로기 체계 이전부터 존재했었음을 시사하고 있다. 다시 말하면, 유아 살해를 근본적으로 기독교적 이데올로기로 돌릴 수는 없다. 강조해야 할 점은, 중세 초기의 기독교적 이데올로기가 기독교 자체에 의해 유아 살해가 분명하게 단죄되었음에도 불구하고, 탄생 때에 이런 종류의 말살의 존속을 허용했다는 점이다.

사생아의 배제에 관해서도, 그것이 기독교보다도 사회조직과 결부되어 있었다는 점에 주목해야 할 것이다. 어린이는 혼인 외의 관계가 도덕적으로 금지되지는 않았더라도 가족의 테두리 밖에서 생겨날 기회는 별로 없었다. 게다가 사생아의 신분은 기독교 사회뿐만 아니라 이교도인 로마에서도 사라지기 어려운 오점이었다는 것을 잊어서는 안 된다. 단 여기에서도 의식적 동기의 레벨에서는 기독교적 가치관이 개입되어, 피임과 낙태의 시도가 성공하지 않은 경우에는 유아 살해를 조장하였다.

참회 청문입문서는 일반적으로 유아 살해·낙태를 여성의 죄로 보았다. 죄를 감추려는 간음녀를 자식을 양육할 수 없는 가난한 여성과 대립시키고 있지만, 남성이 등장하는 경우도 있다. 그것은 스캔들을 피하려고 사랑의 과실을 감추어 버리려는 간음신부이다. 그에게 있어서 영아 살해도 처음으로 범하는 죄로서는 너무나도 논리적인 결과가 되므로, 그에 의해 죄가 무거워진다고는 생각하지 않은 듯하다. 예를 들어 피니앙Finnian의 입문서 제11, 12, 13조를 비교하면 그것을 알 수 있다. 제11조는 상습적으로 간음의 죄를 범한 신부가, 가령 스캔들을 없애지 않아 중죄를 받은 것을 서술하고 있다. 제12조는 아이를 낳았다는 스캔들을 피하기 위해 살해한 자는 한층더 중한 벌에 처한다고 규정되어 있다. 제13조는 다음과 같이 기록되어 있다.

『신부가 만약 아이를 살해하지 않았다면 그 죄는 좀더 가볍다. 단 속죄를 위해 부과되는 벌은 같다.』[36] 벌칙은 반드시 죄과의 경중에 비례되므로 13조의 죄는 12조의 죄와 거의 똑같이 무겁고, 스캔들은 어린이 살해와 거의 같은 정도로 간음의 죄가 무거웠다고 생각할 수 있다.

중세 초기 이후 탄생을 즈음하여 명백한 영아 살해는 정식부부의 가정에 관한 한 격감했다고 생각한다. 사실 뒤에서 나타낸 바와 같이, 부부는 바라지 않는 아이를 귀찮게 여기기 때문에 좀더 안전한 방법을 몇 가지 가지고 있었던 것 같다. 그러나 사생아에 대한 영아 살해는 존속하였고, 앙리 2세의 칙령은 16세기에 그것이 빈번했다는 것을 분명하게 나타내고 있다고 나는 생각한다. 칙령은『임신・출산을 감추고, 세례를 받지 않고 자기 아이를 유기한 아가씨는 사형에 처한다』는 것이다.[37] 1556년 2월 ―우리들 역법曆法으로는 1557년 ―의 이 칙령 전문은 사실 다음과 같이 기록되어 있다.

질병이 왕국에서 총총 보이면 두려워해야 할 중죄, 즉 많은 여자가 나쁜 길에 빠졌거나 혹은 악한 의지와 생각으로 아이를 잉태하여 그것을 몰래 감추고, 신고를 게을리하여 마침내 출산의 시기에 도달해 남몰래 아이를 낳아 결국에는 아이의 입을 막아 죽이는 것. 세례의 성례를 받지도 않고 사람의 눈에 띄지 않는 부정한 땅에 버리거나, 혹은 땅에 묻어 버리는 이러한 기독교도들이 받아야 할 것은 매장도 하지 않고…….

영아 살해의 빈발사태는 전문 속에서 명시했을 뿐만 아니라, 주요 문장이나 적용조항에서도 분명하게 나타나고 있다.

……어떤 사람이건 임신・출산에 관해 신고하지 않고, 양자를 감추거나 아이가 뱃속에서 나왔을 때의 생사를 신고하지 않았다. 그 때문에 아이가 세례의 성례 혹은 매장의 성례까지 약탈당했을 경우, 자기 아이를 살해했다고 인정된다. 그 보상은 죽음과 최고의 책임에 의해 처벌되어야 할 것이다…….

분명히 조문의 제정자는, 위에 기록한 조건에 해당하는 아가씨들의 대부분이 고의로 아이를 살해했다고 생각하고 있다. 만약 그렇다면, 이 법률의 억압적 성격이 한층 강했을 것이다. 왜냐하면 당시에도 현대와 마찬가지로 평상시라면 검찰측이 범죄의 증거를 제출 ―혹은 범인의 자백을 획득 ―해야 하는데, 여기에서는 피고가 무죄라는 증거를 제출하고, 더구나 가능한 한 고발에 관한 반론을 준비해야 했기 때문이다. 이와 같은 법률의 이례적인 성격은,

기독교 사회에서 영아 살해죄의 중대함으로 정당화되었다. 영혼이 세례를 받지 못하고 육체로부터 기독교적 매장의 권리를 빼앗긴 것은, 한 사람의 인간으로서 영원히 구제와 부활의 가능성을 박탈당한 것이다. 일반적인 살인이 불가피하게 죽음의 시간이 빨라진 것인 데 비해[38] 또한 그것은 판사에게 있어서 피고의 범죄를 입증하는 일이 곤란했기 때문에 정당화되었다.[39] 물론 이 곤란함은 범행을 유발했을지도 모른다. 그러나 이 두 가지 이유가 어떠한 관심을 끌었건, 나로서는 16세기에 탄생 직후의 영아 살해가 만약 오늘날만큼 드물었으며, 예외적인 법적 수단이 동원되었을 것이라고는 생각하기 어렵다.

그뿐 아니다. 칙령은 이러한 범행과 싸우기 위하여 일대 조치를 가하였다. 국왕대리인과 영주대리인 ─ 특히 각처의 영주대리 ─ 뿐만 아니라, 프랑스 전교구의 사제가 3개월에 한 번은 반드시 전교구민을 모아 놓고 설교 단상에서 이 칙령을 낭독할 의무가 있었다. 또한 16세기부터 18세기에 걸쳐서 앙리 2세의 후계자들은 이 조치가 항상 실행되도록 몇 번이고 경고를 했다. 만약 결혼하지 않고 임신한 아가씨·과부 들이 끊임없이 아이를 살해한 죄를 감추려는 유혹에 빠지지 않았더라면 그렇게 집요하게, 그렇게 막대한 에너지를 허무하게 소비하였겠는가?

사회가 성도덕의 준수를 강요하면 할수록, 미혼모·사생아는 더욱더 엄격하게 처벌의 대상이 되었다. 죄를 범한 모친은 자기 아이를 사랑할 가능성이 적어졌다. 후자는 전자의 타락한 눈으로 보게 되는 증표이기 때문이다. 성적 억압이 사람들을 영아 살해로 몰아붙인 것은 당연한 일이다. 앙리 2세의 칙령은 진실로 이 논리적인 흐름을 더욱더 강한 억압의 힘으로 막으려고 한 절망적인 시도의 양상을 토로하고 있다. 그러나 이 공포정치가 생명보다도 명예를 중시한 사회에서는 과연 유효했을까? 악에서 승리하기 위해서는 단순한 억압이 아니라 예방조치가 강구되어야 하는 것이 아닌가? 18세기에 비로소 일반화된 임신신고제도가 그것이다.

임신 중절

국가가 영아 살해에 대해 격렬하게 싸움을 개시하기 훨씬 이전부터, 교회는 영아 살해에 뒤지지 않는 중대한 죄, 임신 중절에 대한 강력한 전쟁을 시작하였다. 우리들은 그 동안의 사정을 〈특수권한 케이스〉 즉 주교에게만 사면의 특권이 부여되었던 죄과의 연구로 알 수 있었다. 예를 들면 자위행위는 신학자들에게 있어서 근친상간 이상으로 두려운 죄로 간주되었지만, 〈특수권한 케이스〉에 들어가는 일은 없었다. 아마 그것이 너무나도 빈번한 죄였기 때문일 것이다. 반대로 죄로는 중하더라도 너무 희귀하기 때문에 교회 당국의 주의를 끌지 못하고, 그 결과 〈특수권한 케이스〉의 리스트에 들어가지 않은 것도 있다. 리스트 중에서 발견되는 빈도가 높은 것, 그것은 교회가 특히 힘을 들여 싸울 각오가 되어 있던 죄과이다. 중절의 예가 그 중 한 가지이다. 13-18세기에 걸쳐서 내가 검토한 37의 리스트 중 31이 그것을 다루고 있다.

임신 중절은 순진한 영혼으로부터 세례 · 영원한 구원의 가능성을 빼앗는 극히 두려운 살인죄로 간주되었다. 그러나 31 리스트 중 하나로 특수권한을 살인으로 간주할 경우에, 즉 태동 개시 이후의 중절에만 한정되어 있지 않았다는 점에 주의해야 한다. 그뿐 아니라 몇몇 리스트에는, 〈태아가 살아 있건 살아 있지 않건〉으로 명기되어 있다. 그에 덧붙여서 중절이 종종 불임약 복용과 때로는—16세기까지—마술행사까지 같은 항목에 들어 있는 사실로 보아, 산아제한의 수단으로서 중절은 살인과는 다른 특수권한 케이스로 생각했다고 추측할 수 있다. 그리고 중단성교가 일반화되기까지는 그것이 사실 좀더 효과적인 산아제한의 방법이었을지도 모른다.

고의적인 살인죄는 대부분 주교가 그 면제를 자신의 특수권한으로 했지만, 영아 살해는 분명히 그 중의 하나였기 때문에 특수권한 리스트에 굳이 넣지 않아도 되었을 것이다. 반대로 중절은 교회의 눈에는 살인죄로 비쳤더라도 신자들에게는 반드시 그렇게 비치지 않았으므로, 분명히 특수권한 리스트에 첨가할 필요가 있었다고 생각된다. 더구나 아마 영아 살해는 중절 정도로 빈번하지 않았을 것이다. 특히 실패한 중절과 같은 범죄에 넣는다면. 마지막으로 중절은 세속의 법률망에 걸리기 어려웠고, 왕권법정보다 고해법정 쪽이 중절 억압의 강력한 무기가 될 수 있었을 것이다. 이와 같은 이유가 모두 1666년 파리의 대주교 교서에 다소 명문화되어 있다.[40] 그리고 기 빠뗑Guy

Patin이 임신 중절의 빈도, 교회나 국가권력과의 관계에 관한 판단자료를 우리들에게 제공하였다. 예를 들면 유명한 이 의사는 1655년 어느 중절시술 산파가 드 비트리de Vitry 공작의 아이를 잉태한 궁정 여자관리를 오해하여 살해해 버렸을 때, 다음과 같이 서술하고 있다.

> 이 점에 관하여 부주교들은 재판장에게 호소하였고, 1년 동안 6백 명의 여성이 자기의 과실로 인해 태어난 자식을 살해하고 질식사시킨 것을 고백했다고 한다.[41]

국가가 영아 살해만큼 중절을 엄격하게 추급하지 않았던 것은, 후자 쪽이 훨씬 추급 곤란했기 때문이다. 그리고 임신한 아가씨에게 부과된 신고의무 ─ 17세기 중엽 이후에 서서히 일반화된 듯하다 ─ 가 영아 살해와 동시에 중절 방지를 목적으로 했다고 생각할 수 있다. 단 이 추측은 임신신고가 임신의 초기 몇 개월 이내에 행해진 지역에서만 ─ 일부 지역으로 한정되었다 ─ 적용되었을 것이다.

어찌되었거나 고대·중세와 마찬가지로 근대에도 중절은 일반적으로 합법적 부부에게 산아제한을 위한 무기가 되지 않았다고 생각해도 좋을 것이다. 피임·영아 살해와 나란히 그것은 혼인 외 관계의 테두리 내에서 모친의 명예를 지키기 위해 특별히 사용되었던 것이다. 결혼한 부부들은 이전부터 쉽게 아이를 처분할 다른 수단을 갖고 있었던 것이다.

어린이의 압사와 질식사

아마 압사나 질식사가 이러한 수단의 하나였다고 생각된다. 모친이 부부의 침실에 자기와 함께 뉘어 아이를 재우다 잠들어 있는 동안에 그 아이를 눌러 버리거나 숨을 쉬지 못하게 만든다. 즉 원칙적으로 이것은 과실치사이기 때문에 중세 초기부터 19세기에 이르기까지 교회가 그것에 많은 관심을 기울인 것은 언뜻 보기엔 기이한 인상을 풍긴다. 중세 초기의 참회 입문서도 종종 그에 관해 언급하고 있을 뿐만 아니라, 불행한 부모에게 매우 엄격한 속죄를 부과했기 때문이다. 성 콜롬반Colomban의 입문서에는 속죄기간 3년 중 1년은 물과 빵만의 식사, 이것은 마술에 의해 중절을 유발시키는 자에 대한 벌보다 훨씬 엄격했다.[42] 부르샤르 드 올무스에 따르면 3년간에 걸쳐 법정 축제일에는 빵과 물만의 식사, 이것은 태아의 몸이 완성된 이후에 행한 중절과 같은 벌이다.[43] 마지막으로 13세기부터 18세기에 걸친 이 〈범죄〉는 특수권한에 속하는 경우가 많았다. 검토 리스트 37건 중 26건이 그것이었다.

한편 〈압사〉·〈질식사〉라는 말이 이와 같이 분명한 사고 이외의 것을 의미하는 경우도 있다. 예를 들면 모친의 태내에서 태아의 죽음이, 임신 후기 단계에서 모친이 가진 성적 교섭에 의하는 경우도 있다. 1454년 아미엥 주교구 회의는 『어린이를…… 탄생 이전 혹은 이후에 압사나 질식사시킨 경우』의 죄를 주교 권한으로 하였다. 그리고 기 빠뗑이 완전히 다른 방법으로 중절한 모친에 관하여 『자기의 과실로 질식사당했다』라고 그녀들이 고백한 바를 서술한 것은 이미 우리들도 앞에서 보았던 점이다. 이와 같은 말의 남용은 어린이의 질식사 개념이 확대되었다는 것을 우리들에게 시사해 준다. 그것은 어떤 종류의 과실에 의한 유아 살해·중절을 비롯하여 모든 종류의 유아 살해·낙태까지도 포함된다. 처음에는 단순히 사고만을 의미하던 것이 〈어린이의 압사〉·〈어린이의 질식사〉라는 표현이 더욱더 넓게 사용되었을 것이다.

그런데 특수권한 리스트 중 몇 가지는, 그것이 반드시 사고가 아니라는 것을 명기하고 있다. 26건 중 10건의 리스트가 고의에 의한 압사 혹은 질식사이며, 다른 것보다 간결하게 묘사된 리스트도 고의에 의한 성격으로 보아도 무방하다. 게다가 원하지 않던 자식을 귀찮게 여기는 —반드시 탄생을 숨길 필요는 없다—부모에게 있어서, 법의 추급을 피할 수 있는 이 방법은 극히 실제적인 것이었음이 분명하다. 그리고 이 경우에도 국가보다 교회 쪽이 죄를 고백하게 만들고 억압하는 데 유리한 입장이었다. 13세기부터 18세기에 걸쳐서 교회가 어린이의 압사에 대해 더욱더 엄격한 태도로 바라보게 된 것을 보더라도, 교회 자체가 이 문제에 많은 관심을 기울인 것을 알 수 있다.

13세기에 씌어진 두 건의 리스트가 어린이의 압사를 특수권한으로 덧붙이지 않았다.[44] 이것은 우연일까? 그렇지 않으면 교회 당국이 이젠 그것을 중대한 재액으로 간주하지 않았던 것일까? 14세기에 들어와 깡브레Cambrai 주교회의가 고의적인 압사를 주교 권한으로, 〈고의가 아닌 사고로서의〉 압사를 각지구에 위임한 고해성사 신부의 권한으로 하였다.[45] 그후 1411년부터 1696년에 걸쳐서 고의냐 사고냐 하는 성격 규정 없이 유아의 압사·질식사의 사면은 주교의 재량에 맡겨졌다.[46] 고의건 사고이건 어느 경우나 주교 권한에 위임되었다는 것은, 아미엥 주교구의 1454년의 규정 —1411년의 것보다 분명해졌다 —이 시사하고 있다.[47] 그러나 이 애매함 자체가 나에게는 중요하게 생각된다. 1454년부터 1696년에 걸쳐서 부주의, 혹은 사고에 의한 압사라고 명확하게 말할 수 있는 리스트는 전부 4건뿐이다.[48] 18세기에는 반대로 명확한 언급이 일반적이 되었다. 그러므로 고의적인 압사가 가능 혹은 빈번했다고는 생각할 수 없다 —8건의 리스트가 여전히 그것을 언급하고 있다[49] —라든가, 과실에 의한 압사가 좀더 많아졌다는 결론을 내릴 수가 없다. 오히려 교회가 이와 같은 사고·범죄에 대해 이전보다 단호한 태도로 임하게 되었다고 생각할 수 있다.

억압조치에 덧붙여 교회는 17세기 말에 서둘러 예방조치에 들어갔다. 1687년 아라스Arras 주교는 다음과 같이 서술하였다.

어린아이를 아버지·어머니·유모, 그외의 사람이 자기와 같은 침대에서 재울 경우 위험성은 더욱더 높아진다. 따라서 질식사가 극히 빈번해지므로, 우리들은 그와 같이 큰 재화에 대해 몇 가지 주의해 두어야 한다. 여기에서 모든 아버지·어머니·유모, 그외의 일반 사람에 대해, 어린이가 만 1세가 될 때까지 결코 자기와 같은 침대에 재워서는 안 된다. 만약 이 금기를 범하는 자가 있으면 파문에 처할 것을 명언한다. 또한 어린이가 그 결과 질식사한 경우에는 모든 사제에 대해 어쩔 수 없는 경우를 제외하고, 이 죄의 사면을 금한다. 우리들은 이 죄를 특수권한 케이스의 하나로 덧붙이며, 특수권한을 갖지 않은 사제에게 이 죄를 사면시킬 것을 금한다.[50]

이와 같은 예방조치는 프랑스 주교구 내부에서 논의의 대상이 되었을까? 어찌되었거나 17세기 말, 18세기에 이같은 조치를 취한 주교가 적지 않았던 것 같다.[51]

대부분이 아라스의 경우와 같이 엄격했던 것은 아니다. 1789년 랑그르Langres의 주교는, 그 전례서典禮書 속에서 특수권한 제5항의 살인으로 다루고 있다.

사고에 의한 살인은 범죄가 아니다. ……그것이 특수권한 케이스인지 아닌지를 결정하기 위해서는, 행해진 행위가 보통 사람의 생명을 빼앗게 된 종류의 것인지 아닌지를 검토해야 한다. ……이 원칙에 따라서 우리들은 2세 미만의 유아를 같은 침대에서 재운 어머니·유모, 그외의 사람들의 죄는 극히 중대하지만 특수권한 속에는 포함되지 않는다. 모친 옆, 같은 침대에 어린아이를 재우는 것은, 반드시 어린아이를 죽이려는 행위는 아니다. 단 우리들은 모친·유모에 대해 2세 미만의 아이를 같은 침대에 재웠을 때 범하게 되는 위험과 죄에 관해 경고하도록 모든 주교·보조주교·고해신부에게 강력하게 요망한다.[52]

이 텍스트는 우리들에게 몇 가지 주의를 촉구한다. 첫째는, 어린이를 데리고 자는 행위까지 특수권한에 들어간다고 엄격하게 규정한 주교구에서는, 그것을 정당화할 필요를 느꼈다. 동시에 주교가 이 나쁜 습관을 설교 단상에서, 또는 고해성사 자리에서 마구 폭로하는 형식으로 강력하게 경고되었다는 점. 둘째로 이 죄가 주교권한으로 되어 있으며, 그 중대성이 명확하지 않는 한 〈부당·횡포〉로 형용되어도 하는 수 없었다는 사실이다.

이러한 종류의 강권적 성격은 이미 앙리 2세의 칙령에서 본 바 있으며, 그외에도 결투의 관습을 없애려고 취한 유명한 칙령의 예가 있다. 교회 당국이 멋대로 이러한 수단을 사용해도 좋다고 스스로 판단한 것은, 유아의 압사사건이 빈번했기 때문이다. 이는 영아 살해나 결투와 마찬가지로 사회적 재화로 생각했기 때문이다. 그리고 이러한 조치는 아마 성공했다고 볼 수 있다. 만약 어린이와 함께 자기만 해도 죄가 된다는 말을 날마다 설교 단상이나 고해성사 자리에서 들어왔다면, 침대에서 아이를 질식사시킨 모친은 이젠 생각지도 못했던 사고라고 호소할 수 없게 될 것이었다. 그리하여 압사는 어느새 불필요한 아이를 없애기 위한 안전하고 적당한 수단이 되지 못했다. 사실 랑그르의 주교가 직면했던 현실은 이미 1세기 전에 아라스의 주교가 직면했던 현실과 다른 것이었다고 생각된다. 그때까지 주교가 1세 미만의 아이를 문제로 했던 데 비해 랑그르의 주교가 2세 미만의 아이라 한 것은, 1세 미만아의 압사빈도가 1세 이상 2세 이하 아이들의 압사와 같은 수준으로 감소했다는 인상을 준다. 아라스의 주교가 지나치게 위험하고 쓸데없는 조치로 엄격하게 다룬 것이 아닌가 하는 생각이 드는 데 비해, 1세기 후 랑그르의 주교는 『함께 자는 것은······ 반드시 죽음에 이르는 행위는 아니다』라고 생각했다. 이와 같이 다른 평가는 현실상황의 추이에 의해 설명될 수 없는 것일까?

유아 유기

부모에게는 가족에 대한 부담을 더이상 받지 않기 위한 또 하나의 난폭한 방법이 있었다. 출생 직후 혹은 그뒤에 어린아이를 버리는 것이다.

갓난아이의 유기는 압사 이상으로 분명한 살인적 성격을 띠고 있으며, 사실 세속법에서는 그러한 처벌 대상으로 삼았다.[53] 그러나 그 성격에는 고대 이후 변화가 엿보인다. 그리스인·로마인 사이에서 신생아 유기는 일반적으로 바라지 않던 아이를 죽이기 위해 취해졌던 위선적인 방법이었다. 생사의 최종적인 책임은 신들에 의해 취해지는 것이다. 실제로는 자연 속에 내버려진 갓난아이의 생존 기회는 거의 없으며, 11,2세기 북유럽에서의 기형아 유기도 그와 같은 성질의 것으로 생각된다.

서구 기독교 사회에서 유아 유기의 심리도 고대의 그것과 같았을 것이다. 자기 아이의 피로 자신의 손을 더럽히지 않겠다는 의지[54]와, 모든 어린아이의 출생에 책임을 지는 신의 손에 아이의 운명을 맡긴다는 기분이 작용했을지도 모른다.[55] 단 타인의 자비심을 기대하는 기분도 작용했을 것이다. 아이가 누군가에게 발견되어 계속 살아남을지도 모른다는 기대에서, 부모는 아이를 발견한 자가 자비심을 갖도록, 그렇지 않으면 그도 중죄를 짊어지게 된다는 생각을 갖게 하였다. 물론 버려진 아이의 몇 퍼센트가 실제로 살아남았을지도 모른다. 단 산야가 아니라 사람이 사는 장소에 어린이를 버린다는 사실이, 부모의 계산·기대를 나타내고 있다.

실제로는 개인적 자비심에서 많은 것을 기대할 수 없으나, 극히 이른 시기에 버려진 아이의 역사는 공적인 자선사업과 결부되었다. 그리고 부모가 아이에 대해 무관심한 것은 공적 무관심의 감소와 더불어 증대했다고 생각된다. 그러나 문제는 이 두 가지 추이의 어느쪽이 어느쪽에게 의존하고 있는가일 것이다. 그리고 모든 지표가 전문시설의 수용능력의 증대에 의해, 버려진 아이의 기록된 수의 증가를 설명해 주고 있음을 나타내고 있는 것이다.

먼저 강조해야 할 점은, 빈민구제원이 버려진 아이를 모두 무차별로 받아들이는 일을 오랫동안 거부했다는 사실일 것이다. 17세기에는 양육할 아이가 제비뽑기로 정해졌지만[56] 기독교 사회에서는 이례적이라 할 수 있는 이 조치가 일종의 어려움에서 생겨난 과도적인 상황으로 표현하고 있다. 중요한 점은 15,6세기에는 어떤 아이는 받아들이고, 어떤 아이는 거부하는가를 새삼스럽게 결정했던 것도 사실이다. 당시 프랑스 국내의 구제시설은 죄를 감추기 위해 버린 아이를 위해서가 아니라 가난한 아이를 위해 존재했기 때문이다. 이것은 결국 1584년에 사생아를 잉태한 유부녀가 남편과 적출자의 입장을 손상시키지 않기 위해서는 어떻게 해야 하는가에 관해 쓴 베네딕트의 기술로 이어진다.

다섯번째의 의견에 따르면, 모친되는 자는 그러한 아이는 유기하든가, 구제원에 보내야만 한다. 그러나 아이가 그곳에서 양육될 때의 비용은? 구제원의 재산은 가난한 사람의 것이지, 사생아 양육을 위한 성질의 것이 아니다. 단 그를 위하여 피렌체의 마을에서 현실로 나타난 바와 같이, 연 5천 리블 이상의 수입이 있는 특별시설을 만들어야 한다면 모르지만.[57]

또한 샤를 7세가 1445년 파리 성령구제원에 준 칙허장에는 다음과 같이 서술되어 있다.

만약 불의로 태어난 아이를 구별하지 않고 받아들이면 너무나도 많은 희망자가 쇄도하게 되고, 그 결과 본 구제원의 경우는 수용불가능한 사태가 벌어질 것이다. 사생아를 양육시키는 데 당사자는 돈 한 푼 들이지 않는다면, 많은 사람들이 간음을 하고 죄를 저지르는 데 죄책감을 느끼지 않을 것이기 때문이다.[58]

불의로 태어난 아이의 구제원 수용과 순결 보호의 입장 사이에는 분명한 모순이 있다. 오랫동안 어린 생명의 희생 위에는 순결 보호가 우선한 것으로 생각된다. 17,8세기가 되면 반대 경향이 보이지만, 그것도 의식적인 또한 자유로운 선택이었다고는 생각하지 않는다. 종교·사회체계가 빠짐 없이 새로운 선택에 반대되는 태도를 나타냈기 때문이다.[59]

사실 랄르망Lallemand에 의하면, 18세기가 되어도 사람들은 여전히 『이 가련한 아이들의 대부분이 부부 사이에 생긴 아이로 극빈한 부모들에 의해 하는 수 없이 이렇게 버려진 것이라』고 믿었다.[60] 동시에 말보Malvaux 선생과 같이 반대 입장을 보인 자들은, 죄를 지어 낳은 아이에게는 구제원의 문호를 폐쇄시켜야 한다고 주장하였다.

　　빈곤을 경멸한다는 구실로, 우리들의 고아 수용소는 불의의 관계를 증가시키고 있다…… 최근 방탕한 자들에게 그들의 나쁜 행실의 결과를 공공기관에 양육시키는 편의를 너무나도 쉽게 제공하고 있다. 이 간편함이 모든 도시, 또는 많은 농촌에서 성도덕의 혼란을 증가시켰다. 수용 허가는 제한되어야 한다. ……스스로 아이를 양육할 수 없는 사람에게만 수용을 허가해야 한다…….[61]

지방의 신생아들이 파리로 대량 유출, 혹은 고아 구제시설이 있는 프랑스 지역 이외 외국으로의 신생아 유출도, 버려진 아이의 증가가 시설의 창설을 촉구하기보다는 시설이 버려진 아이를 유인하는 것을 나타내고 있다. 1779년 루이 16세의 칙령에도 『매년 파리의 고아원에는 먼 지방에서 태어난 2천 명 이상의 아이들이 찾아온다』[62]고 했다.

쏘쏭Soissons 행정구에서는, 왜 8년 전부터 3천2백40명의 〈불의의 혹은 버려진〉 아이들이 구제원으로 들어오게 되었는가에 관해 공적으로 조사한 결과 다음과 같은 사실이 확인되었다.

　　왕국 이외에서 5백86명의 아이가 이 행정구의 구제원으로 들어왔다. 그 중에도 많은 수의 아이는 리에쥬Liège에서, 제국의 쓰레기 같은 인간들이 이 자유도시로 몰려와서 버려진 아이들을 수용하기 위한 설비가 부족하게 되었다.[63]

그와 부합되는 또 하나의 현상이 있다. 혁명 때 질서가 혼란했던 시설에서 사망률이 급상승함과 동시에 버려진 아이의 수가 격감한 것이다. 아이들의 생존을 기대하기 어려웠을 때, 모친들은 그때까지 이상으로 아이를 버리는 일을 망설이게 되었다.

마지막으로 이와 같은 유아 유기에 대한 교회 당국의 태도를 보자. 물론 교권이 아이를 버리도록 장려한 것은 아니다. 그뿐 아니라 대부분의 경우 죄를 짓는 것으로 간주하였다. 단 그것도 중절 ─태동 시작 이전의 것을 포함하여 ─과 어린아이의 압사 ─우발적인 것도 포함하여 ─만큼 엄격하게 단죄하지 않았다. 내가 검토한 37건의 특수권한 케이스의 리스트 중 임신 중절을 그 속에 포함해서 31건, 압사를 포함하여 26건에 대해 〈유기〉 혹은 〈비밀방치〉를 덧붙인 리스트는 두 건밖에 되지 않는다. 모두 버려진 아이들 수의 증가가 불안한 양상을 띠던 18세기에 만들어진 것이 아니며, 또한 양자에 있어서 단죄의 대상은 비밀성에 있지, 버려진 아이의 행위 그 자체가 아니다.[64]

고해신부·신학자·양심문제결의론자 들 모두 우유부단한 자세를 보이고 있다. 프로마죠Fromageau는 여성이 세간의 소문으로 상처를 입지 않기 위해, 혹은 양육비를 내지 않으려고 아이를 버리는 일을 장려해도 좋은가고 자문하자 부정적으로 대답하였다. 그것은 18세기 신학자들의 의견을 따랐을 것이다. 그는 다음과 같이 주장했다.

　　만약 여성이 자유롭게 아이를 버릴 수 있다면, 즉각 모든 종류의 방탕함에 문호를 여는 것이다. 보통 대다수의 인간이 의무를 지키더라도, 그것은 의무를 저버릴 경우 그들이 빠질 곤란한 결과, 직면하게 될 귀찮은 문제에 대한 공포 때문에 찾아오는 경우가 많았기 때문이다.[65]

한편,

　　빈곤하기 때문에, 혹은 양육이 불가능하다는 염려 때문에 모친이 어린이를 버리려는 경우에도 신의 의지에 대한, 신자의 자비심에 대한 신뢰가 모친이 그와 같

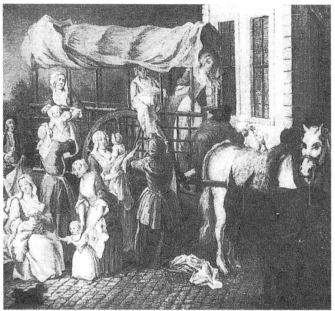

▲ 에티엔 졸라의 〈유모들의 귀환〉
아이들을 기다리고 있던 부모들은, 자녀에게 주었던
옷으로 친자임을 분간하였던 적이 있었다.

▶ 루벤스의 〈엘레나 푸르망과 아이들〉(1636년경)

은 행위를 하지 않도록 만류해야 한다.[66]

마지막으로 프로마죠가 『신은 신에게 봉사하는 자를 반드시 도와야 한다』고 덧붙였을 때, 우리들은 소르본느Sorbonne 신학자들의 태도가 아이들에 관한 한, 18세기가 되어도 중세 초기 저술가들의 그것과 매우 유사한 것으로 느껴진다. 현세에서 어린이의 생사는 어린이 자신의 이해 때문이 아니라 부친에 대한 보수, 혹은 벌로서 신의 의지에 의해 항상 결정되었다고 생각된다.

그러나 당시, 혹은 그 이전의 신학자가 모두 프로마죠와 같은 의견이었을 리는 없다. 그 자신 그 대답 부분의 서두에서 이같이 명언하고 있다.

학자들 사이에서도 의견이 둘로 나누어지고 있다. 어떤 사람들은 이와 같은 상황에서 어떤 여성이 어린이를 버리는 것이 허락된다…… 단 기아 혹은 추위로 인해 어린아이를 죽게 해서는 안 되므로.[67]

그리고 이 의견의 지지자로서 16,7,8세기의 유명한 저술가 실베스트르Sylvestre · 아조르Azor · 레망Layman · 바사에우스Bassaeus의 이름을 예로 들고 있다.

교회가 유아 유기를 온화하게 단죄했던 것은, 그것을 ─오늘날의 피임과 마찬가지로 ─일종의 필요악으로 생각했기 때문이다. 사생아가 태어날 경우 모친 자신이 아이를 기르며, 생애 동안 맛볼 굴욕감을 통하여 죄를 후회해야 하는 것이 교회측의 바람이었다. 그러나 대다수의 미혼모는 죄를 범해도 자신의 명예를 지키려고 하였다. 태어난 아이를 시설기관에서 몰래 받아들일 가능성이 없으면 아이는 태어남과 동시에 살해될 위험이 충분히 있었다. 교회도 그것은 이전부터 의식하고 있었다. 787년 밀라노의 수석사제 다타에우스Dathaeus가 버려진 아이의 수용시설을 만들었던 것도, 『자기 아이의 탄생을 세상에 알리기 어려운 부모들이 아이를 죽이는 것을 방지하기』위해서였다.[68] 피렌체의 고아원 창설도 이같은 요구에 부응한 것임이 분명하다. 그리고 말보Malvaux 스승도 18세기 프랑스의 자선설비의 이해利害를 논하고 있다.

모친들이 갓태어난 아이를 질식사시키는 것을 방지하고 싶다고 하였다. ……그 렇다면 도대체 두세 명의 모친이 모진 짓을 범하지 않으려는 그럴싸한 구실로, 몇 만 명의 모친들이 사악한 계모가 될 위험을 무릅써도 좋다는 것인가?[69]

〈두세 명〉과 〈몇만 명〉의 대립은 물론 언어의 취지이다. 가령 도덕가 말보 스승이 1770년 - 1780년의 어린아이 살해의 정확한 건수에 관해 갖은 수단을 사용하여 그것을 알 수 있었다고 하자. 그래도 시설이 증가하기 이전, 혹은 사생아에 대한 사실상이나 원칙상의 시설 문호개방 이전의 어린이 살해건수 의 규모에 관해서는 우리들에게 아무것도 가르쳐 주지 않았을 것이다. 우리 들이 갖고 있는 단 하나의 평가기준, 그것은 16세기에 앙리 2세가 탄생 직후 의 사생아 살해문제와 직면한 것에 비해, 18세기 루이 16세는 버려진 아이들 수의 격증이 문제였다는 사실이다.

빈곤 때문에 아이를 버린 부부에 관해서는 — 그 수에 관해서는 18세기에 과장과 과소평가가 서로 반복되었다[70] — 교회도 거의 단죄하려고 하지 않았 다. 16세기 베네딕트는 이같이 서술하였다.

개인 혹은 공공장소에서, 양육할 재산이 있으면서 자기 아이를 유기하는 것은 죄를 범하는 것이다.[71]

그렇지만 재산이 없는 자에 관해서는 리용의 엄격한 프란체스코 수도사도 아무 말도 하지 않았다.

무관심과 등한시

어린이 양육에 있어서 무관심과 유아 사망률

예전의 서구사회에서 어린이를 양육할 수단이 있고 없고는 실제로 무엇을 의미했는지 생각해 보아야 한다. 가난한 집 아이들은 몇 살부터 부모를 돕기 시작하는지, 혹은 가계의 도움이 되기 위해 집 밖에서 일을 하기 시작하는지 —

신학자는 그 연령을 7세로 시사하고 있다 —? 그 연령 이전에는 무엇을 먹었을까? 그리고 그것은 부모에게 어느 정도의 부담이었을까? 보통 임신불가능 기간의 경우와 유소년자의 사망을 고려하더라도, 한 집안에서 몇 명까지 완전하게 부모가 번 돈으로 아이를 먹일 수 있을까? 이와 같은 점을 안다면 가족을 부양할 수 있는 재정상황이 어느 정도였는지 짐작할 수 있으며, 젊은 부부의 몇 퍼센트가 그와 같은 상황에 처해 있었는지를 알 수 있을 것이다.

현재 이런 종류의 연구가 이제까지 행해진 적이 없는 상황에서 나는 결혼해서 —만혼의 경우에도 —태어난 아이들 전부를 양육할 재력이 없었던 부부가 꽤 있었다고 말할 수밖에 없다. 즉 단순하게 경제적 이유에서 그들은 유기 혹은 어린이 살해에 의해 귀찮은 존재를 제거할 것을 결심하지 않는 한, 어린이를 타인에게 구걸 혹은 도둑질을 시키는 것이, 자신들의 팔 안에서 굶기거나 소화기병 등으로 죽는 모습을 보는 것보다 나았던 것이다. 교회는 부모들에게 신의 의지와 기독교도의 자비심을 마지막까지 믿도록 설교하였다. 사실 17,8세기의 사회에서는 적어도 빈곤으로 죽는 아이들의 일부를 구제할 수단이 있었던 것은 분명하다. 그러나 구체적으로 가정 속에서 문제가 생긴 경우에는, 종종 어쩔 수 없이 내다버리는 것이 양친이 취하는 해결책이며, 교회도 그것은 충분히 이해했던 것이다.

그러나 나는 양친의 빈곤 때문에, 그리고 형·누이 들이 있기 때문에 죽어야 할 운명에 처해진 대부분의 아이들이 버려지거나 명백하게 혹은 숨겨져서 어린이 살해의 희생이 되었다고는 생각할 수 없다. 그들의 대부분이 양친 아래서 죽었던 것이며, 그것이야말로 —저연령에서 배제된 아이의 수 대부분 —예전의 기독교 사회가 그에 선행하는 갖가지 이교 사회와 다른 점을 보여 주는 것이다. 따라서 나는 왜 부모가 미래의 일을 생각하지 않고 아이를 낳았는지, 그리고 왜 그들이 난폭한 제거방법을 피하려 했는지를 설명해야 한다. 물론 그 이유를 나는 당시의 도덕에서, 적어도 설교목사·고해신부·신학자 들이 우리들에게 가르쳤던 점에서 구할 작정이다.

『선한 인간은 결코 어린이를 많이 낳는 것을 염려하지 않는다』고 베네딕트는 말했다. 또한 베네딕트가 유아 유기의 항목에서, 가족을 양육할 재정수단이 없는 경우도 있을 수 있다고 인정한 그의 낙관주의적 주장은 의외이다. 실제로 이 낙관주의는 모든 인간에게 적용되었던 것은 아니며, 그 때문에 서민의 경험과 너무나도 큰 모순을 초래하는 것도 피할 수 있었다. 즉 그것은 어디까지나 〈선한 사람〉·〈정의로운 사람〉에게 적용되는 낙관주의로, 누구나 그렇게 될 수 있었지만 모두가 그렇게 되지는 않았다.

이와 같은 낙천주의의 표본이 되었던 확신 —구약성서, 또는 중세 초기의 멘탈리티의 유산이다 —즉 신은 부모에게 보답 또는 벌하기 위해, 어린이를 주기도 하며 죽이기도 한다는 사고방식에 관해서는 새삼스럽게 반복할 필요가 없을 것이다. 단 여기에서 강조해 둘 것은, 이와 같은 생각에 의해 조장될지도 모르는 부친측의 무책임이다.

신이 어린이들을 주면서 당연한 도리로서 양육의 수단까지 주었다. 하늘의 새들에게 식량을 준 것도 신이 아닌가. 그렇지 않으면 신이 우리들에게 자식을 주었을 리가 없다.

서구사회는 수천 년 동안 생식이 성적 결합의 결과라는 것을 알고 있었다. 생식과정의 세세한 부분도 관련된 중요기관도 몰랐으며, 또한 성관계가 반드시 임신과 결부되는 것이 아니라는 바가 확인되었으므로, 임신은 항상 신의 의지를 직접적인 원인으로 한다고 믿었던 것이다. 양친은 결합에 의해 미래의 아이를 낳을 재료가 제공된다. 그러나 이 정자라는 재료에서 아이를 낳느냐 낳지 않느냐의 결정은 신 자신에 의해 이루어졌으며, 잉태기간중 어느 시기에 영혼을 주입하는 것은 신 이외의 누구도 아니다. 특히 수 년이나 아이를 얻지 못한 부부와 보통 성생활을 영위하면서도 유달리 아이가 많은 부부로서는 이와 같은 신의 힘을 의심할 수 없었을 것이다.

경제·사회구조가 가정의 규모가 작은 것을 바라는 한편, 이와 같은 책임 전가가 가정 내의 어린이 살해·피임행위가 적음을 설명한다. 신은 신 자신의 결정에 의해 좋아하는 인간에게, 마음 내키는 때에, 좋아하는 수의 아이를 주는 것이며, 생식의 증감이 자신들의 자유에 맡겨져 있다고 생각하는 부부는 없었다. 그뿐인가, 대부분의 저술가가 입을 모아 임신이 부부결합의 빈도와 비례하는 것이 아니라 오히려 반대라고 말하기도 한다. 이런 점에서 절제라는 기독교적 관념과 순결이라는 기독교적 관념이 서로 협력했다고 말할 수 있다. 한편 부부가 어린이 살해의 죄를 범하지 않는 것은, 관념적인 생명 존중과 유소년자에 대한 애정 이상으로 어린이는 신이 보내 주었다는 신앙에서였다. 그러나 어린이의 생명에 대한 이와 같은 배려도 극히 인간적인 나태·부주의 —이것에 관해서는 뒤에서 다루었다—를 배제하지는 못했다. 그에 의해 한층 더 교회가 인정하는 권리 행사를 양친이 보류했던 것은 아니다.

더구나 죽음이 어린이의 절반을 —가정에 따라 차이는 있었지만—제거했던 사회에서는 체념을 아는 것도 필요했다. 이 심리를 나타내는 정식〈신이 부여하고, 신이 빼앗는다〉는 의사·성직자, 그리고 가정 내에서의 매일의 기록을 적는 부친들의 붓과 동등하게 보였던 것이다. 이 생각은 극히 종교적이라 말할 수 있지만, 동시에 그것이 반드시 기독교도들만의 것이 아니라 숙명론, 생식과 어린이의 죽음을 전제로 하는 어떤 종류의 숙명론을 조장했다는 점도 무시할 수는 없다. 그것은 죽음과의 싸움에 있어서 무력함의 확인이며, 생식 메커니즘에 대한 무지였다. 그것이 당시의 종교에서 숙명론적 색채를 띠고 있었던 것이다. 생식과 질병과정의 이해도 깊었고, 우리들 자신의 손으로 꽤 제어할 수 있게 된 오늘날 교회는 반대로 생식의 행위, 어린이의 생명 유지에 대한 양친의 책임을 강조하고 있다.

부모의 책임원리가, 서구 대부분의 부모에게 있어서 다수의 어린이의 양육이 가능하게 된 시기에 인정된 것은 도리에 위반되는 것처럼 보일지도 모른다. 많은 아이를 양육하기 위한 재력이 없는 가정이 많았던 시대야말로, 유아의 사망이 부모의 무책임한 생식활동에서 유래했다고 생각하기 때문이다. 이 생각에 관해서는 본고의 마지막에서, 옛날 인구체계에서 새로운 인구체계로의 이행을 분석하면서 다시금 다룰 예정이다. 단 원칙적으로는 그것을 반론하기 어렵다는 것만은 지금 이 단계에서 말할 수 있다.

그보다 먼저 나는 왜 옛날 멘탈리티가 어린이에 대한 부모의 등한한 태도를 조장했는지, 그리고 왜 이 무관심이 16,7,8세기 프랑스의 이상스러울 정도로 높은 유아 사망률을 얼마나 설명할 수 있는지를 나타내고자 한다.

등한시와 갖가지 사고

유아의 압사에 관해 우리들이 앞에서 본 점에서, 많은 경우 그것이 고의에 의한 것이라고 결론내릴 수는 없다. 물론 그것이 보통 우발적이었을지라도, 부부의 침대에서 벌어진 어린이의 압사가 바라지 않던 아이를 의식적으로 배제하기 위한 유혹적 수단이 되지는 못했다. 단 이 우발성은 부모의 무지뿐만 아니라 태만과 관련되어 있다. 대다수의 부모가 위험을 알고도 지출비·피로를 피하기 위해 유아를 같은 침대에 재운 흔적이 있다. 예를 들면 베네딕트도 부모의 이와 같은 태만을 비난하고 있다.

어린이가 울면 자기의 단잠에 방해가 된다고 해서, 또한 젖을 토했을 때 추위를 견디지 못한다는 연약함 때문에 아기를 요람에 재우지 않고, 자기 곁에 재우는 모친과 유모는 죽음의 죄를 범하고 있다. 그 결과 아이를 질식사시킬지도 모르기 때문이다. ······모친에게 충분히 주의시키고 싶은 점은, 어린이를 다른 곳에 재울 수 없다면 적어도 크고 넓은 침대일 것, 그리고 아이와 자기의 사이에 무언가를 두어 위험이 미치지 않도록 배려하는 것이다. 학자들 중에는 가난해서 큰 침대·요람, 그외의 필수품이 없는 자들을 다소 관대하게 보는 사람도 있다. 나는 이 점에 있어서는 모친들의 양심에 맡긴다. 죽을 가치가 있는 죄.[72]

또한 그 정도로 집요하지는 않지만, 그외에도 교회는 어린이의 생명에 있어서 위험한 갖가지 부주의를 비난하고 있다. 예를 들면 11세기에는 부르샤르 드 올무스가, 12세기에는 이브 드 샤르트르가, 그리고 그 이전의 수세기에 걸쳐서 몇몇 저술가가 어린이를 난로와 끓는 물이 들어 있는 남비 곁에 두는 모친을 엄격하게 벌하였다. 유사한 기술이 그뒤 수세기의 몇 가지 주교구회의 규정에도 보인다. 예를 들면 16세기 초기 깡브래Cambrai의 주교구 규정은, 『태어난 아이의 생명을 불 또는 끓는 물로 잃어버린 부모들의 부주의』에 관심을 기울이고 있다.[73]

현대에도 아이들의 사고에는 어떤 형태로건 부모의 책임이 있다고 반론할지도 모른다. 실제로 모든 것을 예견할 수는 없으며, 있을 수 있는 위험 모두를 언제나 염두에 두고 생활할 수는 없다. 게다가 아이가 많은 모친이 각각의 아이를 외동아이처럼 소중하게 키울 수 없다고 해도 이상할 것은 없다. 특히 모친 자신이 일을 하여 가계비를 도와야 하는 가난한 가정에서는 더욱 그러하다. 그러나 나는 ─필립 아리에스도 똑같이 생각했다 ─ 단순히 물질적인 이유에서가 아니라 문화적인 이유에서도 옛날 부모는 오늘날의 부모만큼 아이에게 신경을 쓰지 않았으며, 또한 이 정신태도가 옛날 인구체계와 결부되어 있었던 것으로 생각한다. 어린이가 얼마든지 있었던 사회에서는, 어린이가 우리들과 같은 피임사회에서와 같은 정도의 가치가 없었다.

아리에스는 이와 같은 그의 사고방식을 유소년기 의식에 대한 고찰, 혹은 그 역사에서 도출하였지만 현대 사회현상의 몇 가지 분석으로도 그것을 뒷받침하고 있다. 예를 들면 현재 프랑스 북부에서 볼 수 있는 높은 유아 사망률은, 처음 생각했던 것처럼 풍토에 의한 것이 아니다. 지금은 프랑스의 대다수 지방에 비해 손색이 없는 이 지방의 생활수준 때문도 아니다. 실제로 의료설비는 다소 뒤떨어지지만, 그렇다고 해서 같은 물질적·위생적 조건에 놓여 있는 그 지방의 외국인 노동자 아이들의 사망률이 저조한 것을 보면 이해가 되지 않는다. 이와 같은 설명을 모두 배제한 후에 마지막으로 생각할 수 있는 것은 어떤 문화적 요인, 즉 그 지방의 서민 ─농민, 근로자, 노동자 ─에게 특징적으로 어린이의 건강에 대한 전통적인 무관심이 내재해 있었다.[74] 프랑스의 이 지역에서는, 사망률과 출생률 사이에도 분명한 상관관계는 없다. 유아 사망률이 좀더 낮은 프랑스 지역에서 출생률이 높은 점은 몇 가지 있다. 조사 결과, 근로자의 가정에서보다 노동자 가정 쪽이 유아 사망률이 더 높다. 또한 근로자의 아내처럼 노동자의 아내는 아이의 수가 늘어나는 것을 바라지 않는다. 그렇지만 실제로 후자 쪽이 많은 아이를 거느리고 있는 것을 알 수 있다. 즉 서민계급 공통의 이데올로기적 구조체 이외에, 프랑스 노동자의 경우에는 무관심이라는 또 하나의 보조적 요인이 있다. 그들 가정에는 바라지 않았던 아이들이 많다.

더구나 우리들은 출생순서와 관계된 여러 현상연구에 의해, 처음에 태어난 아이보다 나중에 태어난 아이 쪽이 사망률이 높다는 것을 알게 되었다. 이것은 문자 그대로 출생순위 현상에서 오는 것이지만, 주로 뒤에 태어난 아이는 필연적으로 다수의 가족 속에 있게 된다는 사실, 그리고 유아 사망률은 가족 수가 많은 쪽이 산아제한을 실시한 가족보다도 현저하게 높다는 사실에서 유래하고 있다.[75] 자식이 많은 가족에게서 볼 수 있는 높은 사망률은 당연히 물질적 요인으로 일부 설명될 것이다. 특히 가족수당제도가 아직 존재하지 않았던 시대에는 어린이의 수가 중대한 경제적 빈궁의 원인이었기 때문이다. 이 빈궁은 당연히 심리적 영향력을 가졌다. 즉 부친과 모친은 소수가족의 부모만큼 아이들 한 사람 한 사람에게 신경을 쓸 수 없었다. 그뿐만이 아니다. 어린이 사망률은 현재 가정의 규모 이상으로 장래, 가정이 완결했을 때 보여지게 될 규모로 좌우되었다. 따라서 유아 사망률은 다수 가족의 경제적 곤란과 그곳에서 생기는 심리적 태도뿐만 아니라, 그 이외의 요소에 의해서도 당연히 설명될 수 있다. 앞으로 많은 수의 가족을 거느릴 양친은, 출발점부터 이미 어린이의 건강에 무관심했던 것이다.

현재 프랑스의 다른 지방에 비해 북부 지방, 혹은 소수가족이라기보다는 대가족의 특징으로 되어 있는 어린이에 대한 부모의 무관심을, 우리들 사회와 대립된 구사회의 특징으로 상정할 수 있다. 그리고 17,8세기에 보였던 높은 유아 사망률은 부분적이나마 그곳에서 유래했다는 것을 인정하지 않을 수 없다.

고용된 수유부

유아에게 젖을 먹일 때 볼 수 있는 무관심은, 아마 우리들이 이제까지 다루어 왔던 유사한 태도 이상으로 무서운 결과를 낳을 것이다. 16세기 베네딕트는 『타인의 젖을 먹이면 모유를 먹는 아이처럼 잘 자라지 않는다는 점을 알면서도, 돈으로 고용한 유모에게』 아이를 〈맡기는〉 모친들을 비난했다. 그의 질책을 들어 보자.

그렇지 않으면 도대체 무엇 때문에, 자연은 그녀들에게 두 개의 작은 포유병이라 할 수 있는 유방을 주었겠는가? 그러나 냉혹한 그녀들은 뱃속에서 아이를 꺼내 지상으로 내놓는 것만으로 만족하고, 그후엔 음침한 시골로 보내거나 건강하건

건강하지 않건 갓난아이의 양육을 타인에게 맡긴다.[76]

18세기의 리용 주변의 〈초라한 마을들〉에 관해서 최근 모리스 가르당Maurice Garden이 우리들에게 가르쳐 준 점에 의하면, 1771–1773년 무렵 리용에서 태어나 빈민구제원에 의해 사보와 산중의 마을로 보내진 유아 중 62.5퍼센트가 그곳에서 사망했다. 도피네Dauphiné 마을에서는 평균 63퍼센트가, 뷔제Bugey · 프랑슈 꽁떼Franche-Comté · 브레스Bresse · 비바래Vivarais 각 지방의 마을에서는 각각 67.6, 70, 71, 75퍼센트가 사망했다. 과연 가정에서 자라난 아이들은 통계의 대상이 된 구제원의 아이들만큼 사망의 공포에 위협받는 일은 많지 않았을 것이다. 단 양자의 차이는 그 정도로 크지 않았다고 추측된다.[77]

고용된 수유부는 단순히 버려진 아이 · 귀족 · 부르조아 계층의 아이뿐만 아니라, 제조공 · 소규모의 상인 집안의 아이와도 관계가 있었다. 18세기 부부가 함께 일하는 가정에서는 수유 의뢰가 원칙이었던 것 같다. 이와 같은 노동자 · 제조공의 가정에서는 『자식을 양아들(딸)로 보낼 수밖에 없었다』고 모리스 가르당은 서술하고 있지만,[78] 18세기의 개혁론자들도 같은 의견을 토로하고 있다.

노동자들 또한 우리들에게 뒤지지 않을 만큼 마음이 곱다. 그렇지만 울먹이며 자기 아이를 양육시키기 위해 다른 사람에게로 데리고 간다. 자기 자신은 부양할 수 있는 능력이 우선이었으므로.[79]

그러나 아이에 대한 태도와 유아 사망률의 관계를 검토하고 있는 나로서는, 이와 같은 관대한 평가로 그칠 수는 없다. 이미 나는 경제 · 사회의 여러 구조가 유아 사망률에 미친 영향을 강조하였지만, 지금은 심리적인 요인의 영향과 개인적 책임을 강조해야 한다. 책임을 떠맡는 농촌 여성의 나약하고 주눅든 얼굴 표정을 무시해서는 안 된다. 그녀들은 자신들의 가난한 생활을 개선하기 위해, 양육할 수도 없는 많은 수의 아이를 떠맡았다. 가르당은 20년 동안 12명의 유아를 맡았다가, 한 사람도 살려서 돌려보내지 못한 양부모의 예를 우리들에게 말해 주고 있다.[80] 그는 또한 1759년에 16건의 세례밖에 행하지 않은 마을이, 같은 해 21가족에게서 26명의 유아를 떠맡았다고 한다. 맡아 기른 양아이의 수는 식량 위기의 시기에는 더욱더 증가하였고, 여느 때보다 마을 여인네의 젖이 적었던 1767년에는 39명, 1772년에는 35명, 1775년에는 31명의 아이들을 맡았다.[81]

어린이의 생명을 이와 같은 위험 속에 내던져 둔 부모들에겐 다른 방법이 없었을까? 최하층의 가정에서는 모친이 자기의 젖으로 아이를 길렀다는 것도 그들의 벌이가 양부모에 대한 사례 이하였다는 것이다.[82] 견직공과 상점 주인이 아이를 〈초라한 마을〉로 보낸 것도, 자신들의 먹을 것을 축내기보다는 오히려 갓난아이의 생명을 위험 속으로 보내는 쪽을 선택했기 때문이다. 몇 푼 안 되는 수입 가운데 양부모에게 지불할 금액을 염출해야 하는 재정적인 희생은, 과연 그리스 로마 사회보다 18세기 기독교 사회에서는 신생아의 생존을 위해 좀더 많은 배려를 하지 않았음을 나타내고 있다. 그러나 만약 다른 모든 일에 대한 배려보다 이 일에 좀더 신경을 썼더라면, 양부모제도가 그 정도로 발전하지 않았을 것이며, 좀더 감시를 했더라면 피해가 적었을 것이다. 이것은 특히 부르조아 계층의 가정에 적용되는 것이다. 그들의 아이들도 〈대부분 비슷한 정도로 재화의 희생이 되었던〉 것이다.

우리들의 눈에는 교회도덕가들이 때로 사회의 책임에 대해 무지하고, 그 반면 개인에 대해 지나치게 엄격하게 비친다. 그렇지만 그들이 생리적으로 가능한 한 모친 자신이 아이를 길러야 한다고 설교하였으며, 양아이로 보내는 것은 일종의 유아 유기로 단정했던 것을 비난하는 것은 아니다.[83] 사실 양아이로 보내는 것 자체가 이미 아이에 대한 일종의 무관심의 증거였으며, 이 무관심은 더욱 조장되었을 것이다. 때로 아이를 수년간 ─부르조아 가정에서는 때로 10년간 ─시골에 버려두었으며, 이와 같은 소원한 관계가 부친으로서, 모친으로서의 감정을 자아내는 데는 적합하지 않았다고 생각한다. 부모들 중에는 곧 가까운 마을로 아이를 데려오면서도 한 번도 아이의 소식을 묻지 않는 자도 있었다.[84]

시기상조의 이유 離乳

그렇지만 당시의 도덕가들이 모친에게 3년간의 수유를 요구한 것은 기이한 느낌을 준다. 이것은 지나치지 않을까? 예를 들면 베네딕트는 다음과 같이 서술하였다.

아기가 3세에 달할 때까지 —그 이후는 어린이의 성장에 있어서 필요한 것을 부친이 주어야 한다고 자연의 법칙에 의해 명해졌다 —우유를 주지 않은 모친, 적어도 좋은 수유자가 못 되는 모친은 죄를 범하고 있다.[85]

포르투갈인 페르난데스 드 무르Fernandes de Moure도 이같이 말하였다.

가능함에도 불구하고 아이에게 3년간 젖을 먹여 기르기를 거부하는 자는, 나바루스Navarrus가 말한 바와 같이 죄를 범하고 있다. 그 이유는 자연계의 모습을 보면 알 수 있다. 동물이 이유도 모르고 행하는 것처럼, 우리들은 아이들이 스스로 먹을 수 없는 기간 동안에는 그들을 보살펴 주어야 한다.[86]

산체스는 명령을 내리지는 않았으나, 수유의 실상을 다루면서 수유기간으로서 2년을 제안했다.[87] 그러나 6세기 뚜르의 그레고리우스는 3년째 유아가 변함 없이 젖을 빨고 있다고 기록하였다.[88] 또한 16세기 까뜨린느 드 메디찌 Catherine de Médicis의 편지에서, 가능한 경우에는 2세가 넘어도 여전히 수유가 계속되었다.[89] 잊지 말아야 할 점은, 빠스뙤르가 출현하기까지 살균 이외에 대부분의 위생학상의 원리를 몰랐던 것도 사실이다. 즉 물은 일반적으로 불결하고, 유아가 어머니 혹은 유모의 젖 이외의 액체를 섭취할 경우, 현재에는 생각할 수 없을 정도의 위험에 처해지게 되었다. 유아 사망의 계절별 그래프도 하절기에 절정에 달했고, 저연령아의 대다수가 소화불량을 비롯하여 위장질환으로 생명을 잃었던 것을 나타내고 있다. 이와 같은 조건으로 보건대, 어린이는 될 수 있는 한 언제까지나 모유로 기르는 것이 현명하지 않을까?

일반적으로 17,8세기의 프랑스에서는, 분명히 수유기간이 3년보다 훨씬 짧았다. 임신간격기의 연구에 의해서도 그것을 알 수 있다. 그렇다면 이처럼 긴 수유기간이 적어도 평균적인 여성에게는 생리상 불가능했던 것은 아닌가 하고 생각해 보게 된다. 그러나 어떤 종류의 비유럽인들 사이에서는, 지금도 모친이 유럽인보다 훨씬 긴 기간 어린이를 모유로 기르고 있는 것을 알고 있다.[90] 그녀들은 생리학적으로 다른 인종인가? 유럽의 모친에게 있어서 이렇게 장기간에 걸친 수유가 생리학적으로 불가능하다면, 서구신학자들의 주장·은 무엇을 근거로 하였을까?

따라서 현재의 연구단계에서는, 옛날 프랑스의 수유기간을 생리학적 요인보다 오히려 문화적 요인으로 설명하는 쪽이 온당하다고 나는 생각한다. 즉 유럽의 모친이 아메리칸 인디언처럼 생후 2,3년간의 수유를 행하지 않았던 것은, 그녀들이 조기에 부부관계로 돌아갔고, 그 결과 수 개월 후에는 다시 임신이 되었기 때문이라고 생각하고 싶다. 유아가 사망한 경우 조기 재임신은 보통 아이의 사망에 의해 수유가 중단되었기 때문에, 여성의 수태 가능성이 빨라졌다는 설명이 된다. 반대로 어느 경우에는 ─호적기록으로 쉽게 추적할 수 있다 ─유아의 사망은 재임신 후에 일어나므로, 성급하게 이루어진 이유가 오히려 유아 사망의 원인이 된 것으로 생각할 수 있지 않을까? 이것은 비유럽 사회를 연구하고 있는 인구학자들이 세운 가설이지만,[91] 옛날 서구사회에 관해서도 같은 가설을 체계적으로 검토해야 할 것이다.

그와 같은 연구가 행해지지 않고 있는 현재에도, 이 가설을 지지하는 몇 가지 사실을 볼 수 있다. 예를 들면 임신 중단기에 대한 수유의 영향을 구체적으로 설명하게 위해, 삐에르 구베르Pierre Goubert가 우리들에게 보여 준 데꼬-크로니에Decaux-Crosnier 가의 사례[92]에서 다음의 사실을 떠올릴 수 있다. 즉 15개월 이하의 임신 중단기에는 반드시 먼저 태어난 아이가 6개월 이내에 사망한 사실이 들어 있다. 여덟번째 아이가 6개월 이내에 사망함에 따라 수유 정지는 여덟번째 아이와 아홉번째 아이의 탄생간격을 단축시키지는 않았다. 나로서는 다섯번째 아이 탄생 이후의 중단기간의 연장이, 결혼 후 7년이 지난 부부의 성관계가 멀어졌기 때문이라고 본다. 그 결과 결혼한 다음에 태어난 네 아이 중 세 명이 사망했으면서도, 마지막의 여섯 아이 중 다섯 명이 생존할 수 있었던 것이라는 확신을 갖는다.

그외에 J. 뒤빠끼에Dupâquier와 M. 라시베르Lachiver는 우리들에게 1660년부터 1739년 사이, 묄랑Meulan에서 마지막에서 두번째 아이 중 22.6퍼센트가 1년 이내에, 41.3퍼센트가 5년 이내에 사망했지만, 막내의 사망률은 1년 이내가 14퍼센트, 5년 이내가 28.7퍼센트에 불과하다는 점을 가르쳐 주고 있다.[93] 시대적으로 보건대, 이것은 의식적 산아제한의 표현일 리가 없다. 1790 −1839년 부부간의 피임이 일반적이었던 시기에 막내의 사망률이 적어지면서, 막내에서 두번째 아이의 그것보다 높아졌다는 사실이다. 따라서 1660 −1739년의 막내 사망률 저조는 달리 설명하지 않아도 된다. 즉 막내는 결코 수유기중의 임신에 의해 조기 이유의 피해를 받지 않기 때문이다. 다시 말하면, 본래의 수유기인 2,3년간 양친이 임신을 피하기만 했다면, 막내에서 두번째 아이의 사망률은 막내와 비슷하든가, 아니면 오히려 좀더 낮아─1790−1839년에서 알 수 있듯이─졌을 것이다. 생리학적으로 젖이 없어질 위험은 수태 한계연령에 달한 어머니보다는 젊은 모친 쪽이 적기 때문이다.

마지막으로 만약 신학자들이 말한 바와 같이 2,3세 이전의 이유를 서둘러 생각했다면, 2,3세 이전의 위장질환에 의한 사망의 대부분은 이와 같은 이유에서 생겨난다고 할 수 있다. 요컨대 17,8세기의 의학·위생조건 속에서는, 어린이들의 상당 부분이 수유기가 정상적으로 끝나기를 기다렸다가 임신해야 한다고 생각하지 않았던 부모로 인해, 말하자면 살해되었다고 할 수 있다.

부부의 성도덕과 유아에 대한 수유

그러나 재임신으로 인해 유아의 위가 위험하다는 것을 몰랐던 것은 아니다. 모유는 모친의 피 자체, 특별히 순도가 높고 특별히 〈조리된〉 피라는 것이 고대·중세·근대를 통틀어 의사들의 거의 일치된 의견이었다. 수유기에는 여자의 피의 〈과잉분〉이 대부분 주기적으로 배설되는 대신에 젖으로 바뀌고, 월경 소멸도 그것으로 설명된다고 그들은 생각했다. 그런데 그 동안에 성적 교섭이 있으면, 피가 자궁내에 모여 월경이 다시 나타난다. 즉 모유 분비가 감소하게 된다. 불행하게도 만일 임신을 하면, 모유 분비의 완전한 정지도 있을 수 있다. 자궁 안에서 살고 있는 태아가 여체의 피를 그대로 흡수하므로 유방까지 한 방울도 도달하지 않을지도 모른다. 가령 모유가 나오더라도, 그 것은 이미 영양분을 상실한 젖, 응고되어 유아에게 소화하기 어려운 젖뿐이 다. 어찌되었거나 수유기간중의 재임신이 빠르면 빠를수록 유아에게 있어서 위험한 이유를 초래한다.

주지한 바와 같이 어떤 사회에서는, 이와 같은 조기 이유를 피하기 위한 조 치가 취해졌다. 수유중인 여성과의 성관계를 금하면서 일부다처제, 혼인 외의 관계 덕분에 남편도 그것을 달가워하는 사회도 있다.[94] 또한 이 기간의 성관 계를 불임으로 하라고 설교한 사회도 있었다. 또한 고대 이스라엘의 율법학 자 중에는 다른 학자들이 오난Onan국의 역사에서 본 신의 금령을 무시하고, 부부에게 불임책을 조언한 자도 있었음을 잊어서는 안 된다.[95] 기독교도들에 게는 일부다처제도 혼인 외 관계도 부부간의 피임도 인정되지 않았으므로, 그 들에게 있어서 정통적인 해결은 부부의 완전 금욕 이외에 달리 방법이 있을 수 없었다.

사실 6세기의 교황 그레고리우스도, 칸타베리 대주교 성 아우구스티누스 에게 이 같은 편지를 보냈다.

진실로 남편되는 자, 아이가 젖을 떼기 전까지 아내와 동침해서는 안 된다.[96]

16세기 법학자 따라꼬Tiraqueau는 왜 『수유기의 여자는 비너스신을 조심 해야』하는가를 장황하게 설명하였다.[97] 또한 엄격한 베네딕트도 다음과 같 이 서술하였다.

남편은 아내가 아이를 유방에서 뗄 때까지 교섭을 갖지 말아야 하는 규정이 있 다. 이것은 이스라엘의 가장들과 수유기중인 아내들의 관계에서도, 사무엘의 모 친 한나 또는 호세아의 아내의 행동으로도 쉽게 알 수 있다. 금기를 파기하고 육 체교섭을 가지면 종종 수유중의 여자로부터 젖을 빼앗아 어린이에게 해를 입힐지 도 모르므로. 만약 이렇게 해서 모친이 젖을 잃어버려서 아이가 그로 인해 죽으면 죽음의 죄를 범하는 것이다.[98]

이 텍스트가 말한 규정이란, 그레고리우스의 짧은 문장이 그대로 그라티아 누스의 《교령집》속의 규정 《아드 에유스*Ad eius*》의 제1조로 채용된 것이다. 이 법규는 무수한 신학자·교회법학자에 의해 주석이 가해졌으므로 새삼스럽게 그것을 다시 생각해 보려는 학자는 거의 없으며, 의론의 대상으로 하려는 자도 드물었다.[99] 이 법규 —곧이어 다른 문제를 다루었다 —의 주석자 대부분이 마치 그것이 눈에 들어오지 않는 것처럼 취급했다. 왜일까?

17세기 초기 산체스가 자기의 학설을 정당화하려고 서술했던 몇 가지 문장 속에 그 근본적인 이유가 잠재되어 있다고 나는 생각한다.

사실 나는 아내에 대한 권리의 요구를 삼가하지 않았더라도 전혀 죄가 되지 않는다고 생각한다. 젖먹이가 받는 손해 —교접에 의해 다른 아이를 잉태할 경우— 에 관해서는, 유모에게 위탁하면 된다. 또한 가난한 부모가 본래의 금욕기간을 전혀 지키지 않으면서 양자로도 보내지 않는 것은 경험상 우리들이 아는 바와 같다. 그럼에도 불구하고 어린이에게 이렇다할 해를 입히지 않는 것도 우리들은 알고 있다. 그렇다고 이와 같이 드물고 불확실한 사항을 모태로, 같은 침대에서 잠을 자는 부부에게 수유기간의 2년간을 통틀어, 그리고 모친이 새로 출산하게 되면 그 2년간 금욕을 강요하는 것은 너무나도 가혹하고 인간으로서 불가능하다고 할 수 있다. 이와 같은 조건은 가난한 자들에게 있어서 결혼은 육욕에 대한 처방을 얻기보다는 수많은 죄의 덫, 원인이 될 것이다.[100]

사실 당시의 신학자들이 부부에게 장기간의 금욕을 강요한 것은, 경험적으로 또는 신학이론상으로도 불가능하다고 믿었다. 결혼한 인간은 대부분의 정의로 보아 신으로부터 금욕생활을 보내야 한다고 초대되지 않은 사람이다.[101] 단기간 —축제날·성체배령 이전·월경중 —그들에게 금욕을 권유하는 것은 괜찮다. 그러나 강요하다니! 그것도 2년간! 그것은 바울에 의해 결정된 결혼제도에 역행하는 것이다. 실제적으로 그렇게 되면 남편은 결혼 이외에서 성적 만족을 요구하게 되고, 따라서 죽음의 죄를 범하게 될 것이다.

이와 같은 생각에서 신학자들은, 오히려 수유기간중의 부부교섭에 따르는 결과를 문제삼았던 것이다. 가령 문제삼기는 했어도 현실을 외면한 채, 어느 부모나 유액 분비가 정지되면 돈을 지불하여 유모를 고용하든가, 정이 깊은 사람에게 그 비용을 주어 젖을 먹이는 수단이 있다고 생각했다. 농민들은 건강하므로 재임신이 유아에게 위험한 경우는 드물다고 주장하기도 했다. 물론 고대 이후의 전통에 충실한 휴머니스트의 한 사람인 띠라꼬는, 현실은 완전히 다른 양상을 나타낸다고 하였다.

그것이 유아뿐만 아니라 자궁내의 태아에게도 총총 치명적인 것이 된다는 점은, 우리들 자신의 일상에서 보고 들었던 바이며, 옛날부터 가르쳤고 또한 그 문제에 관해 쓴 사람들이 거의 예외 없이 우리들에게 전해 주었다.[102]

그리고 현연구단계에서는 역사인구학도 띠라꼬의 비관론과 일치한다.
그런데도 부모들 중에는 실제로 위험하다는 것을 믿고, 그 때문에 아이를 양자로 주는 자들이 있다는 것을 알고 있다. 6세기 교회가 모든 이유를 들어 결혼 내에서의 금욕을 요구했을 무렵, 교황 그레고리우스는 다음과 같이 서술하였다.

없어져야 할 어떤 관습이 부부 사이에 보이는 것 같다. 여자가 자기 아이를 기르는 것이 싫어 다른 여자에게 양육시키는 것이다. 이 풍습이 생겨난 이유는 단한 가지, 무절제이다. 금욕을 감수해내지 못한 그녀들은 자기 뱃속으로 낳은 아이에게 젖을 줄 수 없다.[103]

이 텍스트를 그대로 믿어도 양부모제도가 교황이 생존하는 동안에 갑자기 나타났다고 생각지 않는다. 교황 자신도 양부모에게 길러진 흔적이 있고,[104] 이 풍습을 보다 효과적으로 단죄하기 위해 새로운 풍습이라고 믿게 하려 했던 것이다. 중요한 점은 부부간의 금욕을 피하기 위해 양자로 보내는 것은 부당하며, 이 제도가 단죄했던 점이다. 반대로 16세기에는 부부에게 2,3년의 금욕을 강요하는 것은 무리하다고 신학자들이 생각했기 때문에 같은 제도의 유효성을 인정했던 것이다. 어린이의 생명을 손상시키지 않고 부부관계를 유지한다는 기능 이외에도 몇 가지의 의식적 동기가 양부모제도에 있었을지도 모른다. 단 6세기, 16세기에 신학자들이 각기 양부모제도를 단죄, 혹은 장려했을 때 우리들에게 보여 준 점은 이러한 기능에 불과하다.

부모들도 재임신이 어린이에게 미치는 위험을 충분히 알고 있다. 그래서 유모를 함께 거주시킬 만한 재력이 있고 유아의 건강에 신경을 쓸 수 있는 사람들은 양부모가 될 여성이 부부관계를 갖는 것을 금하고, 그녀 자신의 임신으로 인해 유아에게 미칠 영향을 배제하려고 했다.[105] 한편 어린이를 농촌으로 보내서 직접적인 감시를 행할 수 없었던 부모들이, 양아이로 보낸 유아에게 양부모가 〈손해를 입혀〉 죽였다는 소송을 일으킬 경우도 있는데, 그때 그들은 수유중에 생긴 임신을 유모의 책임으로 돌렸다.[106]

신학자와 의사 들은 농촌 지역을 항상 독특한 풍속을 지닌 별세계처럼 이야기하지만, 그 말 속에서 우리들은 수유기간중의 임신이 유아에게 위험한 영향을 미친다는 것을 농촌 사람들이 몰랐다고 생각하고 싶다. 만약 사실 그렇다고 한다면, 그들 농민에 관한 한 유아를 소홀하게 다루었다고 말할 수 없다. 조기 이유에 따른 유아 사망률의 도덕적 책임은 교회가 져야 한다. 교회는 수유기중에 임신할 위험이 있다는 것을 알면서도, 농민에게 그것을 철저하게 인식시키지 않았기 때문이다. 그런 점에서 이미 우리가 본 바와 같이 교회는, 어린이를 죽일 위험 내지는 결혼의 권리를 행사할 수 없는 것은 아닐까 하고 염려하는 남편들을 안심시키기 위해 농민의 예를 들기도 했다. 당시 신학자들의 관대함을 잘 나타내는 산체스의 다른 텍스트를 보자.

그러나 나는 부부의 교접을 강요하는 남편에게 죄가 있다고 말할 수 없다. 왜냐하면 그렇게 장기간에 걸쳐서 도덕적으로 곤란한, 아니 불가능한 금욕을 강요해야 한다는 이유는, 그로 인해 어린이의 생명을 위험하게 해도 좋다는 이유가 될 수 있기 때문이다.[107]

이와 같은 말이 당시 사람들의 분개를 사지 않았던 것은, 교회가 장기 금욕을 견딜 수 없는 부부에 대해 유아의 생명을 위험하게 하는 이외에 다른 해결을 인정하지 않았기 때문이다.

이와 같은 생각은 수세기에 걸쳐서 어린이 살해, 부모의 무관심에 대해 교회가 펼친 태도와 너무나 모순되지만, 그외에도 많은 예가 있다는 것은 다음과 같다. 과연 생리기간중 또는 임신중의 교합에 관해 사람들이 품었던 걱정은 오늘날의 의학에서는 근거가 없는 것이라고 한다. 한편 수유기간중에 임신한 경우의 위험은 오늘날에도 고려되고 있다. 단 당시의 사람들은, 이 세가지 위험을 거의 현실적인 것으로 생각하였다. 세 가지의 경우 중 어느것에서나 신학자들은 어린이의 신체·건강에 대한 배려보다도 부부로서의 권리를 첫째로 보았던 것이다. 문제는 어째서 중세 말기, 근대의 신학자들이 이 선택을 했는가. 그리고 부부간의 금욕 논쟁에서 볼 수 있는 변화가 어린이의 희생을 용인하는 방향으로 흘러갔는가. 아니면 어린이를 보호하는 방향으로 향해 갔는가를 명확하게 하는 것이다.

변 용

부부의 금욕과 어린이의 이익에 관한 신학 논쟁

고대사회에서 기독교 교부들은 반자연행위를 어린이에 대한 잔인함으로, 어린이 살해를 육욕의 결과라고 고발했다. 순결과 어린이의 이익은 모순되기는커녕 서로 연대되어 있다. 성적 관계는 어린이의 행복을 목적으로 할 때만 정당화된다. 그것이 근본이라고 생각했다.

중세 초기의 성직자들도 초대교부들과 마찬가지로, 규제된 —가령 여러 가지로 금욕기간이 결정되어 있다 —성적 교섭만을 올바른 부부의 교섭으로 생각했다. 단 교부들이 스토아 철학자를 본따 어린이의 행복이 첫번째라고 생각한 것에 비해, 그들은 성적 결합 때와 교회 전례력典禮曆과의 관계에 특히 민감했다. 어린이 자체에 관해서는, 잠재적 정의가 음탕한 부부를 징벌할 때의 수단 —실은 희생자 —으로 말하는 것이 보통이었다. 그것은 이미 우리들이 본 바와 같다.

어린이에 대한 관심 증대의 징후

12세기의 신학부흥기에는 주기적 금욕에 관한 논의가 성행하였고, 어린이에 대한 배려가 그 중심으로 다루어지게 되었다.

중세 초기의 저술가들이 생리기간중의 성교섭을 금한 것은, 《레위기》(Le-vitique, 구약성서의 셋째권)와 초대교부들이 그것을 금했기 때문이다. 그 사이에 생긴 아이가 불구가 되면, 그것은 당연히 금기의 침범에 대한 벌로서 신이 내린 업으로 생각했다. 이 점에서는 생리중의 성관계와 축제일의 성관계는 같은 결과를 초래하였다. 13세기가 되면, 주일(일요일) 혹은 다른 성스러운 날에 잉태되었기 때문에 불구로 태어난 아이라는 사고방식은 사라졌다. 생리중에 잉태한 불구 아이도 그 아이를 가졌을 때 부패된 피의 작용, 즉 자연현상으로 돌렸다.[108]

《레위기》에 따른 금령도 제례상의 금기로 받아들여졌으나 이제는 폐기되었다고 생각된다. 또한 부부의 성교섭이 그 기간 중단되어야 했다고 해도, 그것은 잉태된 아이에 대한 자비심 때문이었다.[109]

이 문제에 관한 한 초대교부들의 태도는 중세 초기의 신학자들을 뛰어넘어서 12,3세기의 신학자들과 직접 연결되었다. 물론 다른 금욕기간의 이유 중에는 중세에 와서 비로소 나타난 것도 있다.

구약성서는 임신중의 성관계를 금하지 않았다. 교부들이 고대 철학자로부터 이어받은 금기는, 오히려 열매를 맺지 못하는 성행위를 단죄하는 입장에서 취한 논리적 결과였다.[110] 그런데 13세기의 신학자와 그 후계자들은 알베르투스와 토마스 아퀴나스를 본따 생식만이 부부 교섭의 유일한 목적은 아니라고 생각했다. 바울에 의하면 결혼의 기능은 간음의 방지였기 때문이다.[111] 남편의 성적 충동도 아내의 그것도 이 기간에 소멸되는 것이 아니므로, 결혼상태의 도움이 필요했던 것도 이상할 것이 없다. 그 이후 임신중의 성교섭은 태아에게 미칠 위험한 영향을 고려하여 성교 중단을 장려하게 되었다.[112]

이와 같은 상황으로 보아, 유년기 감각형성에서 13세기 중엽은 커다란 전환점이었다고 생각할 수 있을까? 사실 누낭은 그렇게 설명하고 있다. 옛날 교설이 다시 모습을 나타낸 것은 12세기의 그라티아누스·페토루스 롬바르두스에서이며, 새로운 의견의 최초 표명자는 알베르투스였다고 생각하기 때문이다. 그러나 나는 6-13세기의 군소 저술가의 저작을 검토한 결과, 이미 중세 초기 이후에 완만한 어떤 변화가 생겼던 것으로 생각된다. 예를 들어 참회 청문입문서에서도, 부부가 관계를 정지해야 할 시기 결정에 관한 각각의 물음마다 상당히 다른 점을 볼 수 있다. 아일랜드의 입문서 ─그 직접적인 영향 아래 씌어진 대륙의 것을 포함하여 ─만이 현실에서는 실행 불가능한 잉태 초기부터 성교 정지를 분명하게 명하고 있다. 앵글로─색슨계의 입문서는 좀더 현실적으로 부부가 임신했음을 깨닫는 데 필요한 시간을 고려해 넣었다. 임신이 명료해졌으면 곧 관계를 정지하도록 설교하고 있다. 요컨대 전체적으로 보아 정도의 차이는 있으나 15,6개의 입문서만이 교부들의 교설을 적용하려고 하였다. 다른 18개는 마지막 3개월에 관해, 또는 6개는 마지막 40일간에 관해서만 금욕과 특별한 배려를 명하는 것으로 그치고 있다. 만약 성관계가 태아에 미칠 위험 때문이 아니라 그 불임성 때문에 금지되었다면, 결국 이렇게 세세한 한정을 만들 필요가 있었을까? 또한 금욕기간의 감소조치가 극히 빨리 나타났다는 점도 간과하지 말아야 한다. 3개월, 40일간이라는 숫자는 각기 전자는 7세기 영국의 입문서에서, 후자는 8세기 초기 대륙의 입문서에서 모습을 나타내고 있다. 물론 이것을 2대째 입문서의 관대주의의 표현으로 보면, 어디에도 태아에 관한 기술이 없다는 점을 지적할 수 있을 것이다. 단 그외에도 태동 시작과 동시에 관계를 정지하도록 부부에게 명한 입문서도 있다. 나의 계산으로는 8개, 모두 9-12세기의 것이다.[113]

옛날 규정이 분명한 말로 논의되었고, 새로운 생각이 분명한 말로 내세우는 데는 12,3세기의 신학 르네상스를 기다려야 했다. 단 그것은 7-12세기 사이에 이미 ─적어도 9세기 이후 ─남몰래 준비되어 왔던 것 같다.

부부의 정결 논의는 어린이에 대한 관심의 증대를 나타내는 많은 징후를 제공하고 있지만, 우리들은 이 변화를 연대순으로 더듬어 볼 수 있다. 이미 보았던 바와 같이 14세기 초기 삐에르 드 라 빨뤼는, 현재 있는 아이 이상의 아이를 양육하기가 불가능한 남편에게 제한포옹에 의해 임신의 위험을 모험하지 않고 정욕을 만족하도록, 혹은 남편으로서의 노력을 다하도록 권유하였다. 그는 또한 평상시의 체위가 태아에게 위험한 경우에는, 그때까지 〈반자연〉으로 생각했던 자세로 결합하는 것을 부부에게 인정한 최초의 인간 —내가 이제까지 조사한 한도에서는—이다.[114]

『아내가 임신중인 경우, 태아 질식사가 두려운 경우, 그 때문에 앞부분에서 아내에게 접근할 수 없는 경우에는 다른 방향으로 접근해도 죽을 죄를 범하는 것은 아니다. 단 여성의 성기를 악용하고, 정액을 밖으로 흘려서는 안 되었다.』[115] 그리고 이 점에서도, 또한 최초에 다루었던 점에서도, 그후 신학자들 중에는 라 빨뤼의 추종자가 적지 않았다.

15세기가 되면—그리고 이것은 18세기까지 계속된다—임신이 유아에게 치명적으로 위험하다는 것을 알면서, 수유기중에 부부의 의무를 강요하는 것은 법에 위반되는 행위라고 신학자들은 표현하였다. 7세기부터 14세기 말까지 이와 같은 의견은 전혀 보이지 않고, 13,4세기에는 반대 의견을 주장하는 신학자도 몇몇 있었다.[116]

16세기에는 도미니끄 소토Dominique Soto · 삐에르 데 레데스마Pierre de Ledesma · 루이스 로페즈Luis Lopez, 그리고 토마스 산체스Thomas Sanchez가 유아와 태아에게 해가 미칠 염려가 있을 때는, 부부에게 남편 혹은 아내로서의 의무를 다하지 않아도 좋다고 했다. 예를 들면 레데스마는 이렇게 피력했다.

부부의 의무 수행이 어린이의 건강에 해를 미칠 때에는 어떻게 하면 좋은가? 예를 들어 아내가…… 이미 유아를 품에 안고, 빈곤 때문에 유모를 들일 가능성도 없을 때, 부부의 의무 수행은 임신을 유발하고 임신중의 젖은 모유로서 극히 질이 떨어지며, 해가 될 뿐만 아니라 때로 완전히 응고되는 일도 있다는 것을 알고 있을 때 어떻게 하면 좋은가? 이 질문에 대한 답은 쉽다. 결혼의 주목적인 아이의 행복에 위반되는 교합인 이상은, ……그것만으로 부부의 의무 불이행의 충분한 이유가 된다.[117]

이미 16세기 중엽에 소토가 『특히 양친이 가난에 쫓겨 그와 같이 많은 아이를 기르는 것이 불가능한 상태일 때는』 어린이에 대한 의무가 부부의 의무

보다 선행한다는 점을 인정했다.[118] 더구나 1592년에는 레데스마가 이 원리의 적용을, 절대적 빈곤가정에서 상대적 빈곤가정으로 확대하였다. 그는 어린이가 늘면 이미 있는 아이들에게 그 사회적 신분에 어울리는 교육을 실시할 수 없는 경우에는, 부부의 의무를 다하지 않아도 된다고 주장했던 것이다.[119]

어린이를 희생시키는 방향으로 변화하는 징후

어린이에 대한 관심이 증대한 것은 분명하지만, 그래도 신학자들이 일반적으로 아이의 이익보다 부모의 이익을 선행시켰다는 사실을 간과해서는 안 된다. 생리기간중에 잉태한 아이는 나병환자 혹은 기형으로 태어난다고 믿으면서, 그들은 부부에게 어떤 종류의 상황 아래에서는 그와 같은 임신의 위험을 무릅쓰도록 충고하고 있다. 예를 들어 만약 남편으로부터 부부의 의무를 강요당했다면, 아내는 가령 월경이 끝난 후 가장 중간되는 날에 남편에게 응할 의무가 있다. 아내의 몸은 남편의 것이며, 그것을 거부하는 것은 올바르지 못하기 때문이다. 그런데 만약 결혼이라는 약을 남편에게 줄 것을 거부한다면, 남편은 간음으로 몸을 타락시키고, 그 결과 영혼을 중대한 위험에 빠지게 할지도 모른다. 남편 쪽에서도 간통을 범할 위험을 자기가 느끼고 있을 때에는, 가령 월경중이라도 아내에게 강요하는 것이 신학자들에 의해 인정되었다. 예를 들면 안젤뤼스 드 끌라바지오Angelus de Clavasio가 1486년에 이같이 서술하였다.

> ……요구하는 자도, 응하는 자도 죽을 만한 죄를 범해서는 안 된다. 왜냐하면 인간은 옆사람(즉 어린이)의 육체적 행복보다도 자기 자신 혹은 옆사람(즉 배우자)의 영혼 구제를 위해 헌신해야 하므로.[120]

실베스트르 드 프리에리오Sylvestre de Prierio도 1514년에 이같이 서술하였다.

남편이 자기가 법에 위반되는 타락행위를 범하는 것을 두려워하여 (다른 수단으로는) 용이하게 그것을 피할 수 없을 경우, (부부의 의무를) 요구해도 죽을 죄는 되지 않는다. 왜냐하면 그는 잉태될지도 모르는 아이의 육체 이상으로 자기의 영혼을 중요하게 여겨야 한다.[121]

이와 같은 선택은 육체의 정신에 대한 종속으로 일부 설명할 수 있지만, 그것이 전부는 아니다. 예를 들어 토마스 아퀴나스와 그후 신학자들의 의견에 따르면, 아내는 남편에게 월경이 끝난 후 가장 중간이 되는 날이라는 것을, 만약 그 때문에 남편이 두려워하거나 노여워하거나 아내를 혐오하는 마음이 있다면 반드시 알리지 않아도 좋다. 남편이 교섭을 요구한다면, 아내는 무언가 교묘한 구실을 대어 남편의 비위를 거스르지 말아야 한다. 그래도 안 된다면 아무것도 가리지 말고 남편의 뜻에 따라야 한다.

마지막으로 만약 남편이 끝까지 강요하면, 그녀는 요구하는 자에게 주어야 할 것을 주지 않으면 안 된다. 단 그때도 자기의 상태에 관해 가르쳐 주는 것은 ─ 남편에게 혐오감을 불러일으키지 않기 위해 ─ 현명하지 않다. 인간의 판단력을 신용해서는 안 된다.[122]

요컨대 스콜라 철학의 천사 토마스 아퀴나스를 비롯하여, 그뒤 대부분의 신학자들이 아내들에게 자기의 아내도 월경을 한다는 것을 알게 된 남편의 노여움과 맞서기보다는 나병환자, 혹은 불구의 아이를 낳을 위험을 무릅쓰라고 충고하고 있다.

또한 신학자들은 임신중의 부부관계가 태아에게 미친다고 생각하는 위험 ─ 오늘날 우리들은 사실 무한하다고 생각하지만, 그들이 그것을 그다지 문제로 삼지 않았던 것은 형편주의이다 ─과 수유기중의 관계가 유아에게 미칠 수 있는 위험에 관해서도 그다지 중요성을 보이지 않았다.

이렇게 생각하면, 13세기에 신학자들이 생리중·임신중의 금욕을 어린이의 이익이라는 목적으로 정당화했던 것도, 과연 그들이 선인들 이상으로 아이에 대해 많은 관심을 기울였기 때문인가 의심이 간다. 이 의심은, 그들이 처음으로 이 기간중의 교접도 죽을 죄는 되지 않는다고 인정했다는 점을 생각해 볼 때 한층 짙어진다. 12세기부터 17세기에 걸쳐서 두 기간중의 부부관계에 대한 도덕상의 관점이 변한 것은 분명하다. 단 이 변화는 금욕기를 지키지 않은 부부에게 관대한 태도를 보였고, 따라서 어린이를 희생하는 방향으로 행해졌던 것이다.

어린이의 건강·생명·교육에 대한 관심의 증대 징후로서 우리의 눈에 비친 14-16세기의 혁신적 경향도 모두 비슷하게 해석할 수 있다. 삐에르 드 라 빨뤼가 제한포옹을 권유했을 때, 그것은 태어나도 양육될 수 없는 아이에 대한 연민에서인가? 부친이 금욕상태를 강제하지 않아도 되기 때문인가? 그렇지 않으면 반자연의 죄를 범하지 않기 때문인가? 그가 그때까지 〈자연에 위반된다〉고 비난했던 어떤 형태의 자세를 허용한 것은, 아마 부부가 태아를 질식시키지 않기 위함일 것이다. 그러나 그것은 동시에 부부에게 금욕을 면제하기 위한 것이었다. 어찌되었거나 성행위의 공인폭이 확대되었다.

또한 아내가 생리·수유기간중임을 구실로, 혹은 남편이 가계의 자금을 제공하지 않는다고 해서 부부의 의무를 거부하는 행위가 공인된 것도, 그때까지의 성도덕에서 보면 역시 일종의 자유해방에 지나지 않는다. 왜냐하면 옛날 성도덕은 때를 선택하지 않고 성행위로만 치닫고자 하는 자를 저지하는 한편, 부부의 교접을 혐오하는 자에게도 의무 수행을 강제했기 때문이다.

어린이의 이익과 부부의 정결 사이의 모순 확대

그리고 신학자들은 오로지 부부의 교합을 옛날 족쇄에서 해방시키려고 생각했고, 어린이의 건강·생명은 변함 없이 무시되었다고 결론지을 수 있을까? 오히려 나로서는 서로 독립된 두 방향으로 변화했다고 생각된다. 한 가지는 어린이의 이익 옹호 방향이며, 또 한 가지는 부부의 보다 자유로운 교접을 허락하고자 하는 방향이다.

때로는 이 두 경향이 같은 형태를 취하며 나타났다. 예를 들면 제한포옹의 권유, 〈반자연적〉 자세의 허용, 남편 또는 아내의 교접 거부의 허락이 그것이다. 또한 때로는 두 가지가 대립한 적도 있었다. 생리·임신·수유기중의 부부관계 문제가 그 예이다. 단 보다 자세하게 검토해 보면, 한 가지 한 가지 논의의 진전에는 항상 이 두 경향이 나란히 인정되었다.

예를 들어 수유기중의 관계를 보도록 하자. 7-14세기에는 특히 부부의 성생활 자유화 경향이 두드러졌고, 15-18세기에는 어린이의 생명보호 경향이 나타났다. 후자는 역설적이지만 13세기에 이미 출현했다고 말할 수 있다. 왜냐하면 중세 초기에는 수유기간중의 성관계 금지를, 태아가 입게 될 위험을 정당화하려 했던 텍스트는 하나도 —내가 아는 한—없었기 때문이다. 당시 저술가들은 금욕 그 자체를 사랑했고, 이런 종류의 논의로 아이를 문제삼는 일은 없었다. 그들이 그레고리우스 —칸타베리의 아우구스티누스에게 보낸 편지는 8세기 이후에 알려졌다— 와 같은 태도를 취하지 않은 것도 1년, 2년, 3년의 금욕이 지나치게 도에 넘친다고 생각했기 때문이다. 부부에게 금욕을 부과하는 것이 망설여졌던 13,4세기의 저술가들은 더욱더 그 느낌이 강해졌을 것이다. 그럼에도 불구하고 그들은 그레고리우스의 문제의 편지를 인용, 선인들 이상으로 빈번하게 주석을 되풀이했다. 부부의 권리와 아이의 이익이 모순된다는 점을 처음으로 서술한 것도 그들이다. 아직 이 단계에서는 어린이의 이익을 부부의 이익에 종속시켰으나, 이윽고 15-18세기의 몇몇 신학자들이 어린이의 이익에 따라 해결되어야 한다는 문제가 그들에 의해 처음으로 제출되었다. 그렇지만 15-18세기 무렵의 신학자들이 수유기중의 성교섭 금지에 있어서 많이 망설였다는 것을 잊지 말아야 한다. 그들은 13-14세기의 학자들 이상으로, 결혼상태에 대한 강제적 금욕에 반대했기 때문이다. 그것은 다른 의론, 예를 들면 축제일의 금욕기간을 둘러싼 그들의 태도로 명료해진다.

15-18세기의 신학자들이 부부의 의무 거부를 인정한다는 바로 혁명적인 해결에 도달했던 것도, 그들이 결혼에서 성교섭 요구의 권리와 어린이에 대한 배려 사이의 모순을 선인 이상으로 강하게 가졌기 때문이다. 이 해결책은 그들이 13세기 중엽 이전의 신학자 교설 이상으로 바울적인 색채가 농후하다 하더라도, 〈아우구스티누스적〉 색채는 그렇게 농후하지 않은 교설의 소유자들이었으므로 더욱더 혁명적인 것이었다. 왜냐하면 부부 의무의 절대성이야말로 언제나 바울의 가르침은 근본적인 동시에 의문의 여지가 없는 요소의

하나였기 때문이다. 상대의 요구가 그렇게 부당하지 않을 때에도, 부부 한쪽이 부부의 의무 이행을 거부할 수 있는 입장은, 그대로 어린이의 이익과 부부 권리 사이의 모순으로 견딜 수 없는 증언이다.

이런 종류의 텍스트는 때로 간접적이지만 신학자의 멘탈리티에 관해서, 또한 일반 기독교도들의 그것에 관해 우리들에게 가르쳐 준다. 예를 들면 산체스는 어린이에게 커다란 위험이 미칠 때조차 남편에게 의무 강요의 권리를 인정하는 한편 아내에게는 의무 불이행을 인정하고 있다.

그러나 나도 P. 데 레데스마de Ledesma와 더불어, …… 수유기중인 아내는 대신 수유해 줄 유모를 고용할 수 없을 정도로 가난하고, 또한 경험으로 보아 임신하면 젖이 마르든가 그렇지 않으면 어린이의 건강에 극히 유해하다는 것을 알고 있는 경우, 남편의 의무 요구에 응하지 않아도 좋다는 점을 인정했다. ……어머니인 아내는 이와 같은 고통에 몸을 내던질 의무가 없으며, 이와 같은 불합리를 견뎌내고, 이와 같이 큰 위험을 무릅쓸 의무도 없다.[123]

요컨대 레데스마만큼 어린이의 이익에 관심을 기울이지 않았던 산체스도, 모친에게 아이의 생명을 위험하게 만드는 요구를 할 수 없다는 것은 충분히 알고 있었다. 이미 그는 생리기간중의 성관계를 논한 마지막 장에서 유사한 주장을 하였다. 불구의 아이를 잉태했다고 믿은 여자에게 아내로서의 의무 수행을 강요할 수 없다고 했다. 이것은 신학자의 감성변화인가? 그렇지 않으면 모성애의 진보인가?

부부간의 금욕이, 위반자는 죽을 만한 대죄를 짓는 것이라고 엄격하게 요구했던 무렵은, 아내에게 거부당한 대부분의 남편이 —또한 남편에게 소홀했던 대부분의 아내들이 —혼인 외에서 성욕의 만족을 구하였다. 이와 같은 간음의 위험에서 그들을 멀어지게 하고, 그들에게 죄의 단계의식을 주기 위해 신학자들도 조금씩 주기적인 금욕을 강요했다고 생각한다.[124]

그것은 —의식적·효과적이지 못했으나 —어린이의 이익을 위한 방향으로 나아가는 결과를 낳았다. 왜냐하면 간음은 대부분 —토마스 아퀴나스도 명언하고 있다 —어린이에 대한 죄로 정의되기 때문이다. 어린이는 정상적인 가정 속에서 잉태되지 않는 한, 양육되고 교육받으며 훌륭한 어른이 될 수 없기 때문이다.[125] 그리고 사실 사생아가 가정의 아이 이외에 명백한 어린이 살해 혹은 다른 수단에 의해 배제되기 쉽다는 점을 우리들은 보아왔다. 따라서 13세기의 신학자들이 어린이에 대한 자비심으로 옛날부터 금기의 새로운 이유를 붙이기는 했으나, 그들이 같은 금기를 점차 버리게 된 것은 간접적으로나마 어린이의 이익을 위한 것이었다.

그러나 문제의 본질은 다른 곳에 있다. 기독교 도덕이 인간적 현실을 무시하고 어린이의 이익을 위해서만 성적 결합을 인정하는 한, 이 성도덕도 그 나름대로 일관되었지만 단 압도적인 다수의 인간이 그것을 실행했을 가능성은 희박하다. 모순은 교설과 신도의 행동 사이에 있었던 것이다. 신학자들이 이 모순을 해소하기 위해 바울의 학설로 되돌아가면, 모순은 결혼도덕에 내재되어 있었다. 어린이의 이익과 다른 목적으로 부부의 결합이 인정된다면, 당연히 그것은 어린이에게 불이익을 주어도 상관없어진다. 이 모순 —변화의 내적 요인이지만 —을 13세기부터 18세기에 걸쳐서 학자나 신도 들이 분명하게 의식했던 것 같다. 그리고 기독교적인 여러 가지 가치를 혈육화하므로써 어린이의 신체적·정신적 이익에 점차 민감해졌던 일반 교도들이, 이 모순을 결국엔 견디기 어려운 것으로 느끼기 시작하면서 하나의 해결책이 그들에게 주어지게 되었다. 피임이다. 피임만이 양육할 수 없는 아이가 태어나는 것을 피하면서, 언제나 결혼생활이 끝날 때까지 교합을 가질 수 있다는 부부의 권리보장을 가능하게 하였다.

특히 나는 피임수단을 사용한 부부의 대부분이 그와 같은 목적을 갖고 있다는 것은 아니지만, 부부행동의 형태가 이와 같은 변모에 다른 역사적 변화도 관여한다는 것을 부정하지는 않는다. 오히려 나는 다른 의식적 동기의 존재, 부부관계와 결혼에 대한 새로운 이해, 보다 효과적으로 인명을 보호하고, 따라서 지금까지보다 어린이에게 집착할 기술적 가능성이 생겨났다고 믿는다. 단 결혼생활에 대한 피임의 도입은, 이제까지 우리들이 본 바와 같이 12세기부터 18세기에 걸쳐서 점차 격렬해져 도덕상의 모순을 초래하는 유일한 논리적 해결책이었다.

남은 문제는 왜 그때 채용된 피임수단이 질외사정 —중세 때 서구에 들어

왔다 ―이며, 매춘부가 사용한 모직 마개와 같은 간단하고 효과적인 테크닉이 없었는가 하는 점이다. 대답을 구하기 위해서는, 질외사정에 의한 피임이 처음 부부 사이에서, 그렇지 않으면 혼인 외의 관계에서 일반화되었는지, 그 것이 언제 어느 계층에서 행해졌는지를 알 필요가 있을 것이다. 지금 우리들에게는 이 문제를 검토할 여유가 없지만, 단 필요 이상의 어린이를 만드는 것을 두려워하지 않아도 된다고 말한 베네딕트의 권고가, 16세기 말 프랑스에서 이미 부부들 중에는 당시 교회가 용인하지 않았던 해결수단을 썼던 자도 있었음을 시사하고 있다.

마지막으로 18,9세기의 프랑스에서 어린이에 대한 태도가 어떻게 변화하였는가. 또한 그것이 인구체계의 추이와 어떤 관련을 갖고 있는가를 검토해보자.

어린이의 생명에 대한 태도의 추이와 인구체계의 변용

도덕신학의 변화가 사람들의 멘탈리티의 일반적 변화와 관계없이 그 자체에 내제된 논리에 따라서 행해질 가능성은 충분히 고려되었다. 그뿐 아니라, 당시 위험사상으로 판단되었던 여러 관념과 역행하여 행해질 가능성도 있다. 예를 들면 그때까지 피임에 대해 그다지 열심히 반대하지 않았던 교회가, 피임수단의 행사를 정당하다고 생각한 부부의 수가 증대된 19세기 말 20세기 전반이 되어 오히려 집요하게 반대하기 시작한 점이 그것이다. 11세기부터 18세기에 걸쳐서 어린이에 대한 대우가 소홀해지고, 어린이의 생명에 대한 어른의 관심이 감소하면서, 신학자들이 어린이의 생명을 보호하는 방향으로 진행했던 것은 아닐까?

분명히 어린이에 관한 저작은 17,8세기에 와서 비약적으로 증가했다. 그러나 동시에 어린이에 대한 관심의 감소를 시사하는 두 가지 통계적 사실이 있다. 1640-1772년에 등록된 버려진 아이의 수가 대폭 증가한 점과, 18세기 프랑스에서 출산율이 감소한 점이다. 이 두 가지에 고용된 수유제도의 발달을 덧붙여도 좋을 것이다. 이 제도는 단순히 버려진 아이의 건수가 두 배로 증가한 결과일 뿐만 아니라, 어린이를 무시하는 새로운 방법이었다.

의식적 배제 경향의 추이

자선 시설의 증가에도 불구하고 부모가 버린 아이의 생명이 얼마나 위험에 처해 있는지 우리들은 잘 알고 있다. 이것은 버려진 아이의 사망률이 18세기에 더욱 높아진 것을 시사하고 있다.[126] 버려진 아이의 수가 증대한 점에 관해서는 동시대인의 대다수가 풍기문란, 부성애·모성애의 약화를 그 원인으로 생각하였다. 단 이제까지 누구도 풍기문란의 경향이 17세기 전반에 시작되었다는 점을 지적하지 않았던 것으로 보인다. 오히려 일반에서는 17세기를 통틀어 더구나 18세기에 들어와서도 꽤 오랫동안 엄격주의가 힘을 증대했다고 생각하고 있다. 그러나 파리에서 버려진 아이의 수는 1640년 이후 계속 늘어났다.[127] 또한 누구나 자유풍속의 경향이 1772년 이후, 그리고 대혁명 동안에 두드러졌지 감소했다고는 생각하지 않는다. 그런데 파리에서 버려진 아이의 수는 1772년 이후에는 적어졌고, 혁명중에는 분명히 감소했다. 즉 버려진 아이의 수와 결혼 외 관계의 빈도 사이에는 기계적·절대적 관련이 없다는 것이다.

현재의 연구단계에서는 17,8세기를 통틀어 구제원의 증가는 다양한 동시에 기독교적 견지에서나 우리들의 견지에서도 서로 모순되는 결과를 이끌어냈다고 하는 쪽이 온당할 것이다. 먼저 결혼 외 관계가 조장되었고, 합법적 혹은 비합법적 커플이 어린이의 속박에서 쉽게 해방될 수 있었다고 상상된다. 그러나 동시에 구제원의 증가에 의해 보다 많은 미혼모가 어린이를 살해하는 죄를 범하지 않게 되었고, 합법적 부부도 부양할 수 없는 아이를 그대로 죽도록 내버려둘 필요가 없어졌다. 그런데 이런 종류의 시설 증가는, 버려진 아이의 수적 증대보다도, 어린이에 대한 자비심의 발전으로 설명할 수 있다. 사실 이미 우리들이 본 바와 같이 15,6세기의 시료원施療院은 사생아에게 특별한 관심을 기울이지 않았으며, 정식부부의 아이와 마찬가지로 ─실제로 혹은 방침상─사생아를 받아들인 때는 17,8세기의 일이다. 주지한 바와 같이, 근대로 들어오면서 3백 년간 공적인 자선활동은 크게 발전하였다. 부르조아 계층의 활동, 정부 당국자의 활동, 그리고 가톨릭 교회 쇄신의 일면으로 행해진 자선활동이 그것이다. 필립 아리에스는 엘리트 계층에서 어린이에 대한 관심의 발전을 더듬었는데, 역설적이긴 하지만 버려진 아이의 수적 증가도 이 3백년 동안에 고양된 공적 자선활동의 흐름으로 설명할 수 있다.

부모들이 좋아하지 않는 아이를 수용할 시설이 정비되면서 비로소 교회와 국가는 어린이 살해 방지의 효과적인 수단을 발견했다고 생각한다.

앙리 2세의 칙령 또는 그것에 기반을 두고 실행되었던 처벌을, 설교 단상에서 사제가 반복하여 피력하므로써 얼마나 직접적인 효과를 얻었는지 나는 알지 못한다. 단 17세기 후반, 18세기에는 지방 관청소는 임신한 아가씨를 효과적으로 감시하기 위해 출산 전에 본인이 출두하여 임신을 신고해야 할 의무가 주어졌던 것도 사실이다.[128] 16세기에 이미 경찰은 매춘부들의 일제 검거 때에, 똑같은 신고를 행하였다.[129] 17세기에는 임신한 아가씨들이 스스로, 혹은 주위 사람들의 충고에 따라 관청소에 출두하는 것이 일반적이었다. 그렇게 하므로써 그녀들은 자신들을 버린 유혹자의 비행을 폭로하고, 태어날 아이의 양육비를 쟁취할 가능성을 가졌지만, 동시에 그것은 앙리 2세의 칙령에 위반하지 않기 위한 보증이기도 했다. 당연히 그녀들은 이제까지와 같이 홀로 아이를 낳고, 그후 어리석은 행위를 저지르지 않게 되었다. 그녀들은 즉각 공인 산파의 감시하에 놓여졌기 때문이다.

임신신고제도가 중절 방지에도 같은 효과를 발휘했는지 아닌지는 의심스럽다. 왜냐하면 신고는 일반적으로 임신 후기에 와서 행해졌고, 아마 그 이전에 중절 시도에 실패한 아가씨들도 섞여 있다고 생각되기 때문이다.

한편 교회가 아이의 압사·질식사에 대해, 어린이 살해에 대해 국가가 취한 조치와 유사한 엄격한 조치를 취했다는 것은 이미 우리들도 알고 있다. 이 조치는 아마 압사·질식사의 수를 대폭적으로 감소시켰다고 생각한다.

태어난 아이를 의식적으로 배제하기 위해 모친이 취한 세 가지 난폭한 방법 중 두 가지는 18세기를 통틀어 거의 소멸되었지만, 반대로 나머지 한 가지는 더욱더 확대되었다. 따라서 버려진 아이수의 증가는, 그것이 전자의 방법 대신에 취해졌다고 설명할 수 있을 것이다. 동시대인도 그것이 사생아 살해를 대신하는 사실이라고 인정하고 있다. 나는 18세기의 양육원 안에서, 혹은 그곳에 도달하는 과정에서 죽은 젖먹이 어린이들의 수가, 이전에는 객관적인 사실로서 부모에게 살해당했을 것이라고 주장하는 것은 아니다. 단 어린이를 버린 18세기의 모친들은, 그 이전 수세기에 걸쳐서 어린이를 살해했던 모친들만큼 어린이의 생명을 경시하지 않았다고 말하고 싶다.

나태와 무관심의 추이 = 고용된 수유부

한편 상층계급에서 고용된 수유부에게 당한 피해를 강하게 부르짖고 있던 시기에, 서민들 사이에서 이와 같은 제도가 인기 있었던 것은 무엇을 말해 주는 것일까? 가령 모성애 혹은 부성애의 감소가 직접적인 이유는 아니더라도, 결과적으로 부모의 사랑이 감소하지 않았다면 오히려 이상할 것이다. 어린이가 눈앞에 없으면 부모의 애정이 분명한 형태를 취하기 어렵고, 양부모 밑에서의 생활이 많은 어린이의 울음소리에 지친 모친 밑에서 머무르는 경우 받게 될 학대보다 반드시 좋다고는 말할 수 없다. 더구나 수유자에게 있어서 유아는 상당한 수입원임에는 분명했지만, 그렇다고 해서 수유자 자신이 자기 마을에 거주하며 많은 아이를 거느리고 있는 경우에 양아이는 그녀의 신경질적인 피해를 정면으로 받게 될 것이다. 전통적으로 문학작품은, 실제 어머니보다 따뜻하고 우아한 양부모에게서 자라난 아이들이 있다는 것을 우리들에게 이야기하고 있지만, 모리스 가르당은 대부분의 아이가 그와 같은 혜택을 받지 못했다는 점을 나타냈다. 동시에 그의 통계는, 세기 초기부터 말기에 걸쳐서 유아 사망률의 대폭적인 증대를 나타내고 있다.

그러나 상층계급에서 볼 수 있는 경향과 역행하여, 서민들 사이에 고용된 수유부의 발전은 어떻게 해서 생겨났을까? 먼저 도시의 발전과의 관련을 들 수 있을 것이다. 또한 어린이를 양아들로 보낸 제조공·상인은 다소 부르조아 혹은 귀족 기질이 있었을 것이다. 실제로 그렇다고 한다면, 이 두 계층에 고용된 수유부에 관한 반감의 확대는, 양부모 의뢰건수의 증가 이상으로 장기적 전망으로는—그 당시는 수적으로 이렇다할 점이 없었지만—보다 중요한 역사적 사실을 형성하게 되었다. 마지막으로 서민계급의 모친들 중에 부부생활의 영위로 인해 젖이 모자라거나, 혹은 모자라게 되는 것을 염려하여 양부모에게 아이를 의뢰하는 자가 늘어났다고 생각된다. 이 경우 고용된 수유부의 증가는 어린이의 건강에 대한 관심이 높아졌다는 것이 되지만, 사실 상당수 젖먹이들의 생명이 그들에 의해 구제되었다고 생각한다.

고용된 수유부의 확대·피해·이점이 얼마나 컸건, 그것은 여전히 소수자의 것이었으며, 대부분의 갓난아기는 계속 모친의 젖으로 길러졌다. 그런데 모친이 기른 아이 중에도, 예전에는 사망률이 높았다는 점을 우리들은 알고 있다. 나는 이 사망률의 상당 부분이 양친의 부주의, 특히 조기 재임신에 기초를 둔 이유로 설명할 수 있다. 어린이의 운명이 개선되었는지 아니면 악화되었는지를 알기 위해서는, 결국 젖먹이 사망률의 변화를 검토하지 않을 수 없다.

무관심의 추이 = 젖먹이 사망률과 산아제한

주지한 바 있는 숫자를 새삼스럽게 강조하는 것도 유익하지 못할 것이다. 몇몇 마을 혹은 지방 규모에서 —예를 들면 부르따뉴 지방 —유아 사망률이 증대 혹은 정체했던 것을 보더라도, 전체적으로는 그것이 감소했다. 적어도 세기 후반 이후 상당한 비율이 감소했다는 것을 일반에서 인정하고 있다. 단이 유아 사망률도 일반적인 사망률의 감소와 같은 이유로 설명하는 것이 보통이다. 즉 페스트와 대기근의 소멸, 의학·위생상의 진보가 그것이다. 그런데 연구의 현단계에서 유아 사망률 감소의 원인을 경제적 발전, 〈의학〉의 발전이라는 두 발전 중 어느것에서 구하고자 하는 것은 학문적인 근거에 의거했다기보다는 정치적 선전을 위한 과장으로 생각된다. 왜냐하면 유아는 왜 죽었을까? 왁찐의 발명 또는 그외 의학상의 진보가 18세기에 1세 미만의 아이 사망률을 어느 정도 감소시켰는가는, 이제까지 한 번도 구체적으로 설명되지 않았다. 만약 내가 믿는 바와 같이, 조기에 젖을 뗀 아이가 주로 비위생적인 곳에서 소화불량으로 생명을 잃었다고 한다면, 빠스뙤르의 원리가 대중화하기 이전에 의학이 아무리 진보해도 유아 사망률의 감소에 특별히 기여한 바가 없을 것이다. 그런데 빠스뙤르 방법이 일반화된 때는 19세기 말 마지막 10년 사이이다. 사실 그 기간의 영국·프랑스의 유아 사망률의 곡선은 분명히 그 효과를 보여 주고 있다.

이전부터 사람들은 서구의 〈인구혁명〉을 사망률 ―특히 젖먹이의 ―의 하강과 혼인 출생률의 하강으로 특징지었다. 어떤 사람들은 일반 사망률이 감소 ―의학의 진보, 경제상의 진보 결과로 ―하는 사회에서는, 출생률도 감소하는 것이 당연하다고 주장하였다. 그러나 이 말더스주의적인 추론은 경작 가능한 토지가 대부분 개척되고, 기술적 진보도 되지 않은 상태 이후의 농촌 경제에서는 통용되었다. 그러나 군사적으로 열등한 국민으로부터 광대한 토지를 빼앗을 가능성을 가진 발전중인 공업사회에서는, 더구나 외국 판매에 눈을 돌려 값싼 노동력을 필요로 하는 자본주의 사회에서는 그대로 통용될 수 없다. 사실 19세기를 통틀어 영국에서는 출산율이 일반 사망률의 대폭적인 감소에도 불구하고 그대로 유지되던가 증대되었고, 현제 제3세계 나라에서도 사망률의 감소가 대폭적인 출산율의 감소로 그대로 연결되지 않는다. 후자의 경우 국내의 새로운 토지 개척도 국외 식민지도 불가능하며, 동시에 기술적인 진보도 볼 수 없는 농촌 사회에서도 예외는 아니다. 따라서 출생률 저하는 반드시 일반 사망률과 결부되어 있지 않다고 할 수 있다.

다른 가정의 레벨로 생각하는 사람도 있다. 즉 유아 사망률의 후퇴 결과, 부부는 부담이 되는 아이의 수를 늘리지 않기 위해 분명히 산아제한을 행했다고 주장하는 사람이다. 이 추론은 이미 부비에Bouvier 스승에 의해, 기독교도 부부가 피임을 행할 때의 동기로서 다루어졌지만 흥미를 끌지 못하는 것은 아니다. 그러나 이것은 다음의 이유가 붙지 않을까? 당시 가정의 유형에 관한 연구가 없는 상황에서는 평균출산율의 점진적인 후퇴가, 산아제한을 적극적으로 다루었던 가정의 수가 점진적으로 증대했다고 해석되는 이유는 전혀 없다. 최근 J. 뒤빠끼에Dupâquier와 M. 라시베르Lachiver의 공동 집필로 이루어진 논문 ―내가 아는 한 유일한 것 ―은 묄랑Meulan 마을에 관한 이 생각이 올바르다는 것을 증명하고 있다.

이와 같은 설명은 항상 사망률 저하를 원인으로 하고, 출생률 저하를 결과로 하고 있지만, 이 인과관계가 증명된 적은 한 번도 없다.

두 현상의 상관관계를 지적하는 학자는 거의 없지만, 18세기에 그것은 명백하게 나타났다. 성 메앙 르-그랑Méen-le-Grand에서는 예외적으로 0세-10세 어린이의 사망률이 상승했지만 출생률도 상승하였다. 반대로 쌩껭-앙-멜랑또와Sainghin-en-Mélantois · 따메르빌Tamerville · 묄랑Meulan에서는, 유아 사망률과 혼인 출생률이 분명히 저하하고 있다.[130] 일반적인 통계가 없는 이상 프랑스에서 양자의 비율이 저하했다는 것은 인정하지만, 그 중 어느 쪽이 먼저 다른 쪽의 원인이 되었는지는 알 수 없다.

J. 부르조아-삐샤Bourgeois-Pichat에 의한 숫자에 따르면[131] 1770-1938년의 이 두 가지 비율의 증감을 보다 자세하게 볼 수 있는데(도표 참조) 두 개의 선이 연속적으로 —유아 사망률 쪽이 좀더 구부러져 있지만 —거의 평행하여 하강하고 있음을 알 수 있다. 그외에도,

1) 사망률 선은 출생률 선과 똑같은 경사를 보이고 있지만, 15년 정도 늦게 되어 있다.

2) 18세기 후반부터 19세기 초기의 하강이 두드러진다.

3) 그 이후 하강은 완만해졌고, 19세기 중반부터 4분의 1세기 정도 사이는 거의 정체되었다.

4) 마지막으로 1880년 무렵부터 1938년에 걸쳐서 출생률이 급격하게 저하했고, 1895년 이후는 유아 사망률이 더욱더 크게 하강한다. 만약 양자에 인과관계가 있다면 출생률 감소 쪽이 유아 사망률 감소의 원인이 된다.

언뜻 보기에 이 관계는 영국의 추이 그래프를 뒷받침하고 있는 듯하다. 출생률 저하가 1880년 무렵에야 겨우 시작된 영국에서는, 1895년 이전에는 유아 사망률의 저하가 없었다고 생각된다.[132] 이것은 18세기 중반 프랑스에서 유아 사망률의 저하가 산아제한으로 설명될 수 있는 증거가 아니겠는가. 만약 의학 혹은 경제상의 진보에 의해 설명된다면, 영국에서는 프랑스의 경우 이상으로 이른 시기에 유아 사망률의 저하현상이 나타났을 것이기 때문이다.

단 한 가지 사실이 문제를 복잡하게 하고, 나의 주장에도 한계를 주었다. 즉 1895년 무렵 영국에서도 유아 사망률이 감소하기 시작했지만, 그 비율은 1000분의 150 정도였다. 그에 비해 같은 시기의 프랑스에서는, 이미 1세기 이전부터 계속 감소하였으므로 그 비율은 1000분의 161이었다. 이러한 점은, 1)18세기 영국의 유아 사망률은 프랑스와 마찬가지로 높고, 단 어린이에게 세례를 주는 시기가 늦다는 관습 때문에 그것이 감추어졌을 뿐이다. 그 경우에는 19세기의 정체현상은 착각이다. 2)실제로 프랑스보다 유아 사망률이 낮

재생산과 젖먹이 사망률 도표

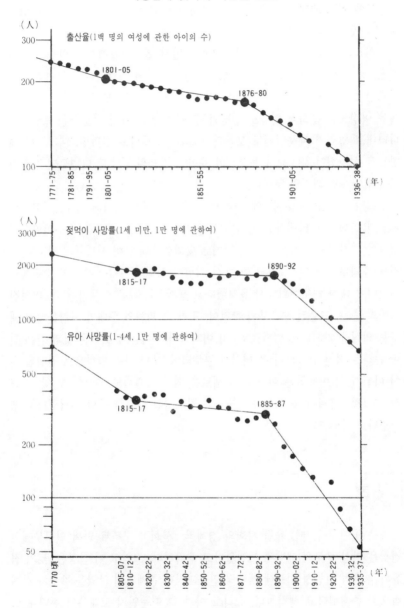

았다. 만약 그렇다고 한다면 부주의·무관심·의식적 배제에 의한 높은 유아 사망률에 관해 내가 서술해 온 점은 프랑스에 한정되어 있으며, 적어도 영국을 제외할 필요가 있다.

프랑스가 유럽의 다른 나라보다 1세기 앞서 결혼생활에서 피임을 도입한 것은, 전공업기의 프랑스가 객관적으로 다른 나라와 비해 인구과밀이었기 ─ 페르낭 브로델Fernand Braudel의 가설 ─때문일지도 모른다. 혹은 물질적 이유 이상으로 문화적 이유로 설명할 수 있는 높은 유아 사망률을 프랑스가 나타내고 있었기 때문일지도 모른다. 그러나 그렇다고 한다면, 내가 산아제한으로 설명했던 18,9세기 프랑스의 유아 사망률의 감소도 대변모의 시작이 아니라 단순한 과정일 뿐이다.

그렇다고 해도 ─18세기에 있어서 어린이에 대한 관심의 감소, 어린이의 지위의 악화를 나타낸다고 생각되는 중요한 사실에도 불구하고 ─어린이의 생명이 그때까지 이상으로 주의 깊게 보호되었는데 유아 사망률의 감소도 그것을 증명하고 있다. 그리고 이 개선 경향이 사회적 수준·부부의 수준에서 어린이에 대한 태도변화에서 유래했다고 생각하는 많은 이유가 있다. 버려진 아이의 증가, 고용된 수유부의 발전이, 또한 그 피해의 증대가 사람들에게 새로운 의식을 가져다 주었다. 그것이 이제까지 우리들이 보아온 것과 같은 신학 논의로 점차 결정되어 온 의식과 결부되어, 보다 나은 방향으로 진전된 것이 아닐까. 산아제한은 이와 같이 새로운 의식의 결과로 생각할 수 있다. 그리고 그것이 1세기 동안 유아 사망률을 감소시킨 주요한 수단이 되었다고 생각한다.

결 론

높은 곳에서 볼 때, 유럽 사회의 경제적·사회적 구조로 인해 인구문제의 긴장은 항상 부부의 레벨로 느껴왔다고 생각한다. 그리고 이 긴장은, 토지 점유와 기술적 가능성 덕분에 객관적 인구과잉이 존재하지 않았을 때조차 잠재적으로 존재했다고 생각한다. 그리고 아마 그 때문인지 고대부터 현대에 걸쳐서 도덕적 비난이 있었어도, 국가가 인구증식을 장려해도 언제나 어린이의 수를 제한하려는 부부가 존재했다.

고대부터 현대로 오는 동안에 변한 것은, 신생아의 생명에 대한 태도이지 어린이의 수를 제한하려는 부부의 의지는 아니다.

이 변화에서 기독교가 연출했다고 생각되는 역할은 중요하기는 하지만 이차적인 것이었다. 4세기의 어린이 살해에 대한 법적 금지, 그리고 그 이후의 점진적인 소멸을, 교회의 어린이 살해에 대한 전쟁 이외의 무엇으로 설명할 수 있는가? 그러나 교회는 생식을 목적으로 하지 않거나 혹은 생식력을 외면한 대부분의 성교섭을 단죄하므로써, 부모가 양육할 수 있는 아이 이상을 갖도록 부부에게 장려한 적도 있다. 예전의 위생상태에 기인하는 유아의 사망에서 부모의 태만·무관심에 기인한 사망이 덧붙여졌다. 태어난 아이 전부를 양육할 수 없는 부모, 자선시설로의 방출, 조기이유 등등이 그것이다.

죄의 관념을 중핵으로 한 어떤 종류의 기독교 도덕이 아마 이와 같은 상태를 심리적으로 가능하게 했고 영속시키는 데 기여했을 것이다. 이 도덕은 양친에게 어린이의 이익과 직접, 명백하게 위반되는 행동 —어린이 살해, 갓난아기 유기, 줄 수 있는 식량의 거부 —을 해서는 안 된다고 금하였다. 그렇지만 젖을 떼기 이전에 임신하여 유아의 생명을 위험하게 하는 것을 금하지 않았으며, 어린이를 양육할 수 없다는 배려 등은 하지 않고 어린이를 갖도록 장려했다.

12세기부터 17세기에 걸쳐서 신학자들은 점차로 어린이의 권익에 관심을 기울였다. 어린이의 이익과 부부의 성적 권리 사이에서 일어날 수 있는 모순을 의식하고 있었지만, 그들이 세속인에게 그것을 가르쳤는지, 그렇지 않으면 세속인이 자신들의 문제를 그들에게 가르쳤는지 알 수 없다. 바울의 가르침에도 불구하고 신학자들은, 장기간 부과된 금욕이 부부간의 정절까지 무릅써야 할 위험을 이해하는 데 많은 시간이 걸렸다. 또한 세속인보다 2세기 늦게 피임도 부모의 사랑 표현일 수 있다는 것을 이해했다. 그리고 부모들은 기독교 도덕 이외의 무언가에 의해, 어린이에 대한 의무를 알고 있었다고 생각할 수 있을까? 현연구단계에서는 이 〈다른 무언가〉가 무엇인지 나는 모른다.

부부의 피임 채용 —유아의 사망을 막기 위한 중요한 수단이었다 —은 어린이의 생명에 대한 관심의 증대라는 한도에 있어서, 역설적이기는 하지만 2천 년에 걸친 기독교 도덕의 성과라고 나는 생각한다. 그러므로 나는 이 방법의 사용이 동시에 부부관계의 어떤 의미에서의 해방, 결혼과 사랑의 새로운 관념의 표현이며, 많은 역사적 변화의 결과였다는 점을 잊지 말아야 한다. 이와 같은 변화도 검토의 가치는 충분히 있으며, 그것은 기독교와 관계가 없는 기원을 갖고 있다.

〔부록 I〕 자기 아이를 살해하는 여자들에 관한 파리 대주교 교령서*

신과 법왕의 은혜보다 파리 대주교인 아르두엥 드 뻬르픽스HARDOUIN DE PEREFIXE로부터, 마그들렌느Magdeleine의 마리아와 성 세브렝Severin의 수석사제들에게 우리들은 주를 통하여 경의를 표한다.

일단 죄를 범하면 그것을 감추고 몸을 숨기기 때문에 다른 죄를 범하기가 쉽다. 우리들은 종종 그것을 저 가련한 여인들에게서 본다. 그녀들은 음탕·음란·부정의 악행에 몸을 맡기고, 대부분의 경우 자기의 부정행위의 수치를 감추려면 피로 연결된 아이를 살해하는 방법 이외엔 없다고 생각했다. 그리고 신 앞에서 잃어버린 명예를 역시 인간 앞에서도 회복하기 위해, 순진무구한 피조물을 파괴해야 한다고 생각한다. 이것은 단적으로 말해서, 주인 신이 자신의 모습과 비슷하게 만든 사람을 살해하고, 자신의 피로서 그 죄를 범한 영혼을 영겁토록 파멸시키는 것과 같다. 그녀들은 거의 어머니가 되기 이전에 자기 아이의 살해자가 되는 것이다. 그런데도 나의 이 죄를 징벌하기 위한 신의 규범, 인간의 규범이 명하는 최대의 형벌조차 이제까지와 같은 광기를 완전하게 억제할 수 없었다. 때로 잔학·비도덕적이며 사람 같지 않은 사람을 낳았다는 사실로 비추어 보건대, 세상 사람들은 어쩌면 이 죄의 비도덕성, 위에서 서술한 규범의 엄격함에 무지하든가, 혹은 속죄 재판소가 죄인에게 지나치게 관대하든가, 혹은 죄의 은폐를 지나치게 쉽게 기대하고 있는 것은 아닌가 하는 두려움을 갖고 있다. 그러므로 나는 이 주교구의 옛날 교령·규정을 널리 세상 사람에게 재확인시키고, 그 형벌의 두려움으로 인해 세상 사람들이 이 죄의 무거움을 인식케 하려 한다. 동시에 가령 인간의 눈에서는 범행을 감출 수 있어도, 교회의 벼락은 면할 수 없다는 것을 알기 바란다. 영겁의 죄를 내린 신의 노여움은, 마음으로 우러나는 깊은 속죄로만 진정될 수 있다. 이런 목적을 갖고 나는 모든 사제·사면 주교대리, 재속(출가하지 않고 속인인 채로 있는 사람)·비재속을 불문하고 다른 모든 성직자에게, 가령 어떠한 힘을 스스로 얻었거나 면죄 특수권한을 나로부터 수여받지 않는 한, 약의 조제 혹은 다른 불법적인 수단을 사용하여 살아 있는 몸·아직 살아 있지 않는 몸을 불문하고, 자기 과실을 살해하거나 현재 살해하려고 시도하는 어떠한 미혼·기혼여성에게도 죄를 면죄해 주는 것을 금한다. 살해 시도가 미수로 그쳤을 경우도 예외가 아니며, 또한 이 조치는 위에 기록한 약의 조제·수단을 제공하는 자에 관해서도 똑같이 적용된다. 또한 만약 모친으로서 자연의 이치를 외면하고, 이미 태어난 자기 아이의 피로 손을 더럽히고, 그 목을 죄거나 혹은 다른 어떤 수단으로 살해한 자가 있다면, 나는 파문의 형벌을 명한다. 동시에 파문 선언의 권한과 위에 기술한 아이 살해죄에 대한 면죄 권한을, 나 자신이나 본 주교구 부주교, 특별임명 고해신부로 제한한다. 그러나 나는 이들 완고한 영혼이 자연의 규정과 수많은 교회의 규정을 멸시할 뿐만 아니라, 우리들이 경건한 국왕이 그 두려운 처벌에 의해 그녀들의 음탕함을 억제시키기 위해 공포한 규정을 쉽게 잊어버리는 것을 감안하여, 교구미사 설교단상에서 먼저 이 교령과 다음에 기술한 앙리 2세 법령을 낭독하여 만인에게 그 철저한 주지를 행할 것을 명한다. 나는 명한다. 이 교령을 모든 장로층, 대소 수도원장, 사제, 주교대리, 재속·비재속 교단의 상급 책임자는 낭독·고해 때의 배려와 더불어 실행하라.

파리에서. 1666년, 3월 10일. 파리 대주교 아르두엥, 서명.

• F. 뮈게Muguet가 파리에서 인쇄한 책자에서. 그르노블 도서관, D.5385.

[부록 Ⅱ] 수유기중의 여자는 비너스를 절제한다**

교접문제에 관해, 그리고 수치심이 허락하는 한도 내에서 서술한다면 남자는 수유기중인 아내와 교접해서는 안 된다. 이것도 교회법 〈교접에 관하여〉(Ad ejus vero concubitum) 제5항 서두에 금지되어 있기 때문이다. 사실 그 정도로 유아에게 해가 되는 것임에는 틀림이 없다. 도미니쿠스Dominicus, ……의사 중에는 오리바즈Oribase, ……폴 에지네뜨Paul Eginete, ……알렉산드르 트라리아누스Alexandre Trallianus도 같은 의견을 가졌다. 그들 이전에 갈레노스Galenos는, 그《건강보호》제1권에서 다음과 같이 피력하고 있다.

『나는 수유기중인 자는 어떤 사람이건 비너스의 소행을 일체 삼가하라고 경고한다. 왜냐하면 남자와의 교접은 월경을 자극하고, 젖은 그 향기를 악취로 변하게 하기 때문이다. 그뿐인가. 여자들 중에는 잉태를 하는 자도 있는데, 그렇게 되면 유아에게는 아무것도 남겨 줄 것이 없어서 매우 곤란한 사태가 벌어진다. 예를 들면 피는 대부분 태아에게 흡수당한다. (이미) 자기의 생존원리를 지닌 태아는, 자기의 생존을 위해서만 움직이고, 마치 뿌리에 달라붙어 있는 것처럼 자궁에 점착하여 밤낮 그곳에서 떠나지 않고, 필요한 자양분을 그곳에서 끊임없이 빨아들인다. 그동안 임산부의 피가 양적으로나 질적으로 악화되는 것은 당연한 이치이며, 유방에 모여 있던 젖도 질이 떨어지는 동시에 감소한다. 그러므로 젖먹이가 있는 여자가 잉태하게 되면 재빨리 유모를 찾는 쪽이 좋을 것이다.』이것이 갈레노스의 의견이다. 또한 플리니우스도 제28권 9장 서두에서 『젖먹이가 있는 여인들이여, 임신하는 것은 위험하다』고 경고한다.

이외에도 모든 일상의 경험에서, 또한 옛날부터 전해 오는 말, 이 문제를 다룬 저자들 대부분이 예외 없이 수유기중인 임산부는 젖먹이에게 위험할 뿐만 아니라, 자궁 내의 태아에게도 죽음을 초래할 수 있다는 점을 명기하였다.

•• 띠라꼬Tiraqueau《부부의 법에 관하여》제15권, n⁰ 139, 1574년판, 342쪽. 플랑드렝 초역.

[부록Ⅲ] 유모의 성생활은 아이에게 나쁜가? ***

일종의 울열鬱熱은(저자는 젖을 건조시키고 고갈시키는 다른 체액, 즉 노여움에 관해 이야기한 적이 있다. 저자의 이론은 체액과 열의 의학에 따르고 있다) 성애性愛이며, 이런 점에서 유아가 있는 모친이 종종 잘못을 범하게 되므로 명확하게 해두고 싶다. 왜냐하면 유모가 결혼한 경우, 모친들은 그녀가 부부관계를 갖는 것을 매우 싫어한다. 그것이 그녀의 젖을 오염시키는 것을 염려하기 때문이다. 분명히 모친들에게도 일리는 있다. 그러나 잘못이 없는 것은 아니다. 왜냐하면 사랑으로 고민하는 것보다, 도에 넘치지 않도록 절도 있게 남편과 교접을 갖는 쪽이 훨씬 좋기 때문이다. 만족할 수 없는 격렬한 욕망은 젖을 오염시키는 장본인이라는 점은, 암내를 내는 암캐처럼 남자의 뒤를 따라다니며 색을 밝히는 유모들의 예로도 알 수 있다. 약한 불로 계속 타오르게 하는 것보다, 이 커다란 갈증을 조금이나마 풀어 주는 쪽이 좋지 않을까. 사랑의 정념에 푹 빠져 안정을 잃어버리고, 침식마저 끊어버리는 여자들을 때로 보지 않았는가. 그렇게 되면 젖도 오염되고, 유방도 고갈되기 직전이라는 것이 불을 보듯 뻔하다. 모든 유모는 충분히 영양을 취하고, 아침 잠을 자고 심하게 움직이지 않아야 하는데, 이 생활양식이 욕망을 자극하고, 육욕을 자아내어 육체의 소행을 탐하게 된다. 충분히 영양을 취해야 하는데, 시간이 남아 주체를 하지 못하는 여자가 이 병에 걸리면 완전히 이성을 잃어버린다. 그녀의 젖이 그 덕분에 보다 양질로 변할 리가 없다. 오히려 열을 띠게 되고, 혼탁해진 젖은 그녀의 피부와 마찬가지로, 색을 즐기는 짐승의 괴이한 냄새를 발산하게 될 것이다. 그러므로 앞에서 다룬 바와 같이 유모를 남편으로부터 완전히 격리시키기보다는 적절하게 즐기게 하는 쪽이 좋다. 그리고 농민·제조공·상인 들의 아내는 자기의 아이는 자기 젖으로 기르고 있지만, 그렇다고 해서 남편의 침대에서 몰아내서는 안 된다. 젖먹이가 있는 한 남편 쪽에서 교접을 하지 말아야 한다. 그런 일은 드러내지 말아야 한다는 것은 누구나 알고 있다. 그렇다고 해서 그녀들의 아이가 영양불량이 될까? 감미로운 부르조아 부인, 점잔을 빼는 부인들, 새침한 귀족부인의 아이들보다도 그녀들의 아이 쪽이 약하고, 병약하다고 말할 수 있을까? 이 부인들은 진정한 모친이 되기 위해, 하느님이 주신 젖으로 자기 아이를 기르며 자연의 의무를 다할 정도로 자기 몸을 깎아내리고 싶지 않다고 말하고 있다. 따라서 승패는 분명해진다. 강하고 튼튼한 아이는 보잘것 없는 여자들이 자기의 젖으로 기른 아이들 쪽이다. 단 염려되는 점은 —이것이 가장 중요한 이유이지만 —유모가 남편과의 교섭으로 임신하여 젖의 질이 떨어진다는 점이다. 사실 지방분 때문에 그렇게 될 것이다. 더구나 젖먹이에게 해가 미치게 되므로, 처음엔 자기가 임신하게 될 것을 염려하게 된다. 왜냐하면 대부분의 여자들은 수유기간중에는 월경이 없으므로 젖이 묽어지기까지 임신한 것을 알아차릴 수 없다. 또한 월경이 있어도 그것을 알아채기 한 달 전에 임신한 경우가 대부분이다. 지독한 점은, 임신한 것을 알면서도 해고될 것이 두려워 젖이 나오지 않을 때까지 모른 체하는 여자도 있다. 이와 같은 아이들은 학대를 당하게 되는데, 이것은 랑그독 지방에서는 이탈리아어 ingannare를 빌려 enganar(폐던)으로 불리는 소행이다. 주로 이상의 이유에서 훌륭한 부인들은 자기 아이를 위탁한 유모에게 남편과의 교섭을 금하려는 것이다.

　그런데 이와 같은 불합리와는 다른 불합리한 점에 있어서, 양쪽을 공평한 저울에 얹어보면, 어쩐지 후자 쪽이 중대한 것처럼 생각된다. 즉 성애의 정념으로 불타오르는 여자의 젖은 임신한 것보다 훨씬 유해하다. 아니 완전히 다른 이야기로서, 이 책의 제2장을 다시 한 번 읽어보기 바란다. 임신해도 고통 없이 유아에게 젖을 주고, 유방에 젖이 한 방울이라도 남아 있는 한, 유아에게 그것을 먹이는 여자들이 시골에는 얼마든지 있지 않았던가. 이렇게 해서 9개월째까지 젖이 나오면, 그뒤에는 아무런 고통 없이 1년 남짓 지나서 젖을 뗀다. 이렇게 자란 인간이 그런 만큼 아둔하고 일에 서툰 것은 아니다. 오히려 마을의 다른 사람보다 건강하고, 일도 많이 하지 않았던가. 어린이라도 가장 좋은 술을 마신 뒤에는 찌끼술도 마실 수 있다고 농부들은 말하고 있다. 그들은 와인으로써 그것을 실행하고 있다. 즉 그들은 술통에 술이 한 방울도 남아 있지 않을 때까지 위의 맑은 술을 마신 뒤 밑바닥에 고여 있는 찌끼술도 마신다. 그런데 어째서 연약하고 델리케이트한 신사숙녀들은 술통이 절반쯤 지나면 곧 찌끼술 냄새가 난다고 하며, 나머지를 하인들에게 주는 것일까. 와인을 젖으로, 젖을 와인으로 각각 바꾸어 본다면, 젖먹이와 어린이 사이에 차이가 없다는 점을 알 수 있을 것이다.

　그런데 부인네들은 나의 말을 오해하고, 마치 내가 어린이는 임산부의 젖으로 길러져야 한다고 충고하고 있는 것같이 생각할지도 모른다. 터무니없이 어떻게 내가 그런 충고를 할 수 있겠는가. 단지 나는 거칠게 자란 가난한 농민의 아이들도 임신중인 모친의 젖이 조금도 해가 되지 않았다는 것을 서술하고 있는 것이다. 본래 나는 그것이 연약한 양가의 자녀에게 유해하지 않다는 것은 아니다. 이 아이들의 부모들이 사치스럽게 길러왔기 때문이며, 젖도 자기 어머니의 젖이 아니기 때문이다. 왜냐하면 어머니와 아이의 피는 서로 깊이 호응하고 있으므로, 다른 여자의 어떤 양질의 우유보다도 자기 어머니의 열등한 젖 쪽이 어린이에게 자양분이 된다. 이것은 괴이한 의견이라고 생각할지도 모른다. 그러나 거짓이 아니라 사실이다. 제6권에서 관례에 대해 서술할 때 충분히 증명하였다. 그러나 암캐처럼 암내를 풍겨 남편·연인과의 교접을 격렬하게 원하는 여자의 젖만큼은 임산부의 젖이 유해하지 않으므로, 유모가 성애를 즐겨도 이상하지 않다고 생각하는 여자들에게 그 오해를 납득시킬 수 있을 것이다. 또한 즐긴다 하더라도, 그 행위를 허락하는 인간이라면 반드시 그렇게 하는 것처럼 적절하게, 도에 넘치지 않게 한다는 것을 의미한다. 왜냐하면 만약 사람들의 눈을 피하여 몰래 한다면, 마치 짐을 벗어버린 낙타와 같이 자기를 잊고 열중하게 되므로, 그 결과 두 배로 해로워진다. 즉 젖이 더욱 탁해지는 한편 유모가 임신하는 시기도 빨라지므로. 애주가는 와인을 숨겨두라고 했다가 일단 술창고의 열쇠를 보게 되면 있는 대로 마시게 될 것이다. 반대로 언제나 좋아하는 양만큼 마시게 하는 쪽도 좋다. 왜냐하면 마시는 양도 줄어들고 취하는 일도 적어지기 때문이다. 그런데 나의 말을 들은 유모들은 이렇게 말할 것이다.

　『이건 정말 고마운 말이다. 우리들의 짐을 내려주니. 이렇게 좋은 방법이라면 즉각 실행에 옮기겠다.』반대로 부인들은 내가 유모들에게 홀렸거나 유모들에게 부드러운 남자로 생각할 것이다. 아니 진실로 나는 유모들을 매우 좋아한다. 그 중에서도 첫번째 여자는, 젖이 계속 나오는 한 나의 아이를 남김 없이 길러 주었다. 더구나 그동안 나는 그녀와 침상을 함께 쓰며 계속 사랑을 즐겼다. 이것은 결혼한 금슬 좋은 부부로서는 당연한 일이며, 그래도 우리들의 아이들이 영양 있게 쑥쑥 잘 자라 준 것은 무엇보다도 고마운 일이다. 나는 스스로 실행하지 않은 충고를 타인에게 하지 않는다.

••• 로랑 주베르Laurent Jouber 《서민의 과오》제1권, 226쪽 이하.

10
어린이에 관한 신구 속담

때로는 애매하고 때로는 모순되며, 언제 그것이 성립되었는지 연대 결정을 내리기 곤란한 속담이 이제까지 역사가들의 주의를 끈 적은 거의 없었다. 그러나 여러 가지 결점에도 불구하고 속담은, 사물의 사고방식의 역사에 있어서 다른 것으로 대체시킬 수 없는 고유한 자료를 구성하고 있다. 옛날 대다수의 사람들은 구전문화 이외의 문화를 갖지 않았지만, 속담이야말로 그 대부분이 유일무이한 증언이기 때문이다.

본론에서 우리들은 어린이들에 대한 옛날 사람의 태도, 가정이 자식들에게 주려고 했던 교육의 자세를 고찰의 대상으로 하고자 한다. 그러기 위해서는 의사와 교육자 들의 가르침을, 교회가 부모들에게 행한 설교를, 또한 고해성사 때의 질문 조항을 이용할 수 있을 것이다.

그러나 종파저술가들은 지나치게 영혼의 구제를 꿈꾸며 기독교 교설만을 다루었다. 또한 의사·교사 들도 지나치게 한정된 인간을 대상으로 하였으므로, 일반적인 태도·관습이 좋은 증인이 될 수 없었다. 이와 반대로 속담은 가령 그 하나하나의 출현상황·전파·영향에 대해서는 잘 알 수 없어도, 〈세상 일반의 지혜〉의 표현으로 생각할 수 있다. 그 경우 자의적으로 몇 가지 속담만을 거론하는 것이 아니라, 대상이 된 테마에 관한 철저한 색출과 검토를 행해야 함은 물론이다.[1]

어린이 = 부모 고생의 근원

속담의 발언자가 성인이기 때문에, 부모이기 때문에 고생을 한다는 표현이 즐겨 사용되었다.

자식의 수만큼 상처가 있다.(프로방스Provence, 1965년)

돈과 자식은 적으면 적을수록 고생도 적다.(까딸로뉴Catalogne, 1969년)

성 그리모Grimaud의 사냥 획득물과 어린이는 똑같이 많으면 많을수록 가치가 떨어진다.(오브Aube, 1904년)

위안을 주고자 하는 속담도 그 밑바닥은 비관적이다.

병보다는 아이 쪽이 더 낫다.(까딸로뉴, 1969년)

최근의 속담집 기록에서는 특히 모친의 피로를 문제로 삼았다.

커다란 아이가 태어난 해, 모친에겐 싫은 해.(까딸로뉴, 1969년)

서글픈 모친! 아이 세 명에 고양이 네 마리.(까딸로뉴, 1969년)

한편 부친도 자식에게 구속되었지만, 옛날 속담에서는 오히려 이쪽이 강조되었다. 17세기 바스크 지방에서는 종종 이런 교환이 있었다고 한다. 『누구를 위해 그렇게 일하는가?』 하는 질문을 받은 부친이 『잠자고 있는 놈을 위해서』 —요컨대 요람 속의 아이를 위해 —라고 대답하였다. 이 이야기의 흥미는, 노동과 잠의 대비 이외에, 당시 자기보다 신분이 높은 인간 —여기에서는 부친 —이 신분이 낮은 인간을 위해 봉사하는 일은 생각할 수도 없다는 관점에서 나왔다. 한편 『아이가 있는 남자는 제일 좋은 부분을 먹지 못한다』(바스크 지방, 17세기)는 것이 강조되었지만, 이것도 예전에는 상식에 위반되는 상황이었다. 이미 오늘날에는 그렇게 말해도 흥미거리가 되지 못하므로, 『아이가 있으면 자기 혼자서 가장 좋은 부분을 전부 먹을 수 없다』(프로방스, 1965년)라고 말한다.

더구나 아이들은 집과 양친의 침대를 더럽히는 것으로 결정되었다.

아이 · 닭 · 비둘기는 집 안을 더럽힌다.』(르 루 드 렝씨Le Roux de Lincy, 16

세기. 가스꼬뉴Gascogne, 16,7세기) [원서에는 두 가지 속담이 인용되었으며, 용어·철자법이 다소 다르기는 하지만 우리말로는 같은 의미이다.]

　아이와 잠을 잔 여자는 일어날 때 잠옷이 더럽다.(바스크 지방, 17세기)

　아이들과 잠을 잔 사람은 똥투성이가 되어 일어난다.(오뜨 알프스Hautes-Alpes, 1845년. 아르마냑Armagnac, 1879년)

　이 테마는 1880년대 이후 모습을 감춘 듯하다. 그 이후의 속담집에는 아무리 샅샅이 찾아보아도 위의 속담은 나오지 않는다. 예전에는 더럽다고 생각되는 것을 받아들였던 것일까? 오히려 19세기 초기 이후 시도되었던 유아의 괄약근 훈련으로 설명할 수 있는 현상일지도 모른다. 주지한 바와 같이 옛날의 어린이는 팬티나 속옷을 걸치지 않았고 —셔츠 한 장, 혹은 긴 옷만을 입고 —마치 18세기의 풍속화에서 볼 수 있는 토방에서 먹이를 쪼고 있는 닭처럼 집 안팎에서 자유로이 대소변을 누고 다녔다. 19세기 들어 청결 관념이 서구사회에서 일반화되기까지, 어린이의 오물은 어쩔 수 없는 것으로 간주되었다. 그러나 청결에 대한 집념은 좀더 이전부터 있어왔다. 15세기에는 이미 페스트 예방을 위해 대소변 청소, 쥐잡기가 행해졌던 것이 그 한 예이다. 『청결은 건강을 길러 준다』라는 옛날 속담(연대 불명)도 있다. 그러나 어린이와 관계가 있는 속담은 19세기 말 이전에는 발견된 적이 없었다.

　『청결하면 그것만으로도 건강의 절반』(베아른Béarn, 1892년), 불결한 아이는 『모친의 청결감을 끌어내게 한다』(오브Aube, 1932년)와 같은 조소를 받았다.

　오늘날에도 여전히 유아는 〈앙메르당emmerdant〉(원뜻은 〈똥(merde)으로 더럽혀지다〉, 현재는 〈번거롭다. 진절머리나게 하다〉의 의미를 가진 속어)이라고 하지만, 오히려 그것은 원뜻에서 벗어나 울거나 칭얼거려서 〈번거롭다〉는 비유적인 의미이다. 그런데 놀랄 만한 점은, 유아의 싸움에 대한 언급이 거의 없다. 강하게 말하면 다음의 두 가지 속담, 그것도 최근의 속담집에서 볼 수 있을 뿐이다.

　유아는 건강 유지를 위해 하루 2시간 울어야 한다.(오브, 1932년)

『아이가 울기 시작하면 모친은 노래 부르기 시작한다.(알사스Alsace, 1966년)

라고 해도, 옛날 남자들이 울음소리와 눈물에 둔감하지는 않았다. 그 증거로 여자의 잦은 울음을 한탄하는 속담이 적지 않다.

여자의 눈물은 악어의 눈물(쓸데없는 눈물)과 비슷하다.(르 루 드 렝씨, 16세기)
개는 쉬지 않고 오줌을 누고, 여자는 운다.(르 루 드 렝씨, 16세기)

그렇다면 옛날의 젖먹이는 지금보다 조용했던 것일까? 사실 누구나 알고 있는 것처럼 이전에는 갓난아기가 울기 시작하면 곧 젖을 먹였는데, 19세기 초기 이후 소아과 의사는 정해진 시간에 수유를 해야 한다고 설명하게 되었다. 속담 중에 어린이에 관한 한 울음소리가 불결감을 대신했다고 말할 수 있다. 그리고 이 변화는 유아의 식생활 변화의 결과일지도 모른다.

어린이들이 자람에 따라서 부모는 다시 평온을 되찾았을까? 17세기부터 20세기에 이르는 모든 속담이 그와 같은 생각의 모자람을 설명하고 있다.

어린이들이 젖을 뗀 이후부터 우리들의 고생·걱정은 시작된다.(바스크 지방, 17세기)
작은 아이는 작은 근심, 큰 아이는 큰 근심.(샹소르 에 가빵쌔Champsaur et Gapençais, 1885년)
작은 아이는 작은 잘못, 큰 아이는 큰 잘못.(오브, 1932년)
아이가 어릴 때는 고생도 적고, 자랄수록 고통도 크다. 결혼하면 고통은 2배.(까딸로뉴, 1969년)

이런 종류의 속담의 진솔함은, 어린이가 유소년기를 탈피하면 부모이기 때문에 겪게 될 불편도 면할 수 없다고 하는 덧없는 부모의 기대에서 나왔다. 이와 같이 언뜻 보기에 사리에 어긋난 속담이 증언하고 있는 것은, 이런 기대 —항상 어긋났다고는 할 수 없지만—라 할 수 있을 것이다.

대부분의 속담은 어린이의 망은忘恩을 테마로 한 것이다. 1861년 도시의 속담집에는 정신적 망은이 강조되었고, 그뒤 농촌의 속담에서는 다른 종류의 망은이 서술되어 있다.

부모의 내리사랑은 있어도 치사랑은 없다.(끼따르Quitard, 1861년)
아버지의 마음은 자식 속에, 자식의 마음은 돌 속에.(끼따르, 1861년)
부모가 자식에게 줄 때는 부모나 자식이 모두 웃고, 자식이 부모에게 줄 때는 자식도 울고 부모도 운다.(아르마냑, 1879년. 프로방스, 1965년)

물질적인 망은으로는,

한 사람의 아버지는 1백 명의 아이를 기를 수 있다. 1백 명의 아이는 한 사람의 아버지를 양육할 수 없다.(프로방스, 1965년. 까딸로뉴, 1969년)
일곱 명의 자식이 홀어머니를 부양하는 것이, 홀어머니가 일곱 명의 자식을 기르는 일보다 어렵다.(알사스, 1966년)
새끼고양이가 어미고양이에게 쥐를 갖고 가는가를 시험하지 마라.(프로방스, 1965년)

그러나 오늘날에는 일종의 자연법칙으로 생각되는 사항도 옛날 속담에서는 다루어지지 않았으며, 최근의 속담집에서만 볼 수 있다. 이것은 우연한 결과일까? 그렇지 않으면 노령의 부모에 대한 자식들의 망은이, 오늘날만큼 일반적이지 않았던 것일까? 사실 퇴직연금제도가 없었던 시대에 충분한 재산이 없는 노인은 자식이 부양하지 않으면 살 수가 없었다. 재산이 있는 노인은 너무 일찍 유산 상속을 하지 말라고 충고하고 있다.

임종 전에 재산을 양도하는 자는 행복한 노년을 보낸다.(바스크 지방, 17세기)
재산을 일찍 물려 주면 서글픈 노년을 보내게 된다.(바스크 지방, 17세기)
잠자기 전에 나체가 되지 말라.(샹소르 에 가빵쩨, 1885년)
나체가 되는 것은 잠잘 때뿐.(오브, 1932년)
침대에 들어가기 전에 나체가 되지 마라.(알사스, 1966년)

그렇지만 활동할 수 없게 된 영세농민과 노동자는, 자신을 부양해 줄 자식이 없이는 살아갈 수가 없었다. 그리고 그들에게는 많은 자식이 최대의 이점이었다.

가난한 부부에게 자식은 수익성이 있는가?

지금 내가 이 문제를 들고 나오는 것은, 같은 문제가 자식을 공장으로 보낸 19세기의 노동자 가정과, 또한 부양수당제도가 존재하는 제3세계의 여러 국가와 관련하여 이제까지 가끔 제출되어 왔기 때문이다. 또한 최근의 인구학자 중에는, 전공업사회에서 빈곤 가정의 높은 출산율 역시 어린이의 수익성으로 설명될지도 모른다고 생각하는 사람도 있다. 이 경우 그들은 오늘날까지 다양한 형태로 전파되고 있는 옛날 속담을 추측의 근거로 하고 있다.

자식들은 가난한 사람의 재산.(르 루 드 렝씨, 16세기. 샹소르 에 가빵쎄, 1885년. 프로방스, 1965년)
자식들과 웃음은 가난한 자의 재산.(프로방스, 1965년)

이 속담의 의미는 반드시 명확하지 않은 것으로 보아 아마 시대에 따라 다른 내용을 나타냈을 것이다. 19,20세기에 그것은 무엇보다도 가난한 계층의 다산성을 확인할 수 있다. 또한 같은 속담이 동시대의 기독교도 혹은 인구 증식주의자의 입에서 나왔을 때, 그것은 많은 자식이 신에 의해 빈곤의 보상으로 가난한 자에게 주어지는 은총으로 시사되었다. 자식은 재산, 적어도 정신적 재산이라 할 수 있다. 그러나 19세기 이전에는 빈곤 가정이 부유한 가정 이상으로 다산이었다고는 할 수 없다. 오히려 그 반대였다는 것이 통계로 나타나 있다. 부유한 가정에서는 아이들을 유모에게 의탁했기—피임이 행해지지 않았으므로—때문에 극히 출산율이 높았다. 즉 위의 속담은 당시의 어린이가 부자에게는 재산이 될 수 없으나, 단순히 가난한 자의 재산은 자식뿐이었다는 것을 의미한다.

그뿐인가. 과연 자식들이 가난한 자에게 있어서 대부분 부를 구성하게 되었는지 아닌지는 다시 한 번 생각해 볼 필요가 있을 것이다. 1673년, 코트그레브Cotgrave는 그의 저서 《불영사전》에서 반대 의견을 부르짖고 있다.

　　근면한 다른 국민에게는 혹시 그럴지도 모른다. 그러나 우리 영국에서는 자식이 많은 부모들의 대부분이 가난을 강조하고 있다.

　　그런데 만약 어린이 양육이 실제로 수익을 가져왔다면, 어째서 노랭이를 평하기를 『저놈은 자식 하나 낳지 않았다』(우뎅Oudin, 17세기) 등이라 말할 수 있을까? 자식은 가난한 자에게 있어서 극히 무거운 부담이며, 그러므로 『가난한 자의 집에서는 암소가 죽고, 돈 있는 집에서는 자식이 죽는다』(르 루드 렝씨, 17세기. 라니에Lagniet, 1657년)와 같이 운명의 불공평을 한탄한 것이 있다. 19세기가 되어도 트리에브 지방의 농민들은 자식들이 쓸데없이 밥을 먹고, 원기왕성하게 날뛰는 것을 보면 불평을 드러냈다.

　　가난한 자의 집에서는 자식이 아니라 중요한 말이 죽는다.

　　빈곤 속에서 필요한 것은 암소나 말이지, 쓸데없이 밥을 축내는 아귀들이 아니었다.

　　이것 또한 최근의 속담집에서만 볼 수 있는 속담이지만, 『가난한 부친에게는 아이가 없다』(까딸로뉴, 1969년)는 것은 옛날의 상태를 충실하게 말해 준다. 사회의 하층으로 가면 갈수록 부모의 집에서 사는 아이들의 수는 적어졌다. 내가 앞에서 서술한 인구학상의 이유에서 뿐만 아니라, 10대에 도달하면 곧 그때까지 자라난 아이들을 부자집 저택으로 들여보냈기 때문이다.[2] 가난한 사람은 생산을 할 수 있는 연령에 달할 때까지 대부분 자신의 비용으로 아이를 기르고, 결국에는 부자집으로 그들을 —기독교 문명에서는 무상으로 —보낸다. 왜냐하면 자기 집에는 그들이 할 만한 일이 없었기 때문이다. 그리고 그후 자식에게 남겨 줄 유산이 없으면 부모와 자식이 재회할 기회가 거의 없다. 요컨대 자식의 취업 연령이 현대에 비해 훨씬 낮았기 때문이며, 또

▲보두엥의 〈아침〉

한 전공업화 사회에서는 노동자가 고용자의 집에서 기거하는 것이 일반적이었기 때문에, 예전의 가정은 오늘날의 가정의 모습과는 달랐던 것이다. 그리고 이 현대와의 차이는 부유한 자가 토지를 점유하고, 형식은 어찌되었건 소작농들에게 그것을 경작시키는 지방에서 특히 많았다. 영국·파리 분지의 비옥한 평원지대, 그리고 빠띠에 지방 가띠느Gâtine의 비옥하다고는 할 수 없는 농지 혹은 솔로뉴 지방의 거친 땅조차, 한편으로는 꽤 많은 수의 하인하녀가 거주하는 부유한 가족이 존재했고, 다른 한편으로는 아이들 중에도 꽤 어린 아이들을 데리고 있는 가난한 가족이 존재했던 것이다.[3]

이와 같은 상황에서 『어린이들은 가난한 자의 재산』이라는 속담의 유행을 어떻게 설명해야 할까? 그것은 고대세계에서 사회계층의 분류 경우와 마찬가지로, 국가의 정치재정적 견지로만 설명될 수 있을 것이다. 고대 로마에 있었던 비소유자는 프롤레타리아, 즉 〈자식에 의해서만 국가에 기여할 수 있는 사람〉이었지만, 그것은 부유한 자 이상으로 그들의 자식이 많았던 것은 아니다 —적어도 처음에는—. 재산이 없기 때문에 자식들(proles)을 길러 나라의 병사로 그들을 제공하는 것만이 국가 재정에 기여할 수 있었기 때문이다. 따라서 나는 16세기의 지식층이 읽었던 속담집에서 찾아낸 이 속담이, 민간기원이 아니라 오히려 상층계급에 그 기원을 두고 있으며, 가난한 자의 견지에서가 아니라 국가나 노동력을 필요로 하는 부유한 계급의 견지를 반영하고 있는 것 같은 생각이 든다. 더구나 같은 속담이 그렇게 오랫동안 유포될 수 있었던 것도, 혹은 프랑스 공화국이 —잊어서는 안 된다—제2차대전에 이르기까지, 고대 로마 공화국과 마찬가지로 빈곤 가정에서 장래의 국군병사의 양육 책무를 지으려 했기 때문일지도 모른다.

생식과 유아 사망에 대한 태도

부모이기 때문에 보살피고, 자식이 있어도 가계의 도움은 되지 않는다는 점에서 19,20세기 대부분의 속담에서 그들의 〈망은忘恩〉을 부모에게 말해 주고 있으며, 생식에 대한 경계를 설명하고 있다.

한 명이나 두 명이면 그다지 고생을 하지 않지만, 반 다스나 되면 대단히 고통스럽다.(샹소르 에 가빵쌔, 1885년)

자식이 한 명이면 시장함을 느낀다. 자식이 둘이면 부부 사이가 좋다. 셋이면 짐이고, 넷이면 비틀비틀, 다섯이면 드디어 싫증을 낸다.(프로방스, 1965년)

『머지 않아 보게 되리라, 요람이 세 개가 되면』(프로방스, 1965년)이라는 것은, 세 개의 요람이면 당신도 심한 고통을 체험하게 된다고 협박한 문구이다.

월요일에 결혼하면 1년 후에는 세 사람이 되든가, 아니면 혼자가 된다.(프로방스, 1965년)

어리석은 자 둘을 함께 있도록 하지 마라. 1년 후에는 셋이 될 것이다.(프로방스, 1965년)

1년 후에 세 사람이 되지 않으면 결혼도 그렇게 고통스럽지 않다.(까딸로뉴, 1969년)

자식이 많은 부모는 결코 몸집 좋은 모습으로 죽지 못한다.(까딸로뉴, 1969년)

돈과 자식은 적으면 적을수록 고통도 적다.(까딸로뉴, 1969년)

젊은 부부에게 하는 좀더 일반적인 경고도 있다.

낳으면 먹여야 한다.(프로방스, 1965년)

밤에 무엇을 했는지는 낮에 알 수 있다.(샹소르 에 가빵쌔, 1885년)

밤에 한 행위를 너는 낮이면 후회한다.(샹소르 에 가빵쌔, 1885년)

이와 같은 인구 억제론적 속담에서 보면, 생식을 권유하는 속담과 대응한다.

아이를 키운 사람은 기쁨을 맛본다.(까딸로뉴, 1969년)

아이가 태어나면 진통의 고통도 잊는다.(알사스, 1966년)

아이가 없는 여자는 따분하다.(가스꼬뉴Gascogne, 1916년)

신이 아이를 주지 않으면 악마가 그 조카를 준다.(까딸로뉴, 1969년. 가스꼬뉴, 1916년)

도락 한 가지를 즐기는 것이 많은 자식보다 돈이 많이 든다.(가스꼬뉴, 1916년)

생명을 주면 하느님이 먹을 것도 준다.(가스꼬뉴, 1916년)

하느님은 추위에 따라 의복을 주신다.(가스꼬뉴, 1916년)

털을 잘린 양에게는 하느님도 바람을 덜어 준다.(오브, 1932년)

어리석은 자가 많을수록 웃음도 많다.(가스꼬뉴, 1916년)

이 마지막 속담은 다른 것과 헷갈릴지도 모르지만, 제1차 세계대전이 한창일 때 출판된 가스꼬뉴 속담집의 저자는 생산과 생식의 자세를 나타내고 있다. 그러나 다른 것은 모두 부부의 다산에 들어 있는 속담이다. 도출될 수 있는 이유는 다양하며, 그 중 몇 가지는 인구 억제와 탈기독교 경향을 보이는 어떤 사회에 잔존하는 종교적 색채를 보여 주고 있다. 임신 중절에 반대하는 속담으로, 『뼈가 없는 아이는 모친을 사형대로 보낸다』(가스꼬뉴, 1916년)라는 예가 있다. 또한 독자獨子에 반대하는 속담도 몇 가지 있다.

단 한 명의 아이는 경박한 아이, 형제가 많은 아이는 행복한 아이.(가스꼬뉴, 1916년)

아이가 한 명밖에 없는 자는 자식이 없는 것과 같다.(가스꼬뉴, 1916년. 오브, 1904년)

독자는 자식이 아니다.(알사스, 1966년)

그외에도 어느 정도까지는 아이가 많은 것에 찬성하는 속담도 있다.

아이 둘이 취미 한 가지를 즐기는 것보다 싸다.(프로방스, 1965년)

19세기로 거슬러 올라가면, 다산에 대한 분명한 찬성도 반대도 하지 않는 속담을 볼 수 있다. 마치 그것은 문제의 테두리 밖에 있는 것 같다.

아내가 젊고 남편이 늙었으면 집안에는 자식이 가득.(오뜨 알프스, 1845년. 브리 앙소네Briançonnais, 1887년. 트리에브, 1887년. 샹소르 에 가빵쌔, 1885년)

18세기 이전의 속담이 즐겨 다룬 것은 불임성이었다. 단 그것은 의식적으로 비난당한 불임이 아니었다.

자식이 있는 남자는 행복하고, 없는 남자라도 불행하지는 않다.(르 루드 렝씨, 15세기)

자식으로 고통받는 부모는 『자식이 있으면 필요한 것도 많다. 그러나 자식이 없는 자라도 근심거리는 많다』(바스크 지방, 17세기)라고 위안하였다.
자식이 없어서 한탄하는 부부를 위해서는 『자식이 없는 자는 자식 때문에 고통받지 않는다』(바스크 지방, 17세기)라는 속담이, 자식을 낳을 수 없는 여성에게는 『새끼가 없는 노새는 새끼를 안을 축생의 고통을 면한다』(바스크 지방, 17세기)라는 속담이 있었다.
다산은 문제가 되지 않는 은총 혹은 인덕으로 간주되었고, 불임은 불행 혹은 결함으로 생각되었다.

아무리 가지가 늘어져도 버드나무에는 열매가 맺지 않는다.(바스크 지방, 17세기)

따라서 다산성은 자만의 재료가 되었다.

임신은 모든 자만이다.(바스크 지방, 17세기)

그러나 부부에게 자식을 낳으라고 권유하는 속담도 없었으며, 자식을 많이 낳아서 당하게 될 불합리에도 불구하고 반복되는 탄생을 경계하는 속담도 없었다.
즉 속담문학에서 인구 억제 논의가 나타나게 된 것은 19세기 말 이후, 다시 말하면 프랑스의 전지역으로 산아제한이 관습화되고, 교회와 국가가 동요하기 시작한 때 이후의 일이다.[4] 즉 걸핏하면 옛날부터 고정되어 있다고 생각하기 쉬운 속담문학은 항상 생겨나서 변하는 것이며, 그로 인해 정신상의 대변혁이 기록되었다. 우리들은 정확한 시기는 차치하고서라도, 그때그때의 변혁내용에 관해 가르쳤던 것이다.

19세기 말이 되기까지 부부에게 생식을 권유하는 속담이 없었던 것은, 〈맬더스혁명〉 이전의 부부들은 아이를 많이 낳으려고 노력한 것이 아니라, 아이의 수를 제한할 능력이 그들에게 결여되어 있었기 때문이다. 결여되었던 것은 기술적 능력이 아니라 —프랑스에서는 18,9세기에 경구 피임약과 다른 피임기구 없이 〈맬더스혁명〉이 성취되었다 — 심리적 능력이었다. 부모는 자식이 몇 명이 생기건 그 수에 무관심했고, 영양실조로 자기 아이가 죽어도 부모는 그 책임을 신에게 돌리며 자신은 아무런 책임을 느끼지 않았던 것이다. 그리고 교회 역시 16세기부터 제2 바티칸 종교회의에 이르기까지 이런 사고방식을 조장했다.[5]

나도 대부분의 부부가 자손을 갖고 싶은 바람이 있었다고 생각한다. 이제까지 인용한 몇몇 속담도, 이 욕구가 현재 이상으로 특히 부유한 계층에서는 강했다는 것을 증언하고 있다. 부친으로서, 혹은 보이지는 않지만 특히 모친의 커다란 고통도 이 욕구를 방해하지는 못했다.[6] 단 나는 결혼 후 몇 년 안에 아내가 사망하거나 병적 불임증에 빠진 경우 이외에, 부부 사이에서 생긴 아이의 전부가 원해서 생긴 아이라고는 생각지 않는다. 일일 노동자나 가난한 제조공 들이 —예를 들면 18세기 리용의 견직물 제조공을 보라[7]—10명, 12명, 18명의 자식을 낳아 가난한 생계에 많은 부담이 되는 것도, 또한 될 수 있는 한 빨리 아이들을 내쫓아 버린 것도 처음부터 그렇게 하고자 해서 그런 것은 아니다. 가령 퇴직 후의 생활을 위해 자식이 필요하다 해도, 가난한 그들로서는 그렇게 장기간에 걸쳐서 투자를 할 경제적 또는 정신적 여유가 있었을까? 그날그날을 근근히 지내는 그들은 당장 유용하게 쓰이는 암소나 노새가 귀중했던 것이다.

노랭이를 평하여 『저 남자는 한 명의 자식도 없을 것이다』고 말할 때, 문제가 된 것은 아이를 갖는다는 의지가 아니라 아이를 낳는가 하는 의지였다. 아이를 탄생시키는 것은 하느님이며, 인간의 역할은 신이 보내신 자를 양육하고, 그 계획의 실현을 돕는 일이다. 어린이는 신이 부모에게 보내 준다. 말하자면 부모에게 부과되었으므로 어린이에 대한 부모의 의무도, 자기가 낳은 아이에 대한 당연한 책임이라 할 수는 없었다. 잉태에는 —예외는 다르지만—성적 결합이 필요하지만, 그것만으로는 충분치 않다는 것도 일상 경험이 나타내고 있다.

한 해를 통틀어 남편과 아내가 몇 번을 함께 해도, 아내가 생애 동안 잉태하지 않는 경우도 있는 것은, 우리들에게는 보이지 않는 신의 의지 때문이다.[8]

자식 잉태의 진정한 책임자는 신이었다.

잉태의 책임을 양육의 의무와 결부시키는 데는 19세기 말까지 기다려야 했다. 1879년 아르마냑Armagnac에서는 아직도 하느님이 그 증거로 나온다.

우리들의 아이를 주신 신이므로, 아이를 양육하기 위한 식량도 우리들에게 주신다.

그 이후는 많건적건 양친의 책임이 분명히 말해지게 된다.

밤에 한 일은 낮에 그 모습을 드러낸다.(샹소르 에 가빵쎄, 1885년)
보리를 베면 묶어야 한다.(트리에브, 1887년)
어느 자식에게건 부모가 양보하고, 낳은 사람이 책임져야 한다.(오브, 1887년)
채롱에 담아서 등에 짊어지려 하지 마라. 아이를 만들었으면 자신의 등에 업어야 한다.(오브, 1912년)
낳은 사람이 달래야 한다.(오브, 1912년)
아이를 낳았으면 양육해야 한다.(오브, 1932년)
낳은 아이는 씻어 주어야 한다.(프로방스, 1965년)
낳았으면 먹여라.(프로방스, 1965년)

한편 같은 시기의 대다수 속언이, 하느님이 주신 아이의 수만큼 양육할 식량을 준다고 양친에게 보증하고 있는 것은 이미 우리들이 본 바와 같다. 물론 이런 종류의 속담은 책임을 자각한 부친에 대한 보증 —기독교에서 벗어나기 시작한 사회에서는 점차로 설득력을 잃어갔지만 —이라 할 수 있다. 근대적인 의미에서 부친의 책임감에 대한 표현이 최초로 나타난 것은 교회 설교자·고해성사 신부의 입에서 16세기부터 유사한 문구가 보였으나, 19세기 말 이전에 이 문제를 다룬 속담은 하나도 없다. 더구나 주지한 바와 같이 프랑스에서 출생률이 다시 증가하기 시작한 것은, 가족수당제도의 도입에 의해 문제가 크게 변질되었기 때문이다.

자식을 낳고도 책임을 느끼지 못했던 옛날 부모는, 태어나 아이가 곧바로 죽어도 일반적으로 책임을 느끼지 않고 〈철학적으로〉 그것을 받아들였다고 생각된다. 『나도 두세 명의 젖떼기 전의 아이를 잃었다. 유감스럽지만 깊은 슬픔은 느끼지 못했다』라고 쓴 사람은 몽떼뉴이다. 단 가끔 인용되는 이 문장도 원래의 문맥으로 되돌아가면, 그다지 증언력을 갖고 있지 않음을 알 수 있다. 즉,

> 그 정도로 격렬하게 인간의 마음을 찢어 놓는 불행은 없다. 나도 다른 갖가지 불행의 일반적인 원인을 상상할 수 있다. 그러나 그것은 막상 찾아와도 거의 느낄 수 없는 것이며, 실제로 나의 신상에서 일어났을 때도 나는 그것을 무시하였다. 그래도 사람들은 그렇게 불행하고 무서운 인상이 되어도 부끄러워 얼굴을 붉히지도 않고 무시해 버리는 것을 자만이라 할 수는 없다.[9]

이 경우에 볼 수 있는 몽떼뉴의 스토아 철학(금욕주의)은 일반인의 감정이라기보다 오히려 고대인의 책에 의해 주어진 영혼의 힘이나 사회적 엘리트층의 냉혹함의 증거가 될 것이다. 그렇다 하더라도 당시 속담의 대부분이 —그 대부분이 고대부터 전해져 온 것, 혹은 귀족계급에서 생겨나 오로지 그들 사이에서 통용되었던 것이라고는 생각할 수 없다 —『아이가 적으면 슬픔도 적다』(르 루 드 렝씨, 16세기. 코트그레브Cotgrave, 1672년)와 같은 유아 사망을 전제로 한 마음의 평정이 일반적이었다는 것을 암시하고 있다. 대부분의 경

우, 죽음은 특히 근친자의 죽음은 오늘날보다 훨씬 쉽게 체념으로 —최근의 연구가 그것을 확인하고 있다[10]—받아들여졌다. 더구나 유아의 사망은 말하자면 늘 일어나는 평범한 일이었으므로, 그것을 감수해내고 정신적인 균형을 유지하는 일이 어렵지 않았다. 북부 프랑스의 경우, 1천 명의 출생아 중 2, 3백 명이 1년 이내에 사망했고, 나머지 절반만이 스무 살을 넘겼다. 20세기에 이르기까지 갖가지 속담이 이 대량 죽음의 기억을 전하고 있다.

아이가 태어나도 아무 일도 없었던 것 같다.(르 루 드 렝씨, 15세기. 코트그레브, 1673년)

아이가 죽으면 어떤 죽음으로 결말을 지어야 할지 알 수 없다.(샹소르 에 가빵쎄, 1885년)

시장에 나와 있는 것은 늙은 양의 모피보다 어린 양의 모피가 많다.(르 루 드 렝씨, 세기의 특정이 없다)

도살장으로 많은 어린 양이 보내졌다.(베아른, 1892년)

살해된 것은 어미소보다 새끼소.(오브, 1912년)

기독교 사회에서는 유아 살해가 금지되었고, 신만이 스스로 준 생명을 거두어 갈 권리를 갖고 있다. 그럼에도 불구하고, 자식의 죽음은 단순하게 받아들여졌을 뿐만 아니라 자식이 많은 가난한 가정에서는 "때로 바라기조차 했다. 16세기의 사람들이 『가난한 사람의 집에서는 암소가 죽고, 부잣집에서는 자식이 죽는다』라고 했는데, 사람들은 그 반대상황을 바랐던 것은 아닐까? 또한 트리에브 지방의 속담 『가난한 사람들이 중요하게 여기는 노새는 쉽게 죽는다』도 농담섞긴 어조이지만, 가난한 부모의 바람과 하늘로부터 받은 많은 자식의 생존 사이의 모순을 말하고 있다. 더구나 가스꼬뉴의 사람들은 『한 아이가 죽으면 다른 아이의 빵이 많아진다』와 같은 거리낌 없는 속담에서 스스로를 위안했던 것이다.

당시 부모들이 유아의 사망을 체념으로 받아들이고 많건적건 의식적으로 애물(귀찮은 존재)의 죽음을 원했다고 해도, 그것은 이제까지 개략해 온 인구상의, 또는 이데올로기상의 구조에서 보면 논리적이라 할 수 있다. 그 나름대로 일관되어 온 한 가지 체계의 심리적인 양상이다. 역사가들이 아직 발견하지 못한 것은, 그 체계의 열쇠이다. 그것은 경제·위생·의료측에서 구해야 하는가? 그렇지 않으면 생과 사에 대한 인간의 태도에 있는가? 당시의 체계는 그후 〈산업혁명〉으로 붕괴되었는가? 의학의 발달, 공중위생의 진보 때문인가? 그렇지 않으면 18세기 중엽에 프랑스에서 이미 어린이의 생사에 대한 책임을 느낀 부모의 수가 점차 늘어나 아이가 죽은 채로 내버려지는 것을 거부한 그들이 양아들로 보내는 일을, 또는 그에 수반하는 초다산상태를 거부했기 때문일까?[11] 이 문제의 해명을 위해서는 연대를 보다 면밀하게 추적하고, 아울러 속담 이외의 자료를 검토할 필요가 있을 것이다.

어린이의 지위

단 과거·현재의 사회에서 어린이의 지위를 명확하게 하는 데 속담이 근거가 된다. 옛날 사람들은 높은 유아 사망률을 견뎌내기 위해 단순히 그 책임을 신에게 돌리는 것만으로 만족하지 않고, 유아가 완전한 인간이라는 것을 의심하기도 했다. 『아이가 태어나도 아무것도 없는 것과 같다』고 하는 속담은 단순히 신생아의 생명의 위기만을 서술한 것은 아니다. 그것을 위한 다른 몇몇 표현법이 있었을 것이다. 게다가 1912년 무렵이 되어도, 샹빠뉴 지방 사람들은 유아 세례 직전 『자, 앞으로는 만약 이 아이가 넘어지면 반드시 안아올려야 한다』고 말하는 것이 보통이 되었다. 그래도 세례는 어려움으로 가득차 있으며, 서서히 형성되는 인간화 도정의 제1단계에 지나지 않았다. 15세기에는 어린이의 인간성이 극단적으로 의문시되었기 때문에, 아마 법률적인 기원을 갖는 격언 『아이도 인간이다』(르 루 드 랭씨, 15세기)에 의해 그 가능성을 주장할 필요가 있었다. 같은 격언이 17세기에는 『아이도 어른이 된다』[12](코트그레브, 1673년)라는 형태를 취하였다.

속담의 지혜는 성인의 지혜이다. 누구나 속담을 통하여 아이가 자신을 표현하고 있다고 생각하는 사람은 없었으나, 사실 속담은 언제나 어른에서 어른으로 향해졌다. 그곳에서 어린이는 어른간의 화제밖에 안 되는 그 사실이,

속담의 성질인 동시에 어린이의 신분을 상징하고 있다. 즉 어린이는 타인, 잘 모르는 사람, 때로 사람들에게 공포를 주고 조금씩 길들여져야 하는 존재이다.[13] 그래도 어린이가 속담을, 어린이와 관계한 속담을 포함하여 활용할 가능성이 제로였다고는 할 수 없다. 단 그 경우 어린이는 어른의 눈으로 유년기를 보내고 있다. 옛날의 구전문화에서는 ─문자문화에 있어서도 마찬가지지만─어린이가 어른에 대해 자기 자신을 정의하는 일도, 어른에 대한 견해를 표현하는 것도 불가능했다.[14] 현대의 어른은 어린이에게 자기 표현을 허락하고자 노력하고 있다. 혹은 허락하고 있다는 환상을 주도록 노력하고 있다.

예전의 사회에서, 어른에 대한 어린이 취급은 말하자면 명예 박탈형과 맞먹었는데, 단적으로 말해서 그것은 어린이의 지위 저하를 나타내는 것이다.[15]

어른을 어린이라 부르는 자는 심한 치욕을 받게 된다.(르 루 드 렝씨, 15세기)
나는 이제 어린아이가 아니다.(르 루 드 렝씨, 16세기)
나는 이제 어린아이가 아니다. 젖만 먹는 것은 싫다.(르 루 드 렝씨, 17세기)
어린애처럼 운다.(아카데미, 1694년)
어린애처럼 장난친다.(아카데미, 1694년)

중대한 사항에 관해서는,『아이들 놀이가 아니다』(아카데미, 1694년)라고 말한다. 그 반대는『어린이인 체한다』즉『어린이처럼 까불며 어린애 같은 짓을 한다』(우뎅, 17세기)이며,『어린이인 체하지 마라』(르 루 드 렝씨, 특정한 세기가 없다)고 일컫는다.

이와 같이 유아의 지위가 낮고, 그곳에 새겨져 있는 수치의 낙인은 19, 20세기에 유포되어 있던 많은 속담에도 그 흔적이 남아 있다. 1892년 무렵 베아른 지방에서는, 방자한 젊은이에 관하여 그 지방의 언어로『저놈은 아직 궁둥이에 알껍질이 달려 있다』고 말한다. 표준 프랑스어로 그에 해당하는 말은『코를 비틀어 보라, 모유가 나오나』혹은 1912년 오브 지방의『코를 비틀어 보면 모유가 나올 것이다』가 있다. 트로이와 가까운 이 지방에서는 어른인 체하는 어린이는『엄마가 있는 곳으로 가서 코를 비틀어라』고 호통치고, 어린애처럼 유치한 어른은『아이가 놀면 젖을 주는 자는 한가해서 좋다』고 놀렸다.

20세기에 와서 수록된 이런 종류의 속담은, 지금은 과거의 흔적에 불과할지도 모른다. 그러나 현재 젊음이 평가되고, 가치가 있게 된 한편으로, 유아성·소아성이 여전히 모욕적인 관념을 갖고 있다는 점은 주지한 바 있다. 계층성을 지향하는 과거의 사회에 비해 평등을 기치로 올린 우리 사회도 〈어린이〉·〈유치하다〉·〈소아적〉·〈소아성〉·〈유아적〉·〈유아성〉과 같은 말을 모독스러운 어휘에서 추방하지는 않았다. 그뿐인가. 어른이라는 관념이 현재만큼 칭찬받고 많은 가치의 근원이 된 적은 일찍이 없었던 일이다. 사회계층 간의 구별이 어느 정도 소멸되므로써, 오히려 성인과 어린이의 구별이 명백하고 근본적인 것이 되었을지도 모른다.

무엇보다 명백해진 이 식별은 어떤 종류의 가치를 수반하고 있다. 성인보다 약하고 성급하고 〈분별〉도 없는 아이는 여성·노인과 더불어 특별한 배려를 받을 권리를 갖고 있지만, 이 배려 역시 우리들이 문명으로 부르고 있는 것의 중요한 특징이기도 하다. 적군의 여자·어린이를 학살하고, 아군의 여자·어린이를 그늘에 숨기려는 자는 〈야만인〉이다. 과연 어린이는 여성·노인과 달리 지하철도의 차 안에서 앉을 권리가 주어지지 않았다. 그러나 이변이 발생했을 때 〈총원퇴거〉에서는, 통제가 갖추어진 집단이라면 〈먼저 여자와 어린이를〉 조치하고, 그곳에서는 노인들이 제외된다. 한 사람 한 사람을 취해 보면, 특권을 갖지 않은 성인보다 훨씬 강건한 경우도 있는 이러한 약자의 권리 역사는 아직 손을 대지 않은 연구영역이다. 그렇다 하더라도 오랜 기간 어린이의 생명이 허술하게 다루어진 것도 명백한 사실이다. 그것은 마치 현재 우리들이 태아의 생명을 함부로 다루는 것과 비슷하다. 이런 점에서 대부분의 속담이 세속문학·종교문학에 의해 증언을 방증하고 있다고 말할 수 있다.[16)]

도대체 어린이는 어떠한 가치를 가진 모습으로 우리들 눈앞에 있는 것일까? 우리들의 문화가 가장 자주 언급하는 말은 어린이의 순진무구＝무실無實이다. 그러나 도대체 어느 무렵부터 그런 것일까? 오브 지방 속담의 하나로 1912년에 보인 표현—『갓태어난 어린이처럼 순진무구＝무실한』은 르 루드 렝씨 간행의 옛 속담집 속에 이미 보인다. 그는 그것을 아카데미 프랑세즈 사전 1835년판 속에서 찾아냈다고 말하지만, 같은 사전 초판—1694년—이 이미 그것을 기재하고 있다.

비난당하고 있는 사항에 관해 몸으로 느낄 수 없다고 단언하고 싶을 때, 격언식으로 〈갓태어난 어린이와 같이 순진무구＝무실하다〉고 한다.

표현의 기원이 오래되었음을 알 수 있다.

그러나 과연 그곳에서 문제가 되고 있는 순진무구성은, 우리들이 생각하는 의미와 같은 것일까? 우리들이 어린이에게 가치를 준 까닭은, 어떤 종류의 순수함, 악에 대한 부적응성, 고운 심성 때문이다. 이것은 신생아뿐만 아니라 두세 살, 더구나 좀더 자란 어린이에게서도 우리들이 볼 수 있다. 이것은 일찍이 〈사람의 악〉으로 불리어졌던 것, 즉 악을 행하려고 하는 기호, 의지의 역행이다. 신생아의 순진무구＝무실이라 할 때, 전통적 표현이 의미하는 바는 그것과는 다른 것, 즉 신생아는 아직 구체적인 죄를 범하지 않았다고 하는 사고방식이 있는 것으로 생각된다. 그 점을 제외하면 어린이도 역시 어른과 마찬가지로, 아니 어른 이상으로 원죄에서 유래한 악에 대한 성향이 갖추어져 있다는 것은, 당시의 모든 기독교도들도 인정했던 점이다. 이와 같은 전통적인 사고방식에 대항하여, 어린이의 순진무구＝무실의 신화를 만들어서 싸웠던 사람은 18세기의 철학자들, 특히 루소이다. 현대인은 이 새로운 신화를 믿기도 했고, 믿지 않기도 했다.

그렇다 치더라도 어린이는 훨씬 이전부터 같은 과오를 범한 경우에도 어른만큼의 죄는 되지 않는다고 생각했다. 아니 분별 있는 연령에 달하기 이전이면, 교회의 눈에는 완전히 순진무구＝무실한 것으로 비쳤던 것이다. 중세 초기에는 이미 이와 같은 어린이의 책임을 경감하는 사고방식이 현저하게 엿보인다. 17세기에 프랑스어로 번역된 바스크 지방의 속담, 『유년기의 상처는 청춘기에는 흔적도 없이 사라진다』가 의미하는 바도 진정 그것이다. 다시 말하면 어린시절에 범한 과실은 성년에 달한 이후 없어지는 것으로 취급되었다. 그러나 이와 같은 어린이의 무죄성은, 동물의 경우와 마찬가지로 이성의 결여에서 온다고 생각했기 때문에 그렇게 적극적인 가치를 부여하지는 않았다.

16세기부터 현대에 이르기까지 몇몇 격언이 어린이에게 있어서 이성의 결여로 다루어졌다. 다음의 두 가지는 연상작용을 이용한 것이다.

어린이 백치는 점술사.(르 수 드 렝씨, 16세기)
어린이와 광인은 진실을 말한다.(알사스, 1966년)

후자에서 암시되고 있는 유소년기 특유의 정직함은, 어린이의 됨됨이와 순진무구＝무실의 중요한 요소이다. 그러나 도대체 이 속담은 그것을 칭찬하고 있는 것일까? 그렇지 않으면 어른에게 조심하라고 가르치는 것일까? 애매하다. 전자는 보다 오래된 사고방식의 특징을 나타내고 있지만, 유소년기의 순진무구＝무실은 관심의 대상 밖이며, 문제가 되는 점도 도덕과는 관계가 없다. 그러나 그것은 분명히 어린이에게 주어진 덕＝힘, 미래를 읽는 힘 ─ 어쩌면 올바른 현재를 읽을 수 없는 자에게만 주어진 것 같다 ─을 제시하고 있다.

필립 아리에스는, 옛날에는 오늘날만큼 어린이가 어른과 구별되지 않았고, 어린이이기 때문에 특별한 가치가 부여되는 적은 적었다. 오히려 어린이는 무엇보다도 성숙한 어른이 갖추고 있는 것을 갖추지 않은 존재로 생각했다. 그 결과 오늘날처럼 어린이를 언제까지나 어린이의 상태로 가두어두려고는 하지 않았다고 주장한다.[17] 아리에스의 이와 같은 주장은 신구 속담의 비교 결과와는 약간 모순되는 것으로 생각된다.

20세기에 수록된 속담은 옛것 이상으로 분명하게, 어린이들에게 있어서 분별·지혜·덕의 결여를 서술하고 있다. 젊은 혈기의 과오를 허락하기 때문에, 예를 들면 1932년 오브 지방에서는 『젊어서 현명하지가 않다』라든가 『젊음이 지나기를 기다려라』라든가 『젊으니 알 리가 없다』고 말하였다. 최근 알사스 지방의 속담집에는, 좀더 직접적·비관적인 유머도 동정도 없는 속담 『딸·아들을 가진 자는 창부·도둑의 이야기를 하지 마라』고 분명히 단언했다. 이것은 옛날 프랑스의 속담 『타인에 대해 이러쿵저러쿵하기 전에 먼저 자신을 보라. 그래도 무언가 말할 것이 있는가』에 해당한다. 어른이 가진 완전한 인간성은 단계를 지나기만 하면 도달하게 된다는 생각은, 다음 두 가지 알프스 지방의 속담에 분명하게 나타나 있다.

　　열다섯이 되면 키가 크고, 스무 살이 되면 양식이 생긴다. 만약 서른 살, 마흔
살이 되어도 재산이 없으면 한평생 가질 것이 없다.(샹소르 에 가빵쌔, 1885년)
　　스무 살이 되어도 모르고, 서른이 되어도 갖지 못하면, 마흔 살이 되면 재산 ·
지혜 모두 없다.(오뜨 알프스, 1845년)

　　또한 19세기 이전에 이미 민중의 지혜는 도중의 단계를 뛰어넘으려는 자를
경고하고 있다.

　　이 아이는 단명할 것이다. 머리가 지나치게 좋다.

　　르 루 드 렝씨가 출전을 명기하지 않고 기재한 이 속담에 관해서는, 레띠프
드 라 브르똔느Rétif de La Bretonne가 이미 언급하고 있다. 대략 18세기
중엽 이전에 그의 양친이 레띠프에게 했던 말일 것이다.
　　아리에스의 학설과 이와 같은 속담 사이에서 볼 수 있는 모순을 내가 강조
한 것은, 오히려 속담에 의해 그의 주장이 뒷받침되기를 기대했기 때문이다.
그러나 아리에스의 주장은 팽배한 자료 위에 서 있으므로, 이와 같은 사소한
공격으로 무너질 리가 없다. 더구나 격언이 어른들의 방어자세의 표현인 경
우도 있다. 도덕률 · 이데올로기가 강압적으로 변해 그 자유가 속박당할 때이
다. 예를 들면 반여권론적 속담이 르 루 드 렝씨가 간행한 옛날 속담집보다
도, 끼따르Quitard가 1861년 무렵 수록한 것 속에 훨씬 많이 있는 것도, 중세
말기 프랑스의 전지역 모든 계층의 남자에게 인정했던 아내를 취할 권리를
그 무렵부터 잃어가고 있었기 때문이 아닐까.[18] 마찬가지로 17세기 이후의
속담이 어린이에 관해 보다 비관주의적 색채를 띠고 있는 것도 전통적인 어
른들의 반동일지도 모른다. 유소년기에 새로운 가치가 부여되고, 그 결과 부
모의 자식에 대한 의무가 사회적으로 보다 중요시되었던 것이다.
　　더구나 결정이 어려운 점은, 속담의 사용자들이 실제로 그것에 주고자 했
던 의미이다. 더구나 옛날부터 있던 속담의 자세한 의미의 어긋남이야말로,

우리들의 태도변화를 좀더 잘 나타내고 있는 점도 적지 않다. 오늘날 우리들이 『이제 세상엔 어린이가 없다』라고 할 때 —이것은 나의 직감과 같은 것이므로 사람들의 비판이 있기를 바란다 —그곳에는 유머와 추종이 뒤섞인 일종의 분노가 들어 있다. 우리들이 만들어낸 〈어린이의 순진무구함〉의 관념과 모순한다고 말하는 한, 당연히 어린이가 가서는 안 될 곳을 어린이가 가고 싶다고 생각하기 때문이다. 프랑스 아카데미 사전의 초판본에 따르면, 17세기의 사람들은 『어린이가 일찍부터 분별·두뇌를 가질 때 〈이미 어린이가 아니다〉라고 말하는』 듯하다. 그때 이 표현에는 비꼬임이 들어 있는 것일까? 아카데미 사전은 그것에 관해서는 다루지 않았다. 어찌되었거나 가령 비꼬임이 섞여 있다 하더라도, 오늘날 —나의 직감이 올바르다면 —분개의 마음이 숨겨져 있는 곳에 당시 사람들의 칭찬의 마음이 숨겨져 있을 것이다. 즉 어린이를 어린이다운 순진무구한 상태로 —그리고 또한 어른에 대한 복종상태로? —얽어매려고 하는 우리들 욕구의 간접적인 표현인 속담이, 예전에는 어린이들은 보통 분별 없는 어른밖에 되지 않는다는 유감의 표현이었을 뿐이다.

어린이의 교육

또한 어린이는 옛부터 교육받아야 할 존재로 정의되었다.

한젤Hansel이 어린이에게 기억되지 않는 것은, 어른이 되어 한스Hans로 불려지게 되어서일 것이다.(알사스, 1966년)
어린이에게는 어른이 되어 하는 일을 지금부터 가르쳐야 한다.(르 루드 렝씨, 16세기)

아마 다음 표현도 이곳에서 인용해야 할 것이다.

시간이 필요 없는 1백 세의 어린이.(르 루드 렝씨, 16세기)

이 표현은 말하고자 하는 바가 애매하지만, 앞의 두 가지 이상으로 의미심장하다고 생각된다. 어찌되었거나 시간의 가치 강조, 또한 어른에 대한 가치라는 점에서 놀랄 만큼 근대적인 인상을 준다.

그러나 새로운 지혜를 얻을 수 있는 때는 유소년기뿐일까? 오늘날에는 누구나 『연령을 불문하고 배울 수 있다』는 속담을 알고 있다. 과연 이 속담이 극히 최근의 것이라 해도—나는 이제까지의 것, 1932년 간행 오브 지방의 속담집에서밖에 발견하지 못했다—양대전 사이 이후 명확해졌던 평생 교육의 이념만이, 그곳에서 표현한 것과 같은 결론을 도출해낼 수 없다. 나는 반대로 이것을 속담의 표현으로 보는 사고방식과 반대되는 사고방식의 지배를 증언한다. 역설적인 속담의 하나라고 생각하고 싶다. 이 속담이 중세에는 없었더라도, 그것은 어른이 국민학교 책상 앞에 앉아 있어도 1932년 당시만큼 놀랄 일은 아니었기 때문이다.

한편 옛날 인간이 우리들과 같이, 과연 교육의 중요성을 의식하고 있었는지를 생각해 보자. 출신이 지극히 중요하게 여겨졌던 것은, 예를 들면 사생아에 대한 다음의 속담이 잘 보여 주고 있다.

좋은 일을 하면 그것은 우연, 나쁜 짓을 하면 그것은 천성.(G. 부셰Bouchet, 16세기)

이라고 말한 옛사람이 신체적·정신적 〈영양〉을, 특별히 유아에 관해 경시했을 리는 없다. 사실 수유기간은 잉태기간의 연속으로 생각하였다. 모유는 유방의 〈유화력〉에 의해 하얗게 되고, 모체 내 태아의 영양원이었던 혈액과 같은 것으로 간주되었다. 〈혈통은 다투지 않는다〉라고 말할 때, 사람들은 그 점을 염두에 두고 있는 것인지 명확하지 않다. 왜냐하면 이 점에서 옛날 사람의 사고방식은 반드시 일관되지 않았기 때문이다. 어찌되었거나 유아는 수유자의 젖과 함께 그 체액=소질·성격의 특징에 이르기까지 흡수한다고 생각했다. G. 부셰도 『잔혹한 남자를 묘사하는 데 있어 〈저놈은 사자의 젖으로 길렀다〉고 말한다』고 기록하였다. 젖을 뗀 아이도, 어른과 똑같은 음식을 줄 수는 없다. 다음의 속담이 나타내는 바와 같이, 와인은 더욱 금지되었다.

빛나는 아침, 라틴어로 말하는 여자, 와인으로 양육된 어린이, 이것은 모두 장래 쓸 만한 것이 못 된다.(코트그레브, 1673년)

우리들이 교육이라 부르는 정신적인 〈양식〉 역시 어린이의 장래에 결정적인 힘을 가진다고 생각하였다.

　딸은 기른 대로 되고, 베도 물레를 잣는 대로 간다.(르 루 드 렝씨, 16세기)
　주어지는 식성은 선천적으로 늘어난다.(샹소르 에 가빵쎄, 1885년)
　개와 함께 사는 자는 짖는 것을 배운다.(베아른, 1892년. 이것은 프랑스의 속담,『늑대와 함께 짖는 것을 배운다』에 해당한다.)

그로 인해 민중의 지혜는 언제나 어린이들의 교육에 신경을 써야 한다고 부모들에게 명하였다.

　어린이를 키우면 그만큼의 기쁨이 있다.(까딸로뉴, 1969년)
　어린이를 중요하게 여기는 것은 현자의 일.(프로방스, 1965년)
　어렸을 적에 소중하게 다룬 나무는 큰 재목이 된다.(베아른, 1892년)
　올해는 아이를 기르고, 양털을 빗기는 일은 내년으로 미루라.(이 바스크 지방 속담의 17세기 번역자는『요컨대 어린이의 교육이야말로 모든 일보다 선행해야 한다』고 주석을 달았다.)
　어린이에게는 성인이 되어서 할 일을 지금부터 가르쳐야 한다.(르 루 드 렝씨, 16세기)
　자기 아이를 벌하는 자는 경작을 잘하고 있는 것이다.(Bien labeure qui chastoie son enfant.)(르 루 드 렝씨, 13세기)

집록자 르 루 드 렝씨는 이 속담을『자기 아이를 기르는 것은 활동하게 하는 것이다』(Bien travaille qui élève son enfant)로 현대어 번역하였다.『옛날 프랑스어에서는 벌하다(chastier)는 punir(벌하다)・corriger(꾸짖다)를 의미하지 않고, élever = 가르치다 · instruire = 지식을 주다 · endoctriner = 철저히 가르치다와 같은 의미였다. 그것은 13세기의 어떤 시가 〈아버지보다 자식에게〉(Castoiement)라는 타이틀을 쓰면서, 실제 예를 수반한 일련의 훈계에 불과하다는 것을 알 수 있다』고 설명된다. 더구나 『같은 의미에서 〈애정이 깊으면 벌하는 방법도 크다〉(Qui aime bien chastie bien)라고도 한다』고 덧붙이고 있다. 물론 나는 chastier과 éduquer(키우다 · 교육하다)가 옛날에는 평등한 가치였다는 것을 인정하지만, 동시에 chastie이라는 말이 어원적으로는 라틴어 castigare 즉 〈chaste = 순결 · 순수하다〉라는 말에서 나온 것 같다는 점을 잊어서는 안 된다. 더구나 어린이의 교육에 관한 속담의 대부분이 교육, 즉 강제적이었다는 것을 분명하게 알 수 있다.

> 깊이 사랑하는 자는 자주 벌한다.(라니에, 1657년)
> 한 해가 가기 전에 자주 벌하라, 미래에 몸을 더럽히지 않으려면.(바스크 지방, 17세기)
> 어린 나무였을 때 교정하지 않은 나무는 삐뚤어진 그대로 자란다.(바스크 지방, 17세기)
> 사랑하는 자는 자주 벌을 준다.(샹소르 에 가빵쎄, 1885년)
> 자식을 사랑하면 할수록 주는 벌도 엄해야 한다.(알사스, 1966년)
> 예절을 잘 가르친 아이는 교육을 잘 받은 어른.(알사스, 1966년)
> 화상을 입은 아이는 불을 두려워한다.(알사스, 1966년)
> 나무는 어렸을 때 바로 펴라.(알사스, 1966년)

서로 유사한 표현이 존속하는 배후에서 어떤 변화가 일어났던 것은 아닐까? 동사 châtier가 항상 〈벌하다 · 꾸짖다 · 억압하다〉의 의미를 가졌다 하더라도, 오늘날 즐겨 사용되는 교육하다 = éduquer과 혼동해서는 안 된다. 그 결과 항상 역설적이었던 속담 『사랑하는 자는 자주 벌을 준다』는, 이제까지보다 더 역설적이다. 예를 들면 같은 속담이 알사스 지방에서의 형태 ―표준 프랑스어에서 알사스 방언으로, 알사스 방언에서 표준 프랑스어로라는 이중번역을 거치게 되지만 ― 『자식을 사랑하면 할수록 주는 벌도 엄해야 한다』는 거의 부조리의 영역에 달하였다. 역설도 여기까지 오면, 문자면만을 받아들이고 내용을 이해하지 않게 되는 것은 아닌가 하는 의심을 갖게 된다. 사실 이와 같은 역설을 인정하기 위해서는, 어린이가 악의 성향을 가지고 태어났다고 확신하는 사회가 존재하고, 그곳에서 사람들이 현세·내세의 어린이 자신의 행복을 위해 어린이를 억압해야 한다는 것이 일반적인 생각이다. 더구나 미래의 수목이 똑바로 자라기 위해 교정해야 할 묘목이라는 이미지를 보라. 같은 소재에서 20세기에 만든 이미지는 그와 완전히 대립된다. 『나무는 어렸을 때 바로 펴라』고 말할 때, 어린이를 벌하는 목적은 어린이 자신의 영혼 구제가 아니라, 개성을 압살하고 양친에게 복종하고, 성인이 된 후 세상에서 잘 살아가기 위해서이다. 요컨대 강제적 예절의 테마를 전개시킨 옛날 속담도, 원칙적으로 사회 전체에서 인정했던 당시의 기독교 도덕과 비교했을 때 특히 그 이상으로 역설적인 점은 없다. 반대로 20세기 들어 이런 종류의 속담은 이미 기독교에서 유리되면서, 동시에 〈민주적〉교육의 새로운 경향과 정면으로 대립하기 위해 붕괴하려는 부친의 권위회복의 의지표현, 다시 말하면 일종의 전통 고집주의밖에 되지 않는다. 예전에는 많이 볼 수 있었던 관대함의 결과에 대한 경고는, 최근의 속담집에서는 그 모습을 감추어 버렸다.

귀여운 자식은 이치도 모르고 예절도 모른다.(르 루 드 렝씨, 특정한 세기가 없다)

귀엽게 자라난 아이는 종종 비참한 죽음을 맞는다.(바스크 지방, 17세기)

추어올리며 키운 자식은 어른이 되어도 트릿하고 게으른 사람.(바스크 지방, 17세기)

묘목이었을 때 교정되지 않은 나무는 구부러지면서 자란다.(바스크 지방, 17세기)

바람직하게 자라지 못한 아이는 모친이 가장 귀여워한 아이.(우뎅, 17세기)

모친은 가정에서 가장 관대한 요소로 생각되며, 바스크 지방에서는 모친의 부드러움이 계모의 냉혹함과 언제나 대비되었다. 예를 들면『어머니에게 복종하지 않는 자도 계모에게는 (싫어도) 복종할 것이다』가 그것이다. 그러나 이 부드러움도 17세기의 신학자들이 종종 인용하였다. 너무 강하게 끌어안아 새끼원숭이를 질식시켜 버린 어미원숭이와 마찬가지로, 정상적인 궤도를 벗어나는 일이 적지 않다. 『자식에게 지나치게 자애로운 모친은 자식을 악인(teigneux)으로 만든다』는 바스크 지방의 민간속담이다. 그러므로 모친에 의한 교육은 한결같이 경계하였고, 특히 남자는 유아기 이후 모친으로부터 멀어져야 했다. 늦어도 일곱 살까지 남자는 남성 ─아버지 혹은 교사 ─의 손에 맡겨졌다. 남자만이 『성인 남자에게는 여성을, 어린이에게는 강한 볼기를 주어라』(르 루 드 렝씨, 16세기)라는 엄한 가르침을 정확하게 실행하였기 때문이다. 이 속담은 동시에 결혼까지는 아니더라도, 적어도 성년에 달하기까지 모든 성행동이 금지되었음을 암시하고 있다.[19]

여자는 결혼 혹은 다른 집에서 일하기 위해 집을 떠나는 연령까지 모친에게 교육을 받았지만, 그로 인해 성격형성상에 악영향을 받을 가능성이 있었다.

지나치게 부드러운 여자는 딸을 나쁜 여자로 만든다.(르 루 드 렝씨, 16세기)
부드러운 여자는 행실이 나쁜 딸.(르 루 드 렝씨, 특정한 세기가 없다)
정숙한 어머니는 딸을 게으름뱅이로 만든다.(샹소르 에 가빵쎄, 1885년)

앞의 두 가지에서 생겨났다고 생각되는 마지막 격언은, 원래 두 가지에서 볼 수 있는 교훈을 상실한 듯하다. 그리고 역설에 가까우며, 『인색한 아버지는 방탕한 자식』이라는 표현 유형으로 아이를 부모와 대립시키는 속담과 같은 유형이다. 이와 같이 어떤 유형에서 다른 유형으로의 이동은, 교육에 있어서 엄격주의의 이상이 희박해지면서 나타났을지도 모른다.

게다가 엄격주의가 프랑스 문화의 발단에서부터, 모든 계급에서 동등하고 지배적이었는지 아닌지 다소 의문스러운 증언이 있다. 무엇보다도 17세기에 종종 사용되었던 표현, 우뎅Oudin에 따르면 〈취급이 거칠고 엄격함〉을 의미하는 『나는 너를 양가의 자제로 다루지 않겠다』가 그것이다. 만약 여기에서 말하는 〈양가〉가 옛날부터 부와 권세를 갖춘 집 ─아마 그럴 것이다 ─을 가리키는 것이라면, 이 표현은 그와 같은 가계가 우선 엄격한 교육편달을 하고 있음을 암시한다. 동시에 17세기 이후 이 표현의 소멸은 동일 이념이 사회의 다른 계급으로 확대되었고, 또한 그것을 최초로 내팽개친 사람이 귀족들이었다는 것을 의미할지도 모른다.

한편 르 루 드 렝씨가 간행한 옛 속담 중에 어린이에 대한 애정을 설한 것이 모두 16세기 이전으로 거슬러 올라가는 점에 주의해야 한다.

부모가 싫어하는 아이는 결코 다른 사람들로부터 호감을 받지 못한다.(특정한 세기가 없다, 단 옛날 프랑스에서 나왔다.)

13년이나 부모에게 미움을 받고 자란 아이는 결코 마음으로부터 즐겁게 놀고 웃는 일이 없다고 들은 적이 있다.(14세기)

미움을 받고 있는 아이는 언제나 침울하다.(특정한 세기가 없다, 단 옛날 프랑스어)

어린이는 자신을 귀여워해 주는 사람을 제일 좋아한다.(15세기)

엄격주의의 채용은, 가톨릭・프로테스탄트 양진영을 포함한 종교개혁기를 기다린 동시에 내가 이미 언급한 종교상의 이유에서 비로소 일반화된 것이 아닐까? 속담 자체는 그것을 암시하고 있을 뿐이지 있을 수 있는 이야기는 아니다. 만약 그렇게 된다면 필립 아리에스가 보다 풍부한 자료로 발전시키고 구축시킨 주장에 나도 합류하게 된다.

인용된 속담집과 그외

19세기 이전에 모은 속담

르 루 드 렝씨《프랑스 속담집》제2판, 파리, 1859년. 특히 제1권, 215-218쪽. 그 중 대부분의 속담에 관하여, 편자는 출전이 나와 있는 속담집, 문학작품을 명기하고 있으므로 연대 구별이 가능하다. 다른 것은 이유를 설명할 수 없고, 연대・출전도 나와 있지 않다. 단 연대미상인 것 중 어떤 것은 옛날 속담이다.

기욤 부셰Guillaume Bouchet 《저녁의 모임》초판, 16세기. 제2판, 파리, 1873년. 전6권.

볼또와르Voltoire 《바스크, 가스꼬뉴 양지방의 옛날 속담》볼또와르에 의해 집록, G. 브뤼네Brunet에 의해 편찬, 바이욘느Bayonne, 1873년, 전29쪽. 이것은 볼또와르가 그의 저서《상업의 본질과 특질을 설명한 상인》(뚤루즈 Toulouse, 1607년) 속에 기재된 가스꼬뉴 지방의 616의 〈무떼moutets〉에서 발췌했다. 〈로망스어〉지(제VI권, 1874년, 7-12월, 296-309쪽)에 그 비평이 들어 있다.(가스꼬뉴 방언은 번역되지 않았다)

우뎅Oudin 『프랑스의 고사, 진귀한 사건. ……대부분의 속담을 담았다』 파리, 1640년.

아르노 오와에나르Arnauld Oihenart 《바스크 지방 속담》아르노 오와에나르에 의해(17세기에) 집록, 번역. 제2판, 1847년, G. 브뤼네 편(두 언어 대조판)

쟈끄 라니에Jacques Lagniet 《저명 속담집》파리, 1657년.(그림이 들어 있는 프랑스 속담)

코트그레브Cotgrave 《불영사전》초판, 1611년, 제2판, 1673년. 〈어린이〉 (ENFANT)쪽.

《프랑스 아카데미 사전》초판, 파리, 1694년. 제2판, 암스테르담, 1695년. 제3판, 파리, 1740년. 제4판, 파리, 1762년. 제5판, 파리, 혁명력 제7년. 제6판, 파리, 1835년 무렵.

19, 20세기에 모은 속담

B. 셰Chaix 《오뜨 알프스 주에 관한 여러 통계. ……》그르노블, 1845년, 340-347쪽(지방어에 의한 속담. 번역되지 않았다.)

J. A. 샤브랑Chabrand, A. 드 로샤 데글룅de Rochas d'Aiglun 《코티안 알프스 방언(브리앙송 지방과 보 계곡)》그르노블, 1877년, 228쪽, 두 언어 대조판.

F. 알르망Allemand 《알프스 지방—특히 샹소르 에 가빵쎄에서 집록— 의 속담》(〈오뜨 알프스 연구협회지〉 제3권, 1884년, 369-380쪽. 제4권, 1885년,

219-224쪽. 지방 방언에 따랐다.)

G. 기샤르Guichard《도피네 지방의 속담과 트리에브의 비유 표현》(〈도피네 아카데미지〉제2권, 1887-88년, 355-397쪽. 지방 방언에 따랐다.)

쟝 프랑소와 블라드Jean-François Blade 《아르마냑 지방과 아쥬네 지방에서 집록한 민중속담과 수수께끼》파리, 샴피온, 1879년, 236쪽. 두 언어 대조판.

V. 레스피Lespy《베아른 지방의 속담 —비교속언학》개정 제2판, 뽀Pau, 1892년, 본문 285쪽, 두 언어 대조판.

C. 도쥬Dauge《속언·가요에 기초를 둔 가스꼬뉴 지방의 결혼과 가정》파리, 보르도Bordeaux, 1916년, 294쪽, 두 언어 대조판.

루이 모렝Louis Morin 《오브 지방에서 집록한 속담》트로이, 전3권, 1904, 12, 32년, 프랑스어.

마리 모롱Marie Mauron 《오크어 격언과 프로방스 지방의 속담》포르깔끼에Forcalquier, 1965년, 493쪽, 두 언어 대조판.

일르베르그Illberg 《알사스 지방의 속담과 시》포르깔끼에, 1966년, 367쪽, 두 언어 대조판.

앙리 기떼르Henri Guiter《까딸로뉴 지방의 속담》포르깔끼에, 1969년, 637쪽, 두 언어 대조판.

11
프랑스 옛 속언 속의 딸들

　대부분의 사회에서는 행복한 딸도 있지만 불행한 딸도 있었다. 혹은 대다수의 개인에게 있어서, 기쁠 때도 있지만 불행할 때도 있었다. 이것은 쉽게 상상할 수 있다. 그러나 행복·불행과 같이 너무나도 주관적으로 흐르기 쉬운 현상에 관해서, 역사학은 다른 인문과학과 마찬가지로 지금 진실하게 말할 힘을 갖고 있지 않다. 또한 어느 정도의 숫자가, 의지가 강하고 머리가 좋은 딸들이 스스로 결의한 대로 인생을 만들어내는 데 성공했는지, 반대로 타인의 의지에 완전히 몸을 맡긴 딸의 수는 어느 정도인지 이 또한 결정하기 곤란하다. 이와 같이 해결불가능한 문제는, 오늘날 많은 연구가 행해진 문제[1]는 일단 제외하고, 여기에서는 젊은 딸에 대해 옛날 사회의 태도, 즉 이상적으로 잘 자란 딸이 사람들의 머릿속에 어떤 이미지로 남아 있는가를 고찰하고자 한다. 이 이미지가 그 이후 어떻게 변모하였는지? 그것은 독자들 각자의 판단에 맡긴다.

　나는 이 딸의 모습을 극히 일부 사람들의 눈으로만 다룬 교육서가 아니라, 민중의 지혜의 집록이라 할 수 있는 속언·격언 속에서 구하고자 한다.[2]

　먼저 주의해야 할 점은, 딸과 관련된 속담이 일반 여성과 관련이 있는 속담에 비해 수가 매우 적다는 점이다. 르 루 드 렝씨의 프랑스 옛날 속언집 중에도, 후자가 157개인 데 비해 불과 33개의 속담이 딸을 다루고 있는 것으로 기재되어 있다. 일반적으로 인간을 말할 때 인용되는 것은 언제나 남성인 것과 마찬가지로, 인류의 절반을 구성하는 여성을 대표하는 것은 성숙한 여자이지 딸이 아니다. 더구나 어린 여자는 어린이로만 취급되었고, 소녀 역시 아직 성숙하지 않았다는 점으로 인해 문제가 되지 않았다. 속담이 〈딸〉로서 그녀들에 관해 이야기할 때, 그것은 거의 예외 없이 결혼, 처녀의 정조관념으로 보았다.

딸이 태어나면 재산은 사라진다

『딸 둘인 가정은 짐이 무겁다』라는 말은 17세기 바스크 속담이다. 또한 가스꼬뉴의 농민들은 19세기 들어 다음과 같이 말하였다.

외동딸은 좋은 딸, 딸 둘은 그것으로 충분, 세 자매는 지나치게 많다.
딸도 포도밭도 너무 많으면 안 된다.
견고한 순자(어떤 물건의 한쪽 끝을 다른 한쪽 구멍에 맞추려고 그 몸체보다 얼마쯤 가늘게 만든 부분) 하나가 1백 개의 순자 구멍보다 낫다.

그렇게 말하는 것도 우선 여자는 남자만큼 노동력에 결부되지 않았기 때문이다. 따라서 여자의 가치는, 부친에게 어떤 사위를 얻어 주는가로 결정되었다. 17,8세기에 일반적이었던 표현법을 빌리면『딸 하나에 사위 둘』이 이상적이었다. 그렇다 치더라도 사위와 아들을 결코 같은 계열로 논할 수는 없다.

딸사위밖에 없는 자는 언제 지독한 일을 당할지 알 수 없다.(르 루 드 렝씨)

아들과 딸이 있는 가정에서는, 아들 중의 한 사람이 부친의 집에 머물며 결혼하고, 딸들은 다른 집에서 생활하는 것이 보통이었다.

딸은 남의 집을 부유하게 만든다.(르 루 드 렝씨)

그리고 아이를 낳고도 몸소 노동을 해야 하는 것도 시집갈 때 가지고 간 지참금 때문이었다. 물론 지참금의 분량만큼 부친의 집은 가난해진다.

시집보낼 딸이 있는 사람은 많은 돈이 있어야 한다.(르 루 드 렝씨)

이와 같은 사태는 딸의 탄생과 동시에 사람들의 의식은 싫다는 생각이 먼

▲〈약탈당한 키스〉

모랭에서 《노트르담 드 파리》(노트르담의 꼽추)에 이르기까지의 프랑스 서적
일러스트레이션.

저 들었을 것이다. 20세기 프로방스 지방의 속담이 그것을 증명하고 있다.

　아들의 탄생은 재산의 도래를, 딸의 탄생은 재산의 떠남을 예고한다.

　이것이 대부분의 가정에서 남자로 편중된 제2의 이유이다. 삐에르 부르디유Pierre Bourdieu가 조사한 20세기 초기의 베아른 지방 농민가족의 경구는 그 한 예에 불과하다.[3]

　T가에는 장남 밑으로 딸 다섯이 있었지만, 양친은 항상 아들만을 특별히 취급하였다. 소금에 절인 돼지고기를 잘라도 제일 좋은 부분을 아들에게 주었다. 만사가 그런 식이었다. ……딸들에게는 구운 고기 등은 주지 않았다.

　그 대신 아들은 연애결혼이 아니라 집안에서 이익이 될 결혼을 할 것을 기대하였다. 막대한 지참금을 〈갖고〉, 딸들의 지참금을 만들어야 했던 것이다. T가의 장남이 불행해진 원인은, 대부분 가정의 후계자와 같은 경우였다.
　집안을 이을 후계자들을 아가씨에게 〈반한 끝의 결혼〉에서 지키려 했고, 대부분의 속담이 아가씨들의 미모에 대해 경계하라고 남자에게 가르치고 있다.

　미인은 대개 게으르다.(바스크, 17세기)
　남달리 뛰어난 미인은 두렵고, 반항적인 여자.(16세기)
　미녀는 언제나 반항적, 모습이 아름다운 노새도 말을 잘 듣지 않는다.(16세기)

　이것은 실제로 미모야말로 나이 든 여자의 비장의 카드였다는 것을 나타내고 있다. 당당하게 그것을 선언하고 있는 속담도 있다.

　아름다운 딸과 오래된 옷은 반드시 무엇엔가 걸린다.(18세기)
　아름다운 얼굴은 언제나 좋은 지참금.(까딸로뉴, 20세기)

　만약 일반적으로 남자 이상으로 여자의 미모를 칭찬했다고 한다면, 『미청년(beau varlet)⁴⁾도 아름다운 딸과 마찬가지로 가치가 있다』(15세기)고 굳이 말할 필요가 없다. 딸들은 결혼에 즈음하여, 지참금에 뒤지지 않는 미모를 방패로 삼았다.

유리하게 시집을 가기 위해서는, 아름답고 유복한 딸도 제3의 비장의 카드, 행실이 좋다는 평판을 받아야 했다. 『품행이 바른 것은 황금의 띠보다 낫다』는, 중세 이후 프랑스 전역에서 유포되어 있던 속담이다. 그런데 부친에게 있어서 딸의 미모를 이용하여 결혼 때의 지출비를 절약하기 위해서는 딸이 많은 청년들과 교제하는 것을 허락해야 했다. 그렇지만 그러는 동안에 딸의 평판에 상처를 입히지 않기란 매우 어려웠다.

필요에 의해, 혹은 인색한 근성에 의해 부친이 딸의 혼기를 넘기는 일도 있다. 그러나 너무 기다리면 딸의 평판에 손상을 입히는 결과를 낳았다. 만약 그렇게 되면 결혼 자체가 매우 어려웠고, 혹은 보다 비싸졌을 것이며, 동시에 일가의 명예가 실추되기도 했다. 몇 세기에 걸친 대부분의 속담이 그간의 이같은 사정을 강조했다.

언제까지나 딸의 방을 만들어 두어서는 안 된다.(르 루 드 렝씨)
결혼도 할 수 없는 어리석은 딸은 슬하에 두기도 어렵다.(르 루 드 렝씨)
딸과 유리방은 언제나 위험에 처해 있다.(16세기)
딸과 사과는 똑같다.[오래 두면 부패한다.](르 루 드 렝씨)
숙성한 사과는 먹어라. 다 자란 딸은 시집보내라.(베아른 지방, 1892년)
결혼 적령기가 된 딸의 보초는 불가능.(바스크 지방, 17세기)
딸과 포도밭은 지키기가 어렵다. 언제나 지나가면서 먹어보려고 시도하는 놈이 있다.(프로방스 지방, 1913년)
딸이 열여섯이 되면 세상의 입을 주의하라.(가스꼬뉴 지방, 1916년)
결혼한 딸은 도와 주는 딸.(가스꼬뉴 지방, 1916년)

이렇듯 딸의 평판에 상처를 입히지 않기 위해서는 끊임없이 감시할 필요가 있었다.

딸이 있는 자는 한 해 동안 양치기.(르 루 드 렝씨)

그 일은 너무나도 귀찮았으므로 종종 사용했던 방법은, 집 안에 가두거나 유복한 가정의 경우에는 수도원 안에 가두는 방법이었다.

걸어다니는 딸과 날아다니는 암탉은 도둑맞기 쉽다.(15세기)
한 사람 몫을 다하는 딸과 지나치게 화려한 옷은 소중하게 다루어야 한다.(16세기)

또한 어떻게든 집을 빠져 나가는 딸이 있다. 단지 가두고 감시하는 것만으로는 불충분하므로 교육이 수반되어야 했다. 그 책임자는 모친이었다.

딸은 기르는 방법, 삼베는 짜는 방법으로 결정된다.(16세기)
딸은 곧 그 모친.(16세기)

교육은 엄격을 취지로 했다.

부드러운 모친에게는 행실 나쁜 딸.(르 루 드 렝씨)
지나치게 부드러운 여자는 딸을 망친다.(16세기)
무서운 것이 없는 딸은 쓸모 없는 딸.(16세기)

더구나 딸에게는 일을 시키지 않으면 안 된다. 그것은 가계를 돕고, 장래의 주부업을 가르치는 동시에 나쁜 일에 빠질 여가를 주지 않는다는 3중의 이익을 도모했다.

한가한 딸은 나쁜 일을 생각한다. 나가 걸어다니는 딸은 타락한 딸.(16세기)
일찍 일어난 딸의 일은 순조롭게 진행된다.(15세기)
거울을 많이 보는 딸은 실을 적게 뽑는다.(16세기)
창 밖을 보거나 나가 걸어다니는 딸은 나쁜 주부.(16세기)

일에 대한 열의, 숙련과 정숙함, 또는 멋쟁이와 나태, 더러움의 끊임없는 결합은 주목할 가치가 있다. 물론 오늘날과 마찬가지로, 피로를 잊고 일하는 자가 남의 가사도 닥치는 대로 해치우는 사람이 있는 한편, 대담하고 의지가 강하여 멋쟁이로서의 자기의 욕망을 만족시키는 데 주저하지 않는 열정적인 딸도 있었을 것이다. 이것은 인간의 본연의 자세로 당연한 생각이며, 브랑뜸 Brantöme의 《바람둥이 여성 성쇠기》의 여자들에서부터 몰리에르의 희극에 등장하는 여자들에 이르기까지 여러 가지 문헌, 문학작품이 모든 계층에 있어서 그런 존재를 암시하고 있다. 단 그녀들은 속담 속에는 모습을 보이지 않는다. 그리고 오늘날에도 역시 활동하는 여성인 동시에 가정적인 여성 마르다Marthe(신약성서, 예를 들면〈누가복음〉10·38을 참조)와, 남자들에게 아니 그리스도로부터 사랑받은 창부, 훌륭하고 게으른 자 막달라 마리아와의 서로 모순된 결합에 우리들은 끊임없이 매료된다.

IV

독신자의 성생활

《아날》지 1972년 1월－12월호에 발표한 〈만혼과 성생활〉은, 동 잡지 지난 호에 게재된 앙드레 뷔르기에르André Burguière의 논문에 답한 것이다. 이후 같은 주제에 관해서 나는 《농민의 사랑》(les Amours paysannes, collection 《Archives》, 1975)을 간행하고, 독신자의 성생활에 관하여 순수하게 통계적 연구로서 비판을 더욱 발전시켰다.

〈젊은이의 성생활에 있어서 억압과 변화〉는 1977년, 미국 각지의 대학에서 행한 강의를 모태로 처음 영어로 발표하였다.(《가족의 역사》지 Journal of Family History, vol. 2, nº 3, Autumn, 1977) 이어서 그 요약을 프랑스어로 강연하였으며 《커뮤니케이션》(Communication)지에 게재했다. 여기에 게재한 프랑스어 비삭제판은 아직 간행되지 않은 것이다.

제4부에서는, 켐브리지 대학의 인구와 사회구조의 역사연구 그룹에 의해 행해졌던, 영국에 있어서 사생아 출생에 관한 통계적 일대 연구를 문제로 할 수밖에 없었다. 〈영국에 있어서 가족과 비합법적 사랑〉은 이미 《역사와 이론》(History and Theory)지에 게재되었지만, 켐브리지 그룹의 리더 피터 라슬레트Peter Laslett의 저서 《구세대의 가족생활과 비합법적 사랑》(Family Life and Illicit Love in Earlier Generations, Cambridge University Press, 1977)에 대한 비판이다.

12
만혼과 성생활
— 논점과 연구 가설 —

내가 1969년에 발표한 논문 〈서구 기독교 세계에 있어서 피임·결혼·애정관계〉[1]는, 《아날》지의 지난달 호에 보였던 앙드레 뷔르기에르와 자끄 드 뽀Jacques Depauw의 언급[2]을 비판하였으나 만인을 납득시키지는 못한 것 같다. 그러나 두 사람의 언급은 이 논문의 어느 부분을 향하고 있는 것일까? 나 자신에게는 의문의 여지가 없다고 생각되는 근본적인 주장에 대해서일까? 그렇지 않으면 결론적으로 내가 서술한 제안, 연구상의 지침에 대해서일까?

나로서는 이하의 세 가지 점을 충분히 논증할 작정이었다. 먼저 서구에서 지배적인 이데올로기에는 성행동에 관한 두 가지 커다란 유형이 존재한다는 사실이다. 한 가지는 생식을 목적으로 하는 성행동이며, 이것은 약간의 유보를 남기기는 했지만[3] 교회가 용인했던 점이었다. 또 한 가지는 연애 감정과 쾌락 추구를 그 특징으로 하는 행동양식이다. 이것은 세속문학의 많은 작품이 중요한 주제로 다루었고, 소리 높여 구가한 것이다. 가령 결혼 내에서, 아니 결혼 내에 있을 때는 한층 더 교회에 의해 죄로 배척당하였다. 6세기부터 8세기에 걸쳐서 이런 종류의 행동양식으로 언급한 대부분, 혹은 모든 저작가들에 의하면 불임이 그 논리적 귀결이었던 것이다.

계속해서 나는 이 두 가지 행동양식의 혼동이 단순히 교회저작가뿐만 아니라, 분명히 작은 신앙심밖에 갖추지 않았다고 생각되는 세속저작가들을 개탄하게 했다는 점을, 그리고 18-20세기에 걸쳐서 같은 혼동이 처음에는 세속인들 사이에서, 이어서 교회인들 사이에서 당연한 것으로 쉽게 받아들여지게 되었던 사정을 증명할 예정이다. 변화의 연대에 관해서는 암시하는 것으로 그쳤지만.

마지막으로 나는 여러 가지 종류의 성적 행동이 〈반자연의 죄〉라는 신학 개념으로 통합되었기 때문에, 각각에 대해 실제로 주어졌던 도덕상의 자격이 극히 애매하다는 점을 주장했다. 이론적으로는 〈반자연의 죄〉로 불렸던 것은 모두 성적인 죄 중에서도 가장 무거운 죄로 생각하였다. 그렇지만 실제로는 자위행위와 질외사정은 근친상간 혹은 간통보다는 단순간음 정도로 쉽게 허락되었다는 점이다. 본디 이런 생각에는 반론의 여지가 있을지도 모른다. 그러나 나는 필요하다면 언제나 새로운 자료를 제출하고, 내 자신의 주장을 보강할 용의가 있다.

이 세 가지 사고방식에서 출발한 나는 17,8세기의 서구에서 독신자들이 성적으로 순결했다고 성급하게 믿어 버린 우리들의 오류를 나타내려고 했다. 왜냐하면 이러한 관념은 공언하건 하지 않건 『당시의 결혼 외의 행위는 모두 임신과 관련되었으며, 불임이 되는 성행위는 모두 신학자뿐만 아니라 세속사회에서도 엄격하게 탄핵되었다. 따라서 그것은 혼인의 안팎을 불문하고 드문 일이었음이 분명하다』고 생각되기 때문이다. 이것은 두 가지 유형의 성행동이라는 논리를 무시하는 것에 불과하다.

그러나 한 가지 학설의 비판이 그대로 반대학설의 지지를 의미하는 것은 아니다. 만약 내가 16세기의 성직자·귀족 들은 결코 사생아를 만들지 않았다. 왜냐하면 그들은 두 종류의 행동양식이라는 사고방식을 받아들였고, 두 가지가 혼동될 때에는 분개하기도 했기 때문이라고 주장한다면 그것은 극히 우스꽝스러울 것이기 때문이다. 성직자·귀족 모두 사생아를 얻거나, 때로는 그 탄생을 기쁘게 생각했다는 것은 누구나 알고 있기 때문이다. 그러나 동시에 우리들은 귀족 가운데 어떤 이—특히 귀족 부인들—가, 혼인 내에서의 실천을 떠올리지 못했던 경우에도 혼인 외에서는 중단성교를 실천했다는 사실을, 또한 종교인 중 어떤 사람이 연인들에게 낙태·불임을 위한 약을 제공한 사실도 알고 있다. 그들이 속한 계층에 있어서 혼인 외 행위로 임신과 결부되는 것에 대한 불임행위의 비율에 관하여, 이제까지 우리들은 한 번도 근거 있는 숫자를 알 수 없었다.

서민계급에서는 두 가지 행동유형이라는 생각이 있었는지 아닌지조차 우리들은 알 수 없다. 그러므로 혼인 내에서가 아닌 혼인 외에서 그들이 중단성교를 행했다고 단언하는 것을 피할 예정이다. 그리고 나는 서두에서 그들이 지배적 이데올로기의 어느 부분을 받아들이고 이해했는지 성급하게 판단해서는 안 된다고 주장하였으며, 오히려 그들 자신의 이데올로기와 관습을 연구해야 한다고 주장하였다.

　나도 몇 가지 사실을 인용하여 여러 학설을 비판하면서, 연구상의 가설밖에 되지 않는 것을 지나치게 확신을 갖고 시사한 경향이 있다. 확고한 증거를 제출하지 않고, 나는 17,8세기 다수의 젊은이들이 성년기에 달한 이후 10년이나 15년 동안 아무런 성행위도 행하지 않고 독신생활을 보냈다고는 믿을 수 없다—이 생각은 지금도 변함 없다—고 주장하여, 그들이 자위행위 혹은 다른 불임의 성행위에 빠져 있었음을 암시하였다. 이와 같은 나의 확신과 가설이 찬동을 얻을 수 없다 해도 적어도 놀랄 일은 아니다. 그리고 만약 나에게 향해질 비판이 모두 자끄 드뽀의 그것처럼 분명히 한정된 목표를 갖는 동시에 확실한 근거를 수반하는 것이라면, 나는 이미 착수한 임신신고에 관한 연구를 먼저 끝낸 후 그것에 반론을 가했을 것이다. 그러나 앙드레 뷔르기에르는, 단지 내가 1969년도에 제출한 몇 가지 주장을 전면적으로 배척했다고 생각될 뿐만 아니라, 그에 대해 나로서는 도저히 승복하기 어려운 한 가지 통괄이론을 대치시키고 있다. 비판에 답하려는 그 자신의 호의적인 권유에 대해, 나는 처음에 1969년의 소론 중에서 증명된 부분과 가설 부분의 선별을 시도하였다. 그리고 그 일이 끝난 지금, 나는 17,8세기의 젊은 독신자들의 행동에 관한 나름대로의 생각을 시기상조로 생각하면서 결국 서술하게 되었다.

　나로서는 뷔르기에르가 말한 바와 같이, 만혼의 경향이 16세기 초기에 시작되었는지 아닌지 알 수 없다. 단 그것은 대체로 있을 수 있는 일이다. 어찌되었거나 뷔르기에르와 마찬가지로 나는 근대 서구사회의 현저한 특징의 한 가지가 되어 있는 이 현상의 중요성·독자성을 강조할 필요가 있다고 생각한다. 그것은 분명히 인구 측면에서도, 또한 경제적인 영역에서도 커다란 영향을 미쳤을 것이고—단 J. 하이날Hajnal[4]과 앙드레 뷔르기에르가 주장한 영향은 가설의 영역을 넘는 것이 아니다—사람들의 성생활에도 영향을 끼쳤을 것이다. 우리들의 의견 대립은 이 영향의 내용과 관계가 있다.

　앙드레 뷔르기에르도 17,8세기의 사생아 출생의 통계에서, 당시의 독신자 대부분이 완전하게 성생활을 삼가했다고 추측하는 연구자의 한 사람이다. 그리고 이 순결을 20세기의 프로이트류 사고방식과 합치한 학설로 설명하려고 했을 것이다. 당시의 독신자는 그 성충동을 승화했다고 생각된다. 그도 과연 그것이 신경증의 원인이 된 경우도 있었다는 엠마뉴엘 르 로와 라뒤리 Emmanuel Le Roy Ladurie와 마찬가지로 생각했던 것 같다. 단 대부분의 경우 이 충동은 과연 적절하고 열렬한 신앙으로, 그리고 또한 —하이날의 이 점에 관해 찬동하는 뷔르기에르의 생각을 내가 오해하고 있는 것이 아니라면 —우리들의 자본주의 사회의 특징이라 할 수 있는 경제적 권력획득에 대한 의지로 승화되었다고 그는 주장한다.

옛날 농민 자제의 95퍼센트가 19, 20세기의 한정된 지식인·예술가에 관해 프로이트가 말한 승화가 얼마나 가능했는지, 나로서는 매우 이해하기 어렵다고 말하지 않을 수 없다. 또한 나는 10년, 15년에 걸친 승화 —혹은 신경증 —라는 해결법을 사용한 후에 어떻게 해서 청년들이 결혼에 위축당하지 않고, 아내들에게 많은 자식들을 낳게 할 수 있었는지 알 수 없다. 두 가지 행동유형이라는 나의 학설을 배척하면, 결혼은 오늘날과 마찬가지로 연애결혼이었다는 것을 암암리에 말해 주고 있는 것이다.

더구나 나는 프로이트의 어느 저작에서 그러한 승화이론이 나왔는지 알 수 없다. 그뿐인가. 1908년 프로이트의 한 논문에는 다음과 같은 문장이 보인다.[5]

우리들의 제3문화 계급에서는[6] 독립된 개인은 남녀 모두 결혼하기까지의 금욕을, 그리고 정식결혼을 하지 않은 자는 모두 생애에 걸쳐서 금욕을 강요당했다. 권력자들이 즐겨 주장했던 성적 금욕의 실행은 유해하지 않으며, 전혀 어렵지 않다는 생각은 많은 의사들에 의해 주장되어 왔다. 단 적어도 성적 충동과 같은 강한 힘을 만족시키지 못하고 콘트롤하기 위해서는, 인간의 모든 에너지가 필요했던 것은 아닌가 하고 쉽게 상상이 된다. 승화에 의한 억제, 즉 성적 충동을 성적 목표에서 좀더 고도의 문화 목표로 전환시키므로써 달성하게 될 억제는, 극히 소수의 인간에게서만 부분적으로 허락되었다. 그리고 그러한 것이 젊은 격정의 시기에는 매우 곤란했다. 선택된 소수 이외의 대다수는 신경증 환자가 되든가,

그렇지 않으면 어떤 피해를 입었다. 우리들 사회 구성원의 대다수가 금욕 의무에 적합치 않다는 것은 경험이 가르쳐 주고 있다.

내가 지금 이 텍스트를 인용한 것은, 무엇보다도 프랑스 농민의 95퍼센트가 성적인 활동을 전혀 하지 않는 것은 불가능하다는 바를 증명하기 위해서가 아니다. 만약 그들이 진정으로 금욕상태에 이르렀다는 것이 증명된다면, 20세기 사회의 근본에 있는 사고방식의 대부분이 재검토되어야 한다.

그러나 도대체 이 금욕상태는 17,8세기에 관해서 우리들이 소유하고 있는 통계자료로 증명할 수 있을까? 현재의 연구단계에서, 나는 아니라고 단언할 수는 없다. 금욕상태는 간단하게 숫자로 나타낼 수 없는 성질의 것이기 때문이다.

이제까지 단지 이러이러한 지역에서의 사생아 탄생률을 다루었고, 그 숫자를 즉각 혼인 외 성행동을 나타내는 것으로 생각하는 데 그친 것이 보통이었다. 만약 그 숫자가 적다면 그 사회의 순결도는 높고, 반대로 많다면 〈비도덕적〉이다. 또한 10년 주기로 숫자가 상승한다면, 〈비도덕성〉이 진행되고 있다고 말할 수 있다. 이렇게 해서 인구학자가 제공하는 멋진 도구의 편리함에 눈이 휘둥그래지고, 사생아 탄생률과 그 숫자를 낳은 각양각색의 성행동 사이의 거리를 볼 수 없게 되었다. 실제로 사생아 출생의 비율이 우리들에게 가르쳐 주는 점은 단 한 가지 사항, 즉 그 사회가 성행동의 발전이라기보다 혼인 외 출생 그 자체에 대해 어느 정도 저항력이 있는가 하는 점뿐이다.

혼인 외 출생에서부터 혼인 외 성행동에 대한 고찰의 걸음을 오류 없이 진행시키기 위해서는, 적어도 사회적 비난의 현상과 그것을 시동케 하는 원인에 관하여 분명한 조사가 필요할 것이다. 세상은 남성의 혼인 외 행동의 대부분을 배척하였는가? 어느 정도로? 기독교 교리의 원칙대로, 여성의 경우와 마찬가지로 남성도 배척당하였는가? 누구나 그렇다고 단정할 수 없다. 남성의 성적 〈위업〉에는 박수를 보내면서, 여성의 〈패배〉를 죄로 여기는 사회, 혹은 사회계층은 적지 않다. 반대로 동성애·자위행위와 같은 어떤 종류의 불임 성행동이 여성에 대해서는 보다 관대하게 본 경우가 있다는 점에도 주의해야 할 것이다.[7]

과오를 범했다는 죄상이 명백한 딸에 대한 세상의 비난은 어떤 형태로 나타났을까? 가족의 체면이 손상되고, 비합법적 임신의 징후가 전혀 없음에도 불구하고 결혼 전에 처녀성을 잃어버렸다는 것만으로 부친이 딸을 살해한 사회도 존재하였다. 예전의 프랑스는 그렇게 하지는 않은 듯하다. 그럼 그 순간부터 딸은 가족, 혹은 마을에서 추방당한 것일까? 현재 우리들이 아는 한 그러한 일은 없었다고 생각된다. 이와 같이 무거운 제재는 딸이 임신하고, 그것이 남의 눈에 띄기 시작하면 더욱 가중되었다고 생각된다. 즉 나는 혼인 외의 성에 관해서, 그것을 〈카타리파적〉 멘탈리티로 표현한 삐에르 쇼뉘Pierre Chaunu[8]의 의견과 그 맥락을 같이한다.

어찌되었거나 청년들이 금욕상태에 놓여 있었다고 단정하기 전에, 당시의 억압기구 속에서 그들이 성의 충동을 만족시키기 위해 취했던 수단을 먼저 고찰해야 한다.

나는 무엇보다도 그들이 결혼 외에서는 중단성교를 행하였고, 일단 결혼하면 그것을 잊어버렸다는 식으로 주장한 적은 없다. 오히려 나는 피임방법을 아직 몰랐던 그들은 동년배 아가씨에 대해 그것을 실행하기는 고사하고 지식을 내세우는 일도 없었다고 생각하고 싶다. 그리고 이와 같은 무지의 결과 젊은 남녀의 관계는 비교적 임신을 초래하기 쉬웠다. 동시에 어느 정도 관계의 빈도를 한정했을 것이다.[9] 〈원시인〉이라면 이미 존재했던 방법을 사용했다 하더라도, 대부분의 개인이 필요에 따라 같은 방법을 쉽게 재발견할 수 있었을 리는 없다. 인간의 성행동의 여러 형태는 극히 각각의 문화에 종속되는 정도가 심하므로, 그것만으로도 지적이며 실천적인 기초서를 요구하게 되는 것이다.

그러나 그외에도 아이를 낳지 않고 쾌락을 얻는 방법은 많았다. 그 첫번째가 동성애이며, 그 점에 관해서는 옛날 참회 청문규정서가 결혼 전의 젊은이에 관해 다룰 때 반드시 언급하였다.

실제로 남색男色은 화형으로 처벌된 중죄였다. 그러나 18세기 초기에 이르기까지 몇 번의 화형 케이스가 있다. 한편 현대 우리들에게까지 그 명성을 남기고 있는 고명한 남색가도 존재했다. 그들은 그 평판에도 불구하고, 고위자였기 때문에 혹은 고위자라는 비호로 인해 화형은 고사하고 때로는 아무런 벌도 받지 않았다. 그렇다면 청년의 동성애가 규정한 대로 무서운 벌을 받았다고는 생각할 수 없는 것일까?

청년의 경우 중세 초기의 청문규정서는, 성인의 동성애에 대한 경우와 완전히 다른 용어를 사용하였다. 단순히 부과된 벌이 훨씬 가벼웠을 —음탕, 이성과의 간음에 대한 벌보다 가벼운 적도 많았다[10] —뿐만 아니라, 결혼 후에는 다른 행위로 바뀌었으므로 청년기 특유의 행위로 다루어졌다.

중세 초기 이후의 주교구 규약, 고해신부의 입문서 속에도 이런 인상을 분명히 하는 것이 있다. 예를 들면 1300년−1310년 사이에 편집된 깡브래 주교구 규약에는 연령을 불문한 모든 여성에 의해, 또한 스무 살 미만의 남자에 의해 저질러진 동성애의 죄는 주교의 특수권한 속에 들어가지 않았다.[11] 이것은 오히려 성인 남자의 경우보다 책임이 가볍다고 생각했기 때문이겠지만, 주교 한 사람으로서는 너무나도 빈번한 죄에 대처하는 것이 불가능했기 때문이 아닐까? 이 빈도에 관해서 좀더 분명한 몇 가지 증언이 있다. 그 한 가지가 15세기 초기 제르송Gerson의《고해요체》에 다음과 같이 기록되어 있다.

〈반자연의 죄〉 제4는 남자끼리 엉덩이 혹은 다른 곳을 결합하는 것이다. 또한 여자끼리 이름지을 수도 없고 묘사할 수도 없는, 싫고 더럽다고밖에 생각할 수 없는 곳을 결합하는 것이다. 또한 남자와 여자가 자연스럽지 못한 곳에서의 결합도 있다. ……고해신부의 훌륭한 지도에 의해, 많은 사람들이 이와 같은 죄의 길을 알게 되었고, 현명하면서도 신중하게 배려되었다. 한편 독신 젊은이와 여자에게 내가 이미 서술한 것과 같이 신중하고 현명하게 배려한 뒤에 그 죄의 두려움을 가르쳤다. 어쩌면 그들은 젊어서 결혼하지 않았더라면 나이들어 갈수록 비열하고 무서운 죄를 범하게 될 자가 적지 않았을 것이다. 더구나 혼인 후에도 젊은이는 매우 두렵고 도에 지나친 행위를 하였다. 그렇지만 나는 그것에 관해 말하는 것이 수치스럽다. 왜냐하면 반자연의 죄는 무섭고 두려운 것, 신의 눈에 더럽게 보이는 것이기 때문에 신은 언제든지 그것을 벌하게 된다. 성서에 인용된 다섯 마을은 모두 이 죄의 두려움 때문에 지옥으로 떨어졌던 것이다.[12]

제르송의 텍스트 마지막 부분은, 우리들의 〈산아제한〉 관습 발단의 고발이 아니라, 청년기에 몸에 익힌 성적 관습은 성인이 된 후에도 버리기가 어렵다는 현대 성학자의 관찰을 뒷받침하는 것이라 할 수 있다.

제르송은 또한 옛날 생활양식에서는 고발될 만한 행동을 쉽게 행할 수 있는 물질적 조건이 갖추어져 있었음을 떠오르게 하였다.

> 죄를 범한 자 중에는 아홉, 열, 열한 살, 열두 살 때 형제자매와 동침했을 경우 함께 범한 음란의 죄를 고백하는 것이 아니라, 매년 주의 부활절을 맞아 많은 사람들이, 고해신부들 중에도 이와 같은 죄를 저질렀다고 말하는 자가 많다. 그렇다면 양치기 남녀나 젊었을 때 양을 지켰던 자들이여 명심하라. 왜냐하면 그 무렵에 많은 죄를 범하게 되므로.[13]

그런데 15세기와 18세기 사이에 생활조건은 크게 달라졌을까? 17,8세기의 고해 입문서가 이 점에서 제르송과 같은 지시를 보여 주고 있는지 아닌지를 조사할 필요가 있을 것이다.

필립 아리에스는, 제르송의 태도가 17세기 교육가들의 태도를 예고하고 있다는 점을 간파하였다. 그들이 남긴 문서의 몇 가지가 절제된 표현을 사용하고 있지만, 어린이끼리의 동성애적 관계에 대한 불안이 교육자들의 머릿속에서 떠난 적이 없음을 이야기하고 있다. 예를 들면 라 플레슈La Flèche에 있었던 예수회 경영의 앙리 4세는 중·고등학교의 학생 사감에게, 학생이 물건을 빌린다는 구실로 다른 학생의 방에 들어가는 것을 금하도록 엄격하게 가르치고 있다. 만일 예외적으로 그것을 허가하지 않을 수 없을 경우에는, 문을 열어둔 채로 혹은 침대의 커튼을 올려 놓아야 했다.[14] 이와 같은 지나친 조심은 오히려 신부들 자신을 사로잡고 있던 강박관념의 반영일지도 모른다. 그러나 가령 그렇다고 해도, 그것이 학생들에게 어떤 나쁜 영향을 주었는지는 생각하기 어렵다.

서민계급의 어린이들이 다녔던 교구의 국민학교에서도 같은 배려가 행해졌다. 어느 학생 지도 입문서에는[15] 어린이들이 『자연의 요구를 만족시키고 싶다』고 말할 경우, 교사의 주의로서『그 장소에 두 어린이가 함께 있는 것은 금한다. 그러한 데는 극히 중대한 이유가 있었겠지만, 둘이 함께 있게 되면서 생길 수 있는 위험한 장난 때문에 나로서는 그것을 허락할 수 없다』고 씌어져 있다. 이 경우의 심한 주의는 라 플레슈의 예수회 수사만큼 기묘하지는 않더라도, 표현방법 자체가 같은 강박관념의 존재를 나타내고 있다고 말할 수 있다.

원칙적으로 죽음을 부르는 또 한 가지 큰 죄, 짐승을 상대로 성욕을 만족시키는 행위도 도시화된 오늘날의 유럽에서 생각하는 것 이상으로 17,8세기 농촌사회에서는 무시할 수 없는 행위였다. 또한 농경자보다 양을 기르는 자의 경우에 젊은 독신자 사이에서 특히 일반적인 행위였다. 앞에서 인용한 제르송의 문장을 보기 바란다.

어찌되었건 나는 동성애나 짐승을 상대로 성욕을 만족시키는 행위가 아니라, 우리들 기독교 문명에서 다른 곳보다 훨씬 일반적이었다고 생각되는 자위행위에 주의를 돌리고 싶다. 에스날Hesnard 박사가 말한 바와 같이[16] 예를 들면 이슬람 문명과 같이 다른 종류의 성억압 문명에서는 사정이 다른 것이다. 물론 이와 같은 문제는 독신자 사이의 이성관계 문제를 직접적인 통계자료로 제출할 수는 없으므로, 현대의 성과학이나 옛날의 고해신부들이 가르쳤던 점에 따라서 고찰할 예정이다.

왜 나에게 반론하는 자들은, 자위행위를 문제삼지 않는 것일까? 동성애·짐승을 상대로 성욕을 만족시키는 행위와 마찬가지로 그것도 〈이상〉행위인데, 어떤 사회에서도 간음만큼 빈번하지 않았다고 생각할 수 있는 것일까? 어찌되었거나 우리들의 사회에 관한 한 성학자들은 자위행위를 개인의 성적 성장 속에서 나타나는 정상적인 ―통계적으로 정상적인 ―한 단계로 생각한 듯하다. 그리고 같은 연구자들이 성장하고 나서도 자위의 습관이 존속하는 것은 이상한 동시에 위험하다는 것은, 이제까지 자위행위가 빈번했을 리가 없다는 의미일까? 에스날 박사는 다음과 같이 서술하였다.

이와 같은 존속현상은, 리비도의 선발적 고착현상보다 훨씬 빈번하지만, 그렇다고 해도 허용영역 ―개인차가 있다 ―을 초월한 성적 억제는 대부분 자기 색정을 강화하는 데 지나지 않았다.[17]

그렇다면 그들은 오히려 자위행위가 그다지 중요한 결과를 초래하지 않는 극히 있을 수 있는 행위이므로, 17세기인의 금욕상태의 가치에 대해서도 다룰 필요가 없다고 생각했던 것일까? 프로이트도 이미 1908년에 다음과 같이 피력하였다.

금욕문제를 논할 때, 두 가지 유형이 충분하고 명확하게 구별되지 않는다. 한 가지는 어떤 성활동의 금지이며, 또 한 가지는 이성과의 성관계만을 금지하는 유형이다. 금욕에 성공했다고 칭하는 인간 중에도 자위행위, 혹은 유년기의 자기 색정활동과 관련된 유사행위의 도움을 빌린 자가 많다.[18]

이 진단은 옛날 프랑스 사회에서도 통용되었을까? 나로서는 모든 〈반자연〉 행위는 그 불임성 때문에 간음만큼 억압하는 일이 쉽지 않았던 사회에서는, 〈반자연〉 행위가 널리 행해졌다고 생각하고 싶다. 이 사고방식은 타인에게는 보이지 않고, 언제나 간단하게 할 수 있는 행위가 특히 많이 통용되었다. 만일 발견된다 하더라도, 남색과 짐승을 상대로 성욕을 만족시키는 행위와 비교하여 훨씬 죄가 가벼웠다.

내가 아는 한 자위행위는, 신학자와 고해신부 들이 증언하는 것처럼 분명하게 그것이 존재했던 사회에서도 이제까지 한 번도 정식범죄로 법정에서 다룬 적은 없었다. 그러면 도대체 그들은 이 행위에 대해 어떤 태도를 취하였을까? 중세 초기의 고해 입문서가 일단 그것을 간음보다 가벼운 죄로 생각한 것은 이미 내가 나타낸 바 있으며,[19] 그외에도 비슷한 증언을 언제나 제출할 용의가 나에게는 있다.

12,3세기의 신학 르네상스와 더불어 그때까지 이상으로 엄격한 태도가 적어도 신학이론의 레벨에서 취해지게 되었다. 신학자들은 자위를 자연에 위배되는 범죄의 하나로 생각, 반자연의 죄를 성적 범죄 중에서도 가장 무거운 것으로 생각하려 했기 때문이다.[20] 그러나 이와 같은 엄격함이 고해 청문소에서도 지배적이었을까? 14세기 초기에는 일반적으로 그렇지 않았다고, 깡브래Cambrai 주교구 규약에 의거하여 나는 주장했다.[21] 이 점에는 다른 의견이 있을 수 있으며, 현재 나도 다소의 유보를 하고 있다. 왜냐하면 14,5세기

▲ 롤런드슨이 그린 펜 드로잉 〈단골손님〉

▼ 롤런드슨의 〈천문학자〉

▲리처드 퓌스 장 쉴러 경: 부인의 엉덩이를
엿보는 그림—아아, 저속함이라니!(1782년)

▲보르도의 〈파라피라〉(1782년)에서.

를 통틀어 자위행위를 보다 엄격하게 취급하고, 징벌로서 신학문헌 속에서 볼 수 있는 것과 같은 규정으로 처벌하고자 하는 노력이 있었기 때문이다.

1388년에 편집된 《지혜의 계율》[22] 속에서 대주교 기 드 로와Guy de Roye 는 이렇게 말하고 있다.

……반자연 죄의 제1부분, 그것은 남자 혹은 여자가 스스로, 혼자서, 고의로, 그에 합당한 죄의 더러움에 떨어진 경우이다. 단순히 사제는 그 죄를 허락할 권한을 갖지 않는다. 왜냐하면 그 중대함 때문에 그것은 주교, 혹은 그 대리인, 혹은 파견 고해신부에게 위임되기 때문이다.

한낮의 오욕행위에 한 권의 책을 적용시킬 필요가 있음을 느낀 쟝 제르송 Jean Gerson이, 그의 《고해요체》에서 다음과 같이 쓴 것은 그 직후이다.

그것은 여자와, 여자의 경우에는 남자와 교합한 것 이상으로 커다란 죄이며, 고위 성직자의 권한에 위임된다.[23]

내가 이전의 논고에서, 1387년 작성 낭뜨 주교구 규약이 이 점에 엄격한 점을 예외로 생각한 것은, 어쩌면 오류였을지도 모른다. 또한 〈자연에 위반되는 커다란 악〉(알비, 1553년)이라든가 〈반자연의 죄〉(파리, 1580년 무렵)라든가 〈자연에 위반되는 두려운 죄〉(랑스, 1621년), 그리고 〈자연에 위반되는 혐오해야 할 죄〉(랑스, 1677년)와 같은 표현이 남색만을 대상으로 한다고 생각한 것 또한 잘못이었을지 모른다. 보다 완전하고 세심한 조사에 의해, 이 〈유약〉한 죄로 불리는 것이 어느 정도 주교 권한 케이스의 리스트에 기재되어 있는지 검토해야 한다. 주교 권한 케이스의 리스트에 있는지 없는지가, 그 죄의 빈도에 따라서 확실한 증거가 되기 때문이다. 만약 언제까지 계속 나타난다면, 그것은 빈도가 적으므로 실제로 사제 자신이 그 죄를 면죄하게 된다. 반대로 리스트에 나타나지 않으면, 그것은 많은 빈도 때문에 신학자들의 이론이 이 죄에 부여한 규정에 실제로 적응하기가 불가능했기 때문일 것이다. 이와 같은 조사는 현재 행해지고 있지 않으므로, 나로서는 단지 제르송과

기 드 로와의 증언에서 14,5세기의 교회가 이 중대한 죄를 배제하고, 혹은 적게 하려고 노력했다는 것만을 지적하고 싶다.

제르송의 몇 가지 텍스트를 읽는 한도 내에서, 죄의 의식을 명확하게 하는 것이 이 경우 좋은 방법인지 아닌지 의문이 생긴다. 결과적으로는 오히려 고해장소에서 고백을 막게 되는 것은 아닐까? 제르송은 다음과 같이 피력하였다.

……이런 종류의 죄에 관하여 물을 때, 고해신부가 교묘하고 신중하게 조처를 취하지 않으면 본인의 입으로 그와 같은 악을 고백하는 일은 드물며 곤란하다. ……그러므로 다른 문제, 과오에 관해 엄격하게 할 수 없으며, 아무렇지도 않은 채 부드러운 말을 교환한 후에 비로소 고해신부는 서서히, 말하자면 이면에서부터 이런 종류의 죄 고백을 유도해내야 한다.[24]

이런 조언으로 이어지는 문장에서 우리들은 자위행위가 빈번했다는 것을, 또한 그것을 행한 인간에 관해 알 수 있었다.

……남자가 대답하지 않으려 할 때는, 분명하게 묻는 것이 좋다. 『자아, 자네, 음경을 어린애가 자추 행하는 것처럼 만지거나 문지르기도 하는가?』라고. 만약 그런데도 결코 그런 식으로 행한 적도 문지른 적도 없다고 대답할 때는, 그 이상의 이야기를 이끌어내는 길은 단 한 가지 믿을 수 없는 일이지만 탄복했네, 지금 자네는 신 앞에 있는 것이다. 고해성사 때 거짓을 말하는 것은 대단한 죄다, 영혼의 구제를 생각해야 한다. 혹은 그와 유사한 행위를 한 것을 말하는 방법 이외엔 없다. 그러나 만약 쥐거나 문지른 적이 있다고 대답하면, 이렇게 말하는 것이 좋다. 『그런가, 그렇다면, 어느 정도의 시간인가? 1시간? 반 시간? 음경이 설 때까지 했는가?』라고. 단 이 말을 할 때는 이상하지도 않고 나쁘지도 않다는 어조로 말해야 한다. 만약 그와 같이했다고 고백을 하면, 그때는 그와 같은 일을 한 것은 유약한 죄며, 당신의 연령에서는 정액으로 더럽혀진 일이 없다 하더라도 ―즉 유혹적인 쾌락은 진실로 더러움의 극에 달하는 것이므로 ―동정을, 적어도 영혼의 동정성을 당신이 당신의 연령에 어울리는 방법으로 여자와 교접한 경우 이상으로

잃어버렸다고 들려 주어야 한다. ……이러한 일을 설득력 있게 들려 주고, 이번에는 엄격한 어조로 질타하고, 그 악업의 두려움을 가르치고, 그리고 당신은 가장 힘든 죄를 고백하였으므로, 다른 죄도 깨끗이 씻을 수 있도록 말하라고 명해야 한다.

이 신학 수사修士[25]는, 같은 질문을 조금 바꾸어서 보다 나이 많은 남녀에게 제출해야 한다고 충고하고 있다. 왜냐하면 많은 경험에서 이 수사는, 다수의 성인이 그와 같은 악을 범했으면서도 이제까지 한 번도 그것을 고백한 적이 없다는 점을 알고 있었기 때문이다. 어떤 자는 처음에는 수치스러워하면서도 금방 잊어버리기 때문에, 또 어떤 사람은 너무나도 심한 수치심 때문에 고백하려는 생각조차 갖지 않는 것이다. ……사실 이 수사는 전혀 여자의 육체와 교접하려 한 적이 없는 그와 같은 접촉이 죄가 된다고는 들은 적도 없으며, 생각한 적도 없다고 변명하는 많은 성인을 알고 있었다.[26]

많은 부분을 생략했으면서도 장황하게 인용한 이 텍스트는, 책에 의한 지식의 산물이 아니며 저자의 개인적인 강박관념만 생겨날 뿐만 아니라, 제르송 자신의 것이건 혹은 그가 인용한 파리의 신학 수사의 것이건 훌륭한 현실 관찰의 결과이다. 만약 필요하다면, 제르송의 기술이 여기에서도 자위행위의 일반적인 형태를 기술하는 현대 성학자의 관찰과 중첩될 수 있다는 사실이 증거가 될 수 있을 것이다. 먼저 대부분의 교도들이 고해를 방해하는 강한 죄악감이 있다. 아마 대다수의 인간에게 있어서 이 점이 가장 중요했을 것이다. 사실 현대의 연구자들도 고독한 삶은 많은 경우 여성에 대해, 또한 기존의 도덕에 대한 소심함과 밀접한 관계가 있으며, 그것이 죄의식을 한층 강하게 했다고 주장하고 있다.

과연 위에서 서술한 텍스트 속에도 훨씬 이전에 자위행위를 그만두고, 그 관습을 완전히 잊어버렸기 때문에, 아무런 심리적 흔적을 남기지 않은 성인의 케이스도 있다. 그러나 죄악감을 갖고, 동시에 그 행위의 관습을 보존했던 자도 있었을 것이다. 마지막으로 죄를 의식하고 있지 않은 것처럼 보이려는 자도 있다. 15세기 초기 제르송이 이처럼 죄의식이 없는 사람에 대해 한 말은, 중세 초기의 참회 규정서 저자들의 암묵의 확신을 상기시킨다. 즉 이런 자들은 기독교도가 무엇보다도 피해야만 했던 행위가 여성과의 육체관계이며, 그에 비하면 자위행위는 하찮것 없는 과오에 불과했다. 그리고 성욕의 과잉압력을 감소시키기 위해 취했던 의료행위조차 있었다. 이것은 색욕의 고조를 냉각시키기 위해, 눈 속에 몸을 던진다는 성자전聖者傳 속의 인물과 그다지 다를 바가 없다. 현대적 관점에서 보면, 이런 종류의 행위자는 심리학에서 말하는 환각이 없었다. 그들은 프로이트와 그 제자들이 기술한 자아동경적 행동으로 치달렸다고 해석할 수 있다. 그곳에서 그들의 양심 위안도 나온다.

끝으로 한 가지, 제르송과 성학자 들이 일치하는 점이 있다. 그것은 제르송이, 습관적인 자위는 다른 이상한 행동을 유발하기 쉽다고 주장한 점이다.

> 습성이 되어 집요하게 계속하면, 이윽고 그 사람은 악마의 손으로 쉽게 다른 비열하고 무서운 죄를 범하게 된다. 어떤 죄인지, 어떤 사람에게건 그것을 말하고 서술하는 것을 허락하지 않는다.[27)

15세기 초기부터 18세기 말까지 고해성사 신부의 자위행위에 대한 관심이 약해진 적은 없었다. 그뿐 아니라, 지나치게 관심이 높아서 강박관념의 영역에 도달하기까지 했다. 왜냐하면 원래 다른 행위를 가리키는 말이 이 악습을 의미하게 되었기 때문이다. 고대세계에서 수동적 동성애 행위를 가리켰다고 생각되는 〈유약〉(molesse)이라는 말이, 13세기에는 자위를 의미한 듯하다. 16세기가 되면, 자위는 오난의 죄와 동일시되었다. 예를 들면 베네딕트의 1585년의 문장은 그것을 증언하고 있다.

> 결혼 외에서 고의로 자신을 더럽힌 자, 즉 신학자들이 〈유약행위〉(molities)라 부른 행위를 행한 자는 대부분 자연의 질서에 위반되는 죄를 범하게 된다. ……그러므로 이것은 상급 성직자의 권한에 속하는 케이스의 하나이다. 유약행위의 규정 속에 이 행위를 포함시키므로써, 대부분의 교단이 이 조치를 강연하고 있다. ……이 죄의 조목에 유다Judah의 두 아들, 헤르Her와 오난Onan은…… 성령에 의해 죽임을 당하였다.[28)

베네딕트의 목적은 아마 유다시대, 바울시대 이상으로 당시에 빈번했던 행위에 대해 가능한 한 무거운 죄를 성서에서 찾아내려고 했을 것이다.[29]

　그러나 너무나도 깊이 이 죄의 더러움에 빠져들었기 때문에 ─대다수는 양성兩性의 젊은이지만 ─남자는 장가를 가지 못하고, 여자는 남편을 맞아들이지 못하고, 이 방법만으로 자기의 더럽힌 욕망을 만족시키고, 나이들어 결국에는 묘지로 이르는 자가 있다면 진실로 탄식해야 할 일이다.[30]

즉 여기에서도 젊은 남녀 사이에서는 자위가 극히 일반적이었다는 점이 암시되어 있다. 베네딕트가 젊은이라 말하고, 어린이라 말하지 않은 점에도 주의할 필요가 있을 것이다. 과연 최근 필립 아리에스가 지적한 바와 같이 〈어린이〉·〈소년〉·〈젊은이〉라는 말은 반드시 그 경계가 명확하지 않지만, 나로서는 그 구별을 무시할 수 없다. 결혼을 거부하기에 이른 자위 상습자도 이 젊은이 속에 들어 있다고 생각되며, 반대로 젊은이란 사춘기와 결혼 적령기 사이에 위치하는 남녀를 가리킨다고 추론할 수 있지 않겠는가? 나로서는 그렇게 생각하고 싶다. 단 분명한 근거는 없다.

　어찌되었건 그곳에서 문제가 된 사람은 세속인이지 종교인이 아니다. 그리고 베네딕트는 제르송보다 분명한 말로, 결혼을 거부할 정도로 자기 색정에 빠져 있는 자들의 일을 이야기하고 있다는 점이다. 이것은 이런 종류의 죄인이 빈번하지는 않지만 희귀하지도 않았다는 점을 의미한다고 나는 생각한다. 그리고 아마 당시의 독신자가 왜 독신상태를 고수했는지를 설명하는 것으로서, 사회적·경제적 이유와 더불어 이런 종류의 행위를 일단 서술해 둘 필요가 있을 것이다. 14세기에 브로미야드Bromyard의 존John이 간음자에 관해 말한 바와 같이[31] 16세기 말이라는 이 시대에 베네딕트가 집요한 자위 상습자에 관해 말한 것에도 주목해야 한다. 이것은 독신자의 성행동에 변화가 나타났다는 증거일까?

　한편 당시 화제를 불러일으켰던 사람을 쇠사슬로 묶듯 꼼짝 못하게 만드는 술수도, 세상 사람이 생각하는 것처럼 어떤 종류의 마술사의 행위 ─마술사들도 그것을 자랑하였다 ─가 아니라, 오히려 오랫동안 행해 온 자기 색정의 결과가 아니었을까? 베네딕트에게 있어서 결혼을 거부하는 자는 죄에 집착하고 있는 것을 나타낸다. 왜냐하면 신은 결혼이야말로 모든 종류의 무절제를 치료하는 약이라고 했기 때문이다. 단 자기 색정행위의 논리를 볼 수 있다—고 우리들은 생각하고 있지만—우리들의 눈에는, 결혼을 완성할 수 없는 자와 아내를 맞아들이는 것을 거부하는 자 사이에는 별다른 차이가 없다고 생각된다.

현대의 성학자와 옛날 고해성사 신부의 견해 차이가, 베네딕트가 기술한 속죄에 의해 억압체계 속에 나타났다.

> 충분히 상황을 고백하지 않으면 안 된다. 예를 들어,
> 만약 이 죄를 범한 자가 남편이 있는 여자를 상대로 했다고 상상한다면, 그것은 유약의 죄와 더불어 간통이다.
> 만약 처녀를 원하였다면 간음(stupre)이다.
> 만약 근친자라면 근친상간이다.
> 만약 수녀라면 신에 대한 모독죄이다.
> 만약 남자라면 남색男色이다.
> 여자에 관해서도 각각의 경우 마찬가지이다.[32]

자기 색정행위가 대부분의 사람들 사이로 확장된 주된 원인으로 만혼이, 또한 혼인 외에서의 이성간 행위에 대한 억압을 생각할 수 있다. 이와 마찬가지로 각종 환각의 억압을 시도하는 이러한 속죄체계는 당연히 자위행위자에게 있어서 문자 그대로의 자아동경을, 따라서 결혼에 대한 혐오를 심어 주게 된다. 그래서 이와 같은 억압체계는 아무런 효과도 얻을 수 없었을 것이다.

17세기에도 사태는 개선되지 않았다. 1628년 똘레도Toledo 추기경 저서 《대전大全》의 프랑스어판을 낸 M. A. 고파르Goffar는 이렇게 서술하였다.

> 그것은 자연에 위배되는 극히 중대한 죄이다. 건강·생명, 그외의 어떠한 이유에 의해서건 그것은 인정될 수 없다. 그러므로 건강을 위해 이 행위를 권유하는 의사와 그들의 충고에 따르는 자는 모두 죽을 죄를 면치 못한다. 그런데 이 죄는

인간이기 때문에 반드시 그 기회가 제공되는 것이므로, 완전히 그것에서 벗어나기란 쉽지 않다. 또한 너무나도 일반적이기 때문에 대부분의 죄인이 이 악으로 오염되어 있다고 생각하지 않을 수 없다. 효과적인 치료로는, 동일 고해성사 신부에게 종종 가능하다면 한 주에 3번 고해하는 방법 이외엔 없다고 나는 생각한다. 고해의 성례는 이 죄에 극히 적합한 제어장치이며, 그것을 이용하지 않는 자는 어떤 사람이건 특별한 신의 은총을 받지 않는 한, 혹은 기적이 일어나지 않는 한 사태의 호전을 바랄 수 없다.[33]

빈번하게 참회를 해야 한다는 예수회적인 원칙이 여기에도 출현하는 것은 분명하지만, 동시에 이 죄를 주교 권한으로만 위임하는 것을 그대로 내버려 둘 수 없다는 것도 명백한 일이다. 이렇게 두렵고 일반적인 죄악에서 몸을 지키기 위해서는, 고해성사 신부 한 사람 한 사람이 거의 매일같이 속죄자 한 사람 한 사람에게 손을 빌려 주어야 한다.

얀센파(엄격주의)들도 예수회 수사들에게 뒤지지 않는 위험을 의식하여 항상 싸울 필요성을 통감하고 있었다. 예를 들면 랑슬로Lancelot는 꽁띠Conti 공의 자제들 교육에 관해 사씨Sacy 씨에게 써보낸 편지 가운데, 악마의 공격에서 그들을 지키기 위해 그들에게는『언제나 눈에 보이지 않는 천사가 붙어 있으며, 낮이나 밤이나, 집 안에서나 교회에서나, 놀 때나 다른 집을 방문했을 때도 남에게 거리끼는 욕구를 만족시킬 때에도 그들을 지키고 있다』[34]고 기술하고 있다. 이렇게 해서 그들 동정의 울타리가 마지막까지 방어될 수 있는지 없는지, 또한 그후 전하들의 성생활이 어떤 것이 되었는지 나는 모른다. 단 이 텍스트에 관해서 다음의 두 가지 점을 말할 수 있을 것이다. 첫째, 모든 청소년을 전하들과 마찬가지로 감시하는 일은 물론 불가능했다. 둘째, 그럼에도 불구하고 17세기의 가톨릭적 교육은 대부분 논리적으로, 이와 같은 감시에 도달할 수 없었다고 하는 점이다. 얀센파·예수회 수사 구별 없이 고해 장소나 학교에서도, 왕후들의 저택에서도 아직 순진무구한 영혼을 숙명적인 유혹에서 지키기 위해 취하는 수단은, 한순간의 방심도 허용되지 않는 감시였던 것이다. 그리고 나는 이 전술이 승리를 거두었다는 보고문은 여태까지 한 번도 본 적이 없다.

17세기의 남녀 대부분이 열렬한 신앙심을 갖고 있었다는 점은 분명한 사실이다. 그리고 그들 중의 어떤 사람은 신앙의 힘으로 리비도를 승화하고, 어느정도 성충동을 변형할 수 있었음을 나는 의심치 않는다. 그러나 다른 자들은? 다른 자들, 즉 대다수의 인간은?

만약 17세기가 대다수의 인간에게 있어서 색정과는 다른 정념의 세기였다는 증거 혹은 인상을 받을 수 있다면, 집단적 승화라는 학설에 관심을 품을 것이다. 그러나 누구도 17세기가 정념의 정도에 있어서 16세기에 뒤지지 않는다고 주장할 수 없다. 17세기 프랑스가 16세기와 두드러지게 다른 점은 엘리트와 대중층의 교육·문화화에서 구할 수 있다. 그것은 지적·종교적 교육이었지만, 특히 도덕교육이었다. 그리고 17세기의 도덕, 특히 성도덕은 프랑소와 드 사르의 노력에도 불구하고 여전히 죄의 관념에 지배당했다고 말할 수 있다. 성도덕은 유혹에 대한 부단한 싸움이며 방어전이었다. 서서히 강하게 의식하기 시작한 어린이의 순진성의 방어이며, 이 전술로 승리를 거둘 수 있었던 측은 결국 적군뿐이었다. 인간은 자유의지에 따라서 자신을 구제하는가, 그렇지 않으면 스스로를 구제하지 않는가는 서로 모순되면서도, 요컨대 종교생활의 중심에 죄를 둔다는 입장에서는 공통된다. 과연 세기 초기의 신비사상가들에게서 문자 그대로의 승화를 볼 수 있다. 그러나 신비사상이 정적주의로 바뀌었을 때도 역시 죄의 입장에 선 제3의 방법은 아니었을까? 17세기의 종교적 논전은 이렇게 해서 모두 죄의 문제로 칠해지게 된다.

어느 정도 죄의식이 대중 사이에서 일반적이었는지, 그에 관한 면밀한 연구가 행해지지 않은 현재로서는 알기가 어렵다. 때로 설교사들이 죄악감의 부재를 한탄하는 것을 볼 수 있지만, 때로는 반대로 금기의 감각이 대중 도덕에 있어서 지배적이었다는 인상을 나는 가진다. 어찌되었거나 일반 대중에게 그때까지보다 더 깊고 넓게 전파하려고 교회가 노력했던 것은, 그 시대의 공인 도덕이었다. 그리고 이 도덕은 아마 근친상간·간통·간음·강간, 그리고 청소년기의 동성애도 후퇴시킬 수 있었겠지만 —이것에 관한 보다 면밀한 연구는 앞으로의 과제이다 —동시에 그것은 고독한 생활로 뿌리박혀 있는 그 장소에서 떼어낼 수 없었다는 점이다. 그뿐 아니라 나는 혼전 성생활이 좀 더 눈에 띄기 쉬운 다른 형식을 억압하므로써, 그때까지 일반적이지 않았던 계층까지 자기 색정을 넓히는 결과를 낳았다고 추측한다.

　마지막으로 17,8세기의 성적 금욕을 증명하고, 설명하기 위해 엄격주의적 도덕 존중주의의 발전이 강조된 것을 보면, 나는 반대로 자위의 일반화라는 학설이 그에 의해 뒷받침되었다고 생각한다. 끊임없는 죄악감을 특징으로 하는 종교적 태도로서의 엄격주의는, 죄의 체험을 상상하지 않고는 설명할 수 없다. 그런데 지금 우리들이 문제삼고 있는 죄 이상으로, 직접적인 죄로 느끼는 것이 달리 있겠는가? 그 이상으로 아버지인 신에 대한 공포를 증대시키는 성의 영위가 존재할 수 있을까?

　17세기 프랑스에 있어서 자위·동성애의 확대가 내가 추측하는 대로였다면, 그들의 결혼생활에서 좀더 확실한 영향이 나타났을 것이라는 반론이 가능할 것이다. 15년간 성적 충동을 완전히 승화하고 변형시킨 후에, 결혼하고 생식하는 데 필요한 성적 에너지를 사람들이 찾아냈다고는 도저히 인정하기 어렵다고 나는 말했다. 그렇다면 15년간의 자위·동성애 후에, 같은 에너지를 찾아내는 쪽이 보다 쉬웠다고 말할 수 있을까라고 반론당할지도 모른다. 사실 현대의 성학자들은 자기 색정은 이성에 대한 내향성을 존속시켰고, 그 결과 생긴 죄악감·열등감 때문에 이성의 정복이 어려워졌다고 주장한다. 한편 너무 장기간에 걸쳐서 자기 색정을 고집하면, 가령 진실로 자아동경적인 행위가 그곳에 포함되어 있지 않은 경우에도 조루를 조장하고, 부부관계를 따분한 것으로 여기게 된다. 그 결과 결혼 후 시간이 지나면 다시 젊었을 때의 나쁜 습관으로 되돌아갈 위험이 있다고 한다. 어떻게 생각하면 〈반자연〉의 풍속이 일반화되었다는 가설을, 이 시대 인간의 대부분이 결혼하면 많은 아이를 낳는다는 사실과 타협지을 수 있을까?

　한 사회의 성생활은 과연 각각의 요소가 결부되어 있는 하나의 전체적 구조체이므로, 혼인 외의 행위라 하더라도 부부생활에 대한 그 영향을 도외시하여 생각할 수는 없다. 그러나 이와 같은 형태의 반론에 대해서는, 두 가지 측면으로 답할 수 있다고 생각한다. 첫째로는, 젊은이들 사이에 확장되어 있다고 추정되는 〈반자연〉 행위가, 과연 우리들이 알고 있는 한도에서의 서구 기독교 사회 내의 결혼의 모습으로 받아들일 수 있는지 없는지를 고찰하는 것이다. 두번째로는, 결혼 전 이성간의 교섭이 일반적으로 생각하는 정도로 드문 사건인지 아닌지 하는 문제이다.

서두에서 예전의 결혼이 오늘날과 마찬가지로 사랑에 의한 동의를 필요로 하는 것인가를 생각해 보자. 물론 나는 문학작품에서 결혼으로 끝나는 연애가 나타난다는 것은 알고 있다. 그러나 그것이 현세계에서도 일반적이었다고 생각할 수는 없다. 세속문학의 주된 역할은 모험을, 사랑을 이야기하는 것이므로 작가들은 연애가 〈축복으로 끝나기〉 위해서는 죽음이 아니라 결혼에 의해 그것을 영원화하려는 유혹에 빠졌을 것이다. 이것은 오히려 18세기 이전 문학의 문제이지 결혼의 현실문제가 아니다. 나는 이미(본론 서두 부분을 참조) 종교계 혹은 세속계의 도덕가들이, 연애문학에서조차 연애행동과 혼인행동을 분명히 구별하여 생각했던 사정을 충분하게 나타낼 예정이지만, 필요하다면 어느 정도의 증거를 예로 들 수 있다.

그런데도 결혼과 연애 사이의 이와 같은 구별은 귀족, 경우에 따라서는 시민계급의 일부에서 통용되었더라도 일반 서민에게는 통용되지 않았다. 후자는 연애하던 상대와 결혼했다고 반론할지도 모른다. 나도 재산이 없는 가정에서는, 배우자 선택도 본인의 자유에 맡겨졌다고 생각한다. 그렇다 하더라도 연인을 선택할 때와 같은 기준, 같은 순서로 그들이 아내를 선택했던 것은 아니다. 이 점에서 마리보Marivaux의 작품을 그대로 믿을 수 없다. 혼약 파기 재판과 혼전 임신 ─ 나는 다음에서 그에 관해 이야기할 예정이지만 ─ 은, 이 관점에서도 연구의 가치가 있다. 특히 17세기에 있어서 이 두 가지는 규칙 그 자체보다도 규칙 위반에 관한 증언이 된다고 생각한다. 어찌되었거나 지금까지 이 문제를 상세하게 검토한 역사가가 없다는 점을 인정하자. 그리고 나는 현재의 연구단계에서는, 서민의 결혼도 본질적으로는 연애 이야기와는 꽤 달랐다고 생각하지 않을 수 없다고 덧붙이고 싶다.

사실 앞의 논문에서 내가 그렸던 두 가지 행동 원형이 기독교 신학자들의 날조이며, 따라서 사회의 최상층에서만 힘을 가질 수 있었다는 생각은 용인하기 어렵다. 신학자들은 이 연애·결혼관을 분명하게 만든 형태를, 그리스로마문화에서 찾으려고 했다. 그것도 누낭이 말한 바와 같이[35] 스토아 철학자들에 한정되어 있는 관념이 아니라, 일반의 깊은 습관에서 찾으려고 했던 것은 최근 마르셀 데띠엔느Marcel Detienne가 호평을 하며 맞아들였던 그 작은 책자에서 나타낸 바와 같다.[36] 또한 이와 같은 결혼과 연애의 구별은 서구, 혹은 인도·유럽 문명만의 특징으로 생각할 수 없으며, 민속학자 뤽 또레 Luc Thoré는 그와 같은 구별을 아프리카의 오로프Wolofs족·뚜꿀뢰르Tou-couleurs족, 그외의 많은 비세네갈 부족 중에서 찾아냈다.[37] 이 발견에서 출발한 뤽 또레는, 인류사에서 이제까지 나타난 세 가지 유형 가운데 어떤 사회에도 공통하는 결혼관계의 일반 법칙을 수립하였다. 모계사회·부계사회의 구별이 없는 전통적 사회에서는, 아내가 남편과 정신적·감정적으로 친밀하게 되는 것을 친족간의 성관계에 뒤지지 않을 만큼 엄격하게 금지하였다. 양자 모두 사회의 질서를 유지하는 데 필요한 금기였다. 따라서 부부간의 육체적인 결합과 커뮤니케이션을 함께 장려하는 현대의 도시=공업사회에서는 대부분의 전통적 사회와 대립된다. 단 현대사회는 미지의 상대의 팔 안으로 개인을 던져넣으므로써, 『모친 바로 곁에 있는 유아의 세계와 비슷하여 안심하고 들어갈 수 있는 세계와의 단절』을 강조하게 되었다. 따라서 전통적 사회의 경우 이상으로 결혼은 위험을 수반하며, 실패의 확률도 훨씬 높아졌다. 그 결과 결혼생활에 대한 적응능력이 중요하게 되었다. 그 정도로 어려운 적응을 요구하지 않았던 전통적 사회에서는, 결혼생활에 대한 적성의 유무는 그다지 문제되지 않았다.

더구나 이 혼인에 관한 일반 이론의 가치는 별도로 하고, 삐에르 부르디유Pierre Bourdieu가 1914년 무렵까지 프랑스의 몇몇 시골에서, 옛날 형태의 결혼이 존속하고 있다는 사실을 분명하게 나타내고 있다.[38] 베아른 지방에 있어서 농민사회의 결혼체계에서 경제적 요인이 차지하는 중요성, 즉 결혼에 즈음하여 가족의 개입, 남성·여성 각각의 생활분리와 관련한 배우자 선택 때의 자유에 대한 제한도 그 한 예이다.[39]

오늘날 베아른 지방의 농민에게 인정받고 있는 비슷한 상황이 17,8세기의 프랑스 시골 대부분에 존재했는지 아닌지는 아직 증명되지 않았다. 단 연구의 현단계에서는, 그리고 이 혼인체계가 교회 저작가들이 남긴 문헌으로 알 수 있는 6-18세기의 체계와 우리들이 알고 있는 한도 내의 17,8세기 귀족계급·시민계급의 체계와 일치한다는 점에서, 그 존재를 인정하는 것이 자연스러울 것이다. 오히려 당시의 시골에서는 연애결혼이 원칙이었다는 점을 인정하게 된다. 그러나 일단 결혼한 후에 그들은 어떻게 부부생활에 적응할 수 있었을까?

이 점에서 나는, 장기간에 걸친 자위행위의 관습으로 인해 야기되는 피해에 관해서 현대의 성학자들이 행하는 경고도 극단적인 경우를 대상으로 하는 것이며, 일반에서는 결혼생활에 대한 어떤 종류의 적응이 가능했다고 생각된다고 먼저 지적하고 싶다. 나는 고독한 행위의 광범위한 확대를 주장하였지만, 그래도 본래 의미에서 자아동경의 행동모델이 서민에게 침투했다고는 주장하지 않았다. 옛날 고해성사 신부들 중에는, 대부분 자위가 일시적인 행위이며, 그로 인해 이성과의 결합에 대한 욕망이 취해졌는지는 알 수 없다고 기록한 이도 있었다. 또한 대부분의 고해성사 신부들이 자위행위자가 어떤 환각에 이르게 되는지를 생각하여, 주로 그것은 이성에 대한 욕망이라고 단정하였다. 제르송이 기록한 카테고리, 〈여자의 육체를 알려는 의지를 갖지 않은〉자위 상습자들, 또한 베네딕트가 말한 혼인에 대한 호기심이 결여된 자들은 성직자를 제외하면 예외적이라고 나는 생각한다. 더구나 자기 색정이 진행된 단계에서 사정은 극히 단시간적으로 행해졌는데, 제르송은 1시간·30분이라는 시간으로 추측하였다. 즉 대부분의 경우 사랑에 의한 정복, 부부의 쾌락에 대한 적성이 자위에 의해 감소되었더라도, 이성과의 교섭에 대한 욕망이 그에 의해 배제된 적은 없었다. 그뿐 아니라 자위에 의해 반대로 그 욕망이 유지되었고, 제2차 세계대전중 나치 수용소 감금자의 성에 대한 연구가 나타내는 바와 같이, 어느 의미에서는 자극이 되기도 했다고 생각된다. 한편 자위의 습관이 있는 자는 아이가 많은 가정의 부친이었던 선례가 전혀 없다고 —가령 아무리 집요한 상습자라도 —주장하는 연구자는 내가 아는 한 아무도 없다.[40] 문제는 그들이 어느 정도 결혼생활에서 성적 행복을 찾았느냐이다.

그런데 이 점과 관련된 몇 가지 사실은, 장기간에 걸쳐서 혼전 자기 색정 행위라는 나의 가설에 모순되는 것이 아니라, 오히려 방증이 되기도 한다. 첫째로 〈돈으로 자유를 속박하는 현상〉의 증가가 가톨릭 교회에 의해 반종교 개혁 시작과 때를 같이하고 있는 점은 우연일까? M. 꼬메뜨Caumette 부인은 미완성의 수사 논문에서,[41] 부부생활에 있어서 불능의 액막이 행사에 관한 기술이 1616년–1760년의 전례서에서만 볼 수 있는 점을 지적하고 있다. 역사가·종교재판 심문관·주술사와 그 희생자 들은 그것을 16세기 말부터 17세기 초기에 걸쳐서 보인 마술 전파의 한 측면으로 생각했다. 그러나 이것은 당연히 청년기의 성에 대한 억압의 증대와 관련짓지 않을 수 없을 것이다. 그렇다면 자위와 동성애의 일반화를 증명하는 이상으로, 어떤 종류의 금욕상태의 존재를 증명하게 될지도 모른다.

한편 미혼자의 자위 습관을 결혼과 연애의 대립원인을 생각할 수 없다 하더라도, 이 두 가지가 쉽게 병존한다는 점에도 주목해야 할 것이다. 결혼이 사랑의 성취를 위해 있는 것이 아니라는 점은, 과연 마르셀 데띠엔느와 뢱 또레가 기독교 문화 밖에서 혹은 극히 일반적인 레벨로 분석하려 했던 것처럼 깊은 사회적 원인에서 유래하는 것은 분명하다. 그렇지만 젊은 프랑스인의 자위행위가, 만약 성학자들이 주장하는 바와 같이 부부관계에서 오는 실망의 원인일 수 있다면, 그것은 결혼＝연애의 이율배반적 의식을 강화하였다. 그러므로 그들 중의 구체적인 체험에 뿌리를 두고 있을지도 모른다.

마지막으로 가장 중요한 점으로서, 17세기의 신학자·궤변론자와 함께 부부 침상의 비밀로 들어갈 때, 우리들은 그곳에서 발산하는 자기 색정의 향기로 강해진다는 것을 잊어서는 안 된다. A. C. 크리소프스키Kliszowski 부인은 그간의 사정을 분명하게 나타냈다.[42] 부인의 연구결과를 인용해 보자.

당시의 신학자들은 예외 없이 아내가 부부의 교합 전에 스스로의 애무에 의해 스스로를 자극하는 것—촉각에 의한 자기 자극(se excitare tactibus)—을 허락하였다. 또한 대다수의 신학자가 남편이 끝낸 후에 아직 쾌락에 도달하지 않은 아내에게 비슷한 행위를 행할 것을 인정하고 있다. 이와 같은 종교적 권위의 보증을 받은 아내는 고독의 쾌락을 습득한다. 이렇게 해서 상대의 감각에 그다지 집착하지 않게 되었고, 생식 의무를 수행하는 남편과 아내 각각의 모습을 부각시키게 되었다.

미혼자의 성생활에 관해 우리들이 이제까지 보아 온 몇 가지 사실에, 부부가 이렇게 해서 고독한 행위의 〈습득〉을 행한다는 사고방식에 나는 반대한다. 그러나 다른 점에서 다수의 자료에 의거한 부인의 결혼은 극히 흥미롭다고 생각한다.[43] 신학자들은 결혼을 생식 위에 기초를 두는 동시에 갈레노스 Galenos(그리스 의학자)의 양성종자설兩性種子說을 채택했기 때문에 이와 같은 문제를 내세우지 않을 수 없게 되었다. 그들은 아리스토텔레스를 숭배했음에도 불구하고, 적어도 갈레노스 학설의 일부분을 채용하지 않을 수 없었다. 그러한 것도 생식에 불가결, 혹은 유용한 종자의 방출이 없어도 성적 쾌락이 있을 수 있다는 것을 인정한 것은 그대로 그들의 성관념의 붕괴와 관련되기 때문이다. 이것은 의심할 여지가 없다. 그러나 동시에 생식이라는 생물학적 현상의 해석 여하에도 불구하고, 만약 부부 결합에 대해 그들이 현대의 우리들과 같은 이념을 품고 있었다면, 이 문제를 그러한 형태로 결의하는 일은 본래부터 제출조차 할 수 없었을 것이다.

이것은 당시의 배우자들이, 오늘날 우리들이 바라는 것과 같은 부부의 교접을 체험적으로 발견하지 못했다는 의미가 아니다. 당시의 지배적 이데올로기의 구조가 그와 같은 발견으로 부부를 휘몰아친 것이 아니라, 권장된 부부 행위의 모델도 결혼 전의 고독한 행위를 통해서 주어진 성교육의 결과에서 그들을 절연하는 방향으로 전혀 움직이지 않았다는 것을 의미한다. 다시 말하면, 기독교는 단순히 자위행위 이상으로 남의 눈에 띄기 쉬운 혼전 성생활의 형식 대부분에 대해 억압하는 것뿐만 아니라, 부부간의 성관계를 엄밀하게 생식의 목적으로만 다루려 하므로써 고독한 행위를 존속시켰던 것이다.

위에 기록한 반론에 대한 두번째 대답으로 옮겨 보자.

나는 혼인 외의 이성관계가 일반적으로 생각하는 만큼 드물지 않았다고 믿고 있다. 그 이유는 세 가지이다. 첫째 간통이 완전히 무시되었다는 점, 둘째 혼전임신율이 보통 그다지 심각한 고찰이 아닌 애매한 형태로 취해졌다는 점, 마지막으로 사생아 출생이 나타내는 혼인 외 관계의 빈번함이 충분히 고려되지 않았다는 점이다.

만약 젊은 독신자 중 많은 비율이 가령 일시적이나마 이성과의 성관계를 가질 수 있다고 가정한다면, 비교적 장기간에 걸친 자위·동성애의 영위도 완전히 자아동경적, 혹은 동성애적 행동모델을 반드시 정착시키지 않고 끝냈다고 하는, 이미 내가 제출한 주장을 지지하게 될 것이다. 반대측에서 같은 것을 말한다면, 만약 혼전행동이 이성과의 결합에 대한 욕망을 파괴하지 않고, 오히려 어떤 의미에서 그것을 유지하도록 자극하였다면, 당연히 이제까지 생각해 온 이상으로 많은 수의 혼전 이성관계가 있었다는 것이 된다.

그리고 첫째 왜 당시의 남성—이 경우 여성 이상으로 우리들에게 중요하다—에게 한하여, 유부녀보다 오히려 아가씨·과부를 성의 대상으로 그렸다고 가정하는가? 나는 여기에서 브랑똠의 《바람둥이 여성 성쇠기》 속의 유명한 제7화를 인용하고자 한다. 이것은 증거라기보다 시대배경을 고려하는데 좋은 양식이 될 것이다.

이렇다할 고통도 없이, 여유도 없이 사랑을 즐기고자 하는 사람은, 유부녀를 상대로 할 것은 꿈에도 생각지 않았다. 복카치오 선생도 말한 바와 같이 붙은 북돋울수록 잘 타오른다는 점. 남편이 있는 여자도 마찬가지, 여자는 남편과 함께 불타오르기 때문에 남편이 아내의 불을 끌 힘이 없다면, 여자는 다른 곳에서 그 힘을 빌리던가 그렇지 않으면 살아가면서 재로 화하지 않으면 안 된다.

반대로 젊은 아가씨는 『처녀성에 대한 첫공격을 두려워한다. 때로 그것은 감미롭고 즐거운 것 이상으로 쓴 것이므로.』

두번째 논거. 『아가씨, 혹은 독신 여성이 종종 그곳에 다다르는 것을 방해하는 것, 그것은 누에콩 등을 입으로 핥으면 하복부가 팽창하는데, 유부녀는 그런 일은 조금도 염려하지 않는다. 만약 부풀어오르면 대부분은 가련한 남편의 소행, 공적은 남편의 것이므로.』[44]

이와 같은 문제에 관한 확실한 결혼에 도달하기란 어렵지만, 그래도 문제를 검토하기 전에 풀어 버려서는 안 된다.[45] 신학자·궤변론자·고해성사 신부 들이 남긴 텍스트 이외에도, 내가 아는 몇 가지 자료로 간통이 엄중하게 억제되었다는 것을 추측할 수 있다.[46] 그러나 어느 정도 이 엄격함이 동시대의 인간에게 영향력을 갖고, 아내들의 배신을 만류할 수 있었을까? 몇몇 집단은 소리 높여 집요하게 간통행위를 한탄하였고, 주어진 형벌이 지나치게 관대하기 때문에 이렇게 빈번해졌다고 주장하였다.[47] 즉 연구를 위해서는 좀더 철저하게 조사를 해야 한다. 서민측에서라면 다소 자발적으로 나타났다고 생각하는 떠들썩한 비난의 규탄으로, 소송·판결·판결사유·증언 등등과 같은 모든 자료를 동원하여 개인·사회집단이 취하는 자세로 맞서는 측에서는, 도대체 서민계층에 있어서 간통이란 현실에서는 어떻게 되는가를 알아야 한다. 그때 특히 어떤 유형의 관계가 많은 사람들의 비난을 불러일으키고 억압당하게 되는가가 중요한 표준이 될 것이다. 마음과 몸을 동시에 끌어안고 오랜 기간 계속된 관계인가? 그렇지 않으면 우연히 생겼다가 순식간에 사라져버린 오로지 육체적인 관계인가? 그리고 또한 가장 비난당한 유형이 가장 빈번하게 나타났던 관계였는지 아닌지도.

이러한 것은 만약 P. 부르디유와 내가 주장한 것처럼, 결혼은 보통 연애감정과는 관계 없이, 이미 인용한 몇 사람도 고해성사 신부와 앞의 소론에서 다루었던 문학작품[48]이 나타낸 바와 같이 상당한 숫자의 아가씨가 결혼 전에 자위에 빠지게 된다는 것이 사실이라면, 또한 A. C. 크리소프스키가 나타낸 극단적인 상태까지는 도달하지 않았더라도, 부부관계가 프로이트적인 의미에서 충분히 성적인 것인 이상으로 생식적인 것이라면, 당연히 많은 수의 유부녀들이 욕망과 관계 있는 한순간의 연애관계를 갖게 되는 것은 아닐까 예측할 수 있기 때문이다. 그리고 이런 종류의 관계가 간통 소송기록에 드물게 나타나는 것으로 보아, 그것은 대부분이 법적·사회적 억압을 면했기 때문이라고 생각해도 좋을 것이다. 여성이 온몸과 영혼을 집중시킨 진정한 애정관계에 비해, 이 경우는 중대한 결과를 낳지도 않고, 그다지 스캔들을 일으키지 않으므로 잘 발견되지 않았던 것이다. 조금 후에 우리들은 간통 유형에 관한 개요와 접할 작정이지만, 그에 의해 동시에 각각의 유형이 어느 정도 중대한 것으로 생각되었는가에 관해서 알 수 있을지도 모른다.

그와 같은 연구가 행해지지 않았다고 해서 혼인 외의 관계 각각의 중요도를 평가할 때, 간통을 무시하거나 단순간음 정도로 빈번하지 않았다고 처음부터 일방적으로 비난해서 좋을 것은 없다.

처음부터 분명하게 말해 두자. 단순간음의 모습을 우리들은 사생아 출생과 혼전 임신으로 다룰 수 있다. 그렇지만 전자·후자에게 결과적으로 도달하는 성생활을, 우리들은 전통적으로 서로 대립시켜서 생각하므로써 혼전임신율의 취급이 어색해졌다. 프랑스에서도 지방에 따라서는, P.라슬레트Laslett가 그 풍속을 기술한 라이체스타Leicester 백작령의 경우[49]처럼, 혼전 임신이 성도덕의 자유로움이라기보다 오히려 옛날 풍속을 나타내고 있는 것은 아닌가 하는 생각이 재앙이 된 것이다. 이것은 현단계의 지식에서는 도에 넘친 배려이다.[50] 그 결과 혼인 외 관계의 빈도를 극히 낮게 평가하게 된 것이다.

사생아 탄생과 혼전임신의 대립을 요약한 P. 쇼뉘Chaunu는, 후자를 혼약자끼리의 서로 다정하게 지낸다는 지표이며, 전자를 주인의 하녀에 대한 권리행사의 표현으로 정의했다. 과연 이 대립은 분석의 어떤 유형에서는 유용하지만 생각을 혼란스럽게 만든다. 같은 유형의 관계가, 어떤 때는 사생아 출생으로, 어떤 때는 혼전임신으로 연결된다. 임신신고를 통하여 우리들은 적어도 도시에서 사생아 탄생의 대부분의 케이스가 같은 사회층의 남녀관계, 즉 결혼으로까지 진행될 수 있는 관계에서 나왔음을 알고 있다. 혼약 파기소송의 자료 —예를 들면 M. C. 판Phan이 깔르까쏜느Carcassonne에 관해 연구한 것[51]—가 이런 종류의 화제에 관한 풍부한 자료를 제공해 준다.

반대로 혼전임신의 대부분이 새로 부부가 될 두 사람의 관계에서 생겨난 것이 아닐지도 모른다. 일례로 귀족의 자제가 서민의 딸을 빼앗거나 임신시키거나 하면, 고해성사 신부는 아가씨에게 지참금을 주든가, 아가씨를 시집보내므로써 과오를 씻어 줄 것을 명한다. 그곳에서 나는 유혹당한 아가씨들 중의 어떤 사람은, 출산 이전에 다른 남자와의 결혼에 성공하여 통계상 혼전임신의 숫자를 늘렸을 것이라고 추측한다. 더구나 남자가 반드시 젊은이가 아닌 한 주인과 하녀의 관계, 즉 일반적으로는 사생아의 탄생과 연결되는 관계일지도 모른다. 실제로 이런 종류의 이야기는 무시할 수 없을 정도로 드물었을지도 모른다. 그러나 그것은 그렇다손 치더라도, 비합법적인 임신이 갖가지 다른 유형의 관계에서 나왔다고 충분히 생각할 수 있다.

어떤 경우에는 약혼자에게 주어진 자유가 그 원인이 된다. 그것은 라이체스타의 풍속에서 볼 수 있는 옛날 습속의 흔적인 동시에 근대주의이기도 하다. 다른 경우에는 임신이 약혼에 선행하고, 따라서 약혼은 그 원인이 아니라 결과가 된다. 즉 이것은 사생아 탄생과 관련된 케이스이다. 그런데 그것을 깨닫고 보면, 이 두 가지 케이스의 구별은 그다지 어렵지 않다는 점이다. 왜냐하면 사제가 약혼의 일시를 명시하고 있는 교구가 많으므로 임신이 그날 이전인지 이후인지를 아는 것은 간단하기 때문이다. 약혼문제 연구자 삐에르 쇼뉘는, 사제가 결혼 예정의 제1회 공시 때에 비로소 당사자들의 약혼을 고려하는 것이 예사라 해도, 실제 약혼기간은 훨씬 길었다고 생각하는 것 같다. 다음에서 나는 그것이 일반적인 관습이었다고는 믿을 수 없다. 현재와 같이 미개척 연구단계에서는, 결혼 후 최초의 몇 개월 안에 탄생을 맞이하는 임신은 약혼에 선행했던 것으로 생각할 수 있다.

특히 섬세한 연구대상이었던 따메르빌Tamerville의 경우를 들어 보자.[52] 혼전임신의 비율은 다음과 같다.

1624 – 1690년	9 퍼센트
1691 – 1740년	11.3 퍼센트
1741 – 1790년	20 퍼센트

이 통계에서 필립 비엘Philippe Wiel은 결혼 8개월째의 출산을 제외시키고 있는데 그것은 올바를지도 모른다. 단 그 때문에 혼전임신의 빈도가 과대평가되지 않고 과소평가되었을지도 모른다. 비엘이 제출한 상세한 그림 속에서 특히 나의 주의를 끄는 것은, 결혼 4,5개월째의 출산수의 감소이다. 그리고 나는 여기에서, 내가 예상한 두 가지 유형의 혼전임신의 구별이 나타난다고 생각한다. 최초의 몇 개월 안의 출산은 아마 약혼 이전이 임신이며, 마지막 몇 개월의 임신은 아마 약혼 후의 임신일 것이다. 그리고 양자의 중간에는 거의 아무 일도 없다. 그런데 동시에 나는 혼전임신의 전체적 증가가 첫번째 유형의 증가에 부응하고 있음을 깨달았다. 모든 출산수에 대한 결혼 후 최초 3개월간의 출산율은 다음과 같다.

1624 – 1690년	3.1 퍼센트
1691 – 1740년	8.49 퍼센트
1741 – 1790년	13.35 퍼센트

그에 비해 7,8개월째의 출산율은 다음과 같고, 감소 혹은 정체되어 있다.

1624 – 1690년	9.8 퍼센트

| 1691-1740년 | 5.24 퍼센트 |
| 1741-1790년 | 6.30 퍼센트 |

이 숫자로 보아 혼전임신의 전체적인 증가가 약혼 전의 관계, 즉 가장 비합법적인 관계의 증가임이 분명하다.

그런데 이와 같은 약혼 이전의 관계 내용은 어떤 것이었을까? 일반적으로 그후 결혼한 커플이 당시는 아직 연인으로, 가족이 두 사람을 함께 있도록 결정하기 전부터 교제했다고 생각한다. 또한, 경우에 따라서는 이전부터 두 집안이 서로 동의하였고, 성적 결합의 매혹에 저항할 수 없었던 젊은 두 사람이 그러한 연습을 해본 것도 당연, 혹은 부적합하지 않다고 생각했던 것으로 상상할 수 있다. 어찌되었거나 둘만의 계속된 관계라 할 수 있다. 이와 같은 가정은 보통 분명하게 제출될 수 없는 것이지만, 혼전임신 연구에서 이끌어낼 수 있는 결론 자체가 암묵의 이해로 인정하고 있다는 점이다. 그런데 그렇게 가정해 버리는 것은, 현대의 신화·연애·결혼관과 합치하는 이야기를 만들어내는 데 지나지 않는다. 그것이 17세기, 그리고 18세기 사람들의 실제 행동 형태였다는 증거는 어디에도 없다. 혼전임신 중의 어떤 것이 성충동이 특히 심한 연령의 남녀가 우연히 적당한 장소에서 만난 결과, 즉 순간적으로 상대를 선택하지 않으면 안 될 결과였다 하더라도 전혀 이상할 것이 없다. 그뿐 아니라, 숫처녀가 가진 최초의 관계는 대부분의 경우 강간과 동등하게 간주될 수 있었다고 거의 확실하게 말할 수 있다. 자연이 그렇게 요구했다고는 말할 수 없더라도, 시대의 관습이 그렇게 요구했다고 말할 수 있다.[53]

그런데 지속적인 관계가 특히 스무 살 미만의 아가씨 경우, 항상 임신으로 연결되지 않은 것은 15-20세 여성의 합법적 임신통계가 나타내는 바이다. 따라서 이 경우에도 혼전임신의 수에 따라 우리들은 결혼 전에 성적 관계를 가진 젊은이의 수를 일관적으로 과소평가하고 있음을 인정하지 않을 수 없다. 만약 내가 생각한 바와 같이 혼전임신의 상당 비율이 단기간으로 상대를 선택해야 하는 관계에서 유래했다면, 과소평가의 정도는 더욱더 진행될 것이다. 현재는 혼전임신의 수에서, 성관계를 체험한 젊은이의 실제 비율을 산출하는 방법이 떠오르지 않는다. 단 상당수가 과소평가되고 있다는 것을 잊어서는 안 된다.

임신신고제도 덕분에 사생아 탄생은, 그 원인이 된 여러 유형의 관계 빈도 순을 개략적이나마 산정할 수 있는 기초를 제공했다. 예를 들면 사뼁Sapin·실보즈Sylvoz 이 두 아가씨가 연구한 그르노블에 있어서 임신신고를 보자.[54] 1680-1735년의 시기에 관해서는 864건의 신고가 유형분석을 가능하게 했고, 1736-1790년에 관해서는 322건만을 이용할 수 있었다. 두 연구자에 따르면, 육체관계는 세 가지 유형으로 나뉜다. 첫번째는 단지 1번으로 한정된 관계이며, 이것은 강간이다. 두번째는 상당히 반복된 관계이며, 세번째는 수 개월, 수 년에 걸친 〈연속된〉 관계이다. 각각의 시기에 관하여 다음과 같은 숫자를 볼 수 있다.

I   1680-1735년

첫번째 유형 137건(15.9 퍼센트)

두번째 유형 604건(70.2 퍼센트)

세번째 유형 119건(13.8 퍼센트)

II   1736-1790년

첫번째 유형 12.7 퍼센트

두번째 유형 36.5 퍼센트

세번째 유형 50.5 퍼센트

성활동의 이와 같은 양적인 변모는, 그것만으로도 역사인구학자들을 그토록 매혹시켰던 사생아 출생률의 증가 이상으로 역사적으로 중요한 것이지만, 그것만으로 그치지 않았다.

지금 임시로 —여기에서는 통계의 취급을 실례를 갖고 나타내는 것을 목적으로 하므로 —신고가 그대로 사실을 서술하고 있으며, J. 부르조아 —뼤샤 Bourgeois-Pichat가 제공한 성교섭 빈도에 의거한 임신확률표[55]를 그대로 인정하게 되었다. 단 한 번의 관계로 임신할 확률은 100분의 8이므로, 임신을 초래한 137건과 이 종류의 관계는, 훨씬 많은 수적 관계의 일부에 불과하다고 생각한다. 이 전체는 $\frac{137 \times 100}{8} = 1713$건의 강간 혹은 한 번으로 한정된 관계로 계산된다.

다른 유형에 관해서는, 임신을 초래하는 관계의 실제수의 산출은 같은 회수나 기간을 정확하게는 알 수 없기 때문에 그 정도로 쉽지는 않다. 단 첫번째 유형의 경우와 같은 가설 위에서 작업을 진행한다면, 두번째 유형에 관해서는 2 혹은 3이라는 작은 계수를, 세번째 유형에 관해서는 전혀 계수가 없이 계산할 수 있다면, 관계 전체의 실수는 나오지 않을 것이다. 이와 같은 계산의 결과 우리들은 다음과 같은 가정에 도달한다. 즉 분석대상이 될 수 있는 임신신고율을 낳은 864건은, 3644건의 성교섭은 이미 알려져 있는 부분이다. 그 47퍼센트는 첫번째 유형(임신신고율이 15.9퍼센트인 데 비해), 49퍼센트는 두번째 유형(임신신고율은 70.2퍼센트), 4퍼센트는 세번째 유형(임신신고율은 13.8퍼센트)이라는 것이 된다.

실제로는 J. 부르조아-삐샤의 수식은, 그르노블의 데이타와 합치하지 않는다.[56] 만약 예를 들어 월 10일 반복되는 관계 ──당사자의 연령으로나 혹은 부부가 아닌 비합법 관계라는 점을 고려해 넣으면 최대한을 훨씬 밑돌 것이다 ──를 〈연속적·규칙적〉 관계로 본다면, 평균해서 2개월 이내에 임신하게 될 것이다. 그렇지만 실제의 관계는 임신 이전에 수 개월, 수 년 계속되고 있다. 더구나 만의 하나, 〈연속적·규칙적〉이란 연인끼리 월 2번 만난다고 가정해 보아도 7개월 후에는 임신이 되며, 그렇게 보면 그르노블의 데이타는 따라잡을 수 없다고 생각된다.

세번째 유형의 관계를 갖는 여성이, 첫번째·두번째 유형의 여성보다 임신의 가능성이 적다고는 생각하기 어려우므로 ──유형구분의 기초가 되어 있는 것은 관계의 기간이 아니라 빈도이므로 ──다음 두 가지 설명 중 적어도 한 가지를 채용하지 않을 수 없다. 즉 확률 계산식이 임신의 찬스를 과대평가하고 있을 가능성. 단 그 경우에는 첫번째·두번째 유형의 건수는 우리들의 계산을 훨씬 웃돈다. 또 한 가지 설명은, 세번째 유형의 관계에서는 임신하는 것이 부자연스럽다는 생각이다. 실제로는 두 가지 설명을 동시에 인정해야 할 것이다.

그르노블이 연대 주둔지였다는 사실이, 프랑스의 다른 지역에 비해 그르노블을 다소 예외적인 케이스로 여기게 될지도 모른다. 그러나 만약 다른 지역에서도 그르노블의 경우와 흡사한 성행동의 유형 분포 ──강간 혹은 1회에 한한 관계에서 생긴 임신의 예가 적은 특징 ──를 찾아낼 수 있다면, 우리들은 17세기와 18세기 전반의 프랑스에 있어서 성에 관한 사고방식을 질적으로나

양적으로 변경시키지 않을 수 없을 것이다. 강간의 전문가가 있었을지언정
—그러나 이 행위는 옛날이나 지금이나 똑같이 〈특별한〉 것이었을까?—어
떤 형태로 결혼 외의 관계를 갖는 인간이 훨씬 많아졌다고 생각하지 않을 수
없을 것이다.

한편 그르노블 이외의 지역에서 첫번째·두번째 유형의 성관계에 의한 임
신율이 이와 같이 두드러진 감소, 그리고 세번째 유형에 의한 임신율의 상당
한 증가를 볼 수 있다면, 18세기를 통틀어 사생아 탄생률의 증가도 상당했다
고 설명할 수 있을 것이다. 왜냐하면 피임기술의 결여를 고려한다면, 그르노
블적 분포의 변화는 당연히 같은 수의 관계에 대한 사생아 탄생의 비율이 세
기 초기보다 말에 훨씬 증가했다는 것을 예측할 수 있기 때문이다.

기묘한 일은 우리들이 임신신고 자료를 통하여 그르노블에서 찾아낸 것은
완전히 반대현상이다. 만약 교구문서도 역시 사생아 탄생의 이와 같은 감소
를 확인하였다면,[57] 성관계의 수가 전반적으로 감소했다 —이것은 그렇게
생각할 수 없다—든가, 그렇지 않으면 다수를 차지하게 되었던 연속적·지
속적 관계 속에서 피임을 행하였는가 그렇지 않은가를 결론지어야 할 것이다.

이와 같이 그르노블에서 행한 임신신고의 검토로 우리들은 사생아 출생률
을 기초로 하는 한, 그 원인이 된 성관계의 수가 일반적으로 너무나도 과소평
가되었다는 점을 알았다. 그리고 시대에 따라 중요도가 변동되는 두 가지 원
인을 생각해 보자. 한 가지는 관계의 지속기간의 짧음과 행위 그 자체의 빈도
가 극단적으로 적으므로써, 이것은 특히 17세기와 18세기 전반에 해당된다고
생각된다. 또 한 가지는 피임이다. 후자는 점차로 지속적이라고 한정할 수 없
을지언정 연속적인 관계에 뿌리를 두고 있는 것 같다. 그렇다면 적어도 피임
이 존재했다고 생각하는 것은 이런 종류의 관계일 경우이다. 그리고 이런 종
류의 관계는 18세기를 통틀어 그르노블에 한하지 않고 계속되었다고 생각된
다.[58]

그외에도 혼인 외 관계의 경험자수를 과소평가시킨 원인을 여러 가지로 들
수 있다. 첫번째는 이미 피터 라슬레트가 강조한 것처럼[59] 농촌부에 있어서
사생아 출생률을 도시부의 그것과 따로 떼어서 생각해야 한다. 임신한 아가
씨가 종종 농촌에서 추방되었고, 마을에서 출산하는 일도 드물지 않았다. 본

330

래 임신신고의 연구는 이와 같은 현상을 확인하면서, 그것이 생각한 만큼 규모가 크지는 않았다는 것을 간파하였다. 그러나 연구는 시작일 뿐이며, 파리를 일종의 피난 도시로 보는 것도 가능하다.

두번째로 주지한 바와 같이 프랑스에서는 매춘부가 있었고, 잠깐 동안 다수의 성행위가 행해졌으며, 피임술의 도움을 받았다. 자끄 솔레Jacques Solé[60]와 자끄 드뽀Jacques Depauw가 그녀들에 관해 이야기하기 시작했다. 그러나 여기에서도 또한 연구의 축적이 필요할 것이다. 매춘이 어느 정도 확대되었는가? 매춘부의 유형 구분은 가능한가? 도시·농촌에서 어떻게 분포되어 있는가? 고객의 수, 사회적 구성은? 이와 같은 문제에 답하고자 하는 연구 없이, 구제도 아래의 프랑스에서 혼인 외의 성생활을 말하는 것은 불가능하다.

나로서는, 그것이 어떤 것이었는지 정밀하게 서술하고자 하는 것이 아니다. 한편 서구문명이 성을 강하게 압박한 사실을 부정하고자 하는 것도 아니다. 어떤 종류의 문학작품이 주는 이미지에도 불구하고, 적어도 17세기와 18세기 전반의 프랑스 농촌에 관한 한 사생아 출생률이 성에 대한 억압을 증명하고 있다. 그렇다고 해서 당시의 인간이 실제로 금욕적인 생활을 보냈다는 것은 아니다. 앞의 소론의 경우와 마찬가지로, 나는 그와 같은 사고방식이 얼마나 바보스러운가를 나타내며, 보다 합리적이고 보다 풍부한 연구 가설을 제공하였다. 동시에 지나치게 숫자만으로 다루어진 문제를 파헤치는 것을 회피하는 자들의 지나친 신중함이, 인간생활의 구체적인 형상을 떠오르게 하는 자들—누가 그러한 욕구를 다루지 않을 수 있겠는가? —을, 마지못해 과거의 잘못된 이미지로 이끌 위험을 갖는다는 점을 이 소론에서 나타낼 수 있다면 행운이겠다.

13
젊은이의 성생활에 있어서 억압과 변화

다소 도식화하는 경향이 있지만, 우리들의 성생활의 역사에 서로 다른 두 가지 견해가 존재한다고 할 수 있다. 어떤 사람들은 수세기 동안 서구인의 행동형태에서 에로스화의 경향 —그것을 탄식하건 기뻐하건 별문제로 보고 —을 인정하였다. 반대로 어떤 자들은, 우리들의 성충동에 대한 억압이 적어도 20세기 초기에 이르기까지 서서히 강화되어 효과를 거두어 왔다고 생각한다. 수세기 전부터 존재한 전자의 사고방식은 오늘날 수량역사학자들이 극구 찬양한 바이며, 후자는 프로이트·엥겔스와 함께 태어난 호이징가Huizinga·뤼씨앙 페브르Lucien Febvre·노르베르트 엘리아스Norbert Elias·필립 아리에스 등 대부분 인간 심성이 뛰어난 역사가들, 또한 인문과학의 다른 영역의 많은 전문가들에 의해 지지되어 왔다. 어찌되었거나 서로 대립하는 두 견해가, 이제까지 분명하게 충돌한 적이 없이 공존할 수 있었던 것은 놀랄 만하다고 할 수 있다.

본고에서 나는 두 가지 역사관 각각의 논거를 대부분 공평하게 검토하고자 하거나, 한쪽이 바르고 다른 쪽이 오류가 있다고 결론을 내리고자 하는 생각을 갖고 있는 것은 아니다. 오히려 나는 어떤 종류의 억압의 강화와, 어떤 종류의 에로스화가 병존했다고 생각한다. 그리고 그 병존을 젊은이의 성행동과 관련짓는 동시에 역사가·인구학자 들 대부분이 대상으로 하는 1750-1850년과 같이 단기간으로 한정하지 않았다. 고대세계 말기부터 1900년 전후에 이르는 오랜 기간 전체에 눈을 돌리면서 나타내고자 한다.

이렇게 오랜 기간을 대상으로 하는 이상, 엄밀한 논증을 이끌어내기가 어렵다. 결론의 대부분이 가설에 지나지 않는다는 것은 나 자신이 누구보다도 의식하고 있는 점이다.

단 나는 〈근대〉를 통틀어 성의 억압이 증대했다는 가설의 근거를, 그에 대해 충분한 관심을 기울이지 않고 통계적 주제에 따르려는 그와 같은 사고는 일축시키는 것으로 생각하고 있는 프랑스의 인구역사학자들에 대해, 여기에서 나타내는 것도 유익한 작업으로 생각한다. 특히 미국의 역사학자 에드워드 쇼터Edward Shorter 저작의 불어 번역이, 한편 미셸 푸꼬Michel Foucault의《성의 역사》에 관한 신서新書가 출현한 현재[1] 그것은 필요하다고 나는 생각한다. 특히 후자는, 이제까지 다른 영역에 관하여 16,7세기 이래의 억압 강화를 그 정도로 주장해 온 저자로서는 기묘한 일이며, 성이 억압당해 왔다는 관념에 대해 반대로 싸움을 돋우어 그 자신의 에로스화설을 전개하고 있기 때문이다.

성억압의 절정

비교문화사적 관점에서 볼 때, 17-19세기 서구 청년의 성생활은 특히 다음의 두 가지 특징을 갖고 있다고 생각한다. 한 가지는 윤리적 레벨에서, 성 행동이 결혼생활 내부에서만 올바른 것으로 간주되었다는 사실이다. 결혼 외에서의 금욕은 특히 여성에 대해 엄격하게 요구하였지만, 남성에 대해서도 같았다. 기독교에서 생겨난 성도덕의 최대 특색은 그것에 있다.

두번째는 인구문제의 레벨로, 서구인이 세계의 다른 대부분의 민족에 비해 만혼이었다 —현재도 그렇다 —는 점은 통계적으로 증명되었다. 즉 전체인구 중 성년 독신자가 차지하는 비율이 가장 높은 곳은 항상 서구였다는 점이다. 예를 들면 1900년 무렵, 25-29세 연령층의 서구 여성의 26-59퍼센트가 독신자였던 점에 비해, 동유럽에서는 2-15퍼센트, 세계의 다른 지역에서는 1-13퍼센트에 지나지 않았다.[2] 적어도 17,8세기 프랑스·영국에서는 19세기 말 이상으로 결혼연령이 높았다는 점을 알고 있지만, 그 경우 다른 지역과의 차이가 너무 두드러졌다.

이와 같은 도덕적 원칙과 인구적 사실이 편성되어서 17-19세기 서구 청년의 성충동은 다른 지역, 다른 시대에서 거의 유례를 찾아볼 수 없는 억압 아래 놓여 있었다.

만혼은 동유럽 기독교 나라에서는 존재하지 않았으므로, 그것을 기독교의 당연한 결과로 간주할 수는 없다. 더구나 교회법은 사춘기 즉 남자는 열네 살, 여자는 열두 살에 달하면 결혼을 허락했다. 이것은 고대 로마법의 법정 결혼 연령이 그대로 계승된 것이며, 교회법학자는 그것을 더욱 확대해서 해석하였다.

요구하는 연령은 언제인가? 여자는 최저 열한 살 반, 남자는 열세 살 반이다. 이 연령 이전의 결혼은 대부분 무효이다. 단 법률이 말하는 소위 조숙한 연령을 보충할 경우는 예외이다. 그 예로서 열 살의 소년이 사정, 혹은 아가씨의 처녀성을 빼앗을 수 있는 체력·능력을 갖추고 있다면 결혼을 허락하였다. ……남자와의 동침을 견디낼 수 있는 경우의 아가씨에 관해서도 마찬가지이며, 그 경우의 결혼은 유효하다.[3]

기독교는 결혼을 간음의 죄에 대해 인간에게 부여한 치료약으로 생각하고 있으므로, 이것은 극히 당연한 태도라 말할 수 있다. 18세기에 이르기까지 이 점에 관하여 주교들은 부친, 그리고 학교 교사들조차 반복해서 설교하였다. 예를 들면 앙뜨완느 블랑샤르Antoine Blanchard는 다음과 같은 질문을 한다. 『결혼에 적합한 자녀를 결혼시키는 일에 게을리하지 않았는가? 결혼시키지 않았기 때문에 자식들이 음탕하게 몸을 망치지는 않았는가.』[4]
한편 베네딕트도 16세기에 다음과 같이 기록하였다.

적당한 때에, 그리고 만약 그렇게 하지 않으면 과오를 범하게 된다는 것을 알면서도 하인하녀들의 결혼을 막는 자는 범죄를 저지르게 된다. 죽음과 같은 죄.[5]

그러나 이 점에 관한 교회측의 교령은 일정불변한 것이 아니었다. 16-18세기에는 몇 살 이후의 청년을 결혼시키지 않으면 죄가 된다고 결정 명시하였다. 대부분의 통계에 의하면, 그 시대의 결혼은 남녀 모두 사춘기에 들어서면서부터 평균 10년 후였다는 것을 생각하면, 이 애매함은 의미심장하다. 다시 말하면, 청년들은 10년간 성욕을 부당하게 억제당했던 것이지만, 도덕가들이 그들의 부모에게 자녀들을 그렇게 강한 유혹의 늪에 장기간 내버려두는 것은 죄가 된다고 분명하게 말한 적은 없었다.

중세에 그것이 명료하게 서술되었다. 예를 들면 15세기 초기의 신학자 장 제르송Jean Gerson의 글을 보자.

적당한 연령에 달한 남녀는 젊었을 때 결혼해야 한다. 그렇지 않으면 그들은 거의 예외 없이 비천하고 더러운 죄를 범한다.[6]

또한 중세 초기 게르만 민족 침입시대에도, 로마 주교구회의는 다음과 같은 결정을 내리고 있다.

사춘기에 달한 남자는 장가를 들이든가, 성직자로 만들든가 하는 것 중의 어떤 것을 강요해야 한다. 같은 연령의 여자에 대해서는 수도원 혹은 결혼 중 어느것인가를 부친이 선택하라.[7]

교회 규정의 이와 같은 변화는, 무엇보다도 먼저 청년기의 성생활에 대한 태도변화의 반영이라 할 수 있다. 중세 초기의 교회는, 사춘기에 달하면 곧 자식을 결혼시켜야 한다고 부모들에게 명하고 있다. 수도원에 들어갈 경우는 별도로 하더라도 청년에게 성활동을 금지하는 것은 곤란하며, 아니 불가능하다는 판단이 내려졌기 때문이다. 고해성사 신부들에 대한 지시에서도 교회의 태도는 명료하다. 고해성사 신부는 예외라 하더라도, 젊은이에게 속죄의 성례를 주는 것을 금하였다. 속죄자는 수 년에 걸쳐서 금욕을 수행해야 하지만, 젊은이에게는 원래 그와 같은 금욕이 불가능하다는 것이 그 이유였다.[8]

에드워드 쇼터Edward Shorter가 모든 사회·시대에 걸쳐서 인간의 성욕이 동일하지는 않았다고 말했을 때, 나도 원칙적으로는 찬성했다. 그렇다고 해서 고대 서구사회에서는 젊은이가 완전히 욕망을 갖지 않았다고 인정하기란 불가능하다. 그들의 욕망은 오늘날의 그것과 달랐을지도 모른다. 그러나 욕망이 존재했고, 강했다는 것은 의심할 여지가 없다. 중세 초기와 19세기 사이에 변화한 것은 욕망의 강화가 아니라, 오히려 욕망에 대한 사회의 태도였다. 중세 초기의 교회는 청소년기를 억압 불가능한 욕망의 연령으로 생각, 17-19세기에는 반대로 욕망이 억압당해야 할 연령으로 생각하였다. 마지막으로 이 대비를 떠오르게 하는 예를 또 한 가지 들어 보자. 4세기, 성 앙브로와즈Ambroise는 결혼한 사람들에게 『대를 이을 자식이 한 명이라도 생기면 곧 젊은이가 하는 것과 같은 일은 그만두어라』고 설한[9] 것에 대하여, 18세기에 인구억제를 주장한 맬더스는 성인이 아닌 젊은이들에게 금욕을 설하였다.

그런데 맬더스와 성 앙브로와즈, 즉 18세기와 중세 초기의 가톨릭적 도덕가는 원칙적으로 같은 성윤리 위에 서 있었다. 그리고 그들 청소년기의 성에 대한 태도의 근본적인 변화는 무의식중에 행해졌던 것이며, 경제·사회·인구·문화와 같은 영역에서 복합적인 변화와 관련지어 생각하게 되었다. 뒤에서 나는 그 분석을 시도할 예정이다.

고대 말기부터 중세 초기에 걸쳐서 서구에서도 실제로 세계 대부분의 다른 지역과 마찬가지로, 사춘기에 결혼하는 것이 일반적인 관습이었는지 아닌지는 통계자료의 부족으로 확실치 않다. 그러나 우리들이 가지고 있는 통계자료로 보면, 중세 말기부터 산업혁명에 걸쳐서 즉 도덕가들이 결혼 적령기에 관해 서서히 말을 흐리게 되었던 시대에, 여자가 초혼 평균연령에 달하는 시기가 어느 정도의 연속성을 갖고 상승하였다는 것을 알 수 있다. 15세기 이탈리아에서 여자의 결혼 평균연령은 지역에 따라 열여섯, 열일곱, 열여덟 살 중의 하나였다. 같은 시기의 프랑스에서는 모두 그 정도로 낮지 않았을지도 모르지만, 어찌되었거나 디종Dijon에서 15세기 후반 스무 살에서 16세기 전반의 스물한 살로의 상승을 볼 수 있다.[10] 그리고 지역에 따라 상당한 차이가 있을지언정 프랑스의 도시·농촌에서는, 16세기의 평균 스무 살에서 18세기의 스물네 살 내지 스물다섯 살로 변했다고 추측된다.

나는 이 여자들의 결혼연령 상승의 주된 원인으로 인구 증가, 수입의·상대적 저하, 농민 소유지의 세분화, 전반적인 프롤레타리아화의 결과로서 젊은이에게 있어서 결혼하기 위한 경제력의 획득이 ─그리고 부친이 딸에게 지참금을 주는 것이 ―어려웠던 것으로 들고 싶다. 그러나 원인이 무엇이건, 이러한 결혼연령의 상승 결과는 명백하다. 18세기의 아가씨들은 15세기의 아가씨에 비해 거의 5년 더 금욕기간을 거쳐야 했던 것이다.

남자의 경우는 이와는 꽤 다르다. 결혼 평균연령이 중세 말에 이미 스물다섯 살 정도였다고 추정한다면, 그 상승률은 적어도 도시 여자의 경우만큼 높지 않다. 단 중세사회는 16−19세기의 사회만큼 그들의 성충동을 엄격하게 억압하지 않았다는 점을 잊어서는 안 된다. 자끄 로씨오Jacques Rossiaud는 최근 프랑스 남동부의 도시에서 그것을 나타냈지만, 이하에서 나는 그의 결론을 요약하고 싶다. 서유럽·중부 유럽의 대다수 도시에 관하여, 같은 형태의 사항을 말하고자 한다.[11]

중세 말기 도시의 매춘과 강간

옛날 프랑스 사회에서는, 결혼과 사유재산은 밀접한 관계가 있었다. 결혼하기 위해서는 재산을 소유하고 있어야 했으며, 동시에 또한 경제적으로 독립된 자는 아내가 있어야 했다. 동사 s'établir(몸을 세우다)는 옛날 프랑스어로 〈경제적 독립〉과 〈결혼〉의 양쪽을 의미했던 것도 그 때문이다. 도시 청년의 대다수는 하인·도제徒弟·제조공이며, 제조공 중 어떤 자를 제외하면 그들은 경제적 조건으로 인해 독신을 벗어날 수 없었다. 사유재산이 전혀 없는 그들 독신자들[12]은, 아내를 거느린 자들과 사회구조상에서 대립하였다. 후자는 단순히 경제·사회·정치권력뿐만 아니라 성적 권력도 독점하고 있었다. 그들은 자신들의 아내·딸·하녀 들과 가까워지는 것을 어떤 사람에게나 금했기 때문이다. 단 이 독점상태는 스트라이크·폭력·강간에 의해 끊임없이 위협당했고, 동시에 주기적으로 추방조치를 취하였던 거지와 달리 독신자들의 노동력이 필요하였으므로, 아내를 거느린 자측에서도 일정하게 양보할 필요가 있었다. 성적인 영역에 한해서 말하면, 충분한 수의 매춘부를 독신자용으로 제공하기 시작하면서 그들은 아내·딸·하녀 들의 정조를 지킬 수 있었다.

◀

〈포주 조리돌리기〉
18세기 매춘의 한 형태는 사람들의 눈을 피하기 위한 방 안에서의 가정적인 방식이었다! 그러기 위해서는 이를 주선해 주는 포주가 불가결했는데, 만약 폭로되었을 경우에는 포주를 당나귀에 거꾸로 태워 길로 끌고 돌아다니면서 망신을 당하게 하였다.

▼ 호흐가 그린 〈동성애 그룹의 집 내부〉

15세기의 프랑스에서는 모든 도시가 시영市營 사창가를 준비한 듯하다. 그것은 종종 공공의 자금으로 건설되었고, 항상 시의회에 의해 직접·간접으로 경영되었으나, 원칙적으로는 독신자 전용이었다. 화대는 극히 저렴했고, 제조공 한 사람 일당의 8분의 1 내지 10분의 1에 불과했다. 이렇게 해서 〈조신한〉 딸·아내 들로부터 멀어지게 된 독신자들도 〈공공의〉 혹은 〈공유의〉 아가씨들에 의해 성욕을 만족시킬 수 있었다.

그럼에도 불구하고 강간이 성행한 것은 극히 특이한 현상이다. 기록에 남아 있는 것 중 80퍼센트가 집단적, 혹은 말하자면 공적인 것이었기 때문이다. 그 대략의 줄거리는 세부적인 것은 항상 별도로 결정되었다. 남자들은 밤에 희생자로 점찍어 놓은 여성의 집으로 향하였다. 그리고 먼저 창문 아래에서 소란을 피우며 이름을 부르는 등 바람둥이 여자라고 조롱을 한다. 그래도 상대가 묵묵히 있으면 문을 부수고, 여자를 잡아 밖으로 끌고 나와서 구타하며 강간한다 —번갈아가며, 때로는 한밤중 —. 그뒤에 때로는 여자를 집으로 되돌려보내고, 종종 돈을 주기도 한다. 소리가 나면 이웃사람은 무슨 일이 행해지고 있는지 일부는 알고 있어도, 주의를 집중시켜 문틈으로 밖을 내다보지만 다섯에 네 번은 내버려둔다.

그러나 상습적이 아닌 자가 범인인 경우는 10퍼센트에 불과했다. 보통은 하인·도제·제조공·상가의 심부름꾼·서기·제조공이나 상인의 자식과 같이, 18-24세의 젊은 독신자들이 그 범인이었다. 로씨오는 계산 결과, 디종에서는 적어도 둘 중 한 명의 도시 청년이 일생에 한 번은 이러한 강간을 한 적이 있다고 하였다. 이 경우 강간은 청년기에서 성인기로의 통과의례의 일종이 아니었는가고 생각할 수 있겠지만, 희생자인 여성에게 있어서 그것이 통과의례였다는 것은 분명하다.

점찍힌 사람은 일반적으로 가난한 여자·하녀·다른 남자 혹은 한 사람이나 복수의 남자와 결혼 외의 성적 관계를 갖고 있다고 소문이 난 여성이었다. 더구나 약탈자들은 거의 그녀들을 행실이 나쁜 아가씨 혹은 부인으로 간주한다. 어찌되었거나 집단적 공개강간에 의해 그녀들은 그때까지 소속을 주장하고 있던 조신한 여성의 범주에서 〈공공·공용의〉 아가씨 범주로, 즉 아내를 거느린 자들이 살고 있는 영역에서 독신자의 자유에 맡겨진 영역으로 떨어지게 되는 것이다.

중세 말기의 도시에서, 사춘기의 아가씨가 어떤 위험에 처해 있었는가를 이것으로 알 수 있을 것이다. 그러므로 부친들은 딸을 일찍 결혼시키려고 노력했을지도 모른다. 그러나 남자에게 있어서 젊음과 독신은 적어도 행복한 것은 아니었다. 그것은 제조공 조합과 〈발랄한 수도원〉에 있는 남자들간의 우정의 시기이며, 책임을 지지 않는 연령, 성적 자유를 구가하는 연령이었다. 그런데 이와 같은 남자의 특권도 16세기 이후 속계의, 때로는 교회의 행정지도에 의해 대부분 충돌하게 되었다. 1520년부터 1570년에 걸쳐서 시영 사창가는 대부분 폐쇄되었고, 공개강간도 같은 세기의 말기에는 모습을 감추게 되었다. 또한 〈발랄한 수도원〉의 소음도 17,8세기에는 서서히 엄중한 단속의 대상이 된다.[13]

농촌에서도 부록자료가 나타내는 바와 같이 매춘부가 존재했고, 강간도 행해졌다. 그러나 내가 아는 한도 내에서는 공영 사창가는 없고, 농촌 청년에게 있어서 창녀와의 교제는 도시 청년의 경우만큼 빈번하지 않았다. 또한 농촌의 아가씨는 도시 아가씨 이상으로 자유롭게 같은 마을의 남자와 교제하였다. 그곳에서 약간의 성적 만족을 얻으면서 그다지 명예를 실추시키는 위험에도 빠지지 않았던 것이다.

농촌의 혼전 교제와 그 금지

몽벨리아르Montbéliard 지방의 옛날 노래 가운데 딸을 시집보낼 청년에게 농부가 답하는 한 귀절이 있다.

　내 딸은 아직 철부지
　1년 정도는 아직 철부지
　지금 사랑하기엔 너무 일러.[14]

〈사랑을 하다〉(faire l'amour)는 과연 지금과 달리 〈구애하다〉는 의미였다.

단 구애하면서 많은 행위가 허락되었고, 그에 의해 젊은이들은 남녀를 불문하고 독신의 괴로움을 완화시킬 수 있었다. 이 점에 관해서 약간 상세하게 논하고자 한다. 왜냐하면 남아 있는 자료는 반드시 명료하지 않고, 그 몇 가지를 취급한 에드워드 쇼터의 해석이 나의 해석과 다르기 때문이다.

자료 중 가장 확실한 것은, 20세기 초기 방데Vendée 지방의 몇몇 마을에서 옛날부터 뿌리 깊게 남아 있는 남녀 교제의 관습, 〈방데의 마래시나쥬〉에 관한 보두엥Baudouin 박사의 책이 있다. 그곳에서는 열다섯 살이 지난 미혼 남녀가 사람들 앞에서 서로 키스를 하는 것이, 또한 그렇게 공공연하지는 않았지만 서로의 성기 접촉으로 쾌락을 주고받는 것이 허락되었다.[15] 쇼터는 이와 같은 자유를 새로운 현상으로 생각하였다. 20세기 중엽의 도시에서는 젊은 남녀간의 애무와 마찬가지로 근대화한 행동모델의 표현으로 보았다. 그리고 그는 마래시나쥬의 존재가 금세기 초기 이전에는 완전히 기록에 남아 있지 않은 점을 강조했다.[16] 나는 방데 지방의 젊은 농민끼리의 애무를 오히려 오래된 풍습의 마지막 흔적이라고 생각할 수 있는 몇 가지 사실을 예로 들고자 한다.

첫번째는 〈마래시나쥬〉의 오래됨을 증명하는 두 가지 증언이다. 한 가지는 1900년 무렵의 보두엥 박사의 것, 또 한 가지는 1880년 무렵에 그에 관해 언급한 한 사제의 증언이다. 사제가 증언했다는 사실은 주목할 가치가 있다. 왜냐하면 19세기의 성직자들과 민간전승 수집가들은 오히려 좋은 행위는 전통으로, 나쁜 행위 ―특히 성적인 ―는 탈기독교적 근대화의 경향과 즐겨 결부시키려 했기 때문이다. 그것이 지금의 경우, 이 사제가 마래시나쥬의 풍속을 한탄하면서 그것을 다른 점에서 교회에 충실한 것으로 유명한 지방 사람들간에 몇 세기에 걸쳐서 계속되어 온 풍습으로 여기고 있는 점이다.

두번째로 보두엥 박사가 방데 지방의 마래시나쥬를 기술한 점, 성의 영역에서도 다른 영역에서도 근대화의 경향에 빠지기 쉬운 도시의 청년들 사이에서, 아직 유사한 풍습이 존재하지 않았다는 점은 쇼터 자신도 잘 알고 있다. 극히 보수적인 농민들 사이에서 이 경우에 한하여 먼저 근대화가 실현되었다고 한다면 이상하지 않을까?

세번째로 마래시나쥬의 풍습은, 보두엥이 처음 생각했던 것처럼 몽Monts

의 늪지대 주변 마을의 독특한 것이 아니었다. 이와 비슷한 풍습이 두 세브르 Deux-Sèvres 주에서, 또한 보두엥이 분명히 늪지대와 대립시켜서 생각했던 방데의 관목지대에서조차[17] 인정하였던 점이다. 단 그 경우 옛날부터 있었던 〈미갈라지migaillage〉가 20세기 초기에는 변질되기 시작했다는 점은 인정해야 한다.

네번째로 그 정도로 상세한 자료는 아니더라도, 유사한 풍습이 옛날부터 다른 지방에 있었다는 증거를 우리들은 소유하고 있다. 1877년 여자의 자위를 못마땅하게 여긴 의학 소책자에는, 빠-드-깔래Pas-de-Calais 청년들의 애무에 관하여 다음과 같이 기술되어 있다.

낮은 계층 농민들의 결혼식 때에는, 피로연이 끝나고 댄스가 시작되기까지 사이에 참가한 젊은 남녀들이 두 사람씩 짝을 지어서 방 하나에 넷, 다섯, 여섯 그룹이 함께 들어간다. 그리고 무엇인지 괴한 농담을 주고받은 후에 훌륭한 솜씨로 어둠 속으로 들어간다. 그곳에서 남자는 아가씨를 무릎에 올려 놓는데, 보통 때라면 어떤 일이 있어도 연인에게 몸을 맡기지 않던 아가씨 쪽에서 ─그녀들의 수치심이란 그 정도로 자유롭게 신축되었다 ─애무를 즐기도록 남자에게 허락하였다.[18]

19세기 초기의 수십 년 동안 젊은 농민 남녀들이 〈사랑을 하면서〉 주고받는 애무에 대해, 그 정도로 세밀하게 기술하지는 않았다. 그렇다고 해서 그들이 성적 쾌락을 향수하지 않았다고는 말할 수 없다고 나는 생각한다. 오히려 당시의 관찰자 ─그리고 독자 ─들은, 이와 같이 상세한 사항에 관해서는 그다지 호기심을 갖지 않았다고 말할 수 있을 것이다. 왜냐하면 한 가지 확실한 점은, 관찰자들이 일치하여 ─그들은 대부분 부르조아 계층에 속하였다 ─아가씨들에게 허락되는 자유에 심한 쇼크를 받았다. 동시에 이와 같은 방종에도 불구하고 사생아 탄생수가 그다지 많지 않은 점에 놀라게 된다. 이 점에 관해서는 오뜨 알프스 지방의 산지 농민에 관한 다음과 같은 관찰기술도 남아 있다.

남자와의 교제에 관해서는 충분한 금령이 아마 없었던 것으로 생각됨에도 불구하고, 이제까지 우리들이 그 사생아 출생수를 보더라도 다른 지역만큼 후회할 정도의 결과는 낳지 않았다.[19]

꼬뜨 뒤 노르 지방에 관해서도 유사한 기술이 있다.

영국과 같이 사생아수가 낮은 부르따뉴 지방에서도, 아가씨들은 대폭적인 자유가 허락되었다. 그녀들은 밤낮 젊은 남자들과 행동을 함께 하였고, 그래도 눈에 띄는 불합리한 점은 그다지 생기지 않았다.

아마 이것은 방데의 관목지대에서 〈미갈라지〉에 빠져 있던 자들과 마찬가지로, 그들도 그 사랑의 증표로서 〈서로 눈을 마주치며 상대를 만질 수 있었기〉 때문일 것이다.[20] 오뜨 로와르Haute-Loire 지방의 경우에는 보다 엄격하게 주석이 붙어 있다.

풍습이라는 점에서는 유감이지만 이미 그 소박함, 산촌 사람들 조상 대대로 내려오는 유산이며 그들에게 결여된 사회성을 칭찬하는 데 충분하다고 생각했던 저 순진무구를 요구해도 소용 없을 것이다. 그곳에서는 거의 베일도 걸치지 않은 방종한 행위, 때로 도시의 인간조차 알지 못했던 나쁜 행위를 볼 수 있다.[21]

더구나 우리들은 전통적인 자유 교제에 관하여 보다 분명한, 19세기 이전의 증언도 갖고 있다. 예를 들면 18세기 몽벨리아르 지방에서의 밤의 방문[22] 17세기 샹빠뉴 지방의 〈에스크레뉴escraignes〉, 또한 15,6세기 부르고뉴 지방에서의 〈에스크레뉴〉[23]에서, 또한 17세기 초의 사보와 지방에서의 〈숙박료〉가 그것이다.

기독교도의 휴식과 신에 대한 봉사에 해당하는 토요일과 축제일이 되면, 젊은 농민들은 결혼 적령기의 아가씨와 밤이 이슥하도록 서로 이야기를 나누며, 그후 집이 멀다는 구실로 하룻밤 숙박하게 해줄 것을 애걸하며 침대를 함께 쓰고 싶다고 한다. 세속에서 말하는 바의 〈숙박료〉이다. 아가씨들은 정결을 지킨다는 약속을 한 다음, 양친들의 반대도 없이 신청을 받아들인다. 때로 이와 같이 1 대 1로 한 침대로 들어가는 것은 남자의 성의 있는 부탁에 불과하지 않겠는가. 그래도 속옷은 입은 채로이다. 그러나 속옷의 방어 등은 쓸데없는 것, 종종 있는 일은 성의 격렬함으로 약속은 비웃음으로 변하고, 처녀의 빗장도 벗겨져 결국 조금 전까지의 처녀가 한 사람의 여자가 되는 것이다. 첫째로, 둘만의 남녀가 이와 같이 밤에 함께 있을 때 달리 무슨 일이 일어날 수 있을까?[24]

이와 같은 풍습은 대부분 약혼 전의 젊은이 이야기이지만, 일반적으로 약혼 전보다 오히려 약혼 후 쪽이 성적 자유가 있었다고 상상해도 좋을 것이다. 사실 코르시카 섬과 바스크 지방 같은 곳에서는, 약혼자들이 교회에서 혼인의 축복을 받기 훨씬 전부터 부부로서 생활했다는 것을 알 수 있다. 그리고 약혼 전, 혹은 결혼 후의 이와 같이 오래 전부터의 자유는 이윽고 억압당하고 결국은 소멸되어 버리는 것이다.[25]

트랑뜨 종교회의 이후, 로마 교회는 약혼자의 동거를 금지하는 캠페인을 시작하였다. 따라서 각각의 주교구에서 언제 동거가 금지되었는지를 알 수 있다. 예를 들면 삐레네 지방, 바이욘느Bayonne・알레Alet 주교구에서는 그때까지 전통적으로 인정되어 왔던 약혼자간의 동거가 1670년 이후 파문에 해당하는 죄가 되었지만, 우리들은 어느 정도까지 이 억압의 결과를 알고 있다. 바이욘느 부근의 위뤼뉴Urrugne 마을에서는, 1671–1730년의 혼전 임신율은 14퍼센트에 불과했고, 베아른 지방의 빌레르 도쏘Bilhères-d'Ossau 마을에서는 1740–1779년에 13퍼센트, 1780–1819년에 8퍼센트, 결국 1820–1859년에는 불과 3퍼센트에 그쳤다.[26]

약혼 전의 남녀 교제에 관하여서는, 사보와 지방에서의 〈숙박료〉 풍습이 1609년에는 파문의 대상이 되었고, 1819년에는 단 한 마을을 제외하고 행해지지 않았다. 더구나 다음해 1820년에는 완전히 모습을 감추었다고 생각된다.[27] 샹빠뉴・부르고뉴 두 지방의 풍습이었던 〈에스크레뉴〉에서의 만남에 관해서도, 트로이 주교구에서는 1680년 파문에 해당하는 죄가 되었다. 주교의 말을 신용한다면, 1686년에는 이미 드문 일이 되었다. 그리고 18세기로 들

어와서도 적어도 옛날 형태에서 그것이 부활한 것은 아니었다고 추측된다.[28]

원래 억압은 단순히 가톨릭 교회에 의해 행해졌을 뿐만 아니라 18,9세기에는 어쩔 수 없는 것으로 받아들여졌다. 신교국이었던 몽벨리아르 구백작령에서는 1772년이 되어 비로소 밤의 방문이 비난당하게 되었지만, 공격자도 종교인이라기보다 오히려 세속의 권력자들이었다. 아마 프랑스 혁명 덕분일 것이다. 이 풍습이 19세기 말까지 그곳에서 존속된 것은, 신·구세계 대부분의 신교국의 경우와 마찬가지이다. 방데 지방의 마래시나쥬에 관해서도, 나는 1880년 이전에 그것을 고발한 교회문서를 발견한 적이 없었다. 20세기 초기에도 이 풍습이 강력하게 남아 있었어도 교회측에서의 공격이 없었을지도 모른다. 어찌되었거나 방데 지방에서의 억압의 주체는 제3공화제도하의 시정 촌장들이며,[29] 옛날부터 내려오는 풍습도 그들에 의해 추방되었고, 오늘날에는 완전히 모습을 감추어 버렸다.

따라서 적어도 이와 같은 지방의 젊은 남녀가, 옛날 풍습에 의해 인정되었던 교제의 자유를 17세기부터 20세기에 걸쳐서 잃어버렸다는 점은 분명하다. 그러나 그들은 이 자유를 어떻게 행사하였을까? 이 점에서도 쇼터와 나는 의견을 달리한다. 유럽에서 밤의 교제에 관해 조예가 깊은 핀란드의 역사학자 비크망Wikman과 마찬가지로 쇼터도 젊은이들은 이 만남에서 어떤 성적 쾌락도 이끌어내지 못했을 것이라고 상상한다.[30] 원래 시대를 불문하고 이 풍습의 옹호자는, 그 성적 결벽을 주장한 적이 많았다. 예를 들면 16세기, 노엘 뒤 파이Noel Du Fail는 다음과 같이 서술하였다.

오늘날 독일인은 원초의 거칠고 소박함을 잃어버리고, 프랑스인·스페인인·이탈리아인의 유행에 물들어 있다. 그렇지만 독일인에 관하여 놀랄 정도로 까다로운 유트라펠Eutrapel은, 그들의 면밀한 교제를 호의를 가지고 인정했던 적은 없지만, 이렇게 말하였다. 『이와 같은 교제는 그다지 안심할 수 없다. 자연은 장난을 좋아한다. 화약을 불 곁에 놓아두는 것과 같은 일을…….』[31]

즉 어느 시대에나 연인과 동침해도 아무 일도 일어나지 않는다고 생각할 인간은 없을 것이다. 16세기의 노엘 뒤 파이, 17세기의 **따랑때즈**Tarentaise

▲ 프라고나르의 〈연인들의 시간〉, 루브르박물관, 파리.

대주교, 18세기의 부르탐베르Wurtemberg 공작이 그러하다. 그리고 전통적 자유에 대한 이들 공격자는 그것이 다수의 혼전임신·사생아 탄생의 원인이라고 주장하였다.

사실을 말하면, 나로서는 그들의 생각이 반드시 옛날부터 내려오는 풍습의 옹호자 이상으로 올바르다고 생각지 않는다. 그들이 근거로 인용한 인간성은, 각각의 문화에 종속되어 있다고 생각하기 때문이다. 어떤 종류의 사회에서는 여성과 1 대 1 ― 젊은 여성 혹은 그다지 젊지 않은 여성도 ―이었으며, 곧 그것이 성적 자극으로 작용하였고, 남성은 대부분 그녀와 교제를 하였다. 남녀가 같은 침대에 있는 경우는 한층 더 그러하다. 그러나 옛날 농민들은 가족 모두가 함께 잠을 잤음 ―이 경우 〈함께 잤다〉는 프랑스어가 가진 의미와 관계 없다 ―에도 불구하고, 그들 사이에 근친상간의 관례가 있었다는 것은 아니다. 이 점에서 반종교 개혁파의 주교들, 다수의 역사가들은 잘못되었다. 때로 농민은 하인·하녀, 혹은 손님과 침대를 같이 쓰면서 그래도 성적으로 아무 일도 일어나지 않았던 것이 보통이었다. 이 점에서 나는 쇼터와 의견을 같이한다.

그러나 지금 문제가 되고 있는 청년들은, 마음 속에 담아둔 아가씨의 부모 침대가 아니라 연인과 둘만이(사보와 지방, 몽벨리아르 지방), 혹은 다른 커플과 함께(방데 지방) 사랑의 침대를 가진 점이다. 두 사람의 목적은 자는 것이 아니라 〈사랑을 하는〉 것이다. 그런데 농민문화에서는 정신적으로, 플라토닉하게 〈사랑을 하는〉 것이 아니었다고 나는 생각한다. 우리들이 알고 있는 농촌 연인들의 묘사에서는, 두 사람은 언제나 훌륭하게 서로 손을 맞대거나 손가락과 손을 마주 잡거나 쥐거나 포옹하였다. 이것도 상징적인 언어에 불과하지만, 어디까지나 육체의 언어이며, 언어에 의한 언어가 아니다. 따라서 우리들은 밤의 침대라는 친밀한 장소에서도 그들의 교환이 열등한 육체언어에 의한 것이며, 몸의 접촉, 손과 혀의 접촉만의 성적 쾌락을 즐겼다고 생각해도 좋을 것이다. 단 한 가지 성교만은 엄격하게 금지되었다.

왜 방데·두 세부르의 젊은이들은 마래시나쥬에 즈음하여 반드시 여러 커플이 모였는가? 분명히 그것은 그들 중의 어떤 자가 지나치게 흥분하여 풍습의 허용범위를 넘는 것을 막으려 했던 것이다. 사보와에서는 마음 속에 담아

둔 아가씨와 침대에 들어가기 전에 남자는 그 처녀성을 지킬 것을 맹세하지 않으면 안 된다. 스코틀랜드에서는 상징적으로 아가씨의 대퇴부를 묶었고, 스칸디나비아에서도 비크망이 교접의 위험을 피하기 위해 다른 방법을 기술하고 있다. 몽벨리아르에서도 어느 18세기의 관찰자가『이와 같은 친근한 교접에 의해 아가씨의 명예에 손상이 가는 일은 드물었다』[32]고 말한 점을 보면, 유사한 방법이 있었다고 생각한다. 가는 곳마다 성교는 ──적어도 약혼 이전 ──풍습에 의해 금지되었고, 그리고 어느곳에서나 이 금지를 준수시키기 위한 수단이 새삼스럽게 취해졌다고 생각한다. 그러나 금지가 거의 대부분의 젊은이에 의해 지켜졌다 하더라도, 그것은 충분히 성충동을 만족시키는 성교가 아닌 성행동 모델이 풍습에 의해 그들에게 제공되었기 때문이다. 더구나 이 모델의 효과는 통계적으로도 인정할 수 있다. 옛날 자유로운 풍속이 프랑스에서도 가장 강하게 남아 있던 1830년의 방데 지방에서는, 다른 모든 지방보다도 사생아 출생률이 훨씬 낮았기 때문이다.[33]

통계자료의 도전

인구학자들은 사생아 탄생과 혼전임신이 1750년부터 1850년에 걸쳐서 농촌과 도시에서 증가했다는 점을 통계적으로 증명하였다. 그들 대부분이 그것을 행동형태의 에로스화의 명백한 증거로 생각하고 있다. 그러나 이 해석은 수세기에 걸친 억압을 고려했을 때 반드시 정당하다고는 생각할 수 없다. 본고의 서두에서 내가 열거해 온 억압목록도 그 표현의 극히 일부, 청년의 성과 직접 관계하는 것에 불과하다. 내연제도에 대한 억압,[34] 〈불순한〉 언어와 그림의 금지와 같이 보다 간접적으로 성과 결부된 억압도 많았다. 따라서 청년의 성행동 추이의 도식을 그려 보기 위해서는, 통계적 데이타와 동시에 이와 같은 모든 억압의 사실을 고려해 넣어야 한다.

먼저 서두에서 18,9세기가 되어도 그 이전과 마찬가지로 자유로운 의지의 선택에 의해 혼인 외의 모친이 되는 여성은 없었다는 점에 주의해야 한다. 미혼모의 대부분이 정식 남편과의 성적 관계를, 정식 아이의 탄생을 바랐던 것이다. 따라서 이 시기에 볼 수 있는 사생아 출생률의 상승은 여성의 성적 해방의 표시라 할 수 없다. 오히려 현재 성적 교섭을 갖고 있는 남자와 결혼하는 것이 점차 곤란해졌다는 것을 나타낸다고 할 수 있다. 그러므로 사생아 증가가 두드러진 계층은 신분이 낮은 여성들 사이에서 나타났다. 그것은 그녀들이 특별하게 〈해방된 여성〉이었다고는 할 수 없다고 나는 생각한다.

결혼의 어려움은 그때까지의 세기와 마찬가지로 전통적인 경제기구 내에서의 인구 증가에 의거한 것으로 생각할 수 있다. 예를 들면 독신율의 증가와 초혼 연령의 상승이 18세기에 또와쎄Thoissey(Ain주)·불레Boulay(Moselle주) 등의 소도시, 아르티Arthies 지방의 마을들(Val-d'Oise주), 그리고 이스베르그Isbergues(Pas-de-Calais주)와 같이 공업화의 영향이 전혀 없었던 곳에서 볼 수 있다는 점을 우리들은 알고 있다.[35] 반대로 결혼연령이 저하한 곳 —예를 들면 쌩겡-앙-멜랑또와Sainghin-en–Mélantois(Nord주)·꼬르따이요Cortaillod(스위스의 Neuchâtel주)—에서는, 공업화가 그 원인이 되었을지도 모른다. 그러나 이 두 마을을 비교해 보면, 경제적 설명만으로는 불충분한 점이 판명된다. 쌩겡-앙-멜랑또와에서는 사생아 출생률이 1798년 이전의 0.6퍼센트에서 1810년 이후 5.7퍼센트로 늘어난 데 비해, 꼬르따이요에서는 혼전임신만이 증가하고, 사생아 출생은 1퍼센트 전후로 유지되었다.[36]

프랑스의 경우 사생아 출생률의 증가는, 어느 정도 유혹받은 아가씨가 유혹한 남자에 대한 법적인 무력에서 왔을지도 모른다. 트랑뜨 종교회의 이전에는, 남자가 여자에게 결혼 약속을 했을 경우 육체적 교섭은 사실상의 결혼이며, 여자가 이 약속의 존재를 증명하려 하면 교회는 둘의 결합을 정식으로 인정하였다. 종교회의 이후 가톨릭 국가에서는 그것이 불가능하였고, 뇌샤뗄Neuchatel 주와 같은 신교新敎 지역에서만 같은 관례가 존속하였다. 단 17세기에는 유혹받은 아가씨가 스물다섯 미만일 경우, 아가씨의 부친은 강제로 꾀어냈다는 죄로 고소한다고 협박하여 유혹자에게 압력을 가할 수 있었다. 그리고 이 죄는 사형에 해당하므로, 남자는 종종 아가씨와의 결혼을 선택하였다. 그러나 1730년 이후 강제적 결혼에 대한 교회의 반감과, 신분 차이가 나는 결혼에 대한 국가의 적의가 합쳐져서 양친이 행하였던 이 법적 대항 수단이 약탈당하였다. 이와 같은 상태에서는 어린이를 낳아도 상대 남자와 결혼하지 못한 아가씨의 수가 점점 늘어났다고 해도 이상할 것은 없다.

임신한 아가씨와 결혼하지 않은 경우에는, 유혹자가 적어도 출산비와 어린이 양육비를 지불하는 것이 관례였다. 이것은 아가씨가 유혹자를 소송하게 되면 아가씨의 당연한 권리로써 곧바로 지불 명령이 내려졌다. 단 그후 소송이 부당했다는 것이 증명될 경우에는, 되돌려 주라는 명령을 내렸다. 그렇지만 이 소송순서는 자유주의적 법학자의 분노를 사서 18세기에는 폐지되었다. 그 이후 아가씨는 소송의 정당성을 먼저 증명하지 않으면 ─이것은 종종 불가능에 가까웠고, 오랜 시간을 필요로 했다─어떠한 보상도 받을 수 없었다. 대혁명 후에 마지막 단계가 찾아왔다. 새로운 민법에 의해, 부친이 누구이건 소송이 완전히 금지된 것이다. 이리하여 미혼모는 임신의 모든 책임을 지게 되었고, 스스로 그 금전적 결과를 짊어져야 했다. 물론 그녀들의 대부분이 그와 같은 재정적 여유를 갖고 있지 않았다. 한편 이와 같은 법적 조치의 변화 ─18,9세기에 버려진 아이수의 증가는 가장 눈에 띄는 한 결과였다─에 의해, 결혼의 구두 약속을 유혹의 무기로 했던 남자들도 증가했을 것이다.

한편 갖가지 법률도 혼전임신의 증가를 부르는 원인이 되었을지도 모른다. 그리고 쇼터와 마찬가지로 나도, 이제까지 오랜 기간 이 증가현상을 연애결혼의 증가 표현으로 생각할 수밖에 없었다.[37] 그러나 실제로는 같은 현상을 거의 정반대의 의미로 해석할 수 있을 것이다. 즉 17세기에 볼 수 있는 민중봉기도 절대왕권 강화의 증언이며, 민중은 단 허무한 저항을 시도한 것에 지나지 않았다고 생각하는 것과, 혼전임신이 부모의 폭력 증대에 대해 젊은이가 취할 수 있었던 마지막 수단이었을지도 모르기 때문이다. 사실 한편으로는 결혼제도 개혁에 관한 트랑뜨 종교회의 법령에 의해, 다른 한편으로는 비밀결혼과 유괴를 벌하는 왕령에 의해 젊은이들은 양친의 의지에 위반하여 사랑하는 아가씨, 혹은 청년과 맺어지는 다른 일체의 수단을 빼앗겼던 것이다. 그런데 혼전임신은 억압이 심했던 17세기에 상당히 증가하기 시작한 것 같다. 한편 아가씨들 중에는 부모의 반대에 대항하기 위하여, 결혼하고 싶은 상대의 아이를 서둘러 잉태한 자도 있었다는 점은 잘 알고 있는 바다.[38] 단 이와 같은 행위가 예외적이건 아니건 상당한 빈도로, 적어도 부분적으로는 혼전임신 건수의 증가, 그리고 물론 사생아 탄생수 증가의 ─양친이 언제나 주의를

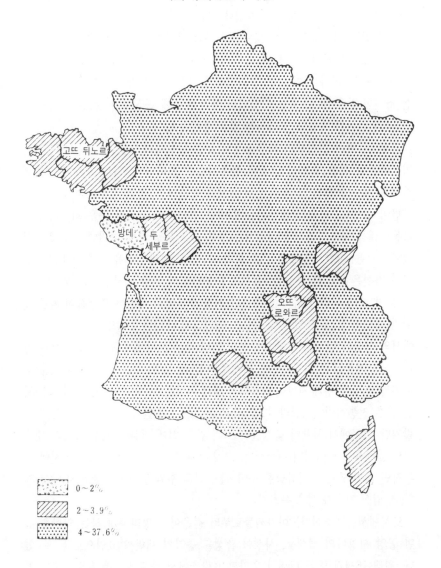

1830년 무렵의 사생아 출생률 분포
(A. 위고, I. 77에 의함)

고뜨 뒤노르

방데

두
세부르

오뜨
로와르

0~2%
2~3.9%
4~37.6%

기울여 아가씨의 의지에 따랐다고는 할 수 없으며, 연인끼리도 언제까지나 상대에게 충실했다고는 단정할 수 없다―이유를 설명할 수 있는지 없는지는 앞으로의 연구결과에 맡길 수밖에 없을 것이다.[39)]

이와 같은 법제상의 변화와는 달리, 혼전임신과 사생아 탄생의 증가를 조장한 중요도에 있어서는 각기 다른 네 가지 요인이 있었다고 나는 생각한다. 그 첫번째는, 내가 이미 다룬 결혼연령의 상승과 독신자 비율의 증가이다. 사실 조건이 같을 경우, 결혼 적령기의 아가씨 중에 독신자가 많으면 많을수록 결혼 외 임신의 위험도 높아지는 것은 명백한 일이다.

둘째, 일찍이 인정했던 자유교제의 풍습 말살이다. 조신한 자는 성충동을 억제하든가 혹은 혼자서 그것을 만족시켰을 것이다. 그러나 모두가 그렇게 감수하지는 않았다. 그 경우 성적 교제를 갖는다면, 몰래 행하는 이외에 달리 방법이 없었다. 마을의 젊은이들에 대한 전통적인 감시의 눈을 피하더라도, 행동형태를 구조화하는 모델로서는 부부 혹은 동물 모델 이외엔 아무것도 없었던 그들은, 이전 이상으로 결혼 외의 교접으로 인해 임신을 할 수밖에 없었다.

이 가설은 단순한 공상이 아니다. 1830년경의 프랑스 사생아 출생 분포도를 보면, 전통적인 자유가 존속했던 지방이 분명히 사생아 출생률이 가장 낮았기 때문이다. 오뜨 알프스 지방은 68위밖에 나타나지 않았고, 더구나 그곳에서의 사생아 탄생은 거의 대부분이 연대 주둔 도시에서 볼 수 있는 것과 같다.[40)] 두 세부르는 74위, 오뜨 로와르는 79위, 꼬뜨 뒤노르는 83위, 그리고 마지막 86위에 방데 지방이 나온다.[41)] 방데 지방의 보까쥬Bocage에서는 1900년 전후 전통적인 〈미갈라지〉를 버린 젊은이가 중단성교로 치달았다.[42)] 그렇지만 그곳에서 사생아 출생률은 거의 같은 선에 머물러 있고[43)] 결혼 내에서의 출산율이 낮아지기 시작했다. 그에 비해 중단성교가 보급되기 이전에 전통적인 혼전 교제가 억압당한 곳에서는, 결혼 후의 임신은 감소하지 않고 혼인 외 임신 건수가 껑충 올라갔다.

도시에서는 〈조신한〉 아가씨들로부터 젊은이를 멀리하게 하는 역할을 했던 공영 사창가의 폐쇄를, 사생아 출생률 증가의 세번째 요인으로 들 수 있다. 원래 16세기 또한 17세기 초기의 프랑스에서 사생아 출생률의 변화를 알수 없는 현재, 그 직접적인 결과를 명확하게 판단하기는 어렵다.

마지막 네번째 요인으로는, 도시에 직업을 구하러 온 농촌 출신 아가씨의 증가를 들 수 있다. 가난하고 고독하며, 동시에 도시에서 태어난 아가씨보다도 〈사랑을 하는〉 것에 익숙해 있었던 그녀들은 그것만으로도 유혹당하기가 쉬웠을 것이다. 어찌되었거나 18세기의 대도시 —예를 들면 낭뜨—에서 임신을 신고한 아가씨 대다수가 도시로 이주해 와서 임신한 농촌 출신의 아가씨였다.[44]

또 하나는 혼전임신이 농촌에서는 17세기 전반에 이미 증가하기 시작하였다는 점, 그리고 후반에 이르면 도시에서의 사생아 탄생 이상으로 버려진 아이의 수가 증가하였다는 것을 나타내었다.[45] 그러나 앞에서 다룬 네 가지 요인이 완전히 그 효과를 발휘한 것은 1750년 이후, 다시 말하면 가톨릭 교회에 의한 반종교 개혁운동이 그때까지 도시·농촌에 가해졌던 도덕적 압력을 다소 완화하기 시작했을 때부터이다. 사실 내가 지금 여기에서 다루고 있는 수 세기에 행한 억압의 경향 중에, 강력한 탄압기간과 완화기간이 변증법적으로 서로 결부되면서 나타났다 하더라도 전혀 이상할 것이 없다. 나도 그것을 부정하려고는 생각지 않는다. 단 처음에 나는 1650－1750년에 절정에 달한 억압이 16세기에는 이미 시작되어 있었으며, 18,9세기에도 계속되었다는 것을 나타냈다. 이번에는 1750년 이후의 상대적 완화기에, 왜 풍속개혁 이전보다 훨씬 높은 사생아 출생과 혼전임신을 볼 수 있는가를 설명하고자 한다. 내 생각으로 그것은 15,6세기만큼 18,9세기에는 성충동이 엄격하게 억압당하지 않았던 것이 아니라 내가 열거한 것과 같은 이유에서, 그리고 특히 옛날 성생활 구조의 파괴로 생긴 현상일 터이다.

욕망의 내면화

인구학자에게는 혼전임신과 사생아 출산의 증가야말로 관습 변모의 주요 현상이라 하더라도, 성性의 역사가에게도 같은 것일 수는 없다. 후자에게 있어서 중요한 점은, 인정되고 공인된 성행동에 비해 악하고 비밀스러운 성행동이 교체되어 그것이 완전히 이상한 성생활을 강요하게 되었다는 점에 있다. 그런데 적령기에 있는 독신 남녀의 성활동 전체에 있어서 ―17-19세기, 그리고 20세기의 현재까지 ―비밀성교는 극히 적은 부분을 차지했다고 생각해도 좋을 것이다. 그들 젊은이들은 대부분의 경우 남의 눈을 피하였고, 그리고 때로는 보다 커다란 죄악감을 동반한 행위에 의해 자기의 성충동을 만족시키려고 생각하였다.

18세기의 의학 문헌에 오나니슴Onanisme(수음)[46]의 문제가 갑자기 나타났다 하더라도, 물론 그때까지 이 관습이 사람들 사이에서 행해지지 않았던 것은 아니다. 중세 초기부터 18세기에 걸쳐서 대부분의 고해성사 신부가 이런 종류의 쾌락에 빠진 인간의 존재를 증명하고 있다. 그리고 의사들이 그에 관하여 그다지 다루지 않았던 것은, 건강에 해롭다고 생각하지 않았기 때문이다.[47] 그뿐 아니라 16세기의 팔로쁘Fallope와 같이, 음경의 발달을 촉진하는 자위행위를 장려한 의사들까지 있었다.[48] 그러나 이와 같은 점에서 쇼터와의 모든 차이를 서술한 이상, 왜 나도 쇼터와 마찬가지로 고독한 행위가 수세기 동안 확대되었고, 동시에 그것이 오나니Onanie라는 의학 신화의 형성과 아무 관계가 없었다고 생각하는지를 서술하지 않으면 안 된다.

중세 초기 자위행위는 주로 신부들이 범한 죄였다고 생각한다. 다른 성적인 죄에 관해서는 반드시 세속인을 예로 드는 고해 입문서가, 이 죄에 관한 한 교회인만을 대상으로 하지 않았기 때문이다. 이 사정은 14세기 초기에 변하였다. 깡브래 주교구의 주교 권한의 죄 리스트를 보아도 좋다.(본서 139-140쪽) 14세기 말에는 이 죄가 청년에게 종종 나타났다는 점, 더구나 많은 성인이 그 습관을 버리지 못한 점에 대하여 제르송이 특별히 자위에 관해 서술한 책에 기록되어 있다.

동시에 자위에 대한 교회 당국의 태도에도 변화가 생겼다. 그것은 원칙적으로는 성의 죄 중에서도 가장 악한 죄의 하나이다. 왜냐하면 〈반자연의 죄〉이기 때문이라고 신학자들은 말한다. 실제로는 고해성사 신부들도 오랫동안 그것을 그다지 중대한 죄로 생각하지 않았던 것 같다. 여성과의 단순간음은 1년, 때로는 수 년의 속죄기간이 참회 규정서에 의해 부과된 데 비해, 수음을 범한 자는 수 주간의 속죄로 끝났기 때문이다. 한편 12세기부터 14세기 마지막 4반기에 걸쳐서 자위는 〈특수권한 케이스〉―주교만이 사면 특권을 가졌다 —에서 떨어져 나왔다. 그리고 그곳에 재등장하기까지는 1388년을 기다려야 했지만, 그것은 마치 자위가 평생 독신으로 지내야 하는 성직자뿐만 아니라, 마침내는 결혼생활을 하는 사람들도 행하게 된 것으로 보아 본 교회 당국이 이 죄를 삭제하려는 움직임이 있었다는 느낌이 든다.

원래 자위가 일반 서민 사이에서 널리 행해졌다면 언제까지나 특수권한의 죄에 그대로 들어가지 않았을 것이다. 아마 그 때문인지 16-18세기 특수권한 죄의 리스트에서는 이미 자위가 모습을 감추었고, 한편 남녀 양성의 청년들 사이에서 더욱더 이 습관이 널리 행해졌다는 증언을 접하게 되었다.[49] 『현재 널리 행해지는 두려워해야 할 죄의 습관은 무엇인가?』이 질문에 대해 1682년 《샬롱-쉬르-사온느Chalon-sur-Saône 주교구 고해성사 신부에 대한 훈령》은 다음과 같이 답하고 있다.

청년들에 관해서는 좋지 못한 생각, 유약과 불순의 죄이다.

즉 에로틱한 공상과 자위였기 때문이다. 그리고 고해성사 신부는, 이 항목에 관해서는 남자나 여자에게 꼭 질문하도록 명하고 있다. 그런데 중세 이후 교회는 순진무구한 자들에게 그때까지 그들이 몰랐던 죄를 가르쳐 줄 위험을 의식하였다. 그래서 17,8세기에는 이 점을 신중하게 하도록 훈령을 내렸으므로, 체계적인 질문 실시의 명령은 이미 완전히 일반화된 죄를 상정하는 것이 된다.

성욕을 다른 수단에 의해 만족시키는 일이 점점 어려워지게 된 젊은이들은 더욱더 자위에 빠지는 경우가 많아졌다. 16,7세기에 처음에는 지적 교육과 더불어 순결 유지를 목적으로 창설한 국민·중·고등학교도, 18세기가 되면 반드시 이 바이러스를 감염시키는 타락의 장이라는 평판을 얻게 되었다. 교사·고해성사 신부는 학생들에게 죄의 두려움을 가르쳤고, 엄중한 감독으로 다른 모든 성행동을 금지할 수 있었다. 그러나 어떻게 하든지 그들에 대한 고독의 쾌락 습관을 방지할 수도 치료할 수도 없었다. 다른 면에서는 우수한 학생들조차 이 점에서는 예외가 아니었다. 이와 같은 자위행위는 이윽고 영혼의 의사들 눈에 불치의 병으로 비쳐졌다. 다름 아닌 오나니라는 의학 신화가 싹을 틔워 자라난 토양이다.

그 선수를 친 이는, 1710년 무렵 자위에 대한 도덕적 논의로서 약간의 의학 논의를 덧붙인 영국의 도덕가 베커Bekker라는 인물인 듯하다. 그의 저서는 다음과 같은 타이틀을 하고 있다.

《오나니, 혹은 스스로를 추잡하고 증오하게 하는 죄. 그리고 양성에 있어서 그 두려워해야 할 결과. 이미 그 추잡한 습관으로 인해 스스로를 해한 자에 대한 정신적이며 의학적인 조언.》

1727년에는 이미 12판, 그리고 그후에도 판을 거듭한 저작이다. 그뿐 아니라 판이 거듭될 때마다 책은 두꺼워졌다. 비非를 깨우친 죄인들이 저자에게 감사하고 이웃을 구하였기 때문에, 행위자가 빠질 수 있는 갖가지 병에 대해서도 모두 두려운 체험을 적은 편지를 보내왔고 그것이 기재되었기 때문이다.[50] 1760년에 유명한 의사 띠쏘Tissot가 이 문제에 관하여 일련의 긴 의학서 제1권을 저술했을 때, 그것은 어느덧 조목조목 쓰던 신화에서 의학 보증을 불러일으키는 데 지나지 않았다. 억압의 자승작용의 결과라 말할 수 있는 이 의학 신화는 더욱더 억압의 굴레를 씌웠다. 이 신화에 의해 〈나쁜 습관〉에서 구제된 청년이 많았다고는 생각할 수 없지만, 그것이 분명 그들의 불안을 증대시켰을 것이다.

그뿐만이 아니다. 단순히 억압당한 독신자들은, 비밀스러운 불안 속에서 체험하는 행위에 의해 자기의 성충동을 만족시킬 수밖에 없었을 뿐만 아니라, 어느덧 에로틱한 공상에 자신을 침투시켜 만족할 수 없는 욕망을 분석하는 것을 기쁘게 여기게 되었다. 말하자면 이 지적 자위행위는 우리들의 감성을 예민하게 했지만 —일반적으로 우리들은 그것을 자랑하고 있다 —동시에 우리들의 욕망은 고독 속에서 구조화되었다. 그리고 마침내 커플간의 성적 조화도 좀더 곤란해졌다. 〈색정화〉라 부를 수 있는 이와 같은 역사 과정은 상세하게 연구할 가치가 있지만, 여기에서는 몇 가지 지표를 제출하는 것으로 그치고자 한다.

첫째로 근대가 되면, 중세·르네상스기의 염소담艶笑譚·섹스 이야기와는 다른 종류의 포르노그라피 문학이 탄생했다. 이 배반문학은 그 존재·신분에 의해 성적 억압의 경직화를 증언하고 있다. 만약 포르노그라피 문학의 체계적 분석이 행해진다면, 아마 에로틱한 상상력 변모의 여러 형상이 명확해질 것이다.

한편 어휘연구에 의해 감정분석의 진화도 나타낼 수 있게 되었다.[51] 예를 들면 〈애정〉(tendresse)·〈감정〉(sentiment)이라는 말은 17세기가, 〈감상적〉(sentimental)이라는 말은 18세기 후반이 각기 우리들에게 준 것으로 생각한다. 〈사랑〉(amour)이라는 말은 15세기에 이미 존재하였지만, 그 경우 느낄 수 있는 무엇인가가 아니라 실행하는 무엇인가를 나타내기 위해 사용된 적이 많았다. 이윽고 이 용법은 농민 사이에만 남게 되었다. 감정에 관한 새로운 어휘·용법은, 먼저 신앙문학에 나타나는 경우가 많았다. 즉 대다수의 사람들에게 있어서 서구적 성의 억압과 동의어인 기독교는 우리들의 감정교육을 추진하는 중심이었다고 생각한다.

그러나 물론 다른 곳에도 대다수의 교육자를 가졌다. 금방 머리에 떠오르는 것은 문학장르 중에서도 가장 〈독보적〉인 것 —시는 수천 년에 걸쳐서 읽히는 것이 아니라 듣는 것이었다 —소설이다. 그런데 이 장르는 근대가 되면서 비로소 그 진정한 탄생을 보았고, 19세기에 이윽고 승리를 거두었다. 왜냐하면 나는 이 소설의 승리가 고독한 공상 발달의 한 표현으로 생각한다. 어떤 의미에서는 우리들의 근대문명 전체 —우리들의 감수성·수동성 —가 성의 억압에서 유래되었다고 생각하므로.

[부록] 16세기 강간의 예

잔느 자께Jeanne Jacquet의 경우(1516년)

고故 쟝 자께Jean Jacquet의 딸 쟌느는…… 스무 살 혹은 그 전후로 쟝 드 베르지에르Jean de Bergières와 재혼한 모친과 함께 생활하고 있었다. 성 베드로Petro와 성 바울Paul의 축제일(6월 29일) 밤, 빌리 르 마레샬Villy-le-Maréchal에 거주하는 수행중인 신부 피고 앙리 셰브리Henry Chevry는, 롱스레Ronceray의 꼴라 우즐로Colas Houzelot, 성 장 드 본느발Jean-de-

Bonneval의 쟝 브노와Jean Benoit · 끌로드 뤼넬Claude Ruynel과 빌리 르 마레샬에 거주하는 마르땡 고데Martin Godey의 하인 삐에르와 함께 쟝 드 베르지에르 가 근처의 집 문을 두드렸다.

이웃 중 한 사람이 이 방문자들에게 용건을 묻자『소리가 나도 밖으로 나오지 말라』고 말한 후, 다시 쟝 드 베르지에르 가의 문을 두드렸다. 집 안에는 모두가 잠들어 있었다. 소리를 들은 모친은 딸을 깨워 지붕 위로 올라가게 했다. 그 사이에 남자들은 문을 부수고, 끌로드 루이넬 · 쟝 브노와, 하인 삐에르가 안으로 들어와 쟌느를 찾았다. 그들은 침대 · 장롱 · 부뚜막 속을 찾아보았지만 보이지 않았으므로 지붕 위로 올라가 그곳에서 그녀를 발견했다. 그들은 그녀를 끌어내려 마당으로 끌고 와 교대로 범하였다. 쟝 드 베르지에르의 집 안에는 들어가지 않았던 피고는, 처음에 동료들과 가는 것을 거부했다. 그들은『와, 와, 용기를 내』라고 외쳤고, 피고는『얼굴을 가려, 보고 기억하게 될 테니까』라고 대답했다. 마르땡 고데의 하인 삐에르는 쟌느의 얼굴을 손으로 가렸다. 그 이후 피고는 그녀에게 접근하여 그녀를 범하였다. 그러나 쟌느는 나중에 그를 떠올렸다. 왜냐하면 쟌느가 얼굴 위의 삐에르의 손을 물어〈상처를 입혔기〉때문이다. 쟌느는 피고와 공범자를 데리고 왔을 때 너무나도 놀라 쓰러졌기 때문에 그후 일을 할 수 없게 되었고, 하녀로 일하던 집을 나와야 했다.

쟝 드 베르지에르의 이웃인 포도 재배자 쟝 꼬또뜨Jean Cototte는 오전 2시 무렵 분명히 시끄러운 소리를 내며 누군가가 두드리는 소리를 들었다. 본래 어떻게 하든, 누구를, 무엇을, 두드렸는지 알 수 없었다. 그래도 쟝 드 베르지에르가 쟈끼노 꼬또뜨Jacquinot Cototte! 쟌 드니조Jehan Denisot! 도와 주게!』라고 외치는 소리를 들었다. 그러나 그는 밖으로 나가지 않았다.

포도 재배자 쟝 르 비글Jean Le Bigle의 아내 쟈넷은 쟝 드 베르지에르 가에서 돌 하나 던져서 맞힐 수 있는 거리에 있는 자기의 집에서 남편과 함께 자고 있었지만,『사람 살려! 근처 사람들이여, 모두 도와 주시오!』라고 외치는 소리를 들었다고 진술하였다. 일어나서 판자 틈 사이로 밖을 내다보니, 누군가 알 수 없는 세 남자가 쟝 드 베르지에르 집 쪽으로 달려가는 것을 보았다. 그래서 그녀는 밖으로 나가려 했지만, 남자 한 명이 찾아와서 그녀에게『나오지 마라, 나쁜 짓을 할 예정은 아니다. 행실이 나쁜 여자를 잡으려는 것이다』고 말했다. 그녀는 문을 닫고 또한 판자 틈 사이로 밖을 내다보았는데, 세 남자가 쟝 드 베르지에르의 집 근처에 있는 것이 보였다. 그들은 『이 짐승! 문을 열어라, 닳고닳은 년!』이라고 외치고 있었다.

빌리 르 마레샬의 촌장 끌로드 로슬렝Claude Roslin은 다음과 같이 진술하고 있다. 즉 피고와 공범자들은 쟌느를 데리고 갔다는 소문이 났으므로, 베드로와 바울의 축제일 2,3일 후에 여러 명의 증인을 소환하였고, 이 유괴에 관한 조사를 시작하였다. 그것을 안 피고와 공범자들은 마을에서 도망쳤다. 2,3주일 안에 피고는 돌아왔고, 증인을 방문하여 서로 이야기를 나누었다.

포도 재배자 쟝 푸르니Jean Fourny는 사건 당시 일로몽d'Isle-Aumont 즉결 재판소의 재판관이었는데, 베드로와 바울의 축제일로부터 1주일 정도 지나 쟌느의 모친이 찾아와서 그에게 재판을 요구했다고 진술하고 있다. 그 곳에서 그는 조사를 단행, 일로몽의 대관 보좌 앙또완느 위야르Antoine Huyard에게 그 결과를 보고했다. 대관 보좌는 그것을 읽고, 피고와 공범자들의 신변 체포명령을 발하고 그들에게 영장실행을 위임했다. ……(쟝 푸르니는 피고 집으로 가서 산더미같이 쌓인 건초 속에 숨어 있는 피고를 발견하였다.) 그는 사닥다리로 건초 더미 위에 올라가 그곳을 창으로 찔렀다.『나와! 이까짓 일을 해놓고 숨을 필요가 있는가.』……앙리 셰브리 Henry Chevry는 소환된 것을 알자, 증인을 향하여 소환되기보다는 무언가로 보상하고 싶으니 자신을 해방하고, 소환은 하지 말아 달라고 부탁했다.『관계 없는 일이라면 보상하지 않아도 된다. 단 이 사건만을 문제로 하고 있는 것이다』고 쟝 푸르니는 그에게 말했다. 그래도 그는 비용으로 투르 화폐로 3수우sous 4드니에deniers를 받고 피고를 석방했다. 집행리도 따로 10도니에를 받았다.

일로몽 즉결 재판소 재판관의 후계자는 새로 조사를 단행하여 피고에게 출두를 명하였고, 결국 수행중인 신부로서의 그 신변을 종교 재판소에 맡겼다.

A. D. Aube, *Inventaire*, série G, t. II p.387.

뻬레뜨Perrette의 경우(1516년)

뻬레뜨는 남자아이를 바르브레 오 모완느Barberey-aux-Moines에 거주하는 포도 재배자 쟝 고띠에Jean Gauthier의 양자로 보냈다. 성 데니스Denis의 축제일(10월 9일) 아들을 만나러 그녀는 바르브레를 찾았다.

저녁, 쟝 고띠에는 이미 잠들어 있고, 그 아내와 뻬레뜨도 잠을 자기 위해 난로 앞에서 옷을 벗고 있었는데 그때 누군가가 문을 두드렸다. 쟝 고띠에의 아내가 문을 열자, 쟝 꽁뜨Jean Conte와 쟝 빌랭Jean Villain이었다. 두 사람은 집 안으로 들어와서 종달새를 사러 왔다고 했다. 쟝 고띠에가 『종달새는 한 마리도 없다』고 말하자, 그 중 한 명이 『쟝 고띠에, 아내가 둘이나 있는가. 둘은 너무 많아. 너의 것은 이것, 이쪽은 우리들에게 넘겨 줘』라고 말했다. 『이 사람도 나도 안 된다』고 쟝 고띠에의 아내가 대답하자, 두 사람은 『지금 다른 패거리도 데려와야겠다』고 말하고 철수하였다.

그래서 쟝 고띠에의 아내와 뻬레뜨는 쟝 고띠에와 하인이 잠들자 함께 침대에 들었다. 한두 시간 지나자, 피고 두 사람이 여러 명의 공범자를 데리고 다시 찾아왔다. 그들은 격렬하게 문을 두드려도 문을 열고 나오는 사람이 없는 것을 보고, 『문고리를 벗겼다.』 안으로 들어오자 그들은 뻬레뜨를 침대에서 억지로 끌어내려서 구타하고, 잠옷 그대로 집 밖으로 끌고 나갔다. 그리고 밭으로 끌고 가서 마구 때렸으므로 피부가 새까맣게 변하였다.

밭 가운데로 온 그들은 한 명이 와서 페티코트를 벗기고, 마침내 쟝 꽁뜨와 서너 명의 공범자가 그녀를 범하였다. 그 중 한 사람은 두 차례나 그녀와 교접했다. 그후 그들은 쟝 고띠에의 집으로 그녀를 돌려보냈는데 도중에 이렇게 말했다.

『고소하면 목을 잘라 버리겠다.』

뻬레뜨는 살해당하거나 강에 던져질 것이 두려워 『고소하지 않겠다』고 대답했다. 집으로 돌아오자, 피고들과 공범자들은 다시 한 번 그녀에게 말했다. 『말해 봐, 고소할 생각은 없는가?』

그리고 한 사람이 돈을 주려고 했지만, 그녀는 받기를 거부했다.

쟝 고띠에는 집에 피고들과 공범자들이 침입하였을 때, 쇠갈퀴를 잡고 헛간에 올라갔지만 그것이 발견되지 않았으므로…… 라고 주장하고 있다.

A. D. Aube, *Inventaire*, série G, t. Ⅱ, p.385–386.

14
영국에 있어서 가족과 비합법적 사랑
─피터 라슬레트Peter Laslett의 저서
《구세대의 가족생활과 비합법적 사랑》을 둘러싸고─

　사회과학은 의식하고 있건 아니건 역사를 필요로 한다. 켐브리지 대학 인구·사회구조사 연구그룹의 리더 피터 라슬레트와 마찬가지로 나도 그것을 확신하고 있다. 우리들 20세기 말의 인간은 〈어느만큼 우리들이 과거의 사람들과 다르고, 또한 그들과 같은지〉를 알 필요가 있다. 나는 그것에 이렇게 덧붙인다. 옛날 조직은 어떻게 어떠한 시간경과를 거슬러 올라가서 어떠한 메커니즘으로, 그리고 왜 변화해 왔는지를 알고 싶다고. 한편 사회과학의 전문가들에게 현재 사회에서 과거에서 찾아온 것, 과거에 의해 거의 설명할 수 있는 것 ─현재가 그것에 어떤 장식을 하였건 ─그리고 어느 정도까지 우리들의 미래를 조건지을 수 있다는 것을 의식해야 한다. 개인과 마찬가지로 사회도 자신들의 역사를 백지화할 수 없다. 그리고 개인과 마찬가지로 사회도 종종 과거로 인해 병들어 있다는 사실은, 진정 역사적 사회학에 대한 우리들의 관심을 더욱더 북돋아 준다.

　유감스럽지만, 지금 역사가가 진정한 협력관계를 갖고 있는 사람은 인구학자뿐이다. 더구나 그것은 주로 인구학자의 덕분임을 인정하지 않을 수 없다. 사실 인구학자들 자신이 과거를 철저하게 탐색할 필요를 느끼고, 역사에 관심을 품는 다른 사회과학 분야의 전문가와 달리 그들은 옛날 자료와 직접 접촉하는 방법을 알고 있었다. 그러므로 그들은 고문서학자·역사가 들의 지도를 받아들였고, 끊임없는 탐색을 계속하였다. 그리고 특히 역사적 인구학의 방법을 명확하게 한 것은 그들 자신이다. 역사적 인구학이 인구학자의 대상영역을 과거로 확대하였을 뿐만 아니라, 역사학 그 자체를 풍성하게 한 것은 최근 20년 동안에 프랑스·영국·미국에서 나타난 대량의 간행물이 말해 주고 있다. 그리고 그 방법의 엄밀함으로 역사인구학은 역사가의 인식론상의 자격을 변경시키기도 했다. 켐브리지 대학그룹의 리더는, 60년대에 이미 그것을 이해한 사람 중의 한 명이다. 그러나 그는 특히 프랑스의 대다수 젊은 역사가들과 같이 인구학자 특유의 좁은 문제의식에 갇힌 것이 아니라, 그 당시부터 이미 그 껍질을 깨뜨리고 역사사회학이라 할 수 있는 넓은 영역으로, 자신들의 엄밀한 방법을 이행시키려고 시도하였다.

이 기획은, 사회학자들이 인구학자들만큼 엄밀하고 풍부한 협력관계를 역사가와 수립할 수 없었으며, 더욱더 필요했다. 왜냐하면 첫째로 대다수의 사회학자가 현재의 이해관계 때문에 역사연구의 유용성을 믿지 못해서 역사에 무관심했다. 둘째로 역사가가 행한 자료수집·비판이라는 깊고 고통 많은 작업을 경멸하며, 그 결과만을 빌려서 자료의 확실성·적용가능성의 범위에 관해서는 비판의 안목을 갖고 있지 않았기 때문이다. 그 때문에 그들은 그 복잡함을 충분히 알고 있는 현재보다도 과거를, 부분적으로 왜곡된 이미지밖에 가질 수 없었다는 것을, 확실하게 알고 있었다는 이상한 결과를 낳았다. 마지막으로 그들은 때로 그들 자신의 현재에 대한 분석만으로, 그리고 이론상의 필요에서 연구대상으로 하고 있는 현상의 신화적인 역사를 만들었기 때문이다. 예를 들면 1세기 이전부터 그들이 우리들에게 제출해 온 가족의 역사를 보아도 좋다. 켐브리지 대학 연구그룹의 정밀한 연구가 있으므로, 비로소 우리들은 그들 사회학자들이 공업사회만의 특징이라고 믿고 있는 부부 중심의 가족이 실은 산업혁명보다 수세기 전 북서 유럽에서 이미 존재하였고, 더구나 완전하게 지배적이었다는 것을 납득한 것이다. 예상과 달리 산업혁명기의 영국에서는, 다핵적 대가족의 비율이 늘어났다고 한다.

요컨대 역사인구학이 역사가와 협력한 인구학자들에 의해 기초 수립이 된 데 비해, 피터 라슬레트가 우리들에게 제공한 역사사회학은 전통적인 사회학이 행해 온 그 어디에도 뒤지지 않는 훌륭한 역사연구에 정면으로 반대하는 한 역사·인구학자의 일이다. 그러나 라슬레트의《구세대의 가족생활과 비합법적 사랑》이라는 타이틀 아래 모인 일곱 가지 역사사회학 논문은, 사회학자와의 대결은 이미 과거의 것이었다는 인상을 주었다. 서문에서 그가 말을 걸고 있는 상대는 오히려 역사가이다. 그는 과거의 통계에 의해, 가족에 관한 현대의 고찰이 어떻게 다양하고 새로운 조명을 받게 되었는가를 나타내고자 했다.

권두에서 내놓은 미발표 논문 〈과거 현재에 걸쳐서 고찰한 서구 가족의 특색〉(Characteristics of the Western Family Considered over Time)은 서구의 가족구조에 새로운 시야를 열었다. 라슬레트에 의하면, 서구 가족의 특징은 단순히 부부 중심 ──이 특색은 완전히 다른 문화가 지배하는 세계의 다른 몇 몇 지역에서 볼 수 있다 ──일 뿐만 아니라, 다른 세 가지 구성요소와 결부되어 있다는 점을 볼 수 있다. 즉 첫아이 출산 때의 평균연령의 고조, 부부의 평균연령의 접근, 가정 내 사용인 혹은 사용인을 포함한 가족의 비율이 높아졌다는 세 가지이다. 라슬레트가 여기에서 제출하고 있는 10개의 통계도는, 네 가지 특징 중 적어도 한 가지가 유럽의 남부·중앙부·동부에는 결여되었고, 한편 북서 여러 지역 ──영국, 프랑스의 북반구, 네덜란드, 스칸디나비아 제국, 독일의 일부 ──에서는 그것이 전부 갖추어져 있다는 것을 나타내므로써 그의 학설을 지탱하고 있다. 그 중 단 한 가지 의심을 불러일으키는 것이 있다면 ──라슬레트 자신이 그것을 인정하고 있다 ──네덜란드 지방에서의 가정 내 사용인의 비율(5.9퍼센트에 불과하다)이 높아졌다고 말할 수 없다는 점이다. 나로서는 프랑스의 북반구는 좀더 그 비율이 낮았던 마을이 몇 곳 있었던 것 같다.[1] 또한 프랑스에 관한 라슬레트가 제시하는 세 가지 숫자는, 그 중 두 가지가 도시와 관계 있기 때문에 그다지 의미가 없다고 지적하였다. 가정 내 사용인에 관한 한 영국이 〈가장 서구적〉으로 생각된다. 아마 그것은 한편에서는 토지 소유가 극히 불평등한 구조를 가지고, 대토지 농업 경영이 존재했기 때문이다. 또한 다른 한편으로는 해협 저편에서 여행 온 대륙인을 놀라게 하고 분개하게 한 좋은 양친(fostering)제도가 널리 행해지고 있었기 때문일 것이다. 그러나 너무나도 성급하게 제출된 모델이 영국만의 것이라고 결론내리는 것은 피하려 한다. 예를 들면 공업화와 같은 현상을 특히 영국에서 분명하게 볼 수 있었어도 서구사회 전체의 특색임에는 변함이 없고, 사용인이 전혀 없는 사회도 세계 어디에나 존재하고 있다.

　라슬레트의 주장은, 예로 든 네 가지의 특징 속에서 만약 논리적 관계를 찾아낼 수 있다면 한층 흥미 깊어질 것이다. 결혼한 자식은 양친의 집으로 들어

▲ 호가스의 〈결혼 후 곧〉(1743~45년, 제14장 참조)

▶ 보두엥의 저택. 안일하고, 어쩐지 나른해지는 방 안, 방치된 커다란 책들, 기타, 강아지 그리고 헝클어진 여자의 머리와 복장은 관능적 쾌락을 느끼게 한다!

가지 않는다는 규칙 —다핵가족이 거의 존재하지 않았다는 사실이 그것을 증언하고 있다 —은 결혼의 장애가 되었고, 따라서 무시할 수 없는 사생아 출생률에도 불구하고 초산의 평균연령을 끌어올렸다. 그러나 같은 규칙은 동시에 지참금이 없는 아가씨와는 결혼하지 않는다는 서구의 관습과 관련이 있다. 그렇지만 켐브리지 대학그룹은 이 관습을 과소평가하는 경향이 있다. 한편 그와 반대로 초산연령이 높아졌기 때문에 어린이가 양친의 사후에 결혼하는 확률이 많아졌고, 그것이 또한 다핵가족의 수를 한정하게 되었다. 부부의 연령차가 적어지고, 여성의 초혼연령이 높아진 것 —따라서 초산연령이 높아짐—사이의 관계도 예상된다. 마지막으로 부모로부터 지참금을 받을 수 없을 경우, 아가씨는 몇 해를 하녀로 일하며 지참금을 마련해야 했다. 특히 영국 사회의 경우와 같이, 가족을 부양하기 위해 다른 사람의 농장에서 일할 필요가 있는 호주가 많을 때, 그것은 극히 논리적이기까지 했다. 왜 라슬레트가 서구사회 가족체계의 네 가지 구성요소간의 관계에 대하여, 또한 부부 형성의 관습과 경제적·사회적 구조와의 관계에 대하여 고찰하지 않았는지 나로서는 알 수 없는 것이 유감이다.

저자는 그와 같은 분석을 시기상조로 생각했을지도 모른다. 이론을 우선하고 사실 확인을 두려워하는 많은 사회학자의 병폐에 빠지지 않기 위해, 그는 무엇보다도 우선 〈서구 가족체계〉의 시간적·공간적 확대를 한정하려고 했을 것이다. 만약 그것이 지참금제도의 출현 이전에, 혹은 토지를 갖고 있지 않은 농민계층 발달 이전에 서구에 존재했다면, 내가 이상에서 서술한 설명은 무효가 될 것이다. 그런데 켐브리지 대학그룹은, 이 가족체계가 영국에서는 중세에 이미, 경우에 따라서는 고대에 이미 성립했다고 생각하는 듯하다.[2] 나로서는 그것에 전면적으로 반대한다. 프랑스에서는 이 체계가 중세 최후의 수세기와 산업혁명 사이에 생겼다는 것을 시사하는 약간의 사실이 있기 때문이다. 어찌되었거나 나는 이 분야에서 고대·중세 초기에 있어서 사실을 명확하게 하는 것은 불가능하다고 생각하므로, 현재 단계에서 이미 체계 내부의 논리적 관련을 당연히 고찰해야 한다고 믿는다.

두번째 논문 〈크레이와스와 코겐호〉(Clayworth and Cogenhoe)는 단순하고 명확한 방법, 유효한 통계분석, 풍부하고 독창적인 결론에 의해 주목받게 된 것이다. 본래 15년 전 같은 타이틀로 발표된 논문도, 지금 논문 여러 곳에서 볼 수 있는 증보수정임에도 불구하고 이미 같은 장점을 갖추고 있다고 할 수 없다. 어찌되었거나 타이틀 속에 나오는 두 마을의 목사가 17세기에 행한 몇 번의 인구조사를 자료로, 옛날 영국 사회에 관한 극히 중요한 몇 가지 시사를 이끌어냈다. 도시뿐만 아니라 촌락에서조차 직업이 다양했다는 점, 오로지 전공업기의 특색과 사회학자가 생각하고 있는 많은 형태의 대가족이 실제로는 거의 존재하지 않았다는 점, 한 곳에 정주한다고 생각했던 주민이 끊임없이 들어오고 나갔다는 사실을 분명하게 이끌어냈다. 크레이와스 마을에서는 61.8퍼센트의 주민이 새로 들어왔고, 코겐호 마을에서는 10년간 52.2퍼센트 —출생과 사망을 제외하고 이주자만을 고려해 넣는다면 각각 39.6퍼센트와 36.1퍼센트 —가 새로 들어왔다.

라슬레트는 수세기에 걸쳐서 같은 토지에 친숙해 있는 농민의 이미지를 바꾸고, 짧은 부부생활 동안에 어쩔 수 없이 몇 번이나 사는 곳을 바꾸어 교구가 바뀐 소작인·날품팔이 노동자의 이미지를, 평생 동안 같은 저택에서 봉사하는 늙은 하인·하녀의 이미지 대신에 대부분의 경우 젊고 한 곳에 꾸준하지 못했던 사용인의 이미지를 가져왔다는 점이다. 이것은 17세기의 영국뿐만이 아니라, 18세기의 프랑스 북부에도 적용된다고 추측할 수 있다. 예를 들면 빠-드-깔래Pas-de-Calais의 롱그네스Longuenesse에서는, 위에 서술한 영국의 두 마을 이상으로 주민의 거주 안정도가 높음에도 불구하고, 1778년부터 1790년에 걸쳐서 사용인이 동일 교구에 머무르는 비율은 다음과 같다.

1년간	153명 중	78명(51%)
2년간	같음	22명(14%)
3년간	같음	13명(8%)
4년간	같음	9명(6%)
5년간	같음	6명(4%)
6-12년간	같음	15명(10%)
13년간이나 그 이상	같음	10명(7%) (부표 1, 참조)

나이 든 집사도 ─적어도 프랑스에서는 ─존재하고 있지만, 그들이 사용인 전체의 극히 일부에 지나지 않았다는 점을 이 숫자가 증명하고 있다.

그러나 나는 이 숫자에 의한 증명에 불만이 남는다. 라슬레트와 그 협력자 엠마누엘 토드Emmanuel Todd가 선택한 계산방식이 사용인의 이동을 극히 과장한 것처럼 생각된다. 지금 1778년에 조사한 롱그네스의 사용인 수를 n_1, 1779년의 수를 n_2, 1780년을 n_3, …… 1790년을 n_{13}이라고 하자. 저자는 각각의 수를 나타내지는 않았지만, 부표 1에 의해 1778-1790년에 조사된 사용인의 총수 N의 개수와 평균년에 있어서 평균사람수 n을 산출하는 것은 쉽다.

$$n = \frac{(78 \times 1) + (22 \times 2) + (13 \times 3) + (9 \times 4) + (6 \times 5) +}{13}$$

$$\frac{\left(15 \times \dfrac{6+7+8+9+10+11+12}{7}\right) + (10 \times 13)}{} = \frac{492}{13} = 37.8$$

즉 롱그네스에는 평균 37명 내지 38명의 사용인이 있었고,

6명	16 %가	1년간
11명	30 %가	2-5년간
10명	27 %가	6-10년간
10명	26 %가	13년간 혹은

그 이상 그곳에 체류했던 것이 된다. 부표 1에 의한 것은 완전히 다른 이미지이다. 과연 롱그네스는 많은 남녀가 1년 주기로 들어오고 나간 모습을 볼 수 있다 하더라도, 이 방랑자들이 마을의 사용인들 전체 가운데 차지하는 비율은, 언제나 극히 일부에 불과했다는 점이다. 과반수(54%)가 적어도 6년간은 마을에서 체류하였고, 더구나 하인·하녀로서 13 혹은 그 이상 머무른 자가 4분의 1 이상(26%)이나 된다.

논자가 범한 부주의에 의한 잘못을 기회로, 나는 두 가지 점을 강조하고 싶다. 한 가지는 훌륭한 연구인 동시에 논자가 선입관을 우리들에게 강요하지 않은 경우에도 완벽한 통계는 오히려 잘못된 생각을 독자에게 줄 수 있다는 점이다. 두번째로 소규모 통계 ─나 자신 그 신봉자이지만 ─에는 그 나름대로 문제점이 있다는 것이다. 만약 켐브리지 대학그룹이라 하더라도 개별적인

마을을 대상으로 하는 대신에, 지역단위의 인구조사를 모태로 주민의 이동을 연구했더라면, 고찰대상이 된 13년간을 통하여 같은 방랑 사용인이 얼마나 마을에 출현하는지를 볼 수 있을 것이다. 그 결과 동일 마을에서 13년간 체류한 자를 한 번밖에 고려해 넣지 않았다면, 방랑 사용인을 어딘가에서 발견할 때마다 고려해 넣어야 한다는 점을 느끼지 못한 것일까? 물론 나의 가정은 지역 전체를 덮는 연단위의 인구조사 자료는 우리들이 갖고 있지 않다. 또한 교구 규모에서조차 극히 곤란한 동일 인물 확인의 문제가, 지역 규모에서는 해결 불가능하다는 점에서 비현실적이다. 단 교구의 테두리 내에서 행한 분석은 교구의 수가 너무 많아도 적당치가 못하다. 그 적당하지 못한 한 가지를 명확하게 해야 한다.

세번째 논문 〈영국에 있어서 사생아 탄생의 장기 경향〉의 주된 장점은, 막대한 수의 교구 —165교구, 때로는 404교구로, 이것은 내 기억이 틀림이 없다면 기록적인 수이다 —를 대상으로 하고 있다는 점에 있다. 프랑스에서는 국립 인구문제연구소 INED가 대규모로 행한 최초의 결과가 1975년 11월에 책으로 간행되었지만, 그것도 1740-1829년의 시기밖에 다루지 않았다. 그 결과 사생아수의 변동에 관해서는, 누구나 18세기 이후 이미 알고 있었던 사항 —이 시기를 통하여 끊임없이 증가 —의 확인·명확화로 그쳤다. 그에 비해 켐브리지 대학그룹의 조사는 4세기 이상의 범위 —1540년대부터 1960년대까지 —를 포괄하였다. 그 이전에는, 혹은 적어도 당시 대부분이 15교구를 샘플로 산출한 사생아수 커플을 기재한 《우리들 잃어버린 세계》(*The World We Have Lost*, 1965)의 간행 이전에는 몰랐던 시기에 대해 많은 것을 발견하게 해주었다.

1965년 이후 조사 통계적 기초가 비약적으로 확대함에 따라서, 비로소 얻은 결과에 여러 가지 흥미 깊은 뉘앙스가 덧붙여져 있지만, 커브의 대세는 변화가 없다. 사생아 출생률은 16세기에 높아졌고, 1600년대에 절정에 달했다. 17세기에는 낮아졌고, 특히 1650년대에 놀랄 정도의 하락을 보였다. 그 이후 1650년부터 1820년 무렵까지 일정한 상승을 보였고, 1820-1850년의 절정은

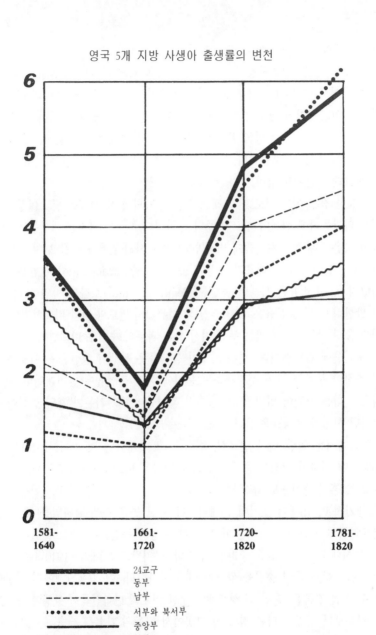

영국 5개 지방 사생아 출생률의 변천

| | | | |
| 1581-
1640 | 1661-
1720 | 1720-
1820 | 1781-
1820 |

━━━━━━ 24교구
┅┅┅┅┅┅ 동부
─ ─ ─ ─ ─ 남부
•••••••••• 서부와 북서부
━━━━━━ 중앙부
〜〜〜〜〜 북부

1600년대의 그것을 훨씬 상회하고 있다. 그 전체적 움직임은 영국 전지역에서 최고점, 또는 상승하강의 경사도는 각각 다르게 나타났다.(도표 참조) 영국에 있어서 이와 같은 사생아 탄생률의 움직임은, 프랑스와 유럽의 다른 나라들 —16,7세기에 관해서는 영국에 비해 훨씬 알 수 없다—에서 볼 수 있는 것과 비슷하다. 단 영국 쪽이 적어도 수세기 선행하고 있다. 이 그래프가 흥미 있는 점도 이 때문이다. 단 가치의 움직임을 어떻게 해석하고 설명하는가는 그대로 문제로 남아 있다.

중요한 점은 어느 정도 이 그래프가 혼인 외의 성적 관계를 남·여성이 갖기를 바라는가에 관하여 가르쳐 준다는 점이다. 이 점, 저자는 대부분의 사려 깊지 않은 프랑스 역사가들에 비해 눈에 띄게 사려 깊은 모습을 보여 주고 있다. 예를 들면 그는 그래프가 사생아 출생률(illegitimacy ratio)의 변화를 나타냈지만, 이 비율은 사생아 출산률(illegitimacy rate)보다도 막연한 지표라고 말한다.[3] 이 출산율은 과연 혼인 외 성관계의 빈도와 거의 비례하지만, 동시에 출산 가능연령에 있는 독신 여성 혹은 과부의 수와도 비례한다. 즉 그것은 혼인율에 반비례한다. 한편 사생아 출생률은 사생아 출산율 —이것은 거의 측정이 불가능—에 정비례하는 동시에 혼인 출산율에 반비례한다. 원칙적으로 다른 조건이 일정한 경우, 혼인 출산율이 내려가든가 혼인 연령이 올라가면 사생아 출생률은 올라간다.

영국에서는 놀랄 만한 일로서, 현실은 그 반대였던 것 같다. 1640년부터 1690년에 걸쳐서 사생아 출생률이 가장 낮았을 때, 여성의 초혼연령은 가장 높았고, 혼인 출산율도 가장 낮았던 것 같다. 사생아 출생률이 18세기를 통틀어 증가하고, 19세기 초기에 16세기보다 훨씬 높은 수에 달하였을 때, 평균 결혼연령의 저하가 나타내는 바와 같이 여성의 독신율은 감소 일로를 걸었고, 동시에 혼인 출산율은 증가한 것 같다. 마지막으로 1850–1940년에는, 사생아 출생률과 혼인 출산율 쌍방이 다시 저하한다. 이 평행관계에서 이끌어낼 수 있는 결론은, 혼인 외 성관계에 대한 기호의 변화진폭이 사생아 출생률의 경우보다 훨씬 크다는 점이다. 그곳에서 다음의 가설을 세울 수 있다. 즉 『연인들이 피임수단을 사용했을 때, 부부도 결단이 약한 때는 있어도 같은 길을 걸었다』라고. 신중한 레슬레트는 사실의 테두리에서 착수할 리가 없다.

그는 단지 사생아 출생률과 혼인 출산율이 4백 년에 걸쳐서 평행하게 변화했다고 지적했을 뿐이다.

그러나 과연 이것은 확인된 사실이라 말할 수 있을까? 산업혁명 이전의 영국에 관해서, 사생아 출생률의 추이와 같은 정도로 확실하게 결혼연령과 혼인 출산율의 추이에 관하여 말할 수 있을까? 나는 그렇게 생각하지 않는다. 양자에 관하여 저자는 단지 코리톤Colyton 마을의 증언밖에 제시하지 않았다. 물론 그외에도 켐브리지 대학그룹이 앙리 방식에 따라서 가족 재구성을 행한 15 남짓되는 부락이, 막연하게 인용되고 있다. 단 이 곤란한 작업은 내가 아는 한 아직 어떠한 간행물의 형태도 갖추지 못하였다. 이 촌락에 대한 숫자는 지금 문제로 삼고 있는 저작에서는 한 번도 다루지 않았기 때문에, 주의 깊은 독자는 특히 합법 임신율에 관해 저자의 말을 그대로 받아들이는 것에 주저하고 있다. 같은 논문집의 다른 곳이 풍부한 숫자, 이유달기로 가득차 있기 때문에 더욱 그러하다.

그뿐만이 아니다. 부표 2, 3(382-385쪽)은, 각각 선택한 404교구에 관하여, 10년마다 결혼건수에 대한 세례수를 나타내고 있다. 즉 합법 임신의 극히 많은 비율을 차지하고 있다. 그런데 양쪽 그림에서 같은 사실을 엿볼 수 있다. 예를 들어 부표 2에 의하면, 1610-1709년과 같이 결혼 1건에 관해 평균 4명 이상의 아이가 있을 때는, 사생아 출생률은 0.94와 2.61 사이(평균 1.3)에 있다. 결혼 1건에 관해 아이가 4명 이하의 경우—1580-1609년과 예외 한 가지를 별도로 하고, 1710-1809년—에는, 사생아 출생률은 1580-1609년에는 평균 3.04, 1710-1809년에는 3.7이라는 높은 숫자에 달하고 있다.

이것은 혼인율의 움직임에만 원인이 있는 것이 아닐까, 라고 당연히 생각해 볼 수 있을 것이다. 왜냐하면 결혼연령은 17세기에 상승 18세기에는 내려갔다고 일반적으로 인정하고 있다. 1650-1699년 사이에 극히 현저하게 볼 수 있는 인구 증가율의 저하는 합법 임신의 감소를 예상했기 때문이다. 그러나 유럽 전지역과 마찬가지로, 여기에서도 인구수의 정체를 설명하는 것은 유아 사망률이 압도적으로 높았다고 나는 생각한다. 실제로 세례수에 비해 사망수를 계산하여, 유아 사망률의 대략적인 지표를 나타내 보자.

1580-1639년   항상 0.94 이하(평균 0.820)

▲ 호가스의 〈전前〉

▲ 호가스의 〈후後〉

▼ 호가스의 〈탕아의 편력〉(1735년)

1640-1699년   항상 0.98 이상(평균 1.026)

1700-1809년   1720년대를 제외하고 0.86 이하(평균 0.815)

17세기 후반은 그 전후 시기 이상으로, 모든 연령층의 인간에게 죽음이 격렬하게 엄습해 온 시기이다. 그런데 임산부의 사망은 출산율과 상관 없이 저하했다. 그 이상으로 영국에서는 신생아가 탄생 후 평균 2주간에 처음 세례를 받으므로, 생후 몇 주 내의 사망 —매장대장에 기재되어 있는 것은 드물다—의 증가가 합법 임신의 감소라는 잘못된 이미지를 주었다. 마지막으로 출생과 세례기간의 격차가 17세기를 통틀어 커진 것 같고 —리글레Wrigley는 코리톤 마을에 관해 그것을 증명하고 있다—그 결과 당연히 혼인율 저하라는 잘못된 인상을 강하게 남겼다. 이와 같은 상황에서는, 산업혁명 이전의 영국에 있어서 혼인율의 연구는 매우 어렵다. 나는 17세기의 코리톤에 있어서 산아제한에 관한 리글레의 결론을 믿을 수 없고, 15교구에 관한 그의 새연구를 몰랐더라면, 영국에 있어서 사생아 출생률과 혼인 출산율의 평행적인 추이라는 본서에서 말한 그의 주장을 받아들일 수도 없다.

이 세번째 논문에 나타난 사생아 출산 그래프의 흥미는, 그 기초가 된 교구의 수가 많다는 점에서 나온다. 그러나 동시에 그 대규모 통계로서의 성격이, 그에 덧붙여서 분석을 기대할 수 없는 것이 되었다. 왜냐하면 현재 엄밀한 통계분석을 위해 필요한 도구를 우리들은 갖고 있지 않기 때문이다. 국가 레벨에서는 여전히 출산율·혼인율, 혹은 독신율의 숫자는 너무 대략적이다. 이와 같은 항목에 관한 정밀한 데이타가 존재하는 곳은 극히 소수의 교구, 출산율에 관해서는 단지 한 곳밖에 없다. 1교구내의 출산율의 변동과 나라 전체의 사생아 출생률의 변동 사이에 상관관계를 설정하는 것은 위험하다. 제출된 사생아 출생률의 커브는 갖가지 잡다한 교구단위의 커브의 합성밖에 안 된다. 특히 코리톤에서는 그 대다수가 다른 곳과 완전히 다른 모습을 하고 있기 때문이다.[4] 저자는 분석해석의 극히 가설적인 성격을 좀더 강조하든가, 그렇지 않으면 그 논문의 재간행에 즈음하여 분석의 보강이 될 수 있는 새로운 숫자를 명시해야 한다고 나는 생각한다.

원래 〈영국에 있어서 사생아 출생의 장기 경향〉은, 4백 년에 걸친 사생아 출생률이라는 중요한 커브 이외에도 귀중한 것을 우리들에게 준다. 때로 너무나 통계에 집착하는 느낌이 없지 않은 피터 라슬레트도 사생아 출생률이라는 추상적인 숫자의 배후에 다양한 조건으로, 다양한 성적 관계를 가지며 살아가고 있는 남녀가 존재하고 있다는 것을 잊어서는 안 되기 때문이다. 그리고 역사적 현실이란 이와 같은 구체적 조건으로 이루어진 이상, 그것을 면밀하게 다루는 것이 중요한 작업이다. 프랑스의 경우 여성이 왕국 관리, 지방 관리, 혹은 귀족령 관리에게 행한 수천, 아마 수십만 건의 임신신고 덕분에 구체적으로 여성에 관해 알 수 있었다. 그렇지만 이런 종류의 자료가 모자란다고 생각되는 영국에서는, 교구 원부原簿에서 만든 호적부를 끈기 있게 조사해야 한다. 따라서 연구에는 보다 많은 어려움이 수반되지만, 최종적으로는 농촌부의 사생아 탄생에 관해 보다 정확한 이미지가 그에 의해 주어지게 된다. 예를 들면 프랑스의 경우와 달리 미혼모가 출산을 위해 마을에서 대도시로 도망가는 일이 없었기 때문에, 본래의 생활환경 속에서 그녀들의 모습을 연구하는 것이 가능하다. 사생아를 낳은 후 무엇을 했는지, 비합법 임신이 1회에 한하였는지, 반복되었는지, 그것은 왜인지, 이 경향은 조상으로부터 이어받은 것은 아닌지, 또한 자손에 의해 받아들여지지 않았는지와 같은 의문에 대한 해답이 나오게 된다. 이와 같은 연구 방향은 초판의 마지막 페이지에서 보여 주고 있다.

이번 판에서는, 세 개 마을에 관하여 한 사람 이상의 사생아를 낳은 여성의 비율이 나타나 있다. 이 비율은 사생아 출생률과 더불어 증감하였지만, 증감의 비율이 훨씬 크다. 이것은 내연관계의 남녀를 헤어지게 하거나, 〈행실이 나쁜 아가씨〉를 마을에서 추방하는 것보다 쉽게, 독신자 혹은 과부 들에게 금욕생활을 보내게 했던 마을 남자들의 기획 —항상 여성 쪽에서도 바랐던 것은 아니다 —에서 정조를 지키라고 설득할 수 없었다는 증거일까? 가톨릭 교회 개혁기의 프랑스에서는 사실 그러했던 것으로 나는 생각한다. 그러나 이와 같은 그래프를 제시할 때, 검토대상이 된 마을에서는 사생아 한 명밖에 출산하지 않은 아가씨도, 다른 장소에서 좀더 많이 낳았을지도 모른다는 것을 잊어서는 안 된다. 우리들이 크레이와스와 코겐호 마을에서 본 가사 사용인·가장 들의 경우와 마찬가지로 그녀들도 시종일관 사는 장소를 바꾸었을지도 모른다. 그리고 시기에 따라서 그 이주 빈도에도 차이가 있었을지 모른다.

어찌되었거나 켐브리지 대학그룹의 연구자들은, 여기에서도 또한 주목할 만한 새로운 연구 유형을 도입하였다. 그것은 프랑스와 같이 임신신고 자료가 풍부하게 있는 나라에서조차 적용할 가치가 있다고 생각한다.

피터 라슬레트는 이렇게 피력하였다.

역사학자는 대부분, 가령 개인 혹은 심적 상태를 연구대상으로 선택한 자라도, 어느 정도 사회를 대상으로 하지 않을 수 없다. 따라서 또한 역사학자는 대부분 수량을 다룬다. 문제는…… 암암리에 행하는 수량화를, 분명한 형태로의 수량화에서 구별하는 것이다.

사실 이 지적은 좀더 앞에서 이루어졌어야 했다. 그렇다고 해서 역사사회학의 문제에 대해서는 올바른 접근 — 통계적 접근 — 과 〈인문주의적〉이라 할 수 있는 잘못된 접근이 있다고 결론지어서는 안 된다. 통계파의 사용에 견뎌낼 수 있는 좋은 자료와, 전통적인 역사학자의 사용에 맡길 수 있는 나쁜 자료가 있다고 생각해서도 안 된다. 실제로는 통계적 자료를 구성할 수 있는 자료에도 무수한 종류가 있다. 물론 그렇기 때문에 같은 종류를 다른 형태에 이용해선 안 되는 것도 아니다. 서문 속에서 저자가 부정하고 있음에도 불구하고, 〈구세대의 가족생활과 비합법적 사랑〉을 읽을 때 우리들은, 자칫하면 저자의 관심은 통계적 접근밖에 안 되고, 자료로서는 단 하나의 유형 — 인구조사 — 밖에 알 수 없는 것은 아닌가 하는 의문을 갖게 된다. 계속해서 나온 논문 〈과거에 있어서 부친의 결여〉·〈노년의 역사〉·〈중세 이후 유럽에 있어서 성적 성숙의 연령〉·〈아메리카 노예 농원에서의 가계와 혈연〉은 모두 이런 종류의 자료를 기초로 하고 있다. 우리들이 이미 검토한 논문과 아울러, 본서의 7편 중 6편이 이런 유형의 자료에 기초를 두고 있다. 그러나 그밖에도 많이 이용할 수 있고, 때로는 이와 같은 문제에 좀더 적당한 자료가 존재한다. 이하에서 두 가지 예를 들고자 한다.

17,8세기에 있어서 영국의 인구조사에서는, 예를 들면 이러이러한 연령의 아이 몇 명이 부친 혹은 모친이 없는 아이인지 알 수 없다. 첫째로 대부분의 인구조사가 대상이 되는 사람들의 연령을 나타내지 않았기 때문이다. 이 어

려움을 극복하려고 저자가 사용한 방법 —17,8세기 영국의 독신자 총체를 열여덟 살의 아메리카인과 비교했다 —은, 평균 결혼연령이 열여덟 살보다는 서른 살에 가까운 이상 쉽게 승복하기 어렵다. 더구나 이 독신자들의 상당 부분이 거주 사용인으로, 그들에게 부친이 있는지 없는지는 아무리 조사를 해보아도 알 수 없다는 점이다.

그러나 산업혁명 전의 영국과 현재 아메리카 각지에서, 한쪽 부모가 없는 아이의 비율을 엄밀하게 비교 대조할 수 있는 자료가 존재한다. 교구대장에서 출발하여 앙리 방식으로 인구학자들이 작업하는 가족카드가 그것이다. 이 카드는 한 가족의 아이 각각의 생년과 양친의 사망 연월일을 나타낸다. 따라서 자식이 계속 태어날 경우에는, 부친 혹은 모친 사망 때의 연령을 쉽게 계산할 수 있다. 물론 청년기에 달한 아이가 종종 마을을 떠나고 —특히 영국에서는—그 사망·결혼의 흔적도 남기지 않았기 때문에 양친보다 얼마나더 생존했는지 어떤지 알 수 없다는 점도 나는 알고 있다. 단 어떤 인구 연구에서도 —예를 들면 사생아 출산, 출산 회수에 관한 —인구 이동에 의한 이런 종류의 어려움은 피할 수 없는 것이다. 그럼에도 불구하고 그곳에서 이끌어낼 수 있는 결론은 일반적으로 제4장의 결론만큼 기대에서 벗어나지 않는다.

피터 라슬레트는 제6장에서 유럽에 있어서 성적 성숙 연령을 논하면서, 1733년 세르비아 지방의 인구조사 자료를 이용하고 있지만, 나는 그 이용방법에 관하여 더욱더 커다란 이의를 품고 있다. 그뿐 아니라 라슬레트의 차례의 기초가 된 원리 그 자체조차 의심스럽게 생각한다.

벨그라드Belgrade의 아가씨들이 평균 열여섯 살에 결혼했다고 산출하면서 그는 이렇게 주장했다.(225쪽)

이 점에 관하여 기독교의 규칙을 지킬 수 있다면, 이 젊은 아내들은 성적으로 이미 성숙하였다.

그런데 실제로는 성적 성숙의 개념과 이 분야의 기독교 규칙은, 그가 상상한 이상으로 애매했다. 교회에 의하면, 여자는 열두 살 —그리고 남자는 열네 살 —이면 결혼을 허락하였지만, 교회법이 첫월경으로써 법적 적령기의 시작으로 보았다고는 생각하지 않는다.[5] 교회법학자들은, 남자나 여자나 『어른스러움이 연령의 부족을 채울 수 있다면』좀더 나이가 어려도 결혼해도 상관 없다고 말하였다. 〈예를 들면〉이라고 베네딕트는 쓰고 있다. 『만약 남자가 정신적으로나 육체적으로도 충분히 분별력이 있고, 사정 혹은 아가씨의 처녀성을 빼앗을 수 있다면 결혼해도 상관 없다고 생각해도 좋다…… 여자에 관해서도 마찬가지이며, 남자와의 동침을 견디낼 수 있을 때 그 결혼은 법적으로 효력을 가진다.』[6] 물론 신학자들에게 있어서 생식은 결혼의 제일 목적이었다. 그러나 단 한 가지 목적만이 아니라, 기독교적 전통에서는 결혼의 효력이 부부의 생식능력에 좌우된 적은 한 번도 없었다. 그들에게 요구된 것은 성적 관계를 가질 수 있는 것뿐이며, 남성 정자의 질, 여성측의 생식능력이 문제가 된 적은 없다.

나로서는 성적 성숙이라는 개념이 약간 가볍게 사용되었고, 그 이름 아래에서 보통 각기 예외가 되는 사항을 혼동하고 있다고 생각할 수 있다. 즉 법률상의 성숙, 생리학상의 사춘기 —이것은 음모의 출현, 유방과 허리의 여성적 발달의 시작, 생리의 시작과 같은 몇 가지 현상과 결부짓기 때문에 훨씬 애매한 개념이다 —의 그것과 생식연령이 그것이다. 옛날 의사들은 이와 같은 혼동이 결혼에 관한 기독교 교의의 모순이 노출되는 것을 막기 위해, 오히려 그것을 장려하기도 하였다. 16세기 프랑스의 의사 로랑 주베르Laurent Joubert에 따르면, 여자는 『열두 살에 첫월경을 시작하지만, 그것은 사춘기의 끝이다.』그 이후 생식이 가능해진다. 그래도, 가령 사춘기 이후에도 『월경이 없어서 임신할 수 없는』아가씨도 있다고 한다. 즉 여기에서는 사춘기와 생리의 시작이 구별되고 있다. 또한 주베르는 반드시 『월경이 있는 여자 대부분이 임신한다고는 할 수 없다. 왜냐하면 임신·출산에는 달리 필요한 조건도 있기 때문에』라는 것을 알고 있었다. 반대로 첫월경 이전에 임신하는 수도 있다고 주장한다. 그뿐 아니라 『항상 임신·수유·산욕 중 어느것인가를 하고 있기 때문에』[7] 자식이 많은 오랜 결혼생활을 보내면서 한 번도 월경을 하지 않은 여성도 있다. 그리고 주베르는 그 실례로서 『18명의 아이를 낳으면서…… 출산시의 출혈 이외에 결코 피를 잃어본 적이 없는』[8] 〈똘루즈의 부인〉을 인용하고 있다. 법률상의 결혼 적령기, 사춘기 연령, 첫월경 연령,

생식 연령의 혼동이 일반화되어 교회 교의를 지탱한 반면, 그 사이에 볼 수 있는 차이점을 강조하므로써 부모들은 미성숙한, 때로는 사춘기 이전의 딸을 시집보낼 구실로 삼기도 했다. 그러나 당시의 학자들은, 첫월경 평균연령이 정말로 열두 살이었는가, 사춘기의 아가씨들이 평균적으로 실제로 생식이 가능했다고는 결코 생각하지 않았다. 지금 이와 같은 의문을 제출하는 우리들은, 조숙한 결혼에 의해 사회적·종교적 여러 문제에서 해방되는 이상으로 전통적 편견에서 완전히 자유로워지지 못했다.

더구나 인구학자들도 이전부터 열다섯-스무 살의, 더구나 스물-스물다섯 살에 결혼한 여성의 생식능력이 스물다섯-스물아홉 살에 비해 뒤떨어진다고 느꼈다. 그런데 이 미성숙 여성의 대부분도 규칙적으로 월경을 하고, 정상적인 성관계를 영위했다고 생각해도 좋을 것이다. 그녀들의 미성숙성은 단순히 생식 가능한 난자를 만들지 못하거나, 성숙한 여자에 비해 훨씬 작은 수밖에 만들어내지 못한다는 점뿐이다. 피터 라슬레트가 말한 것이 이런 종류의 미성숙이라면, 17세기 이후의 인구통계가 이용 가능하며, 동시에 그 통계자료는 프랑스를 비롯하여 서구 제국에 풍부하게 존재하고 있다. 그리고 그것은 18,9세기에 있어서 생식 적성연령의 저하를 시사하게 되었다고 생각한다. 사실 쇼터가 다른 목적으로 나타낸 바와 같이 열다섯-스무 살, 그리고 스물-스물네 살에 결혼한 여성의 출산율은 유럽의 몇몇 나라에서 증대하는 경향을 보여 주었다. 그리고 이것은 피임이 행해지기 시작했기 때문에 나이 많은 여자의 출산율이 약간 저하하기 시작한 것은 프랑스에서도 같다.[9]

만약 연구대상이 반대로 첫월경 출현 시기라면 인구학적 통계에서 직접 그것을 다룰 수 없고, 의사들의 증언을 비롯 직접적 증언을 이용해야 한다. 이런 류의 자료가 나타내는 바는, 18세기와 19세기 전반 아가씨들의 첫월경 연령은 현재보다 훨씬 늦어졌다. 예를 들면 18세기의 어느 관찰자는 솔로뉴 지방에는『열여덟 혹은 스무 살 이전의 여성에게는 월경이 없다』[10]고 주장하고 있다. 1846년 한 의사가, 알프스 지방의 와장Oisan 계곡에서는『어린이들은 남자나 여자 모두 성장이 빠르고, 빠른 시기에 사춘기에 도달한다. 여자에게 있어서 그것을 나타내는 징표는 보통 열여섯, 열여덟 무렵에 나타난다』[11]고 서술하였다. 이와 같은 수많은 증언은 대부분 한 가지 혹은 몇 개의 계열로 정리할 수 있다. 1백 종 이상의 자료를 모은 쇼터는 그것을 두 계열로 나누고 있다. 첫째는 아마츄어의 관찰이며, 18세기는 그것만으로 만족해야 한다. 단 그것을 19세기 말까지 더듬는 것은 흥미로운 작업이다. 둘째는 임상조사로, 프랑스의 경우 19세기 전반이 되어야 비로소 나타난다. 〈아마츄어의 관찰〉은 평균적으로 〈임상조사〉보다 약간 높은 연령을 나타내고 있지만, 그 차이는 2-5개월보다 적게, 두 계열 모두 첫월경 연령의 연속적 저하라는 점에서는 일치한다. 18세기 후반의 열다섯・아홉 살에서부터 20세기 후반의 열셋・다섯 살까지 내려갔다는 점이다.[12]

이런 종류의 자료계열화는 물론 여러 가지 문제를 수반한다. 그 중에서도 균질성의 문제가 첫째이다. 솔로뉴 지방 여성의 첫월경이 열여덟-스무 살이라 하더라도, 그 시대의 프랑스로서는 고연령이라 할 수 있다. 반대로 와장의 의사에게 있어서 1846년이라는 시기에 열여섯-열여덟 살은 조숙하다고 할 수 있을 것이다. 즉 동일 계열 내에서 고찰된 하나하나의 시기에 관하여, 고연령・저연령・보통연령이 같은 수만을 갖추고 있다는 것을 분명히 해야 할 것이다. 그렇지 않으면 당연히 가중법加重法의 조작이 필요해진다.

한편 관찰자에게 선입관이 있는지 없는지도 물어보아야 한다. 솔로뉴 지방에 관해 말한 사람은, 아마 이 버림받은 토지에 대하여 좋은 인상을 가지지 않았을 뿐더러, 주민들의 키가 작은 것을 성적 미숙과 결부지었던 것은 아닐까? 반대로 와장의 의사는 산지 주민들의 활동적 생활에 대한 호감을 품으려 하지 않았다. 따라서 그가 말한 산지 아가씨들의 조숙성을 의심해 볼 수 있을 것이다. 증언에서 곧 이어진 부분을 읽으면 그 의심은 더욱더 짙어진다.

이 신체의 움직임은 그녀들에게 가장 한랭한 마을로, 기묘한 중단현상을 볼 수 있다. 그것은 겨울철이 6개월간 계속되지만 월경 중지가 건강을 해치는 일은 없다.

즉 이와 같은 자료가 이미 같은 의미를 갖고 있지 않으므로 서로 혼합해서는 안 된다. 모든 것을 철저하게 검토하고 비판하고 서로 대조하고, 또한 조혼 여성의 출산율 통계도 대조해 볼 필요가 있다. 이 작업은 섬세한 정신, 기하학적 정신을 요구하지만, 사춘기 연령의 역사를 쓰기 위해서는 이것 외에 다른 방법이 있다고는 생각할 수 없다.

〈인문주의적 역사가〉와 통계파의 대립은 미국에서 격렬하였던 듯하고, 피터 라슬레트도 이 저작을 계기로 대립의 소용돌이 속으로 몸을 던졌지만, 내가 보기에 이것은 예상이 빗나간 논의이다. 동시에 그 양자가 없으면 좋은 역사사회학은 불가능할 것이다.

[부표 I] 1778−90년, 룽그레스(북프랑스) 가사 사용인의 거주 연수

총수 153명 중 사람수	퍼센트	거주 연수	출현 리스트
78 (명)	51 (%)	1 (년)	1
22	14	2	2
13	8	3	3
9	6	4	4
6	4	5	4
15	10	6−12	6−12
10	7	13 이상	全 13

[부표 II] 404교구에서의 10년 주기마다의 비율

연대	결혼 1건에 관한 세례건수(404교구)	증감지수 (404교구)	사생아 출생률 (98교구)
1580	3.69	27.26	2.84
1590	3.68	13.34	3.08
1600	3.93	28.92	3.20
1610	4.04	17.35	2.61
1620	4.41	18.63	2.54
1630	4.35	14.02	2.06
1640	5.62	17.12	1.70
1650	4.24	6.89	0.94
1660	4.86	5.19	1.48
1670	4.84	4.31	1.30
1680	4.57	-0.07	1.52
1690	4.80	8.99	1.82
1700	4.26	16.00	1.80
1710	3.94	10.70	2.12

1720	3.82	-3.49	2.24
1730	3.89	16.23	2.69
1740	4.06	11.23	2.85
1750	3.77	20.42	3.35
1760	3.39	15.80	4.17
1770	3.63	24.19	4.45
1780	3.63	22.74	5.00
1790	3.75	28.18	5.07
1800	3.66	32.96	5.32
평균	4.12		평균 2.79

[부표 Ⅲ] 24교구에서의 10년 주기마다 등록수, 비율

연대	세례건수	매장건수	결혼건수	결혼 1건에 관한 세례건수	증감지수[a]	사 명명된자	생 주정	아 중매계수	합계	전체 사생아 건수의 비율(%)
1580[b]	[7,535]	[6,302]	[2,050]	[3.7]	16.36(%)	249	29	112	278	[3.7](%)
1590[b]	[8,162]	[7,644]	[2,211]	[3.7]	6.35	326	37	111	363	[4.6]
1600	9,224	6,868	2,337	3.9	25.54	381	28	107	409	4.4
1610	9,660	7,585	2,223	4.3	21.48	324	26	108	350	3.6
1620	9,607	8,047	2,060	4.7	17.28	278	21	108	299	3.1
1630	10,012	7,997	2,043	4.9	20.12	232	19	108	251	2.5
1640	[8,712]	[8,520]	1,356	[6.4]	2.20	151	16	111	167	[1.9]
1650	6,981	7,414	1,790	3.9	-6.20	31	7	123	38	0.5
1660	7,995	8,234	1,842	4.3	-2.99	120	6	105	126	1.6
1670	7,805	8,893	1,766	4.4	-13.94	118	6	105	124	1.6
1680	7,905	8,951	1,613	4.9	-13.23	133	12	109	145	1.8
1690	8,469	8,732	1,823	4.6	-3.10	157	4	103	161	1.9
1700	9,194	7,876	2,336	3.9	20.86	175	10	106	185	2.0
1710	9,247	7,476	2,499	3.7	19.15	166	22	113	188	2.0

1720	9,858	10,236	2,603	3.8	-3.83	241	20	108	261	2.6
1730	11,157	8,654	2,963	3.8	22.43	300	31	110	331	3.0
1740	11,002	9,141	3,024	3.6	16.91	363	39	111	402	3.7
1750	11,727	9,240	3,419	3.4	21.20	364	56	115	420	3.6
1760	12,242	10,574	4,011	3.1	13.62	500	76	115	576	4.7
1770	13,508	10,626	4,371	3.1	21.33	567	147	126	714	5.3
1780	14,619	11,516	4,899	3.0	21.22	655	141	121	796	5.4
1790	15,400	12,636	5,012	3.1	17.95	791	143	118	934	6.1
1800	16,217	11,357	6,128	2.6	29.97	867	153	118	1,020	6.3
합계 1581-1810	[236,238]	[204,519]	[64,379]	3.8		7,488	1,049		8,538	3.6

a : $\dfrac{(\text{세례건수}) - (\text{매장건수})}{(\text{세례건수})} \times 100$ (매장건수 쪽이 많은 경우에는 마이너스가 된다)

b : 23교구만

[ ] 안의 숫자는 등록 기간에 중단되었기 때문에 다소 수정을 가한 것.

원 주

【서─〈성〉의 역사를 위하여】

1) 예를 들면 S. 앙브로와즈Ambroise《루카의 傳論》I, 43–45. 『신에 대한 두려움으로 마음을 가라앉히고 진정시킨 젊은이들은, 종종 아이를 낳게 되면 젊은이의 행위를 딱 멈추어 버린다.』

2) J.–L. Flandrin, *Les Amours paysannes*, Paris, Gallimard, coll. 〈Archives〉, 1975, p.198–199.

3) E. Shorter, *Naissance de la famille moderne*, Paris, Seuil, 1977. E. Badinter, *L'Amour en plus. Histoire de l'amour maternel, XVIIe–XXe siècles*, Paris, Flammarion, 1980.

4) 세비녜 후작부인이 지도신부로부터 딸에게 성적 매력을 느끼고 있다고 하여 질책을 당한 것은 편집광적인 해석이거나, 혹은 17세기의 엄격한 기독교에 대해 전혀 모르는 것이다.

5) 이삭이 신의 기적으로 노령의 모친으로부터 태어났다는 것은 주지한 바 있다.

6) J.–L. Flandrin, *Familles*, Paris, Hachette, 1976, p.133–138, p.171–176.

7) 내가 생각하고 있는 것은 특히 P. Ariès, *L'Homme devant la mort*, Paris, Seuil, 1977이다.

8) 특히 J. Depauw 〈Amour illégitime et société à Nantes au XVIIIe siècle〉, *Annales ESC*, juillet-octobre 1972, p.1182. 그리고 A. Burguière, 〈De Malthus à Max Weber : le mariage tardif et l'esprit d'entreprise〉, *ibid.*, p.1130–1132 et 1137.

9) P. 라슬레트Laslett는, 영국의 여성은 17세기와 마찬가지로 만혼이라고 주장하지만 나는 결코 그렇게 생각하지 않는다. 그런 것이 아니라, 18세기에 들어와 이 산업혁명의 나라에서는 결혼연령이 낮아졌던 것이다.

【1 감정과 문명 ─서명書名 조사에서】

1)《간통 현장을 덮치는 에라토스테네Eratostène 살해에 관하여 연설가 리지아

스Lysias가 펼치는 뛰어난 변명과 변호. 간통에 관해 민법전에 들어 있는 모든 문제의 논설》 그리스어를 프랑스어로 번역. 번역자는 디종Dijon, 부르고뉴Bourgogne 법원 왕실 심의관, 귀족 자끄 데 꽁뜨 드 벵뜨밀 로디앙Jacques des Comtes de Vintemille Rhodien. 주석자는 법률학박사 M. 필리베르 뷔뇽Philibert Bugnyon …….(Lyon, B. Rigaud, 1576 ; BN, X 16 796)

2) 《이혼의 탑》(La Tour aux divorces)

3) 16세기의 단 한 가지 예. 《성체聖體 논의, 신들을 불러들이고 성직자의 독신에 관한 마르티누스 부켈스Martinius Buceri의 편지에 대한 바르토르메우스 라 토미Bartholomaei La Tomi의 답장……》(Lyon, G. et M. Beringer, 1544)

1961년의 두 가지 예. 《성직자의 독신》·《독신과 성직》. 16세기는 현대와 더불어 성직자의 독신 문제라는 동일 문맥인 점에 주의해야 한다. 우연의 일치? 4세기 이상에 걸쳐서 문제가 되어 왔던 것인가? 옛날 문제의 재연? 물론 이 조사만으로 답할 수는 없다.

4) 부표 I 참조.(p.52-55)

5) 부표 I 참조.

6) 주요한 것을 예로 든다.

《결혼과 중혼의 애가哀歌의 서》 강Gand의 마뉴Mahieu 씨가 라틴어로 쓴 저작을 장 르페부르Jehan Lefevre 씨가 프랑스어 시로 옮겨 놓은 것.(Lyon, O. Arnoullet, s. d.)

《결혼 15의 환희》(Les Quinze Joies de mariage)〔다수 출판〕

《결혼의 암흑》이하에서 간결하게 서술한 결혼의 암흑은, 문자 그대로 재난으로 목숨을 바친 사람에 의해 씌어졌다는 것은 거짓이 아니다. 그는 결혼이라는 노예상태에서 10년을 머물렀던 사람이다.(Lyon, Vve B. Chaussard, 1546 ; Chantilly, musée Condé)

《결혼의 행운, 불운》부록, 쟝 드 마르꽁빌Jean de Marconville이 불어로 번역한 프루타르크Plutarque에 의한 혼인 법률…… 개정·증보가 있다. 결혼은 존경해야 할 것, 침상은 더럽지 않은 것(《히브리인들에게 보낸 편지》13장).(Lyon, B. Rigaud, 1583 ; Aix, Méjanes, G. 66 87) 외에 다수의 판이 있다.

《……수도신부, 불행한 결혼자, 매춘부, 뚜쟁이, 소심한 병사, 사관, 무능한 박사, 고리대금업자, 무식한 시인 작곡가의 지옥》 도니 플로랑뗑Doni Florentin의 여러 작품에서, 가브리엘 샤뿨 뚜랑조Gabriel Chappuys Tourangeau가 저술한 것. (Lyon, B. Honorat, 1578; British Museum, 12 316. e. 21) 외에 1580년, 1583년의 리용판이 있다.

《사보와 지방 쎙 랑베르Sainct Rambert의 사람, 끌로드 메르메Claude Mermet
의 과거》불행한 결혼자의 위안을 담았다. 더구나 나이 든 재혼 여성의 탄식, 결혼
논의, 격언시, 오락의 시를 추가. 저자 자신에 의해 개정.(Lyon, Bouquet Basile,
1585 ; BN, Rés. Ye. 1641)

《신혼인 자에 대한 경계》(Lyon, P. Mareschal, s. d. ; BN, Rés Ye. 336) 등.

7) 이런 종류의 저작 타이틀에는 〈결혼〉(mariage)이 10번, 〈아내(남편)로 삼다〉
(épouser)가 12번 사용되고 있다. 예를 들면,

《아마디스 드 골Amadis de Gaule 제4서》여기서 말하고 있는 것은, 아마디스
Amadis에 대한 리스날Lisnart 왕의 전쟁 결말, 또한 그곳에서 생겨난 결혼과 결합,
이것은 서로 사랑하는 수많은 남녀들을 기쁘게 만드는 것이다.(Lyon, B. Rigaud,
1574 ; BN, Rés. Y². 1341. Lyon, B. Rigaud, 1575 ; château de Terrebasse)

《프리말레옹 드 그레스Primalécn de Gréce 제3서》……본서에서는 동인의 눈부
신 활약, 또는 결혼과 멋진 연애의 말투가 좋다…….(Lyon, J. Beraud, 1579 ; BN,
Y². 14 39. Lyon, B. Rigaud, 1587, château de Terrebasse)

《……사랑 이야기》영주 클리토판Clitophant과 루시프Leucippe의 사랑과 결혼
이야기를 담았다…….(Lyon, 1556, 1572, 1577)

8) 의식 · 즉흥문학의 타이틀 가운데 〈결혼〉(mariage)이 9번, 〈식전 축하연〉
(noces)이 5번, 〈혼례〉(épousailles)가 2번, 〈약혼〉(fiançailles)이 1번 사용되었다.
예를 들어『토스카나Toscane 대공부인의 플로렌스Florence 시 입성 때 개최된 현
란하고 호화로운 축하연, 그리고 이 부인의 대관, 혼인식전을 서술하였다…….』
(Lyon, B. Rigaud, 1558 ; Lyon Ville, 314 522)

9) 파리 고등법원부 B. 브리쏘니우스Brissonii 저서《결혼 전례에 관해서》1권.
(Lyon, Ph. Gaultier, dit Rouillé, 1564 ; BN, F. 5447)

10)《사랑, 또는 신의 아들의 결혼 성례》

11)《사랑과 결혼》은 문학적 에세이,《결혼에 있어서 성과 충실》은 철학적 에세
이,《사랑 · 결혼 · 행복》(*Amour, Mariage et Bonheur*)은 성과학의 연구서이다.

결혼과 행복의 조합은 옛날부터 있었다고 반론할지도 모른다. 사실 16세기의 타
이틀에도 〈결혼의 행운, 불운〉(L'heur et malheur de mariage)이 여러 차례 나
왔다. 그러나 heur에서 bonheur에의 내용변화에는 두드러진 점이 있다. 16세기의
heur에는 heureux 행복한(행운)이라는 형용사와 마찬가지로 우연한 행운, 좋은
운이라는 관념이 선행한다. heur이란 하나의 사건일지도 모른다. 한편 bonheur은
16세기인에게는 저세상의 것으로밖에 상상하지 않았던 종국적인 상태, 절대성을
갖는 지극한 행복의 관념이 있다.

12) 부표 I 참조.

13) 예를 들어 『로마의 일곱 현자에 관해서…… 또한 황후가 죽음에 이른 즉시. 또한 그가 카스틸라Castille 왕의 딸과 재혼한 즉시. ……그 황제에게는 아들이 있는데, 사후에 제위를 계승하기 위한 양육·교육을 일곱 현자에게 몰래 맡긴 사실을 그녀가 안 즉시. 그녀는 격노하여 자기 얼굴을 쥐어뜯는다. 황제의 아들을 비난하며, 아들이 어머니인 자기를 강간했다고 말한 즉시. 이와 같이 아들을 비난하므로써 황제가 아들을 사형에 처하고, 그 결과 만약 그녀에게 새로운 아들이 태어난다면 황제가 죽은 후 그 아들이 제위를 얻을 수 있기 때문이다…….』(Lyon, O. Arnoullet, s. d.)

14) 《광고는 강간이다》와 《강간당한 대지》

15) 부표 I 참조.

16) 『본서에 서술되어 있는 것은, 매우 존경스런 탄생을 극찬하기 위한 성모 마리아의 아름다운 신비극, 즉 한 딸의 이야기이다. 그녀는 몹시 가난한 부모를 양육하기 위해 스스로 죄를 지어 18명의 남자의 것이 된다. 그 자들의 이름은…….』(Lyon, O. Arnoullet, 1543)

17) 《오렐리오Aurelio와 이사벨Isabelle의 이야기》 1551년판에는 『……남자가 여자에게, 혹은 여자가 남자에게 죄를 범할 기회를 좀더 많이 부여하게 되었다』라고 실려 있다. 그렇지만 1555, 74, 82년판에는 『……사랑할 기회를 좀더 많이 부여하게 되었다』라고 실려 있다.

18) 《죄의 물, 죄의 이미지, 육욕에 대한 죄, 아담의 죄, 그리고 세계의 죄》 제1권 《가난한 딸》

19) 『최고의 법학박사로서 황제 폐하와 교황 코베로니우스Choveronius인 D. N. 베르몽드스의 저서, ……공공연한 내연관계의 주해는, 학식이 깊은 것과 동시에 극히 실제적이다. 그것은 간음과 더러움(입에도 담기 싫은 것이지만)에 대한 경고의 책이다.』(Lyon, Senneton frères, 1550 ; Grenoble, F. 11 079)

20) 《동성연애자의 형태학》·《동성애현상의 육체적 소양》, 그리고 《동성연애자에게 있어서 죄의 의식》

21) 다음 타이틀에서는 복수형 사용에 의해, 강간이라는 말이 구체적인 의미로 사용되고 있다는 것을 나타내고 있다.
『프랑스 이단의 무리인 수령 앙리 드 부르봉Henry de Bourbon에게 마을을 팔아넘긴 파리 시의 고관의 배반과 부실행위. ……또한 그와 관련하여, 위에서 서술한 앙리 드 부르봉이 쌩제르맹, 쌩자끄, 쌩마르쏘 지역에서 범한 잔학, 강간(violemens), 신의 모독 등 다수…….』

22) 부표 I 참조.

23) 《인간의 생식·출산에 관해서》상하. 저자는 루켄스Lucensi의 의사 도미니끄 테레리우스Dominico Terelious.(Lyon, Marsilii, 1578 ; Amiens, Médecine, n° 604)

단지 다른 책에서는 같은 문제를 다루면서, 인간의 생식이 타이틀 페이지에는 나타나지 않았다. 《스코틀랜드 출신의 수사 미카엘에 의한 신체의 글》책 끝머리에 《스코틀랜드의 미카엘 저서. 생식에 관해서, 또는 인간의 신체에 관한 글, 이것으로 완성》

24) 문학적 착상으로서 생식의 예가 한 가지 있다. R. 브르또나요Bretonnayau의 책《인간의 생식과 혼의 사원》[그외에 명의名醫 르네 브르또나요의 다른 저작에서 발췌](Paris, A. l'Angelier, 1583 ; BN, Ye. 21 49)이 그것이다. 이 저작은 리용에서 출판되지 않았으므로, 우리들의 조사에서는 고려해 넣지 않았다.

25) 이 논문집은 리용 도서관, 취리히, 대영 박물관에 각각 1부씩 현존한다.

26) 이 표현은 다음 논집에서 발견되었다.

《좋은 교제에서 행해야 할 약간의 부드러운 교제방법. 또한 시몬 드 마마Symon de Millau에 의해 실험이 끝난 약간의 유익하고 좋은 수단》(Lyon, Fr. et B. Chaussard, 1556 : Arsenal, sc. et arts, 69 90)

표제 페이지의 뒤쪽에 있는 목차에서 다음과 같은 표현을 볼 수 있다.

《그리고 시몬 드 밀란Symon de Millan 수사가 장려하는 좋은 방법. 그 중에는 ……냉정한 남자가 habiter하기 위해서……》

27)《용기 있게 딸을 취한 조카를 살해한 황제의 새로운 교훈. 또는 이 황제가 죽음의 자리에 임했을 때, 기적적으로 성찬聖餐을 받아들이는 대로……》(Lyon, Vve B. Chaussard, 1544 ; Brit. Mus., C. 20. e. 13 [53])

28)《밤중의 입맞춤》(Un baiser dans la nuit)[소설],《한 송이의 장미와 세 가지 입맞춤》(Une rose et trois baisers)[소설],《아름다운 계절 혹은 포옹의 자유, 애무!》(La Belle Saison ou Embrassez qui vous voulez, Caresses!)[소설],《연애 유희》(Flirt)[시],《스트립쇼의 형이상학》(Métaphysiques du strip-tease),《스트립쇼 파티》(Strip-tease party)[소설].

29)《사디즘과 방종》·《잔인한 여자. 역사와 전통 속의 매저키즘》·《사랑, 에로티시즘, 영화》·《영화에 있어서 에로티시즘》·《에로티시즘의 역사》·《에로티시즘적인 비밀결사》·《전분열병적 색정광》·《암소의 색정광에 관해서》·《성과학개론》〈동성애현상〉에 관해서는 주 20, 〈성현상〉에 관해서는 이하의 여러 주를 참조.

30)《히드락티니아 에키나타Hydractinia echinata의 형태발생과 성현상 연구》

31)《성현상》

32)《성현상과 자본주의》

33) 《결혼에 있어서 성현상과 정결》

34) 부표 II 참조.(p.56−57)

35) 예를 들면 다음의 타이틀을 보기 바란다.

《사랑에 미친 왕비》·《사랑에 의한 프랑스 대혁명》·《1900년대의 사랑》·《사랑의 로마》. 단《그리스에서의 사랑》은 다른 종류의 저술이다.

36) 대중의학이라는 문맥 이외에 이와 같은 관념이 어떻게 유통하고 있는지, 또는 그때 어떤 내용을 담고 있는지를 아는 것은 앞으로의 과제이다.

37) 이와 같은 책이 다루고 있는 현실이 감정적인 성격을 갖는지 아닌지는 의심스럽다는 반론도 있을 것이다. 지적인 레벨이 낮은 약간의 저술에서는 〈사랑〉이라는 말에 특별한 의미가 부여되었음은 분명하지만, 의학적인 고찰에서 이 말은 성적 현상과의 관계인 동시에 생식 본능과 대립하는 것으로 정의할 수 있겠다. 다음의 타이틀에서 판단하기 바란다.

《사랑, 결혼, 행복》·《사랑, 결혼, 자식》·《사랑의 행동》·《성생활—본능에서 사랑으로》

38) 기욤 알렉시스Guillaume Alexis의 《거짓 사랑의 대전》은 리용에서 최저 5회 출판됨.(1497, 1506, 1512, 1529, 1538)

《미친 사랑의 보답》(Lyon, O. Arnoullet, 1538 ; BN, Rés. Ye. 1289)

《거짓과 배반, 그리고 사랑을 쫓는 자들의 농간》(Lyon, O. Arnoullet, s. d. ; Grenoble, bel. let. 16 030, manque)

《배반당한 연인······ 다른 연인과 싸우기 위한 계율과 자료 약간》은, 과부 B. 쇼싸르Chaussard에 의해 최저 3회 리용에서 출판되었다.

《시작이 좋지 못한 사랑을 피하는 법을 가르치는 레옹 바띠스뜨 알베르Leon Baptiste Albert의 데필Deiphire》은 《오렐리오와 이사벨의 이야기》의 네 가지 판과 함께 출판되었다.

《파리인 쟝 스베스트르Jean Sevestre에 의한 사랑과 지혜에 관한 반에로스적 노래》등등.

39) 《심포리안 샴피에 수사修士 저술에 따른 정숙한 부인의 배(船)······》4권······ 제4권은 진정한 사랑을 다루었다.(Lyon, J. Arnoullet, 1503 ; BN, Vélins, 1903)

《우아한 대화. 그 제목은 맑고 진지한 덕과 화해한 바르고, 정숙한 사랑》프랑소와 다씨François Dassy 수사에 의해 이탈리아 속어에서 프랑스어로 번역. 이것은 리용에서 적어도 4회 출판되었다.(1520, 1528, 1529, 1533)

40) 《사랑을 적으로》·《사랑에 신경을 쓰세요》, 그리고 오비디우스Ovidius의 《사랑의 약》을 덧붙일 수 있다. 사랑 자체에서 구별할 수 있는 것은 두 가지밖에 없다.

《사랑의 두 얼굴》·《커다란 사랑》

41) 예를 들면 《부르고뉴Bourgogne 공 제랄 듀프라트Gérard d'Euphrate의 역사와 옛날 연대기》 주로 이 사람의 출생, 청춘, 사랑(amours), 또는 기사적인 무훈을 서술하였다.(Lyon, B. Rigaud, 1580 ; Brit. Mus., 245. d. 41)

등장하는 사람이 저명한 인물일 때는, 단수형이 사용된 적도 있다.(4회) 예를 들면 《황금 당나귀 아풀레이우스Apuleius》 그외에 큐피트와 푸시케의 사랑(amours)을 다룬 것도 있다.(Lyon, J. Temporal, 1553 ; Lyon Ville, 801 453)

단 대부분의 것은 복수형으로 14회 나타났다. 예를 들면 《엘리오도르d'Héliodore의 에티오피아éthiopique 이야기》 ……데아제느 데사리안Theagene Thessalien과 카리클레아 에티피엔느Chariclea Ethipienne의 충실하고 정숙한 사랑(amours)을 다루었다…….(Lyon, Catherin Fontanel, 1559 ; Besançon. Bel. let., n° 41 13)

42) 세기의 초기에는 개별적인 사랑의 집적이 많았다. 예를 들면 《사랑의 병원》·《사랑의 요구》·《사랑의 성의 정복》·《사랑의 샘》·《사랑의 소포로그Sophologue》·《사랑을 다투는 자매》[이상의 〈사랑〉은 모두 복수형]

1540년 이후에는 오히려 단수형이 많아졌다. 예를 들면 《사랑의 이유》(1537년), 《사랑의 샘》(1545년), 《사랑의 후견인》(1547년)[이상의 〈사랑〉은 모두 단수형]

복수형의 어미 S는 복수의 표시가 아니라 오히려 중세 프랑스어의 명사격 어미의 잔재로 생각된다. 그러나 기원은 어찌되었건, 16세기 사람들은 그것을 복수형의 표시로 받아들인 듯하다. 왜냐하면 프랑스어의 타이틀 *les Arrets damours*(사랑의 판결)은 라틴어 Arresta amorum에 해당하기 때문이다.[amorum은 복수속격형]

43) 하나의 총체란 자연에서는 존재하지 않는 법이다. 그럼에도 불구하고 16세기의 단수형·복수형 사용의 실태를 타이틀 이외의 레벨을 통하여 찾아내지 않고는 조사할 수 없다.

44) 리용의 타이틀 가운데 세속적인 사랑에 관한 내용 중 77번이 실존적인 레벨에, 79번이 본질론적인 레벨에 속한다. 반대로 1961년의 타이틀에서는 보편적인 존재로서의 사랑이 83번 보이는 데 반해, 개별적인 사랑은 29번밖에 보이지 않는다.

45) 무관사 amour가 52번, 정관사를 단 l'amour가 27번 나타났다.

46) 마리오 에끼꼴라 달베또의 6권 책. 《인간의 또는 신의 사랑의 본질에 관하여, 그리고 사랑의 여러 가지 차이에 관하여……》(Lyon, Jean Veyrat, 1597 ; British Museum, 524, b. 9 ; *ibid.*, 1598 ; Mazarine, 27 948)

47) 사실을 말하면, 사랑을 문제로 한 타이틀에서는 마음도 혼도 나타나지 않는다. 그러나 이 사랑이 시각 이외의 것을 통하여 감지되고 있음을 알 수 있다.

48) 16세기 타이틀의 어떤 것에는 사랑이 연인들의 행동의 장, 고유의 다이나미즘

을 지닌 상태로 나타났다. 예를 들어 《사랑과 항해의 공통성》(1548년), 《사랑은 전쟁……》(1580, 1581, 1586, 1588), 《……사랑 속에서 연인들이 행하는 요구에 관하여》(1592년)

17세기 초기 《아스트레Astrée》에서는, 사랑이 연인들의 〈우정〉 혹은 〈사랑하는 마음〉 안에서 짜여지게 되었다.

49) 다음 타이틀의 책은 여성 저자들의 것이다. 《사랑이 주술에 걸린 것을 풀었다》・《세상의 마지막 사랑》・《사랑이여, 돌아오라》・《사랑이여, 대답하라》・《사랑은 가버렸다》・《언제나 사랑이 찾아올 것인가》・《사랑이라는 이름에 대해》・《또 하나의 사랑》・《사랑의 길》・《사랑의 비탈길에 오르다》・《허락하라, 나의 사랑》・《사랑에 의해》・《사랑에서 영원으로》・《나의 사랑이여, 너는 누구?》・《사랑에 미친 왕비》・《사랑에 의한 혁명사》・《서툰 사랑》・《커다란 사랑》・《긴 사랑》

타이틀만 보면 남성 저자의 것도 있음을 알 수 있다. 그러나 남성에 의해 씌어진 저술 중에도 사랑을 가장 가치 있는 것으로 보고 있는 것도 있다. 《사랑과 죽음》・《사랑과 신적인 것》・《미친 사랑》・《커다란 사랑》

50) 2번은 종교적인 문맥으로, 2번은 세속적인 사랑의 문맥으로 사용되었다. 그중 하나 《오렐리오와 이사벨의 이야기》는 3판에서 동사 〈사랑하다〉를 사용하고 있다.

51) 타이틀만으로 양자를 구별하기란 어렵다. 《사랑한다》・《사랑하는 것을 알다》・《사랑한다는 커다란 기쁨》・《그대, 나를 사랑하는가 사랑하지 않은가》는 종교적인 문맥, 《사랑한다는 것은 끝없는 인내》・《나는 약하다, 그리고 그대는 나를 사랑한다》・《그가 나를 사랑해 준다면》・《사랑할 때》・《사랑하는 때여 찾아오라》는 세속적인 사랑에 관한 저술이다.

52) 《내가 사랑하는 동물들》・《내가 사랑하는 스페인》・《우리가 사랑하는 이 복숭아》・《당신은 새를 사랑합니까?》 등등.

이런 종류의 타이틀은 사랑을 문제로 한 저술의 타이틀 《내가 사랑했던 망령》・《당신은 여성을 사랑합니까?》 등과 구별하기 바란다.

53) 《대담한 기사 파리와 아름다운 윈이 수많은 고통과 불운 끝에 둘의 사랑을 즐길 수 있었다는 이야기의 결말》(Lyon, 1520 et 1554)

《새로운 노래 두 가지. ……또 한 가지는 한 부인에게 하나의 에뀌뻬스똘레escupistolet를 주고 그 사랑을 즐기려 한 멍청한 자에 관하여》(Lyon, 1571)

《마르뗑 게르Martin Guerre가 이름을 속이고 그 아내를 기쁘게 하려 했던 아르노 틸브d'Arnaud Tilve의 놀랄 만한 이야기》(Lyon, B. Rigaud, 1580)

《사랑을 전부로 삼으려는 부인들의 업적 대전. 즉 서로 싸워도 만족할 수 없는 것에 괴로워하는 것. 欲(desire) 니꼴 별명 탐욕 니꼴 씨에 의한 신서……》(Lyon, P.

de Ste Lucie, dit le Prince, vers 1535)

54) 니꼬Nicot의 《프랑스어의 보고》(*Tresor de la langue françoise*) 중 동사 sentir (느끼다)의 항목 마지막에서 다음과 같이 라틴어로 설명하였다.

Sentement, sensus, *Ordoratus, Odoratio, Olfactus.* (느끼는 것, 냄새를 맡는 것)

Avec grand sentement et flairement, *Sagaciter.* (예민한 후각으로 통찰력을 가지고)

Qui n'a point de sentement, *Insensile* (감각의 둔함)

Mes sentements (Pasquier), *Sensus mei* (나의 감각)

55) 《번민하는 마음에 특히 필요한 달콤한 위안이 흐르는 생명의 샘물》(Lyon, J. de Tournes, 1543 ; Bibl. des jésuites de Lyon)

《인간의 마음을 신의 사랑을 향해 불타오르게 하기 위한 신의 불쏘시개……》

[저자는 신학박사 F. 삐에르 도레Pierre Doré](Lyon, P. de Ste Lucie dit le Prince, s. d. ; Avignon, musée Calvet, 1927)

56) 《기사 도레Doré와 철의 마음이라는 별명으로 불리는 아가씨의 즐거운 연애 이야기》(Lyon, B. Rigaud, 1570 et 1577)

57) 《덕을 사랑하는 대화. 한편으로 어찌하여 육체의 아름다움에 대한 사랑이 청각의 길을 통하여 역시 마음으로 도달할 수 있는지? 그 이유를 서술한……》(Lyon, G. Rouillé, 1560 ; Grenoble, F. 61 68. Lyon, G. Rouillé, 1562 ; BN, Z. 31 46)

58) 《부르는 자는 많지만 마음은 하나》·《예수 그리스도와 마음과 마음을 마주 보며》는 종교서의 타이틀, 《마음의 길》·《벌거벗은 마음》은 세속서의 타이틀이다. 《마음은 거지》와 같은 타이틀은 용기의 기관으로 생각되었던 마음이, 지금은 완전히 수동적인 감성의 자리가 되었다는 것을 나타낸다.

59) 리용의 타이틀에서 2번 volupté (관능적인 쾌락)이라는 말이 나타났지만, 그 중 1번은 분명하게 관능적인 쾌락을 단죄하였고 다른 것은 그것을 인정하였지만, 사랑의 문맥에서는 벗어났다.

《클리템네스트라Clytemnestra, 삐에르 마띠유Pierre Matthieu에 의한 비극. ……영속하는 불운의 복수, 또한 관능적인 쾌락의 불행한 결말……》(Lyon, B. Rigaud, 1589 ; British Museum, 840, a. 9 [8])

《올바른 쾌락과 사람이 먹는 모든 음식물에 관하여……》 프랑스어로 플라띤느 Platine가 서술하였다. (Lyon, 1505, 1528, 1546, 1548, 1571, 1588)

60) 베르길리우스Vergilius의 저술서. 《비너스와 술에 관하여……》(Lyon, 1517, 1528, et deux éditions sans date) 유베날리스Juvenalis의 내륜內輪 주석. 《열번째의 욕망에 관하여……》(Lyon, Gueynard. dit Et. Pinet, 1511 ; Albi, 194)

61) 먼저 다루었던 마르지오 갈레오띠의 논문《……성교시 관능적인 쾌락을 좀더 크게 하기 위해 남편 또는 부인의……》를 참조.

62) 플라띤느Platine의 저자《올바른 관능적 쾌락에 관하여》는 세속·종교 쌍방의 문제영역에 관여하는 듯하다. Bart. 드 사키, 통칭 플라띤느는 추기경 베사리용의 비호를 받은 로마 법왕의 칙서 기초관의 일원. 만년에는 바티칸 도서관 사서를 지냈다.

63)《알바니아 한 군주의 사랑과 부인에 대한 환회》그곳에는 진정한 연인간의 규범적 애정(amitié)의 모습이 포함되어 있다.(Lyon, J. Saugrain, 1559 : d'après Du Verdier, Ⅱ 646)

《세상에 붙어다니는 애정……》도피네Dauphin 지방의 쟝 피공 드 몽뗄리마르 Jean Figon de Montélimar에 의해 프랑스어 시로 번역.(Lyon, G. Cotier, 1559 : Arsenal, bel. let. 23 54. Res) 같은 작품이 1589년에 출판된《그리스의 에피그램 걸작집》에《추방당한 애정》이라는 제목으로 실려 있다.(de Cyre Theodore Prodrome, par Pierre Tamisier)

그러나 특히 중요한 것은 다음의 타이틀이다.《진실하고 모범적인 애정에 관한 대화 형식에 따른 주목할 만한 진술》부인들은 사랑에 있어서 올바르게 처신하기 위해 취해야 할 수단에 관해 유익한 가르침을 이 저술에서 발견할 수 있을 것이다. (Lyon, B. Rigaud, 1577 et 1583) 이것은 Alex Piccolomini의《아름다운 예절에 관한 대화》의 François d'Amboise에 따른 프랑스어 번역이다.

64) 형용사 honneste(올바른)과 pudique(정숙한)은 변함 없이 타이틀에 출현하고 있지만, 이미 세기 전반처럼 서로 결부되어 있지는 않다.

65) 예를 들어《아스트레》에서『그 양치기는 세라돈의 형제이며, 하늘은 그를 피의 유대 이상으로 강한 우정의 인연으로 세라돈과 결부되어 있었다. 한편 아스트레와 필리스는 사촌간이었을 뿐만 아니라 강한 우정으로 사랑하고 있었으며, 형제간이라 해도 좋을 정도였다.』그러나 세라돈의 자살 후, 리시다스는 다음과 같은 좋은 방법으로 아스트레에게 그녀의 냉랭함을 달랬다.

『……세라돈이 당신을 사랑하지 않았더라면 혹은 그의 애(우)정이 당신을 알지 못했더라면, 이와 같은 일도 허락했을지 모른다. 그러나…….』

66) 고대 그리스의 저술가 파르테니우스Parthenius의《사랑의 욕구》(les affec- tions d'amour)(Lyon, M. Bonhomme, 1555 ; BN, Rés Y². 12 22)

『사랑하는 것. 삐에르 마띠유의 두번째 비극. ……왕들의 은혜와 호의에 관하여. 이것은 그것을 남용하는 자에게 위험하다. 또는 왕들의 관대함에 관하여. 이것은 사랑하는 마음(affection)으로가 아니라 공적에 따르고 있다.』(Lyon, B. Rigaud, 1589 ;

British Museum 840. a. 〔Ⅰ〕)

67) *Nicot, Trésor de la langue françoise*의 항목 〈affecter〉의 정의를 참조.

68) 『……아름다운 아스트레는…… 많은忘恩을 그 보답으로 하기를 바라지 않고, 오히려 서로 사랑하는 마음으로 상대의 우(애)정과 호감으로 보답하려고 했다.』

『무엇이건 느낀 것을 감추려 하지 않는 커다란 애정의 마음……』

『사랑에 있어서 최고로 신중한 배려는 자기의 애정을 감추어두는 것……』

『그녀는 일찍이 이 양치기에게 인정했던 충실한 우(애)정, 사랑하는 마음의 극치를 떠올렸다……』등등.

69) 《한 부인에게 사로잡힌 남자의 수난(정열)과 불안에 관한 유쾌한 이야기》 (Lyon, B. Rigaud, 1557)

《사랑의 무기에 관하여, 또는 자기의 수난(정열)에 관하여 적절히 이야기한다 …… 미친 로망》(Lyon, S. Sablon, 1544 ; Lyon, A : 12766. 134)

70) 《세네카, 혼의 혼란과 육체의 수난(고통)에 관하여》(Lyon, B. Rigaud, 1558) 《스스로 정념의 노예가 된 부인들에게》〔《빨므렝 돌리브Palmerin d'Olive의 이야기》서설에서〕(Lyon, F. Arnoullet, 1576 ; Grenoble, E. 30 125)

【2 단수형의 사랑 l'amour와 복수형의 사랑 les amours】

1) H. Baudrier, *Bibliographie lyonnaise*, Lyon, 1895−1921, 12 vol. in−8⁰.

2) 항상 그렇지는 않다. 가령 *Le Tuteur d'amour*(사랑의 후견인, 1547)은 오히려 발랄하고 음란한 이야기를 모은 것이다.

【3 트로이의 약혼의례 = 크레앙따이유】

1) 얼마되지 않는 예외는 R. Vaultier, *Le Folklore pendant la guerre de Cent Ans*, Paris, 1965. 그리고 특히 J. Durand, *Le Folklore de l'Aube*, t. Ⅰ, *Les Ages de la vie*, 1962뿐이다. 양자 모두 15,6세기 트로이의 재판기록에 나타나 있는 크레앙따이유에 관하여 서술하고 있다.

2) 우리들이 자료로 삼은 것은 F. 앙드레André의 《오브 지방 고문서 목록, G류》제2・3권에서 공식적으로 거론된 재판기록뿐이다. 그것은 전체적으로 225건의 결혼계약 파기소송으로 이루어져 있고, 두 가지 계열로 분리되어 있다. 한 가지는 15,6세기의 것으로 우리들은 이것을 1ᴬ에서 89ᴬ로 하였다. 또 한 가지는 1665−1700년의 것으로 1ᴮ에서 136ᴮ로 하였다. 본고에서 기록에 대한 언급은 모두 이 기호로 나타냈다. 이것으로 앞으로 출현하는 모든 것을 참조하기 바란다. (1ᴬ), t. Ⅱ, p.266-267, G. 4170, fol. 6 v⁰ ; (2ᴬ), Ⅱ, 277, G. 4176, fol. 79 r⁰ ; (3ᴬ), Ⅱ, 290-91, G. 4181,

fol. 223··· ; (5^A), Ⅱ, 293, G. 4181, fol. 269 v^0 ; (6^A) ; Ⅱ, 293, G. 4181, fol. 274 v^0··· ; (7^A), Ⅱ, 293-94, G. 4181, fol. 275 r^0··· ; (8^A), Ⅲ, 102, G. 4301, fol. 4r^0/v^0 ; (12^A), Ⅱ, 295, G. 4182, fol. 15 r^0 ; (17^A), Ⅱ, 304-305, G. 4183, fol. 177 r^0 ; (18^A), Ⅱ, 305-306, G. 4183, fol. 201 r^0 ; (19^A), Ⅱ, 306-307, G. 4183, fol. 247··· ; (21^A), Ⅱ, 307, G. 4183, fol. 279 v^0 ; (22^A), Ⅱ, 309, G. 4184, fol. 81 r^0··· ; (23^A), Ⅱ, 454, G. 4216; (27^A), Ⅱ, 320 ; G. 4187, fol. 19 v^0 ; (40^A), Ⅱ, 343, G. 4190, fol. 201 ; (41^A), Ⅱ, 344, G. 4190, fol. 266 r^0··· ; (42^A), Ⅱ, 345, G. 4190, fol. 297 ; (44^A), Ⅱ, 350, G. 4191, fol. 213 v^0··· ; (46^A), Ⅱ, 365-66, G. 4193, fol. 112 r^0··· ; (53^A), Ⅱ, 374-75, G. 4194, fol. 64-65 ; (62^A), Ⅱ, 403-404, G. 4197, fol. 128-129 ; (63^A), Ⅱ, 406, G. 4198, fol. 5 r^0 ; (68^A), Ⅱ, 420, G. 4199, fol. 202 r^0··· ; (69^A), Ⅱ, 422-23, G. 4200, fol. 8 v^0 ; (71^A), Ⅱ, 424-25, G. 4200, fol. 64 r^0 ; (76^A), Ⅱ, 437-38, G. 4201, fol. 81 r^0··· ; (80^A), Ⅱ, 440-41, G. 4202, fol. 49 v^0 ; (82^A), Ⅱ, 444, G. 4203, fol. 19 r^0 ; (84^A), Ⅱ, 448-450, G. 4207, fol. 1-29 et G. 4199, fol. 32 r^0 ; (2^B), Ⅲ, 2, G. 4236, fol. 108 v^0 ; (3^B), Ⅲ, 2-3, G. 4236, fol. 128 ; (4^B), Ⅲ, 3, G. 4237, fol. 3 r^0 ; (5^B), Ⅲ, 3, G. 4237, fol. 6-7 ; (7^B), Ⅲ, 4, G. 4237, fol. 34 ; (8^B), Ⅲ, 4, G. 4237, fol. 38 v^0··· ; (11^B), Ⅲ, 9-10, G. 4239, fol. 5 r^0··· ; (12^B), Ⅲ, 12, G. 4239, fol. 49 ; (13^B), Ⅲ, 13, G. 4239, fol. 73 r^0··· ; (16^B), Ⅲ, 15, G. 4240, fol. 45 v^0··· ; (24^B), Ⅲ, 18, G. 4241 ; (26^B), Ⅲ, 19, G. 4241, fol. 15 v^0 ; (31^B), Ⅲ, 21, G. 4242, fol. 8 v^0 ; (32^B), Ⅲ, 22, G. 4242, fol. 36 v^0 ; (35^B), Ⅲ, 26, G. 4243, fol. 9 r^0 ; (39^B), Ⅲ, 28, G. 4243, fol. 34 v^0 ; (45^B), Ⅲ, 32, G. 4244, fol. 24 r^0 ; (48^B), Ⅲ, 33, G. 4244, fol. 41 r^0 ; (51^B), Ⅲ, 35, G. 4245, fol. 5 v^0 ; (53^B), Ⅲ, 36, G. 4245, fol. 14 r^0 ; (54^B), Ⅲ, 37, G. 4245, fol. 15 v^0 ; (57^B), Ⅲ, 38, G. 4245, fol. 28 v^0 ; (65^B), Ⅲ, 40, G. 4246, fol. 8 r^0··· ; (69^B), Ⅲ, 41, G. 4246, fol. 20 r^0 ; (70^B), Ⅲ, 42, G. 4246, fol. 22 v^0 ; (79^B), Ⅲ, 45, G. 4247, fol. 12 r^0 ; (89^B), Ⅲ, 47, G. 4247, fol. 32 v^0 ; (92^B), Ⅲ, 49, G. 4248, fol. 13 v^0 ; (97^B), Ⅲ, 56, G. 4250, fol. 3 r^0 ; (109^B), Ⅲ, 65, G. 4252, fol. 1 v^0··· ; (111^B), Ⅲ, 65-66, G. 4252, fol. 6 ; (114^B), Ⅲ, 67, G. 4252, fol. 15 r^0 ; (118^B), Ⅲ, 70, G. 4252, fol. 39 v^0··· ; (127^B), Ⅲ, 77, G. 4254, fol. 6 r^0 ; (128^B), Ⅲ, 77-78, G. 4254, fol. 7-8.

3) 〈크레앙따이유〉의 관념이 나타난 것은 28건, 〈약혼〉은 41건, 32건은 〈약속=계약〉·〈계약이 끝난〉 혹은 〈개시된〉 결혼이라는 관념으로밖에 보지 않았다.

4) promoteur란 주교의 항상恒常 대리인=검사로서, 교회 재판소가 다루어야 할 범죄를 추궁하는 책임을 가진다. 트로이 주교구에는 세 명의 promoteur가 있었지

만, 구역내를 순회하며 범죄를 추구하지 않고 피해자의 고소, 사찰 그외의 고발을 기다렸다.

5) 오끄똥hoqueton이란 농민, 양치기가 상의 tunique 위에 입는 넉넉한 옷이다.

6) Abbé C. Lalore, *Ancienne Discipline du diocèse de Troyes*, Troyes, 1882－1883, 3 vol., t. II, p.69, loc. V.

7) J.－B. Molin et P. Mutembe, *Le Rituel du mariage en France du XIIᵉ au XVIᵉ siècle*, Paris, Beauchesne, 1974, p.50－51, 305－306.

8) 이하의 소송이다. 6^A, 7^A, 12^A, 15^A, 19^A, 20^A, 22^A, 38^A, 39^A, 41^A, 47^A, 49^A, 53^A, 54^A, 58^A, 60^A, 61^A, 70^A, 73^A, 82^A.

9) 이하의 소송이다. 2^A, 3^A, 4^A, 28^A, 30^A, 33^A, 36^A, 42^A, 51^A, 56^A, 57^A, 59^A, 66^A, 77^A, 87^A.

10) 이하의 소송이다. 14^A, 37^A, 40^A, 84^A.

11) 이하의 소송이다. 5^A, 34^A, 61^A, 76^A, 80^A.

12) 《Livre de famille de Nicolas Dare》, in *Collection de documents inédits relatifs à la ville de Troyes et à la Champagne méridionale*, publiés par la Société académique de l'Aube, t. III, Troyes, 1886, p.122－123.

13) 1667년의 어느 소송기록에 〈크레앙떼한 여성〉과 내연의 관계를 계속하고 있다고 고발당한 남자가 보인다.(G. 4238 fol. 7 rº) 이것이 17세기에 우리들이 찾아낸 단 하나의 예이다. 그리고 이것은 결혼계약 파기소송의 계열에서 벗어나 있다.

14) 소송번호는 12^B, 45^B, 70^B, 89^B.

15) 소송번호는 31^B, 118^B.

16) 소송번호는 7^B, 8^B, 11^B, 16^B, 31^B.

17) 소송번호는 5^B, 97^B.

18) 트로이 주교 재판소의 자료 G. 4231에, 1521년에 작성된 〈결혼시 재산계약서〉가 있다. 다른 지역과 마찬가지로 15,6세기의 샹빠뉴 지방에서도 이런 종류의 계약이 널리 행해졌을 것이라는 점은 의심이 가지 않는다. 단지 당시의 결혼계약 파기소송에서는 고려되지 않았다.

19) Isambert, *Recueil des anciennes lois françaises*, t. XVI, p.524.

20) 결혼식에서의 〈계약 물품〉 거래에 관해서는 Molin et Mutembe, *op. cit.*, p. 144－151, 179－186을 참조.

21) *Dictionnaire de droit canonique*, t. I, col. 1050－1060.

22) 단지 계약 물품에 대한 언급으로 생각되는 것이 포함된 소송기록이 두 가지 있다. 뻬론느 쁠라또Perronne Platot는 가렝 르샤Garin Lechat를 크레앙떼했지

만, 그 다음날 쟝 필레Jean Filet와 약혼했다. 쟝 필레는『만약 내가 그대에게 준 보석, 그외의 물건을 되돌려 준다면』파혼해도 좋다고 말했다.(16^A: t. 2, p.303, G. 4183, fol.131 r⁰)

1495년, 기욤 메시에르Guillaume Messier는 금박을 입히고 은장식이 있는 검은 빌로도 천의 벨트 파손 변상으로, 트루 은화 20루블을 기유메뜨 게리Guillemette Guerry에게 요구했다. 이 벨트는 기욤이 기유메뜨에게『개시되고 계약된, 지금은 파혼이 되어 버린 결혼을 위해 준 다른 것과 함께』(21^A) 주었던 것이다.

그러나 위의 두 가지 기술은 당시로 보면 예외적이다.

23) C.-J. Ferrière, *Dictionnaire de droit et de pratique*, 1740, t.I,(Arrhes=선금).

24) 교구 재판소가 약속 이행을 명한 몇 가지 경우에서는, 명령받는 쪽은 항상 남자이며, 동시에 아가씨와 육체관계를 맺은 자에 한하였다. 이런 종류의 재판은 예외적이며, 법률적으로도 의무가 있다. 아마 실제로는 판결에 대한 이의신청도 있었다고 생각된다.

25) 트랑뜨Trente 종교회의. 제24회의.《혼인 개혁에 관한 교령》제1장.

26) Isambert, *op. cit.*, t. XVI, p.520.

27)《마태복음》19·6,《마가복음》10·9.

28) Ferrière, *op. cit.*, 약혼 페이지.

29) P. Le Ridant, *Code matrimonial*, 1770, t. II,《Promesses de mariage》.

30) *Familles* 167-168쪽에서 나는 약간 경솔하게 그렇게 주장했다.

31) J.-L. Flandrin, *Les Amours paysannes*, p.59-75, 243-246 ; *Familles*, p. 180-184. 그리고 본서 336쪽.

32) *Dictionnaire de Trévoux* 외에 P.-J. Grosley, *Ephémérides*, édition de 1811 par Patris Dubreuil, 2 vol. in-8⁰, t. II, ch. VIII에서『트로이의 어휘=크레앙따이유Crantailles는 결혼의 정식 약속. 크레앙떼Cranter는 결혼 약속을 맺는 것』이라고 하였다.

33) J. Durand(*op. cit.*, p.75)는 언어에 의한 결혼상태의 개시, 즉 결혼 약속이 크레앙따이유로 불린다고 기록하면서 다음과 같이 피력하였다.『언어에 의한 결혼상태의 개시에서 〈아꼬르다이유accordailles〉라는 말도 사용된다. ……더구나 다른 곳에도 이 단계를 가리키는 말이 있다. 예를 들면 〈시작〉·〈두 사람은 약속했다〉·〈두 사람은 서로 말했다〉 등이다. 오늘날 이와 같은 표현은 이미 사용되지 않으며, 평상시에는 단지 〈약혼〉(fian ailles)이라고만 한다. 아마 트랑뜨 종교의회 이후 가톨릭 교회가 종교의례로서의 약혼을 그다지 중시하지 않았기 때문에, 크레앙따이유가 약혼과 혼동되기 쉬웠을 것이다.』

【4 사랑과 결혼】

1) J.-L. Flandrin, *Les Amours paysannes(XVIe - XIXe siècles)*, Paris, Galli-mard, coll. 《Archives》, 1975, p.79-82.

2) J.-L. Flandrin, *Familles,* Hachette, Paris, 1976, p.156-159.

3) F. Furet, etc., *Livre et Société dans la France du XVIIIe siècle*, Paris, Mouton, 1965(t. I), 1970(t. II).

4) J＝L. 플랑드렝 〈감정과 문명 —서명 조사에서〉 본서 p.23-57.

5) 본서 p.44-49.

6) *Familles*, p.162-165.

7) *Ibid.*, p.143-161.

8) A. Girard, *Le Choix du conjoint*, Paris, PUF, 1974.

9) Dr. M. Baudoin, *Le Maraîchinage, coutume du pays de Monts(Vendée)*, Paris, 1932, 5e éd.

또한 *Les Amours paysannes*, p.191-200과 본서에 실린 J＝L. 플랑드렝 〈젊은이의 성생활에 있어서 억압과 변화〉를 참조.

10) J.-M. Gouesse, 《La formation du couple en basse Normandie》, *Le XVIIe siècle*, n°s 102-103(*Le XVIIe Siècle et la Famille*), p.45-58.

11) J＝L. 플랑드렝, B. 르 비타 〈트로이의 크레앙따이유. 커플 형성의 민속양식과 17,8세기에 있어서 그 소멸〉 또는 본서 제3장.

12) Y. Castan, 《Pères et fils en Languedoc à l'époque classique》, *Le XVIIe Siècle et la Famille*, p.31-45.

13) B. Le Wita, 《Les fiançailles à Troyes du XVe au XVIIe siècle d'après les archives épiscopales de Troyes》, mémoire de maîtrise dactylographié, université de Paris VIII-Vincennes, 1975. 또한 *Familles*, p.107-108.

14) M. Hudry, 《Relations sexuelles prénuptiales en Tarentaise et dans le Beaufortin d'après les documents ecclésiastiques》, *Le Monde alpin et rhoda-nien, revue régionale d'ethnologie*, n° 1, 1974, p.95-100.

15) C. Roy, *Us et Coutumes de l'ancien pays de Monthéliard*, Monthéliard, 1886, p.221-228.

16) J. Depauw, 《Amour illégitime et société à Nantes au XVIIIe siècle》, *Annales ESC*, juillet-octobre 1972, p.1172 ; C. Fairchilds, 《Female Sexual Attitu-des and the Rise of Illegitimacy : a Case Study》, *Journal of Interdisciplinary*

History. Ⅷ, 4, Spring 1978, p.649.

17) J.-L. Flandrin, 《Mariage tardif et vie sexuelle》, *Annales ESC*, novembre-décembre 1972, p.1372-1375 ; et *Les Amours paysannes*, p.240-241.

18) *Ibid.*, p.238-240.

19) *Ibid.*, p.225-231.

20) *Ibid.*

21) J.-L. Flandrin, 〈젊은이의 성생활에 있어서 억압과 변화〉 본서 p.332-360.

【6 서구 기독교 세계의 피임·결혼·애정관계】

1) P. Ariès, *Histoire des populations françaises et de leurs attitudes devant la vie depuis le XVIIIe siècle*, Paris, Ed. Self, 1948, 572 p., in-8⁰ ; et Seuil, 1971.

2) 잡지 Population 1949년 10-12월호 중의 리께Riquet 신부의 문장과 같은 잡지 1953년 7-9월호 중의 아리에스에 의한 반론을 참조.

3) J.-T. Noonan, *Contraception, a History of its Treatment by the Catholic Theologians and Canonists*, Cambridge, Massachusetts, 1966. 이 책은 최근 *Contraception et Mariage*, Paris, Éd. du Cerf, 1969(722p) 불어로 번역되었다. 이하에서의 참조, 인용은 좀더 입수하기 쉬운 프랑스어로 번역된 책을 사용하였다.

4) L. Henry를 중심으로 하는 국립 인구문제연구소팀의 저술, 논문 중 특히 *La Prévention des naissances dans la famille*(H. Bergues의 다른 저서, Paris, PUF, 1960, 400p)를 참조. 그 중에서 L. Henry에 의한 『Relations sexuelles en dehors du mariage』에 관해 신중하게 서술한 한 귀절을 볼 수 있다.(368-369쪽) 가장 신중하다고 해도, 동시에 의미가 애매한 한 귀절이 있다. 예를 들면 『이 빈도는 불합법 임신의 빈도로만 알 수 있다. ……이와 같은 매춘, 간통에 관한 모든 것이 제외된다.』 즉 다른 종류의 불합법 관계의 빈도는, 사생아 출산빈도로 알 수 있다.

5) E. Le Roy Ladurie, *Les Paysans du Languedoc*, Paris, SEVPEN, 1966, t. 1, 745를 참조. 라뒤리는 결혼 전의 젊은이에게 부과된 대단히 긴 금욕기에 관해 언급하고(p.644) 주 4에서 다음과 같은 설명을 덧붙였다. 『우리들이 살아가는 현대문화의 경우보다 훨씬 길고 엄격한 금기기간의 존재는 Goubert의 연구(1960년), 또한 랑그독 지방에 관해서는 Godechot와 Moncassin의 연구(1964년)가 분명히 했던 것처럼, 다음 몇 종류의 사실로 추측된다. 즉 (a)1730년 이전의 랑그독 지방, 보배시스 지방에서 피임의 결여, 혹은 결여에 가까운 상태. (b)혼전 임신, 또는 일반적으로는 사생아 출산이 거의 무에 가깝다는 점.(18세기 전체를 통틀어 랑그독 지방에서는 0.5%) 만약 혼전 성관계가 빈번했더라면, 피임에 관한 무지 때문에 수많은 사생아

탄생을 보게 되었을 것이다. 그런데 실제로는 그렇지 않다.』

〈보배와 보배시스 지방〉에 관한 논문으로 P. 구베르는, 사생아 탄생률은 촌락의 출산수 전체의 1%를 넘은 적이 결코 없었다는 점, 또한 도시에서 출산한 미혼모도 있었음을 다루면서 다음과 같이 서술하였다.

『강조할 가치가 있는 특색이 한 가지 있다. 혼인 외의 임신을 금하는 종교상의 계율을 엄수하는 태도이다.』성관계가 없이 임신한 구베르의 표현은 극히 정확하다고 나는 생각한다. 자세한 사정을 모르는 독자는 이 미묘한 차이를 간과할 수 없을지도 모른다.

6) H. Bergues, *La Prévention des naissances*에 전문이 인용되어 있다. 이 증언에 관해서는 Noonan, *Contraception et Mariage*, p.502–509.

7) H. Bergues, *La Prévention des naissances*, p.227–229.

8) Noonan, *Contraception et Mariage*, p.479–483.

9) Noonan, *Contraception et Mariage*. 예를 들면 〈처벌〉에 관한 제9장의 서두에 다음의 기술이 보인다.

『중세 말기의 신학자들은 청문규정서 · 초대 교부 문서에 따라 피임행위를 금지하기 위해, 그것을 죽음의 죄로 선언하였다. 그렇지만 그 방법은 양심적인 신도들의 눈에는 훨씬 엄격하고, 보편적인 금지조치로 비쳤다. ……경건한 마음을 품고 구원을 원하는 신도들이 이 행위의 죄 깊음을 배웠다고 한다면, 죽음의 죄라는 레텔은 행위 실천 방지를 위한 최대의 무기였음이 분명하다.』(p.331)

더구나 그 앞에는 다음의 기술이 보인다.

『신학자 · 교회법학자는 질외사정을 포함하여 비생식적 부부관계를 자연에 위반하는 관계라고 선언하였다. 삐에르 르 샹트르Pierre le Chantre, 쟝 제르송Jean Gerson, 베르나르뎅Bernardin, 앙또넹Antonin 등은, 그것을 더욱더 나쁜 것으로 간주했던 남색관계와 동등하다고 생각했다. ……육욕의 죄 가운데 반자연적 죄의 형평은, 간음의 경우 근친상간보다 중대했다. 그라씨앙의 분류가 신학의 고전적 저술을 차례로 답습하였다. 토마스 아퀴나스의《신학대전》에서도, 반자연의 죄는 부부가 행한 성적인 죄과 중 최악의 것이었다. 그것은 간음 · 처녀 유혹 · 납치 · 근친상간 혹은 신의 모독 이상으로 죄가 중했다.』(p.334)

『이와 같은 분류가 어떤 종류의 사회적 풍조를 조성했다. 기술의 용어는 각각의 죄의 분석인 동시에 수식어가 되었다. 중세 스콜라 철학자들은 그들의 수사능력을 최대한으로 동원했고, 피임을 예절 · 생명 · 자연에 대한 모욕으로 분류하려고 노력했다. 피임행위를 하려는 자는 단순히 자기 영혼의 구제에 위험이 따른다는 것을 각오해야 했을 뿐만 아니라, 공동체의 사회적 이념에도 도전해야 했다.』(p.334)

10) 18종 가운데 5가지가 입 속 사정, 9가지가 항문 교접을 들었다.(cf. Noonan, *Contraception et Mariage*, p.209 et 212–215)

11) 8세기 프랑크 왕국의 청문규정서 *Le Saint-Hubert*(chap. 57)과 *le Mersebourg B*(chap. 13). 그런데 이 행위는『유태 자녀들이 타마르를 행한 것처럼, 여성과의 성교 때에 정액을 흘리는 것』이 서술되어 있다.

12) 미뉴《라틴 교부 저작전집》(Migne, *Patrologie latine*) 99권, 1971–72쪽 참조. 『정액을 흘리는 것에 관하여. 수도신부가 손으로 접촉하지 않고 정액을 흘릴 경우는 7일간의 속죄. 손으로 접촉했을 경우는 20일간의 속죄. 주교대리에게는 30일, 사제에게는 4주간의 속죄.

사제가 망상으로 정액을 흘린 경우는 7일간의 속죄. 수도사도 이와 같다.

고의로 교회 내에서 정액을 흘렸을 경우 수도신부이면 14일, 수도사 혹은 주교대리이면 30일, 사제라면 40일, 사교라면 50일의 속죄.』

13) Migne, *Patrologie latine*, t. 99, col. 966 참조. 『사순절중에 너의 아내와 함께 몸을 더럽혔을 경우. 고의라면 1년간의 속죄, 혹은 금화 26매의 헌금 의무. 술에 취한 뒤의 결과라면 4일간의 속죄.』

14) Migne, *Patrologie latine*, t. 99, col. 970 참조. 『간음에 관해서. ······청년이 처녀와 죄를 범했을 때는 1년간의 속죄. 만약 한 번에 한하거나 우연한 경우는 1년 이하로 죄가 격감되었다.』

15) 위와 같음.『만약 30세 미만의 청년이 간음을 범했을 경우에는 3년간, 사순절 기간과 법정 축제일간의 속죄.』

16) 위와 같음.『신에게 봉사하는 수녀와 몸을 더럽힌 세속인은 2년간의 속죄. 여자가 아이를 낳았을 때는 3년간의 속죄. 남자가 독신자일 경우에는 3년간, 사순절 기간과 법정 축제일간의 속죄.』

몸을 더럽혔다(maculans se)는 표현의 의미는 명확하지 않다. 단지 제3의 경우를 제1의 경우와 비추어 보면, 제1의 경우도 성교를 의미하는 것이 분명하다. 동시에 제2의 경우가 나타내는 바와 같이 불임의 성교이다.

17) H. Bergues, *La Prévention des naissances dans la famille*, p.209. 그런데 베르그는, 미뉴가 출판한 것 이전의 참회 청문서에서 인용한 유사한 곳에 주를 달았다. 『세속인이 신에게 몸을 바친 처녀를 타락시키고, 명예를 실추시키고, 또한 아이를 낳게 했을 경우, 그 남자는 3년간의 속죄.』『단 어린아이는 만들지 않고 처녀를 타락시켰을 경우는 1년간의 속죄.』

18) 다음의 각 주교구 규정.

모Meaux(1245년), 깡브래Cambrai(1300–1310년), 낭뜨Nantes(1387년), 알비

Albi(1230, 1553, 1695년), 마린느Malines(1570년), 베장송Besançon(1571년), 렝스 Reims(1585-1621, 1677년), 아미엥Amiens(1411, 1454, 1677년), 아장Agen(1666-1673년), 쌍스Sens(1658년). 그외 베네딕트(1584)《죄과대전》(*Somme des péchés*, 1584년)에서, 리용 대주교 권한의 리스트와 파리 주교 권한의 리스트.〔위에서 마린느는 현재 벨기에〕

19) 연약(mollicies, mollesse)이라는 말은 고대에 수동적인 동성애를 가리켰지만, 13세기에는 모두 〈독신 영위〉(pratiques solitaires)를 의미하게 되었다. 결혼 적령기 이전의 〈독신 영위〉는 사정을 수반하지 않아 그다지 무거운 죄로 생각하지 않았다. 한편 고의적인 사정은 반드시 손에 의한 것으로 한정되어 있지 않다. 16세기, 베네딕트가 상세하게 설명한 바와 같이, 〈사념·망상〉·〈언어, 여자 또는 남자와의 대화〉·〈외설적인 책〉·〈그외의 방법〉에 의한 것이었다. 끝으로 〈손에 의한 사정〉은 반드시 혼자서 행할 뿐만 아니라, 그 경우 죄과는 좀더 무거워졌다. 깡브래의 주교가 〈연약의 죄〉와 〈수음手淫〉을 구별한 것은 이와 같은 이유에서이다.

20) 아미엥 주교 권한 리스트(1677년).

21) 나의 해석에 따르면, 깡브래 주교구 규정에서는 주교 권한의 죄에 짐승을 상대로 성욕을 만족시키는 행위가 없었다. 마린느(1570년)·베장송(1571년)·아미엥(1411년) 각 주교구에서도 마찬가지이다.

22) 낭뜨 주교구 규정(1387년). 이것이 가장 엄격하다는 것은, 월경중의 부부관계를 금하는 구약성서의 오래된 금령을 계속 유지하는 것은 단 한 가지뿐이기 때문이다. 그밖에도 이 규정은 간통, 혈연적·정신적 근친상간, 〈남자와의, 짐승과의, 수녀와의〉 육체적 죄를 다루고 있다. 또한 연약의 죄에 관한 기술은 암시적이다.

〈모든 간음을 초월한 연약의 죄에 관하여〉

이 기술은 나의 주장과 모순하는 것같이 보이지만, 실제로 이와 같은 분류가 일정하지 않다는 것을 증명하고 있다. 왜냐하면 동성애, 짐승을 상대로 성욕을 만족시키는 행위, 신에 대한 모독에 관해서는 새삼스럽게 다시 서술할 필요가 없었기 때문이다.

23) 베드Bède는 그 참회 청문규정서에서, 낙태에 대한 죄를 결정할 때에 관하여 쓰고 있다.

『더이상 아이를 낳아 기를 수 없어 낙태하는 가난한 여자와, 품행이 바르지 못한 음란한 여자가 몰래 낙태를 하는 것은 커다란 차이가 있다.』(4, 12)

누낭에 따르면『거짓 테오도르(Pseudo-Théodore)도 같은 규칙에 따르고 있다. (6, 4) 유아 살해, 낙태를 유발하는 경제적인 이유는 피임을 빈번하게 유발할 뿐이다.』(Noonan, *Contraception et Mariage*, p.206)

11세기의 부르카르두스Burchardus가 최초로 그 사실을 기록하였다.

『어떤 종류의 여자들이 간음을 행하고, 생긴 아이마저 죽이려고 할 때 보통 하는 일 ─즉 손으로 농간을 부려 약초를 사용해서 태아를 살해하고, 또는 임신 이전에는 임신이 되지 않도록 계획한다 ─을 너희들도 하려고 한다. 자신이 그와 같은 경우, 허락했을 경우, 가르쳤을 경우, 모두 10년간 축제일에는 반드시 속죄해야 한다. 옛 날 규정에는 이와 같은 여성에 대해 죽음에 이르는 정도까지 파문이 풀리지 않았다. 왜냐하면 임신을 막을 때마다 이 여자는 살인의 죄를 범하기 때문이다. 그러나 양육 불능으로 그렇게 하는 가난한 여자와 간음의 죄를 숨기기 위해 그와 같은 행동을 하 는 자 사이에는 커다란 차이가 있다.』(*Decretum*, 19 in *Patrologie latine*, t. 140, col. 972, cité, par Noonan, p.206-207-9)

24) 고대 이후, 그리고 18세기에도 피임약은 낙태약·독약·마약(philtres), 그외 여러 가지 마법과 함께 거래되는 것이 보통이었다. 한편 유아 살해·낙태, 약을 사 용하는 피임은 종종 함께 다루어졌고, 피임 교접은 음란의 죄와 함께 다루어졌다. 13세기 이전에 이 두 종류의 죄가 동일시되었던 예는, 내가 아는 것으로 오난의 죄로 다루고 있는 프랑크 왕국시대(8세기)의 두 가지 청문규정서뿐이다.

25) 여기에서 교회법과 내가 언급하고 있는 것은, 그라티아누스Gratienus의《교 령집》(*Décret*, 1140년)과, 레이몽 드 뻬나포르Raymond de Pennafort가 1230년에 착수한《교황령집》(*Décrétales*) 두 가지이다. 교회법학자에게 이 두 가지가 지니고 있었던 똑같은 권위를 신학자들도 갖고 있었다. 삐에르 롬바르두스Pierre Lombar-dus의《금언집》(*Sentences*, 1154-57년)을 덧붙여도 좋다.

26) 누낭의 저작을 프랑스어판으로 볼 수 있는 이 법규의 번역을 다음에 실었다.
『마법을 행하는 자, 혹은 불임약을 먹은 자는 살인자이다. 만약 어떤 사람이 자기 의 육욕을 만족시키기 위해, 혹은 증오심에서 계획을 세운 남자 또는 여자가 아이를 갖고, 임신하고, 출산하는 것을 막기 위해 약을 먹었을 경우, 그 자는 살인자로 간주 한다.』
단 이와 같이 엄격한 규정을, 자기의 불임행위에 문자 그대로 적용시킨 저명한 교 회법학자·신학자는 없다.

27) 교령《때로》(*Aliquando*)는 아우구스티누스의《결혼과 육욕》에서 충실하게 인 용하였다.
『때로 이 육욕인 잔학 혹은 잔학한 육욕이 고양되면 불임약의 사용을 초래하거나, 또는 물약에 효과가 없을 때는 태내의 아이를 소멸하여 파괴하는 때도 있다. 탄생 이 전에 아이를 죽이고 싶기 때문이다. 물론 남편과 아내 모두가 그렇게 한다면 결혼한 것이 아니다. 공동생활의 시초부터 그렇게 한다면, 그들을 결부시키고 있는 것은 결 혼이 아니라 유혹의 힘이다. 한쪽이 그렇다고 한다면 아내는 남편의 색녀, 혹은 남편은 아내에 대한 간부姦夫이다.』

이 텍스트는 그라티아누스《교령집》에 수록되어 있지만, 《만약 어떤 사람인가》는 수록되어 있지 않다. 후자는 레이몽 드 뻬나포르에 의해《교황령집》에 수록되어 있다.《교황령집》에는 교령《만약 부대조건이》도 들어 있지만, 이것은 레이몽 드 뻬나포르가 만든 아우구스티누스 교령에 대한 보충이다.

『만약 부대조건으로 결혼의 본질에 위반되는 사항이 벌어진다면 ─예를 들면 한쪽이 다른 쪽에게〈자식을 낳지 않는다면〉, 〈지위 혹은 재산면에서 당신 이상의 사람이 발견되기까지〉, 〈저축을 위해 간음을 범한다면〉…… 〈당신과 결혼하겠어요〉 등이라 한다면 ─결혼 계약은 진정 그것이 갖고 있는 특권에도 불구하고 효력을 잃는다. 본디 다른 갖가지 조건은, 가령 너무 저급하여 있을 수 없는 것이라면 결혼 계약의 특권성은 존재하지 않는 것으로 다루어야 한다.』

요컨대 결혼에 부가되는 조건은 대부분 존재하지 않는 것으로 생각되며, 이것은 결혼의 무조건성에 의거한다. 단지 이 조건이 결혼의 세 가지 선─교령의 순서에 따르면 아이, 성례, 충실─가운데 한 가지라도 위반되는 경우에는, 결혼 자체를 무효로 하는 조건이 된다. 특히 생식의 거부는 그 자체가 결혼의 거부이다.

28)《때로》는 직접, 《만약 부대조건이》는 간접적으로 아우구스티누스를 기원으로 한다.

29) 누낭의 저서 전체, 특히 제3·4장을 참조.

30) Saint Thomas, *Commentaire sur les sentences*, 4. 33. 1. 3, cité par Noonan, p.310.

31) Saint Thomas, *De malo*, 15, 2, obj. 14, analysé par Noonan, p.312.

32) Saint Thomas, *De malo*, 15, 2, cité par Noonan, p.313.

33) Noonan, p.313 참조.

34) Saint Thomas, *De malo*, 3, 122, cité par Noonan, p.313-314.

35) 예를 들면 12세기의 saint Raymond(Summa, 4. 2. 8), Monaldus(Summa, fol. 136 rº), 15세기 세나의 베르나르두스(Sermons séraphiques, 19. 3), 또한 초서가《교구 사제 이야기》에서 규범으로 받들고 있는 성명 미상의《대전》작자. 이러한 저술가들에 관해서는 누낭도 320쪽이나 다루고 있다.

36) 누낭은 알렉산드르 드 아르Alexandre de Hales, 토마스 아퀴나스, 보나벤투라Bonaventura, 기욤 드 렌느Guillaume de Rennes, 뒤랑 드 쌩-뿌르쌩Durand de Saint-Pourçain, 뻬에르 드 라 빨뤼Pierre de la Palu, 쟝 제르송Jean Gerson, 앙또넹 드 플로랑스Antonin de Florence를 인용하고 있다.(320쪽)

37) 베네딕트《죄과대전》제2권 9장 59《기혼자의 지나친 행위에 관하여》(Paris,

1601, B. N. :D. 6502)

38) 누낭은 기욤 독세르Guillaume d'Auxerre · 알렉산드르 드 아르 · 보나벤투라 · 아스테사누스Astesanus · 뒤랑 드 쌩-뿌르쌩 · 앙또넹 드 플로랑스를 인용하고 있다.(321쪽) 대 알베르투스Albertus와 토마스 아퀴나스는, 여기에서 술한 베네딕트와 마찬가지로 지나치게 격렬한 사랑과 〈자기의 아내를 매춘부처럼 다룬다〉는 것을 동일시하고 있다.

39) 본서에 수록된 〈감정과 문명〉, 특히 p.39-40 이하 참조. 사랑에 대한 교회의 태도에 관해서는, 누낭의 《피임과 결혼》(특히 p.414-415, 그리고 p.622-638)에서 흥미있는 사항을 서술하고 있다. 단 16세기 말에 관해서는 좀더 서술해야 할 것이 있다. 한편 중세에 있어서 사랑에 대한 교회의 태도에 관한 기술은 설득력을 잃었다.

40) 신학자들이 〈뒤에서부터〉(retro)라 부르고, 브랑똠Brantôme이 〈견식犬式〉(more canino)이라 명명한 체위는, 중세 초기 이후 인간을 짐승처럼 다루는 것을 고발하였다. 두 남녀 사이의 문제가 아니라, 인류의 품위 문제이다. 산체스도 이런 자세에 관해 서술하고 있다.

『자연이 동물에게 이 방식을 명하고 있는 이상, 그것을 즐기는 인간은 동물과 다름없다.』

그러나 여성상위태(mulier super virum) 쪽이 보다 중대한 죄였다고 생각한다. 산체스의 공격도 매우 신랄하다.

『네번째 이유. 이 방식은 자연의 질서에 완전히 위배된다. 왜냐하면 그것은 남성의 정액 방사에서, 또한 여성 성기에 대한 액의 수용, 그 보존에 부적합하기 때문이다. 자세뿐만 아니라, 남녀 각각의 본성도 생각해야 한다. 즉 남자가 먼저 움직이고 여자가 받아들이는 것이 자연이다. 그렇지만 이 자세에는 당연히 남자가 아래에 있으므로 받아들이고, 위에 있는 여자가 움직인다. 자연이 이와 같은 변이를 얼마나 혐오하는지, 누구나 명백히 알 것이다.

다섯번째 이유. 스콜라파의 역사가(ca.31 《메토디우스에 따른 창세기 주해》)도, 대홍수의 원인이 미친 여자들이 남자들을 나쁜 방법으로 이용했기 때문이다. 즉 전자가 위에 있고 후자가 아래에 있었기 때문에 생겼다고 명기하였다. 바울도 『여자들은 자연스러운 방식을 반자연스러운 방식으로 바꾸었다』라고 로마인에게 말했고, 이 죄를 죽음과 같은 죄의 하나로 가르치고 있다.』

41) 사실, 대부분의 신학자들이 교접 때의 자연스러운 자세를 단 한 종류만 인정하였다. 이 점에 관한 고해신부들의 질문은 반드시 다음과 같거나, 혹은 확인으로 시작되었다. 『자연스러운 자세를 잘 알고 있지요…….』

당연한 일이지만, 왜 그 자세가 자연스러운지는, 그 이외의 자세를 비난할 때 이외에는 거의 다루지 않았다. 아마 기원은 선사시대로 거슬러 올라가 그들의 관습에서 찾아야 할 것이다. 그리고 나의 상상으로 이것은 경작자가 정한＝의식적인 행동과 관계가 있다. 본래 이와 같은 생각을 지닌 텍스트는 존재하지 않는다. 단 부부의 교접이 하나의 의례, 씨앗 뿌리기의 의식이라는 점은 의심하지 않는다. 신학자 중에도 유일하게 확실한 것을 말한 사람 토마스 산체스는, 그 장의 서두에서 이같이 설명을 하고 있다.

『어떤 교접의 자세가 자연스러운가를 먼저 분명히 하고자 한다. 그것은 남자가 위에서 내려다보고, 여자가 아래에서 올려다보는 형태이다. 왜냐하면 이 자세가 남자의 정액 전파, 여성의 성기에 대한 수용, 그리고 유지하기에 가장 적합하기 때문이다 ……。』

모든 것을 즉각적으로 설명하는 것은 산체스류의 논법이다. 단지 자연에 위반하는 자세를 단죄할 때에는, 그도 순수의식의 문제점을 잊지 않았다.

『이것은 결혼 성례의 오용이며, 명확하게 관습·의식을 타락시키는 것……, 지옥에 떨어질 만한 신의 모독죄이다.』(*De sancto matrimonii sacramento*, éd. Anvers 1607, livre IX, dispute XVI, q. 1)

42) 지나치게 격렬한 사랑과 이와 같은 이례적인 체위는 언제나 결부되어 있다고 생각한다. 신학서의 문장 구성에서는 그다지 눈에 띄지 않지만, 증거로는 부족하지 않다. 세속의 저술가 중에는 브랑똠이 〈아레쪼식 Arétin의 체위〉에 매료된 듯이 몇 번이고 그에 관해 언급하고 있다.

『그뿐 아니다. 좀더 지독한 것으로 이 남편들은 침상의 아내에게 수없이 음란하고 불쾌한 방식을, 수많은 농간을, 새로운 테크닉을 가르쳤고, 터무니 없는 예의 아레쪼식의 체위를 취하게 했다. 그 결과 아내의 체내에서 소멸되어 버린 분화구를 갑자기 끌어내, 그녀들을 색광으로 만들어 버렸다.』(브랑똠 *Dames galantes*《바람둥이 여성 성쇠기》M·Rat, 26쪽)

조금 앞서 이번에는 스콜라 철학류에서 다음과 같이 말한다.

『이와 같은 형상·체위는 모두 신이 증오하는 것이며, 히에로니즘이기도 하다. 아내에 대한 남편이라기보다, 격정에 사로잡힌 연인으로 취급하는 자는 간부姦夫이며 죄를 범하고 있다.』

물론 신학자들도 이와 같이 지나친 쾌락 추구에 관해 언급하고 있지만, 예를 들어 삐에르 드 라 빨뤼의 문장을 보도록 하자.

『……아내를 이례적인 방식으로 대하는 사람은, 가령 자연의 기구 속에 들어가 있으면서도 좀더 커다란 관능의 환희를 추구한다면 죽음의 죄를 범하게·된다……고 하는 사람들도 있다.』(*Commentaire sur les Sentences*(d. XXXI, q. 3, art. 2, 5⁰)

43) 대부분의 신학자가 이와 같이 평범하지 않은 자세를 단죄한 것은 아니다. 그들의 의론의 중심은, 그와 같은 자세가 어린이를 낳느냐 못 낳느냐였다.〈자연에 위반될〉때, 결국 그 이유는 다음과 같다.

① 교접 때 자연이 명령하여 정한＝의식에 위반되기 때문에.

② 그 중 몇 가지 자세는 인간을 동물로 여기는 것으로, 인간의 본성(＝자연)을 타락시키기 때문에.

③ 또한 어떤 것은 남녀 각각의 본성(＝자연)을 바꾸기 때문에.

④ 불임의 의심이 있고, 따라서 결혼의 본성(＝자연)에 위배되므로. 반대로 관능성 때문에 결혼의 본성에 위배되며, 따라서 불임이 된다고 생각하기 때문에.

본래 이와 같은 이유 자체는 그다지 중요하지 않다. 중요한 것은 반자연의 죄라는 일반 개념 아래 몇 가지 특성이 모여 있다는 사실이다. 또한 불임 부부는 종종 음란한 행위라는 이유로 신의 벌을 받게 될 혐의를 걸었다. 14세기 영국의 설교는 브로미아드에 따르면『신이 명한 목적을 지향하는 한, 부부에게 자식이 주어지지 않았다는 것은 있을 수 없다. 따라서 그들은 음란한 오락, 혹은 재산을 결혼의 목적으로 한 것이다.』(*Summa*,《Matrimonium》, 8. 10, cité par Noonan, p.344-345 참조)

44) 자궁의 흡인력을 세우는 여성상위태가 정당화된 것이다. 드물기는 하지만.

45) 좀더 많은 것은, 남편과 정상체위에 의한 관계를 가지므로써 태아를 해치는 것을 두려워하는 임부의 경우였다. 그외에 정상체위의 관계를 가질 수 없을 정도로 뚱뚱한 부인의 경우도 종종 등장한다.

46) 브랑똠, 전게서, 32쪽. 이 문제에 관해 이 책 25쪽 이후의 논술은 시사하는 바가 매우 풍부하다. 브랑똠은 그곳에서 몇 번에 걸쳐 성서・초대 교부・신학자 들을 인용하고 있다. 과연 논술의 의도 ─남편이야말로 아내에게 해서는 안 되는 행위의 첫번째 책임자라는 점을 나타내고 있다─가 증언 가치를 없애기 때문일지도 모른다. 그러나 나는 변호를 위한 논술이라는 문맥만으로, 작자의 분노의 원인이 있다고 생각하지 않는다.

47) 결혼 외의 경우에 관해서 브랑똠은 예를 들면 다음과 같이 피력하였다.

『그는 어떤 보석상으로부터 금박을 입힌 주석 잔을 하나 샀다. 그것은 세공이 비할 데 없이 정교한 걸작으로, 남녀의 아레쪼식 체위 형상의 몇 가지가 …… 그 위쪽에는 ……동물들이 교접하는 자세 몇 가지가 상세하고 아름답게 새겨져 있었다.』(27-28쪽)

『이 귀족이 궁정의 기혼・미혼의 여인들을 초대하여 연회를 베풀었을 때, ……와인을 부어 주는 하인들은 반드시 이 잔을 사용하였다. 여인들 중에는 너무 놀라 아무말도 못하는 자가 있는가 하면, 수치스러워 얼굴이 빨개지는 자도 있었고, 서로 이렇게 말하는 자도 있었다. 〈조각되어 있는 것이 뭐지? 음란하게 보이는데. 이젠 마시지 않겠어. 아무래도 갈증이 가시지 않아. ……〉 그와 같은 이유에서 마시면서 눈을 감는 자, 조금은 뻔뻔스럽게 피하지 않는 자 등 가지가지였다.

이 사건을 전해 들은 여인들은 기혼자건 미혼자건 몰래 웃거나, 또는 박장대소를 하는 자도 있었다. ……〈얼마나 기괴한 일인가!〉라고 말하는 자, 〈우스꽝스러운 장난이다!〉라고 말하는 자, 〈멋진 그림이지 않은가!〉라고 말하는 자 등 다양했다.

요컨대 이 사건은 평판·소문의 씨앗이 되었다. ……견문의 가치가 있는 매우 유쾌한 놀이였던 것이다. 그러나 내가 흥미롭게 보는 점은, 순진무구한 혹은 순진무구를 가장한 아가씨들의 반응이었다. ……결국 그녀들은 분노했으나 그 잔으로 마시는 것을 싫어하지 않았다. 그뿐인가. 그에 합당한 경우에 그와 같은 그림을 꺼내 오거나, 실지로 시도해 보는 일까지 나타났다. 그리고 두뇌가 우수한 인간은 누구나 와서 보려고 하였다.

이상이 훌륭한 조각을 한 아름다운 잔이 불러일으켰던 이야기이다. ……이 잔에는 와인이 사람들에게 웃음거리를 제공한 것이 아니라, 사람이 와인에 의해 웃음거리를 제공받았던 것이다. 사실 어떤 자들은 웃으면서 마셨고, 또 어떤 자들은 망설이며 마셨던 것이다.』(27-30쪽)

브랑똠이 부부간에 이 형태에 관해 말했을 때 나타난 진지함, 분개하고 교훈적인 어조와는 하늘과 땅의 차이가 난다.

48) 누낭《피임과 결혼》의 전반, 특히 63-76쪽 참조.

49) 그에 대한 기술은 다음과 같다.

『그러나 여자들 가운데 자연스럽고 일반적인 자세보다 커다란 쾌락·이상·반자연·기이한 자세 쪽이, 또한 시인이 말하는 《견식犬式》으로 하는 쪽이 —이것은 누구나가 두려워하는 일이었지만 —임신하기 쉽다고 주장하는 자도 있다.』(전게서, 31쪽)

50) 예로서 J. 뒤보와, 일명 시르비우스가 그의《여성의 월경과 인간의 생식에 관하여》(Bâle, 1556)에서 서술한 문장을 보도록 하자.

『허무한 성교＝또한 반복되는, 두 사람 중 한쪽에서 무리하게 강요하거나 혹은 한쪽이 가로누워 있는 성교는, 그것을 행하는 자가 사랑 없이 결합되어 있을 때는 허무하게 불임이 된다. 더 나아가 즐겁게 행할 때에는 아이를 갖게 된다. 단 욕망이 너무 강렬해서는 안 된다.』(G. Chrestien, *Le Livre de la génération de l'homme*, Paris, 1559, p.39를 참조)

여기에서 문제되는 것은 쾌락과 수태와의 전통적인 결합, 그렇지 않으면 결혼에 있어서 부부간의 매력이 필요한 경우가 의사들에 의해 확인되었을까. 다른 텍스트를 검토하고 생각해 볼 가치가 있는 문제이다.

51) J. Gerson, *Instruction pour les curés*, éd. 1575, ch. XI, f. 17.

52) 산체스는 이 명령의 이유로서 신의 모독행위를 말한 것이 아니라, 반대로 다른 사람의 아내가 아니라 자기의 아내를 상대로 한 경우 쪽이 죄가 가볍다고 생각한 듯하다.(*De sancto matrimonii sacramento*, livre IX, dispute XVIII, n° 5) 단 〈반자연의 자세〉를 다룬 단계에서는, 이런 종류의 자세를 〈결혼 성례의 남용〉·〈관습·전통의 타락〉, 따라서 〈지옥에 떨어질 만한 신의 모독죄〉로 단죄하고 있다.(*Ibid.*, livre IX, d. XVI, q. 1)

아조르Azor는, 확실히 신의 모독죄라 말하지 않으면서도 『자기의 아내를 남용하였으므로, 아내를 해롭게 하려는 특별한 악의가 있으므로 아내는 이혼할 권리를 가진다』(*Institutionum moralium*, Rome, 1600, t. III, livre III, ch XX, q. 5, n° 5), 즉 남편과의 육체관계를 거부할 권리를 가진다고 명언하였다.

53) 브랑똠, 전게서, 38-39쪽.

54) H. Bergues, *La Prévention des naissances*, p.143 참조. 브랑똠의 이 텍스트를 주해하고, 베르그는 부르조아 귀족계급에서 『질외사정은 좀더 많이 이용되었던 방법이며, 결혼이 두 사람 사이에서 문제가 되지 않았던 때는 극히 드물었다』라고 결론을 내렸는데 이것은 올바르다. 단 베르그는 그 이상 문제를 도출해내지 않았고, 위의 시점도 저작 전체 속에 매몰되어 있다.

55) 이와 같이 17세기 교회의 전통적인 교의 유지의 외재적 동기에 관해서는, 누낭도 간단하게 언급하고 있다.(*Contraception*, p.333-358, p.367-371) 또한 최근의 교황 회장回狀《인간 생명의》가 그것을 중시하고 있는 것도 잘 알고 있다. 단지 누낭은 부부 이외에 있어서 질외사정 교접에 관한 산체스 문장의 존재를 의식하지 못했다. 이 문제에 관해 부부관계의 안팎에서 대립이 있었음을 알지 못했던 듯하다.

56) 산체스는 갈레노스의 이론에 따라서 여성도 남성과 마찬가지로 종액을 방출하고, 두 가지 종액의 혼합에서 임신이 되는 것이라고 믿고 있었다. 따라서 부부의 한쪽만이 정액을 방출하고, 다른 쪽에서 방출의 시간을 주지 않는 것은 즉 피임행위였다.

57) 갈레노스의 이론은 어디에 기초를 두고 있는가. 또한 여성의 종액은 교접의 시작, 혹은 오르가슴의 순간에 방출된다고 생각한 것에 관한 논의는 지금까지 계속되고 있다. 어느쪽이든 선택해야 한다면, 몇 가지 이유에서 나는 후자라고 생각하고 싶다. 그런데 산체스는 여성이 종액을 방출하기 전에 남자가 물러났을 경우, 그것이 중대한 죄를 구성하는지 아닌지에 관하여 오랫동안 흥미 깊은 논의를 전개하였다.

이것은 시대에 의해 다른 남녀의 화합상태를 알기 위해 거슬러 올라가야 할 유익한 줄거리이다. 내가 인용한 문장에서 산체스가 『혹은 방출의 위험을 피해야 했던 이후』라고 서술했을 때, 그는 암암리에 남자의 사정 시작과 여성의 오르가슴에 평행관계를 설정하고 있다고 나는 생각한다.

58) 산체스는 그 바로 전페이지에서, 가령 생명을 버리더라도 간음은 거부해야 한다는 것을 논증하고 있다.

59) 또한 산체스는 『중대한 위험이 있는 경우에는, 부부간의 교접 중단도 허락된다. 가령 그 결과 질외의 사정이 있을지라도. 왜냐하면 이제부터 생길 아이의 잠재적인 생명보다도 자기의 생명에 대한 의무가 크기 때문이다』라고 하였다.

60) *De sancto matrimonii sacramento*, livre Ⅸ dispute ⅩⅨ q.7.

61) 《에스또왈르의 일기》 1611년 3월 16일 페이지(*Journal de l'Estoile*, éd. André Martin, Paris, Gallimard, 1960, t. Ⅲ p.230)를 참조. 단 에스또왈르와 그 동시대인을 화나게 한 점은, 질외사정에 관한 산체스의 논술이 아니라 남색에 관한 그의 지나칠 정도의 정밀한 서술이었다.

62) 누낭의 저작, 특히 제3·4·6장을 참조.

63) 분명히 그렇게 주장하는 역사인구학자는 적지만, 의외로 그렇게 암시하는 자는 많다. 르 로와 라뒤리Le Roy Ladurie는 분명히 그렇게 단언하였다.

64) 증언의 대부분이, 마르그리뜨 드 나바르Marguerite de Navarre의 《에프타메론》처럼 종교개혁에 호의적인 저술가의 손으로 이루어졌다고 증언할 가치가 없는 것일까? 물론 개혁측의 입장에서는 보다 깊은 신학적인 근거가 있었지만, 성직자 독신규칙의 침범도 이유의 하나가 되었다. 개혁자측에서는 독신규칙에 대한 적의를 쉽게 선전활동에 이용할 수 있었다.

65) P. 구베르Goubert는 그 논문에서(204-205쪽), 432의 교구가 있었던 1650-1679년의 보배Beauvais 주교구에서, 4백 명 이상의 사제가 주교구 재판소의 질문 혹은 재판을 받았다고 한다. 단 성직자 독신규칙 위반은 이 질문, 재판 이유의 일부일 뿐 구베르는 중요한 이유라고만 했지 숫자는 열거하지 않았다.

한편 E. 브루에뜨Brouette가 1956년 《에노의 리에쥬 부주교 관내에서 성직자의 규칙위반과 무절제》(1499-1570년)에 관한 연구논문을 발표했다.(*Ruvue belge de philologie et d'histoire*, p.1067-1072) 나 자신의 계산에 따르면, 주교구 전체에서 1499년부터 1504년에 걸쳐서 매년 거주하는 사제의 15%가 〈규칙위반·무절제〉로 처벌받았다고 생각한다. 세기 중반 이후 비율은 감소하였지만, 그것은 아마 감시의 눈이 완화되었던 혼란기에 해당할 것이다.

66) 예를 들면, 루이 13세 시대에 씌어진 《임산부의 농담》(*les Caquets de l'accouchée*)에 다음의 대화가 보인다.

『말을 시작한 것은 산욕에 걸린 아가씨의 모친으로, 그녀는 딸의 머리맡 우측에 앉아 있었다. 딸이 몇 명의 아이를 출산했는가고 묻자, 이번이 처음이라고 대답했다. ―아니 실은 일곱 번째의 출산인데, 이번엔 나도 놀랐습니다. 딸이 이렇게 빨리 거듭해서 아이를 낳다니, 스물넷까지는 시집보내지 않고 앞날을 격려해 주기만 했는데.』 (Éd. Marpon et Flammarion, 1980, p.12)

하인 남녀의 결혼에 관해서는, 이 책에서 다음과 같이 기술하고 있다.

『어떤 하녀가 있었다. ―그럼, 나는? 당신보다 내 쪽이 훨씬 가련합니다. 옛날 우리들이 8,9년 동안 하녀로 일하며 은으로 만든 띠 한 개와 현금 에큐화 1백 개 정도를 모았지만……, 결혼 상대로 사람 좋은 하인이나 상인 정도가 고작입니다. 그것이 어떻다는 거죠. 지금 돈을 저축해도 상대는 상인이나 하인 정도. 순식간에 서너 명의 아이를 낳고, 결국엔 남편의 돈이 줄어들어 다시 옛날과 같이 하녀가 되어야 합니다.』(ibid., p.14−15)

67) 14세기 초기 도미니끄파의 브로미아드Bromyard 존은 그 설교의 한 가지로, 간음자에게 결혼하지 않은 것을 책망하면 어떤 자는 우리들은 이렇게 하는 길밖에 다른 수가 없다고 했고, 어떤 자는 〈결혼해서 살 집이 있다면〉 언제라도 결혼하겠다고 했다. 또 어떤 자는 아이가 생긴다면 먹일 것이 없어서라고 대답했다고 서술하였다.(Summa praedicantium, éd. Nuremberg, 1485, 《Luxure》, 28, 누낭, 전게서, 294쪽 인용)

68) 내가 말하고 싶은 것은 모든 연령층의 독신자가 매춘부를 상대로, 비합법적인 관계로 〈반자연〉 행위 ―동성애, 짐승을 상대로 성욕을 만족하는 행위, 자위, 페팅 등등 ―에 의해 성적 만족을 구했을 것이라는 점이다. 이와 같은 행위를 증언하는 재판기록·교회 문서·문학서·의학서·민간 전승이 많이 보인다. 중세 이후 그 존재는 분명해졌다. 한편 16세기부터 20세기 중반에 이르기까지, 아마 시대와 함께 점차 빈번하게 질외수정이 행해졌다. 이 방법에는 특별한 관심을 기울여야 한다. 왜냐하면 19세기 프랑스의 산아제한을 의도하는 가정에서 사용했다고 생각되는 것은 이 방법으로, 고대 이후 매춘부들이 전해 온 갖가지 피임방법은 아니었기 때문이다.

69) 단순하고 유효한 기법으로 볼 수 있으며, 질외사정은 시대·환경과는 관계 없이 단순히 누구에게서나 재발견될 수 있었던 것은 아니다. 산아제한에 의한 인구혁명이 프랑스에서 행해졌기 때문에, 이 기법의 지식까지 포함할 수 있는 절호의 상황이 생겨났던 것이다. 내가 여기에서 시사하고 싶은 점은, 부부간의 사용 이전에 18세기 후반의 부부들이 어떤 유형의 비합법적 관계 ―그곳에서는 남자가 여자에게 기쁨을 주는 평판에 손상을 입지 않기 위해 자신을 희생했다 ―를 통하여 그것을 알고 있었을 것이다. 또한 질외사정은 먼저 귀족계급에서 사용되었으며, 그후 일반 대

중 사이에도 확장되었으므로, 기법 전파의 역사에서 가내 사용인들이 부과한 역할은 컸다고 상상할 수 있다. 그러나 이것은 아직 가설에 불과하다.

【7 규방에서의 남과 여】

1) J.-L. Flandrin, *Familles:parenté, maison, sexualité dans l'ancienne société*, Paris, Hachette, coll.《Le temps et les hommes》, 1976, 284 p., p.120-128.

2)《에베소인들에게 보낸 편지》5·22-24.

『아내들이여, 자기 남편에게 복종하기를 주께 하듯 하라. 이는 남편이 아내의 머리됨이 그리스도께서 교회의 머리됨과 같음이니, 그가 친히 몸의 구주시니라. 그러나 교회가 그리스도에게 하듯 아내들도 범사에 그 남편에게 복종할지라.』

3)《고린도인들에게 보낸 첫째 편지》7·2-4.

4) 예를 들면 삐에르 롬바르두스《금언집》제4권, 33쪽.

『또한 다른 모든 점에서 남편이 아내에게 신체의 머리처럼(『남편은 아내의 머리이다』《고린도인들에게 보낸 첫째 편지》제11장) 명령해야 하는 데 비해, 육체의 의무 이행 때는 부부가 평등하다는 것을 알아야 한다.』

5) 예를 들어 16세기의 한 신학자의 참담한 고민을 설명하고자 한다.

『이와 같은 힘에 있어서 부부는 평등하지만, 단 이것은 60센티미터가 60센티미터에 대해 동등한 것과 같은 양적 평등으로 생각할 수 없다. 왜냐하면 이 평등은 남자와 여자가 결혼에 있어서 평등하다는 의미가 아니기 때문이다. 남녀는 행위 그 자체에 이르렀을 때도 평등하지 않다. 왜냐하면 남자가 움직이고 여자가 받아들이므로, 이 점에서 여자보다 남자 쪽이 고귀하다. 또한 남녀는 집의 운영에 대해서도 평등하지 않다. 왜냐하면 남자는 지배하고 여자는 지배당하기 때문이며, 그리고 남자는 여자의 머리로 불려지지만 여자는 그렇지 않다. ……또한 남자는 여자를 위해 만들어지지 않았지만, 여자는 남자를 위해 만들어졌기 때문이다. 그럼에도 불구하고 부부는 비율의 척도에서는 평등하다. 요컨대 2배가 2배에 동등한 것처럼. 왜냐하면 작은 수의 2배는 큰 수의 2배보다 훨씬 적지만, 양자의 본래 수에 대한 비율에는 대소가 없는 법이다. 이와 같은 이유에서 남자와 여자는 비율의 척도로서는 평등하며, 남편은 남편으로서 부부의 행위·가정의 운영에 관해 여자를 따라야 할 의무가 있다. 아내는 아내로서 남편을 따라야 할 의무가 있다…….』(J. Viguerius, *Institutiones theologicae*, Paris, 1580, p.640-641,《De redditione debiti matrimonialis》)

6) D. Soto, *In quartum sententiarum commentarii*, Louvain, 1573, d. 32, s. 1, art. 2.

7) 수십 년간 이 점에 관한 사람들의 태도에 변화가 있었다면, 나보다 젊은 독자

에게 나의 생각을 정정하고 싶다.

8) T. Sanchez, *De sancto matrimonii sacramento*, Anvers, 1607, 3 tomes in-folio, t. Ⅲ, livre Ⅸ, dispute 2, n⁰ 4.

9) 비게리우스Viguerius의 전게서.

『남녀는 결혼에 있어서, 또한 행위 때에도 대등하지 않다. 남자는 움직이고, 여자는 받아들이기 때문이다. 그러므로 남자는 보다 고귀한 것으로 생각해야 한다.

이런 이유는 매우 소박하며, 능동적인 역할을 하는 쪽이 당시의 사회에서 보다 고귀하다고 생각한 것은, 여성에 대한 남성의 특징으로 다루어진 경우에 한해서이다. 사회적 관계에서는 반대로 노동하지 않고 소비만 하는 쪽이 생산에 종사하는 사람보다 고귀하다고 생각하였다.』

10) Sylvestre, *Summa summarum*(éd. de Lyon, 1593), verb. DEBITUM, 6.

11) Sanchez, *op. cit.*, livre Ⅸ, d. 16, n⁰ 1.

12) *Ibid.*

13) 《창세기》6·1−7.

『사람이 땅 위에 번성하기 시작할 때에 그들에게서 딸들이 나니, 하나님의 아들들이 사람의 딸들의 아름다움을 보고 자기들의 좋아하는 모든 자로 아내를 삼는지라. 여호와께서 가라사대, 나의 신이 영원히 사람과 함께 하지 아니하리니 이는 그들의 육체가 됨이라. 그러나 그들의 날은 1백 20년이 되리라 하시니라. 당시에 땅에 장부가 있었고, 그후에도 하나님의 아들들이 사람의 딸들을 취하여 자식을 낳았으니 그들이 용사라. 고대에 유명한 사람이었더라. 여호와께서 사람의 죄악이 세상에 관영함과 그 마음의 생각의 모든 계획이 항상 악할 뿐임을 보시고, 땅 위에 사람 지으셨음을 한탄하사 마음에 근심하시고 가라사대, 나의 창조한 사람을 내가 지면에서 쓸어 버리되 사람으로부터 육축과 기는 것과 공중의 새까지 그리하리니, 이는 내가 그것을 지었음을 한탄함이니라 하시니라.』

14) 《로마인들에게 보낸 편지》1·26−27.

『이를 인하여 하나님께서 저희를 부끄러운 욕심에 내어버려 두셨으니, 곧 저희 여인들도 순리대로 쓸 것을 바꾸어 역리로 쓰며, 이와 같이 남자들도 순리대로 여자 쓰기를 버리고 서로 향하여 음욕이 불 일 듯하매, 남자가 남자로 더불어 부끄러운 일을 행하여 저희의 그릇됨에 상당한 보응을 그 자신에 받았느니라.』

15) 등 뒤에서 행하는 교접의 경우에, 이것은 중세 초기를 통틀어 특히 빈번하게 고발되었다. 예를 들면 Burchard de Worms는, *Décret*, livre ⅩⅨ, cap. 5에서 다음과 같이 서술하였다.

『아내 혹은 다른 여성과 등 뒤에서 개처럼 교접했는가? 그 경우에는 10일간, 빵과 물만으로 속죄.』

17세기, 산체스는 좀더 분명하게 서술하였다.

『이 방식은 자연이 동물들에게 명한 것이므로, 그것을 좋아하는 남성은 동물과 같다.』(상게서, 주 11과 같다, nº 1, 3)

16) 예를 들면 브랑똠, 전게서 32쪽. 본서 p.146-147 참조.

17) A.-C. Ducasse-Kliszowski, *Les Théories de la génération et leur influence sur la morale sexuelle du XVIᵉ au XVIIIᵉ siècle*, mémoire de maîtrise de l'université de Paris Ⅷ, juin 1972, 88 pages dactylographiées. 이하에서 나는 이 논문을 많이 인용하였다.

18) C. Galien, *De semine*, livre Ⅱ, ch. Ⅰ et Ⅳ.

19) 아리스토텔레스《동물의 생식에 관하여》참조.

20) 히에로니무스의《에베소인들에게 보낸 편지 주해》Ⅴ, 30과 아우구스티누스의《창세기 주해》Ⅹ, 18, 32.

21) *Les Secrets des hommes et des femmes composez par le Grand Albert*, traduit de latin en françois, Paris s. d. (XVIᵉ siècle), in-16, 127p.

22) 『많은 저술가들의 의견에 따르면, 여성의 종액은 생식에 필요, 적어도 대단히 유익하다. 자연은 이유 없는 것이 없기 때문에.』(A. de Liguori, *Theologia moralis*, livre Ⅵ, t. Ⅵ, c. 2, q. 919)

23) 예를 들면 A. de Liguori.(*ibid.*, q. 918)

『남자가 정액을 방사했을 경우, 여자가 액을 방출하지 않았는데 물러난다면, 이것은 죽을 죄임에 의심치 않는다.』

또한 B. 드 퓜de Fumes은 보다 분명하게 말하고 있다.(*Aurea Armilla*, verb. LUXURIA, nº 5)

『한쪽이 액을 방출하고, 다른 쪽이 잉태를 거부할 의도로 액을 방출하지 않으면, ······반자연의 죄이다.』

24) A. Paré, *Œuvres comlètes*, Paris, 1585, t. Ⅲ.

25) Sanchez, *op. cit.*, livre Ⅸ, disp. 17, nº 7.

『첫번째 결론=교합에 즈음해서는, 쌍방의 정액이 동시에 유출되도록 배려하는 것이 현명한 조치이다. 그러기 위해서는 유출이 늦은 쪽에 대해, 교합 전의 접촉으로 애욕을 북돋우고, 교합에 있어서는 정액이 동시에 유출되도록 해야 한다. ······여자에 관해서는 생식을 위한 정액이 불필요하지만, 이것은 생식을 훨씬 용이하게 한다고 말할 수 있다······.』

26) Sanchez, *op. cit.*, livre Ⅸ, d. 45, nº 38.

27) Bossius, *De matrimonii contractu tractatus*(2 tomes, Lyon, 1655~1658)의, 《결혼 계약의 실제에 관하여》와 Liguori.(*loc. cit.* q. 919)

28) Sanchez, *loc. cit.*, d. 17, n⁰ 12.

29) Sanchez, *ibid.*, Liguori.(*loc. cit.*, q. 919)
『만약 그와 같이 북돋운 후에도 여자들이 자연적 욕망을 억제하지 못한다면, 그녀들은 대죄를 범할 위험이 있다. 왜냐하면 보다 열정적인 남자들이 먼저 방출하는 경우가 많기 때문이다. 그러나 이런 이유는 설득력이 없다. 왜냐하면 만약 아내들에게 그것이 허용된다면, 여자 쪽에서 자신이 방출한 뒤에도 남자 쪽이 흥분된 상태일 경우에는 남자들에게도 마찬가지로 허용하기 때문이다……..』(q. 919)

30) 이와 같은 문제에 관해서는 J.-L. Flandrin, *L'Eglise et le Contrôle des naissances*, Paris, Flammarion, coll. 《Questions d'histoire》, n⁰ 23, 1970, 139p. 참조.

【8 유소년기와 사회】

1) H. Van der Berg, *Metabletica, ou la Psychologie historique*, traduction française publiée chez Buchet-Chastel, 1961. 237쪽의 A. 베장송Besançon에 의한 주해 참조.

2) 단 어떤 종류의 중세 텍스트는, 어린이들을 성의 〈비밀〉로부터 멀어지지 않게 하려는 의지가 있었음을 나타내고 있다. 〈여성의 비밀〉에 관한 알베르투스의 저술도 그 한 예인데, 16세기의 번역에서 그 한 귀절을 인용해 보자.
『필자는 이 소론에서 여러분의 호기심·기분을 만족시키려 한 것인데, 여기에 서술한 사항은 대체로 그 나이의 어린이들은 모르는 듯하다. 아무쪼록 주의하기를 여러분에게 바란다……..』
아리에스는 어린이에게 순수함이 있다는 것을, 중세 모랄리스트들이 이미 의식이 있었음을 인정한 것은 사실이다. 게다가 위의 텍스트는 중세 어휘에서 볼 수 있는 생물학상의 유소년기와 종속성의 혼동에 관해 아리에스가 기술한 것을 방증하고 있다. 위의 여러 곳에 관한 중세의 주석은 좀더 명확하다.
『작자는 여기에서 그 나이 또래의 어린이들에게 이 책을 보여줘서는 안 된다. 왜냐하면 젊음과 사려분별이 없는 것은 선이라기보다 오히려 악으로 기울기 쉽기 때문이다라고 말하고 있다.』

3) R. Mercier, *L'Enfant dans la société du XVIIIe siècle*, thèse complémentaire, 1947, Paris, 1961, in-8⁰.(BN : 4⁰ Z 5411)

4) F. de Dainville, *La Naissance de l'humanisme moderne*.

5) 잡지 《인구》(*Population*) 1955년호(455-488쪽), 1957년호(467-494쪽) 게재의 F. de Dainville의 논문 참조.

6) 학교의 역사에 관해서는 R. Hubert, *Histoire de la pédagogie*(Paris, 1949, p. 404)가, 15세기 이후 인문학부의 모든 학생에게 강제로 기숙사 생활을 시킨 것을 인정하고 있다. 가족의 역사에 관해서는 E. Pilon, *La Vie de famille au XVIIIe siècle* (Paris, 1941, in-8°) 참조.

7) *La Prévention des naissances dans la famille*(Travaux et documents de l'Institut national d'études démographiques, cahier n° 35) 속의 아리에스에 의한 것 제10장 참조.

8) 위와 같음.

9) J. Calvet, *L'Enfant dans la littérature fançaise*, Paris, 1941, 2 vol. in-16°.

【9 젖먹이의 태도와 성행동 —과거의 구조와 그 변화】

1) M. Garden, *Lyon et les Lyonnais au XVIIIe siècle*, Paris, Les Belles Lettres, 1970, p.137-138.

2) Benedicti, *Sommes des péchés*(édition in-4° de Lyon, 1596), livre II, ch. IX, n° 63, p.227.

3) J. T. Noonan, *Mariage et Contraception*, Paris, Éd. du Cerf, 1969. 특히 제 2 · 3 · 4장.

4) Noonan, *op. cit.*, p.108-113, 특히 p.111-112.

5) J.-L. Flandrin, *L'Eglise et le Contrôle des naissances*, Paris, Flammarion, coll. 《Questions d'histoire》, 1970, p.117, document n° 8.

6) Noonan, *op. cit.*, p.206 et 282.

7) P. de La Palud, *In quartum librum sententiarum*, 4, 31, 3, 2, 그외 질외사정을 이용한 자의 인구억제 의도(282-283쪽)·제한포옹(381-382쪽)에 관해서는 누낭의 전게서를 참조.

8) J.-L. Flandrin, 《Contraception, mariage et relations amoureuses dans l'Occident chrétien》, *Annales ESC*(numéro spécial *Biologie et Société*), novembre-décembre 1969, p.1389, n, 3. 또한 본서 154쪽과 6장의 주 66 참조.

9) 《고린도인들에게 보낸 첫째 편지》7 · 2.
『음행의 연고로 남자마다 자기 아내를 두고, 여자마다 자기 남편을 두라.』
《고리도인들에게 보낸 첫째 편지》7 · 5.
『……이는 너희의 절제 못함을 인하여, 사탄으로 너희를 시험하지 못하게 하려 함이라.』

10) Cf. M. Detienne, *Les Jardins d' Adonis*……, Paris, Gallimard, 1972.

11) 예를 들면 헤로도토스Herodotos는, 피지스트라테Pisistrate가 새로운 아내와의 사이에서 아이가 생기는 것을 좋아하지 않았다. 그 때문에 그녀와 일반 관습에 위반되는 관계를 가졌다고 서술하고 있다.

12) Cf. Wrigley, Société et Population, Paris, Hachette, coll.《L'univers des connaissances》, 1969, p.126.

13) 영아 살해가 범죄로 간주된 것은 콘스탄티누스 황제의 치세인 318년 이후이다.(《테오도시아누스 법전》9, 15, 1을 참조)

또한 영아 살해가 법률적으로 살인죄가 된 것은 374년, 즉 기독교의 국교화가 50년 이상 거친 후부터이다. 이에 관해서는 누낭의 전게서 115, 278쪽 참조.

14) Noonan, *op. cit.*, p.208-209, p.212-215.

15) 〈반자연적 관계〉를 다루고, 죄가 되는 교접을 말할 때 신학자들은 체위만을 문제로 삼는 적이 많았다. 특히 두드러진 점은 배위背位(retro)의 경우이며, 모든 참회 입문서가 그에 관해 언급하고 있다. 불임 교접은 항문 교접(atergo)과 입 안 교접(seminem in ore) 두 가지로 한정되지만, 그래도 어린아이를 갖고 싶지 않다는 욕구와의 관련으로 이야기된 적은 한 번도 없었다.

16) 중세 초기의 저술가는 임신(conceptum)이라는 말을 어떤 의미로 사용하고 있었을 것이다. 예를 들어 미뉴Migne가 테오도르Théodore의 것으로 했던 두 문장을 비교해 보자.

『앞으로 자기 아이를 살해한 경우는 10년의 속죄. 임신(conceptum) 이전이라면 1년. 임신 후라면 3년…….』(Migne, *Patrologie latine*, t. 99, col. 967)

『여자가 아이를 압사한 경우＝만약 여자가 자궁 내의 아이를 40일 이전에 죽이면 1년의 속죄. 40일 이후에 죽이면 3년의 속죄. 활동을 하게 된 이후에 죽이면 살인자와 같이…….』(Migne, *ibid.*, col. 968)

두 문장의 비교에서, 실제로 태아는 40일이 지나서야 비로소 생긴다고 생각한 점, 또한 일정한 시간—아마 3개월 정도—이 지나야 살아 있는 것으로 간주되었음을 알 수 있다.

17) Cf. Noonan, *op. cit.*, p.206-207.

18) 뚜르의 그레고리우스 *De virtutibus sancti Martini*, IIe partie, ch. 43.(프랑스 역사협회 대역판 165쪽)

19) 상게서. IIIe partie, ch. 51, p.257.

20) 뚜르의 그레고리우스 *De gloria confessorum* 제83장.(프랑스 역사협회 대역판

21) 뚜르의 그레고리우스 *De virtutibus sancti Martini*, IIe partie, ch. 26, p.139.

22) 이 텍스트는 중세 말기 신학자 대부분에 의해, 히에로니무스에 의한 《이사야서》 64·6의 주석으로 간주되었지만, 미뉴 간행의 히에로니무스 저작집에는 보이지 않는다. 그에 반하여 《성서 일반 주해》는, 같은 문장을 저자명 없이 《이사야서》의 같은 주석으로 게재하고 있다. 히에로니무스가 저자가 된 것은 성서 해석자로서의 명성, 또한 다른 여러 곳에서 그가 월경 때의 부부 금욕에 관해 나타낸 관심 때문일 것이다. 지금 나는 이 문장이 중세 초기에 씌어졌다는 증거를 가지고 있지 않다. 단 내용으로 6세기 이전 또는 12세기 이후에 씌어졌다고는 생각하기 어렵다.

23) 신학자들의 이 텍스트에 대한 인용에는 다소의 차이가 있다. 단 우리들에게 중요한 부분은 반드시 포함되어 있다.

24) Saint Césaire d'Arles, Sermon 292, in Migne, *Patrologie latine*, t. 39, col. 2300. 이 저술가는 같은 문제를 돔 제르망 모란Dom Germain Morin판 제1권 설교 44(187-191쪽)에서 좀더 상세하게 다루었다.

25) 뚜르의 그레고리우스 *De virtutibus sancti Martini*, II, ch. 24, Traduction d'après le texte latin donné par Migne, *Patrologie latine*, t. 71, col. 951 et 952.

26) 예를 들면 띠에트마르 드 메르스부르Thietmar de Mersebourg(975-1018)는, 어느 축제일에 아이를 가진 한 시민이 세례를 받은 직후 그 아이를 잃어버렸다고 서술하고 있다.(P. Browe, *Beiträge zur Sexualethik des Mittelalters*, Breslau, 1932, in-8°, 143 p., p.48)

27) 예를 들면 피니앙Finnian의 참회 청문입문서 제47항에 다음 문장이 있다. 『자식이 양친의 태만으로 세례를 받기 이전에 죽은 경우, 하나의 영혼이 사라진 것이므로 이것은 커다란 죄이다. 양친은 이 죄를 속죄하기 위해 1년간 빵과 물만으로 식사를 하고, 같은 시기에 같은 침대에서 함께 자서는 안 된다.』(Texte traduit par C. Vogel, *Le Pécheur et la Pénitence au Moyen Age*, Paris, Éd. du Cerf, coll. 《Chrétiens de tous les temps》, n° 30, 1969, p.61)

유사한 텍스트가 예를 들면 침대의 참회 입문서(II, 40), 부르샤르 드 올무스 Burchard de Worms의 《교령》(*Décret*, 제19부, 163, 164쪽)에서 다수 볼 수 있다. C. Vogel의 전게서에서 번역하였다.(76, 106쪽)

부르샤르 드 올무스의 《교령》은, 11세기의 게르만 사회에서 이교적 심성에 관한 귀중한 자료였지만, 어린이가 세례를 받기 이전에 죽지 않도록 양친에게 배려를 촉구한 이유 중에는, 우리들의 상상을 초월하는 것이 있었음을 암시하고 있다. 예를 들면 180쪽이 그러하다.

『당신도 악마에게 꾀인 여자들이 언제나 하는 것과 같은 일을 했는가? 여자들은 세례 전에 유아가 죽으면 작은 유해를 들고 비밀 장소에 숨긴다. 그리고 사체를 꼬챙이로 찔러 고정시켰다. 그렇게 하지 않으면 아기가 이 세상으로 되돌아와서 주변 사람들에게 심한 해를 입힌다는 것이다. 만약 당신도 그렇게 했다면 2년간의 단식을 해야 한다.』(C. Vogel, *op. cit.,* p.110)

28) 대부분의 참회 입문서가, 생겨나기 시작한 태아의 낙태 이상으로 영아 살해에 중한 벌을 부과했다. 예를 들면 부르샤르 드 올무스의《교령》제19장을 보자.

『162항＝낙태를 행하였는가? ……만약 태아가 자라기 전이라면 1년의 단식. 자라기 시작한 이후라면 3년간, 정해진 날에 단식.

163항＝자신의 아들 혹은 딸을 생후 고의로 죽였는가? ……그 경우에는 12년간 정해진 날에 단식. 동시에 종생토록 속죄.』(C. Vogel, *op. cit.,* p.106)

그러나 입문서가 세례 후의 유아 살해보다 세례 전의 유아 살해를 엄중하게 처벌하려고는 생각하지 않았다.

영아 살해와 살인의 비교는 그 정도로 단순하지 않다. 후자는 일반적으로 피해자의 가족에 대한 보상, 혹은 여러 갈래로 분류되어 있는 살인 유형의 문제가 결부되어 있기 때문이다. 단 고의적인 살인과 친족 살인은 동일한 입문서에서, 타인 혹은 자신의 아이를 살해한 것 이상으로 엄중한 벌이 부과되었다. 예를 들면 Finnian. art. 12, 20 et 23; le pénitentiel laïc de saint Colomban, articles 27 et 32 ; celui de Bède, Ⅲ, 2 et 12; et le livre ⅪⅩ du *Décret* de Burchard de Worms, art. 1-6 et 163을 참조.(cf. Vogel, *op. cit.,* p.54-55, 56, 57 ; 68 et 69 ; 77 et 78 ; 81-82 et 106)

29) Grégoire de Tours, *loc. cit.*

30) L. Musset, *Les Peuples scandinaves au Moyen Age.* Paris, PUF. 1951, p. 136.

31) Traduit par Vogel, *op. cit.,* 108.

32) Ives de Chartres, *Décret,* part. ⅩⅤ, cap. 159, in Migne, *Patrologie latine,* t. 161, col, 893.

33) Noonan, *op. cit.,* 특히 p.64-66, 249-256. 316-329. 399-421.

34) 아우구스티누스는《창세기 주석》에서 생식선에 관하여 이야기하고, 아이를 갖는 것은 좋은 일이지만 낳는 것만으로 충분치 않다.『그들을 우아하게 받들고, 인간적으로 양육하고, 종교적으로 길러야 한다』고 하였다. Noonan, *op. cit.,* p.167 참조.

35) 뚜르의 그레고리우스 *Des miracles de saint Martin,* Ⅱ, ch. 24.(프랑스 역사협회 대역판, p.131, n. 1)

36) Vogel, *op. cit.,* p.54-55.

37) 이 칙령은 1557년 이후 대혁명에 이르기까지 다양한 타이틀로 반복 공포되었다.

38) 예를 들면 앙리 2세도 칙령 서문에서 다음과 같이 서술하고 있다.

『극히 기독교적인 프랑스 국왕, 즉 나의 선배인 동시에 조부인 자들은 유덕하고 경건한 그 행위에 의해…… 또한 극히 칭찬할 만한 그 행동에 의해, 그들에게 고유하면서도 독자적인 이 칭호를 하사하는 것도 지극히 당연한 일을 증명하는 것이다. 나도 그들을 본받아 이처럼 존경할 만한 칭호를 유지하기 위한 신앙심으로 여러 차례 선한 행동을 보였다. 그렇지만 특별히 중요한 점은, 신에 의해 내가 지상의 왕국에 보내진 자들에게…… 신이 명령한 성례를 가르치고, 또한 신의 의지에 따라 그 자들이 신의 부르심을 받을 때까지 그를 위해 설치해 둔 다른 성례를, 여행을 떠나기 위한 매장의 의례와 함께 세심하게 주의를 기울일 것을 가르치니…….』

39) 칙령의 전문도 다음과 같이 규정하고 있다.

『……그와 같은 죄를 책임져야 할 여인들은, 내가 재판관 앞에서 악행을 진술하는 것을 부끄러워하지 않았다. 아이가 뱃속에서 나온 순간 죽인 뒤, 아무런 생명의 증표가 없었다고 변명한다. 그 때문에 고등법원과 다른 법원의 재판관들은, 이와 같은 여자들의 범죄를 재판할 때 의견이 분분해진다. 어떤 자들은 사형을 부르짖고, 어떤 자들은 보통의 고문에 의해 여자의 뱃속에서 나온 과실이 진실로 죽었는지 살았는지를 본인의 입으로 분명하게 말하도록 만들어야 한다고 주장했다. 이와 같은 고문에 의한 책임 추궁 때, 여자들은 입을 굳게 닫고 말을 하지 않기 때문에, 대부분의 경우 감옥의 문은 열리게 된다. 그것은 같은 범죄를 다시 일으키게 하는 것이며, 또한 그렇게 된다면 그야말로 나를 슬프게 하는 점이며, 신하들의 분노를 사는 점이다…….』

칙령의 본문은 다음의 말로 끝맺고 있다.

『이것을 만인에게 보여 주는 것은, 앞으로 어떠한 의문·문제도 발생하지 않도록 하기 위해서이다.』

40) 부록 Ⅰ, p.250-251 참조.

41) Clément에 의한 인용. *La Police sous Louis* ⅩⅣ, p.132.

42) 성 콜롬반의 참회 청문입문서에서, 어린이의 질식사에 관한 32조를 마술에 관한 20조와 비교하라.(Vogel, *op. cit.*, p.67, 69)

43) 부르샤르 드 올무스《칙령》제19권 중 162조를 183조와 비교하라.(Vogel, *op. cit.*, p.106, 110)

44)《Statuts synodaux du diocèse d'Albi》(1230), *Revue historique du droit français et étranger*, 4ᵉ série, t. Ⅵ(1927), p.437. Synode de Meaux(1245), in Martène, *Thes. nov. anec.*, t. Ⅳ, p.894.

45) D'après l'édition de Gousset, *Actes de la province de Reims*, t. Ⅰ, p.444.

46) Statuts synodaux d'Amiens(1411), édités par J.‑M. Mioland, in *Actes de l'Église d'Amiens*, Amiens, 1848, t. Ⅰ, p.26. 그외에 16세기 초, 혹은 15세기 말 작자미상의 *Confessio generalis*(Bibliothèque nationale : Réserve, D. 7108) 또는 *Statuts synodaux du diocèse d'Alby*(1553, conservés à la bibliothèque Sainte‑Geneviève sous la cote: C. 4⁰ 291. Inv. 291), 또는 Les cas réservés à l'evêque de Lyon, selon Benedicti, *op. cit.*(초판 1584년) 또는 J. Chapéaville, *Tractatus de casibus reservatus*(1614, p.159), 또는 *Statuts synodaux du diocèse de Sens*(1658, p.79), 끝으로 Gousset에 의해(*op. cit.*, t. Ⅳ, p.539, art. 5) Cas réservés au diocèse de Saint‑Omer(an 1696)에 의한다.

47) Mioland, *op. cit.*, t. Ⅰ, p.57

48) (i) 1454년 아미엥의 규정.

(ii) 1571년의 베장송 규정(망시의 콜렉션, 36권 bis, 58–59쪽)

(iii) 1677년의《랑스 주교관구 전례서》(국립도서관, cote:B. 1765)

(iv) 1683년 랑스 주교의 특수권한 리스트 Gousset, *op. cit.*, t. Ⅳ, p.433–435.

49) 다음의 8가지로 모두 국립도서관 소장.

(i)《스트라스부르Strasbourg 주교구 전례서》(1742년), 134쪽, 제8 케이스.

(ii) 1734년, 부르고뉴Boulogne 주교의 특수권한 리스트(Gousset) 제11 케이스.

(iii)《바이유Bayeux 주교구 전례서》(1744년), 137쪽, 제8 케이스.

(iv)《부르쥬Bourges 주교구 전례서》(1746년), 203쪽, 제4 케이스.

(v)《빠띠에Poitiers 주교구 전례서》(1766년), 101쪽, 제7 케이스.

(vi)《솨쏭Soissons 주교구 회의 규정》(1742년), 1769년판, 221쪽, 제8 케이스.

(vii)《뒤 망스du Mans 주교구 전례서》(1775년), 93쪽, 제19 케이스

(viii)《뤼쏭Luçon 주교구 전례서》(1768년), 102쪽, 제4 케이스.

50) Gousset, *op. cit.*, t. Ⅳ, p.494–495.

51) 예를 들면,

(i) 1695년, 알비Albi의 주교(규정 95–96쪽)

(ii) 1756년, 깔르까쏜느Carcassonne의 주교(《깔르까쏜느 주교 종교회의 규정》 136–141쪽, 〈현 주교가 자신, 또는 그의 후계자의 것으로 하는 케이스〉 세번째)

52)《랑그르Langres 주교구 전례서》(1789년), 221–222쪽.

53) 나의 확실한 근거는 다음의 두 가지이다.

(i) 프로마죠의 《양심문제사전》(파리, 1733년)의 〈어린이〉(Enfant) 항목(col, 1435)의 다음 기술.

『세속의 법률은 자기 아이를 유기하는 여자를 벌한다. 단 품안에서 질식시킨 여자

와 탄생 후 소문을 꺼린 여자를 구별하지 않는다. 또한 자애심이 깊은 사람이 버려진 아이를 맡은 경우에도, 아이를 버린 모친은 살인자로 취급한다……』

(ii) H. Bergues, *La Prévention des naissances dans la famille*, Paris, PUF, 1960, p.165−166. 베르그는, 374년의 황제령이 유아 유기를 단죄했다는 점을 서술하고 있다.

한편 베르그 *op. cit.*, p.172가 언급하고 있는 라 빠 드 프레멩빌La Poix de Fréminville(1769년)의《사전》도 참조.

54) 어린이를 피 흘리게 하지 않아야 한다는 기분은 기독교 문명으로까지 존속하였고, 명백한 어린이 살해를 표현하는 대부분의 경우 질식사라는 언어를 사용했던 것도 그 때문이다.

55) 4세기 락탕스Lactance는《신의 제도》(5, 9, 15) 속에서 이교도에 관해 서술하였다.『그들은 자기 아이의 목을 조르던가, 신을 생각하는 기분이 조금 남아서 그렇게 할 수 없는 경우에는 내다 버렸다.』(Noonan, *op. cit.*, p.116)

56) 떼농Tenon《빈민 구제원 각서》(H. Bergues, *op. cit.*, p.167)

57) Benedicti, *op. cit.*, livre Ⅱ, ch. Ⅱ, p.180.

58) H. Bergues, *op. cit.*, p.166−167에 인용.

59) 이와 같은 문제에 대해서는 J. Charpentier, *Le Droit de l'enfance abandonnée*, Paris, PUF, 1967을 참조. 내가 이 저작의 존재를 안 것은, 이 논문 탈고 이후이다. 사회가 죄를 지어 낳은 아이에 대한 태도를 바꾼 것은 18세기의 일로서, 성 빈센트 드 바울Vincent de Paul의 자선사업과, 콜베르Colbert의 인구 증식 정책 덕분이다.

60) Lallemand, *Histoire des enfants abandonnés et délaissés*, Paris, 1885, p.163. Cité par H. Bergues, *op. cit.*, p.171.

61) Abbé Malvaux, *Les Moyens de détruire la mendicité en France en rendant les mendiants utiles à l'État, sans les rendre malheureux*, Paris, 1780. Passages cités par H. Bergues, *op. cit.*, p.176 et 177.

62) H. Bergues, *op. cit.*, p.177.

63) Cf. H. Bergues, *op. cit.*, p.178.

64) 베네딕트에 의하면, 16세기 리용의 주교는『자기 아이를 구제원, 혹은 다른 공공 장소로 비밀리에 데리고 가서 유기하는 자』의 죄를 주교의 권한으로 하였다. (1601년, 4판 627−628쪽 참조)

한편 1965년(1695을 잘못 인쇄한 것이 아닐까) 알비 도교구의 규정은, 주교 특수 권한 제8의 경우로〈어린이 유기, 탄생 후 1년 미만의 아이를 침대에서 재우는 것〉을 인용하고 있다.

65) Fromageau et Lamet, *Dictionnaire des cas de conscience*, Paris, 1733, 2 vol. in-f⁰, t. Ⅰ, au mot《Enfant》, col. 1438.

66) *Ibid.*, col. 1437.

67) *Ibid.*, col. 1435.

68) H. Bergues, *op. cit.*, p.166.

69) H. Bergues, *op. cit.*, p.176에서 인용.

70) 랄르망Lallemand은 1760년의 조서기록을 근거로, 그해의 입소자 중 사생아가 4297명인 데 비해, 정식부부의 아이는 735명밖에 되지 않았다고 단언했다. 이 숫자는 지나치게 상세하여 오히려 신뢰성을 떨어뜨린다. 유기된 아이는 모두 사생아로 취급하였고, 그외에는 고아 혹은 빈곤 가정의 아이로서 일반적으로 연령이 높기 때문에 양친이 누구인지를 알았던 것은 아닐까?

71) Benedicti, *op. cit.*, livre Ⅱ, ch. Ⅱ, n⁰ 19, p.143 de l'édition de 1596.

72) Benedicti, *op. cit.*, livre Ⅱ, ch. Ⅳ, n⁰ 19, p.164.

73) Dans Gousset, *op. cit.*, t. Ⅰ, p.444 :《*Negligentias parentum in igne vel aqua natos perdentium*》

74) A. Girard, L. Henry et R. Nistri, 《La surmortalité infantile dans le Nord et le Pas-de-Calais》, *Population*, n⁰ 2, 1959, p.221−232.

75) J. Magaud et L. Henry, 《Le rang de naissance dans les phénomènes démographiques》, *Population*, n⁰ 5, 1968, p.879−920. Voir, en particulier, p.893.

76) Benedicti, *op. cit.*, livre Ⅱ, ch. Ⅱ, n⁰ 20, p.143.

77) M. Garden, *Lyon et les Lyonnais au XVIIIᵉ siècle*, Paris, Les Belles Lettres, 1970. 구제원에서 양아들로 간 뒤 사망한 유아의 비율은 128쪽에 실려 있다. 그외의 어린이에 관해서는 134쪽에 다음과 같이 기술되어 있다.

『세기말의 경찰기록에서도, 어린이의 생명이 극히 커다란 위험에 처해 있었다는 것을 알 수 있다. 몇 가지의 실례를 보면, 리용 가정의 어린이들 운명도 버려진 아이와 비슷했음을 알 수 있다.』

증거가 충분하다고는 말하기 어렵지만, 나는 지금 그 평가를 인정하고 있다. 139쪽 아래쪽에서 가르당은 다음과 같이 서술하였다.

『부르조아 어린이들도 다른 어린이들과 거의 비슷한 정도로 재화로 희생되었다. 그러나 좀더 정확한 통계를 보면, 재산이 많은 가정에서는 보다 높은 양육비를 양부모에게 지불하였으며, 또한 그렇게 멀리 보내지 않았기 때문에 유아 사망률이 다른 사람보다 낮았던 것이 아닌가 검토해 볼 필요가 있을 것이다.』

78) M. Garden, *op. cit.*, p.137.

79) *Ibid.*

80) *Ibid.*, p.132.

81) *Ibid.*, p.131.

82) *Ibid.*, p.137−138.

83) Benedicti, *op. cit.*, livre Ⅱ, ch. Ⅱ, n° 20. 『자기의 과실을 버리려는 모친들은 이런 점에서 죄를 범하게 되었다. 이것은 동물조차 할 수 없는 일인데…… 냉혹한 그녀들은 뱃속에서 아이를 꺼내 지상에 내놓은 것만으로 만족하고, 그뒤에는 음침한 시골로 보내 버리고, ……타인에게 그 양육을 위임한다.』

84) M. Garden, *op. cit.*, p.121.

85) Benedicti, *op. cit.*, livre Ⅱ, ch. Ⅱ, n° 20.

86) Fernandes de Moure, *Examen de la théologie morale*, Rouen, 1638, in-8⁰, p.692−693.

87) T. Sanchez, *De sancto matrimonii sacramento*, livre Ⅸ, dist. ⅩⅩⅡ, n° 14.

88) 뚜르의 그레고리우스 *De gloria confessorum*, ch. 83. 『3세가 다 되도록 아직 모친의 유방에 매달려 있는 아이가 있었다.』

조금 앞에서 저자는『어린이는 지금 걸을 수 있는 연령에 완전히 도달하지 않았다』고도 말하였다. 3세가 다 된 아이로서는 이상한 이야기다. 그러나 이 이상함도 여러 가지로 설명할 수 있을 것이다. 어찌되었거나 저자가 3세가 다 된 아이에 대한 수유를 당연하게 생각한 것도 사실이다.

89) H. de la Ferrière et Baguenault de Puchèse, *Lettres de Catherine de Médicis*, voir t. Ⅰ, 62쪽 이하(드 유미엘 부인에게의 편지) 참조.

1552년 6월 1일의 편지

『아들 오를레앙 공의 일입니다만, 그 아이의 유모에 관한 나의 편지를 다시 읽어주십시오. 당신이 유모에게 계약금을 갱신할 무렵에는, 내 편지가 도착하지 않았었습니다. 나는 그 아이가 특별히 병에 걸리지 않은 점에 안심하였습니다. 그렇다 하더라도 유모에게 습진이 생긴 것은 뜨거운 피 탓이겠지요. 요즘 같은 더위에서는 젖도 해롭지 않을까 염려가 됩니다. ―』이 시기의 오를레앙 공이란, 까뜨린느 드 메디찌가 1550년 6월 27일에 낳은 샤를르 맥시밀리안을 말한다. 따라서 어린이는 곧 만 두 살이 된다.

1552년 6월 10일의 편지

『아들 오를레앙 공의 유모는 로마느리Romanerie라는 이유에서 다시 고용되었습니다만, 아들이 건강하게 찾아왔으므로 좋아졌다고 생각합니다…….』

1552년 8월 13일의 편지

『아들 오를레앙 공은, 의사와 상담하여 적절한 때에 젖을 떼어 주십시오. 나와 의논할 필요는 없습니다. 현장에 있는 당신이 나 이상으로 사정에 밝을 테니까.』 즉 이 경우와 같이 특별히 강제력이 작용하지 않는 한, 이유를 생각하는 것은 만 두 살이 지나서였다.

1552년 8월 22일의 편지

『당신의 편지에서, 아들 오를레앙 공이 감기에 걸려 열이 심하다는 것을 알고 매우 염려하였습니다. 만약 그렇다면 유모가 그 아이에게 악성 우유를 주었기 때문이 아닐까요. 이 점에 주의하고 뷔르장시스Burgensis 선생의 지시에 따르기를 바랍니다…….』

이 4통의 편지에서 아이가 거의 두 살에 달했을 때 이유를 생각하기 시작했으며, 드 유미엘 부인과의 계약이 끝난 시기, 즉 26개월 가까이 되어서도 아직 이유가 실시되지 않았음을 알 수 있다. 이것은 신학자들의 기술과, 즉 가능한 경우 어린이는 세 살까지 모유로 키워야 한다는 일반적인 생각과 일치한다.

90) 이에 관해서는 많은 저작이 있다. 예를 들면 E. H. Erikson, *Enfance et Société*, Lausanne et Paris, Delachaux et Niestlé, 1959를 참조. 91-92쪽에 북미 인디언의 시우Sioux족에 관한 다음 기술이 실려 있다.

『남성 장자長子는 가능한 한 오래 모유로 키워졌고, 수유기간은 평균 3년간 계속되었다고 한다. 오늘날에는 좀더 조기에 이유가 행해지고 있지만, 그래도 물질 · 정신면에서 위생 개선 담당자가 눈살을 찌푸릴 정도로 수유기간이 연장된 예가 적지 않다.』 이어서 저자는 8세된 아이가 감기가 걸려 불쌍하다며, 학교에까지 젖을 먹이러 오는 모친의 이야기를 하며, 『옛날 시우족에게는 정해진 이유제도가 존재하지 않았다』고 덧붙이고 있다.

91) 예를 들면 B. Lacombe et J. Vaugelade의 최근 논문 《Fécondité, mortalité infantile et allaitement. Schéma d'analyse》, *Population*, n⁰ 2, 1969, p. 343-348을 참조.

92) Pierre Goubert, *Beauvais et le Beauvaisis*, Paris, SEVPEN, 1960, t. Ⅱ, p.41.

93) J. Dupâquier et M. Lachiver, 《Sur les débuts de la contraception en France》, *Annales ESC*(numéro spécial *Biologie et Société*), novembre-décembre 1969, p.1396-1398.

94) 예를 들면 H. Erikson은 시우족에 관하여 다음과 같이 서술하고 있다.(전게서, 91쪽)

『유아는 될 수 있는 한 중요하게 다루어야 하므로, 성적 특권을 가진 부친이라도 적어도 원칙적으로 모친이 유아의 양육에 리비도를 집중시키는 것을 방해할 권리를 갖지 못한다. 어린이가 설사를 하면 부친과의 성적 교섭의 결과 젖이 수성화했기 때문이며, 남편은 수유기의 아내에게 접근하는 것을 금해야 한다. 수유기는 3 또는 5년 동안 계속되었다.』

95) Noonan, *op. cit.*, p.69-70.

96) *Monumenta Germaniae Historica. Epistolarum*, t. Ⅱ, pars Ⅰ:*Gregorii I papae registrum*, livre Ⅺ, 56 a. p.339. 이 편지는 Migne의 *Patrologie latine*에도 수록되어 있다.(t. 77, col. 1138 et suivantes)

97) A. Tiraqueau, *De legibus connubialibus*, ⅩⅤ^e partie, n°s 139 et 140. Voir annexe Ⅱ, p.213-214.

98) Benedicti, *op. cit.*, livre Ⅱ, ch. Ⅸ, n° 67, p.166 de l'édition de 1601.

99) 《로셀라 대전》(*Summa Rosella*)의 의무(DEBITUM) 페이지, n° 9에『법규 아드 에유스의 조항은 그후 폐기되었고, 지금은 규정 없이 충고하고 있다』고 실려 있다. 산체스와 리귀오리도 단순한 충고로 생각하였다.

100) T. Sanchez, *loc. cit.*

101) 주 119 참조.

102) A. Tiraqueau, *op. cit.*, ⅩⅤ^e partie, n° 40.

103) Grégoire le Grand, *loc. cit.*

104) Cf. P. Riché, 《Problèmes de démographie historique du haut Moyen Age》(Ⅴ^e-Ⅷ^e siècles), *Annales de démographie historique*, 1966, p.44.

105) 예를 들어 의사 L. 주베르Joubert가 16세기 후반 《서민의 오해》 속에서 말한 것은 이 점이다.

『유모가 결혼한 경우, 모친들은 그녀가 부부관계를 갖는 것을 매우 싫어했다. 그것이 그녀의 젖을 오염시킬 것을 두려워했다.』(부록 Ⅲ 참조)

106) M. Garden, *op. cit.*, p.121.

『소치는 사람의 지도자 프랑소와 바셰François Vaché는, 상 폴쥬Saint-Forgeux에 거주하는 지루Giroud의 아내에게 어린이를 보냈다.』

그런데 지루의 아내는 그후 3개월도 지나지 않아 임신했다.

『좋지 못한 욕망에 빠져 그녀는 의탁한 부모에게 사정을 털어놓지도 못하고, 될 수 있는 한 임신을 감추고 어린이에게 나쁜 젖을 계속해서 먹였다. 임신이 진행되어 한 방울의 젖도 나오지 않게 되자 그녀는 5개월 만에 아이의 젖을 뗐다. 불과 1세도 되기 전에 이 같은 일을 한 것은, 좋은 젖을 계속해서 먹은 아이라도 건강에 해로울 것이다. ……그 이후 3개월간 아이는 양부모 아래 있었으며, 양친에게 보내졌을 때는 너무나도 비참한 상태였으므로 한 생명을 건지기 위해 아이는 다른 여자에게 맡겨질 수밖에 없었다.』

또한 123쪽 주 87에는 『이 다섯 번째로 쓸모없어진 아이는 임신한 유모가 6개월 만에 젖을 뗀 아이였다』고 한다.

107) T. Sanchez, *op. cit.*, livre IX, dist. XXII n° 15.

108) 불구의 원인을 자연현상에서 구한 기술로 좀더 명확해진 것은, 히에로니무스가 쓴《에세키에르의 글》18장의 주해이다.

『그때 남자가 여자와 교섭하면, 어린이는 정액의 결함을 짊어지게 되고, 그 결과로 잉태된 아이는 문둥이 또는 상피병象皮病을 갖고 태어난다고 하였다. 이 독액이 태어날 아이의 성별을 불문하고 그 신체를 퇴화시키며, 사지가 작아지거나 거대해지게 된다. 그러므로 남자들은 아내와 교접해야 하는지 하지 말아야 하는지를 알고 있어야 한다.』(*Patrologie latine*, t. 25, col. 174)

그 정도로 분명한 표현은 하지 않았지만, 13세기 이후의 신학자들도 거의 같은 생각을 가졌던 것 같다. 삐에르 드 라 빨뤼는 〈감염의 위험〉을 말했다. 앙또넹 드 플로랑스Antonin de Florence · 실베스트르Sylvestre · 도미니끄 소토Dominique Soto · 루이스 로페즈Luis Lopez · 바르테레미 데 레데스마Barthélemy de Ledesma · 앙리께스Henriquez · 프란체스코 데 빅토리아Francesco de Victoria 등도 그 뒤를 이어 같은 표현을 사용하고 있다. 또한《로셀라 대전》(*Summa Rosella*)의 저자는 『부모의 체액이 부패했기 때문에, 건강상태가 극히 나쁜 아이가 태어날 수도 있다』고 하였다.《타비엔스 대전》(*Summa Tabiensis*)의 저자도 『이 피는 불순한 것이다. 그러므로 이 다달의 정화기중에 교접이 행해지면, 태아는 완전한 아이가 되지 못한다. 이 불순한 피로 자랄 수 없기 때문이다』고 피력하였다.

109) 예를 들면 토마스 아퀴나스《《명언집》의 제4권 주석》(dist. 32, art. II, 제2 문제에 대한 대답)에서 다음과 같이 기술했다.

『월경중인 여자에게 접근하는 것은, 두 가지 이유에서 금해졌다고 말할 수 있다. 한 가지는 그 부정성 때문이고, 또 한 가지는 이런 종류의 교섭이 종종 아이에게 미칠 해 때문이다. 전자는 전례상, 후자는 도덕상의 이유이다……. 따라서 규정은 새로운 법 아래에서도, 첫번째 이유는 차치해 두고라도 두번째 이유에서 강제력을 잃지 않았다.』

110) Noonan, *op. cit.*, p.381−382.

111) 본장의 주 9를 참조. 단 바울이 결혼의 목적이라 한 것에 대해, 중세 말기의 신학자는 부부행위의 직접적인 동기를 말하였다. 오늘날로 보면 후자 쪽이 훨씬 생생하다.

112) Noonan, *op. cit.*, p.364, n. 7 참조.

113) 누낭은 20종의 참회 청문입문서를 검토했지만, 임신기간중의 금욕에 관한 입문서가 나타낸 관심을 과소평가한 듯하다. 나는 부부간의 금욕에서 언급하고 있는 57개의 입문서를 검토했는데, 그 중 33개가 임신중인 아내와의 교접을 죄로 보았다. 33개 가운데 몇 가지는 복수의 조항을 이 죄에 적용하고 있으므로, 실제 조항수는 33개 이상이 된다.

114) 이 문제를 의논할 때 산체스는, 성 앙또넹(1445-1459년 피렌체 대주교) 이전의 신학자는 아무도 다루지 않았다. 그러나 관대함의 경향에서는, 성 앙또넹 이전에 삐에르 드 라 빨뤼(1275년경-1342년)가 있었다. 본래 그 자신의 선배로 토마스 아퀴나스·알베르투스, 혹은 누군가 다른 13세기의 신학자가 있었는지를 명확하게 할 필요가 있다.

115) P. de La Palud, *Commentaire sur le IVe livre des Sentences*, dist. XXXI, q. 3, art. 2, 5^e cas.

116) 수유기중의 부부관계는 플리니우스·갈레노스·대 그레고리우스, 또는 기원후 6세기까지의 많은 의사·교회저술가 들에 의해 고발되었지만, 7세기 이후부터 12세기까지는 대 그레고리우스의 텍스트를 자신의 의견이 아니라 단순히 전하기만 한 여러 저술가 이외에, 아무도 그것에 관해 언급하지 않았다.

13,4세기에는 성 보나벤투르Bonaventure·리차드 드 미들똥Richard de Middleton·아스텐시스Astensis·삐에르 드 라 빨뤼라는 네 명의 저술가가 분명하게 이런 종류의 관계를 인정했다고, 산체스와 리귀오리는 말하고 있다.

14세기 말 혹은 15세기 초기부터 18세기에 걸쳐서는 그것을 인정하는 신학자들도 있으며, 엄격함의 차이는 각기 다르지만 그것을 금지한 자도 있었다. 가령 전자는 15세기의 심문관 토르퀘마다Torquemada(혹은 투레크레마타Turrecremata), 《로셀라 대전》의 저자, 17세기의 저술가 들이 있었다. 후자로는 교회 법학자 도미니쿠스Dominicus·안토니우스 드 부트리오Antonius de Butrio(15세기 말), 법률학자 띠라꼬Tiraqueau(16세기)·폰티우스Pontius·보시우스Bossius(17세기)가 있었다. 양자 사이에서, P. 데·레데스마·산체스·리귀오리는 수유기중에 아내의 의무를 강요하는 남편도, 그것을 거부하는 아내도 단죄할 수 없다는 입장을 취하였다.

그러나 이와 같은 지표를 모두 재확인하고, 체계 있게 검토를 행할 필요가 있을 것이다.

117) Pierre de Ledesma, *De magno matrimonii sacramento*, q. LXIV, art. 1, 4e difficulté.

118) *Commentaire sur le IVe livre des Sentences*, dist. XXXII, q. 1, art. 1, selon Noonan, *op. cit.*, p.422.

119) Noonan, *op. cit.*, p.424−425.

120) Angelus de Clavasio, *Summa Angelica*, 《debitum》, n⁰ 32쪽.

121) Sylvestre de Priero, *Summa Summarum*, 《debitum》, n⁰ 8쪽.

122) Saint Thomas, *Commentaire sur le IVᵉ livre des Sentences*, dist. XXXIII, art. 2, q. 3.

123) T. Sanchez, *op. cit.*, livre IX, dist. XXII, n⁰ 15.

124) 이와 같은 논의에 언제나 얼굴을 내미는 한 가지 이유가 있다.

『결혼은 당기는 힘으로 조여지는 목줄과 같은 것이지만, 장기간에 걸친 금욕을 부부에게 부과하면 간음을 방지하는 치료약이 되지 않는다. 왜냐하면 결혼을 선택한 인간은, 대개 금욕에 대한 천명을 받지 않았기 때문』이라는 생각이다. 가령 1272년, 리차드 드 미들똥Richard de Middleton은, 축제일과 단식일의 금욕에 관한 논의 속에서 다음과 같이 서술하였다.

『교회는 신도들의 목에 줄을 걸―타락한 육체는 단순히 보통 때뿐만 아니라 성스러운 날에도 음욕을 자극하게 되므로, 성스러운 날에 부부의 의무 수행을 금하는 것은 말하자면 목에 줄을 거는 것이다―작정은 아니다. 그러므로 교회는 성스러운 날 부부의 행위를 금하는 것이 아니라, 다만 신중하도록 권고하는 것이다.』

한편 우리들은 결혼의 장애가 되는 항목의 증가―특히 혈연·인척관계, 같은 이름의 아버지와 같은 이름의 아들―에 의해, 혼인제도가 극히 불안정하게 되었기 때문에 1214년 제4 라트랑Latran 종교회의는 그 문제를 다루었고, 많은 항목을 삭제했다는 것을 알고 있다.

따라서 커다란 흐름으로서 7-13세기의 교회는 모든 수단을 사용하여 성행동을 제한하려고 노력하였으며, 13세기 이후는 성행동을 결혼생활에 한정시키고자 노력했다고 할 수 있다. 아마 이런 방향으로의 진전은 없었을 것이다. 16세기에는 성직자의 의무 독신제가 격렬하게 비판을 받았고, 신교의 여러 파는 그것을 버리게 된다.

125) Noonan, *op. cit.*, p.359−360.

126) 파리에서 버린 아이들의 사망률은 다음과 같이 추정된다.(H. Bergues, *op. cit.*, p.181)

1690년	47%
1751년	68%
혁명 5년	92%(1796−1797년에 해당)
1818년	68%

리용의 구제원에 수용된 버려진 아이들의 사망률 증가도 이와 비슷하다.(M. 가르당에 의했다.)

유아 사망률은,

  1716-17년   52.1%
  1757-58년   54%
  1771-72년   66.2%

127) 파리 라 꾸슈 고아원에 버려진 아이의 수는

  1640-49년   3000명
  1710-19년   17000명

으로, 그후에는 보다 급격하게 증가했다. 1772년에는 파리에서 탄생한 전체 아이의 3분의 1에 달했다.

프랑스, 서구 대부분의 대도시에서도 버려진 아이의 수적 증가를 볼 수 있다.(H. Bergues, *op. cit.*, p.170-180)

128) M.-C. Phan, *Introduction à l'étude des déclarations de grossesse*(dactylographié), Vincennes, décembre 1971 참조.

129) *Ibid.*

130)   출생률   유아 사망률
     쌩겡-앙-멜랑또와Sainghin-en-Mélantois

  1740-1769 37.1%   1740-1769 26.7%
  1770-1780 29.4%   1770-1789 14.5%

     따메르빌Tamerville

  1640-1710 33.1%   1624-1720 17.1%
  1711-1792 30.2%   1721-1792 10.9%

     묄랑Meulan

  1660-1739 38.2%   1668-1739 24.4%
  1740-1789 32.8%   1740-1789 22.6%
  1790-1839 22.2%   1790-1839 15.5%

J. Deniel et L. Henry, 《Sainghin-en-Mélantois》, *Population*, n⁰ 4, 1965. P. Wiel, 《Tamerville》, *Annales de démographie historique*, 1969. M. Lachiver, *La Population de Meulan au XVIIe au XIXe siècle*, Paris, SEVPEN, 1969.

131) J. Bourgeois-Pichat, 《Évolution de la population française depuis le XVIIIe siècle》, *Population*, octobre-décembre 1951, p.635-662: et avril-juin 1952, p.319-329.

132) 연령별 사망률 그래프는 Wrigley, *Société et Population*, p.166-167에서 볼 수 있다. 그곳에서는 1845-1955년만이 대상으로 되어 있다.

그 이전에 관해서는 D. V. Glass, 《Population and Population Movements in England and Wales, 1700 to 1850》, *Population in History*, p.211-246이 있다.

또한 유아 사망률 후퇴원인에 관해서는 다음의 논문을 참조했다.

T. McKeown et R. G. Record, 《Reasons for Decline of Mortality in England and Wales during the Nineteenth Century》, *Population Studies*, nov. 1962, vol. XVI, n⁰ 2, p.94-122.

【10 어린이에 관한 신구 속담】

1) 이 논고를 집필하기에 앞서 우리들은 먼저 예로 든 속담집에서, 어린이와 관계된 속담 대부분을 거론하는 작업을 하였다. 이어서 형식·이미지·주제가 유사한 것에 기초를 두어 분류하였다. 그 결과 어떤 주제에 관해서, 어느 시기 전 또는 후에 집록된 속담이 존재했는지 아닌지를 한눈에 볼 수 있었다. 마찬가지로 이러이러한 주제를 가진 속담이 어느 지방, 어느 사회 계층에서 집록되었는가를 탐구하는 것도 불가능하지 않았다. 그렇지만 이것은 지금으로서는 너무나도 어려운 문제이다. 한편 속담에서 다룬 주제의 몇 가지 —예를 들면 어린이와 부모의 유사, 아들과 딸의 대립—는 이미 내가 다룬 점, 혹은 미래의 다른 곳에서 다룰 예정이다. 마지막으로 본고는 내가 제출한 방법의 완전한 실제 예라고는 말할 수 없다. 옛날 혹은 최근의 속담집 중 아직 읽지 않은 것이 다수 남아 있기 때문이다. 나의 결론 중에서, 혹은 나중에 어떤 종류의 속담이 존재하지 않았다는 논거는 앞으로 변경될 가능성이 있다.

2) 이 문제에 관해서는 아직 그다지 연구되지 않았지만, 가령 P. Laslett, *Un monde que nous avons perdu*, Paris, Flammarion, 1969, p.74-80 참조.

3) 보다 상세한 것은 J.-L. Flandrin, *Familles:parenté, maison, sexualité*, Paris, Hachette, février 1976, ch. II : 《Le ménage : taille, structure et vie matérielle》참조.

4) 이 영역에 있어서 교회 교리와 19세기 말에 볼 수 있는 그 태도 강화에 대해서는 J.-L. Flandrin, *L'Eglise et le Contrôle des naissances*, Paris, Flammarion, coll. 《Questions d'histoire》, n⁰ 23, 1970로 개관할 수 있다.

5) J.-L. Flandrin, 《L'attitude à l'égard du petit enfant et les conduites sexuelles dans la civilisation occidentale》와 본서 183쪽과 177-180쪽 참조.

6) 출산에 대한 공포와 산아제한 초기에 있어서 그 영향에 관해서는 J.-L. Flandrin, *Familles*, ch. IV, p.208-212 참조.

7) M. Garden, *Lyon et les Lyonnais au XVIIIᵉ siècle*, édition abrégée 《Science Flammarion》, 1975, ch. II에 의하였다.

8) Brantôme, *Les Dames galantes*, Paris, Garnier, p.38−39.

9) Montaigne, *Essais*, livre I, ch. XIV, p.83 de l'édition de la Pléiade.

10) P. Ariès, *Essais sur l'histoire de la mort en Occident*, Paris, Seuil, 1975; 혹은 M. Vovelle, *Mourir autrefois*, Paris, Gallimard, coll.《Archives》, 1975 참조.

11) J.−L. Flandrin, *Familles*, ch. IV, p.217−226, 233으로 내가 주장한 학설.

12) 또한 격언 『여자는 사람이 아니다』(끼따르Quittard, 1861년)와도 비교할 수 있을 것이다. 단 여기에서 여성의 신분은 어린이의 신분보다 낮다는 결론을 내리기 전에, 구체적으로 어떤 상황으로 두 격언이 사용되었는가를 명확히 하여야 한다.

13) 이런 점에서 여성의 신분은 어린이의 신분과 극히 가깝다. 왜냐하면 일반적으로 속담은, 남자에게 있어서 여성은 무엇인가 하는 문제에 관한 남자들간의 관점의 표현이기 때문이다.

14) 이와 같은 소외상황은 물론 구사회만의, 또한 어린이에 관한 것만이 아니다. 그러나 왜 이것에 한하여 사람들의 주의를 끌지 못하는 것일까?

15) 같은 것으로는 사생아・농노・농부・전원생활자・농민・여자・남색가에 관해서도 말할 수 있다. 그들 역시 모독 잡언의 표현으로 종종 인용되었다.

16) J.−L. Flandrin, 《L'attitude à l'égard du petit enfant……》 주 5를 참조.

17) Ariès, *L'Enfant et la Vie familiale sous l'Ancien Régime*, 2e éd., Paris, Seuil, 1973.

18) J.−L. Flandrin, *Familles*, ch. III : 《La morale des relations domestiques》, p.120−128 참조.

19) 나 자신 혼전 성생활의 문제를 《Mariage tardif et vie sexuelle》, *Annales ESC*, novembre-décembre 1972. *Amours paysannes*, Paris, Gallimard, coll. 《Archives》, n° 57, 1975의 제3부와 결론부, *Familles* 제4장에서 고찰했다. 그러나 우리들의 연구에 크게 공헌한 것은, Jacques Rossiaud의 최근 논문 《Prostitution, jeunesse et société dans les villes du Sud-Est au XVe siècle》, *Annales ESC*, mars-avril 1976이다.

【11 프랑스 옛 속언 속의 딸들】

1) 최근, 16세기부터 19세기 말에 걸쳐서 서민계급 여자의 초등교육에 관한 연구가 많이 나타났다. 예를 들면 François Furet et Jacques Ozouf, *Lire et Ecrire: l'alphabétisation des Français de Calvin à Jules Ferry*, Paris, Éd. de Minuit, 1977, 2 vol. ; R. Chartier, M.−M. Compère et D. Julia, *L'Éducation en France du XVIe au XVIIIe siècle*, Paris, Sédès, 1976.

아가씨들의 사랑에 관해서는 다음을 참조.

Flandrin, *Les Amours paysannes, XVIᵉ – XVIIIᵉ siècles*, Paris, Gallimard, coll. 《Archives》, nº 57, 1975; et *Familles*, Paris, Hachette, 1976.

2) 나는 주로 Le Roux de Lincy에 의해 《프랑스 속담집》 *Le Livre des proverbes français*, 2ᵉ éd., Paris, 1859, 2 vol을 근거로 한다. 집록자에 의한 명확한 기술이 있는 경우에는, 각각의 속담이 최초로 인쇄된 세기를 기록했지만, 그렇지 않은 경우에는 르 루 드 렝씨만을 기록하고, 속담의 오래됨을 나타냈다. 한편 17세기, 오웨나르Oihenart가 집록한 바스크 지방의 속담, 또한 19,20세기의 방언에 의한 각종 속담집도 이용할 작정이다.

3) P. Bourdieu, 《Célibat et condition paysanne》, *Études rurales*, avril-septembre 1962, p.32–135.

4) Varlet 또는 valet는 아직 결혼하지 않은 청년을 의미했다.(근대 이후의 의미는 〈하인〉)

【12 만혼과 성생활 —논점과 연구 가설】

1) *Annales*, 1969. nº 6, p.1370–1390과 본서 6장 참조.

2) A. Burguière, 《De Malthus à Max Weber : le mariage tardif et l'esprit d'entreprise》; J. Depauw, 《Amour illégitime et société, à Nantes au XVIIIᵉ siècle》, *Annales*, 1972, nº 4/5.

3) 결혼 내의 순결이란, 부부가 생식을 위해 성관계를 갖는 것을 의미한다. 단 처녀의 순결, 즉 〈완전 순결〉 쪽이 결혼 내의 순결보다 중요하다는 것은 변하지 않았다. 교회가 취한 보류도 그곳에 있다. 기독교도의 행위에서는 성현상 전체를 덮쳐 누르는 어떤 종류의 불신을 느꼈다. 중세 초기에는 극히 명료했던 이 카타리파적인 경향이 한동안 모습을 감춘 뒤, 17세기에 갑자기 재출현했다고 말할 수 있을까? P. 쇼뉘는 그렇게 생각하고 있는 듯하다.(*Annales*, 1972, nº 1, p.18 참조)

4) *Population in History*, London, 1965, 692p. 속의, 서구에 있어서 결혼율에 관한 J. Hajnal의 논문 참조.

5) 《La morale sexuelle civilisée et la maladie nerveuse des temps modernes》, 불역은 S. Freud, *La Vie sexuelle*, Paris, 1969, p.28–46(인용된 곳은 37–38쪽)에 의한다.

6) 이 논문에서 프로이트는, 성충동의 역사에 세 가지 문명단계를 가정하고 있다. 첫번째 단계에서는, 생식을 목적으로 하지 않는 자리에서도 성충동에 의한 행동은 자유였다. 두번째 단계에서는, 생식의 역할을 다하는 행위 이외는 대부분 억압당했

《연 이야기》 © 2000 JUN MACHIDA

동문선

다. 세번째 단계에서는, 결혼 내에서의 생식만이 성의 목적으로 공인되었다.(34쪽 참조) 물론 이것은 단순히 하나의 생각이다.

7) 예를 들면 깡브래 주교구 규정(1300년경-1310년)은, 스무 살 이상의 남자 동성애에 관해서는 그 면죄를 주교의 특수권한으로 하였고, 스무 살 미만의 남자 혹은 연령을 불문한 여자의 같은 죄에 관해서는 고해성사 신부 재량으로 하고 있다. (*Annales*, 1969, n⁰ 6, p.1376)

8) *Annales*, 1972, n⁰ 1, p.18.

9) 이 생각은 A. Lottin에 의해 지지되었고(*Revue d'histoire moderne et contemporaine*, avril-juin 1970, p.293-294), 그것은 또한 교황 회장《인간의 생명의》제2부 제17조의 저류底流로 볼 수 있다.

10) 예를 들면 카민Cummean의 청문입문서(7세기)〈아이들 장난〉에 관한 제11장을 보기 바란다. 사실을 말하면, 남색의 가장 특징적인 행위가 그곳에서는 엄격하게 처벌되었다.『등 뒤에서 간음하는 자 혹은 어린이라면 2년, 성인 남자라면 3 내지 4년의 속죄……』 그러나 동시에 벌의 정도가 훨씬 낮은 성적 유희도 묘사되어 있다. 예를 들면『2) 단순히 입맞춤한 사람 매 6대, 길게 입맞춤한 뒤 추잡한 짓을 하지 않은 사람 매 8대, 만약 추잡하거나 포옹을 하면 10대. 3) 스무 살 이상의 사람(즉 성인)이 같은 짓을 행할 경우에는 40일간 식탁에서 떨어져 교회로 추방되어 빵과 물만으로 생활해야 한다. 4) 어린이가 간음을 모방하고, 서로 자극하면서 미성숙한 연령으로 인해 추잡한 짓을 행하지 않았을 때는 20일간의 속죄. 반복되었을 때는 40일. 5) 가축과 죄를 범한 뒤 성체 배수를 받은 어린이는 1백 일간. 6) 스무 살된 사람이 서로 손으로 자극한 뒤, 성체 배수 이전에 그것을 고해한 경우는 20일 내지 40일간의 속죄……. 8) 위에 서술한 것 이상의 연령인 자가 허벅지 사이로 간음한 경우는 6일간, 재범의 경우는 1년. 9) 열 살된 자가 어른에게 강제로 당한 경우는 1주일간의 단식, 혹은 동의하였다면 20일간.』

또한 이와 같은 유희가 여자를 상대로 할 때는『17) 어린아이가 여자와의 간음을 시도, 추잡하지 않은 경우는 20일간. 추잡한 경우는 1백 일간. 습관화되어 자기의 욕망을 만족시키려 한 경우는 1년간의 속죄.』(《아일랜드 청문입문서》 Bieler판, 126-128쪽)

11) *Annales*, 1969, n⁰ 6, p.1376.

12) Gerson, *Confessional*……(BN, Rés. D 11579) 음욕의 죄에 관한 장.

13) *Ibid.*

14) D. Rochemonteix, *Un collège de jésuites au XVIIᵉ siècle : le collège Henri-Ⅳ de La Flèche*, t. Ⅱ, p.29. 이것은 G. Snyders, *La Pédagogie en France aux XVIIᵉ*

et XVIIIe siècles, p.40에 인용되어 있다.

15) 《교구의 국민학교, 혹은 작은 학교에서 어린이들을 잘 교육하는 방법》 *L'École paroissiale ou la manière de bien instruire les enfants dans les petits escoles,* Paris, 1654.

이 책은 17세기에 중판을 냈고, 몇몇 주교구에서는 정식으로 채용하였다. 그러나 오늘날 파리에서는 찾아볼 수 없으며, 나는 보르도Bordeaux 도서관의 사진 복제판으로 그것을 볼 수 있었다. 나에게 그것을 빌려 준 François Furet에게 감사한다.

16) Cf. Dr Hesnard, *La Sexologie,* Paris, 《Petite Bibliothèque Payot》, n° 31, 1959, p.287.

『몇몇 나라에서의 조사, 특히 H. Ellis의 보고에 따르면, 이 행위는 성적 무지가 불순행위에 대한 엄격한 태도와 공존하고 있는 교육시설에서 특히 빈번하다. 그에 비해 성의 자연스러운 표출방법으로 관대한 사회에서는 예외적, 혹은 일시적인 것이다. 우리들은 몇몇 서로 다른 민족 그룹끼리 그 빈도를 비교할 기회를 가졌다. 서민 계층에서는 그리고 특히 성적 자유가 인정되어 있는 나라에서는 드물었고, 혹은 거의 존재하지 않았다. 예를 들면 북아프리카의 젊은 아랍인들은 자위행위에 매력을 느끼는 것을 경멸했다. (한편 그들은 다른 상대의 사랑 게임에 빠져 성인의 성행위를 모방하였지만, 이것은 그들에게 있어서 그다지 의미있는 놀이가 아니다.) 같은 지방의 젊은 유태인들은 자위행위에 탐닉하였는데, 이것은 종교적 이유에서 교사들에 의해 엄격하게 금지되어 있는 점이다.』

17) *Ibid.,* p.286.

18) S. Freud, *La Vie sexuelle,* p.42.

19) *Annales,* 1969, n° 6, p.1374−1375. 자위행위에 대한 엄격함은, 입문서에 따라 달라질 뿐 아니라, 동일 입문서 중에서도 일정하지 않은 경우가 있다. 단 대체로 관대하게 다루어졌다고 할 수 있다.

20) 이것은 아우구스티누스를 근거로 하는 교회법 《간음의 악》(*Adulteri malum*)에 명료하게 나타나 있다. 나는 그라티아누스, 삐에르 롬바르두스 이후의 모든 신학자들이 이 견해를 지지했다고 생각한다. J. T. Noonan, *Contraception,* 아메리카 출판의 p.174, 260, 304 참조.

21) *Annales,* 1969, n° 6, p.1376−1377.

22) Guy de Roye, *Le Doctrinal de sapience qui contient tous les estats du monde……,* édition française de 1585(BN, D 50934), p.148−150.

23) 주 12 참조.

24) J. Gerson, *Opera,* édition in-folio de 1606, t. II (premier volume), p.

309–312, *Tractatus de confessione molliciei.* 불역은 플랑드렝 자신이 하였다.

25) 제르송은 이 부분의 서두에서, 이하의 생각은『파리에 있는 신학 수사에게 가르쳤다. 그는 풍부한 경험, 면밀한 연구로, 또한 깊은 신앙으로 대담하게 되었던 신의 도움으로, 다음에 서술한 사항을 발견했다. 그것은 고해 장소에 온 자들, 특히 젊은이의 마음을 열게 하고, 유약으로 불리는 혐오해야 할 죄 중에서도 가장 두려운 죄를 고백하게 하는 데 극히 효과적인 방법이라』고 서술하였다.

26) *Ibid.*

27) Gerson, *Confessional*, 음욕에 관한 장.

28) Benedicti, *La Somme des péchés*, édition in-4⁰ de Paris, 1601, livre Ⅱ, chap. Ⅷ, p.152–160.

29) 적어도 13세기 이후 자위를 가리켜 유약(molesse)이라는 말을 사용한 신학자가 많았음에도 불구하고, 베네딕트는 바울의 편지 속에서 이 말을 그와 같은 의미로 해석한 것에 대한 변명을 하고 있다. 불가사의한 일이다.

『바울이 고린도인들을 향하여, 이 추잡한 행위를 혐오하도록 가르친 것도 까닭 없이 행한 것은 아니다. 바울은 다음과 같이 말하였다.

〈미혹을 받지 말라. 음란하는 자나 우상숭배하는 자나 유약하는 자나 간음하는 자나 탐색貪色하는 자나 도적이나 탐람貪婪하는 자나 술 취하는 자나 후욕詬辱하는 자나 토색討索하는 자들은, 하나님의 나라를 유업으로 받지 못하리라.〉

이 중에서, 유약하는 자라는 말에 주의해 보자. 우리들은 이것을 자위하는 자로 해석한다. 그리스·라틴의 교부들도 그와 같이 해석하였고, 나 자신 또한 그리스 출신인 학식이 풍부한 수도사로부터 그렇게 해석해야 한다고 배웠다. 이 수도사는 그 토지에서 깔로와이예Caloyers로 불리는 사람 중의 하나로, 나는 그와 예루살렘에서 만났다. 그곳에서 우리들은 신학자들이 이 말에 준 같은 해석을, 그들로부터 배울 수 있었다.』(주 28과 동일)

30) *Ibid.*

31) Noonan, *Contraception et Mariage*, p.294.

32) Benedicti, *loc. cit.*

33) *L'instruction de Prestres qui contient sommairement tous les cas de conscience.* Composé en latin par l'Illustriss. et Reverendiss. Cardinal François Tolet, de la compagnie de Iesus. Et mise en François par M. A. Goffar. D. en Théologie………, Lyon, 1628, in-4⁰, livre V, chap. ⅩⅢ, nᵒˢ 10 et 11.

34) Fontaine, *Mémoires pour servir à l'histoire de Port-Royal*, t. Ⅱ, p.486. G. Snyders에 의해 전게서 45쪽에 인용.

35) Noonan, *op. cit.*, chap. Ⅱ와 J.‒L. Flandrin, *L'Église et le Contrôle des naissances*, Paris, Flammarion, coll. 《Questions d'histoire》, n° 23, 1970, p.24‒28 참조.

36) M. Detienne, *Les Jardins d'Adonis: la mythologie des aromates en Grèce*, Paris, Gallimard, coll. 《Bibliothèque des histoires》, 1972.
이 책은 시종일관 케레스Cérés와 아도니스Adonis의 대립을 통하여, 결혼과 유혹적인 사랑의 대립을 나타내고 있다. 예를 들면 저자는 사회가 방향성 식물의 도움을 빌리고, 혼인에 즈음하여 사랑의 정념을 북돋우려고 노력했다는 점, 그러나 이 순간만을 제외하면 사회가 사랑을 결혼의 대립물로 생각했다는 것을 나타내고 있다.

37) L. Thore, 《Langage et sexualité》, p.65‒95(논문집 *Sexualité humaine*, Paris, Aubier-Montaigne, coll. 《RES》, 1970 중의 한 편)

38) P. Bourdieu, 《Célibat et condition paysanne》, dans *Études rurales*, 1962, n° 5/6.

39) 『결혼이 개인의 문제인 것 이상으로 가족의 문제이며, 전통이 명령하는 모델을 정확히 따라 그것이 행해진다는 사실을 이해하기 위해서는 결혼의 경제적·사회적 기능을 생각하여야 한다. 그러나 옛날 사회에서는 그리고 오늘날도 역시, 남녀가 서로 엄격하게 격리되어 있었다는 사실을 잊어서는 안 된다. 어렸을 적부터 남녀는 학교·교리문답 교실에서 자리를 같이하지 않았다. 교회에서도 남자는 복도 곁 이층 좌석 혹은 중앙 뒤쪽에, 여자는 중앙 입구 근처 혹은 양쪽 가장자리에 위치했다. 카페는 남자만의 장소였다……. 가치체계 전체가, 그리고 모든 학습훈련이 서로 배제할 수 있는 자세를 남녀 각각에게 심어 주었으며 발전시켰다. 그것을 극복할 수 없다고 느꼈던 일정한 거리를 양성 사이에 설치하려고 하였다. 이와 같은 풍속구조의 논리 자체가 가족의 개입을, 중매인의 소개를 어떤 의미에서 요구하게 되었다. ……결혼 상대를 선택할 때, 본인의 자유제한에도 좋은 면이 없는 것은 아니다. 가족, 특히 모친의 직접·간접의 개입 덕분에 배우자 탐색의 수고가 없어졌다. 이렇게 해서 아무리 우둔한 남자라도 전혀 결혼할 기회가 없었던 것은 아니다.』(*ibid.*, p.56, 57)

40) A. Hesnard, *La Sexologie*, p.289.

41) M. Caumette, *Bénédiction du lit nuptial et Cérémonies contre l'impuissance dans les rituels français des XVIe-XIXe siècles*, mémoire de maîtrise d'histoire, soutenu à l'université de Paris Ⅷ en décembre 1971.

42) A.‒C. Kliszowski, *Les Théories de la génération et leur influence sur la morale sexuelle du XVIe au XVIIIe siècle*, mémoire de maîtrise de l'université de Paris Ⅷ, juin 1972.

43) A. C. 크리소프스키가 인용한 텍스트에서, 가장 짧은 것만을 재인용한다.

『만약 남편이 사정한 후 아내의 오르가슴 이전에 몸을 일으키면, 아내는 오르가슴에 도달하기까지 손으로 스스로를 자극하는 것이 허락되었다. 그렇게 하지 않으면 아내는 커다란 비애를 느낄 것이기 때문이다. 완전한 혼인행위란 부부 쌍방의 쾌락이므로, 이런 애무는 행해져야 한다. 그리고 생식을 위해서는 아내의 종액은 불필요하면서도 보다 아름다운 태아의 형성에 관여하므로, 그쪽이 훨씬 유익하다.』 Bonacina, *Summa theologica*, éd. 1678, DE MATRIMONIO, c. 205 참조.

44) Brantôme, *Les Dames galantes*, édité par M. Rat, Paris, Garnier, coll. 《Selecta》, p.332−334.

45) Georges Duby의 지도하에, 1년 이상 전부터 중세의 성을 연구하고 있는 Besson-Leroy 양이라면, 12,3세기의 여러 도시의 관습 법령집에서 볼 수 있는 간통에 대한 억압에 관하여 말할 바가 많을 것이다. 그러나 이런 종류의 연구가 근대에 관해 기획한 것을 나는 모르며, 그 당시 남자들의 정결을 믿는 사람들도 근거 있는 연구서를 예로 들려고 하지 않는다.

46) 예를 들면 1301년에 편찬된 오슈Auch 시 관습 법령집의 제63조에 다음의 규정이 있다.

『관례는 다음과 같다. 만약 기혼 혹은 미혼 남자가 유부녀와 함께 있는 것이 발견되고, 그 두 사람이 옷을 벗은 채 나체로 있었다면, 그리고 현장에서 발각되어 두 사람의 증인에 의해 그것이 입증되면, 남녀 각기 정해진 법률에 따라서 영주백작 혹은 대주교에게 모를라스 마을 돈으로 65소르를 지불하든가, 또는 알몸으로 마을을 달리지 않으면 안 된다. 그리고 남녀가 위의 벌금을 지불하든가 나팔을 불며 마을을 달리든가의 결정은 발견자의 의지에 맡겼다.』(P. Lafforgue, *Histoire de la ville d'Auch*, p. 21에 인용)

여기에서 서술하고 있는 마을을 알몸으로 달리는 관습은 종종 볼 수 있었던 점이며, 민중의 비합법적인 반응에 대다수를 맡긴 것 같다. 16세기의 재판소는 일반적으로 간부姦婦를 일정 기간 수도원에 감금하였고, 남편에게 그러한 의지가 있으면 데리고 가도록 허락했다. 남편이 데리고 가지 않을 때는 평생 감금된 채로 지냈다.

47) 예를 들면 1614년의 국왕에게 보낸 상주문 제54장에서 제3 신분은 모두 1576년, 1588년의 3부회 개최시에 상주된 진상을 반복하고 있다.

『또한 간통은 이미 이상한 것으로 생각되지 않을 정도로 프랑스에서는 빈번하였으므로……, 간통자는 증거가 충분한 경우 죽음과 최고의 형벌로 처벌해야 한다. 그 때 재판관은 어떠한 이유에서건 형벌의 경감을 고려할 수 없다.』(G. Tholin 편찬 *Remontrances faites au Roy par les députés du pays d'Agenois*…… 참조)

이와 같은 텍스트는, 또한 17세기 무렵의 성행동 억압이 반드시 반종교개혁에 위반되는 것이 아니라는 점을 증명하고 있다.

48) *Les Caquets de l'accouchée*, Éd. Marpon et Flammarion, 1890, p.12, cité dans *Annales*, 1969, n° 6, p.1389, note 3.

49) P. Laslett, *Un monde que nous avons perdu*, Paris, Flammarion 《Nouvelle bibliothèque scientifique》, 1969, p.156-157.

50) 지금 나는 라이체스타 백작령의 풍속과 흡사하며, 혹은 좀더 기묘한 풍속이 존재하는 프랑스 지방으로는 코르시카 섬과 바스크 지방밖에 모른다. 두 지방은 모두 중심에서 멀리 위치해 있다. 그리고 모두 역사인구학자의 주의를 끈 적이 없는 것 같다.

코르시카 섬에 관해서는 바울이 파견한 전도사들의 보고가 있다. 그들은 농민들 중 『결혼 이전에 동거생활을 보내지 않은 자는 드물다』고 기록하고 있다.(Mᵍʳ Abelly, *Vie de saint Vincent de Paul*, Paris, 1891, t. Ⅱ, p.98 sq)

바스크 지방에 관해서는 오르씨발 *J. Duvergier de Hauranne……*, p.93 참조. 이 책의 주 1에 의하면, 바스크 지방에서는 『준비 기간의 관습이 있으며, 그 기간 동안 약혼자들은 가족들이 지켜보는 가운데 혼전 동거생활을 보낸다. 푸께Fouquet 주교가 1666년의 규약에서 실은 엄격한 조치에도 불구하고, 또한 25년 후 후계자 돌스 d'Olce가 행한 파문 선고에도 불구하고, 이 전통은 18세기에도 일부분 존속했다.』 (Dubarat, *Missel*, p.CCCⅫ 참조) 마녀 사냥의 기수 P. 드 랑크르de Lancre도 『결혼 전 수년간 동거하는 것이 관습이다』고 주장한다.(J. Bernou, *La Chasse aux sorciers dans le Labour en 1609*, Agen, 1897, p.112)

51) M.-C. Phan, *Introduction à l'étude des déclarations de grossesse et autres séries documentaires concernant la sexualité illégitime*, mémoire de maîtrise soutenu à l'université de Paris Ⅷ, en décembre 1971과 *Les Amours illégitimes à Carcassonne*, thèse de 3ᵉ cycle, Paris Ⅰ, 1980.

52) P. Wiel, 《Une grosse paroisse du Cotentin aux XⅦᵉ et XⅧᵉ siècles: Tamerville》, *Annales de démographie historique*, 1969, p.136-189.

53) 문학작품에서의 묘사는, 대부분 아가씨가 일단 거부하면 무리해서 강요하거나 혹은 무리해서 강요하도록 하여 몸을 맡기는 자세를 그리고 있다. 이와 같은 외관적인 거부는 마음으로부터의 거부이기도 하며, 그것을 대부분의 거부——라 해도 결코 끝내 계속해서 거절할 수 없었지만——와 구별하는 것이 쉽지 않았다. 남자는 이런 종류의 연기를 하는 데 있어서 상대가 그것을 바라지 않을 때에도 연기했던 것은 아닐까? 또한 남자는 서로 결혼하고 싶다고 생각하는 상대에게만 이 연기를 하였는

지 어떻게 그것을 믿을 수 있겠는가?

54) Mlles Sapin et Sylvoz, *Les Rapports sexuels illégitimes au XVIIIe siècle, à Grenoble, d'après les déclarations de grossesse*, mémoire dactylographié d'une maîtrise soutenue à l'université de Grenoble en octobre 1969. 이 논문은 J. Solé의 지도에 의하였다.

55) J. Bourgeois-Pichat, 《Les facteurs de la fécondité non dirigée》, *Population*, n° 3, 1965, p.383−424, 특히 p.406−408.

56) J. Bourgeois-Pichat는, 이 수식이 이론상의 것이라는 점을 충분히 의식하고 있으며, 같은 논문 안에서 실제로는 가령 피임 조작이 전혀 없는 경우에도 임신의 확률은 훨씬 낮았다고 서술하고 있다.

57) Sapin과 Sylvoz의 연구 이후, 그르노블에서는 비합법적 성활동에 관한 연구에 서서히 나타났다. 지도는 언제나 J. Solé이다.

58) A. Lottin이 릴르Lille에서 애정관계의 몇 가지 유형을 연구하였다. 그러나 그는 그 빈도를 결정하려 해도 시대적 추이를 확인할 수 없었다. 아마 그르노블과 깔르까쏜느만큼 임신신고 자료가 풍부하지 않았을 것이다. 한편 낭뜨의 케이스도 앞으로 연구되어야 한다. 현재 판Phan 부인이 연구중인 깔르까쏜느의 경우는, 임신신고 중에 강간의 케이스가 거의 나타나지 않고, 1회에 한하는 관계도 그르노블의 경우만큼 명료하게 나타나 있지 않다. 단 깔르까쏜느에서도 장기간의 관계는 1676−1746년의 32.5%에서, 1747−1766년의 42.3%, 1767−1786년의 56.7%로 증가하였다.

59) *Op. cit.*, p.150.

60) J. Solé, 《Passion charnelle et société urbaine d'Ancien Régime : amour vénal, amour libre et amour fou à Grenoble au milieu du règne de Louis XIV》, *Annales de la faculté des lettres et sciences humaines de Nice*, n° 9/10, 1969, p. 211−232.

【13 젊은이의 성생활에 있어서 억압과 변화】

1) E. Shorter, *Naissance de la famille moderne, XVIIIe-XXe siècle*, Paris, Seuil, 1977. 원본은 *The Making of the Modern Family*, New York, Basic Book, 1975. M. Foucault, *Histoire de la sexualité*, t. I, *La Volonté de savoir*, Paris, Gallimard, 1976.

2) J. Hajnal, 《European Marriage Pattern in Perspective》, in D. V. Glass et D. E. C. Eversley(eds), *Population in History*, London, Arnold, 1965, p.102− 104.

3) J. Benedicti, *La Somme des péchez*, Paris, 1601, livre IV, ch. VI, n° 15, p. 504.

4) A. Blanchard, *Examen général sur tous les commandements et sur les péchés de plusieurs estats*, à la suite de *Essay d'exhortation pour les differens estats*, 1713, t. 2, p.200, n° 17-18.

5) Benedicti, *op. cit.*, livre II, ch. II, n° 42, p.109.

6) J. Gerson, *Confessional*(édition non paginée du XVIe siècle)(BN, Res. D. 11579), 54e page.

7) Wasserschleben, *Die Irische Kanonensammlungen*, p.239, n° 16에 인용.

8) 예를 들면 다음의 세 문장이 그것을 증언하고 있다.

(i) 458년. 『혼기에 달한 젊은이가 긴급한 때에······ 금욕의 속죄를 부과하였고, 그후 청년기 특유의 욕망에 대한 유혹이 두려워 아내를 취하여 교접하는 것으로 간음의 죄를 피하려 한 경우, 그것은 가벼운 죄로 생각하였다······. 단 우리들은 그에 관하여 일정한 규칙을 세울 생각은 없다······. 왜냐하면 실제로 속죄를 행하는 자에게 있어서, 신심과 더불어 인내심 있게 순결을 지키는 것 이상으로 훌륭한 것은 없었기 때문이다.』(Léon Ier *Ep. ad Rusticum, c.* 13, in Migne, *Patrologia latina*, t. 54, 1207)

(ii) 506년. 『또한 젊은이에게 간단하게 속죄를 부과하지는 않았다. 그 연령 특유의 연약함이 있었기 때문이다.』(Concile d'Agde, c. 15, in Mansi, *Sacrorum conciliorum nova et amplissima collectio*, t. 8, col. 327)

(iii) 538년. 『아무도 젊은이에게 속죄의 축복을 감히 부여해서는 안 된다. 물론 나이 많은 사람 또는 배우자의 동의가 있는 경우를 제외하고, 기혼자의 경우도 마찬가지이다.』(Concile d'Orléans, c. 24, in, Mansi, t. 9, col. 17)

9) 앙브로와즈Ambroise《루카 전론傳論》I, 43-45.

10) J. Rossiaud, 《Prostitution, jeunesse et société dans les villes du Sud-Est au XVe siécle》, *Annales ESC*, mars-avril 1976, p.294-296.

11) *Ibid.*, p.289-325.

12) 아내가 없는 그들에게는 자식도 없었다. 따라서 우리들은 그들을 〈프롤레타리아〉(=자식을 낳아 사회에 제공하는 자)로 부를 수 없었다.

13) N. Z. Davis, 《The Reason of Misrule : Youth Groups and Charivaris in Sixteenth-Century France》, *Past & Present*, n° 50, 1971. J. Rossiaud, *op. cit.*, et 《Fraternités de jeunesse et niveaux de culture dans les villes du Sud-Est à la fin du Moyen Age》, *Cahier d'histoire*, 1-2, 1972.

14) J. Vienot, *Vieilles Chansons du pays de Montbéliard*, Montbéliard, 1897, p. 187.

15) Dr M. Baudouin, *La Maraîchinage, coutume du pays de Monts(Vendée)*, 5e éd., Paris, 1932. Partiellement repris et discuté dans J.-L. Flandrin, *Les Amours paysannes(XVIe-XVIIIe siècle)*, Paris, Gallimard, coll. 《Archives》, 1975, p.191-198.

16) Shorter, *op. cit.*, p.106.

17) Baudouin, *op. cit.*, p.132-133 ; et Dr Boismoreau, *Coutumes médicales et Superstitions populaires du Bocage vendéen*, Paris, 1911, p.45-46.

18) Dr Pouillet, *L'Onanisme chez la femme*, 2e éd., Oaris, 1877, 224 p., p.62-63.

19) B. Chaix, *Préoccupations statistiques······ des Hautes-Alpes*, 1845, p.269.

20) A. Hugo, *La France pittoresque*, 1835, t. I, p.291 et 294.

21) *Ibid.*, t. II, p.147.

22) Flandrin, *Les Amours paysannes*, p.124-126.

23) *Ibid.*, p.120-121 ; et Flandrin, *Familles*, Paris, Hachette, 1976, p.107-108.

24) M. Hudry, 《Relations sexuelles prénuptiales en Tarentaise et dans le Beaufortin d'après les documents ecclésiastiques》, *Le Monde alpin et rhodanien*(revue régionale d'ethnologie), n° 1, 1974, p.95-100.

25) Flandrin, *Les Amours paysannes*, p.183.

26) C. Liberman, *Démographie d'une paroisse basque sous l'Ancien Régime : Urrugne*, mémoire de maîtrise, université de Paris VIII-Vincennes, 1976, 118 pages dactylographiées. M. Fresel-Losey, *Histoire démographique d'un village du Béarn : Bilhères-d'Ossau, XVIIe-XVIIIe siècle*, Bordeaux, 1969.

27) Flandrin, *Les Amours paysannes*, p.123-124 ; et Hudry, *op. cit.*

28) Flandrin, *Familles*, p.107-108.

29) Baudouin, *op. cit.*

30) K. R. V. Wikman, *Die Einleitung der Ehe : cine Vergleichende ethno-soziologische Untersuchung über die Vorstufe der Ehe in den Sitten des Schwedischen Volkstums*, Abo, 1937 ; et Shoter, *op. cit.*, p.102-107.

31) N. Du Fail, *Contes et Discours d'Eutrapel*, Rennes, 1603, f. 53 v°.

32) C.-F.-P. Masson, *La Nouvelle Astrée*, 2e éd., 1925, notes du livre II,

p.183.

33) A. Hugo에 따르면(*op. cit.*, t. Ⅰ, p.77) 방데에서는 사생아 출생률이 $\frac{1}{62.48}$ (1.6%), 그것에 비해 다음으로 적은 아르데슈에서는 $\frac{1}{42.11}$ (2.4%)였다.

34) 내연제도에 대한 억압에 관하여는 Flandrin, *Familles*, p.176−180 참조. 그 결과에 관해서는 낭뜨 지방의 숫자가 남아 있다. 16세기, 그곳에서는 사생아의 50% 가 장기간의 관계에서 태어난 아이였지만, 1735−1750년에는 5.5%, 1751−1786년 에는 2.6%에 그쳤다. 자료는 A. Croix, *Nantes et le Pays nantais au XVIe siècle*, Paris SEVPEN, 1974, p.96 및 J. Depauw, 《Amour illégitime et société à Nantes au XVⅢ^e siècle》, *Annales ESC*, juillet-octobre 1972, p.1175.

35) A. Bideau, 《La population de Thoissey aux XVⅢ^e et XIXe siècles》, *Bulletin du Centre d'histoire économique et sociale de le région lyonnaise*, 1972, n° 2, p. 23−42. J. Houdaille, 《La population de Boulay(Moselle) avant 1850》, *Population*, novembre-décembre 1967, p.1058−1084 ; et 《La population de sept villages autour de Boulay aux XVⅢ^e et XIXe siècles》, *Population*, novembre-décembre 1971, p.1061−1072. F. Desjardin, 《Étude démographique du pays d'Arthies aux XVⅡ^e et XVⅢ^e siècles(1668−1819)》, *Bulletin d'information de la Société de démographie historique*, avril 1971. C. Pouyez, 《Une communauté d'Artois, Isbergues, 1598−1826》, microédition Hachette, AUDIR n° 73. 944. 37.

36) R. Deniel et L. Henry, 《La population d'un village du nord de la France, Sainghin-en-Mélantois, de 1665 à 1851》, *Population*, juillet-août 1965, p.503−602. P. Caspard, 《Conceptions prénuptiales et développement du capitalisme dans la principauté de Neuchâtel(1678−1820)》, *Annales ESC*, juillet-août 1974, p.989−1008.

37) Flandrin, *Les Amours paysannes*, p.238−243 ; et Shorter, *op. cit.*, ch. Ⅳ.

38) J.−M. Gouesse, *Documents de l'histoire de Normandie*, Privat, 1972, p. 312 ; et J. Depauw, *op. cit.*, p.1173

39) *Ibid.* 및 P. Caspard, 《L'amour et la guerre. Lettres d'un soldat neuchâtelois à sa fiancée, pendant la guerre de Sept Ans》, *Musée neuchâtelois*, avril-juin 1979.

40) Chaix, *op. cit.*, p.269.

41) A. Hugo, *op. cit.*, t. Ⅰ, p.77.

42) Boismoreau, *op. cit.*, p.45−46.

43) É. Van de Walle, *The Female Population of France in the Nineteenth-Century*, Princeton, 1974, p.453−455.

44) Depauw, *op. cit.*, p.1161−1162, et planche Ⅰ, graphiques 1 et 2.

45) Flandrin, *Les Amours paysannes*, p.239−241, graphiques Ⅰ et Ⅱ ; et Familles, p.180−182.

46) 나는 자위행위 그 자체가 아니라 18,9세기에 정의된 자위자의 위사僞似 질병으로서 그것을 생각할 때 오나니라 한다. 오난의 죄는 원래 자위행위가 아니라 중단 성교였으므로 여기에서 방점은 더욱더 필요하다.

47) 플랑드렝 〈만혼과 성생활〉 본서 297−331쪽, 특히 314쪽 후반의 인용문 참조.

48) J. H. Plumb, 《The New World of Children in Eighteenth-Century England》, *Past & Present*, n⁰ 67, p.92.

49) 플랑드렝 〈만혼과 성생활〉 본서 306−317쪽.

50) J. H. Plumb. *loc. cit.*

51) 플랑드렝 〈감정과 문명 ─서명 조사에서〉 본서 23−57쪽. 그리고 〈사랑과 결혼〉(18세기의 경우) 본서 101−118쪽.

【14 영국에 있어서 가족과 비합법적 사랑】

1) 예를 들면 1817년 트리엘-쉬르-쎈느Triel-sur-Seine에서는, 모든 가정의 5퍼센트에게만 사용인이 있었다.(내가 *Familles*, Paris, 1976. 86, 211쪽에서 사용한 라쉬베르Lachiver의 미간행된 자료에 의함)

브뤼예-앙-벡셍Brueil-en-Vexin의 1625년 인구조사에서는 한 명의 사용인도 나타나지 않았다.(M. Lachiver, 《Dénombrement de la population de Brueil-en-Vexin en 1625》, *Annales de démographie historique*, 1967, p.521−538)

2) R. Smith는 1377년의 인두세(poll tax)를 재검토하고, 그 시대의 기혼 여성과 사용인의 비율은 17,8세기 영국의 경우와 극히 가깝다고 결론지었다. 한편 1976년 7월 켐브리지에서 행한 연구회에서 K. 홉킨즈는 서구 가족모델 특징의 대다수가, 고대 로마 사회에서 이미 존재했던 것이라고 서술하였다.

3) 사생아 출생률이란, 사생아 출생 건수와 모든 출생 건수와의 관계이며, 사생아 출산율이란 사생아 출생 건수와 15−44세의 독신 여성과 과부의 수적 관계이다.

4) 코리톤 마을에서는,

1581−1640년	2.8%
1661−1720년	3.0%
1721−1820년	5.5%

5) 나도 이 문제를 체계적으로 연구한 적은 없다.

6) J. Benedicti, *La Somme des péches,* livre Ⅵ, ch. Ⅵ, n⁰ 15. (16세기 말, 17세기 초기에 다수의 판이 있다.)

7) 〈산욕〉(en gésine), 즉 분만과 그후의 기간. 그 종말은 사회적 견지에서는『오랜 산후가 완쾌되어 이부자리를 걷어치우는 식』이며, 생리적 견지에서는 생식기관의 활동과 월경주기의 재개이다.

8) Joubert, *Les Erreurs populaires,* Paris, 1587, livre Ⅱ, ch. Ⅰ.

9) E. Shorter, 《Female Emancipation, Birth-Control and Fertility in European History》, *American Historical Review,* n⁰ 78, 1973, 605-640. 또한 J.-L. Flandrin, *Les Amours paysannes,* Paris, 1975, p.244 참조.

10) Abbé H.-A Tessier, 《Mémoire sur la Sologne》, *Histoire de la Société royale de médecine,* 1776, vol. Ⅰ, 70.

11) Dr J.-H. Roussillon, *L'Oisan, essai historique et statistique,* mémoire présenté à la Société de statistique de l'Isère le 4 avril 1846(Grenoble, 1847).

12) E. Shorter, *La Naissance de la famille moderne,* Seuil, 1977, p.107, n. 1.

편집 후기

이 책은 Jean-Louis Flandrin, *Le Sexe et L'Occident,* Seuil, 1981의 완역이다. 저자 자신이 서술한 바와 같이, 이 책은 처음부터 하나의 구상 아래 씌어진 개설서나 통사가 아니라 각장이 각각 별개의 연구논문으로서, 잡지 등에 발표되었던 것을 단행본으로 묶은 것이다. 그리고 이 책의 여기저기에 그 이름이 실려 있는 아리에스도 지적한 바와 같이, 개설서나 통사가 아니라 각각이 한정된 논문의 모임이라는 점에서 이 책의 〈힘〉과 〈설득력〉이 있다. 만약 그렇게 말해도 괜찮다면, 적어도 특색이 있다고 할 수 있다.

예를 들면 그것은 이 책보다 5년 앞서 출판된 자끄 솔레의 저서 《성애性愛의 사회사》와 견줄 만하다. 솔레의 경우는 몇 가지 테마를 중심으로, 근대 서구에 있어서 성의 모습을 〈종합적〉으로 다루고 있다. 한편 플랑드렝은 보다 한정된 테마에 의해 하나하나의 논문이 구성되었다. 예를 들면 출판물의 서명 조사에 의거하여 〈사랑〉이라는 언어의 내용 고찰(제1·2장), 프랑스의 한 도시에 남아 있는 소송기록을 통해 본 남녀의 결합방식(3장)과 같은 형성이 그것이다. 이와 같은 연구는, 이제까지 대부분의 경우 독자층이 한정된 전문 잡지에 게재되었을 뿐 일반 독자들은 쉽게 접하지 못했던 것이다. 그것이 플랑드렝의 경우에는, 자료에 대한 전문적인 학자의 엄정한 태도를 유지하면서, 신중하면서도 대담한 논의를 전개하므로써 일반 독자의 흥미를 끌고 있다. 물론 각각의 논문은 한정된 제재를 다룬 것이나, 그것이 이 책과 같이 15편이 모이면 그곳에는 커다란 줄기가 흐르고 있는 것 같은 느낌을 주게 된다. 아리에스가 말한 〈설득력〉도 그와 같은 독자의 인상을 지적한 것이 아닐까? 그리고 이 〈힘〉은 15편이라는 양에서 유래하는 것이 아니라, 목차를 보면 알 수 있듯이 플랑드렝이 이 책에서 〈성〉에 부여하고 있는 일종의 〈종합성〉(독신자의 행동, 어린이에 대한 태도와 같은 문제도 중요하게 다루고 있다)에서 나오는 것이다.

그리고 이 책에서 호감을 불러일으키는 점은 자료체, 특히 통계적 자료에 대한 저자의 신중한 태도일 것이다. 예를 들면 독신자의 성행동을 사생아 출생률과 직접 결부시키는 것은 매우 위험하다고 주장한다. 사실, 성에 관한 한 소위 앙케이트 조사는 물론이거니와 지나치게 많은 사항이, 통계적 숫자로 직접적으로 나타나지 않는다고 생각하기 때문이다.

이 책이 프랑스에서 출판된 이후로 14년이 지났다. 그동안 우리들 주위에서, 또한 우리들의 의식 속에서 볼 수 있는 성에 관한 관습과 풍습의 변화에도 무시할 수 없는 점이 있다. 예를 들면 〈결혼〉의 그늘에 가려 멸시당하던 〈동거〉·〈동거 상대〉·〈동성애〉·〈내연·첩〉과 같이 최근까지 경멸적인 느낌이 강했던 단어가 아무렇지도 않게 사람들의 입에 오르내리고 있다.

이와 같은 성풍속과 관련된 변화 가운데, 플랑드렝의 저작은 성현상에 관해 생각할 수 있는 기본문헌의 하나로 생각된다. 개별적·구체적인 대상 파악이 스스로 종합적 이해에 의거한다는 그의 자세가, 개인적인 동시에 부응하지 않는 다른 다양한 영역과 결부되어 있는 성을 생각하는 데 풍부한 시사를 주기 때문이다.

그후 플랑드렝은 사회과학고등학원에서 행한 세미나와 강의에 그가 부여하고 있는 타이틀에서 볼 수 있는 한도에서, 〈성적 욕구〉와 더불어 〈음식의 기호〉·〈화장〉으로까지 연구의 대상을 확대하고, 〈감수성과 행동의 역사적 분석〉(위에 기술한 세미나·강의의 5년간의 타이틀)으로 문화에서 더 나아가 종합적 파악으로 진행하고 있다. 《사적 생활의 역사 쌍서雙書 제3권》(1986년)에서 볼 수 있는 논문 〈미각적 특성〉에서 플랑드렝은 17,8세기를 통하여 유럽인의 미각이 어떻게 변화하였는가, 또한 사회생활 속에서 미각이 어떠한 위치를 차지하고 있는가를 나타내고 있는데, 이것은 그와 같은 일의 일부라 할 수 있다.

색 인

性의 歷史

초판발행 : 1994년 9월 5일
2쇄발행 : 1998년 3월 5일

지은이 : 쟝 루이 플랑드렝
옮긴이 : 편집부
펴낸이 : 辛成大

東文選
서울 용산구 문배동 40-21
〔140-100〕
〔전화〕02-719-4015

번역책임 : 박해순
편집설계 : 한인숙

ⓒ1994, 東文選 , Printed in Seoul, Korea

인쇄 : 약업신문사
제본 : 원진제책사
사식 : 예림기획

ISBN 89-8038-360-6 94380

LES FILLES DE NOCE
Alain Corbin

창 娼婦 부

알렝 꼬르벵————著
李宗旼————譯

最古, 永遠한 職業 賣春을 歷史의 章으로 끌어들인 아날派의 傑作

   역사학자 알렝 꼬르벵은 《창부》 속에서 새로운 테마와 독창적인 방법으로 욕망과 쾌락, 그리고 채워지지 않는 性의 역사를 기술할 목적으로 성에 얽힌 행동들을 추구하고 부부의 침실을 비롯해서 공인창가와 비밀창가의 내부에 이르기까지 분석의 메스를 가했다. 따라서 학술적인 이 연구서는 매춘에 관한 언설을 통하여 현시대로 계승되고 있는 19세기의 사회적 고민과 욕구불만을 냉철하게 해독하는 역작이라 할 수 있다.

   지금까지 사회심리학자들의 손에서 버림받은 19세기의 성과학사는 도덕적인 문제나 출산장려, 성병, 혹은 우생학의 차원에서 탈피하여 욕망과 쾌락과 굶주린 성의 역사가 되어야 한다. 돈으로 매매되는 성행위. 사회심리학적으로 보아 매우 중요한 이 측면을 오늘날의 아카데믹한 역사학은 무시하고 있는 바, 요컨대 그들의 침묵은 매춘이라는 현상을 비역사적으로 보고 있는 데서 나온 것이다. 그러나 매춘이 〈세상에서 가장 오래 된 직업〉이라는 점만은 결코 역사에서 벗어날 수 없는 것이다.

   본서는 한편으로는 성적인 굶주림과 또 다른 한편으로는 매춘의 구조, 행태, 이야기, 그리고 매춘정책 사이에 존재하는 밀접한 연결관계를 확인하고 있다. 따라서 우리는 알렝 꼬르벵의 저서 《창부》를 통해서 우리의 주변에서 벌어지는 매춘형태가 프랑스의 매춘과 크게 다르지 않다는 사실을 인지할 수 있으며, 그 속에서 별다른 문화적 이질감을 찾아볼 수도 없다. 그리고 19세기 프랑스의 매춘사를 개괄하는 그의 저작을 통해서 우리들은 비단 매춘이라는 특정한 사회적 현상뿐만 아니라, 그에 수반되는 당시의 사회적 제 양상들을 추적해 볼 수 있다.

침실의 문화사

著 —— 빠스깔 디비

寢室을 통해서 본 世界史, 비밀의 문—그 빗장을 열다.

왜 인간은 집을 짓고 잠자리를 만들고 잠을 자는 것일까. 어두운 방 안에서 인간은 그 옛날 동물로부터 받은 유산을 꿈꾸는 일에 몰두한다. 그토록 좋은 장소에서 너그러워지고, 옷을 벗고, 거북해하지 않고, 잠에 빠져드는 순간에 우리들은 결국 죽은 자들의 동작을 익히는 것이다.

어떠한 책이건 정확하게 연구하면 사회 전체가 드러난다. 이 책은 침실과 관계 있는 모든 것을 총망라해 좋은 읽을거리라 할 수 있다. 시대(수직)적으로는 선사시대부터 이집트·그리스 로마·중세·르네상스·고전주의시대·19세기까지를, 공간(수평)적으로는 오늘날의 침실(20세기)에서 중남미·인도·중국·일본에 이르기까지 총 183가지 이야기로 구성되어 있다. 저자 빠스깔 디비는 긴 여행 속에서 다양한 서적과 자료를 구사하여, 우리가 침실에 관해 알고 싶어했던 모든 것을 언급한다. 또한 침실을 문화의 한 지표로서 시점을 정하고 있는 이 책은, 잠자는 것이란 하나의 테크닉이며 침실은 문화의 공간이라는 사실을 우리들에게 알려 준다. 인류 역사의 3분의 1을 차지하고 있는 잠과 가장 가까이 있는, 보다 다양한 문화로서의 주제—침실은 세계사 속의 은밀했던 공간의 빗장을 살며시 열어 보이고 있다.

【주요목차】죽음의 잠자리 / 최초의 모기장 / 욕실 / 왕들의 애정 토로 / 남성은 어떻게 〈해결〉하였는가? / 잠의 신 / 최후의 잠자리 / 밤일 / 사나이다움 / 초야권 / 나체로 잠자다 / 신중함과 대담함 / 눈길 / 비밀로 가득한 방 / 사랑의 공모 / 피임 / 공창公娼 / 죽음의 기술 / 새로운 수치심 / 궁정사회 / 죄를 만들어내는 침대 / 요강과 실내용 변기 / 성적인 빛 / 여성의 기쁨 / 불능 / 침대의 기생충 / 빛이 한창일 때의 쾌락 / 바라문 승려의 취침 / 치아를 지닌 질과 음경 / 서른 가지 체위 / 전족 / 배꼽 목욕 / 밤꾀꼬리의 잠자리 / 일본의 풍속화…… 등.

고대 인도의 性사상과 윤리를 집대성한 세계 최고의 性典.
祕傳 성풍속화와 함께 최초 공개.

카마 수트라

바짜야나……著
鄭泰爀………譯

본서 〈카마 수트라〉는 기원전 6세기경 바라문의 성현,
학자 들이 삼림의 깊은 곳에 은거하여 논술한 경전을 모
태로 하여 대략 3세기부터 4세기에 걸쳐서 성립·편찬한
경전이다. 바짜야나는 12명의 학자의 각종 성애학 경전
을 수집하고, 그것을 집대성하여 〈카마 수트라〉를 완성하
였다.

〈카마〉로 불리는 인간 애욕의 영위는, 고대인도의 지체 높은 사람들이 교양으로 학습
해야 할 3가지 지혜 중의 하나이기도 했다. 귀족계급 신사·숙녀 들은 다르마(正法. 戒律),
아루타(利財, 實利), 카마(性愛)의 세 가지를 학습하고 습득하지 않으면 귀족으로서의 자격
을 인정받지 못하였다.

그러면 왜 〈카마〉가 학문으로서 필요한가. 말하자면 인간의 性행위는 동물 일반의 성
행동과는 엄격히 구별된다. 性愛는 인격적인 투영을 기초로 한 정서적인 본질을 지니고
있다. 단순히 야합적인 조잡함, 정서의 결여, 무기술의 성행위는 동물적인 생식행위이며,
비인격적이고 비인간적인 행위에 불과하다. 가장 인간답고 풍부한 성애는 성적 기교를
충분히 습득하고, 애정어린 눈빛 속에서, 수치심을 숨긴 부드러움 속에서 육체와 육체가
液化하고 서로 융합하는 상호성·상승성이라야 한다.

기교도 애교도 없는 생리적인 정액의 배설은 성쾌락의 낭비적인 행위에 지나지 않는
다. 〈카마 수트라〉의 목적은 인간의 가장 인간다운 성애행위의 훈도이다. 그리고 성애를
상호적인 정서가 풍부하고 품위 있는 것으로, 그리고 세련된 기교에 의해 한층 감미로운
애욕을 주고자 하는 성교육·성교양의 증진에 있다.

고대 인도의 바라문 성현, 학자 들은 이미 2천5백 년 전에 性을 해방하고 새로운 성의
식·성사상을 만들어냈다. 고대인도의 사회·종교에서 성애는 늘 聖性이며, 그 쾌락은 神
들의 사랑으로 찬미되었고 환영받아야 할 행위였다. 성의 환희의 충실감, 그 쾌락의 향수
는 사랑하는 사람의 상호 성의식의 소유법, 도덕관, 수치심, 고정관념, 심리상태에 의해
그 수용성은 서로 다르다. 그러나 성의 환희는 상호 깊은 신뢰성, 성의식의 공감성, 애정
의 깊이에 의해 향수되고 충실해진다.

본서 〈카마 수트라〉는 이와 같은 성의식과 성애에 관한 의의를 규명, 덧붙여서 성애에
관한 예절의 습득, 그리고 성애술의 기교를 설명한 바라문 철학에 의한 경전이다. 즉 바
라문의 성현, 학자 들이 그 예지를 기울여서 만든 인간의 性愛學이다.

인간에게 있어서 성애는 단순히 안다는 것만으로는 이해할 수 없는 심오한 세계이다.
그것은 성애가 단순한 육체만의 피부, 점막의 접촉적인 쾌감만의 것이 아니라 정신적인
자율성을 갖고 전인적인 존재라는 점을 알게 해주는 것이다.

지금 현대적인 우리들이 〈카마 수트라〉를 접했을 때, 어둡지 않은 순수한 쾌감으로서,
육체애로서 사랑하고 더구나 이 성의 환희를 넘어서 정신적인 사랑의 환희를 향수하는
지혜를 배우게 된다. 〈카마 수트라〉는 생애로부터 사랑을 기르는 지식을 부여하는 진정
한 사랑의 경전이다.

탄트라TANTRA란, 인도의 의례를 말한다. 그러나 이것은 태고로부터 계속해서 발전해오는 동안 어떤 특정의 인도 종교에 국한되어 역사에 등장하게 된 것은 아니다. 힌두교·불교, 그리고 자이나교에서도 탄트라의 사상을 공유하며 탄트라 행법을 행한다.

수백세대에 걸쳐 많은 사람들이 탄트라를 다듬고 발전시킨 헌신적인 노력으로, 이제는 인간의 상징적인 표현의 가장 기본이 되는 체계를 갖추고 특유의 순수한 의미를 전달하게 되었다. 바로 이러한 점 때문에 현재를 살고 있는 인도인뿐만 아니라 서구인에게도 탄트라가 지대한 의미를 갖게 되는 것이다.

탄트라를 종교로 규정하는 데는 많은 무리가 따른다. 너무나 많은 사람들이 탄트라에 대해 너무나 많이 잘못된 해석을 했다. 탄트라는 또한 〈사고하는 방법〉을 의미하지도 않는다. 사고하는 것은 일상적으로 이해되는 논리성과 매우 유용한 합리성을 가진다는 측면에서 의의를 갖지만, 탄트라에서는 사람들이 지금까지 세계라고 믿어왔던 것에 대한 회의와 비참함을 서서히 깨닫게 해주는 것이다. 그래서 탄트라는 행위라는 점에서 의의를 가진다.

이 책에 수록되어 있는 탄트라 그림은, 눈으로 보기 위한 것이 아니라 궁극적인 목적에 사용되어야만 의의를 갖는 것들이다. 그 어떤 것도 강한 인상을 주지 않는 것은 없다. 그러나 이것이 전부는 아니다. 이것으로 인해 특별한 종류의 정신적 작용이 공공연하게 자극받게 되며 심신의 힘을 불러일으킨다. 또한 요가·봉헌례·명상, 그리고 성적 교합 등의 의례에 사용되어 인생의 새로운 근간을 찾게 해주므로써 한 인간을 완전하게 변화시킬 수 있다. 처음에는 이러한 모든 과정이 가장 평범한 사실에서부터 실현되어야 할 필요가 있다.

美術版 탄트라

필립 로슨…………著
편집부……………譯